Klajd Kapinova

TRUMP KISHTE TË DREJTË PËR GJITHÇKA

(Këndvështrime)

New York, 2023

Redaktor:
Tomë Mrijaj

Konsulent:
Bryan Ramirez

Designer:
Martin Ndoja

New York, 2023

PËRMBAJTJA

"*Joe Biden nuk ka turp, Joe Biden nuk ka klasë. Ai nuk ka nder, ai nuk ka dinjitet, nuk ka moral. Unë nuk mendoj, se ai e ka idenë se çfarë dite është dhe tani atij mezi i funksionon truri.*"

Sean Hannity
Fox News Channel

"*Joe Biden duhet të Gjykohet, jo të dënohet teorikisht. Presidenti Joe Biden si Ko-mandant i Përgjithshëm i Ushtrisë Amerikane, nuk duhet të fajësohet, por përkundrazi të shkoj në Gjykatën Ushtarake, për dorëzimin e turpshëm të SHBA-së para terrori-stëve talebanë. Ai duhet gjykohet për Trathti Ndaj Shteteve të Bashkuara të Amerikës. Unë nuk e them këtë lehtë dhe nuk e kam thënë kurrë për askënd tjetër, për ndonjë udhëheqës tjetër në këtë pozicion. Njerëzit, kanë folur për fajësimin e Presidentit Biden.*"

Kolonel Richard Kemp
Ish-komandant i Forcave të Mbretërisë së Bashkuar në Afganistan,
Fox News (Intervistë me **Mark Levin** *"Life, Liberty & Levin"*)

"*Kur The New York Post publikoi artikullin e tyre, një individ i quajtur Andy Stone ndërhyri. … Dhe e hodhi poshtë modelin e fakteve. Gjëja interesante me këtë, Tucker, është se Andy Stone nuk më ka arritur (takuar) kurrë. Ai kurrë nuk i thirri avokatët e mi. Adresa ime e emailit ishte aty. Unë jam i lehtë për t'u mbajtur. Facebook, kurrë nuk më kontaktoi dhe më tha, hej, Toni ne e shohim këtë email që sapo e publikoi The New York Post, a është i vërtetë!? Mund të na dërgoni emailin? Unë brenda pesë minutave, ua kisha dërguar e-mailet nëse Twitter, Facebook, apo dikush tjetër do të më kishte kontaktuar, unë do ta kisha ofruar emailin. Sot të gjithë duan të flasin për datat, oh, emailet që prodhohen nuk kanë asnjë të dhënë, e unë do t'i kisha dhënë atyre të dhënat që janë me faqe të gjata në atë email që publikoi The New York Post.*"

Tony Bobulinski
Fox News Channel *"Tucker Carlson Tonight"*

"*I dashur Hunter, faleminderit që më ftove në DC dhe që më dhatë mundësinë të takojmë babanë tuaj dhe kaluam ca kohë së bashku.*"

Pozharsky
17 prill 2015

PARATHËNIE

Libri i dytë: "Trump kishte të drejtë për gjithçka", me autor shqiptaro amerikanin Klajd Kapinova, është një vepër e re me këndvështrime të historisë dhe politikës bashkëkohore amerikane, e cila trajton në gjerësi dhe thellësi, me fakte serioze shkaqet e rënies drastike të demokracisë dhe krenarisë SHBA-së, nga paafësia e Joe Biden, gjatë periudhës së shkurtër nga muaji janar 2021 dhe deri në ditët tona.

Të gjithë arritjet pozitive të Presidentit Donald J. Trump, gjatë viteve 2016-2020, sot nën Biden, janë përmbysur dhe zhdukur me shpejtësi të gjithë aspektet e sukseseve të brendshme dhe të jashtme të politikës, jetës, ekonomisë, shoqërisë amerikane.

Kjo katastrofë e pashembullt, në historinë e kombit tonë, shprehet me të gjithë treguesit negativë në politikën e jashtme dhe brendshme kontradiktore të qeverisë si shembull negativ i degradimit dhe poshtërimit të vazhdueshëm të demokracisë dhe lirive të të drejtave të njeriut, fjalës etj., të cilat fatkeqsisht po shihen qartë dhe me keqardhje të madhe nga kushdo sot në botë.

Raportet e ndryshme tregojnë, se nivelet e treguesve ekonomikë në shkallë kombëtare janë me shifra të larta negative, të shprehur në fushën financiare brenda dhe jashtë vendit, duke shkatërruar në mënyrë drastike të gjithë degët e tjera të ekonomisë, të cilat nga ana e tjetër kanë prekur për pasojë edhe standartin e jetës së qytetarëve dhe taksapaguesve amerikanë.

Pothuajse çdo ditë Stak Marketi apo Bursa e New York-ut në Wall Street, Manhattan, është në kolaps, në ditët më të zeza të saj me shifra negative në rritje.

Në ditët tona, niveli i inflacionit në SHBA, fatkeqsisht është rritur në shifra të frikshme të krahasuar me vitin 1970, duke risjellë fenomenin katastrofik të Recensionit të Madh, e shoqëruar kjo me çvlerësimin e monedhës dhe ngritjen e mëtejshme të çmimeve, në të gjitha fushat e jetës së qytetarëve amerikanë.

Papunësia si plagë e madhe, gjatë periudhës së administratës së Presidentit Trump, ishte ulur shumë në shifrat rekord në të gjithë historinë e SHBA-së, kurse sot fatkeqsisht nën Biden ajo është rritur në shifra më të larta në shkallë kombëtare, brenda komuniteteve, grupmoshave dhe gjinisë së aftë për punë, si për shembull në komunitetin afrikano-amerikanë, komunitetin ispanjik (latin), komunitetin aziatik dhe më së shumti për vajzat dhe gratë amerikane.

Jeta e qytetarëve të shtresës së mesme dhe të varfër amerikane, po bëhet gjithnjë e më e vështirë, mbasi po rritën çdo ditë çmimet e ushqimeve të përditshme nga 50-200%, gazit për makinat, qiraja e banesave, kreditë e ndryshme për shtëpitë e reja etj., mbyllja e miliona bisneseve të mesme dhe të vogla në shkallë kombëtare dhe të shteteve të ndryshme, duke sjellë sistemin zinxhir të falimentimit me efektin domino, mbasi Biden ka rivendos shprehjen e çmendur Bota e Para dhe Amerika e Fundit, në vend të "Amerika First", sikurse ishte në periudhën e artë të Presidentit Donald J. Trump.

Para ardhjes së komunistëve në pushtet, pas vjedhjes dhe manipulimit të madh të votave presidenciale me 3 nëntor 2020, Amerika ishte e para, në industrinë botërore të prodhimit të energjisë, për herë të parë në të gjithë historinë e zhvillimit ekonomik.

Eksportet amerikane dominuan tregjet botërore dhe bursa e New York-ut gjithnjë ishte në shifra të larta rekord, e cila për pasojë pozitive bëri që gazi për makinat amerikane të ulet në shifrat 1 dollarë e 75 cent (në vitet 2016-2020), kurse sot gazi për llojet e ndryshm të makinave ka arritur 8-9 dollarë për gallon (në vitin 2021-2022) në shkallë kombëtare dhe në disa shtete të veçanta si California ajo arriti në shifra edhe më të larta.

Sot Biden po përdor rezervat emergjente shtetërore (për raste lufte) të naftës dhe gazit për qëllime të pastra politike brenda vendit, për të marrë votat e popullit amerikan, në zgjedhjet që do të mbahen më 8 nëntor 2022, për 435 vendet në Kongres dhe disa vende në Senatin Amerikan.

Element tjetër negativ, që po rritet me shifra të frikshme në shoqërinë amerikane është edhe niveli i lartë i kriminalitetit në vend. Ky fenomen, është bërë shumë shqetësuese në shtetet ku fatkeqsisht drejtojnë shumë keq governatorët dhe kryetarët e bashkive të paafta demokrate. Kështu në shtetet e gomerëve blu, si: Illinois (qyteti Chicago), New York (New York City), California etj., kriminaliteti është bërë një dukuri e zakonshme, ku me qindra vetë vriten çdo vit nga përdorimi i armëve të zjarrit pa leje, krimit të organizuar, grabitjeve ditën për diell, qarkullimit të drogës, vjedhjes së makinave, shtëpive, apartamentëve, pronave private, shitjes në tregun e zi të armëve të zjarrit etj.

Këto dukuri negative, kanë ndodhur nga fakti kryesor, sepse demokratët ndër vite janë shprehur hapur kundër forcave të rendit dhe qetësisë publike, duke mos i mbështetur moralisht dhe finaciarisht.

Si shembull klasik është ish-governatori i korruptuar i shtetit të New York-ut Andrea Cuomo dhe ish-Kryetari i Bashkisë së New York City Bill deBlasio, të cilët padrejtësisht i shkurtuan buxhetin financiarë forcave të rendit të NYPD, me një vlerë mbi 1 bilion dollarë, në kohën më të keqe, në valën e madhe të krimit, djegieve dhe shkatërrimit në qytete nga organizatat markiste anarkiste BLM dhe Antifa.

Në shtetet e gomerëve blu, senatorët dhe asambleistët (përfaqësuesit e zgjedhur lokalë) të shtetit të New York-ut, kanë miratuar dy vjet më parë një ligj, sipas të cilit të gjithë keqbërësit, që arrestohen në flagrance apo krim nga forcat e rendit, duhet të lirohen menjëherë nga Policia (NYPD), duke mos lejuar keqbërësit dhe kriminelët problematikë, të paguajnë dënimin financiar.

Këto ditë gazeta e përditshme New York Post, kishte në faqe të parë foton dhe histotrinë e një keqbërësi dhe krimineli, që ishte arrestuar nga forcat e rendit 101 herë dhe po aq herë ishte liruar nga policia, duke mos paguar asnjëherë dënimin financiar.

Në ditët tona, kriza më e madhe, me të cilën fatkeqsisht po përballen Shtetet e Bashkuara, është hyrja masive në mënyrë të jashtëligjshme e emigrantëve në kufirin jugor me Meksikën.

Gjatë periudhës së Presidentit Trump, u vështirësuan hyrjet e jashtëligjshme të emigrantëve në masën 95%, mbasi administra e tij, kishte bërë marrëveshje me Qeverinë e Meksikës, që të mos lejonte në kufirin e saj grumbullimin e karvanëve të gjata të emigrantëve, që kërkonin të hynin ilegalisht drejt kufirit tonë.

Sot fatkeqsisht, Biden po përdor politikën e dyerve të hapura, me nxitjen dhe lejimin e hapur të hyrjes së miliona emigrantëve pa dokumente identiteti nga vendet e ndryshme të botës.

Ai nuk pranoi të përfundonte Murin parandalues në kufirin me Meksikën, të filluar dhe realizuar me sukses si projekt patriotik (në masën 99%) nga Presidenti Trump, duke u krijuar kushte lehtësuese ardhjes të miliona emigrantëve nga 132 vende të ndryshme të botës, ku raportet e pavarura tregojnë se 80% e tyre janë nga vendet e Amerikës Latine.

Këto emigrantë pa dokumente, administrata Biden po i shpërndan dhe vendos në shumë shtete republikane, të cilët me të drejtë kundërshtojnë pushtimin apo vërshimin e madh apokaliptik të emigrantëve të jashtëligjshëm, të cilët janë barrë e rëndë për xhepat e taksapaguesve amerikanë, ekonomia e së cilës është në shkatërrim.

Sikurse mësohet nga burimet e brendshme të disa nga shtetet nga kanë ardhur emigrantët, del se shumë prej tyre kanë ardhur direkt nga burgjet e mbipopulluara të sigurisë së lartë të shteteve të origjinës, të cilët janë liruar nga vuajtja e dënimit nga vetë qeveritë e tyre.

Në këtë mënyrë me ose pa dashje Amerika, po bëhet strehë e ngrohtë e strehimit dhe sistemimit të emigrantëve të jashtëligjshëm, duke u ofruar atyre të gjitha llojet e përfitimeve shtetërore, që fatkeqsisht nuk i gëzojnë deri më sot as vetë shtetasit dhe taksapaguesit e rregullt amerikanë.

Eshtë vërtetuar përmes arrestimeve që kanë bërë rojet e kufirit, se ka shumë "emigrantë" trafikantë droge, kriminelë të organizatës kriminale MS-13, antarë të bandave dhe karteleve të drogës, trafikantë të qënieve njerëzore, trafikantë të fëmijëve minorenë, prostitucionit etj.

Në shtetin e New York-ut, po vijnë papushim qindra dhe mijëra emigrantë, të cilët governatorja dhe kryetari i Bashkisë së New York City, i kanë mirëpritur krahë hapur me autobuzë, aeroplanë specialë e lloje të tjera të transportit privat, duke ngritur për strehim çadra në qendra të mëdha të sistemimit në disa qytete dhe lagje.

Mediat tregojnë kronika, informacione dhe shpesh edhe live, për shpenzimet me shifra marramendëse, që po përdoren nga demokratët këtu, për ushqimin, shërbimet e ndryshme mjekësore, numërin e punës, licencën e makinës, celularë etj. Këto shpenzime marramendëse deri tani kanë kapur shifrën mbi 1 bilion dollarë, para këto të marra direkt nga buxheti i taksave të qytetarëve njujorkez, duke lënë në gjendje të mjeruar të gjithë shkollat, rrugët, urat, aeroportet, spitalet, universitetet, parqet kombëtare etj.

Politika e jashtme amerikane e Bidenit e mbështetur edhe nga Kongresi dhe Senati i përfaqësuesve demokratë, është në kolaps të plotë, duke e vënë në pozitë të vështirë vendin tonë, para opinionit dhe partnerëve politikë ndërkombëtarë.

Ai nxiti dhe filloi luftën në Ukrainë, duke i dhuruar deri tani vendit më të korruptuar në botë mbi 72 bilion dollarë nga taksat e qytetarëve amerikanë, në një kohë që në maternitetet dhe spitalet amerikane nuk ka qumësht Formula, për fëmijët e porsalindur etj.

Politika dhe diplomatët e deshtuar të ekipit Biden, në vend që në Ukrainë të dërgojnë diplomatë me përvojë, për të hapur dialogun dhe zhvilluar bisedime me Rusinë, për vendosjen e Paqes mes shteteve kufitare ortodokse (me histori të përbashkët vëllazërore), po i japin edhe më shumë dollarë (benzinë), për të blerë armatime dhe mbajtur me çdo kusht luftën e ndezur, kur dihet se populli amerikan nuk ka asnjë lidhje me Ukrainën.

Biden në Afganistan, pas 20 vjetëve (2002-2022) të qëndrimit tregoi tradhëti, dobësi dhe dështim të plotë. Ai si Komandant i Forcave të Armatosura të Ushtrisë së Shteteve të Bashkuara, tregoi paaftësi në menaxhimin e krizës ushtarake, të krijuar personalisht nga vetë ai.

Braktisja nga administrata Biden e popullit afgan dhe dorëzimi i turpshëm i tij, në duart e kriminelëve talebanë, është akti më i shëmtuar e i turpshëm i të vetëquajturit kryetar të shtetit amerikan.

Nëse kjo situatë tragjike do të kishte ndodhur gjatë Presidencës së Presidentit Trump, Kongresi dhe Senati i kontrolluar nga demokratët menjëherë do të kishin filluar proçesin e tretë të shkarkimit të tij.

Me Biden ushtria jonë para syve të botës u shkri si kripa në ujë apo degradoi fatalisht me humbjen e jetës së 13 marinsave heronj amerikanë dhe plagosjen e 15 të tjerëve si dhe vdekjen dhe plagosjen e qindra qytetarëve të pafajshëm afganë, kundërshtarë disidentë të regjimit të talebanëve.

Në mënyrë absurde, Biden u dhuroi terroristëve radikalë islamikë talebanë mbi 85 bilion dollarë armatime moderne të viteve 2019-2020.

Mbi 50.000 qytetarë amerikanë dhe qindra dhe mijëra afganë, fatkeqsisht mbetën në Afganistan, në pamundësi për t'u larguar me aeroplan, sepse Biden në fillim largoi ushtrinë nga vendi se sa qytetarët e vet.

Për këtë veprim antiamerikan, kongresmenët dhe senatorët patriotë republikanë, kërkuan me këmbëngulje dorëheqjen e mënjëhershme të Presidentit Joe Biden, shkarkimin nga detyra të Sekretarit të Shtetit dhe Sekretarit të Mbrojtjes, duke i akuzuar ata direkt për tradhëti kombëtare.

Libri i ri i Klajd Kapinovës, trajton me detaje, fakte dhe prova të marra nga burime të pavarura amerikane trajton korrupsionin e familjes Biden ndër vite. Ai, gënjeu hapur popullin dhe mediat amerikane, kur tha se nuk ka dijeni për bisnesin e djalit të tij Hunter Biden. Më vonë nga media doli se pikërisht Big Guy (Joe Biden) asokohe zv/President i SHBA-së në administratën e Barak Hysen Obamës (merrte 10% e të ardhurave nga bisnesi i djalit të tij), kishte me qindra foto dhe biseda bisnesi, me pjesëtarë të lartë ukrainas si drejtues i stafit të kompanisë gaznxjerrëse Burisma, me të cilët punonte djali i tij. Ai paguhej me shifra astronomike nga 80-120.000 dollarë në muaj dhe mbi 1.500.000 dollarë në vit, pa pasur asnjë meritë profesionale.

Kohët e fundit agjencia britanike e informacionit Reuters, ka zbuluar se Joe Biden, ka telefonuar dhe kërcënuar hapur kolegun e tij, ish Presidentin e Afganistanit Ashraf Ghani më 23 korrik 2021, bisedë e cila po mbahet e fshehur dhe larg popullit amerikan nga Shtëpia e Bardhë, Kongresi dhe Senati Amerikan, që fatkeqsisht kontrollohet nga "demokratët" radikalë komunistë.

Ky libër t ri me risitë e tij, është një kronikë, këndvështrim dhe analize e detajuar e ngjarjeve dhe skandaleve të panumërta të ditëve tona në SHBA, të cilat janë zbardhur dhe argumetuar me një analizë të mprehtë dhe ilustruar me prova e fakte të ditëve tona.

Kjo vepër e autorit Klajd Kapinova, i kushtohet mdis të tjerave edhe pakënaqësisë së madhe dhe dëshpërimit masiv, që ka përfshi popullin amerikan sot, ndaj politikës së papërgjegjshme të brendshme dhe jashtme të qeverisë, Shtëpisë së Bardhë, Kongresit e Senatit.

Natyrshëm, në mbyllje të këtij shkrimi modest lind pyetja: Pse të gjitha këto të papritura, të gjitha këto të këqija janë bërë e po bëhen pa pushim, kanë ndodhur e po ndodhin në tokën e bekuar të SHBA-së, vendin me ligje më demokratike në botë? Pse? Pse? Pse? Mjaft më! Stop!

Tomë Mrijaj, New York, 2023

DYSTANDARTËSIA PROPAGANDISTIKE PËRMES "DITARIT" TË RADIO ZËRI I AMERIKËS KUNDËR PRESIDENTIT TRUMP DHE SERVILIZMI NDAJ OBAMA-BIDEN 1, 2, 3

"Po ju sjellim zërat nga Amerika. Sot dhe çdo ditë prej sodit, ne do t'ju flasim për Amerikën dhe për luftën. Lajmet mund të jenë të mira për ne ose lajmet mund të jenë të këqia. Por ne do t'ju themi të vërtetën." - **William Heil**, folësi i Programit të Parë të Voice of America

"Të shërbejë si burim i besueshëm e i mirë-informuar lajmesh, të sakta, objektive dhe gjithpërfshirëse" - **Karta e Zërit të Amerikës**, viti **1976**

Historia e hershme e radios antifashiste dhe antikomuniste VOA

Historia e radios është shumë interesante. Zëri i Amerikës, filloi transmetimet në vitin 1942, si shërbim transmetimesh ndërkombëtare i formatit multimedia, i cili asokohe dhe deri sot financohet nga Qeveria Amerikane, përmes Bordit të Guvernatorëve për Transmetimet.

Sot, ajo transmeton çdo javë rreth 1500 orë lajme, informacione, programe edukimi dhe kulturore për një audience të madhe, që vlerësohet në 125 milion njerëz në të gjithë botën.

Stacion radiofonik kur u krijua, nënshkroi kartën e Zërit të Amerikës (Ligjet Publike 94-350 dhe 103-415) e cila u nënshkrua apo u kthyen në ligj në vitin 1976 nga *Presidenti republikan Gerald Rudolph Ford (1913-2006)*.

Në shekullin e 21-të, ajo u bë transmetuesi ndërkombëtar më i madh e i vjetër i financuar nga Qeveria e SHBA-së, i cili prodhon përmbajtje dixhitale, TV dhe radio në 47 gjuhë, të cilat i shpërndan në stacionet anëtare të globit, duke pasur një ndikim në opinionin publik jashtë vendit, në lidhje me SHBA dhe banorët e saj.

Në vitet e fundit ajo u tejpolitizua, duke u kthyer në papagall propagandistik, kundër konservatorëve dhe Presidentit Donald J. Trump, duke mbajtur hapur krahun e forcave të majta globaliste dhe të partisë të vetë quajtur "demokatike".

Radio në fjalë, ka selinë në Washington, D.C. dhe kontrollohet nga Agjencia Amerikane për Media Globale (USAGM), një agjenci e pavarur e Qeverisë. Fondet i jepen çdo vit nga Kongresi, kur ndahet buxheti financiar i ambasadave dhe konsullatave amerikane.

Në vitin 2016, ajo transmetoi rreth 1,800 orë program radiofonik dhe televiziv çdo javë, për afërsisht 236.6 milion njerëz në të gjithë botën dhe ka rreth 1,050 punonjës dhe një buxhet vjetor të financuar nga taksapaguesit amerikanë me shumën prej 218,5 milion dollarë.

Para Luftës II Botërore, të gjitha stacionet amerikane të valëve të shkurtra ishin në duar e personave privatë. Kështu rrjetet e valëve të shkurtra të kontrolluara privatisht, përfshinin asokohe Rrjetin Ndërkombëtar të Kompanisë Kombëtare të Transmetimit (ose Rrjetin e Bardhë), i cili, transmetonte në gjashtë gjuhë, rrjeti ndërkombëtar i Amerikës Latine i Sistemit të Transmetimit të Kolumbisë, i cili përbëhej nga 64 stacione të vendosura në 18 vende të ndryshme, Crosley Broadcasting Corporation në Cincinnati, Ohio dhe General Electric, që zotëronin dhe operonin WGEO dhe WGEA, të dy me qendër në Schenectady, New York dhe KGEI në San Francisco, ku të gjitha kishin transmetues të valëve të shkurtra.

Programimi eksperimental, filloi në vitin 1930 dhe kishte më pak se 12 transmetues në veprim. **Në vitin 1939**, Komisioni Federal i Komunikimit, *vendosi politikën sipas së cilës stacioni transmetimi ndërkombëtar do të japë vetëm një shërbim transmetimi ndërkombëtar, që do të pasqyrojë kulturën e këtij vendi dhe do të promovojë vullnetin e mirë, mirëkuptimin dhe bashkëpunimin ndërkombëtar.*

Kjo kishte për qëllim të *zbatonte Politikën e Fqinjësisë së Mirë të Departamentit të Shtetit, por disa transmetues menduan se ishte një përpjekje, për të drejtuar çensurimin.* Sinjalet e valëve të shkurtra për në Amerikën Latine asokohe u konsideruan si jetike, për t'iu kundërvënë propagandës naziste të vitit 1940.

Deri në vitin 1945, transmetimet e emisionit u bënë nga 114 stacione në rrjetin *La Cadena de las Americas* të CBS në 20 kombe të Amerikës Latine. Këto transmetime provuan të jenë shumë të suksesshme, në mbështetjen e politikës së Pan-Amerikanizmit të ish Governatorit të 44-të të shtetit New York, *Presidentit demokrat Franklin Delano Roosevelt (1882-1945)*[1] në të gjithë Amerikën e

---

[1] **Franklin Delano Roosevelt**, ishte një politikan dhe avokat amerikan, që shërbeu si presidenti i 32-të i Shteteve të Bashkuara nga viti 1933-1945. Si anëtar i Partisë Demokratike, ai fitoi katër zgjedhje presidenciale rekord e u bë një figurë qendrore në ngjarjet botërore, gjatë gjysmës së parë të shekullit të 20-të. Roosevelt drejtoi qeverinë federale, gjatë pjesës më të madhe të Depresionit të Madh, duke zbatuar axhendën e tij të brendshme New Deal, në përgjigje të krizës më të keqe ekonomike në historinë e SHBA. Mandati i tretë dhe i katërt i tij u dominuan nga Lufta e Dytë Botërore, e cila përfundoi menjëherë pasi ai vdiq në detyrë. I lindur në familjen Roosevelt në Hyde Park, New York, ai u diplomua në Shkollën Groton dhe Kolegjin e Harvardit dhe ndoqi Shkollën Juridike të Kolumbisë, të cilën e la pasi kaloi provimin e jurisprudencës për të praktikuar drejtësinë në shtetin New York. **Në vitin 1905, ai u martua me kushërirën e tij të pestë, Eleanor Roosevelt.** Ata kishin gjashtë fëmijë. Ai fitoi zgjedhjet për Senatin e Shtetit të New York në 1910 dhe më pas shërbeu si Ndihmës Sekretar i Marinës nën

Jugut, gjatë Luftës së Dytë Botërore.

Edhe para sulmit japonez në **Pearl Harbor**, Zyra e Koordinatorit të Informacionit të Qeverisë Amerikane (COI, në Washington), kishte filluar tashmë ofrimin e lajmeve të luftës dhe komenteve në stacionet komerciale amerikane të valëve të shkurtra, për t'u përdorur në baza vullnetare, përmes Shërbimit të saj të Informacionit të Jashtëm (FIS, në New York) kryesuar nga *dramaturgu Robert E. Sherwood (1896-1955),* që shërbeu si shkrues fjalimesh i presidentit Roosevelt dhe këshilltar informacioni.

Programimi i drejtpërdrejtë filloi një javë pas hyrjes së SHBA-së në Luftën II Botërore në dhjetor të vitit 1941, me transmetimin e parë nga zyra e San Franciskos e FIS, përmes KGEI të General Electric, duke transmetuar në ishujt Filipine në anglisht.

Hapi tjetër ishte transmetimi në Gjermani, i cili u quajt *Stimmen aus Amerika* (Zëra nga Amerika) u transmetua më 1 shkurt 1942. Ai u prezantua nga *Himni i Betejës i Republikës* dhe përfshinte premtimin: *"Sot, dhe çdo ditë e tutje, ne do të jemi me ju nga Amerika për të folur për luftën ... Lajmet mund të jenë të mira ose të këqija për ne. Ne gjithmonë do t'ju themi të vërtetën."*

Presidentin Woodrow Wilson gjatë Luftës së Parë Botërore. Edhe pse i paaftë për të ecur pa ndihmë, Roosevelt u kthye në postin publik pas zgjedhjes së tij si guvernator i New York në vitin 1928. Ai shërbeu si guvernator nga viti 1929-1933, duke promovuar programe për të luftuar krizën ekonomike që pushtoi Shtetet e Bashkuara. Në zgjedhjet presidenciale të vitit 1932, Roosevelt mundi republikanin aktual Herbert Hoover në një nga fitoret më të mëdha në historinë e SHBA. Presidenca Roosevelt filloi në mes të Depresionit të Madh dhe gjatë 100 ditëve të para të Kongresit të 73-të të SHBA-së, ai drejtoi produktivitetin e paparë legjislativ federal. Ai bëri thirrje për krijimin e programeve të krijuara për të prodhuar lehtësim, rimëkëmbje dhe reformë. Pavarësisht nga popullariteti i New Deal, shumë brenda Gjykatës së Lartë të SHBA ruajtën prirjen e tyre konservatore dhe shpesh i rrëzuan iniciativat e New Deal. Ai u rizgjodh në vitin 1940 për mandatin e tij të tretë, duke e bërë atë presidentin e vetëm të SHBA që ka shërbyer për më shumë se dy mandate. Në vitin 1939, një tjetër luftë botërore ishte në horizont, e cila i shtyu Shtetet e Bashkuara të përgjigjeshin duke miratuar një sërë ligjesh që pohonin neutralitetin dhe refuzonin ndërhyrjen. Më 11 dhjetor, aleatët e Japonisë, Gjermania naziste dhe Italia fashiste i shpallën luftë Shteteve të Bashkuara. Si përgjigje, SHBA u bashkua zyrtarisht me aleatët dhe hyri në teatrin evropian të luftës. Administrata e tij mbikëqyri ndërtimin e Pentagonit, filloi zhvillimin e bombës së parë atomike në botë dhe punoi me udhëheqës të tjerë aleatë për të hedhur themelet për Kombet e Bashkuara dhe institucionet e tjera të pasluftës. Ishte nën udhëheqjen e tij gjatë luftës që Shtetet e Bashkuara u bënë një superfuqi në skenën botërore. Roosevelt fitoi rizgjedhjen në zgjedhjet presidenciale të vitit 1944 në platformën e tij të rimëkëmbjes së pasluftës. Shëndeti i tij fizik filloi të binte gjatë viteve të mëvonshme të luftës dhe më pak se tre muaj pas mandatit të tij të katërt, Roosevelt vdiq më 12 prill 1945. Zv/Presidenti Harry S. Truman mori detyrën si president dhe mbikëqyri pranimin e dorëzimit nga fuqitë e Boshtit. *Që nga vdekja e tij, disa nga veprimet e Roosevelt kanë qenë nën kritika thelbësore, të tilla si zhvendosja dhe internimi i amerikanëve japonezë në kampet e përqendrimit.*

Presidenti Roosevelt miratoi këtë transmetim, të cilin atëhere kolonelit William J. Donovan (COI) dhe Sherwood (FIS) ia kishin rekomanduar. Ishte Sherwood, ai që në të vërtetë shpiku termin *Zëri i Amerikës*, për të përshkruar rrjetin e valëve të shkurtra, që filloi transmetimet e tij më 1 shkurt, nga 270 Madison Avenue në New York City. Zyra e Informacionit të Luftës, kur u organizua në mes të vitit 1942, mori zyrtarisht operacionet e VOA.

Ajo, arriti një marrëveshje me *British Broadcasting Corporation*, për të ndarë transmetues të valës së mesme në Britani e u zgjerua në Tunis (Tunizi) në Afrikën e Veriut dhe Palermo dhe Bari (Itali) ndërsa aleatët kapën këto territore. OWI gjithashtu ngriti Stacionin Amerikan të Transmetimit në Evropë. Transmetimet aziatike, filluan me një transmetues në Kaliforni në vitin 1941. Asokohe shërbimet u zgjeruan, duke shtuar transmetues në Hawaii dhe pas rimarrjes së ishujve Filipine (*Philippines*).

Deri në fund të luftës, ajo kishte 39 transmetues dhe ofronte shërbim në 40 gjuhë. Programimi u transmetua nga qendrat e prodhimit në New York dhe San Francisco, me më shumë se 1.000 programe me origjinë nga New York.

Rreth gjysma e shërbimeve të saj, përfshirë shërbimin arab u ndërprenë në vitin 1945. *Në fund të vitit 1945, ajo u transferua nën juridiksionin e Departamentit të Shtetit.*

Në vitin 1947, filloi transmetimin për qytetarët sovjetikë në Rusi, me pretekstin e kundërshtimit të *"rasteve më të dëmshme të propagandës sovjetike të drejtuara kundër udhëheqësve dhe politikave amerikane"* nga ana e mediave të brendshme sovjetike në gjuhën ruse, sipas traktatit të John B. Whitton, *Propaganda e Luftës së Ftohtë*. Asokohe Bashkimi Sovjetik u përgjigj menjëherë, duke filluar bllokimin elektronik të transmetimeve të VOA në 24 prill të vitit 1949.

Më vonë në vitin 1953 kontrolli i agjencisë kaloi nga Departamenti i Shtetit në Agjencinë e Informacionit të Amerikës, për të transmetuar në të gjithë botën, përfshirë vendet pas *Perdes së Hekurt* dhe Kinës. Nga 1955-2003 filloi transmetimi i muzikën amerikane *Jazz Hour*.

Në vitet 1952-1953, Billy Brown, një i moshuar me shkollë të mesme në Westchester County, New York, kishte një program çdo të hënë në mbrëmje, në të cilin ndau ngjarjet e përditshme në Yorktown Heights, NY.

Gjatë Luftës së Ftohtë, shumë nga qeveritë e vendeve sponsorizuan bllokimin e transmetimeve të VOA, gjë që nganjëherë çoi kritikët të vinin në dyshim ndikimin e vërtetë të transmetimeve. Për shembull, në 1956, Republika Popullore Polake (nxitur nga B.R.S.S.) ndaloi bllokimin e transmetimeve, ndërsa Republika Popullore e Bullgarisë (qeveria komuniste), vazhdoi të bllokonte sinjalin e saj, gjatë viteve 1970. Transmetimet e radios në fjalë në gjuhën kineze u bllokuan në vitet 1956-1976.

Pas rënies së **Paktit të Varshavës**[2] dhe ish Bashkimit Sovjetik, intervistat me pjesëmarrësit në lëvizjet anti-bolshevike dhe anti-sovjetike, verifikuan efektivitetin e transmetimeve të saj, në transmetimin e informacionit në shoqëritë socialiste.

Kina komuniste bllokon me zell transmetimet e saj. Kuba, gjithashtu është raportuar se ka ndërhy në transmetimet satelitore të VOA. Në Iran ajo funksiononte nga vendi i saj i transmetimit, ndërsa në Rusi në liqenin Bajkal.

David Jackson[3] ish-drejtori i Zërit të Amerikës u shpreh: "*Qeveria e Koresë*

---

[2] **Pakti i Varshavës (The Warsaw Pact (WP) or Treaty of Warsaw)** ose Traktati i Varshavës, zyrtarisht *Traktati i Miqësisë, Bashkëpunimit dhe Ndihmës së Ndërsjellë*, ishte një traktat kolektiv i mbrojtjes i nënshkruar në Varshavë, Poloni, midis Bashkimit Sovjetik dhe shtatë republikave të tjera socialiste të Bllokut Lindor. të Evropës Qendrore dhe Lindore në maj 1955, gjatë Luftës së Ftohtë. Termi *Pakt i Varshavës*, zakonisht i referohet si vetë traktatit ashtu edhe aleancës së tij mbrojtëse, Organizatës së Traktatit të Varshavës (OBT). Pakti i Varshavës, ishte plotësuesi ushtarak i **Këshillit për Ndihmë Ekonomike Reciproke (Comecon)**, organizatë ekonomike rajonale për shtetet socialiste të Evropës Qendrore dhe Lindore. Pakti i Varshavës u krijua si reagim ndaj integrimit të Gjermanisë Perëndimore në **Organizatën e Traktatit të Atlantikut të Veriut (NATO)** në 1955 sipas Konferencave të Londrës dhe Parisit të 1954. I dominuar nga Bashkimi Sovjetik, Traktati i Varshavës u krijua si një ekuilibër fuqie ose kundërpeshë ndaj NATO-s. Nuk kishte asnjë konfrontim të drejtpërdrejtë ushtarak midis dy organizatave; në vend të kësaj, konflikti u zhvillua mbi një bazë ideologjike dhe përmes luftërave me prokurë. Si NATO dh Traktati i Varshavës çuan në zgjerimin e forcave ushtarake dhe integrimin e tyre në blloqet përkatëse. Angazhimi më i madh i saj ushtarak ishte pushtimi i Çekosllovakisë nga Pakti i Varshavës në gusht 1968 (me pjesëmarrjen e të gjitha kombeve të paktit përveç **Shqipërisë (Albania)** dhe Rumanisë), që, pjesërisht, rezultoi në *tërheqjen e Shqipërisë nga pakti më pak se një muaj më vonë.* Pakti filloi të shpërbëhej me përhapjen e **revolucioneve të vitit 1989** përmes Bllokut Lindor, duke filluar me lëvizjen e Solidaritetit në Poloni, suksesin e tij elektoral në qershor 1989 dhe piknikun pan-evropian në gusht 1989. Gjermania Lindore u tërhoq nga pakti pas ribashkimit të Gjermanisë në 1990. Më 25 shkurt 1991, në një takim në Hungari, pakti u shpall në fund nga ministrat e mbrojtjes dhe të jashtëm të gjashtë shteteve të mbetura anëtare. Vetë BRSS u shpërbë në dhjetor 1991, megjithëse shumica e ish-republikave sovjetike formuan Organizatën e Traktatit të Sigurisë Kolektive menjëherë pas kësaj. Në 20 vitet në vijim, vendet e Traktatit të Varshavës jashtë BRSS u bashkuan secila në NATO (Gjermania Lindore përmes ribashkimit të saj me Gjermaninë Perëndimore; dhe Republika Çeke dhe Sllovakia si vende të veçanta), ashtu si shtetet baltike që kishin qenë pjesë e Bashkimit Sovjetik. **(Wikipedia)**

[3] **David S. Jackson,** është një regjisor dhe shkrimtar televiziv amerikan. Që nga viti 1980, Jackson ka grumbulluar shumë kredite në televizion. Disa nga titujt e tij regjisorial përfshijnë: *Swamp Thing: The Series, Lois & Clark: The New Adventures of Superman, Nash Bridges, Dark Angel, Smallville, Charmed, The District, One Tree Hill, CSI: NY, The Cape* si dhe regjinë dhe shkrimin e episodeve për *Miami Vice, 21 Jump Street, The Equalizer.* Përveç kësaj, ai ka drejtuar dhe shkruar një numër filmash televizivë, si: *Treni i Vdekjes (1993), Liqeni (1998), Treni Atomik (1999), filmi origjinal i Disney Channel Buffalo Dreams dhe ndër filma të tjerë* dhe gjate viteve (2002-2006), Drejtor i Zërit të Amerikës. Drejtori i 26-të i Zërit të Amerikës, David S. Jackson, mbikëqyri zgjerimin më të madh të Zërit të Amerikës në televizion dhe fillimet e mediave të reja. Audienca e Zërit të Amerikës u rrit në afro 120 milionë në mbarë botën, një rritje prej rreth 33%. Ai përditësoi

së Veriut nuk na bllokon, por ata përpiqen t'i mbajnë njerëzit të mos dëgjojnë përmes frikësimit ose më keq. Por njerëzit gjejnë mënyra për të dëgjuar pavarësisht nga mos-marrëveshjet. Njerëzit, janë shumë të shkathët."

Gjatë viteve 1960-1970, ajo mbuloi disa nga lajmet më të rëndësishme të epokës, duke përfshirë fjalimin e **dr. *Martin Luther King Jr.* "Unë kam një ëndërr"**, *në vitin 1963, sikurse arritjen e suksesshme shkencore të "ecjes" së parë në Hënë nga austronauti amerikan* **Neil Armstrong,** *në vitin 1969.*

Gjatë krizës raketore kubane të vitit 1962, midis ish Presidentit të vrarë demokrat *John F. Kennedy* dhe Sekretarit të Parë të Partisë Komuniste të B.R.S.S. **Mikael Gorbaçov**, radio në fjalë transmetoi gjatë gjithë ditës në gjuhën spanjole.

Në fillim të viteve 1980, radio filloi një program rindërtimi prej 1.3 miliardë dollarësh, për të përmirësuar transmetimin me aftësi më të mira teknike.

Sërisht në vitet 1980, ajo shtoi gjithashtu një shërbim televiziv, si dhe programe speciale rajonale në *Kubë, Radio Martí dhe TV Martí.*

Shteti komunist Kuba, vazhdimisht është përpjekur të bllokoj transmetime të tilla dhe ka protestuar me zë të lartë transmetimet e SHBA-së drejtuar Kubës. Në shtator të vitit 1980, ajo filloi transmetimin në Afganistan në Dari dhe në Pashto në vitin 1982.

Në vitin 1985, radiostacioni në fjalë në Europë u krijua si një shërbim i veçantë në gjuhën anglisht, që u transmetua përmes satelitit në valë të gjata dhe shkurtëra (**AM & FM**) dhe filialet e kabllove në të gjithë kontinentin.

Me një format bashkëkohore, që përfshin kalorësit drejtpërdrejtë të diskut, rrjeti paraqiti hitet kryesore muzikore, si dhe lajmet e radios amerikane dhe tipare me interes lokal (siç është "EuroFax") 24 orë në ditë.

VOA-Europë, u mbyll pa njoftim paraprak publik në janar të vitit 1997 si një masë për uljen e kostos. Ajo u pasua nga *Zëri i Amerikës Express*, i cili nga

---

gjithashtu logon e VofA, duke e ndryshuar atë nga skema tradicionale e ngjyrave të kuqe, të bardhë dhe blu dhe shkronjat e vjetra në një shkronja të theksuara, moderne me ngjyra të reja *blu, jeshile dhe gri*. Kjo markë u përfshi në një turne të ri interaktiv në studio, i cili prezanton programet shumëgjuhëshe të radios dhe televizionit të VOA. Jackson, filloi karrierën e tij si gazetar në *The Chicago Daily News*, e ndjekur nga një periudhë 23-vjeçare në Time Magazine. Në Time, Jackson u ngrit në rangje, duke fituar përfundimisht përvojën për të punuar si korrespondent i huaj, duke mbuluar lajmet në dhjetëra vende në mbarë botën. Ai kaloi në teknologjinë mbuluese për Time, duke u fokusuar në mbulimin e internetit dhe botës dixhitale në zhvillim. Pas sulmeve terroriste të shtatorit 2001 (*9/11*), Jackson kaloi në shërbimin publik, duke filluar me një faqe interneti të re për Departamentin e Mbrojtjes, që fokusohej në luftën kundër terrorizmit. Ai u largua nga DoD për në Zërin e Amerikës, më pas pasi u largua nga Zëri i Amerikës vazhdoi në shërbimin publik si Këshilltar i Lartë për Komunikim/Çështje Publike në Departamentin e Shtetit. Më pas ai shërbeu si drejtor i Aktivitetit të Mediave të Mbrojtjes përsëri në DoD, më pas si Redaktor Ekzekutiv i The Washington Times 2012-2013.

4 korriku 1999 u rivendos në VOA Music Mix. Që nga 1 nëntori 2014, stacion-eve u ofrohet VOA1 (e cila është një degëzim i VOA Music Mix).

Në vitin 1989, radio në fjalë zgjeroi programin në gjuhën *mandarin dhe kan-tonez*, për të arritur dëgjimin nga miliona kinezë dhe për të informuar vendin për lëvizjen pro-demokracisë brenda vendit, duke përfshirë demonstratën në *Sheshin Tiananmen.* Duke filluar nga **viti 1990**, SHBA konsoliduan përpjekjet e saj ndërkombëtare të transmetimit, me krijimin e *Byrosë së Transmetimit.*

Në vitin 1993, administrata e demokratit Bill Clinton, këshilloi shkurtimin e fondeve për Radion Evropa e Lirë/Radio Liria, pasi u ndie se informacioni dhe ndikimi i pas Luftës së Ftohtë nuk ishin të nevojshëm në Evropë.

Në vitin 1994, Presidenti Bill Clinton nënshkroi dekretin: *Ligjin për Trans-metimin Ndërkombëtar,* duke e kthyer atë në ligj. Ky ligj themeloi Byronë Ndërkombëtare të Transmetimit si pjesë e Agjencisë së Informacionit të SHBA-së dhe krijoi Bordin e Guvernatorëve të Transmetimit me autoritet mbikëqyrës.

Në vitin 1998, Akti i Reformës dhe Ristrukturimit të Punëve të Jashtme, u nënshkrua në ligj dhe urdhëroi që BBG të bëhet një agjenci federale e pavarur që nga 1 tetori i vitit 1999. Ky akt gjithashtu shfuqizoi dhe bashkoi shumicën e funksioneve të tij me ato të Departamentit të Shtetit. Në vitin 1994, ajo u bë organizata e parë e lajmeve transmetuese, që ofron programe të publikuar vazhdimisht në Internet.

Më 16 maj të vitit 2004, *Worldnet,* një shërbim televiziv satelitor, u bashkua në rrjetin VOA. Programet e radios në rusisht përfunduan në korrik të vitit 2008, kurse **në shtator 2008**, ajo eliminoi shërbimin në gjuhën *hinde,* pas 53 vjetësh transmetimi.

Transmetimet në gjuhën ukrainase, serbe, maqedonase dhe boshnjake gjithashtu përfunduan. Këto ulje ishin pjesë e përpjekjeve amerikane, për të përqendruar më shumë burime, për të transmetuar në botën myslimane.

Në vitin 2013, ajo përfundoi transmetimet në gjuhë të huaj në valë të shkurtër dhe valë të mesme në *Shqipëri,* Gjeorgji, Iran dhe Amerikën Latine; si dhe transmetimet në gjuhën angleze në Lindjen e Mesme dhe Afganistan. Lëvizja u bë për shkak të shkurtimeve të buxhetit.

Më 1 korrik 2014, ajo ndërpreu shumicën e transmetimeve të valëve të shkurtra në anglisht në Azi. Transmetimet e valëve të shkurtra në Azerbajx-hanisht, Bengalisht, Kmerisht, Kurd, Laos dhe Uzbek u ndaluan gjithashtu. Më 11 gusht 2014, shërbimi grek përfundoi pas 72 vitesh.

Programi i radios në gjuhën shqipe

Programi i parë i VOA-s në vitin 1942 filloi me fjalët e spikerit **William Heil**: "*Po ju sjellim zërat nga Amerika. Sot dhe çdo ditë prej sodit, ne do t'ju flasim për Amerikën dhe për luftën. Lajmet mund të jenë të mira për ne. Ose lajmet mund të jenë të këqia. Por ne do t'ju themi të vërtetën.*" Këto fjalë janë mishëruar në Kartën e Zërit të Amerikës, në **vitin 1976** në dokumentin, që detyron me ligj: **"Të shërbejë si burim i besueshëm e i mirë-informuar lajmesh, të sakta, objektive dhe gjithpërfshirëse"**. (*Fatkeqsisht kjo* **Nuk** *po ndodh qysh nga viti 2016-2022*).

Ish gazetari profesionist dhe drejtuesi veteran **Frank Shkreli**[4], i cili ka shërbyer në detyra të ndryshme tek VOA, me një karriere 30-vjeçare deri sa doli në pension, duke përfshirë atë të shefit të Shërbimit Shqip dhe drejtor i saj për Europën, shkruan:

"*Në këtë frymë saktësie, objektiviteti dhe gjithpërfshirjeje ka vepruar edhe Zëri i Amerikës në gjuhën shqipe, për çdo ditë dhe për çdo program që ka transmetuar për 75-vjet tani, gjithmonë në mbështetje të lirisë dhe demokracisë së vërtetë në Shqipëri dhe në Kosovë si dhe në mbrojtje të të drejtave të shiqiptarëve anë e mbanë trojeve të tyre autoktone. Ashtu si gjatë 75-viteve të ekzistencës së tij, me të njëjtin përkushtim ndaj së vërtetës dhe besueshmërisë në emisionet e tij dhe angazhimit për liri e demokraci, Zëri i Amerikës në gjuhën shqipe edhe sot vazhdon të komunikojë me botën shqiptare kryesisht nepërmjet programit televiziv "Ditari", por edhe nepërmjet materialeve "online", si edhe platformave të tjera siç është Facebook, duke furnizuar shikuesin dhe lexuesin shqiptar në vendlindje por edhe e anë e mbanë botës, me lajme, analiza dhe intervista nga Amerika, nga bota por edhe nga korrespondentët e Zërit të*

---

[4] **Frank Shkreli** (1950), ka qenë gazetar dhe redaktor në "Zërin e Amerikës", seksioni shqip nga viti 1974 deri në vitin 1984 dhe shef i seksionit shqip (1984-1985). Nga viti 1985 deri në vitin 1990, ka shërbyer këshilltar i lartë programacioni në divizionin europian të "Zërit të Amerikës", duke punuar në kushtet e Luftës së Ftohtë. Në vitet 1990-1994, ka qenë zv/drejtor i Euroazisë në "Voice of America", divizion ku përfshihej edhe Bashkimi Sovjetik, që ndërkohë u shpërbë në vitin 1991. Nga viti 1994 deri në vitin 2003, Shkreli ka qenë drejtor i divizionit Europian të "VOA", divizion nga i cili, përveç gjuhëve të ndryshme evropiane, varej, veç të tjerash edhe seksioni shqip i kësaj radioje. Frank Shkreli, ishte pjesë e delegacionit të parë diplomatik amerikan në Shqipëri në mars/prill të vitit 1991, me ç'rast u hap Ambasada Amerikane, pas pothuaj 50-vjetësh të regjimit dictatorial komunist. Ai mori pjesë si vëzhgues në zgjedhjet e atij viti. Gazetari profesionist Shkreli, ka vizituar shpesh Shqipërinë dhe Kosovën si pjesë e delegacioneve të ndryshme të SHBA-së. Pas daljes në pension nga detyra qeveritare, pas 30-vjetësh, Frank Shkreli shërben si drejtor i Këshillit Kombëtar Shqiptaro-Amerikan, një organizatë jo-qeveritare, që punon për mbrojtjen e interesave të shqiptarëve në SHBA si dhe për promovimin e paqes dhe zhvillimit ekonomik në trojet shqiptare në Ballkan, e vetmja organizatë shqiptare lobiste me prezencë në Washington DC.

Amerikës anë e mbanë trojeve shqiptare, mbi ngjarjet në rajon."

Duke vlerësuar dhe respektuar kohën dhe misionin e suksesshëm, dhe të pa-anshme të mëparshme të VOA, sot lind pyetja: *A ka vepruar me pa-anshmëri që nga viti 2016 deri tani në korrik të vitit 2022 radio apo Ditari në television me emrin Zëri i Amerikës, në drejtim të informimit dhe pasqyrimit të pa-anshëm të zhvillimeve të shpejta politike në vend!?*

Njëanshmëria e VOA, në mbulimin e vetëdijshëm të korrupsionit familjes Biden

Së pari, Biden gënjen publikisht dhe nuk i kontrollon fjalët e pavetëdijshme që flet dhe se atij ia shkruajnë pyetjet dhe përgjigjet e përgatitura me kujdes nga stafi i tij. Ai edhe ashtu bën gafa dhe humb kontrollin, kur flet dhe takohet me njerëz. Kjo histori e turpshme e njeriut të tyre të dashur, nuk pasqyrohet asnjëherë tek lajmet e pavarura të agjencisë shtetërore.[5]

Në **Kartën e Zërit të Amerikës (1976)** si dokument i rëndsishëm dhe serioz professional për gazetarët e saj. Në fakt, realiteti i sotshëm i misionit të saj, është tërësisht i njëanshëm politik dhe propagandistik majtist, krejt i ndryshëm me qëlimin e themelimit, që ajo ka në ligjet e saj, të aprovuan me vullnetin e lirë.

Kur një gazetar afrikano-amerikan nga studio e tij i bëri direkt pyetjen Bidenit: *Pse nuk bën kontrollin për aftësinë shëndetsore, sikurse e bëri Presidenti Trump,* ai me një gjuhë vulgare dhe pa etikë kulture e diplomatike, iu drejtua gazetarit me ngjyrë drejtpërdrejtë me fyerjen: *"Po ju pse nuk e bëni testin e drogës!?"* Edhe kjo fyrje ndaj një gazetari dhe njeriu me ngjyrë afrikano-amerikanë, nuk u dha asnjëherë nga "gazetarët" e informacionit apo lajmeve në shqip.

Biden, ka kërkuar të mos pyetet drejtpërdrejtë nga gazetarët e atashuar në Shtëpinë e Bardhë, por t'ia japin një ditë përpara pyetjet, në një kohë që **Presidenti i 45-të i SHBA-së republikani i suksshëm Donald J. Trump** është përgjigjur pothuajse çdo ditë pyetjeve të 98% të "gazetarëve" propagandistë të Fake News, të përfaqsuar nga militantë partiakë liberalë globalistë, që i bënin "pyetje" diz-informuese pa asnjë lidhje me temat e *Konferencës për Shtyp.*

Në takimin e parë me gazetarët ai ia kishin dhënë listën e "gazetarëve" demokratë dhe Fake News, që do t'i bënin *pyetje limonatë, për llojet e akulloreve që ai pelqente, ujin me limonite që pi, ëndrrat me shpiegime absurde që kishte parë,*

---

[5] **'His Emails Show It Was A Lie': GOP Rep Shreds Biden Claim He's Not Involved In Hunter's Business.** At a House Oversight Committee hearing on Tuesday, **Rep. Andy Biggs (R-AZ)** spoke about Hunter Biden. **https://www.youtube.com/watch?v=O86xMYluMXA**

gjatë kohës që shijonte vitet e pensionit etj., përralla socialkomuniste kineze, koreanoveriore, kubaneze, venezuelase etj.

Për 20 muaj të shkatërrimit të demokracisë dhe ekonomisë së Amerikës për faj të administratës Biden, hynë në mënyrë të jashtëligjshëm në kufi me Meksikën mbi 10,000.000 emigrantë nga 160 vende të botës, u rrit inflacioni në nivelin e 60 vitëve më parë, **stock marketi është në kolaps nën nivelin e vitit 1872**, u rritën stratosferë çmimet e gazit të makinave, ushqimeve të përditshme, u rritën 50-60% e taksave të punëtorëve (të shtresës së mesme dhe të varfër), çmimi i makinave, taksat dhe vlera e shtëpive të reja, qiraja e banezave, ilaçet e domosdoshme, shërbimet shëndetsore në spitale dhe klinika private për veteranët e luftrave dhe popullsinë e thjeshtë amerikane, u rritë vazhdimisht në shërbimet publike shtetërore dhe private, biletat e autobuzëve, metrove, udhëtimeve me aeroplanë në drejtim të shteteve të tjera, etj., u vendos taksa për "ngrohjen" globale, duke rënduar fatkeqsisht xhepat e amerikanëve pa dallim bindjeve politike.

Ishte pikërisht politika e mbrapsht e Joe Biden, i cili 100% u bë shkaku për fillimin e Luftës në Ukrainë (2022) ose hyrjen e drejtë të Trupave Speciale të Federatës Ruse, për çlirimin e domosdoshëm të vendit nga ndikimi Neo-Nazi i Batalionit Azov në Ukrainë, që fatkeqsisht sot kontrollon ushtrinë, vendin, presidencën, kryeministrin, ministritë, bisnesin, politikën e brendshme dhe të jashtme, oligarkët e pasur, korrupsionin e madh në vendin sllavo-ortodoks lindor etj.

Biden i dhuroi nga taksat tona, shtetit më të korruptuar në botë Ukrainës mbi 82 billion dollarë (duke përfshirë edhe biliona dollarë për rrogat dhe pensionet e qytetarëve ukrainas etj.)*, në një kohë që në gjithë vendin maternitetet amerikane nuk ka qumësht Formula, për femijët e porsalindur dhe të tjerët nën një vjeç.*

Në shumë shtete, qytete dhe lokalitete të ndryshme, ku drejtojnë fatkeqsisht demokratët si governatorë, kryetar bashkie, senatorë dhe kongresmenë komunistë dhe ultra liberalë të gomerëve blu, është ritur në shifra të frikshme krimi dhe pasiguria, vrasjet ditën, përdhunimet e vajzave dhe grave, vjedhjet dhe grabitjet e qytetarëve në rrugë, është rritur numëri i të pastreheve, papunëve në shifra astronomike, janë shtuar të sëmurët mendorë, femijët e braktosur jetimë, adolishentë fatkeq, të cilët janë nën influencën e drogave, alkoolit, depresionit, etj.

VOA, nuk i tregon këto fakte dhe shqetësime të ditës, në edicionet e "lajmeve", që lexon të gatshme (përkthime) nga mediat e majta simotra globaliste Fake News, e cila vijon me propagandë pro qeveritare të justifikoj papërgjegjshmërinë e O-Biden 3.

Ai, sot po i vendos emigrantët e jashtëligjshëm në hotele luskoze me 5 yje, duke shpenzuar mbi 700 dollarë për një natë në Manhattan, New York dhe disa shtete të tjera të gomerëve blu, ku faturat e tyre me paguen me paratë e taksave tona.

Biden i mbylli fëmijët e emigrantëve të jashtëligjshën në kafaze metalike dhe në mënyrë absurde dha urdhër që media, senatorët dhe kongresmenët konservatorë republikanë absolutisht të mos lejoheshin t'i shohin këto veprime të turpshme dhe anti-humane të tij, në një kohë që me hipokrizi kishte kritikuar vite më parë Presidentin Donald J. Trump, për "ngritjen" e këtyre kampeve me tela.

Emigrantët e jashtëligjshëm, po marrin më shumë përfitime (benefice) dhe përkujdesje të pamerituara (pa paguar asnjë ditë taksat), se sa vetë qytetarët dhe fëmijët tanë amerikanë. Ata kanë të drejtë të blejnë makina në të gjithë SHBA me kartë identiteti (**ID**, *duke i regjistruar si demokratë*), të votojnë (*në shtetin e New York-ut, mbasi është miratuar ligji anti-Kushtetues, që i jep të drejtën e votës atyre, pa qenë shtetas amerikanë*), që u kanë dhënë demokratët e shteteve ku ata drejtojnë si governatorë dhe kryetarë Bashkie të partisë së Obama-Biden.

Biden, ka filluar t'i jap biliona dollarë qeverive të shteteve komuniste dhe socialiste, që fatkeqsisht mirëorganizojnë me paramendim hapur karvanin e emigrantëve të jashtëligjshëm drejt kufirit Meksikë-SHBA, të cilat fonde Presidenti Donald J. Trump i bllokoi menjëherë, kur ai erdhi në Shtëpinë e Bardhë (2016-2020).

Shumë shtete dhe qeveri të Amerikës Latine, mësohet se kanë boshatisur të gjithë burgjet e tyre, duke liruar nga vuajtja e dënimit të gjithë kriminelët e rrezikshëm për vendet e tyre, të dënuar përjetësisht për krime të ndryshme, drogë, përdhunime, tregti me fëmijë dhe prostituta etj., duke i lejuar fundrrinat e tyre të shkojnë drejt kufirit me SHBA...

VOA si kopje e simotrave globaliste Fake News dhe Big Tech

Fatkeqsisht *"Media në SHBA, ka vdekur"*, - ka thënë **Sean Hannity**, botues i shumë librave mbi politikën bashkëkohore amerikane, analist i shquar konservativ, i kanalit televiziv **Fox News**, një ndër më të shikuar sot në Amerikë.

Ne të gjithë vazhdimisht kemi ëndrruar, menduar dhe shikuar SHBA-në si një model shprese shembullor të mediave bashkëkohore informuese dhe investigative anti-korrupsion etj.

Kjo rregullsi e demokracisë model për të gjithë botën, tashmë është tjetër-suar dhe venitur totalisht nga vetë "gazetarët" e korruptuar, të cilët me vetëdije i janë larguar misionit fisnik të gazetarit informues, duke u kthyer në papagallë dhe mercenarë të rrezikshëm politikë, të cilët fabrikojnë rregullisht genjeshtra dhe opinione personale.

Kujtoj, se sipas platformës zyrtare të saj VofA, duhet të pasqyroj pikëpamjet e Qeverisë së SHBA-së, pra edhe të Presidentit Donald J. Trump, ashtu sikurse kanë vepruar me fanatizëm dhe dashuri patetike për 8 vjet me ish presidentët e preferuar Clinton, Obama dhe sot O-Biden 3.

Kur VOA, ka botuar njoftime nga mediat e majta, si: CNN, The New York Times, Washington Post etj., Big Tech etj., duhet të kishte botuar edhe lajme për të njëjtin temë nga media e pavarura politike si: **One American News (OAN) Right Side Broadcasting Network, Newsmax.tv Infowars, Frank-FreeSpeech TV** etj., duke krijuar dhe ruajtur ekuilibrin e lajmeve dhe analizave.

Mbi 500,000 artikuj të ndryshëm nga Fake News (*shumicën e të cilave fare lehtësisht i gjen në gjuhën shqipe edhe në arkivin e lajmeve të VOA, shenimi im K.K.*), janë publikuar deri tani për "lidhjet" e zotit Trump dhe antarëve të fushatës elektorale të tij me Qeverinë e Rusisë dhe Putinin, si: CNN, ABC, The New York Times, Washington Post, Daily News, Boston Globe, etj., shkruan gazetari dhe editori *Green Wald*, themelues i *"The Intercept"*. Të gjithë këto lajme më vonë dolën se ishin fabrikime të turpshme propagandistike politike.

Këto media, kanë përdorur dy standarte edhe pas daljes së rezultatit të hetimeve nga stafi i majtë "demokratë", i kryesuar nga **gënjeshtari profesionist Robert Muller**, i cili deri më sot nuk kanë kërkuar falje publike, **për "raportin" me 500 faqe, të mbushur plot mashtrime të turpshme**, gjë që ka irrituar me të drejtë popullin e thjesht amerikanë.

VOA nuk u tregon shqiptarëve për laptopin e Hunter Biden

VOA, sot po fsheh me dashje skandalet amerikane të shekullit 21, që janë të provuar nga vetë mediat e majta si *The New York Times, Washington Post etj.* P.sh. djali i ish senatorit dhe zv/Presidenti i SHBA-së Biden, ka humbur kompiuterin e tij laptop ose më saktë e ka lënë për t'a riparuar tek një dyqan dhe nuk është interesuar më për t'a rimarrë atë, sepse ka humbur kontrollin e vetës së vet, nën influencën apo varësinë ndaj alkoolit dhe drogave të rënda si përdorues i rregullt i tyre.[6][7][8]

---

[6] Sean Hannity 9/20/22 FULL HD | BREAKING FOX NEWS september 20, 2022 https://www.youtube.com/watch?v=DT43vjG-KI4

[7] 'For That Reason Alone We Should Be Opening This Inquiry': Nancy Mace Takes Aim At Hunter Biden https://www.youtube.com/watch?v=3W7JR-jIsjQ

[8] **'Shocking And Unsettling To All Americans': Virginia Foxx Discusses Hunter Biden Allegations.** At yesterday's House Oversight Committee hearing, **Rep. Virginia Foxx (R-NC)** spoke about legislation pertaining to the Biden family's potential conflicts of interest. https://www.youtube.com/watch?v=i4PyPnZbcM0

Jonh Paul Mac Isaac (1975)[9] pronari i dyqanit, një ditë kur e ka parë se prurësi i kompiuterit në dyqan nuk po vinte t'a merrte atë dhe kaloi shumë kohë në dyqanin e tij (u bë pronë e tij), e ka hapur me shumë kujdes. Tekniku, është shokuar për çfarë ka parë dhe lexuar me sy brenda saj.[10] [11]

Pronari i dyqanit të riparimit të kompjuterëve në shtetin Delaware (i cili ia dha FBI laptopin e braktisur të Hunter Biden), kritikoi agjencinë e zbatimit të ligjit për *"standardin e saj të dyfishtë"*, pas bastisjes së shtëpisë së ish-presidentit republikan Donald J. Trump në Mar-a-Lago, Florida më 8 gusht 2022.

"Familja ime dhe unë kemi qenë dëshmitarë të njëanshmërisë në FBI nga tetori i vitit 2019, kur ata refuzuan të preknin laptopin Hunter Biden, derisa më në fund, në dhjetor, ata erdhën dhe e morën atë." John Paul Mac Isaac i tha **Fox & Friends First**.[12] [13] [14] [15]

"Edhe atëherë, ata dukeshin ngurrues. Një sinjalizues nga e majta merr anonimitetin dhe merr përsipër që personi i tij të mbetet i paprekur, ndërsa unë i dhashë një bilbil (i thirra apo njoftova FBI, shënimi im K.K.) *dhe më duhej të ikja nga shteti se me kërcënuan me vdekje. Pra, unë padyshim që kam dëshmuar se po përdoret*

---

[9] **John Paul Mac Isaac** Born into a military family on May 3, 1976, John Paul Mac Isaac was a very creative and artistic child. With a visual impairment related to his albinism, he found more enjoyment quietly drawing than participating on a field. As the effects on his vision started to impact his early teens, he found escape in the creation of computer graphics. Eventually, he landed a job with the Department of Education, fixing Macs in Delaware schools. His dreams of being a media creator were sidetracked by the realization that he could make a living fixing computers and supporting other creative Mac users. He still pursued his creative dreams by filming and archiving airmen from WWII through Vietnam, but fixing Macs was his profession. He was hired in 2004 to be a part of the soon-to-open Apple store in northern Delaware and spent the next five years with Apple, building a reputation for quality customer service. After no longer seeing eye to eye on how customer service should be executed, he left Apple in 2010 to open his own shop. He provided five-star service and support to the Apple community for nearly ten years until becoming caught up in the Hunter Biden laptop scandal. Now his life has been forever changed.

[10] **'Oh Come On, Folks — That Is Just Crazy!': Byron Donalds Torches Biden Claims About Son Hunter.** At Tuesday's House Oversight Committee hearing, Rep. Byron Donalds (R-FL) spoke about legislation pertaining to the Biden family's potential conflicts of interest. https://www.youtube.com/watch?v=ATson9OKQ_M

[11] **GOP Lawmaker: 'Once Joe Biden Gets In The White House, Suddenly Hunter Biden's An Artist'.** At a House Oversight Committee hearing on Tuesday, **Rep. Michael Cloud (R-TX)** spoke about Hunter Biden. https://www.youtube.com/watch?v=TaCah_BKAlg

[12] 'I Want To Know Where Hunter Biden's Laptop Is': Matt Gaetz Grills FBI Cyber Chief **https://www.youtube.com/watch?v=7KfpZRaTkwY**

[13] New details in Hunter Biden federal investigation **https://www.youtube.com/watch?v=u3W8_7n13Mo**

[14] How Joe Biden Made His Millions https://www.youtube.com/watch?v=ddTP2rUoIwI

[15] Dana Perino: White House 'bracing' for Hunter Biden's emails | Brian Kilmeade Show **https://www.youtube.com/watch?v=47BlKKOZgl0**

një standard i dyfishtë këtu." shtoi Mac Isaac.

John Paul Mac Isaac, tha se paraqitja e Hunter Biden me babanë e tij, tregon se ai është *"përtej qortimit"*. *"Të fundit që kontrollova, në kompiuter ishin fotot e shumta, ku shihej Hunter, duke marrë drogë, trafikimi seksual, pornografi etj. Ai ka pasur një bollëk aktivitetesh kriminale, që kanë dalë nga ai laptop dhe FBI e ka në posedim laptopin, që nga 9 dhjetori i vitit 2019 dhe nuk po bën asgjë për të informuar popullin amerikan dhe për të bërë detyrën e saj, për të cilën edhe paguhet nga taksat tona."* tha Mac Isaac.

"Dhe djali i Presidentit të Shteteve të Bashkuara, vazhdon të përshëndesë nga ballkoni i Shtëpisë së Bardhë. Ai vazhdon të fluturojë në Air Force One. Ai është përtej qortimit," tha ai, duke shtuar se: *"Me sa duket, ka njerëz mbi ligjin, dhe mendoj se nëse mbiemri juaj është Biden apo edhe Pelosi-t, ju jepet kjo mundësi."*[16]

Mbi 30 agjentë të FBI, me një urdhër kontrolli hynë brutalisht në rezidencën e ish-presidentit Donald J. Trump në Mar-a-Lago, Florida ditën e hënë me 8 gusht 2022, duke qendruar aty për 9 orë dhe 30 minuta, pa praninë e dy avokatëve të tij dhe pa prezencën e të zotit të shtëpisë Presidentit Trump, që atë ditë ishte në Manhattan, New York.

Sipas ligjit amerikanë dhe profesorëve të disa universiteteve amerikanë, që janë njikohsisht edhe ekspertë të shquar dhe të pavarur konsitucionalistë, thuhet *se nderhyrja brutale e tyre në **një pronë qytetare private** ishte e jashtëligjshme dhe në kundërshtim flagrant me **Amendamenti IV të Kushtetutës Amerikane,** dhe se kjo histori është jashtë kopetencave ligjore dhe nuk ka të bëj aspak me të drejtën ligjore të DOJ dhe FBI, por **është një problem i brendshëm midis ekipit të avokatëve të Presidentit Donald J. Trump dhe Arkivit Historik të Shtetit të SHBA-së,** që merret me grumbullimin dhe sistemimin e dokumentëve të ish presidentëve.*

***DOJ dhe FBI,** kësisoj për asye të bindjeve të tyre private politike majtiste dhe si urrejtës të Presidentit Trump, kanë shkelur hapur kopetencat e ligjit federal, duke i krijuar mundësi Presidentit Trump, që t'i vërë ata para përgjegjësisë ligjore në gjyq, për abuzim me pushtetin dhe detyrën e përkohshme, që ato kanë sot.*

FBI, në kundërshtim me ligjin, (për të mos pasur prova kundër tyre në gjykatë), kërkuan familjes Trump, që **të fikën kamerat e sigurisë**, në mënyrë që Presidenti Trump të mos ketë prova kundërshtimi të bastisjes brutale të rezidencës së tij nga **agjentët politikë demokratë të FBI**, me urdhër dhe nën-shkrim direkt nga Prokurori i Përgjithshëm i O-Biden 3.

Njerëzit e Presidentit Trump, janë habitur në lidhje me qëllimin brutal të bastisjes, por media të shumta globaliste **Fake News dhe VOA** si gjithnjë,

---

[16] Paul Mac Isaac, **Fox & Friends First.**

kanë raportuar se "kërkimi" absurd lidhej me kutitë e materialeve "nukleare", që Trump solli në vendpushimin e tij në Florida, pas largimit nga detyra, në janar të vitit 2021.

FBI, kontrolloi edhe në garderobën personale të First Lady zonjës Melani Trump, *duke menduar se do të zbuloi kodet nukleare… në të brendshmet, pantallonat, bluzat apo…* Ata e bënë garderobën e saj rrëmujë nga inati se nuk gjetën asgjë kompromentuese aty ndaj familjes Trump.

Mësohet, se këtë barbari bastisjeje, FBI e bënë edhe në dhomën e gjumit të fëmijës 16-vjeçar **Barron Trump,** *djalit të vogët të Presidentit Doald J. Trump.* Kjo dhunë e turpshme, me poshtërsi dhe skenarë të parapërgatitur komunist, nuk ka ndodhur asnjëherë në historinë e SHBA-së dhe të presidentëve të saj.

Dihet historikisht se ish presidenti i deshtuar demokrat Barack Hysen Obama (2008-2016), ka marrë në shtëpinë e tij, mbas mandatit mbi 33,000.000 dokumente sensitive të klasifikuara dhe rezidenca e tij luksoze prej $14,000.000 në Chicago dhe banesa e tij e re nuk është shkelmuar **asnjëherë** *barbarisht nga FBI, me urdhër të firmosur Departamentit i "Drejtësisë" së O-Biden 3.*

Për dokumentet e Obamës radio komuniste VOA nuk ka thënë asnjë fjalë, por ka e kaluar me heshtje si gjithëmonë, sikurse ka bërë gjatë 8 vjet (2008-2016) të presidencës deshtake të tij. Presidenti Trump, sipas ligjit amerikan i ka de-klasifikuar të gjithë këto dokumente "sekrete", të cilat sot fatmirësisht nuk përbejnë më sekrete shtetërore.

Edhe Big Guy (Biden), **ka shumë dokumente sekrete në shtëpi të tij apo tek laptopi i djalit të tij Hunter Biden, por FBI nuk shkon t'i marrë atje ose për me tepër aktualisht e ka në zyrë laptopin e Hunter-it qysh nga viti 2019... Pse po përdoren dy standarte!? Pse ai nuk flet për ato!?**

Në SHBA, fatkeqsisht demokratët ekstremistë, po përdorin armatosjen politike anti-kushtetues të DOJ dhe FBI, duke praktikuar si gjithnjë dy standarte dhe ulur kësisoj para botës imazhin e SHBA-së, DOJ dhe FBI…

Asokohe vetë mediat e majta (duke përfshirë edhe VOA), shkruanin dhe përgatisnin në television dokumentarë investigativë serial mbi korrupsionin e madh të Hunter Biden, djalin zv/Presidentit Biden, që po përdorte avionin shtetëror Air Force II, për të ndihmuar djalin e tij në bisnes me kinezët etj. Ky ishte një konflikt i hapur interesi.[17]

Këto media, asokohe nuk mendonin se Biden nuk do të garonte më për President, mbasi ai kishte dalë në pension dhe tani i përkiste moshës së tretë të thyer. Një ditë tekniku apo pronari i kompiuterit laptop, dëshmoi para

---

[17] **NEW: Josh Hawley Questions Ex-Twitter Employee Over Hunter Biden Story Suppression.** At today's Senate Judiciary Committee hearing, Sen. Josh Hawley (R-MO) questioned Twitter whistleblower Peiter "Mudge" Zatko, making reference to the suppression of the New York Post's pre-2020 election Hunter Biden story.
https://www.youtube.com/watch?v=L1NBQANO5HY

kanaleve televizve konservatore: Fox News, Newsmax, OAN etj., sepse *ishte shokuar kur kishte mësuar se pronari i mëparshëm kompiuterit ishte djali i Biden-it.*

Ai menjëherë ka lajmëruar FBI dhe një kopje ia la në dorë avokatit **Rudy Giuliani**, duke menduar se FBI e korruptuar tash 20 vjet dhe e politizuar majtas (**kryesisht kati i shtatë i kësaj agjencie**), mund të zhduk me qëllim provat dhe kompiuterin laptop të Hunter Biden, djalit të Joe Biden. FBI dhe DOJ deri sot, po heshtin dhe mbulojnë me vetëdije korrupsionin e familjes Biden.

Ata i thanë **John Paul Mac Isaac**, pronarit të riparimit të kompiuterave, që të hesht dhe të mos bisedonte me mediat amerikane apo ndërkombëtare për këtë ngjarje, mbasi kjo do të rrezikonte seriozisht kandidatin demokrat Biden, që të bëhet President i ardhshëm i SHBA-së.

Në muajin gusht të vitit 2022, 3 (tre) agjentë të FBI, janë shkakuar nga detyra për këtë histori të **Laptop from Hell**, *që tashmë po bën vazhdimisht buj në mediat jo vetëm këtu, por edhe në të gjithë botën.*

FBI, u bë kështu me ndërgjegje palë e një krimi të madh të organizuar, gjë që po vijon edhe në ditët tona, ku tesh 3 vjet nga dita që ato morën kompjuterin laptop të tij *nuk kanë bërë asgjë, për t'a investiguar dhe treguar popullit, Kongresit dhe Senatin Amerikan mbi korrupsionin prej dekadash të familjes Biden dhe Bidenëve.*

Fatmirësisht, **sot mbi 30 agjentë të FBI,** tashmë kanë treguar në mirëbesim, para disa kongresmenëve dhe senatorëve republikane amerikanë, se *kati i shtatë i zyrave të saj* (e cila po ashtu paguhet nga taksat tona) *po bëjnë të gjithë përpjekjet maksimale, për të mbuluar dhe mos investiguar apo penguar hapur hetimin e laptopit dhe familjes së tejkorruptuar të Joe Biden dhe të djalit të tyre Hunter Biden, fakt i cili ka tronditur me të drejtë të gjithë popullin amerikanë, i cili, po sheh hapur në dritën e Diellit dy standartësinë, që vetë FBI dhe Departamenti i "Drejtësisë" së SHBA-së, ka përdorur dhe po përdor vitet e fundit këtu…*

Rasti i hartimit të *Dosjes Fallco-Trump,* apo përgjimet sistematike ndaj stafit dhe kampit elektoral, kundër Presidentit Trump etj., nga kupolat e FBI, sot janë vërtetuar plotësisht. Ky laptop personal, përmban dokumente sensitive, si dhe qindra e-maile korrupsioni që implikojnë familjen Biden: Jim, Joe, Hunter etj.

Aty ndodhen me qindra dhe mijëra foto skandaloze pornografike dhe shumë video të turpshme me prostituta, duke marrë drogë etj., ku një pjesë e fotove tashmë (fatmirësisht) janë si provë shumë e mirë dhe shuplakë e fortë edhe për të korruptuarit e FBI dhe DOJ.

Si ka mundësi që FBI dhe DOJ, po vijon papushim të bëj lojën e të verbërit, mbasi këto materiale kompromentuese korruptive prej shumë vitesh edhe sot vazhdojnë të qarkullojnë si prova kryeforte në shumë filma www.mysonhunter.com, dokumentarë, libra, gazeta, revista, etj., në internet: YouTube, Google, Facebook, Twitter, website etj.

Nga ana e tjetër, gazeta e përditshme **New York Post,** fatmirësisht çdo ditë (tash 3 vjet) po boton në faqet e saj korrupsionin me fotot dhe e-mailet e djalit të Joe Biden-it dhe vetë zv/Presidentit asokohe Biden, i cili, ka pozuar duke buzëqeshur me shokët bisnesmenë të djalit të tij Hunter Biden, të marrë nga kompiuteri dhe dëshmitë e partnerit të tij **Tony,**

Ky i fundit, fatmirësisht të gjithë telefonat dhe dokumentet e tij personale të bisnesit, i ka vënë në dispozicion të drejtësisë amerikane dhe FBI. Amerikanët e dijnë këtë gjë, sepse e shohin në mediat alternative kombëtare.

Në Kongres, në seancën e (20 shtator 2020) Komisionit Mbikëqyrës të Dhomës së Përfaqësuesve, **Rep. Nancy Mace (R-SC),** foli për legjislacionin, që ka të bëjë me konfliktet e mundshme të interesit të familjes Biden.

Ajo iu referua laptopit origjinal të Hunter Biden, ku janë gjetur mbi 150 transaksione financiare, që janë bërë midis tij dhe Shoqërisë Financiare, që bashkëpunon me atë, ku përfshihen aktivitetet financiare kriminale si patrim parash, mos pagim të taksave për shumë vite etj.

Kompiuteri i tij ka 80,000 tekste dhe e-maile, ku dy njerëz si bisnesmen, që bashkëpunonin me Hunter Biden, konfirmojnë se **Big Guy është Joe Biden asokohe zv/Presidenti i SHBA-së,** duke treguar edhe fotot me bisnesmenët e boss-ëve të djalit të tij.[18] [19]

Presidenti Trump, në tubimet elektorale, për mbështetjen e kandidatëve republikanë në shtetet Ohio, Florida, Ohio, dhe në shumë shtete të tjera, sikurse edhe përmes faqes së tij në internet dhe rrjetin e ri mediatik **Truth Social**, po tregon dhe lejon hapur botimin e historive të reja të mëdha skandaloze korrupsioni të familjes Biden, duke pyetur gjithnjë publikisht: *Kush është Hunter Biden!?*

Tubimet e mëdha të Presidentit Trump, në disa shtete të SHBA-së, **Nuk** *po gjejnë pasqyrim në radion dhe televizorin Zëri i "Amerikës", e cila paguhet edhe nga taksat e 75,000.000 amerikanëve republikanë, të pavarur dhe demokratë, që nuk kanë votuar për boss-in e tyre Biden.*

Kjo është shkelje e ligjeve të informimit dhe të asaj për të cilën u krijua në

---

[18] **At today's House Oversight Committee hearing,** Rep. Nancy Mace (R-SC) **spoke about legislation pertaining to the Biden family's potential conflicts of interest.** 'For That Reason Alone We Should Be Opening This Inquiry': Nancy Mace Takes Aim At Hunter Biden https://www.youtube.com/watch?v=3W7JR-jIsjQ **Sep 20, 2022**

[19] **What does President Biden think about Hunter's overseas business?** California Rep. Darrell Issa and Fox News contributor Sol Wisenberg discuss GOP senators seeking special counsel authority in the Hunter Biden investigation on 'The Evening Edit.' #foxbusiness #theeveningedit https://www.youtube.com/watch?v=ytE1QVw82Pk

vitin 1942 **Karta e Zërit të Amerikës** *(Ligjet Publike 94-350 dhe 103-415), të cilat u nënshkrua apo kthyen në ligj në vitin 1976 nga Presidenti republikan* **Gerald Rudolph Ford.**[20]

Ja se si përshkruhet misioni i lajmeve të verteta, kur u hap VOA: *"Po ju sjellim zërat nga Amerika… Lajmet mund të jenë të mira për ne ose lajmet mund të jenë të këqia. Por ne do t'ju themi të vërtetën."* - **William Heil**.

Pikërisht pse Trump denoncoi korrupsionin e zv/Presidentit Joe Biden dhe djalit të tij në Ukrainë (*vendi më i korruptuar në botë*), demokratët në Kongres, filluan dy proçese absurde gjyqësore të shkarkimit fallco të tij, pa fakte dhe prova konkrete.

---

[20] **Gerald Rudolph Ford Jr. (1913-2006)** ishte një politikan amerikan që shërbeu si presidenti i 38-të i Shteteve të Bashkuara nga viti 1974 deri në vitin 1977. Ai ishte i vetmi president që nuk ishte zgjedhur kurrë në zyrën e presidentit apo nënpresidentit. Ai ka shërbyer më parë si lider i Partisë Republikane në Dhomën e Përfaqësuesve dhe si zëvendëspresidenti i 40-të nga viti 1973 deri në 1974. Kur Presidenti Richard Nixon dha dorëheqjen në vitin 1974, Ford arriti në presidencë, por u mund për t'u zgjedhur për një mandat të plotë në vitin 1976. I lindur në Omaha, Nebraska dhe i rritur në Grand Rapids, Michigan, Ford ndoqi Universitetin e Miçiganit, ku ishte anëtar i ekipit të futbollit të shkollës, duke fituar dy Kampionatet Kombëtare. Pas vitit të tij të fundit, ai hodhi poshtë ofertat nga Detroit Lions dhe Green Bay Packers, në vend të kësaj zgjodhi të shkonte në Fakultetin Juridik të Yale Pas sulmit në Pearl Harbor, ai u regjistrua në Rezervën Detare të SHBA, duke shërbyer nga 1942 deri në 1946; u largua si nënkomandant. Ford filloi karrierën e tij politike në vitin 1949 si përfaqësues i SHBA nga distrikti i 5-të i Kongresit të Miçiganit. Ai shërbeu në këtë cilësi për gati 25 vjet, nëntë e fundit prej tyre si udhëheqës i pakicës në Dhomën e Përfaqësuesve. Në dhjetor 1973, dy muaj pas dorëheqjes së Spiro Agnew, Ford u bë personi i parë i emëruar në Zëvendës Presidencë sipas kushteve të Amendamentit të 25-të. Pas dorëheqjes së Presidentit Nixon në gusht 1974, Ford mori menjëherë presidencën. Deri më sot, kjo ishte pasardhja e fundit presidenciale brenda mandatit të SHBA. Si president, Ford nënshkroi Marrëveshjen e Helsinkit, e cila shënoi një lëvizje drejt uljes së tensionit në Luftën e Ftohtë. Me rënien e Vietnamit të Jugut nëntë muaj në presidencën e tij, përfshirja e SHBA në Luftën e Vietnamit në thelb përfundoi. Brenda vendit, Ford kryesoi ekonominë më të keqe në katër dekadat që nga Depresioni i Madh, me inflacion në rritje dhe një recesion gjatë mandatit të tij. Në një nga aktet e tij më të diskutueshme, ai i dha një falje presidenciale Richard Nixon për rolin e tij në skandalin Watergate. Gjatë presidencës së Fordit, politika e jashtme u karakterizua në aspektin procedural nga rritja e rolit që Kongresi filloi të luante dhe nga frenimi përkatës i kompetencave të presidentit. Në fushatën presidenciale republikane të vitit 1976, Ford mundi ish-guvernatorin e Kalifornisë Ronald Reagan për nominimin republikan, por humbi ngushtë zgjedhjet presidenciale ndaj sfiduesit demokrat, ish-guvernatorin e Xhorxhias, Jimmy Carter. Sondazhet e historianëve dhe shkencëtarëve politikë e kanë renditur Fordin si një president nën mesataren. Pas viteve të tij si president, Ford mbeti aktiv në Partinë Republikane. Pikëpamjet e tij të moderuara për çështje të ndryshme sociale e vënë atë gjithnjë e më shumë në kundërshtim me anëtarët konservatorë të partisë në vitet 1990 dhe fillimin e viteve 2000. Në pension, Ford la mënjanë armiqësinë që kishte ndier ndaj Carter-it pas zgjedhjeve të vitit 1976 dhe dy ish-presidentët zhvilluan një miqësi të ngushtë. Pasi përjetoi një sërë problemesh shëndetësore, ai vdiq në shtëpi më 26 dhjetor 2006.

Presidenti Trump, kishte të drejtë për gjithçka

Kongresmenët "demokratë", kërkuan në Dhomën e Përfaqsuesve, (i cili, fatkeqsisht tesh 4 vjet kontrollohet nga ultra të majtët komunistë), të fillojnë proçesin e shkarkimit të Presidentit Trump, se gjoja ai i ka bërë "presion", përmes bisedës telefonike Presidentit të Ukrainës **Vladimir Zelinskit**, që të hetoj korrupsionin e Biden-it dhe djalit të tij Hunter, me kompaninë e gazit natyror Burisma dhe në vende të tjera të botës...

Presidenti ukrainas publikisht, disa herë fatmirësisht ka mohuar në mediat vendase ukrahinase historitë plot rrena të mediave globaliste amerikane Fake News, për gjoja "presionin" nga kolegu amerikanë, duke u shprehur hapur para mediave ndërkombëtare në New York, kur ishte në një takim diplomatik në Selinë e OKB-së.

Presidenti Trump, vazhdimisht po vë gishtin edhe mbi standartin e dy-fishtë të Departamenti të Drejtësisë së SHBA-së, mbylljen e syve të Prokurorit të Përgjigjshëm, Departamenti të Shtetit, Joe Biden-it dhe të tjera sot, të cilët paturpsisht po heshtin, sepse personazhi kryesor është familja dhe djali i tij.

Si zakonisht Zëri i Amerikës ka heshtur deri tani, për këto skandale publike të shekullit. Në takimin rutinë të G-7, më 11 qershor 2021 në Europë, Biden u la në hije, në fund të rreshtit dhe nuk ishte asnjëherë në fokus të kamerave.

Ai iu fsheh me mjeshtëri gazetarëve ndërkombëtarë dhe amerikanë, që donin t'a pyesnin për manipulimin e zgjedhjeve të 3 nëntorit 2020, pse 75,000.000 amerikanët nuk e njohin atë si kryetar shteti të tyre, apo se kush është ai dhe djali i tij që po hetohet ngadalë nga DOJ e FBI, për veprimtari kriminale.

Disa gazetarë europianë, i rreshtuan apo publikuan pyetjet e tyre në web-sitet dhe statuset në profilet e tyre në rrjetet sociale. *Asnjë nga gazetarët e VOA nuk i ka bërë pyetje Biden-it për skandalet, që i di tashmë e gjithë Amerika, bota dhe shqiptarët në trojet etnike.*

Gazeta konservatore e pavarur **New York Post**, ka botuar shpesh artikuj për këtë temë, kurse e ashtëquajtura Zëri i Amerikës, që paguhej asokohe dhe tani rregullisht nga taksat tona, nuk ka thënë asnjë fjalë, për këto raste skan-daloze publike.***(Shiko dokumentarin me fakte tek www.FrankSpeech.com dhe 2000Mules.com)***

Sot në mediat e pavarura këtu, janë zbuluar fakte dhe prova të reja origjinale me shkresa dhe dokumete, se pikërisht ish Prokurori i Përgjithshëm William Barr, i emëruar në detyrë në vitin 2018 - 2020 nga vetë Presidentit Trump, asokohe kishte gënjyer para mediave, se nuk kishte gjetur manipulime dhe vjedhje të zgjedhjeve presidenciale në SHBA.[21]

Dëshmitë e mediave tregojnë se ishte pikërisht ai duke qenë në rolin e boss-it apo Prokurorit të SHBA-së, i cili personalisht nuk ka lejuar prokurorët e shteteve të tjera, që të merren me hetimin e manipulimit të zgjedhjeve, *duke fshehur në këtë mënyrë Krimin dhe Skandalin më të madh, të shekullit 21 të organizuar në historinë e vendit.*[22]

Korrupsioni i votimeve në SHBA, është disa herë më i madh se në zgjedhjet e 25 prillit 2021 në Shqipëri, ku thuhet se u blenë e manipuluan votat nga qeveritarët në pushtet, nën dijeninë e ambasadorëve globalistë europianë dhe amerikanë në Tiranë.

E njëjta gjë ndodhi edhe në zgjedhjet presidenciale, Kongres (për 435 vende) dhe disa karrige politike në Senatin Amerikan, ku gjykatat e vogla të shteteve, gjykatat supreme të shteteve të ndryshme dhe deri edhe Gjykata e Lartë e SHBA-së (nga frika e revoltave të dhunshme të organizatave anark-iste-marksiste BLM dhe Antifës), e cila për habinë e popullit amerikan, nuk pranoi të marrë në shqyrtim aktet e manipulimit skandaloz të votimeve, për zgjedhjet skandaloze të 3 nëntorit 2020.

Ambasadori ynë në Tiranë dhe ai në Prishtinë, fatkeqsisht deri më sot, nuk kanë skjaruar gazetarët shqiptarë në konferencat e shtypit *zgjedhjet e manipu-luara dhe të vjedhura presidenciale 2020,* mbi skandalet e familjes Biden, korrup-sionin dhe 4 çeshtjet kriminale të djalit të tij.

Asnjë pyetje nuk kanë bërë korrespondenti i VOA në Tiranë, për Hunter Biden, sepse kanë frikë nga ambasadorët tanë atje, që në një formë a tjetër

---

[21] https://www.youtube.com/watch?v=vPriOpIek0E **WATCH: Why Bill Barr didn't be-lieve Trump's baseless election fraud claims | Jan. 6 hearings**

[22] Former federal prosecutor **Geoffrey Berman** has accused **former Attorney General William Barr** of firing him from his post because his department's investigations at the time threatened Trump's 2020 reelection chances. During an appearance on MSNBC's **"The Rachel Maddow Show,"** on Monday, Berman, who was the U.S. attorney for the South-ern District of New York, told host Rachel Maddow that his department was working on sev-eral cases, including one involving former White House chief strategist **Stephen Bannon,** in the months ahead of the election. Reading from a book by Berman to be published titled **"Holding the Line,"** Maddow asked the former federal prosecutor to address the notion that Barr **"no doubt believed that by removing me he could eliminate a threat to Trump's reelection. How was your work as U.S. attorney a threat to Trump's reelection?"** Maddow asked. "Well, at the time I was fired, the Southern District of New York was working on a couple politically sensitive cases. One of those cases is the Steve Bannon **'we build the wall'** case and we were very close to indicting that case around the time I got fired, and Barr knew about the case," Berman told. Maddow.
https://thehill.com/homenews/administration/3639753-former-federal-prosecutor-says-barr-fired-him-because-investigations-threatened-trumps-reelection-chances/

mund t'i heqin nga puna.

Si ka mundësi që Zëri i Amerikës në gjuhën shqipe nuk e di se nëse Biden nuk do të ishte zv/president i SHBA-së a do të ishte Hunter Biden në bordin e kompanisë Burisma dhe a do të paguhej pa merita profesionale me shuma marramendse mujore 120,000 dollarë dhe me vlerë vjetore $1.5 milion, me të cilën shumë nuk paguhen as ekspertët më profesionistë amerikanë në kompanitë më të mëdha të naftës dhe gazit natyror në SHBA dhe botë!?

Hunteri e ka pranuar vetë (gjatë një interviste dhënë **abc news** një kanal televiz i majtë këtu), se ai është në Bordin Drejtues të Kompanisë "Burisma" dhe është paguar shumë, vetëm pse babai i tij Joe ishte zv/President i vendit.

Departamenti i Drejtësisë (DOJ) i administratës Obamës-Biden 1 dhe 2, nuk e ka hetuar *Biden për konflikte të interesit personal*, gjatë kohës që ai ishte zv/President i SHBA-së 2008-2016. Dëmi i madh, që familja e korruptuar Biden i ka sjellë popullit amerikanë për dekada me radhë. Ai ka përdorur pushtetin për 8 vjet, në kohën e Obamës dhe tani që ai fatkeqsisht është në Shtepinë e Bardhë.

Gjithashtu kohët e fundit nga disa gazetarë investigativ të gazetës **The Hill**, (online) e cila botohet në Washington D.C., kanë dalë në qarkullim disa libra investigative mbi familjen Biden dhe djalin e tij "bisnesmenin" Hunter. VOA si "miope", nuk i ka parë këto artikuj dhe libra, që vazhdimisht po botohen këtu dhe shpërndahen me shumicë në internet dhe deri në hollin e Kongresit dhe Senatit Amerikan.

Ka kohë që ka dalë në qarkullim libri i ri, me autoren **Miranda Devine**, me titull: *"Laptop from Hell"*: *Hunter Biden, Big Tech, and the Dirty Secrets the President Tried to Hide (Hardcover). Zonja Devine, është gazetare investigative profesionale dhe shkruan për të përditshmen* **New York Post**.[23]

Gjatë 2 viteve të investigimit (2020-2022) manipulimit të zgjedhjeve presidenciale etj., sot fatmirësisht është zbuluar fatmirësisht se vjedhja dhe mashtrimi i zgjedhjeve, janë programuar me kujdes, për të nxjerr të sigurtë si fitues Joe Biden-in, që natën e votimeve në shkallë kombëtare ishte humbës me shifra astronomike.

Ky veprim kriminal anti-Kushtetues, i kryer profesionalisht nga hakerët amerikanë në bashkëpunim me të huajt, të afërt me partinë "demokratike" dhe disa agjenci të inteligjencës apo sikurse njihen si shërbimi sekret amerikanë, që i ka lejuar të veprojnë (kriminelët kompiuterikë) kundër SHBA-së, para dhe mbas votimeve, të mbështetur financiarisht nga Soros, Kina Komuniste, Big Tech, Big Media globaliste etj.

Këtë gjë e pasqyron edhe filmi dokumentar **www.2000Mules.com** i cili,

---

[23] **Miranda Devine,** *"Laptop from Hell"*: *Hunter Biden, Big Tech, and the Dirty Secrets the President Tried to Hide (Hardcover)*

vetëm natën e parë premiere është parë nga mbi 30 milion shikues, kurse tani po shfaqet në 4000 kinematë e të gjithë SHBA-në.

Një dokumentar tjetër serioz investigativ, me materiale filmike shumë serioze, është edhe ai kanalit televiziv www.franspeech.com, i cili sot mund të shihet falas në këtë website, që tregon me prova dhe fakte manipulimin e zgjedhjeve presidenciale të vitit 2020 ne SHBA.[24]

Ky kanal i ri televiziv, është shumë më lart në misionin fisnik të informimit të pa-anshëm këtu, se sa radio dhe televizioni shteteror, i tejpolitizuar propagandistik *Zëri i Amerikës, e cila duke qenë larg detyrës së saj, me vetëdije të plotë ka mbuluar Korrupsionin e Shekullit të Familjes Biden, Hunter Biden, Jim Biden etj., si dhe zgjedhjet e manipuluara dhe të vjedhura presidenciale, më 3 nëntor të vitit komunist 2020 në SHBA.*

Rinumëri i votave audio në shtetet **Arizona dhe Georgia**, po trondisin sot të gjithë opinionin amerikanë dhe atë botëror. Zëri i "Amerikës", me zyrat e saj brenda partisë demokratike amerikane, paraqitet sikur vjen si vizitor nga Kozmosi, Hëna, Saturni, Jupiteri apo Marsi i kuq.

Presidenti Trump nuk humbi, por ia vodhën votat dhe manipuluan ato masivisht në të gjithë SHBA-në, në vendin me ligjet më demokratike në botë.[25]

Ky ishte një skenar i parapërgatitur tesh 4 vjet nga politika anti-demokratike dhe anti-amerikane e multibilionerit komunist George Soros-it (*i cili kishte deklaruar se do të mbaroi shpejt Fenomeni Trump*) dhe makina propagandistike Big Tech, që me ndihmën e kinezëve, iranianëve dhe mbi 70 shteteve të tjera socialkomuniste dhe socialiste në Europë (*duke përfshi këtu edhe satelitin hapsinor të spiunazhit në pronësi të Vatikanit, me emrin '**Leonardo**'...*) dhe botë, të cilët bashkërisht ndërhynë hapur dhe armiqësisht, përmes sistemit të internetit, duke manipuluar, vjedhur apo ndryshuar lehtësisht votat e popullit amerikanë *nga Trump tek Biden*, përmes makinave të numërimit (Dominiom)

---

[24] **Frank The Voice of Free Speech.** (www.frankspeech.com) *Free speech is one of the hallmarks of our Constitutional Republic,* as enshrined in the Bill of Rights. It is no coincidence that nations that have free speech also have a free enterprise system and freedom of religion. Inversely, nations that deny free speech tread upon the free enterprise system and freedom of religion. Americans want to remain free. Americans are craving news and information that is not filtered through the radical worldview of today's liberal media intelligentsia, or deep state actors. *Frank,* the voice of free speech, will be the platform for Americans who want to defend life, liberty, and all the freedoms that have marked America as the longest running Constitutional Republic in the world. On this platform you will find a home where you can post videos, livestream television, distribute news and information, and find community and fellowship with likeminded Americans. *Frank* will be a home for major influencers, to micro influencers, to average Americans wanting to share in the constitutional right of freedom of speech and freedom of expression. We hope you will join our community and let freedom ring.

[25] www.2000Mules.com

të fletëve të votimit në 50 shtete të SHBA-së.

VOA nuk u tregon shqiptarëve se cila parti e krijoi racizmin, mbajti në këmbë skllavërinë e njerëzve me ngjyrë afrikano-amerikan apo krijoi KKK

"Demokratët" këtu, kanë përdorur me suksesin e manipuluesve hipokritë *kartën e ish racizmit dhe ish skllavërisë*, që u drejtuan dhe sunduan nga vetë partia demokratike amerikane, për shumë kohë këtu, duke manipuluar me hipokrizi ndjenjat e njerëzve me ngjyrë afrikano-amerikanë, që janë shumë sensitiv nga këto dukuri negative të shoqërisë amerikane, duke i mbajtur peng brenda partisë komuniste dhe marksiste.[26]

Këto të ashtëquajtur lider me ngjyrë demokratë afrikano-amerikanë edhe pse e dijnë se partia e zemrës së tyre krijoi e drejtoi masivisht për dy shekuj organizatën më raciste dhe diskriminuese të KKK-së, nuk ua tregojnë qëllimisht asnjëherë pjesëtarëve të komunitetit të tyre historinë reale dhe aktorët historikë të persekutimit sistematik të tyre...

Nëse Amerika do të ishte raciste, djali i Hysenit komunist, Obama, nuk do të kishte fituar dy herë garën për President në vitin 2008 dhe 2012, sepse njerëzit me ngjyrë afrikano-amerikanë në SHBA përbëjnë 13% të popullisë së përgjishme të vendit, kurse njerëzit e bardhë 60% të popullsisë së përgjithshme në Amerikë. Nuk besoj, se ka nevoj për koment.

Njerëzit me ngjyrë afrikano-amerikanë nga mungesa e njohjes së historisë reale amerikane, vazhdojnë të votojnë rresht për një tesh 221 vjet si robot, për PD-në edhe pse ajo historikisht si persekutore e rregullt shumë shekullore e tyre, i ka keqpërdorur vazhdimisht, duke i mbajtur nën nivelin ekonomik dhe kulturorë etj.

"Demokratët" e bardhë, prej dekadash i kanë përdorur ato gjerësisht dhe masivisht si shifra numërike vetëm për votat në Senat, Kongresin Amerikan dhe në zgjedhjet lokale për kryetar bashkie, governatorë, administratë etj., të shtetëve respektive, ku komuniteti me ngjyrë afrikano-amerikanë kanë jetuar, punuar dhe jetojnë prej shumë dekadash.

Dihet, se *Partia "Demokratike" Amerikane, sipas dokumenteve historike, ka mbajtur në skllavëri dhe diskriminim racorë, komunitetin afrikano-amerikanë, ispanjik, etj., përmes krijimit nga ana e tyre të organizatës raciste KKK.*

Partia e gomerëve blu *fatkeqisht nuk u ka lejuar atyre aprovimin e ligjit për të fituar lirinë ose më saktë për të hequr skllaverinë, që i ka munduar dhe*

---

[26] Kapinova, Klajd: **"Presidenti Trump dhe keneta globaliste"**, (Refleksione) New York, 2021 Shih www.amazon.com & www.barnesandnoble.com

diskriminuar padrejtësisht për shumë kohë.

Kujtoj, se asokohe u desht inisiativa e guximshme dhe largpamëse e Presidentit të shquar amerikanë republikanit **Abraham Lincoln**, që njerëzit me ngjyrë në të gjithë vendin të fitojnë lirinë dhe drejtësinë e shumë kërkuar.

*Organizatat e dhunshme simotra anarkiste marksiste **Antifa dhe BLM**, ia rrezuan bustet atij dhe shumë presidenteve të tjerë, vetëm pse ato ishin të bardhë dhe VOA nuk flet për këto skandale të turpshme anti-amerikane të "demokratëve".*

VOA fsheh faktin se media amerikane e akuzon Biden si racist dhe gënjeshtar serial

Historia amerikane, na kujton se zv/Presidenti i SHBA-së Joe Biden, në fjalimin e tupshëm të vitit 1993 në Senatin Amerikan, ka nxitur miratimin e ligjit kundër krimit në rritje në vend, dhe hapur paralajmëroi me oratorin e tij diskriminuese ndaj komunitetit me ngjyrë afrikano-amerikanë, duke thenë saktësisht, se: **"Ne, kemi grabitqarë në rrugët tona, për shkak të neglizhencës së krijuar nga shoqëria. Ky është një koment i trishtuar për shoqërinë. Nuk na mbetet gjë tjetër, veçse t'i heqim nga shoqëria."**

Në fjalimin e tij racist, Biden i përshkroi njerëzit me ngjyrë sërisht kështu: **"Shumë të rinj apo dhjetëra dhe mijëra prej tyre, janë të lindur jashtë martese, pa prindër, pa mbikëqyrje, pa ndonjë strukturë, sepse janë pa ndonjë ndërgjegje të zhvilluar … sepse ata nuk janë shoqëruar, nuk kanë pasur një mundësi. Ne, duhet të përqendrohemi tek ata tani, sepse nëse nuk e bëjmë këtë, një pjesë e tyre, do të bëhen grabitqarë në 15 vjetët e ardhshme."**

Racisti me përvojë Joe Biden, shtoi se nuk i interesonte *"pse dikush është keqbërës në shoqëri"* dhe se **"kriminelët, duhej të ishin** *larg nënës sime, burrit tuaj, familjeve tona"*.

Hipokriti senator, mbrojti ligjin e krimit të vitit 1994 si një e tërë, në një intervistë në vitin 2016, në kanalin televiziv të majtë **CNBC**, duke thënë, *"Në përgjithësi, ajo që bëri në të vërtetë, ajo restauroi qytetet amerikane".*[27]

Biden, tha publikisht se e kishte **Robert Byrd e KKK** një *mik, mentor dhe udhëzues.* Nënkryetari shtetit dhe Presidenti i Senatit Joe Biden Jr. asokohe u shpreh me elegjinë e tij me lot dhe dhimbje të thellë në shpirt, se ai **lideri drejtues i KKK ishte:** *"Një mik i imi shumë i ngushtë, një nga mentorët e mi, një djalë që ishte atje kur isha një fëmijë 29-vjeçar duke u betuar në Senatin e Shteteve të Bashkuara. Menjëherë pas kësaj, një djalë që qëndroi në shi, në*

---

[27] **Joe Biden in 1993** speech pushing crime bill warned of 'predators on our streets' who were 'beyond the pale' (CNN).

një shi të madh, duke ngrirë shiu jashtë një kishe, ndërsa unë varrosa vajzën time dhe gruan time para se të bëja betimin ... Ne humbëm dekanin e Senatit të Shteteve të Bashkuara, por edhe shteti i Virxhinias Perëndimore humbi avokatin e tij më të ashpër dhe, siç thashë, humba një mik të dashur."

Media e majtë globaliste manipulative dhe Big Tech, nuk duan t'a përmendin faktin publik, se Biden ishte më i ngushtë i senatorit demokrat **Robert Byrd**, *një ndër kokat e udhëheqjes politike dhe ideologjike të organizatës raciste KKK dhe figurë qëndrore në Senatin Amerikan.*

"Në rast se e keni harruar, Joe Biden dha lavdërimin në funeralin e Robert Byrd. Ai ishte një rekrutues klansman, që filibustroi aktin e të Drejtave Civile të vitit 1964 për 14 orë," shkroi **Ryan Fournier**, bashkë-kryetar i grupit politik *Studentët për Trump*. Sikurse dihet *"Joe Biden e quan atë një mentor dhe një mik.* **Joe Biden, është racist"**.

Nga ana e tjetër kujtoj, se edhe Presidenti demokrat **John K. Kennedy** u vra në vitin 1963 nga një mbështetës i rregjistruar si demokrat, sepse JFK prishi hapur planet e shtetit bolshevik ish Bashkimit Sovjetik, të drejtuar asokohe nga **Nikita Hrushovi**, i cili, synonte të vendoste armë mbushje nukleare (bërthamore) ruse në Kubën e **Fidel Kastros**, duke vënë në rrezik Sigurinë Kombëtare Amerikane… *Rusët më pas u larguan me deshtim, pa mundur të realizojnë ëndrrën e tyre.*

Gjithçka, që bëhet sot nga administra ilegjitime komuniste e Biden-it në drejtim të politikës së jashtme, nuk ka të bëj aspak me demokracinë apo luftën kundër korrupsionit ndërkombëtar, por thjeshtë bëhet për të fshehur gjurmët e krimit të madh elektoral presidencial, që ndodhi me përmasa biblike më 3 nëntor të vitit 2020 në 50 shtete të SHBA-së, duke ia vjedhur postin e Shtëpisë së Bardhë Presidentit **Fitues Donald J. Trump**.

Pa filluar numërimi i votave ata thanë (deklaruan) njëzëri se Biden ka "fituar" kudo. Këtu është bërë rutinë çensura skandaloze dhe e turpshme ndaj popullit amerikan nga boss-ët e rrjeteve sociale, google, youtube VOA etj.

Ripolitizimi i turpshëm i Zërit të Amerikës

Michael Pack, si CEO i parë i emëruar politik i Agjencisë Amerikane për Media Globale, detyra e tij e parë do të jetë të kuptojë grupin e subjekteve të transmetimit ndërkombëtar nën USAGM.

Kjo përfshin dy agjenci qeveritare: ***Zëri i Amerikës*** *dhe Zyra e Transmetimit të Kubës (Radio dhe TV Martí)* dhe katër korporata të financuara nga qeveria: Radio Evropa e Lirë/Radio Liria, Radio Azia e Lirë, Rrjetet e Transmetimit të Lindjes së Mesme (Alhurra dhe Radio në gjuhën arabe) Sawa) dhe Fondin e Teknologjisë së Hapur kundër censurës. Brenda kësaj strukture janë transmetimet, që përfshijnë dy njësi, siç është TV aktual në gjuhën ruse. Të gjitha njësitë shpërndajnë përmbajtje në 61 gjuhë.

Kur kalon atë pengesë, Pack duhet të vendosë nëse dëshiron të ruajë pavarësinë gazetareske të entiteteve të USAGM, ose nëse dëshiron t'i lëvizë ata drejt ndryshimit të politikave të administratës.

Nga ana tjetër, ai i tha një paneli të Senatit, se do të ishte në gjendje të linte mënjanë pikëpamjet e tij personale, për të nderuar pavarësinë tradicionale të gazetarëve të agjencisë. *"Pavarësia e tyre (Zëri i Amerikës) është themeli i institucionit,"* tha ai.

Ata panë përreth dhe vunë re se ishin në një organizatë lajmesh. Në përputhje me rrethanat, shumë prej tyre shkuan dhe mbrojtën autonominë e redaksisë së Zërit të Amerikës edhe pse nuk kishin asnjë përvojë si gazetarë. Ndoshta kjo ka të bëjë me prirjen e Washington-it, për të mbrojtur terrenin ndaj burokracive konkurruese. Nga ana tjetër, zyrtarë me prejardhje të ngjashme, u emëruan në menaxhmentin e saj dhe vazhduan të drejtojnë përmbajtjen me gishtin e administratës.

Ishin ndryshimet e tilla të lavjerrësit, midis gazetarisë së pavarur dhe të drejtuar që dëmtuan besueshmërinë afatgjatë të radios, duke çuar në Aktin Ndërkombëtar të Transmetimit të vitit 1994 dhe krijimin e Bordit të Guvernatorëve të Transmetimit, për t'i dhënë asaj pavarësi një mbrojtje të përhershme.

Para periudhës "Camelot" të viteve 1994-2020, zgjedhja e një presidenti të ri, solli ndryshime të lidershipit në të gjithë transmetimet ndërkombëtare të SHBA-së.

Kjo është në kontrast me vazhdimësinë e Shërbimit Botëror BBC edhe kur qeveritë e Mbretërisë së Bashkuar ndryshuan duart.

Besueshmëria, që rezulton mund të jetë arsyeja kryesore që BBC, me buxhetin e saj më të vogël, kishte një audiencë më të madhe se të gjitha shitoret e transmetimeve ndërkombëtare të SHBA.

Kjo më shtyu të shkruaj *"Shumë Zëra të Amerikës"*, Foreign Policy, 1989-1990, duke mbrojtur autonominë për transmetimet ndërkombëtare të SHBA. Ky artikull gjeneroi diskutim dhe kontribuoi në krijimin e Task Forcës së presidentit në Transmetimet Ndërkombëtare të Qeverisë së SHBA-së.

Në fund të fundit, Akti Ndërkombëtar i Transmetimit i vitit 1994 u bë ligj, duke krijuar Bordin e Partisë dy-partiake të Transmetimit, Guvernatorët, anëtarët e të cilit kishin afate të caktuara dhe të sakta. BBG tani e tutje zgjodhi drejtorin e Zërit të Amerikës, presidentin e RFE/RL dhe krerët e tjerë të njësive.

Debati rreth transmetimit ndërkombëtar të SHBA-së, duket se huazohet nga dy teori kryesore të komunikimit, jo se vendimmarrësit në Washington janë të njohur me teorinë e komunikimit.

Në të gjithë botën, ka pasur ose kanë qenë, audienca që kanë nevoj për antidot të lajmeve të njëanshme me kusht, që shteti i tyre të kontrolloj mediat e brendshme. Gazetaria e pavarur, plotëson këto nevoja të audiencës. Audiencat e mira dhe plotësisht të informuara, janë të pajisura për të marrë vendimet e tyre, në lidhje me ngjarjet aktuale. Kjo është e nevojshme, për formimin dhe mirëmbajtjen e demokracive dhe për të ngatërruar skemat e autoritarëve.

Transmetimet ndërkombëtare të SHBA-së, mund të kthehen në teorinë e plumbave më të thjeshtë. Kjo nuk do të kënaqë audiencat e mundshme, por mesazhet do të jenë të këndshme për Shtëpinë e Bardhë dhe anëtarët kryesorë të Kongresit. Ndoshta financimi do të jetë i pandërprerë dhe madje do të rritet. USAGM, një organizatë e lajmeve që arriti në mënyrë të efektshme botën më të gjerë, mund të kalonte në një të përshtatshme për një Amerikë që po tërhiqet në botën e vet të vogël. (*Kim Andrew Elliott, 20.06.2020*)[28]

---

[28] **Shënim:** Kim Andrew Elliott, është një gazetar në pension i Zërit të Amerikës dhe analist i hulumtimit të audiencës.

GËNJESHTRAT, HIPOKRITI BIDEN
DHE GAZETARI INVESTIGATIV ALEX JONES

Postimet numerike, që pretendojnë se numri i vdekjeve të lidhura me vaksinat, mund të krahasohet me numrin e vdekjeve nga **Plandemia** apo *virusi kinez,* janë shumë të sakta. Numri i madh i përshkruar realisht si *vdekje të lidhura me vaksinën,* në një seri postimesh në internet, është rritur si pasojë e raporteve të frikshme, që vijnë nga baza apo terreni ku ato ndodhin, pra spitalet, të cilat shifra njerëzit i kanë nxjerrë nga *Sistemi i Raportimit të Vaksinave në SHBA* (VAERS).

Ky institucion mbulon të gjitha raportet, për të gjitha efektet negative dhe jo vetëm për rastet në rritje të vdekjeve. Raportet, që vijnë aty mbulojnë të gjitha vaksinat, dhe jo vetëm vaksinat kryesore më të përdorura, kundër virusit kinez. Çdokush mund t'i bëjë këto raporte dhe ato arrijnë të dëshmojnë shkakun e vdekjeve në rritje të çdo rasti të regjistruar.

Simotrat globaliste manipulative Big Media dhe Big Tech, në shkallë botërore, po mundohet vihen si mbulojë (me gjethe fiku) propagandistike, thjeshtë për arsye politike, duke marrë në mbrojtje regjimin Biden dhe regjimeve të tjera majta qeverisëse kudo nëpër botë, duke fshehur apo reduktuar me qëllim të vertetën e shkaqeve të përhapjes masive të vdekjeve pas vax, me shifra të frikshme që po publikohen në rrjetet e reja apo mediat sociale të pavarura kudo në botë.

Këtë gjë ata e bëjnë vazhdimisht, përmes propagandës pro qeveritare, për të arritur me detyrim, përjashtimin nga puna, me forcë apo shkelje të Konventave Ndërkombëtare të Lirive dhe të Drejtave të Njeriut, për të bërë vaksinimin me detyrim të popullsisë së botës. Shembuj të postimeve mashtruese të tyre në internet, mund të shihen kudo dhe çdo ditë.

Kështu kanali televiziv informative dhe analitik prestigjioz i pavarur amerikan **InfoWars**, me themelues **gazetarin investigativ me përvoj Alex Jones**[29] ka publikuar një video në websitin e vet, e cila është bllokuar për t'u

---

[29] **Alexander Emerick Jones (1974),** është një prezantues konservativ i emisionit radiofonik amerikan **Infowars** dhe informues realist, parashikues objektiv i shquar. Ai jep shown e tij nga Austin, Texas, të cilën Genesis Communications Network e bashkon në të gjithë Shtetet e Bashkuara dhe në internet. Faqja e internetit e Jones, InfoWars, promovon me saktësi ngjarjet që kanë ndodh dhe do të ndodhin, lajme të sakta, sikurse se edhe faqet e tjera të tij të internetit **NewsWars dhe PrisonPlanet.** Jones ka ofruar një platformë dhe mbështetje për patriotët amerikanë pa dallim, e cila nuk shihet me sy të mirë nga liberalët "demokratë" dhe mediat e

shpërndarë nëpër botë nga Big Media dhe Big Tech globaliste të majta, Facebook, Twitter etj.

Kështu ato kanë fshehur për të mos u bërë virale në të gjithë botën një **video blu**, e cila tregon një faqe nga *faqja e internetit e pavarur OpenVAERS, ku numri është i dukshëm.* Sidoqoftë, *OpenVAERS*, thotë se ky është numri i raporteve për të gjitha efektet negative nga të gjitha vaksinat, sikurse edhe nga vaksinat kundër virusit kinez Covid-19.

Që nga 17 qershori 2021, faqja e internetit OpenVAERS, tregon 329,021 raporte të ngjarjeve negative, jo vetëm vdekjet e lidhura posaçërisht me vaksinat kundër virusit kinez.

Për krahasim, numri i konfirmuar i vdekjeve në SHBA nga virusi kinez kohët e fundit kaloi 724,300 (dhe tani deri në fund të prillit të vitit 2022, me Biden-in, vdekshmëria nga virusi kinez i kaloi mbi 1.000,000 amerikanë, shifër e cila është disa herë më e lartë se ajo e vitit 2020).

Në një azhurnim të faqes të 11 qershorit 2021, Qendrat Amerikane për Kontrollin

---

tyre të ekstremit të majtë komunistë, që fatkeqsisht kanë pushtet mediatik me ndikim manipulues në SHBA dhe kudo në botë. Ai është kritik prej kohësh i politikës së jashtme dhe të sigurisë kombëtare të RINO-s "republikane" dhe demokratëve ekstremist socialistë. Ai me të drejtë mbështeti zgjedhjet presidenciale të Donald Trump në vitin 2016 dhe vazhdoi ta mbështeste atë si një shpëtimtar nga një Cabala, Big Tech, Big Media, Fake News, që sot fatkeqisht kontrollon qeverinë federale, Shtepia e Bardhë, Kongresin dhe Senatin e kontrolluar nga "demokratët". Një përkrahës i vendosur i rizgjedhjes së Presidentit Donald J. Trump, gazetari investigative Alex Jones mbështeti pretendimet e sakta tashmë të provuara dhe faktuar për mashtrimet zgjedhore në zgjedhjet presidenciale të vitit 2020 etj. Fatkeqsisht sot, Fake News, Big Tech dhe rrjetet sociale të korruptuar dhe manipuluar nga komunistët dhe liberalët e tjerë amerikanë, duke vendosur censure totale për të gjithë konservatorë që mendojnë ndryshe për Fjalën e e Lirë i kanë bë kufizime dhe blokime mediatike gazetarit investigatv Alex Jones me përjashtimin total nga media sociale amerikane. Megjithatë Alex Jones ka mbështetje massive në rrjetet sociale të reja alternative, që janë hapur ditët e fundit këtu, si: Truth, Gettr, etj. Kështu më 6 gusht të vitit 2018, Facebook, Apple, YouTube dhe Spotify hoqën të gjithë përmbajtjen nga Jones dhe InfoWars për shkelje të politikave të tyre të majta. YouTube hoqi kanalet e lidhura me InfoWars, duke përfshirë Channel Alex Jones. Në Facebook, katër faqe të lidhura me InfoWars dhe Alex Jones u hoqën, për shkak të "shkeljeve" të përsëritura të politikave me dy standarte, që po perdor qysh nga themeli i saj Fakebook etj. Apple hoqi të gjitha podkastet e lidhura me Jones nga iTunes. Pasi InfoWars u ndalua nga Facebook, Jones përdori një tjetër nga faqet e tij të internetit, NewsWars, për të anashkaluar ndalimin dhe censuren. Llogaritë e Jones u hoqën gjithashtu nga Pinterest, Mailchimp dhe LinkedIn. Që nga fillimi i gushtit 2018, Jones mbajti llogari aktive në Instagram, Google+ dhe Twitter. Në muajin shtator, Jones u ndalua përgjithmonë nga Twitter dhe Periscope pasi kritikoi reporterin e majtë globalist CNN, Oliver Darcy. Më 7 shtator 2018, aplikacioni InfoWars u hoq nga Apple App Store, sikurse iu ndalua përdorimi i PayPal-it, në mars 2019, YouTube ndërpreu kanalin Resistance News të InfoWars dhe më 1 maj 2019, Jones iu ndalua përdorimi i Facebook, Instagram dhe në mars 2020, aplikacioni InfoWars u hoq nga dyqani i Google Play për shkak se informoi për të vërtetën pë virusin kinez, Covid-19 etj.

dhe Parandalimin e Sëmundjeve (CDC), thotë se kishte marrë 5,208 raporte të njerëzve që kishin vdekur, pas marrjes së një vaksine Cov.-19 midis 14 dhjetorit 2020 dhe 7 qershor 2021. Por kjo erdhi me para lajmërime të kjarta. Në të njëjtën faqe, thuhet: *"FDA kërkon që ofruesit e kujdesit shëndetësor të raportojnë çdo vdekje pas vaksinimit tek VAERS, edhe nëse vaksina ishte shkaku."*

Sot, është bërë e mundur që çdo kush mund të raportoj ngjarje tek VAERS[30] dhe një mohim, në faqen e internetit të CDC thotë: *"Raportet mund të përmbajnë informacione që janë jo të plota, të pasakta, të rastësishme ose të paverifikueshme **ose shumë të sakta**."*

Kur shkarkon të dhënat, përdoruesve u paraqitet një mohim i mëtejshëm, se të dhënat nuk përfshijnë informacione nga hetimet në rastet e raportuara.

Numri i konfirmuar i vdekjeve në SHBA nga virusi kinez dhe vax kryesore, sipas Agjencisë së Informacionit të pavarur amerikan **InfoWars**, u publikua nga gazetari **Alex Jones**.

Atij për t'i mbyllur *gojën për të thënë të vërtetën dhe vetëm të vërtetën e tij*, u ndalua përgjithmonë padrejtësisht nga Big Tech dhe Big Media korruptive dhe manipulative anti-amerikane në vitin 2018 nga Apple Inc në vitin 2018 dhe FaKebook 2019, për të vetmin "faj", pse ai u hap sytë shtetasve të tij amerikanë dhe botës në tërësi, kur vazhdimisht u tregon të vërtetën, duke i ruajtur ata nga manipulimi propagandistik ultra i majtë.

Ju mund të keni parë titujt në mediat apo rrjetet e shumta sociale. *"Vdekjet e lidhura me vaksinën Covid-19 tejkalojnë 6,000 njerëz si rritje në 6,000% të vdekjeve të raportuara të vaksinave në 3-mujori e parë të vitit 2021, në krahasim me 3-mujorin e parë të vitit 2020."*

Këto dhe pretendime të ngjashme tronditëse, janë shembujt e fundit të efekteve negative të vaksinave eksperimentale kundër virusit kinez. Këto deklarata zgjojnë interes, sepse fillojnë me një bërthamë të së vërtetës, dhe në këtë rast këto të dhëna janë të përpunuara nga një burim me reputacion.

Sistemi i Raportimit të Ngjarjeve Anësore të Vaksinave (VAERS), u krijua në 1990, si një sistem kombëtar i paralajmërimit të hershëm, për të zbuluar problemet e mundshme të sigurisë me vaksinat. Ajo drejtohet nga Qendrat për Kontrollin dhe Parandalimin e Sëmundjeve (CDC) dhe Administrata e Ushqimit dhe Barnave (FDA).

Sistemi lejon këdo që ka marrë një vaksinë (jo vetëm vax e Covid-19) të raportojë *ngjarje negative* (për efektet anësore), që ata përjetojnë pas vaksinimit. Ofruesit e kujdesit shëndetësor, kanë detyrë kryesore të paraqesin raporte të ngjarjeve, që vijnë në vëmendjen e tyre edhe nëse ngjarjet kjartë ose jo nuk kanë lidhje me vaksinimin.

---

[30] vaers.hhs.gov/reportevent.html

Kësisoj, sistemi në fjalë, shërben për të paralajmëruar autoritetet federale shëndetësore, për shqetësimet e mundshme të sigurisë, por nuk është krijuar për të përcaktuar nëse një vaksinë ka shkaktuar një problem të veçantë. Të gjitha raportet në system, janë të paverifikuara.

Që nga dhjetori i vitit 2020, më shumë se 350 milion doza të vaksinës Covid-19, janë administruar në SHBA, dhe VAERS, ka marrë 6,968 raporte të vdekjes nga vaksinat (0.0019%), sipas CDC (26 gusht 2021).

Në muajin tetor 2021, ky numër është rritur shumë herë, pavarësisht se regjimi Biden çensuron vazhdimisht informacionet e pavarura anti-qeveritare, me ndihmë të mediave globaliste dhe Big Tech si krahu i djathtë i tyre. Kundërshtarët e shumtë të vaksinimit, përdorin numrat VAERS, në deklarata e tyre për media, që pastaj sugjerojnë përfundime shkak-pasojë (*vaksine dhe vdekje*). Kjo me të drejtë ndikon, që miliona njerëz në të gjithë territorin e SHBA dhe në botë të mos vaksinohen.

Sot fatmirësisht, ndërgjegjësimi i njerëzve është rritur shumë, edhe si pasojë e videove serioze, që tashmë publikohen nga vetë doktorët dhe specialistë të virologjisë në të gjithë botën dhe ekspertët e famshëm amerikanë.

Në shtetet e Kalifornisë, New York, New Jersey, Michigan, Arizona, Geor-gia, etj., kishte disa ditë që po vazhdonin protestat masive të studentëve të universiteteve shtetërore dhe private, kundër vax të fëmijëve në shkollat e cikleve të ndryshme publike dhe private.

Ato janë prindërit e femijëve në të gjithë SHBA, të cilët njëzëri kërkojnë që vetëm prindërit duhet të vendosin për vax ose të jo të fëmijëve apo nxënesve të tyre dhe jo qeveria federale amerikane, mbasi ata janë fëmijë me prindër amerikanë dhe jo jetimë.

Politika përdori si pretekst virusin kinez, kundër rizgjedhjes së Presidentit Trump

Virusi kinez, *njihet botërisht nga shkencëtarët si **virus jo i rrezikshëm**.* Ai ka dhe variantet e saj tesh 60 vjet, që njihet shumë mirë në botë nga ekspertë apo shkencëtarët virusologë. Cikli i veprimit të virusit, në trupin e njeriut është vetëm 28 ditë.

Sikurse dihet, ai është një grip i zakonshëm, me fuqi të ndryshme, por më e zakonshme është ndikimi në nivelin mesatar dhe jo alarmante, sikurse e bëjnë sot dramatike, për qëllime politike mediat dhe politikanët amerikanë dhe botërorë të majtë.

Ky skenar i orkestruar dhe organizuar shumë mirë, është përdor gjerësisht në mënyrë agresive nga FBI, Big Media dhe Big Tech në SHBA, në rastin e Presidentit Donald J. Trump, duke e larguar atë nga rizgjedhja. Të ashtëqua-jturit doktorët dhe specialistët, me pasione servile politike si ***Anthony Fauci,*** e kanë nënvleftësuar, diskredituar, apo heshtur me qëllim përdorimin e ilaçeve tradicionale si **Hydroxychloroquine** kundër virusit kinez.

Ilaçi në fjalë, krijon dhe forcon imunitetin e trupit të njeriut. Ai është gjithashtu i mirënjohur si *anti-parazit*, sikurse dihet historikisht dhe mund të *trajtojë dhe parandalojë malarjen.* Gjithashtu *Hydroxychloroquine,* mund të trajtojë **lupusin** dhe **artritin**, duke krijuar vijimisht imunitetin e trupit.

Fatkeqsisht, publiku i pavemendshëm dhe naiv amerikanë e botërorë, vazhdimisht bombardohet në mënyrë agresive dhe abuzive me raportet, të cilat me qëllim zmadhohen, për efekte politike dhe përfitime financiare nga kompanitë e korruptuara farmaceotike, që duan të përfitojnë të ardhura të majme nga qeveritë nga vax eksperimentale e pa aprovuar shkencërisht.

Sipas ekspertëve virusologë, nuk është e nevojshme marrja e vaksinave eksperimentale në trupin e tyre, pasi shpesh ato kanë shkaktuar në shkallë planetare miliona jetë të humbura nga ri-infektimi masiv i tyre edhe pse kanë marrë 4 vaksinat qeveritare globaliste.

Pfizer dhe **Astrazeneca**, janë vax krejtësisht eksperimentale dhe të pa-aprovuara (pa liçencë), që po paraqesin rrezikshmëri dhe vdekje të shumta çdo ditë. Shkencëtarët e pavarur, kanë 18 vjet, që pandërprerje po bëjnë kërkime laboratorike, me këtë teknologji që kanë sot.

Sipas njoftimeve të pavarura është zbuluar, se nga vax Pfizer 31 njerëz në Angli janë verbëruar pjesërisht dhe 124 vetë të tjerë, janëpavalizuar apo kanë humbur përgjithmonë shikimin me sytë e tyre.

Nga ana e tjetër, rreziku më i madh është se kur njerëzit, që janë të vax me këtë teknologji ekspozohen tek virusi kinez, janë të përgatitur të bëjnë "luftë" me virusin dhe bëjnë superxhiro boshe, duke demtuar shumë trupin e tyre dhe ata mund të humbin shpejt jetën, sikurse ka ndodhur fatkeqsisht në shumë shtete të botës, në Europë dhe SHBA. Kështu, mjekët në Angli dhe SHBA, thonë se shumë njerëz mund të vdesin nga këto vax, që po marrin me këtë lloj teknologjie të prapambetur që është sot.

Deri më **sot në botë asnjë vax nuk është aprovuar zyrtarisht,** sepse kërkon kohë dhe vite të aprovohen. Keshtu *Pfizer* dhe *Astrazeneca,* fazën e tretë të provës klinike do të mbarojnë në muajin prill të vitit 2023. Ato janë autorizuar nga një rregull emergjente me një prove të shpejtë 6 mujore, duke u lejuar fatkeqsisht të përdoren nga njerëzit në të gjithë botën.

Ajo që ka trondit botën, është **se vetë Presidenti i Kompanisë Pfizen, ka deklaruar në një intervistë, se nuk e ka bërë vax,** *ç'ka ka bërë që njerëzimi të dyshoj, në efektin pozitiv anti Covid-19 të kësaj vax.* **Ai ka thënë i sigurtë, se nuk ka pse ta bëj atë.**[31] [32]

---

[31] Pfizer's CEO hasn't gotten his Covid vaccine yet, saying he doesn't want to cut in line

Askush nuk po mban përgjegjësi për jetët e humbura nga vax?

Kjo është gjendja e sotme e virusit kinez në SHBA dhe media propagandistike Fake News, si mercenarë dhe manipulative pro qeveritare nuk tregon këto shifra të frikshme dhe shumëfishuar, gjatë kohës fatkeqe të Joe Biden-it.

Me të drejtë, populli amerikan bën pyetjen: *Pse Antifa dhe BLM nuk ngrihen në protesta kundër vax vdekjeprurëse për ato, kundër varfërisë, papunësisë me shifra të frikshme brenda komunitetit të tyre, rritjes së çmimeve taksave, gazit, transportit, ushqimeve, qirasë, inflamacionit më të lartë, në të gjithë historinë e SHBA-së fjalimeve me mesazhe direkte përçarse mes popullit amerikanë si pasojë e deklaratave të tij të tipit diktatorial, **kundër 75,000.000 republikanëve MEGA dhe Presidentit real Donald J. Trump,** krijimit e 87,000 të policisë financiare IRS etj.,!?*

Biden, nuk mbron policët dhe rojet shtetërore të kufirit me Mexico, por shpesh u kundërvihet atyre, duke nxitur dhe lejuar me vetëdije depërtimin brenda territorit të SHBA-së, të mbi 10,000.000 emigrantëve të jashtëligjshëm, shumica e të cilëve janë të semurë me virusin kinez, antarë karteleve të drogës, antarë të **MS-13**, vrasës apo kriminelë, trafikantë droge dhe prostitucioni, trafikantë të femijëve etj., duke venë në rrezik popullin amerikanë...

Sipas ekspertëve mjeksorë, komuniteti, që ka pasë më shumë vdekje nga virusi kinez, është ai i njerëzve me ngjyrë afrikano-amerikanë dhe ata heshtin e nuk flasin për këtë fakt historik... edhe pse kanë bërë vax ato po vazhdojnë të preken sërisht disa herë nga virusi kinez dhe… fatkeqsisht vdesin...

Kam lexuar kohët e fundit, se disa restorante në shtetin e ngrohtë **Florida**, kanë nxjerrë në hyrje të lokalit të tyre një **njoftim original interesant**, se lejojnë të hyjnë brenda të gjithë ata klientë, që nuk kanë bërë vax dhe **Nuk Janë Të**

https://www.cnbc.com/2020/12/14/pfizers-ceo-hasnt-gotten-his-covid-vaccine-yet-saying-he-doesnt-want-to-cut-in-line.html Pfizer CEO Albert Bourla hasn't received his company's Covid-19 vaccine shot yet, saying Monday he and other executives will not "cut the line" as U.S. officials kick off a massive effort to distribute the vaccine across the country.

[32] BREAKING REPORT: Pfizer ceo's israel visit canceled because he's NOT FULLY vaccinated.. Are you paying attention? " reads a tweet from Aug. 5 that has been retweeted over 2,700 times. Other posts include the link to the article, but do not acknowledge that it is months old. "That says a lot that the CEO of a vaccine manufacturer is not Vaxxed!" and "Brings to mind the saying, "Never trust a chef who won't eat his own food.", comments read. Some posts include an article by the Jerusalem titled "Pfizer CEO's Israel visit canceled because he is not fully vaccinated", which was published on March 7, 2021. The Times of Israel also reported the story. On March 10, Bourla shared a photograph getting his second dose of the Pfizer/BioNTech COVID-19 vaccine on Twitter. https://www.reuters.com/article/factcheck-pfizer-ceovaccine/fact-check-pfizer-ceo-received-his-second-dose-of-the-covid-19-vaccine-on-march-2021-idUSL1N2PD1UX

Mirëseardhur Personat e Vax, *sepse sipas pronarëve mbartin virusin e përhapur nga vax.*

Disa shkencëtarë të pavarur amerikanë, kanë arritur në përfundimin, se **vax** po përhapin fatkeqsisht më shumë virusin kinez kudo në botë, gjatë vitit 2021, ku më shumë njerëz kanë vdekur pse kanë marrë vax... se sa ato që nuk e kanë bërë dhe nuk duan ta bëjnë.

THIRRJA HIT NË TË GJITHË SHBA - #FJB

Biden po e kthen Amerikën në një vend të shkatërruar dhe të varfër të botës së tretë si: Shqipëria, Kosova, Venezuela, Korea e Veriut, Kuba, Madakaskari etj.

Kënga hit me titull kuptimplotë **#fjb** si me e preferuar është në modë sot në shoqëri, shtëpi, në ambientet publike masive amerikane si stadiume, ku luhen ndeshje të futbollit amerikanë në kolegje apo universitete, bejbollit, baskebollit, hokey, koncerte me miliona vete, në sheshe dhe sporte të tjera masive, protesta, mitingje, restorante, në rrugë, në rrjetet sociale, në kanalet televizive radio, aeroporte, party etj. [33]

Makina e Medias së majtë globaliste këtu hesht dhe nuk informon, sepse nuk i pëlqen zemërimi i drejtë popullorë amerikan. Me miliona bluza, fanela, kapele, flamuj, janë blerë nga websitet e patriotëve amerikanë, që mbështesin **Presidentin Donald J. Trump** dhe konservatorët republikanë. [34]

Mbi 40 shtete kanë nënshkruar një **Peticion**, ku kërkohet hetimi dhe investigimi i plotë i 50 shtetëve të SHBA-së, ku u bë akti kriminal i mashtrimi galopant dhe manipulimi kriminal i zgjedhjeve presidenciale, për Kongres dhe Senatin Amerikan me 3 nëntor të vitit 2020.

Arizona, është shteti i parë, që ka në përfundim proçesin e De-çertifikimit të zgjedhjeve presidenciale të 3 nëntorit 2020 si të gënjeshtra dhe manipulative, duke përcaktuar me ligje edhe përgjegjësit e kësaj masakre...

Filmat, dokumentarë me prova dhe fakte mbi manipulimin e zgjedhjeve presidenciale

Mbas suksesit të madh të filmit dokumentar **2000Mules.com,** që tregon hap mbas hapi me prova dhe fakte dokumente me mbi 4,000.000 videove origjinale të vjedhjeve dhe manipulimit të zgjedhjeve presidenciale në SHBA, sërisht një film tjetër i ri dokumentar fatmirësisht po shfaqet me shumë sukses në mbarë vendin, për publikun amerikanë, ndonëse mediat Fake News, kanë bërë të gjithë përpjekjet e deshtuara, për t'a penguar shfaqjen e tij.

Ai u shfaq Falas për popullin amerikanë. Filmi i ri "(S) Election Code",

---

[33] https://www.youtube.com/watch?v=XsB_8Q-SsIU

[34] https://dailycaller.com/2021/10/18/mississippi-state-chant-fk-joe-dodgers-braves-alabama-lets-gobrandon/?fbclid=IwAR2lLUxZnYwTTlNvkPA6Moi36HRaxOF9Wee CEvHrSr3d8ZMdBVNf5acUI_0

Full Movie, *për të interesuarit shqiptarë në trojet etnike dhe mbarë bota, mund të shikohet në internet në websitin* **www.FrankSpeech.com TV (Frank The Voice fo Free Speech).**[35]

Para miliona njerëzve kudo në botë, të cilët duan të dijnë të vërtetën dhe vetë të vërtetën reale mbi zgjedhjet presidenciale të 3 nëntorit 2020 lind pyetja e natyrshme: **A u vodhën me manipulime massive zgjedhjet presidenciale të vitit 2020 në SHBA!?** Përgjigja e pyetjes është më e thellë se kaq. A keni dëgjuar të thuhet: *"Ata që votojnë nuk vendosin asgjë, kurse ata që numërojnë votat vendosin gjithçka."*

Po ata që kodojnë votën!? Po sikur udhëheqësit tanë, në fakt të mos zgjidhen nga ne, por në vend të kësaj… të zgjidhen me manipulime sikurse edhe ndodhi!?

Filmi dokumentar faktografik **[S] KODI ZGJEDHOR** (prodhim i **Mike Lindell**) ndjek historinë e **Tina Peters**, nëpunësja e Qarkut në Mesa Kolorado (**Mesa County, Colorado**), e cila bëri një kopje rezervë të serverit të sistemit të votimit të qarqeve të saj *Dominion*, vetëm për të hasur në prova të manipulimit në zgjedhjet e fundit të këshillit të qytetit... dhe gjithashtu zgjedhjet e përgjithshme të vitit 2020.

A po i japim shumë fuqi teknologjisë dhe atyre që i programojnë ato, duke u kthyer nga mercenarët ose njerëzit abuzues e manipulativ kundër nesh!? **[S] KODI ZGJEDHOR (Election Code),** është një thriller politik, që zbulon apo nxjerr në dritë të Dielli një sekret kaq kritik, për mbijetesën e Amerikës, saqë hapur kapërcen partitë politike.

Kjo nuk ka të bëjë me korrigjimin e së kaluarës, por ka të bëjë me korrigjimin e së ardhmes. Pasi të shihni filmin *[S] KODIN ZGJEDHOR*, nuk do të lejoni më kurrë një makinë të programuar elektronike të manipuluar të numërimit (*Dominion*) të qëndroj si çekan pranë votës suaj…

Të përfshirë nga frika e afrimit të valës së kuqe të zgjedhjeve më *8 nëntor 2022*, demokratët, komunistë dhe radikalët socialistë të korruptuar amerikanë, Kongresi dhe Senati Amerikan, Shtëpia e Bardhë, DOJ dhe FBI, tani janë në panik, sepse bisnesmeni i suksesshëm **Mike Lindell**[36] dhe të tjerë patriotë të

---

[35] (S) Election Code Full Movie, 2022, https://frankspeech.com/video/selection-code-full-movie (FrankSpeech Tv) FRANK The Voice of Free Speech.

[36] **Michael James Lindell (1961)**, ka lindur në Mankato, Minesota. Ai u rrit në Chaska dhe Carver, Minesota. Varësia e Lindellit nga kumari filloi të shfaqej në vitet e tij të adoleshencës. Ai ndoqi Universitetin e Minesotës pas shkollës së mesme, por e braktisi disa muaj më pas. Kur ishte 20 vjeç Lindell u bë përdorues i shpeshtë i kokainës deri në vitet 1990. Ai gjithashtu kishte borxhe për lojërat e fatit. Rritja e varësive të tij nga droga dhe lojerat e fatit midis viteve 1980-1990 çoi në mbylljen e shtëpisë së tij dhe në kërkesën për divorc me gruan e tij. Mike Lindell, është i mirënjohur gjithashtu si *My Pillow Guy*, është një biznesmen amerikan, aktivist politik konservator. Ai është themeluesi dhe CEO i My Pillow, Inc., një kompani e prodhimit

ndershëm fatmirësisht dinë më shumë mbi korrupsionin gjigand shtetëror, për autorët e organizimit të krimeve në nivel të lartë të vjedhjeve dhe mani-

të jastëkëve, mbulesave të shtratit (krevatit) dhe pantoflave. Bisnesmeni, është një mbështetës dhe këshilltar i shquar i Presidentit të SHBA Donald J. Trump, ku luajti një rol të rëndësishëm në mbështetjen dhe financimin e përpjekjeve të Presidentit Donald J. Trump, për t'i treguar popullit amerikanë krimin e mashtrimit të organizuar, në nivelet më të larta të shtetit amerikan, me manipulimin dhe vjedhjen e zgjedhjeve presidenciale më 3 nëntori të vitit 2020. Në vitin 2004, ai shpiku jastëkun My Pillow (*Jasteku im*), i cili është i mbushur me copa shkume të copëtuara që bashkohen. Në vitin 2020, *Mike Lindell emëroi djalin e tij* **Darren Lindell** *si Shefin Operativ të Kompanisë*, duke përmendur ambiciet e tij të mundshme politike në të ardhmen. Në vitin 2021, disa shitës të mëdhenj me pakicë për arsye politike si mbështetës të komunistëve dhe socialistëve radikalë amerikanë, ndaluan së transportuari produktet My Pillow e aktivistit konservator Lindell. Ai menjëherë reagoi se kjo është rezultat i zbulimit dhe publikimit të mashtrmit të madh të zgjedhjeve presidenciale të Shteteve të Bashkuara në vitin 2020. Mike operon në dy faqe interneti nën markën **Frank**. (www.frankspeech.com) Në mars 2021, Lindell detajoi planet për një platformë të mediave sociale alt-tech, që ai kishte zhvilluar për disa muaj. Ai e përshkroi faqen si një kryqëzim midis YouTube dhe Twitter, që do të ishte ndryshe e perbërë nga **Gab** dhe **Parler**. Kështu **FrankSocial**, një faqe rrjetesh sociale e organizuar në domen tjetër, u bë e disponueshme në prill 2022. Gjatë ditëve të para të My Pillow, Lindell bëri donacione për Ushtrinë e Shpëtimit, Misionin e Ungjillit të Unionit dhe organizata të tjera. Lindell themeloi Fondacionin Lindell, një organizatë jofitimprurëse që ndihmon ish-të varurit në trajtimin dhe shërbime të tjera. Në gusht 2016, *Lindell u takua me kandidatin e atëhershëm republikan për president Donald J. Trump*. Në një fjalim në Universitetin e Lirisë në gusht 2019, Lindell tha: *"Kur u takova me Donald Trump, u ndjeva si një takim hyjnor dhe kur u largova nga ajo zyrë vendosa që do të shkoja të gjithë"*. Më 19 tetor 2016, Lindell mori pjesë në debatin përfundimtar presidencial në Las Vegas. Ai foli në një tubim të fushatës së Trumpit në Minneapolis më 6 nëntor 2016. Në nëntor 2020, ishte ndër ata që pagoi garancinë në Kenosha, 17-vjeçarit Kyle Rittenhouse. Lindell arriti të provoi me specialitë professional të kompiuterave se kompanitë e makinerive të votimit Smartmatic dhe Dominion komplotuan me fuqitë e huaja, për të manipuluar makinat e votimit, për të vjedhur zgjedhjet nga Trump. Më 25 janar 2021, Twitter e ndaloi përgjithmonë Lindellin për përjetësimin e bazuar se **Presidenti Donald J. Trump fitoi zgjedhjet e vitit 2020**. Lindell bleu tre orë kohë transmetimi në One America News Network, i cili gjithashtu ishte kërcënuar me veprime ligjore, për të transmetuar **Absolute Proof**, *një dokumentar për zgjedhjet* (2021). Kanali komunist YouTube hoqi dokumentarin atë ditë për shkelje të politikës së tij kundër "dezinformimit" zgjedhor. Më 20 Prill 2021, Lindell publikoi një dokumentar të dytë të titulluar **Ndërhyrja Absolute**, i cili gjithashtu promovoi të vërteta rreth zgjedhjeve dhe kritikoi median Fake News dhe komunizmin. Në mars 2021, Lindell tha në "Dhomën e Luftës" të Steve Bannon, se ai do të kundërshtonte Dominion në rastet për veten dhe My Pillow, duke e akuzuar Dominion për shantazh dhe ndërhyrje në zgjedhje. Më 19 prill 2021, Lindell njoftoi se My Pillow kishte ngritur një padi prej 1.6 miliardë dollarësh kundër Dominion. Stephen Shackelford, këshilltar ligjor për Dominion, deklaroi se padia e My Pillow ishte "një padi hakmarrëse e pamerituar, e ngritur nga My Pillow në përpjekje për të shkëputur nga dëmi që i shkaktoi Dominion". *Ai ngriti një padi civile kundër Dominion dhe Smartmatic në qershor 2021*. Mike Lindell, është një i krishterë ungjillor dhe mori një titull **Doktor Nderi**, për suksesin e tij në biznes, vlerësuar *nga Universiteti Liberty në 2019*, për ekspertizën e tij si sipërmarrës. Mike Lindell botoi librin: "**Cilat janë shanset? Nga Crack Addict në CEO**" (**2019**).

pulimin e hapur të zgjedhjeve presidenciale më 3 nëntor të vitit të zi 2020 në SHBA.

Më 13 shtator 2022, agjentët e FBI, pa patur asnjë shkak apo arsye të shkeljes së ligjit kanë ndalur brutalisht makinën e bisnesmenit Mike Lindell dhe i kanë kërkuar atij celularin personal, duke shkelur ligjin e lirisë së fjalës, për filmin me fakte dhe shumë të tjera.[37]

Së fundi vjen shpresa e shumëpritur

Së shpejti, pritet me padurim, që djali i Joe Biden, Hunter Biden të arresto-het menjëherë dhe do të përballet me drejtësinë e vërtetë të munguar, sepse fatmirësisht do të fillojnë hetimet edhe për për te dhe zyrtarët e lartë **DOJ dhe FBI,** që kanë heshtur dhe mbuluar me vetëdije deri tani për 4 (katër) çeshtje kriminale të tij dhe familjes Biden, të ekspozuar shumë ndaj korruptuar në të gjithë botë...

---

[37] Desperate FBI Raids Mike Lindell as Biden PANICS!!!
https://www.youtube.com/watch?v=ElG5UgbUibg

DR. ANTHONY FAUCI NGA HETIMI I DOJ
MUND TË DENOHET ME 5 VJET BURG SEPSE GËNJEU
PARA KONGRESIT DHE THEU LIGJIN

(Senatori republikan dr. Rand Paul dhe Judicial Watch mbi virusin kinez)

"Pavarësisht çensurës dhe shtypjes nga administrata e Biden dhe Big Tech, populli amerikan përfiton nga më shumë, jo më pak, informacion në lidhje me sigurinë dhe efikasitetin e vaksinave Covid-19. Këto dokumente të reja, tregojnë se politika dhe një qasje e dëmshme infekton vendimmarrjen e Veteranëve Amerikanë, mbi shpërndarjen e burimeve shëndetësore për veteranët." - **Tom Fitton, Presidenti i Judicial Watch**

Kush është patrioti republikan Rand Paul?

Senatori Randal Howard Paul (1963), është një mjek dhe politikan amerikan, që shërben tesh 10 vjet si senator i ri i SHBA-së nga Kentucky.

Ai është djali i **Ron Paul**,[38] ish-kandidatit tre herë presidencial dhe për-

---

[38] **Ronald Ernest Paul (1935),** është autor librash, aktivist, mjek dhe politikan në pension amerikan, i cili shërbeu si përfaqësues i SHBA-së (kongresmen) për distriktin e 22-të të Kongresit të Teksasit nga viti 1976 deri në vitin 1977 dhe 1979-1985, si dhe për Kongresin e 11-të të Teksasit distrikti nga viti 1997 deri në vitin 2013. Në tre raste, ai ishte kandidat në primer për presidencën e Shteteve të Bashkuara: si kandidat i Partisë Libertariane në vitin 1988 dhe si kandidat për Partinë Republikane në 2008 dhe 2012. Një konstitucionalist i vetë-përshkruar, Paul është një kritik i politikave fiskale të qeverisë federale, veçanërisht ekzistenca e Rezervës Federale dhe politika e taksave, si dhe kompleksi ushtarako-industrial, luftën kundër drogës dhe luftë kundër terrorizmit. Ai ka qenë gjithashtu një kritik i zëshëm i politikave të mbikëqyrjes masive si Aktit të PAatriotit të SHBA-së dhe programet e mbikëqyrjes së NSA-së. Në vitin 1976, Paul formoi Fondacionin për Ekonominë Racionale dhe Arsimin (FARE), dhe në 1985 u emërua kryetari i parë i PAC-së Konservatore Qytetarët, për një Ekonomi të shëndoshë, të dy grupet e tregut të lirë të fokusuar në qeverisjen e kufizuar. Ai është karakterizuar si koka intelektuale e lëvizjes **Tea Party**, një lëvizje politike konservatore fiskale e filluar në vitin 2009 e përqendruar kryesisht kundër shumicës së çështjeve të ndërhyrjes. Paul, shërbeu si kirurg fluturimi në Forcat Ajrore të SHBA në vitet 1963-1968 dhe punoi si mjek obstetër-gjinekolog nga vitet 1960 deri në vitet 1980. Ai u bë Përfaqësuesi i parë në histori, që shërbeu njëkohësisht me një fëmijë në Senat, kur djali i tij, Rand Paul, u zgjodh në Senatin e SHBA nga Kentaki në vitin 2010. Paul, është një anëtar i lartë dhe këshilltar i dalluar i Institutit Mises, dhe ka botuar një

faqësuesit 12 mandatësh të Teksasit. I lindur në Pittsburgh, Pennsylvania, Paul ndoqi Universitetin Baylor dhe është i diplomuar në Shkollën e Mjekësisë të *Universitetit Duke*.

Dr. Paul, filloi si mjek i oftalmologjisë në vitin 1993 në Bowling Green, Kentucky. Në 2003, ai u tërhoq nga Bordi Amerikan i Oftalmologjisë dhe deklaroi veten i pavarur nga Bordi i tij Kombëtar i Oftalmologjisë. Ai vazhdoi punën dhe themeloi klinikën e tij në dhjetor 2007. Në vitin 2010, ai hyri në politikë, duke kandiduar për një vend në Senatin e SHBA-së.

Senatori Paul, është konservator kushtetues dhe një mbështetës i lëvizjes **Tea Party**. Ai ishte një kandidat për nominimin republikan, në zgjedhjet presidenciale të SHBA-së, në vitin 2016.

Ai pezulloi fushatën e tij në shkurt 2016, pasi përfundoi në vendin e pestë në Iowa-s, megjithëse më pak se dy muaj më vonë *ai miratoi të nominuarin përfundimtar dhe fituesin e zgjedhjeve të vitit 2016, Donald J. Trump,* i cili në zgjedhjet e nëntorit fitoi 306 vota elektorale, duke u bërë kështu Presidenti i 45-të i SHBA-së.

Familja Paul u zhvendos në *Lake Jackson, Texas, në 1968*, ku u rrit dhe ku babai i tij filloi punën si mjek, ku për një periudhë kohe ishte i vetmi obstetër në Brazoria County.

Kur Rand ishte 13 vjeç, babai i tij u zgjodh në Dhomën e Përfaqësuesve të Kongresit të Shteteve të Bashkuara. Po atë vit, Paul mori pjesë në Kongresin Kombëtar Republikan të vitit 1976, ku babai i tij drejtoi delegacionin e Teksasit të **Ronald Reagan**. Pauli i ri, shpesh kalonte pushimet e verës, duke qendruar

---

numër librash dhe ka promovuar idetë e ekonomistëve të Shkollës Austriake si Murray Rothbard, Friedrich Hayek dhe Ludwig von Mises, gjatë fushatave të tij politike. Ai ka përmendur Presidentin **Grover Cleveland (1837-1908)** si një model të preferuar të qeverisjes. Pas popullaritetit dhe entuziazmit bazë të ofertës së tij presidenciale të vitit 2008, Paul njoftoi në korrik 2011 se do të hiqte dorë nga kërkimi i një mandati tjetër në Kongres, në mënyrë që të fokusohej në ofertën e tij, për presidencën e vitit 2012. Duke përfunduar në katër vendet e para me delegate, në të dyja garat (ndërsa fitoi katër shtete në zgjedhjet paraprake të 2012), ai refuzoi të miratonte nominimet republikane të John McCain dhe Mitt Romney, gjatë fushatave të tyre përkatëse të 2008 dhe 2012, dhe më 14 maj 2012, Paul njoftoi se nuk do të konkurronte në asnjë zgjedhje tjetër presidenciale, por se do të garonte për delegatë në shtetet ku ishin mbajtur tashmë zgjedhjet paraprake. Në Konventat Kombëtare Republikane të vitit 2008 dhe 2012, Paul mori numrin e dytë më të lartë të delegatëve, pas vetëm McCain dhe Romney respektivisht. Në janar 2013, Paul u tërhoq nga Kongresi, por mbeti aktiv në kampuset e kolegjit, duke mbajtur fjalime duke promovuar idetë libertariane dhe libertariane-konservatore. Ai gjithashtu vazhdon të jap komente politike, përmes **The Ron Paul Liberty Report**, një shfaqje në internet, që ai e drejton bashkë në YouTube. Paul, mori një votë elektorale nga një zgjedhës jobesimtar i Teksasit, në zgjedhjet presidenciale të vitit 2016, duke e bërë atë personin më të vjetër, që ka marrë votën e Kolegjit Elektoral, si dhe kandidatin e dytë presidencial Libertarian të regjistruar në histori, që ka marrë një votë elektorale, pas John Hospers në 1972.

në zyrën e Kongresit të babait të tij.

Në vitet e tij të adoleshencës, Paul studioi ekonomistët austriakë, që babai i tij i respektonte, si dhe shkrimet e filozofit objektivist **Ayn Rand**. Asokohe Paul, shkoi në shkollën e mesme Brazoswood dhe ishte në ekipin e notit dhe luajti si mbrojtës në ekipin e futbollit amerikan.

Ai ndoqi Universitetin Baylor nga vjeshta 1981 deri në verë vitit 1984 e u regjistrua në programin e nderimeve. Gjatë kohës që kaloi në Baylor, ai ishte i përfshirë në ekipin e notit dhe Konservatorët e Rinj të Teksasit. I riu rregull-isht kontribuoi në gazetën studentore *The Baylor Lariat*. Paul, mori një diplomë M.D. në vitin 1988 dhe përfundoi studimet e tij në 1993.

Pas përfundimit të qëndrimit të tij në oftalmologji, Paul u transferua në Bowling Green, Kentucky, ku ai ka mbajtur një liçencë mjekësore të lëshuar nga shteti në vitin 1993. Ai mori punën e tij të parë nga John Downing i *Downing McPeak Vision Centers*, ku punoi për 5 vjet.

Më pas, ai shkoi për të punuar në *Klinikën Graves Gilbert*, një grup privat mjekësor në Bowling Green, për 10 vjet, përpara se të krijonte klinikën e tij në një shtëpi një katëshe me zyra në Downing.

Pas zgjedhjes së tij në Senatin Amerikan, doktori bashkoi punën e tij mjekë-sore me atë të Dowing-ut. Puna e tij mjekësore, është vlerësuar nga Downing dhe ai ka privilegje mjekësore në dy spitale të Bowing Green.

Në muajin prill 2020, pasi u shërua nga Covid-19, Paul filloi të punoj vull-netarisht në një spital në Bowling Green, duke i ndihmuar ata në luftën e tyre ndaj pandemisë Covid-19 në Kentaki.

Dr. Paul, specializohet në operacionet e kataraktit dhe glaukomës, proce-durat LASIK dhe transplantimet e kornesë. Si anëtar i Klubit të Bowling Green Noon Lions, ai *themeloi Southern Kentucky Lions Eye Clinic* në 2009, për të ndih-muar në sigurimin e operacionit të syve dhe provimeve, për ata që nuk kanë mundësi të paguajnë.

Senatori Paul fitoi çmimin *"Melvin Jones Fellow Award"*, për Shërbime Humanitare të Dedikuara nga Fondacioni Ndërkombëtar Lions Club, për punën e tij, duke themeluar *Southern Kentucky Lions Eye Clinic.*

Doktori, ishte kreu i kapitullit lokal të Konservatorëve të Rinj të Teksasit, gjatë kohës së tij në Universitetin Baylor. Në vitin 1984, mori një semestër pushim, për të ndihmuar sfidën kryesore politike të babait të tij, ndaj senatorit republikan Phil Gramm.

Ndërsa ndiqte Shkollën e Mjekësisë të Universitetit Duke, Paul doli vull-netar për fushatën presidenciale libertarian të babait të tij në vitin 1988.

Në përgjigje të shkeljes së premtimit të Presidentit George W. Bush për të mos rritur taksat, Paul themeloi Unionin e Karolinës së Veriut në 1991.

Në vitin 1994, ai themeloi organizatën anti-tatimore *Kentucky Taxpayers*

United (KTU) dhe ishte kryetar i organizatës, që nga fillimi i saj. *Grupi shqyrtoi të dhënat e ligjvënësve të Kentucky mbi taksimin dhe shpenzimet dhe inkurajoi politikanët që të zotohen publikisht për të votuar në mënyrë uniforme kundër rritjes së taksave.*

Paul i ri menaxhoi fushatën e suksesshme për në Kongres të babait të tij në vitin 1996, në të cilën Paul i moshuar u kthye në shtëpi, pas një mungese 12-vjeçare. Babai i senatorit Rand, mundi demokratin në detyrë, të kthyer në republikan, Greg Laughlin, në zgjedhjet paraprake të republikanëve (*primare*), pavarësisht mbështetjes së Laughlin nga NRCC dhe udhëheqësit republikanë si **Newt Gingrich** dhe George W. Bush.

Në shkurt 2014, ai u bashkua me grupin e avokatëve konservatorë të lidhur me Partinë e Çajit *Freedom Works*, në ngritjen e një procesi gjyqësor të klasit, duke akuzuar se mbledhja me shumicë e qeverisë federale mbi të dhënat e regjistrave telefonikë të amerikanëve, e cila ishte shkelje e hapur e Ndryshimit të Katërt të Kushtetutës së SHBA.

Më 15 prill 2009, Paul mbajti fjalimin e tij të parë politik si një kandidat i mundshëm në një tubim të *Tea Party* të mbajtur në qyteti e Bowling Green, Kentucky, ku më shumë se 700 njerëz ishin mbledhur në mbështetje të lëvizjes.

Më 18 maj, Paul fitoi zgjedhjet paraprake të senatorit republikan me 23% diferencë, që do të thotë se do të ndeshej me Prokurorin e Përgjithshëm të Kentucky Jack Conway, në zgjedhjet e përgjithshme të 2 nëntorit.

Paul tha se e urren racizmin dhe se ai do të kishte marshuar me *Martin Luther King Jr.,* **për të shfuqizuar ligjet e Jim Crow.**

Paul mundi Conway në zgjedhjet e përgjithshme me 56% të votave në 44% për Conway. Në Kongresin e 112-të (në vitet 2011–2013), ku u betua si senator nga demokrati zv/Presidenti Joe Biden.

Republikani Paul, bën me babanë e tij Ron Paul fushatën presidenciale në 2012 në Waterloo, Iowa. *Paul u betua në 5 janar 2011, sëbashku me babanë e tij, i cili ishte njëkohësisht në Dhomën e Përfaqësuesve.*

Paul u caktua të ishte antar në Energjinë dhe Burimet Natyrore, Shëndetin, Arsimin, Punën dhe Pensionet, Sigurinë e Vendit dhe Çështjet e Qeverisë dhe komitetet e Biznesit të Vogël. Gjithashtu ai formoi Grupin e Partisë së Çajit të Senatit me Jim DeMint dhe Mike Lee si anëtarët e saj përurues.

Doktori senator, shprehu kundërshtim ndaj ndërhyrjes së SHBA në Luftën Civile Libiane dhe ka kritikuar Presidentin Barack Hysen Obama dhe Joe Biden, për mos fitimin e pëlqimit të Kongresit për Operacionin *Odyssey Dawn*.

Për Kongresin e 113-të (2013-2015), ai u emërua në Komitetin e Marrëdhënieve me Jashtë dhe mbajti vendin e tij në Shëndetësinë, Arsimin, Punën dhe Pensionet, Sigurinë e Vendit dhe Çështjet e Qeverisë, dhe komitetet e Biznesit të Vogël.

Në shtator, senatori *deklaroi se SHBA duhet të shmangin ndërhyrjen ushtarake në Luftën Civile Siriane në vazhdim.*

Ish doktori dhe sot senatori republikan Paul mori *Çmimin e Shërbimit të Dalluar 2014* nga Qendra për Interesin Kombëtar (e quajtur zyrtarisht Qendra Nixon), për punën e tij të politikave publike.

Në përgjigje të raporteve që CIA depërtoi në kompjuterët e Komitetit të Inteligjencës së Senatit, Pali bëri thirrje për shkarkimin e Drejtorit të CIA-s demokratit John O. Brennan.

Senatori Paul në Kongresin e 114-të (2015–2017), pas vdekjes së **Antonin Gregory Scalia (1936-2016)** në shkurt 2016, tregoi se ai do të kundërshtonte çdo emërim nga Presidenti Obama, për të zëvendësuar vendin bosh të krijuar në Gjykatën e Lartë të SHBA-së.

Senatori Rand Paul në Kongresin e 115-të (2017–2019), *ishte një nga 22 senatorët, që nënshkroi një letër Presidentit Donald J. Trump, duke i kërkuar që Shtetet e Bashkuara të tërhiqen nga Marrëveshja e Parisit në maj 2017.*

Paul në Kongresin e 116-të (2019–2021), ndër të tjera ishte një folës i spikatur e i mirëseardhur në një ngjarje cilësore elitare në *Turning Point USA* në vitin 2020. **Më 4 nëntor 2019,** *u bëri thirrje mediave të zbulojnë identitetin sekret të sinjalizuesit quid pro quo të Trump-it në Ukrainë pasi kërcënoi se do ta zbulonte vetë emrin.*

Në shkurt të vitit 2020, senatori kritikoi YouTube, për heqjen e një videoje nga fjalimi i tij, në lidhje me gjykimin e fajësimit të Donald J. Trump.

Ai fjalimi përmbante pyetje të interesante reale për menaxherin e fajësimit Adam Schiff dhe këshillën për presidentin: *"A jeni në dijeni që personeli i Komitetit të Inteligjencës së Dhomës Shaën Misko kishte një marrëdhënie të ngushtë kur ishin në Këshillin e Sigurimit Kombëtar sëbashku?"*

Pas zgjedhjeve presidenciale të vitit 2020, *Paul refuzoi me të DREJTE të pranonte fitoren e kandidatit demokrat Joe Biden kundër Trump dhe tha se zgjedhjet ishin të manipuluara dhe vjedhura.* Në Kongresin e 117-të (2021 dhe sot), ai mban një fjalim gjatë numërimit të votave të Kolegjit Zgjedhor të Shteteve të Bashkuara 2021.

Për zgjedhje presidenciale të 3 nëntorit 2020, Paul u rreshtua përkrah Trump, duke thënë me të drejtë se zgjedhjet në shumë mënyra u vodhën.

Më 3 shkurt 2021, Paul u emërua anëtar i rangut të Komitetit të Biznesit të Vogël dhe Sipërmarrjes.

YES, senator Rand Paul

"Ju merrni një virus të kafshëve dhe e rritni transmetueshmërinë e tij tek njerëzit, duke thënë se kjo nuk është përfitim funksional?" - **Sen Rand Paul, 20 korrik 2021**

Atë që nuk e benë senatorët demokratë në Senatin Amerikan dje e bëri senatori patriot republikan Rand Paul. Ai kritikoi ashpër dr. Faucin, duke sjellë fakte para Senatit dhe popullit amerikan, që e ndiqte direkt në television.

Gjatë argumenteve të tij për 5 minuta, senatori iu referua shkenctarëve dhe doktorëve të famshëm amerikanë, që janë njëkohsisht edhe profesor të univeristeteve të mirënjohura amerikane.

Paul i tha dëshmitarit dr. Fauci, të thirrur për dëgjim nga Komisioni i Shëndetësisë në Senatin Amerikan, se: **"Dr. Fauci, ju duhet t'a dini se për dëshmi të rreme, ju viheni para ligjeve të shtetit."**

Senatorët hipokrit "demokratë", nuk i bënë asnjë pyetje atij, në një kohë që numëri i të vdekurve në të gjithë SHBA ka shkuar në shifra rekord. Sipas statistikave të pavarura, kanë vdekur apo mbetur me pasoja negative shumë amerikanë nga marrja e tre vaksinave.

Senatori Paul prek nervin e gënjështrës së Faucit

Unë mendoj, se senatori Rand Paul preku një nerv të gënjeshtrës së dr. Fauci-t. Ai i ka faktet, ndërsa *dr. Fauci vallëzon rreth akuzave.* Kjo e thënë është shumë e vërtetë dhe u provua nga dialogu midis dy doktorëve, para mediave dhe kanalevet televizive amerikane që transmetonin debatin e shumëpritur.

Ai është kaq mbrojtës me gënjeshtra, sa që po habit edhe miqët e tij, që i kanë bërë tifozllek deri në ato momente? Fauci, po përpiqet të mbuloj gjurmët e tij, sepse e di për çfarë është përgjegjës.

Mediat investigative kanë zbuluar prova dhe fakte të reja, se ai i ka dhënë miliona dollarë nga taksat tona laboratori Wuhan (*Wuhan Insitute of Virology*) në Kinë, që me virusin e tij djall ka vrarë kaq shumë jetë në SHBA 6,28,67, Brazil 5,37,498, India 4,11,989, Meksiko 2,36,507, Britani e Madhe 1,28,593 etj., në të gjithë botën.

Turp për ju Fauci, ishte refreni apo argumenti i shumë amerikanëve në rrjetet sociale dhe në rrjetin e ri mediatik Free Speech **Gettr**, kur panë në televizor debatin. Dr. Fauci ishte qesharak se kërcente si gjeli, se gjoja ndihej i ofenduar kur akuzohet për vrasjen e njerëzve pas muajsh dhe muajsh prej tyre duke thënë se DJT ishte përgjegjës për vdekjet amerikane.

Fauci gënjeu para Kongresit

Ai ka më shumë para për këtë se kushdo! Dr. Fauci paguhet sot $430,000 në vit, më shumë se Presidenti i SHBA-së dhe dy herë më shumë se senatorët dhe kongresmenët amerikanë.

Fauci e ka gënjyer këtë vend për shumë kohë. Egoja e tij, duhet të jetë një nga më të mëdhatë në botë. Arroganca, duket në mënyrën sesi ai flet me këdo, që e vë në dyshim vërtetetësinë e fjalës të tij. Rrotullimi i tij i dëshpëruar i së vërtetës zbërthehet! Ai duhet të çuditet, sepse është përgjegjës për miliona jetë të humbura, që janë shkatërruar përgjithmonë!

Nëse ka ndonjë drejtësi në SHBA, ai duhet të gjykohet për krime kundër njerëzimit. Biseda e dyfishtë e dr. Faucit, për të mbajtur apo fshehur hapur të vërtetën nga populli amerikan, është një tjetër krim i rëndë, që peshon në shpatullat e tij.

Lëvizjet e pakontrolluar të syve, dridhjet e shpeshta të duarve, frika e madhe që lexohet në sytë e tij, janë ana e jashtme e fajësisë së tij. Po, ky është një njeri, i cili është kapur me fakte dhe e di që ai është i izoluar nga peshqit e mëdhenj të Big Tech, media në të majtë të tij, të cilët janë duke e përdorur atë si marionetë nga lart.

Ai duhet ta dinte nga kërcimi, që aleatët e tij përfundimisht shumë shpejt do t'a braktisnin si limon të shtrydhur, për të mbrojtur bythen e tyre.

Politika, është një lojë e ndyrë, që luhet nga aktorët dhe mercenarët pa karakter, të cilët janë përshtatur për këto skenare. Fauci, është kapur dhe ai nuk mund të dalë prej saj! Heret apo vonë, ai do të burgoset një ditë. Dikush duhet të paguaj për miliona jetë të humbura në SHBA dhe në të gjithë botën. Ndoshta jo sot mbase jo nesër, ai do të paguaj një ditë për atë që bëri.

Rand Paul i dërgoj një letër DOJ, duke i kërkuar referim kriminal penal për Faucin

"Unë do t'i dërgoj një letër Departamentit të Drejtësisë, duke kërkuar një referim penal, sepse ai ka gënjyer Kongresin." – **Rand Paul, senator**

Privatësia dhe fjala e lire, janë nën sulm të vazhdueshëm nga Big Tech, media dhe qeveria e majtë globaliste. Senatori republikan dr. Rand Paul (R-KY) i tha analistit investigativ *Sean Hannity* të martën në mbrëmje (20 korrik 2021) në kanalin televiziv Fox News, se ai *do të dërgonte një letër referimi kriminale në Departamentin e Drejtësisë për Anthony Fauci.*

Hannity i referohet komenteve të Paul më herët, gjatë ditës gjatë një dëgjese të zjarrtë në Capitol Hill, për pandeminë C-19 dhe pyeti senatorin, *"**Ju filluat pyetjen tuaj të Dr. Fauci-t me pesë vjet burg. A bazohet besimi juaj në provat e Senatorit se ai gënjeu para Kongresit dhe theu ligjin?**"*

Paul u përgjigj, *"Po, dhe unë do t'i dërgoj një letër Departamentit të Drejtësisë, duke kërkuar një referim penal sepse ai ka gënjyer Kongresin"*.

Ai tha në Fox News, se ekspertët mjekësorë, që kanë mendime të ndryshme nga Dr. Fauci, në lidhje me virusin kinez Covid-19, nuk do të dalin në publik me mospajtimin e tyre nga frika se kjo do të ndikoj në financimin e tyre.

Senatori Paul tha: *"Fauci ka qenë atje për 40 vjet, ku ai kontrollon të gjitha fondet, kështu, që njerëzit kanë frikë vdekjeprurëse prej tij. Unë marr letra nga shkencëtarët, gjatë gjithë kohës. Ju mund t'i gjeni. Ata janë shumë mosbesues ndaj asaj që ai po thotë,"* shtoi Paul në lidhje me Fauci-n, i cili ka qenë drejtor i Institutit Kombëtar të Alergjisë dhe Sëmundjeve Infektive (NIAID) që nga viti 1984.

"Ata nuk mendojnë, se ai ka kuptim. Ata nuk mendojnë se ai po e lexon shkencën me saktësi, por ata kanë frikë të flasin, sepse shumë prej tyre janë shkencëtarë universitarë dhe varen nga fondet e NIH (Institutet Kombëtare të Shëndetit) dhe ta kalosh atë do të thotë se janë paratë e fundit që do të marrësh ndonjëherë."

Dr. Paul, është një nga kritikët më të hapur të dr. Fauci-t. Të dy shpesh janë përplasur, gjatë dëgjimeve të Senatit mbi plandeminë e virusit kinez.

Dr. Paul dhe Fauci, u angazhuan në një betejë tjetër, gjatë një seance dëgjimore në Kongres, më 29 korrik 2021. Senatori, iu referu hulumtimit "për fitimin e funksionit në një laborator të Wuhan në Kinë.

Sen Paul detajoi provat, që ai pretendon dhe provon me fakte, se eksperimentimi mbi hulumtimin e fitimit të funksionit po ndodhte në Institutin e Virologjisë Wuhan dhe citoi mjekun Fauci, që e bëri këtë punë si për punën e saj, ashtu edhe për shumën e fondeve që ajo mori nga NIH.

"Senator Paul, - filloi Fauci, *unë kurrë nuk kam gënjyer para Kongresit dhe nuk e tërheq atë deklaratë. Ky punim që ju po i referoheni u gjykua nga një staf i kualifikuar lart e poshtë zinxhirit si jo definitive."*

Senatori Paul e ndërpreu: *"Ju merrni një virus të kafshëve dhe rritni transmetueshmërinë e tij tek njerëzit, duke thënë se kjo nuk është fitim funksional?"* - pyeti me mosbesim.

"Kjo është e saktë," - mbrojti Fauci, dhe vazhdoi: *"Senatori Paul nuk e dini se për çfarë po flisni, sinqerisht, dhe unë dua ta them zyrtarisht: Ju nuk e dini për çfarë po flisni."*

Senatori skjaroi se *"ne nuk e dime"* se do të ishte rasti, me Faucin që pohoi atëherë se do të ishte e pamundur.

Senatori republikan Paul akuzoi Fauci-n, për mospërfillje të së vërtetës, një akuzë të cilën ai e mohoi, duke thënë se: *"Unë dua që të gjithë të kuptojnë, se nëse i shikoni ato viruse, dhe kjo gjykohet nga virologë të kualifikuar dhe biologë evolucionarë, ato viruse janë molekulare e pamundur të rezultojnë në SARS-Covid-2."*

"Askush nuk po thotë se ato viruse kanë shkaktuar pandemik. Ne po themi se ato janë fitim të viruseve të funksionit, sepse ishin viruse të kafshëve, që u bënë më të transmetueshme tek njerëzit dhe ju e financuat atë. Dhe nuk do ta pranoni të vërtetën.", skjaroi Dr. Paul

"Dhe ju po nënkuptoni, se ajo që bëmë ishte përgjegjëse për vdekjet e individëve, dhe unë tërbohem plotësisht për këtë dhe nëse dikush është shtrirë këtu, senator, ju jeni, ju." - tha Fauci,

Senatori së pari iu drejtua Fauci-t, duke thënë, se: *"Eshtë një krim që të gënjesh Kongresin. Në udhëtimin tuaj të fundit në komitetin tonë, më 11 maj, ju keni deklaruar që NIH nuk ka financuar kurrë dhe nuk financon tani hulumtimin e funksioneve në Institutin e Virologjisë Wuhan tërësisht në Institutin Wuhan nga Dr. Shi, dhe u financua nga NIH"*.

Pali hyri në një rekord për Kongresin, i titulluar: *"Zbulimi i një pellgu gjenesh të pasur të koronavirusëve, të lidhur me SARS, siguron njohuri të reja mbi origjinën e SARS koronavirus."*

Paul deklaroi, se në këtë punim **Dr. Shi** përshkruan hulumtimin e saj, të cilin Senatori e përshkruan si "fitim të funksionit", shuma e fondeve nga NIH shënohet dhe NIH, vlerësohet për dhënien e këtyre fondeve për kërkimet e saj.

Dr. Shi *"mori dy gjenet e koronavirusit lakuriq, gjenet spike, e i bashkoi ato me një shtyllë kurrizore të lidhur me SARS, për të krijuar viruse të reja, që nuk gjenden në natyrë. Laboratorët që krijuan viruse, u treguan se replikoheshin tek njerëzit"*, lexoi Paul.

Ishte ky punim, me të cilin Fauci mori çështjen. *"Viruset që në natyrë prekin vetëm kafshët,* u manipuluan në laboratorin e Wuhan, për të fituar funksionin e infektimit tek njerëzve." Ky hulumtim përshtatet me përkufizimin e hulumtimit që NIH tha se ishte subjekt i 'pauzës' në 2014-2017, një pauzë për të fituar funksionin.

Dr. Pali tha, që NIH nuk arriti t'a njohë këtë dhe ajo *"kurrë nuk u vu nën ndonjë vëzhgim."* Nga ana e tjetër, Paul citoi mjekë të tjerë, të cilët vunë në dukje se ky hulumtim për *"koronavirusët e rinj ishte i rrezikshëm për njerëzit"*. Këto ishin patogjenë, citoi Paul, se këto viruse gjenden vetëm në laborator dhe citoi një mjek, që tha se kjo praktikë *"mishëron fitimin e funksionit"*.

Më shumë besueshmëri i është dhënë teorisë se virusi kinez, ka rrjedhur nga Instituti i Virologjisë Wuhan, në vend që të formohet në natyrë ose të transmetohet nga kafshët tek njerëzit në muajt e fundit.

Fauci trajtohet si Perendia e "shpëtimit" të botës në Shqipëri dhe Kosovë

Në Shqipëri dhe Kosovë, fatkeqsisht mediat naive propagandistike komuniste globaliste e paraqesin A. Fauci-n se gjoja ky po "shpëton" botën nga vdekja, kur në fakt është e kundërta.

Kam ndjekur me kujdes shumë video në Youtube, të kanaleve televizive propagandistike, si: Top Channel, Tv Klan, Vizion Plus, RTVSH etj., që krijojnë lajme Fake News nga studio pa asnjë vlerë informuese, për fanatikët naiv mendor mjeranë, që i ndjekin nga pas ata.

Të pakët ose me gishta numërohen intelektualët e guximshëm shqiptarë, që u thonë të vertetën shikuesve të rrjeteve televizive. *I vetmi person deri tani, që kam mundur të ndjek me kënaqsi dhe respekt, është botuesi **Alfred Cako,** perkthyes, botues, analist, një erudit dhe enciklopedist i spikatur, objektiv dhe i pa-anshëm, që gjithnjë ofron vetë argumente.* Ai debatet i bazon fuqishëm në fakte dhe prova, bazuar në literaturën e pasur dhe serioze botërore në gjuhën angleze.

Ai u thotë hapur "gazetarëve" mediokër dhe sherr-budall propagandues në Shqipëri, se *kjo është lojë e mirëfilltë e iluminatit apo Klubit 300.*[39]

Sipas ligjit amerikanë në Senat dhe Kongres, nëse personi zyrtar, që thirret të dëshmojë rren, para Senatit apo Kongresit Amerikan ai për dëshmi të rreme denohet me 5 vjet burg apo më shumë, kur ka gënjyer me vetëdije disa herë...

Fatmirësisht *Fauci me profesionalizëm e ka konsumuar me kohë rrenen*, para kongresmenëve, pak kohë më parë dhe dje para senatorëve në Senat. Senatori dr. Rand Paul e vërtetoi dje rrenen e dr. Fauci-t, para kamerave amerikane dhe botërore direkt nga salla e dëshmisë.

Mos harroni doktoreshen **Judy Mikovits,**[40] që me kurajo civile dhe profe-

---

[39] **John Coleman**, The Conspirator's Hierarchy: The Committee of 300, 4th Edition (1997), $189.99

[40] **Dr. Judy Anne Mikovits (1958),** është një ish-shkencëtare amerikane kërkimore, e cila është e njohur për pretendimet e saj mjekësore, të tilla si se retroviruset endogjene të minjve të cilat janë të lidhura me sindromën e lodhjes kronike (CFS). Ajo, është angazhuar si aktiviste kundër vaksinimit,duke promovuar të vërtetën, krahas shumë doktorëve të tjerë ameirkanë dhe ndërkombëtarë. Ajo ishte drejtore hulumtuese e organizatës kërkimore CFS **Whittemore Peterson Institute** (WPI) në vitet 2006-2011. Në vitin 2020, Mikovits promovoi fakte reale mbi plandeminë e virusit kinez ose sikurse quhet ndryshe si Covid-19, përmes një videojeje në internet me titull: **"Plandemic",** e cila bëri pretendime serioze, të bazuara në prova reale shkencore. Në vitin 1980, Mikovits mori diplomën e saj BA në kimi nga Universiteti i Virxhinias. Sipas Mikovits, ajo punoi si teknike laboratori në *Upjohn Pharmaceuticals* në Kalamazoo, Michigan në vitin 1986-1987, dhe u largua pas një mosmarrëveshjeje në lidhje me produktin e hormonit të rritjes së gjedhit të kompanisë. Në 1988, ajo punoi si teknike laboratori në Institutin

sionale si *specialiste e Institutit Kombëtar të Alergjisë dhe Sëmundjeve Infektive*, ishte e para që denoncoi përrallat e virusit kinez apo C-19, të ashtëquajturin "ekspertin" apo "doktor" Fauci-n si dhe vaksinat në tërësi.

Sot Facebook, Twitter, Youtube etj., Big Tech dhe media Fake News e çensurojnë atë pse si patriote thotë hapur të vërtetën para amerikanëve, duke i hapur sytë dhe ndriçuar mendjen. Ajo ka ekzpozuar edhe korrupsionin e madh të shekullit të Organizatës Botërore të Shëndetsisë, pranë organizatës burokratike marksiste OKB.

Kombëtar të Kancerit (NCI) në Frederick, Maryland, nën drejtimin e Francis Ruscetti, i cili më vonë shërbeu si mbikëqyrës i saj i doktoratës. Në vitin 1991, **ajo mori një doktoraturë në biokimi nga Universiteti George Washington**. Teza e saj e doktoraturës titullohej "*Rregullimi negativ i shprehjes së HIV në monocitet*". Dr. Mikovits deklaroi se ajo punoi si studiuese post-doktorale në laboratorin e David Derse nga viti 1993 deri në 1994. Në vitin 1996, Mikovits u punësua si shkencëtare, në Laboratorin e Biologjisë së Leukociteve të Ruscetti-t në NCI. Në maj 2001, Mikovits u largua nga NCI, për të punuar në EpiGenX Biosciences në Santa Barbara, CA, një kompani për zbulimit të drogës. Në vitin 2006, ajo u bë Drejtoreshë Kërkimore e Institutit Whittemore Peterson, i vendosur në Reno, Nevada. Shkencëtarja botoi një punim në vitin 2009. Në vitin 2007, Mikovits u takua me një bashkë-zbulues të virusit ksenotropik të leuçemisë së mykut (XMRV), Robert Silverman, në një konferencë. Silverman, kishte gjetur sekuenca XMRV, të cilat janë shumë të ngjashme me sekuencat gjenomike të miut, në ekzemplarët e kancerit të prostatit disa vite më parë. Duke përdorur mjete të marra nga Silverman, Mikovits filloi të kërkonte XMRV në mostrat e saj CFS. Dr. Mikovits ka folur në ngjarjet kundër vaksinimit. Ajo nuk beson se nevojitet një vaksinë, për të parandaluar plandeminë e Covid-19 dhe pretendon se koronavirusi ishte shkaktuar nga një lloj i keq i vaksinës së gripit, që qarkullonte midis 2013 dhe 2015. Ajo gjithashtu pohoi se maskat do të "aktivizojnë" virusin dhe do të riinfektojnë bartësit e maskave pa pushim. Dhe kjo u provua realisht në ditët tona, por media mundohet ta fsheh të vërtetën e saj, duke mbuluar Faucin dhe të tjerë propagandues politikë dhe anti-human, që fshehen mbas tij. Ajo bëri një video sensibilizuese për mbarë botën, e cila fitoi famë në maj të vitit 2020. **Plandemic Movie,** është një intervistë e stiluar si dokumentar me pikëpamje të dr. Mikovits për një sërë temash. Big Tech dhe YouTube e hoqi këtë video nga faqja e tij e internetit disa here. Më vonë u censurua edhe nga Vimeo dhe Facebook. Rrjetet e mediave globaliste vrastate të majta sociale, u përpoqën për të hequr filmin 26-minutësh me titull: "**Plandemic**", që tregon për zhurmen e madhe fallco të Plandemisë së virusit kinez të quajtur Covid-19. Mikovits qëndroi pranë gjetjeve të saj dhe i tha gazetës **Chicago Tribune**: "*Disa nuk po përpiqen plotësisht me mirëbesim*". Ajo u pushua nga puna dhe menjëherë pas kësaj u arrestua, për gjoja vjedhjen e fletoreve, të dhënave të pronarit dhe kompjuterëve nga ish-punëdhënësi i saj. **Edhe pse ajo u burgos për një kohë të shkurtër, akuzat u hoqën në vitin 2012.** Dy javë më vonë Mikovits hodhi *Plandemic* në mediat sociale, në të cilën ajo sugjeron se ka një komplot të gjerë të organizuar, për të shtypur karrierën e saj dhe për të shkatërruar besueshmërinë e saj si shkencëtare. Video gjithashtu përshkruan përplasjet e saj me *Dr. Anthony Fauci dhe Dr. Deborah Birx,* të cilët drejtojnë Task Forcën e virusit kinez C-19 në Shtëpinë e Bardhë. *Mikovits vazhdon të shfaqet në kanalin Amerikan Voice News në YouTube, ekspozon dhe bën shkatërrim e lajmeve të rreme të* Faucit me kompani. Mikovits pohon se vaksinat sot po shkaktojnë kancer dhe se vaksina kundër Covid-19 është armiku i saj dhe i mbarë njerëzimit.

Republika Komuniste e Kinës, duhet të mbaj përgjegjësi direkte dhe demshpërblej kinezët e vet dhe gjithë botën, sepse ka qenë në dijeni qysh në muajin shtator të vitit 2019 për virusin kinez dhe nuk ka njoftuar Organizatën e vet Botërore të Shëndetsisë, që edhe sot me përkeledhi i mban krahun, duke i mbuluar krimin e madh me gjethe fiku, për të vërtetën mbi laboratorin e saj vdekjeprurës.

Krijimi i Covid-19 nga Kina komuniste si pretekst, për të vjedhur votat kundër Presidentit Trump

Asokohe në mënyrë absurde mbi 80,000.000 zarfa të USPS pa vula, adresa, firma dhe të paregjistruar askund si fantazëm erdhën nga Kozmosi e u hodhën si mrekulli në kutitë e votimit, për të nxjerr apriori si fitues një ish pensionist Joe Biden brenda 2 orëve. Big Tech, media dhe "demokratët" këtu, organizuar masakrën dhe maskaradën elektorale, duke shenuar faqen më të zezë në historinë e votimeve presidenciale, Kongres dhe Senatin Amerikan.

Raporti i Judicial Watch, në Washington D.C.

Judicial Watch, njoftoi sot se mori 75 faqe të dhëna nga Departamenti i Çështjeve të Veteranëve, duke detajuar reagimet e padëshiruara, që kishin veteranët ndaj vaksinave Covid-19.

Që nga prilli i vitit 2021, Shërbimet Shëndetësore të Veteranëve, raportuan 895 reagime serioze, të cilat përfshinin: 20 goditje kardiake, 36 goditje në tru, 15 raste të trombozës së venave të thella, 10 sulme në zemër dhe 19 emboli pulmonare. Ata gjithashtu raportuan mbi 26,000 reagime më pak serioze. Agjencia mbajti në detajet e raportit individual, duke përmendur privatësinë e pretenduar dhe çështje të ngjashme.

Raportet e reagimit kundër vaksinave Covid-19 midis veteranëve

Dokumenti i ri i regjistrimeve të Veteranëve Amerikanë (VA), tregon raportet e reagimit të kundër vaksinave Covid-19 midis veteranëve. Kujtojmë se Agjencia në fjalë, mban raporte të vazhdueshme dhe të hollësishme për krijimin e KRRT-së, në planin e vaksinave (Washington, DC).

Gjithashtu Judicial Watch njoftoi se ka marrë 75 faqe të dhëna nga Departamenti i Çështjeve të Veteranëve, që detajojnë reagimet anësore të veteranëve ndaj vaksinave C-19.

Për më tepër, dokumentet përfshinin një pjesë të përqendruar tërësisht në garë, me titull: *"Adresimi i pabarazive shëndetësore"*.

Dokumentet u morën përmes një kërkese të *Aktit të Lirisë së Informacionit* (FOIA) më 14 prill 2021, për të gjitha raportet, që lidhen me ndonjë reagim të kundërt ndaj çdo vaksine C-19, të administruar në çdo institucion mjekësor, të Departamentit të Çështjeve të Veteranëve.

Nga ana e tjetër, këtu përfshihen të gjitha politikat, rregulloret ose dokumentet e tjera udhëzuese, në lidhje me raportimin ose gjurmimin e reaksioneve anësore ndaj vaksinave C-19.

Një dokument i titulluar *"Vaksina për Raportimin e Ngjarjeve të Pamundshme"*, përfshin tabela të shumta, që dokumentojnë ato që VA, i përshkruan si reagime serioze dhe jo serioze ndaj vaksinës C-19. Ka pasur 895 raporte të ngjarjeve të rënda. Këto ngjarje përfshijnë *"Ngjarje ku Vdekja, shtrimi në spital dhe/ose Ngjarja Kërcënuese e Jetës shënohet si rezultat"*. Nga ana e tjetër, janë konstatuar edhe 24,585 ngjarje jo serioze.

Kujtoj se raportet e ngjarjeve anësore të vaksinës **Johnson & Johnson**, përfshijnë pesë aksidente cerebrovaskulare, katër raste të trombozës së venave të thella dhe tre emboli pulmonare për pacientët veteranë amerikanë.

Raportet e ngjarjeve anësore të vaksinës **Moderna,** përfshijnë 15 goditje kardiake, 16 aksidente cerebrovaskulare, pesë raste të trombozës së venave të thella, pesë infarkte të miokardit dhe shtatë emboli pulmonare për pacientët veteranë. Punonjësit, që morën vaksinën, thuhet se pësuan pesë aksidente cerebrovaskulare, katër raste të trombozës së venave të thella, dy infarkte të miokardit dhe dy embolizma pulmonare.

Raportet e ngjarjeve anësore të vaksinës **Pfizer,** përfshijnë pesë arrestime kardiake, 10 aksidente cerebrovaskulare, një rast të trombozës së venave të thella, tre infarkte të miokardit dhe shtatë emboli pulmonare për pacientët veteranë. Aty gjithashtu kishte një rast të trombozës së venave të thella të një punonjëse.

Një seksion me titull: *"Adresimi i pabarazive shëndetësore"*, raportohet se caktimi i vaksinës Covid-19, u dha përparësi personave me ngjyrë, pjesërisht, për shkak të *"padrejtësive shoqërore"*.

Të dhënat kombëtare të SHBA-së, tregojnë se Covid-19, ka prekur në mënyrë disproporcionale persona me ngjyrë.

Kjo i atribuohet padrejtësive shoqërore, që krijojnë një barrë më të lartë të sëmundjes dhe jetëgjatësi më të shkurtër në këtë popullat, ia atribuojnë këtë pjesërisht konceptit të *"motit"*, që ekspozohet gjatë gjithë jetës ndaj streset e pabarazisë racore dhe padrejtësisë manifestohen në ngarkesë më të madhe të sëmundjes fizike e psikologjike dhe qasje më pak të gatshme në kujdesin shëndetësor cilësor dhe burimet e lidhura me shëndetin.

Përveç kësaj, personat me ngjyrë kanë më shumë të ngjarë të punojnë dhe jetojnë në mjedise me ekspozim më të lartë ndaj virusit kinez SARS-Covid-2.

Kjo është, thjesht të jesh njeri me ngjyrë afrikano-amerikanë ose hispanik ose vendas amerikan nuk bën që dikush të kontraktojë më lehtë me SARS-CoV-2.

Ekspertët mendojnë se përkundrazi, disavantazhet shoqërore, gjatë gjithë jetës të përjetuara nga persona me ngjyrë, i bëjnë ata më të prirë të kenë probleme shëndetësore, që i predispozojnë ata të kontraktojnë SARS-CoV-2 dhe më shpesh vuajnë rezultate serioze ose fatale.

Kështu, këta individë, sëbashku me të tjerët, që janë në rrezik të pësojnë sëmundje serioze ose fatale, për shkak të pranisë së sëmundjeve shoqëruese, do të kenë përparësi për vaksinën C-19, si pasojë e faktorëve të rrezikut.

Veteranët Amerikanë, në një letër drejtuar Judicial Watch, vërejnë se të gjitha reagimet e vaksinave të Covid-19 raportohen tek Administrata e Ushqimit dhe Barnave (FDA) dhe Qendra për Kontrollin e Sëmundjeve (CDC) përmes bazës së të dhënave të tyre FDA/CDC VAERS. PBM, këshilloi që të dhënat e VAERS të jenë në dispozicion publikisht në uebfaqen e Shëndetit dhe Shërbimeve Njerëzore.

"Pavarësisht çensurës dhe shtypjes nga administrata e Biden dhe Big Tech, populli amerikan përfiton më shumë, dhe jo më pak, informacion në lidhje me sigurinë dhe efikasitetin e vaksinave Covid-19", tha **Presidenti i Judicial Watch Tom Fitton.**

Judicial Watch njoftoi sot se ai dhe Fondacioni Daily Caller News (DCNF), morën nga Departamenti i Shëndetit dhe Shërbimeve Njerëzore (HHS) 311 faqe të të dhënave të komunikimeve shumë të redaktuara nga Dr. Anthony Fauci dhe Organizata Borërore e Shëndetsisë (OBSH), në lidhje me Covid-19.

Në një letër me dokumentet, Zyrtarja e Aktit për Lirinë e Informacionit të HHS Gorka Garcia-Malene vëren se: FOIA përjashtimi 4 mbron nga zbulimi sekretet tregtare dhe informacionet tregtare ose financiare, që janë të privilegjuara dhe konfidenciale. Përjashtimi 5 *(nën të cilin redaktohet e-maili i Fauci-t)*, lejon mbajtjen e të dhënave të brendshme të Qeverisë, të cilat janë të paravendosura dhe përmbajnë këshilla, mendime dhe rekomandime të stafit.

Regjistrimet u morën në përgjigje të një procesi gjyqësor të Lirisë së Informacionit (FOIA) në muajin maj 2020, i ngritur në Gjykatën e Qarkut të SHBA për Distriktin e Kolumbisë nga Judicial Watch, në emër të DCNF *(Daily Caller News Foundation dhe Departamenti Amerikan i Shëndetsisë dhe Shërbimet ndaj Njeriut (Nr.1:20-cv-01149))*.

Proçesi gjyqësor është ngritur pasi HHS nuk i është përgjigjur kërkesës së FOIA të 1 prillit të vitit 2020 të DCNF, duke kërkuar: Komunikimet midis Dr. Fauci dhe Zëvendës Drejtorit Lane dhe zyrtarëve të Organizatës Botërore të Shëndetësisë, në lidhje me koronavirusin e ri.

Komunikimet e Dr. Fauci dhe Zëvendës Drejtorit Lane, në lidhje me OBSH, zyrtarin e OBSH Bruce Aylward, Drejtorin e Përgjithshëm të OBSH Tedros

Anhanom dhe Kinën.

"Populli Amerikan, ka të gjithë të drejtën të dijë informacione kyçe, mbi rolin e Qeverisë sonë në C-19", tha *Neil Patel*, botues i Fondacionit Daily Caller News.

"Ky lloj fshehjeje, shmangieje dhe murosjeje me gurë, është një arsye pse besimi tek autoritetet kombëtare është afër niveleve më të ulëta të të gjitha kohërave. Agjencia e Fauci-t, është në modalitetin e gurit e i ka dhënë OBSH-së së korruptuar një përjashtim të veçantë të fshehtësisë nga FOIA," tha Presidenti i Judicial Watch Tom Fitton.

AFGANISTANI - ZEMRA E AZISË DJE DHE SOT

"Ne po flasim për njerëz shumë, shumë armiqësorë. Këta janë njerëzit që tani thonë: 'Ne kemi 40,000 pengje amerikanë. Çfarë do të bëjmë me ta.' Kështu mendojnë ata. Dhe nëse mendoni se kjo përfundoi dje, nuk keni parë asgjë. Dhe kjo nuk do të jetë asgjë në krahasim me Presidentin Jimmy Carter me pengjet e tij. Ai humbi për shkak të kësaj historie. Carter me pengjet e tij, është një kikirik, një term i mire, kur po flasim për Jimmy Carter, është një kikirik në krahasim me atë që po ndodh këtu sot. Ata kanë 40,000 njerëz, për të mos përmendur të gjithë afganët e tjerë, që duhej të ndihmonim. Ky është turpi më i madh në historinë e Amerikës. Qytetarët amerikanë, duhet të dalin së pari nga vendi, pastaj ju duhet të merrni të gjitha pajisjet tuaja ushtarake. Ne kemi 212,000 milion dollarë pajisje. Ata kanë helikopterë të rinj Blackhawk. Ata kanë gjithçka. Dhe të fundit për të dalë duhet të jenë ushtarët, dhe sinqerisht do të kisha bombarduar secilën nga fortesat e tyre, sepse e dija që ata nuk do të më lejonin ta bëj këtë. Qengji po çohet në thertore. Duhet të largosh njerëzit tanë (amerikanët) nga Afganistani. A mund t'a imagjinoni që ushtria juaj të shkojë në shtëpi dhe t'i lërë të gjithë ata njerëz në dorë të talebanëve!? Kjo është njësoj sikur të dërgosh qengjin në thertore. Kështu që ushtria juaj shkon në shtëpi. Ata harruan të mbrojnë divizionet tona, ata harruan të mbrojnë Ambasadën e SHBA-së në Kabul. Por, këtu është problem. Tërheqja është gjëja e duhur për të bërë, por mënyra se si u tërhoqën trupat tona ishte e turpshme. Asnjëherë nuk ka pasur tërheqje më të keqe se kjo. Asnjëherë nuk ka pasur një grup njerëzish më budallenj që tërhiqeshin. Kjo është e pabesueshme, kur një ushtarak largohet së pari dhe më pas thotë: 'Oh, ne duhet të kthehemi dhe të marrim njerëzit tanë'."
– Donald J. Trump Presidenti i 45-të i SHBA-së (Fox News)

2.26 trilion ose 300 milion dollarë çdo ditë
për 20 vjet luftë në Afganistan

Talebanët radikal islamik, në një goditje trondítëse rrufe, kanë përfshirë Afganistanin në më pak se një muaj, ndërsa ushtria afgane prej 300,000 vetësh me armatime amerikane u shkri si kripa në ujë. Absurdi dhe tradhtia politike dhe kombetare arriti kulmin papritur, kur *Presidenti frikacak afgan Ashraf Ghani,* iku në Taxhikistan, gjatë fundjavës (e diele 15 gusht 2021).

Ai kishte punuar nën rrëgost për armiqët, kur pranoi në një deklaratë, se talebanët kishin fituar, *"me gjykimin e shpatave dhe armëve të tyre, dhe tani janë përgjegjës për nderin, pronën dhe vetëruajtjen e bashkatdhetarëve të tyre..."* Kjo u provua, edhe kur media mësoi turpin tjetër se vëllai i Presidentit afgan iu bashkua me dëshirë këto ditë forcave radikale islamike të talebanëve krim-inelë.

Pabesia e tij u justifikua me faktin se talebanët u ulen të sigurtë në tryezën e Pres-idencës të lëshuar me trathti nga ai, vetëm disa orë më parë pasi gjarpëri i pabesë pseudo President Ashraf Ghani u largua nga vendi si hajdut ordiner.

Sot, mijëra përkthyes dhe familjet e tyre *presin viza për të hyrë në SHBA*, ndërsa luftëtarët talebanë parakalojnë triumfalisht mbi makinat, tanket etj., dhe mbajnë në duar armatimet e tjera të shtrenjta, të kapura mbas braktisjes nga ushtria amerikane në ikje...

Kur sheh bilancin e luftës, sheh se kjo ishte lufta më e kushtueshme në të gjithë historinë e SHBA-së. *Në 20 vitet që nga 11 shtatori i vitit 2001, SHBA kanë shpenzuar më shumë se 2,26 trilion dollarë për luftën në Afganistan*, me një kostë 300 milion dollarë çdo ditë, për dy dekada ose ndryshe mbi 50,000 dollarë për secilin prej 40 milionë njerëzve të vendit aziatik.

E shpieguar në terma më të thjeshtë, analistët thonë se *xhaxhai Sam (SHBA)*, ka shpenzuar më shumë duke i mbajtur talebanët larg, sesa pasuritë neto të Jeff Bezos, Elon Musk, Bill Gates dhe 30 miliarderëve më të pasur në Amerikë, të marrë së bashku.

Këto shifra përrallore, përfshijnë 800 miliardë dollarë në kosto të drejtpër-drejta të luftës dhe 85 miliardë dollarë të tjera, për të trajnuar ushtrinë e dësh-tuar afgane, e cila u grumbullua në javët që nga mbyllja e papritur e Pentagonit në fillim të korrikut të Bazës së Forcave Ajrore Bagram, duke eliminuar premtimin e mbështetjes ajrore kundër talebanëve që ishin në për-parim.

Nga ana e tjetër, duke qëndruar sërisht në shifrat marramendëse as-tronomike të shpenzimeve amerikane, nënvizohet fakti tjetër se *taxampague-sit u kanë dhënë ushtarëve afganë 750 milionë dollarë në vit në listën e pagave të tyre të shtrenjta*. Siç thuhet, Projekti i Kostove të Luftës të Universitetit Brown vlerëson se *shpenzimet totale janë në 2.26 trilionë dollarë.*

Republikanët e Kongresi Amerikan, në një prononcim për mediat më 24 gusht 2021, **deklarojnë,** për armatimet amerikanë që kanë ra në duart e ter-roristëve radikal islamik taleban dhe Al Qaides: *"Talebanët, kanë në dorë sot 85 billion dollarë nga materialet ushtarake, ku midis tyre janë 75 makina moderne ushtarake, mbi 200 aeroplanë dhe helikopterë si fjala e fundit e shkencës ushtarake, 600,000 armë të vogla moderne plus sniper, që përdorin ushtarët amerikanë.*

Gjithashtu ata kanë më shumë Blackhawk se 85% e vendeve të ndryshme të botës. Pra, ata kanë më shumë elektoperë të kushtueshëm, se asnjë shtete tjetër i botës, kjoshin këto edhe antarë të NATO-s.

Talebanët dhe Al Qaida, kanë në dorë të gjithë aparaturat moderne elektotronike amerikane, që janë përdorur çdo ditë nga ushtarët amerikanë tesh 20 vjet.

Ata kanë në dorë aparatura dhe informacione elektronike moderne, që janë fjala e fundit e shkencës ushtarake, të cilat përdoren për ID dhe etj.

Ata kanë në dorë listën dhe informacione të plota për të gjithë afganistanët, që ndihmuan trupat amerikane për 20 vjet në Afganistan.

Biden, nuk ka plane për të nxjerrë jashtë Afganistanit të gjithë armatimet moderne të ushtrisë ameirkane me të shtrenjtat në botë.

Tashmë të gjithë këto armatime, fatkeqsisht janë në duart e talebanëve. Biden, nuk e di se çfarë janë këto armatime, të cilat ai ia lënë si dhuratë talebanëve terroristë dhe Al Qaides, që kontrollojnë sot fatkeqsisht gjithë Afganistanin dhe kryeqytetin e vendit, Kabulin.

Të gjithë këto armatime amerikane, do të përdoren nga grupet terroriste, për të vrarë ushtarët amerikanë dhe afganistanët, që ndihmuan ushtrinë amerikanët për 20 vjet me radhë.

Biden, gënjen kur thotë se cdo gjë është në rregull, situata është nën kontroll etj. Ai po vijon të gënjej Kongresin, Senatin dhe popullin amerikan. Ky është turpi i tij i radhës. Afganistani ra, sepse ra Biden, para popullit afgan, amerikan, Kongresit, Senatit dhe mbarë njerëzimit, që na shikojnë ne sot."

Dhe kostot janë edhe më të mëdha përsa i përket jetës së njerëzve të humbur në luftë. Deri tani *ka pasur mbi 2,500 vdekje nga ushtria amerikane në Afganistan dhe gati 4,000 kontraktorë të tjerë civilë amerikanë të vrarë në rrethana të ndryshme. Kjo zbehet nëse tregohen shifra të* tjera, si: *69,000 të vrarë nga radhët e policisë ushtarake afgane, 47,000 civilë të vrarë, dhe plus 51,000 luftëtarë të vdekur të opozitës (talebanë).*

Kostoja e deritanishme për t'u kujdesur për 20,000 viktima amerikane ka qenë 300 miliardë dollarë, dhe me gjysmë trilion të tjerë që pritet të vijnë në të ardhmen.

Në këtë mënyrë shpenzimet do të vijojnë edhe për shumë kohë deri sa të bëhet tërheqja e plotë e trupave amerikane nga Afganistani.

Dihet se Shtetet e Bashkuara e kanë financuar luftën afgane me para të huazuara. Studiuesit e Universitetit Brown, vlerësojnë se më shumë se 500 miliardë dollarë interes janë paguar (përfshirë edhe shumën totale prej 2.26 trilion dollarë), dhe ata vlerësojnë se deri në vitin 2050 kostoja e interesit vetëm për borxhin tonë të luftës afgane mund të arrijë 6.5 trilionë dollarë. Kjo arrin në 20,000 dollarë për secilin qytetar amerikan.

Disa afganë ishin aq të dëshpëruar, për të ikur nga sundimi i talebanëve, saqë u kapën pas mjeteve të uljes së transportit, që niseshin nga aeroporti i Kabulit, për të rënë të vdekur kur avioni filloi të ngjitej në ajër.

Ka edhe më pak shpresë për shpëtim për brezin e grave dhe vajzave afgane, që u rritën në një kohë disi më të liberalizuar, por tani përballen me burka të detyrueshme dhe me perspektivat e zhdukura për arsimim dhe punësim (një vazhdim i "Luftës kundër Grave" të talebanëve) janë rreth 1.6 milion gra më shumë të punësuara në fuqinë punëtore të Afganistanit sesa 20 vjet më parë. Talibanët premtojnë se do ta përmbysin atë, me një kosto njerëzore të pallogaritshme.

SHBA në Luftën në Afganistan 2001–2021

Lufta në Afganistan, ishte një konflikt, që u zhvillua nga viti 2001 deri në vitin 2021. Ajo filloi me një pushtim e shkatërrim frontal, që çoi në Shtetet e Bashkuara dhe aleatët e saj, e cila rrëzoi Emiratin Islamik të Afganistanit, të sunduar nga talebanët, *në mënyrë që t'i mohonin al-Qaedës një bazë të sigurt operacionesh terroriste në vend dhe jashtë* saj.

Për pjesën më të madhe të periudhës lufta u zhvillua zyrtarisht midis aleatëve të SHBA, NATO dhe Forcave të Armatosura Afgane, dhe kundërshtarëve të kryengritësve terroristë islamikë talebanë. Ata rifituan pushtetin dhe ri-themeluan Emiratin 19 vjet e 8 muaj më vonë, duke fituar kështu luftën. Kjo ishte lufta më e gjatë në historinë e SHBA-së, duke tejkaluar Luftën e Vietnamit me afërsisht 5 muaj.

Pas sulmeve të 11 shtatorit në vitin 2001, Presidenti **George W. Bush** kërkoi që talebanët (që në atë kohë de facto sundonin Afganistanin), të dorëzonin terroristin #1 më të kërkuarin në botë *Osama bin Laden*. Refuzimi i talebanëve për t'a ekstraduar atë në SHBA, çoi në *Operacionin Liria e Qëndrueshme*. Asokohe talebanët dhe aleatët e tyre të Al-Kaedës, u mundën kryesisht në vend nga forcat e udhëhequra nga SHBA, dhe Aleanca e Atlantikut Veriorë (NATO), e cila kishte luftuar talebanët që nga viti 1996.

Pas përfundimit të objektivave fillestare, një koalicion me mbi 40 vende (përfshirë të gjithë anëtarët e NATO-s) formuan një mision sigurie në vend të quajtur Forca Ndërkombëtare e Ndihmës së Sigurisë (ISAF) dhe Misioni i Mbështetjes Vendosëse (RS) në vitin 2014, nga të cilët anëtarë të caktuar ishin të përfshirë në luftime ushtarake aleate me qeverinë e Afganistanit.

Lufta, kryesisht përbëhej nga kryengritjet talebane, që luftonin kundër Forcave të Armatosura Afgane dhe forcave aleate; shumica e ushtarëve dhe personelit të ISAF/RS ishin amerikanë. Lufta u kodua nga SHBA si Operacioni Liria e Qëndrueshme e cila përfshiu vitet 2001–2014 dhe sëdyti nga Operacioni Liria e Sentinelit, që zgjati 6 vjet nga viti 2015 deri më 16 gusht 2021.

Mësohet, sipas *Projektit të Kostove të Luftës në Universitetin Brown*, që nga prilli 2021, lufta ka vrarë 171,000 deri në 174,000 njerëz në Afganistan; 47,245 civilë afganë, 66,000 deri 69,000 ushtarë dhe policë afganë dhe të paktën 51,000 luftëtarë talebanë.

Megjithatë, numri i të vdekurve është ndoshta më i lartë, për shkak të vdekjeve të pallogaritura nga *"sëmundjet, humbja e aksesit në ushqim, mungesa e uji të pijshëm, infrastrukturë dhe/ose pasoja të tjera indirekte të luftës"*.

Sipas OKB-së, pas pushtimit të vitit 2001, më shumë se 5.7 milion ish refugjatë u kthyen në Afganistan. Megjithatë, që nga ofensiva e rinovuar e talebanëve në vitin 2021, 2.6 milionë afganë mbeten refugjatë ose kanë ikur në shtetet fqinj, kryesisht në Pakistan dhe Iran, dhe 4 milionë afganë të tjerë mbeten persona të zhvendosur brenda vendit.

Kontradiktat dhe gënjeshtrat e përsëritura të Biden-it

Biden, ka gënjyer më 8 korrik 2021, duke thënë se: *"Mundësia, që talibanët të kapërcejnë gjithçka dhe të zotërojnë të gjithë vendin është shumë e pamundur."*

Ai dhe zëvendsja e tij Harris mbajtën një video-konferencë me ekipin e Sigurisë Kombëtare të SHBA-së, për të diskutuar mbi situatën e rëndë, të krijuar nga ato vetë në Kabul më 15 gusht 2021.

Pas rënies së Kabulit, Biden mbajti një konferencë shtypi me pyetje parapërgatitura të kontrolluara dhe shpesh pa përgjigje nga ana e tij më 16 gusht 2021 në Shtëpinë e Bardhë, duke nënvizuar gënjeshtrën e turpshme, *se forcat amerikane nga atëherë do të ndihmonin vetëm në evakuimet nga Aeroporti Ndërkombëtar Hamid Karzai.*

Kur u pyet nga gazetarët e tij servile: Pse ai kishte dhënë urdhër të largohen ushtarët amerikanë më parë, se sa civilët kontraktorë dhe personeli tjetër amerikanë?, ai heshti dhe nuk dha përgjigje…

Në përgjigje të kritikave në rritje për vendimin e tij absurd, për t'u tërhequr nga Afganistani, Biden argumentoi, se: *"Al Kaeda, kishte qenë objektivi kryesor i pushtimit dhe tani **ishte degraduar rëndë** dhe se forcat amerikane nuk duhet të përdoren për ndërtimin e kombit ose anti-kryengritjen."*

Kjo logjikë e gënjeshtërt e tij megjithatë u kundërshtua nga *revista prestigjioze amerikane* **Politico**, e cila, zbuloi fakte historike se Biden kishte qenë më parë një avokat kokëfortë mbrojtës, për ndërtimin e kombit, duke deklaruar si senator në vitin 2003, se: ***"Alternativa e ndërtimit të kombit është kaosi, një kaos që shkakton kryekomandantë të etur për gjak, trafikantë droge dhe terroristë"*** dhe argumentoi se mospranimi i tij për ndërtimin e kombit ishte *"i pasinqertë"*.

Sikurse shihet vetë media e majtë, që e solli me zor në pushtet pensionistin

Biden, tani po i hedh papushim mbi surrat ujë të ngrohtë me kritika, duke i nxjerrë në pah hipokrizinë dhe gënjeshtrat e tij sistematike të përsëritura.

Të tjerët kundërshtuan komentet e Joe Bidenit, duke pretenduar se ata kërkuan të fajësojnë afganët dhe administratën e mëparshme për mënyrën se si kanë ndodhur ngjarjet, duke përfshirë fajësimin në lidhje me ritmin e ngadalshëm të evakuimeve në pohimin e tij se *"disa nga afganët nuk donin të largoheshin më herët"*, ende shpresëdhënës për vendin e tyre.

Në një konferencë shtypi me 16 gusht në Pentagon Gjeneral Major Hank Taylor konfirmoi se sulmet ajrore amerikane kishin përfunduar të paktën 24 orë më parë dhe se fokusi i ushtrisë amerikane në atë pikë ishte ruajtja e sigurisë në Aeroportin Ndërkombëtar **Hamid Karzai.**

Ndërsa evakuimet e ushtrisë kishin filluar përpara dhe jo evakuimi i 50,000 qytetarëve apo kontraktorëve amerikanë me familjet e tyre, që vepronin prej kohësh në Afganistan, në ndihmë të ushtrisë amerikane, zhvillimit të vendit dhe projekteve të qeverisë demokratike afgane.

Një vështrim gjeografik dhe historik

Duke e rrotulluar me ngadalë globin e vogël plastik të planetit tonë drejt kontinentit të Azisë, shohim se Afganistani ndodhet në Azinë Jugore-Qendrore. Rajoni i përqendruar në Afganistan, ndër shekuj është konsideruar si udhëkryqi i Azisë dhe është quajtur si *Zemra e Azisë.*

Gërmimet e vendeve prehistorike sugjerojnë se njerëzit jetonin në Afganistan të paktën 50,000 vjet më parë, dhe se komunitetet bujqësore në atë zonë ishin ndër më të hershmet në botë. Një vend i rëndësishëm i aktiviteteve të hershme historike, shumë historian besojnë se **Afganistani krahasohet me Egjiptin,** për sa i përket vlerës historike të vendeve të tij arkeologjike.

Vendbanimet e hershme në Afganistan daton në *Epokën e Paleolitit të Mesëm* dhe vendndodhja strategjike e vendit *përgjatë Rrugës së Mëndafshit* e lidhin atë me kulturat e Lindjes së Mesme dhe pjesëve të tjera të Azisë.

Toka me mbetje arkeologjike historikisht ka qenë shtëpi e popujve të ndryshëm dhe ka dëshmuar fushata të shumta ushtarake, përfshirë ato të *Aleksandrit të Madh,* Mauryas, Arabëve Muslimanë, Mongolëve, Britanikëve, Sovjetikëve, dhe në 2001 nga Shtetet e Bashkuara me vendet aleate të NATO-s.

Afganistani me sipërfaqe 652,864 km2, është vendi i 41-të më i madh në botë, pak më i madh se Franca dhe më i vogël se Mianmar, dhe me madhësinë e Teksasit në SHBA. Ai nuk ka vijë bregdetare, pasi është pa dalje në det.

Popullsia e Afganistanit ishte 32.9 milion në vitin 2019, ndërsa OKB-ja e vlerëson me 38.0 milion banorë. Rreth 23.9% e tyre janë qytetare, 71.4% jetojnë në zona rurale, dhe 4.7% e mbetur janë nomadë. Një shtesë prej 3 milionë afganësh janë vendosur përkohësisht në Pakistanin fqinj dhe Iranin, shumica e të cilëve kanë lindur dhe rritur në ato dy vende. Që nga viti 2013, Afganistani ishte vendi më i madh prodhues i refugjatëve në botë, një titull i mbajtur për 32 vjet me radhë.

Etnia dhe gjuhët. Popullsia, është e ndarë në disa grupe etnolinguistike. Katër *grupet kryesore etnike janë*: *Pashtunët, Taxhikët, Hazarët dhe Uzbekët.* Njihen edhe 10 grupe të tjera etnike dhe secila përfaqësohet në Himnin Kombëtar Afgan. *Dari dhe Pashto,* janë gjuhët zyrtare të vendit dhe dygjuhësia është shumë e zakonshme.

Pashto, është gjuha amtare e Pashtunëve, megjithëse shumë prej tyre flasin rrjedhshëm edhe gjuhën *Dari,* ndërsa disa jo-Pashtunë flasin rrjedhshëm gjuhën Pashto. Pavarësisht se Pashtunët kanë qenë dominues në politikën afgane për shekuj me radhë, Dari mbeti gjuha e preferuar për qeverinë dhe burokracinë.

Sipas CIA World Factbook, Dari (Persishtja) flitet në 78% të popullsisë, ndërsa Pashto flitet nga 50%, Uzbekisht 10%, Anglisht 5%, Turkmen 2%, Urdu 2%, Pashayi 1%, Nuristani 1%, Arabisht 1% dhe Balochi 1% e njerëzve.

Feja. Përafërsisht 99.7% e popullsisë afgane është myslimane dhe shumica mendohet se i përmbahen shkollës sunite hanefi. Kështu 89.7% janë sunitë dhe deri 15% shiitë. Dr. Michael Izady vlerësoi se 70% e popullsisë ishin ndjekës të Islamit Suni, 25% Islami Shii Imami, 4.5% Islami Shia Ismaili dhe 0.5% fe të tjera. Xhamia Blu në Mazar-i-Sharif, është xhamia më e madhe në Afganistan.

Të krishterët afganë, *të cilët numërohen në 500-8,000 vetë, praktikojnë besimin e tyre të* krishterë *fshehurazi, për shkak të kundërshtimit të fortë shoqëror radikal islam dhe nuk ka kisha publike p*ër besimtarët e krishterë afgan...

Në Afganistan, që ra përsëri në duart e talebanëve, frika po rritet edhe për besimtarët e krishterë, që jetojnë besimin e tyre në mënyrë klandestine. Milicitë islamike, pasi pushtuan Heratin dhe Kandaharin, po përparojnë drejt kryeqytetit, flet nga Roma një mërgimtar afgan **Ali Ehsani**, i cili në librin: *"Sonte shikojmë yjet"*, tregoi tmerrin e talebanëve dhe odisenë e tij personale.

Në një intervistë me faqen e specializuar *Asia News*, ka një thashetheme, për ankthin e një prej familjeve të të krishterëve të fshehur në Kabul, i cili në këto orë ka parë që kreu i tyre i familjes të zhduket në ajër.

Ai nuk përmend emra, për të mos rrezikuar njerëzit e tjerë; por në këtë histori me konfirmime të sakta, Ali Ehsani, tani 32 vjeç, rishikon vuajtjet e tij si fëmijë, i cili në vitet nëntëdhjetë, nga njëra ditë në tjetrën, e gjeti veten në moshën 8-vjeçare me shtëpinë e shkatërruar dhe pa ata prindër që kishin folur për të Jezusi, pavarësisht nga një mijë rekomandime për të mos i thënë asgjë askujt.

"Kjo familje nga Kabuli me të cilën jam në kontakt – thotë ai – ka humbur babanë e tyre dy ditë më parë: pasi lanë shtëpinë e tyre, ata nuk u kthyen më. Dhuna është e shfrenuar edhe në kryeqytet; ata duhet të kenë gjetur se ai ishte i krishterë dhe e goditën. Gruaja dhe pesë fëmijët e tij tani kanë edhe më shumë frikë, ata lëvizin nga zona në zonë, duan të largohen nga vendi, por nuk kanë askënd për t'i ndihmuar. Unë jam duke kërkuar për një kanal humanitar, që mobilizohet për ta, do të doja t'a bëja të njohur këtë histori për Papën Françesku."

Prezenca e të krishterëve në Kabul, ka qenë një prani me forcë e vetmuar prej vitesh. *"Kjo familje është me origjinë Turkmene – shpjegon Ehsani – siç jam unë. Ne u takuam në Whatsapp përmes një studenti tjetër afgan që jeton këtu në Romë. Ai është gjithashtu i krishterë, por u desh shumë kohë para se të gjenim guximin për t'i treguar njëri -tjetrit. Në Kabul nuk ka kisha, kështu që disa javë më parë u përpoqa ta lidh këtë familje me video thirrje me një meshë këtu në Itali. Ata ishin të kënaqur. Për 15 ditë, megjithatë, klima tashmë kishte ndryshuar, ata ndiheshin në rrezik."*

"Të shohësh se çfarë po ndodh në Afganistan – shton **Ali Ehsani***, për mua do të thotë të kthehem për t'u marrë me plagët e jetës sime. Në Kabul mbaj mend shumë mirë fëmijët e tjerë të cilët, për të më trembur, më thanë: 'Shkojmë të thërrasim talebanët'. Sot i shoh ata duke shkatërruar jetën e njerëzve që nuk kanë asgjë, duke u prerë fytin para të afërmve të tyre: çfarë lloj njerëzimi është ky?".*

Prandaj apeli i tij: *"Mos e lini Afganistanin vetëm. Qeveria qendrore nuk është në gjendje të kontrollojë situatën dhe nga ana tjetër talebanët kanë vende që i mbështesin: Pakistani, Irani dhe vetë Kina i ndihmojnë ata ekonomikisht, materialisht dhe politikisht që të anulojnë praninë e Perëndimit në Kabul."*

Lajmet në lidhje me funeralet e pakistanezëve të vrarë, duke luftuar në Afganistan *"**mund të gjenden lehtësisht në mediat locale, ndërsa mizoritë kundër civilëve shumohen: në provincat e okupuara talebanët u thonë vajzave të moshës 14 vjeç e lart, që të paraqiten për t'u "dhuruar" guerilëve. Bashkësia ndërkombëtare nuk mund të qëndrojë indiferente, ajo duhet të veprojë me sanksione kundër atyre që mbështesin talebanët. Edhe në Afganistan të gjithë duhet të jenë në gjendje të jetojnë në paqe, të lirë të shprehin besimin e tyre***".*

Besimin ai e mori pikërisht në Kabul: *"Prindërit e mi – kujton ai – gjithmonë vendosnin një pjatë shtesë në tryezë për mysafirët. Unë u thashë atyre: 'Ne jemi të varfër, si mund të presim?'. Babai im u përgjigj: 'Jezusi, ndau gjithçka me të tjerët'. Pastaj pyeta: 'Kush është Jezusi?'. Dhe ai tha: 'Ne jemi të krishterë"*, pa shtuar asgjë.

Qytetet. Siç vlerësohet nga CIA World Factbook, 26% e popullsisë ishte urbanizuar që nga viti 2020. Kjo është një nga shifrat më të ulëta në botë. Theksoj, se në Azi ajo është vetëm më e lartë se Kamboxhia, Nepali dhe Sri Lanka.

Urbanizimi, *është rritur me shpejtësi, veçanërisht në kryeqytetin Kabul,* për shkak të kthimit të refugjatëve nga Pakistani dhe Irani pas vitit 2001, njerëzve të zhvendosur brenda vendit dhe emigrantëve ruralë. *Qyteti i madh është krye-*

qyteti i vendit, **Kabuli,** *i vendosur në lindje të shtetit me një* popullsi **4.6 milion banorë.**

Shteti modern i Afganistanit filloi me dinastitë Hotak dhe Durrani në shekullin XVIII. Në fund të shekullit të 19-të, ai u bë një shtet eksperimental në *Lojën e Madhe*, midis Indisë Britanike dhe Perandorisë Ruse.

Pas Luftës së Tretë Anglo-Afgane në vitin 1919 vendi ishte i lirë nga ndikimi i huaj, duke u bërë përfundimisht një monarki nën mbretin Amanullah, deri pothuajse 50 vjet më vonë kur Mbreti Zahir u përmbys e u krijua Republika e Afganistanit.

Në vitin 1978, pas një grusht shteti të dytë, Afganistani u bë një shtet socialkomunist, duke provokuar Luftën Sovjeto-Afgane në vitet 1980 kundër rebelëve muxhahidinë.

Deri në vitin 1996, pjesa më e madhe e Afganistanit u pushtua nga grupi fundamentalist islamik, talebanët, të cilët sunduan pjesën më të madhe të vendit si një regjim totalitar për më shumë se pesë vjet.

Talibanët u hoqën nga pushteti pas pushtimit amerikan në vitin 2001, por ende kontrollonin një pjesë të konsiderueshme të vendit.

Lufta 20-vjeçare midis qeverisë komuniste dhe talebanëve radikalë islamik arriti kulmin me ofensivën e talebanëve të vitit 2021 dhe rënien e Kabulit, e cila iktheu talebanët në pushtet mbas largimit të trupave amerikane me urdhër absurd të njeriut të papërgjeshëm Joe Biden.

Vendi ka nivele të larta të terrorizmit, varfërisë, kequshqyerjes së fëmijëve dhe korrupsionit. Afganistani është anëtare e Kombeve të Bashkuara, Organizatës së Bashkëpunimit Islamik, Shoqatës së Azisë Jugore për Bashkëpunim Rajonal, Grupit 77, Organizatës së Bashkëpunimit Ekonomik dhe Lëvizjes së Paangazhuar.

Ekonomia e saj është e 96-ta në botë, me një produkt të brendshëm bruto (PBB) prej 72.9 miliardë dollarë nga barazia e fuqisë blerëse; vendi kalon shumë më keq përsa i përket PBB-së për frymë (PPP), duke u renditur në vendin e 169 nga 186 vende që nga viti 2018.

Historia ndër shekuj

Fshatrat e hershme bujqësore fshatare **u krijuan në Afganistan rreth 7,000 vjet më parë**. Shumë perandori dhe mbretëri, janë ngritur gjithashtu në pushtet në Afganistan, si: *Greko-Baktriasit, Indoskitët, Kushans, Kidarites, Heftalitët, Alkhons, Nezaks, Zunbils, Turk Shahis, Hindu Shahis, Lawiks, Saffarids, Samanids, Ghaznavids, Ghurids, Khëarazmians, Khaljis, Kartids, Lodis, Surs, Mughals, dhe së fundi, dinastitë Hotak dhe Durrani, të cilat shënuan origjinën politike të shtetit modern.*

Afganistani, ka qenë shtëpia e popujve të ndryshëm, gjatë epokave, mes tyre popujt e lashtë iranianë, që vendosën rolin dominues të gjuhëve indo-iraniane në rajon. Në pika të shumta, territori është përfshirë në perandoritë e gjera rajonale, mes tyre ishin: *Perandoria Achaemenid, Perandoria Maqedonase, Perandoria Maurya dhe Perandoria Islame.* Për suksesin e tij në rezistencën ndaj pushtimit të huaj gjatë shekujve 19 dhe 20, Afganistani është quajtur *varreza e perandorive*, edhe pse nuk dihet se kush e shpiku frazën.

Regjimi i Republikës Demokratike dhe lufta sovjetike

Në muajin prill 1978, **Partia Komuniste** Popullore Demokratike e Afganistanit (PDPA) mori pushtetin në një grusht shteti të përgjakshëm, kundër Presidentit të atëhershëm Mohammed Daoud Khan, në atë që quhet *Revolucioni Saur* (njësoj sikurse revolucioni i kuq i sovjetëve (krismat e tetorit) në Rusi në vitin e zi 1917, që shënoi ardhjen e brekgrisurve në pushtet…).

PDPA deklaroi krijimin e Republikës Demokratike të Afganistanit, me udhëheqësin e saj të parë të emëruar si Sekretar i Përgjithshëm i Partisë Komuniste Demokratike Popullore Nur Muhammad Taraki. *Kjo do të shkaktonte një seri ngjarjesh, që do ta kthenin në mënyrë dramatike Afganistanin nga një vend i varfër e i izoluar (edhe pse paqësor) në një vatër të terrorizmit ndërkombëtar.*

PDPA nisi reforma të ndryshme shoqërore, simbolike dhe të shpërndarjes së tokës, që provokuan kundërshtim të fortë, ndërsa *shtypën brutalisht disidentët politikë.*

Kjo shkaktoi trazira e u zgjerua shpejt në një gjendje lufte civile nga viti 1979, e zhvilluar nga muxhahidinët guerilë (dhe guerilët më të vegjël maoistë), kundër forcave të regjimit komunist në të gjithë vendin.

Shpejt u shndërrua në një luftë, pasi qeveria pakistaneze u siguroi këtyre rebelëve qendra të fshehta trajnimi, SHBA i mbështetën ata përmes Inteligjencës Ndër-Shërbimeve të Pakistanit (ISI), dhe Bashkimi Sovjetik dërgoi mijëra këshilltarë ushtarakë për të mbështetur PDPA-në regjimi, ndërkohë, pati një fërkim gjithnjë e më armiqësor midis fraksioneve konkurruese të PDPA-Khalq dominuese dhe Parcham më të moderuar.

Në shtator 1979, Sekretari i Përgjithshëm i PDPA-së Taraki u vra në një grusht shteti të brendshëm, të orkestruar nga anëtarët e tjerë të Khalq, Kryeministri i atëhershëm Hafizullah Amin, i cili mori detyrën e Sekretarit të ri të Përgjithshëm të Partisë Komuniste Demokratike të Popullit.

Situata në vend u përkeqësua nën Amin dhe mijëra njerëz u zhdukën. E pakënaqur me qeverinë e Amin, Ushtria Sovjetike pushtoi vendin në dhjetor 1979, duke u nisur për në Kabul dhe duke vrarë Amin vetëm tre ditë më vonë.

Një regjim i organizuar sovjetik, i udhëhequr nga Babrak Karmal i

Parcham, por gjithëpërfshirës i të dy fraksioneve (Parcham dhe Khalq), mbushi vakumin. Trupat sovjetike në numër më të konsiderueshëm u vendosën për të stabilizuar Afganistanin nën Karmal, duke shënuar fillimin e Luftës Sovjeto -Afgane.

Shtetet e Bashkuara dhe Pakistani, së bashku me aktorët më të vegjël si Arabia Saudite dhe Kina, vazhduan të mbështesin rebelët, duke dhënë miliarda dollarë para dhe armë, përfshirë dy mijë raketa tokë-ajër FIM-92 Stinger, që zgjati nëntë vjet, *lufta shkaktoi vdekjen e 562,000 dhe 2 milionë Afganëve, dhe zhvendosi rreth 6 milion njerëz që më pas u larguan nga Afganistani, kryesisht në Pakistan dhe Iran.*

Bombardimet e rënda ajrore, shkatërruan shumë fshatra në fshat, u vendosën miliona mina tokësore, dhe disa qytete si Herat dhe Kandahar u dëmtuan gjithashtu nga bombardimet.

Provinca Kufitare Veri-Perëndimore e Pakistanit funksionoi si një bazë organizative dhe rrjetëzuese për rezistencën afgane anti-sovjetike, me ulamat me ndikim të provincës Deobandi që luanin një rol të madh mbështetës në promovimin e *xhihadit*.

Pas tërheqjes sovjetike, lufta civile vazhdoi derisa regjimi komunist nën udhëheqësin e Partisë Demokratike të Popullit Mohammad Najibullah u rrëzua në vitin 1992.

Konflikti i pas Luftës së Ftohtë dhe regjimi taleban

Në histori kemi dy lueftra civile: Lufta Civile Afgane e viteve 1992–1996 dhe Lufta Civile Afgane e viteve 1996–2001. Një luftë tjetër civile shpërtheu pas krijimit të një qeverie koalicioni jofunksionale midis udhëheqësve të fraksioneve të ndryshme muxhahedine.

Mes një gjendje anarkie dhe përleshje mes fraksioneve, fraksione të ndryshme muxhahedine kryen përdhunime, vrasje dhe zhvatje të përhapura, ndërsa Kabuli u bombardua rëndë dhe u shkatërrua pjesërisht nga luftimet. Disa pajtime dhe aleanca të dështuara ndodhën midis udhëheqësve të ndryshëm.

Talibanët u shfaqën në shtator 1994 si një lëvizje dhe milicia e studentëve (talib) nga medresetë (shkollat) islame në Pakistan, të cilët së shpejti patën mbështetje ushtarake nga Pakistani.

Duke marrë kontrollin e qytetit Kandahar atë vit, ata pushtuan më shumë territore derisa përfundimisht dëbuan qeverinë e Rabbanit nga Kabuli në 1996, ku ata krijuan një emirat, që fitoi njohje ndërkombëtare nga 3 vende: Pakistani, Arabia Saudite dhe Emiratet e Bashkuara Arabe. *Talibanët u dënuan ndërkombëtarisht për zbatimin e ashpër të interpretimit të tyre të ligjit islam të sheriatit, i cili rezultoi në trajtimin brutal të shumë afganëve, veçanërisht grave.*

Gjatë sundimit të tyre, *talebanët dhe aleatët e tyre kryen masakra kundër civilëve afganë*, mohuan furnizimin me ushqim të OKB-së për civilët e uritur dhe zhvilluan një politikë të tokës së djegur, duke djegur zona të gjera të tokës pjellore dhe duke shkatërruar dhjetëra mijëra shtëpi.

Pas rënies së Kabulit nga talebanët, Ahmad Shah Massoud dhe Abdul Rashid Dostum formuan Aleancën Veriore, të bashkuar më vonë nga të tjerët, për t'i rezistuar talebanëve. Forcat e Dostum u mundën nga talebanët gjatë Betejave të Mazar-i-Sharif në vitin 1997 dhe 1998. Shefi i Shtabit të Ushtrisë së Pakistanit, Pervez Musharraf, filloi të dërgojë mijëra pakistanezë për të ndihmuar talebanët të mposhtin Aleancën Veriore.

Deri në vitin 2000, Aleanca Veriore kontrollonte vetëm 10% të territorit, të vendosur në verilindje. Më 9 shtator 2001, Massoud u vra nga dy sulmues arabë vetëvrasës në Luginën Panjshir. *Rreth 400,000 afganë vdiqën, në konfliktet e brendshme civile midis vitit 1990 dhe 2001.*

Në tetor 2001, Shtetet e Bashkuara pushtuan Afganistanin për të hequr talibanët nga pushteti pasi ata refuzuan të dorëzojnë Osama Bin Laden, i dyshuari kryesor i sulmeve të 11 shtatorit, i cili ishte një mysafir i strehuar nga talebanët dhe po operonte me al-Kaedën e tij në Afganistan.

Shumica e afganëve mbështetën pushtimin amerikan të vendit të tyre. Gjatë pushtimit fillestar, forcat amerikane dhe britanike bombarduan kampet e trajnimit të al-Qaedës, dhe më vonë duke punuar me Aleancën Veriore, regjimit talebanë i erdhi fundi.

Përfshirja e NATO-s Lufta në Afganistan 2001-2021 dhe kryengritja talebane

Në Dhjetor 2001, pasi qeveria talebane u përmbys, u formua Administrata e Përkohshme Afgane nën Hamid Karzai. Forca Ndihmëse e Sigurisë Ndërkombëtare (ISAF), u krijua nga Këshilli i Sigurimit i OKB-së, për të ndihmuar administratën Karzai dhe për të siguruar siguri bazë.

Në atë kohë, pas dy dekadash lufte si dhe një urie akute në atë kohë, *Afganistani kishte një nga nivelet më të larta të vdekshmërisë foshnjore dhe të fëmijëve në botë, jetëgjatësinë më të ulët, shumica e popullsisë ishin të uritur, dhe infrastruktura ishte e rrënuar.*

Shumë donatorë të huaj filluan të ofrojnë ndihmë dhe ndihmë, për të rindërtuar vendin e shkatërruar nga lufta.

Forcat talebane ndërkohë filluan të rigrupohen brenda Pakistanit, ndërsa më shumë trupa të koalicionit hynë në Afganistan, për të ndihmuar procesin e rindërtimit. Talibanët filluan një kryengritje për të rimarrë kontrollin mbi Afganistanin.

Gjatë dekadës së ardhshme, ISAF dhe trupat afgane udhëhoqën shumë ofensiva kundër talebanëve, por nuk arritën t'i mposhtnin plotësisht.

Afganistani, mbetet një nga vendet më të varfra në botë për shkak të mungesës së investimeve të huaja, korrupsionit qeveritar dhe kryengritjes talebane.

Ndërkohë, Karzai u përpoq të bashkonte popujt e vendit, dhe qeveria afgane ishte në gjendje të ndërtonte disa struktura demokratike, duke miratuar Kushtetutën në vitin 2004, me emrin *Republika Islamike e Afganistanit.*

U bënë përpjekje, shpesh me mbështetjen e vendeve donatore të huaja, për të përmirësuar ekonominë e vendit, kujdesin shëndetësor, arsimin, transportin dhe bujqësinë. Forcat ISAF gjithashtu filluan të trajnojnë Forcat e Sigurisë Kombëtare Afgane.

Pas vitit 2002, gati pesë milionë afganë u riatdhesuan. Numri i trupave të NATO -s të pranishëm në Afganistan arriti në 140,000 në vitin 2011, duke rënë në rreth 16,000 në vitin 2018.

Në shtator 2014 Ashraf Ghani u bë president pas zgjedhjeve presidenciale të vitit 2014, ku për herë të parë në historinë e Afganistanit pushteti u transferua në mënyrë demokratike.

Më 28 dhjetor 2014, NATO përfundoi zyrtarisht operacionet luftarake ISAF në Afganistan dhe transferoi përgjegjësinë e plotë të sigurisë tek qeveria afgane.

Operacioni Mbështetje e vendosur e udhëhequr nga NATO u formua në të njëjtën ditë si pasardhëse e ISAF. *Mijëra trupa të NATO-s mbetën në vend, për të trajnuar e këshilluar forcat qeveritare afgane dhe për të vazhduar luftën e tyre kundër talebanëve.*

Ringjallja dhe ofensiva talebane e vitit 2021 dhe rënia e Kabulit

Më 14 prill 2021, Sekretari i Përgjithshëm i NATO-s Jens Stoltenberg tha se aleanca kishte rënë dakord të fillonte tërheqjen e trupave të saj nga Afganistani deri më 1 maj 2021. Menjëherë pasi filloi tërheqja e trupave të NATO-s, talebanët filluan një ofensivë kundër qeverisë afgane, duke përparuar shpejt përpara forcave të qeverisë afgane në kolaps.

Sipas një raporti të inteligjencës amerikane, qeveria afgane ka të ngjarë të shembet brenda gjashtë muajsh pasi NATO të përfundojë tërheqjen e saj nga vendi.

Më 15 gusht 2021, ndërsa talebanët kontrolluan përsëri një shumicë dërrmuese të territorit afgan, talebanët filluan të kapnin kryeqytetin Kabul dhe shumë civilë, zyrtarë qeveritarë dhe diplomatë të huaj u evakuuan.

Presidenti Ghani u largua nga Afganistani atë ditë. Që nga 16 gusht 2021, një Këshill Koordinues jozyrtar i udhëhequr nga burra të lartë shtetërorë ishte në procesin e koordinimit të transferimit të institucioneve shtetërore të Republikës Islamike të Afganistanit tek talebanët.

Më 17 gusht, Nënkryetari i Parë i Republikës Islamike të Afganistanit, Amrullah Saleh, e shpalli veten President të përkohshëm të Afganistanit dhe njoftoi formimin e një fronti anti-taleban në Luginën Panjshir, së bashku me Ahmad Massoud dhe Ministrin e Mbrojtjes Bismillah Khan Mohammadi…

Literatura:

- Islamic Republic of Afghanistan in Geonames.org
- Central Statistics Office Afghanistan, 2020.
- "Afghanistan". *International Monetary Fund*. Retrieved 14 November 2018.
- *Griffin, Luke (14 January 2002)*. "The Pre-Islamic Period". *Afghanistan Country Study. Illinois Institute of Technology. Archived from* the original*on 3 November 2001*. Retrieved 14 October 2010.
- Afghanistan – John Ford Shroder, University of Nebraska. *Encarta. Archived from* the original *on 17 July 2004*. Retrieved 19 May 2012.
- "Afghanistan: A Treasure Trove for Archaeologists". Time. *26 February 2009. Archived from* the original *on 26 July 2013*. Retrieved 13 July 2011.
- "Chronological History of Afghanistan – the cradle of Gandharan civilisation". *Gandhara.com.au. 15 February 1989. Archived from* the original *on 9 September 2012*. Retrieved 19 May 2012.
- "Afghan and Afghanistan". Abdul Hai Habibi. *alamahabibi.com. 1969. Archived from* the original *on 23 October 2008*. Retrieved 17 November 2015.
- *Charles Higham (2014)*. Encyclopedia of Ancient Asian Civilizations. *Infobase Publishing. p. 141.* ISBN 978-1-4381-0996-1.
- *Tanner, Stephen (2009)*. Afghanistan: A Military History from Alexander the Great to the War against the Taleban. *Da Capo Press. p. 126.* ISBN 978-0-306-81826-4.
- *Anthony Hyman (27 July 2016)*. Afghanistan under Soviet Domination, 1964–91. *Springer. p. 46.* ISBN 978-1-349-21948-3.
- GUTMAN, Roy (2008): How We Missed the Story: Osama Bin Laden, the Taleban and the Hijacking of Afghanistan, Endowment of the United States Institute of Peace, 1st ed., Washington D.C.
- "Afghan president Ashraf Ghani inaugurated after bitter campaign". *The Guardian. Archived from the original on 21 April 2015*. Retrieved 12 April2015.
- "NATO to Cut Forces in Afghanistan, Match US Withdraëal". VOA

News. *14 April 2021.*

- "President Ashraf Ghani Flees Afghanistan, Taliban Take Over Kabul: Report". *NDTV.com.* Archived *from the original on 15 August 2021.* Retrieved 15 August 2021.

- "An anti-Taliban front forming in Panjshir? Ex top spy Saleh, son of 'Lion of Panjshir' meet at citadel". *The Week.* Retrieved 17 August 2021.

- "Afghan Vice President Saleh Declares Himself Caretaker President; Reaches Out To Leaders for Support". *News18. 17 August 2021.* Retrieved 17 August 2021.

- "Afghanistan Population 2020 (Demographics, Maps, Graphs)". *2020 World Population by Country. 26 April 2020.* Retrieved 13 June 2020.

- "United Nations and Afghanistan". UN Neës Centre. Archived October 31, 2013, at the Wayback Machine.

- "The roots of Afghanistan's tribal tensions". *The Economist. 31 August 2017.*

BIDEN KA GJAK NË DUART E TIJ

"Qingji, po çohet në thertore. Duhet të largosh njerëzit tanë (amerikanë) nga Afganistani. A mund t'a imagjinoni që ushtria juaj të shkojë në shtëpi dhe t'i lërë të gjithë ata njerëz në dorë të talebanëve!? Kjo është njësoj sikur të dërgosh qengjin në thertore. Kështu që ushtria juaj shkon në shtëpi. Ata harruan të mbrojnë divizionet tona, ata harruan të mbrojnë Ambasadën e SHBA-së në Kabul. Por, këtu është problem. Tërheqja është gjëja e duhur për të bërë, por mënyra se si u tërhoqën ishte e turpshme. Asnjëherë nuk ka pasur tërheqje më të keqe se kjo. Asnjëherë nuk ka pasur një grup njerëzish më budallenj që tërhiqeshin. Kjo është e pabesueshme, kur një ushtarak largohet së pari dhe më pas thotë: 'Oh, ne duhet të kthehemi dhe të marrim njerëzit tanë'." – **Donald J. Trump Presidenti i 45-të i SHBA-së,** (Fox News)

Kështu tha Komandanti i Përgjithshëm Presidenti Donald J. Trump, në lidhje me braktisjen e ushtrisë amerikane nga Ambasada e SHBA-së në Kabul, ndërsa talebanët morën kontrollin e kryeqytetit të vendit.

Presidenti Trump, tha se pa-aftësia e Biden-it, për të evakuuar mijëra qytetarë amerikanë ende në Afganistan, i vë ata në rrezik të madh, që të përdoren si peng nga talebanët.

Ai kritikoi Biden, për krijimin e kushteve, që lejojnë luftëtarët radikalë islamikë talebanë, që të marrin armët amerikane nga forcat afgane të sigurisë. *Trump, krahasoi kushtet që Biden krijoi në Afganistan me krizën e pengjeve iraniane, gjatë kohës së demokratit tjetër në Shtëpinë e Bardhë, deshtaku Jimmy Carter.*

"Ne po flasim për njerëz shumë, shumë armiqësorë. Këta janë njerëzit që tani thonë: 'Ne kemi 40,000 pengje amerikanë. Çfarë do të bëjmë me ta.' Kështu mendojnë ata. Dhe nëse mendoni se kjo përfundoi dje, nuk keni parë asgjë. Dhe kjo nuk do të jetë asgjë në krahasim me Jimmy Carter me pengjet e tij. Ai humbi për shkak të kësja historie. Jimmy Carter me pengjet e tij është një kikirik, një term i mirë kur po flasim për Jimmy Carter, është një kikirik në krahasim me atë që po ndodh këtu. Ata kanë 40,000 njerëz, për të mos përmendur të gjithë afganët e tjerë që duhej të ndihmonim. Ky është turpi më i madh në historinë e Amerikës," tha **Presidenti Trump.**

Ai kritikoi gjithashtu Biden, për krijimin e kushteve, që lejojnë luftëtarët talebanë të marrin nën kontroll bazën ajrore *Bagram*. Presidenti i 45-të i SHBA-së Donald J. Trump tha se ***nuk do të lejonte që kryengritësit të merrnin në*** *duar asnjë material ushtarak amerikanë*. Ai shtoi se SHBA la në Afganistan pajisje me vlerë **85 miliarda dollarë**, në nxitimin e saj për të lënë Afganistanin: *"Qytetarët amerikanë duhet të dalin së pari nga vendi, pastaj ju duhet të merrni të gjitha pajisjet tuaja ushtarake. Ne kemi miliarda dollarë pajisje. Ata kanë helikopterë të rinj Blackhawk. Ata kanë gjithçka. Dhe të fundit për të dalë duhet të jenë ushtarët, dhe sinqerisht do të kisha bombarduar secilën nga fortesat, sepse e dija që ata nuk do të të lejonin t'a bësh këtë,"* tha ai.[41]

Biden bën pushime, kurse 50.000 amerikanë ndodhen peng në Afganistan

Lajme të këqija vazhdojnë të vijnë nga Capitol Hill, ku sipas mediave të pavarura dhe Fox News, mësohet se mbi 50.000 qytetarë amerikanë si kontraktorë dhe familjet e tyre etj., janë lënë në mëshirë të fatit, në duart e terroristëve radikalë islamik të Afganistanit, që shpalli publikisht shtetin e ri të Kalifatit Islamik.

Ai largoi trupat amerikane para se të largohen mbi 50,000 civilët amerikanë si kontraktorë etj., dhe personelin e Ambasadës amerikane në Kabul. Analistët thonë se edhe Agjencitë e Inteligjencës të Zbulimit Amerikan, nuk kanë qenë aktiv për të informuar në kohë reale, për çfarë po ndodh në Afganistan.

Antarët e kabinetit Biden, si dhe vetë ai janë me pushime. Sekretari i Mbrojtjes së SHBA, ka fjetur gjumë deri tani dhe është mundur të justifikohet për gjendjen katastrofike, ku ndodhen sot amerikanët të pambrojtur, të cilët në çdo çast janë të kërcënuar me vdekje nga talebanët terrorist radikal islamik.

Kjo ishte goditja më e madhe e Biden-it kundër SHBA-së. Nga ana e tjetër vlerësimi i miratimit të politikës së brendshme dhe ndërkombtare për te po bie në humnerë, në nivelin më të ulët mes fiaskos së evakuimit të qytetarëve amerikanë dhe afganëve, që kanë shërbyer në ushtrinë amerikane etj.

Po ashtu hakmarrja e terroristëve talibanë, është shtuar nga tërheqja e trupave ushtarake amerikane. Ata, që në orën e parë të marrjes së kryeqytetit Kabul, kanë vra 3 protestues, që u përpoqën të hiqnin flamurin e regjimit radikal islamik të sheriatit, që kanë ngritur talebanët. Në shumë qytete afgane, fatmirësisht kanë nisur protestat e drejta, kundër pushtimit të vendit nga talebanët terroristë radikalë islamik.

Populli afgan i urren terroristët radikal islamikë dhe ata kanë qenë në luftë 20-vjeçare kundër tyre. Mbi 10,000 afganë të pafajshëm janë vrarë, gjatë 20 vjetëve nga forcat terroriste talebane.

Braktisja e popullit afgan dhe dorëzimi i turpshëm i tij në duart e kri-

---

[41] Moore, Mark, **New York Post**, 08/18/2021

minelëve talebanët, është akti më i shëmtuar e i turpshëm i Joe Biden.

Shumë kongresmenë dhe senatorë republikanë, fatmirësisht janë bashkuar kundër Biden-it, të filloj proçedura për investigimin dhe shkarkimin e tij, për këtë rast të turpshëm, në të gjithë historinë e vendit tonë.

Impeach, arrest and good bye Biden

"Gjaku, është në duart e tij". Ky ka qenë përkufizimi më i saktë i grupit të kongresmenëve e senatorëve republikanë, të cilët kanë kritikuar ashpër Biden mbi Afganistanin. Përfaqësuesi *Michael McCaul (R-TX)*, republikani i lartë në Komitetin e Punëve të Jashtme të Dhomës së Përfaqësuesve, kritikoi ashpër tërheqjen e turpshme të Biden-it nga Afganistani, duke thënë se kjo do të jetë një njollë turpi në presidencën e tij.

Eksodi bilblik i afganëve sapo ka filluar dhe përgjegjës i këtij skenari është vetëm Joe dhe vetëm ai. Gazetari analist *Kyle Smith*, në rubrikën speciale: "*The Fall of Kabul*", shkruan se: "*Top GOPer blames Biden as Taliban seizer power*: **President "WILLHAVE BLOOD ON HIS HANDS"** (*New York Post*), në një artikull të saj redaksional (në fokus) me dy faqe, shkruan, se *Biden i ka duart e lyer me gjakun e popullit të pafajshëm afgan*, sepse i la amerikanët dhe afganët anti-taleban me ndërgjegje në duart e terroristëve radikalë islamik.

Nëse kjo situatë do të kishte ndodhur me Presidentin Trump, Kongresi dhe Senati i kontrolluar nga demokratët menjëherë do të kishin filluar proçesin e shkarkimit të tretë të tij.

Meqenëse në këtë histori të turpshme si gjithmonë është emri i Joe Biden, mbi të cilin media globaliste social-komuniste Kongresi dhe Senati Amerikan po heshtin dhe mbulojnë turpin dhe skandalin e shekullit, sikur nuk ka ndodhur asgjë, edhe pse mbi 50,000 qytetarë amerikanë ndodhen në Afganistan.

Gazetarja afgane *Nazira Karimi*, e cila punon si korrespondente në Shtëpinë e Bardhë, e ftuar në studio nga kanali prestigjioz televiziv *Fox News*, foli shumë e emocionuar dhe dhimbje për atë se çfarë do të ndodh tragjikisht tani në Afganistan, me gratë dhe vajzat e shtypura dhe diskriminuara islame afgane.

Ajo tha, se: "*Puna e gazetarit në Afganistan është shumë e vështirë, për të ndryshuar ideologjinë radikale islamike të talebanëve atje. Unë besoj, se gratë afgane janë shumë të forta dhe do të luftojnë, për të drejtat e tyre.*"

Biden, nuk po flet apo konsultohet me asnjë lidër botërorë, për situatën e rëndë që krijoi me idiotësinë e foshnjërisë së tij dhe po vijon i qetë pushimet në rezidencësn presidenciale *Camp David*, në një kohë që mijëra qytetarë amerikanë janë peng në Afganistan. Ai i la në baltë të gjithë shtetet aleate anti-terroriste europiane dhe botërore.

Kryetari i grupit të talebanëve ekstremistë radikal islamik të sheriatit, është një ish i burgosur për terrorizëm në *Gitmo* (Guantanamo Bay Detention Camp) dhe në vitin 2014 ish Presidenti Barack Hossein Obama, zv/Presidenti Joseph Biden Jr. dhe ish Sekretaria e Shtetit Hillary Clinton, të cilët e kanë liruar atë nga vuatja e dënimit për terrorizëm në burgun e sigurisë së lartë.[42]

Ky terrorist është në foto, mes shokëve të tij, i ulur në zyrën e Presidentit frika-cak, të arratisur të Afganistanit dhe ka marrë peng sot këtë shtet islam, duke i rikthyer *Ligjin e Sheriatit Islamik*, bazohet 100% në librin islam të Kur'an-it.

Montgomery Granger veteran ushtarak dhe ish kryetar i rojeve të Kampit Gitmo, thotë se: *"Ne kemi djem dhe vajza trima të ushtrisë amerikane dhe aleatët tanë kudo në botë, të cilët po habiten sot me këtë veprim të pamatur të administratës "demokrate" Biden, kundër popullit afgan. Ne kemi presidentin më të dobët e të pa-përgjeshëm, në të gjithë historinë e SHBA-së."*

Amerikanët, sot po shprehin habi dhe dy standartësi që po përdorin DOJ, FBI dhe rrjetet sociale socialkomuniste globaliste me qendër në SHBA. Të gjithë e dijnë, se talebanët kanë me qindra dhe mijëra profile në rrjetetet sociale, si: Facebook, Twitter, YouTube, Google, Tik Tok etj.

Talebanët, kanë mbi 70,000 ndjekës vetëm në Twitter dhe Facebook dhe bossi Mark Zuckerberg vazhdon të mos i mbyll ato, sikurse bëri në mënyrë brutale kundër Presidentit Donald J. Trump dhe konservatorëve të tjerë amerikanë.

Talebanët, *sikurse dikur ISIS dhe Al Qaida, ishin dhe janë rregullisht të privi-legjuar në rrjetet sociale globaliste anti-amerikane. Ata paguajnë për të hapur faqe dhe rritur numërin e fansave në auditeriumin e tyre.*

Ata me ndihmen e rrjeteve sociale të Big Tech, *kanë rekrutuar dhe po vijojnë normalisht të rekrutojnë radikalë islamik prej shumë kohësh. Pra, vrastarët e përdit-shëm kriminelë terroristë janë të mirëseardhur në rrjetet sociale, kurse Presidenti i SHBA-së Donald J. Trump Jo. Këtu shfaqet fytyra e vërtetë e hipokrizisë së bossëve të rrjeteve sociale të Big Tech.*

Të gjithë të burgosurit terroristë taleban, që kanë qenë në qelitë e vendit janë liruar dhe armatosur, duke u shpërndarë në shumë qytete të shtetit të ri radikal islamik të kalifatit. Alarmi i madh me ngjyrë të kuqe, është ndezur si rrezik i madh, për të gjithë mijëra amerikanët dhe familjet e tyre, që ndodhen edhe sot në Afganistan.

---

[42] **Kampi i ndalimit në Guantanamo Bay**, është një burg ushtarak i Shteteve të Bashkuara, i vendosur brenda *Bazës Detare të Guantanamo Bay*, e cila njihet edhe si Guantánamo ose *Gitmo*, e cila ndodhet në bregdetin e Gjirit të Guantanamos në Kubë. Aty gjenden 731 nga 780 per-sonat e ndaluar, të cilët janë transferuar diku tjetër, 39 të burgosur mbeten atje dhe 9 prej tyre kanë vdekur, ndërsa ishin në paraburgim. *Nga ky kamp i të burgosurve të rrezikshëm ndërkombtarë, janë liruar edhe 5 talebanë të tjerë nga administrata Obama Biden 1 dhe 2. Kjo administratë mbahet mend si presidenca më e dobët (keqe) në të gjithë historinë e presidentëve të SHBA-së.*

Me Biden, Amerika u rrëzua në greminë

Në alarm është edhe Bashkimi Globalist Europian dhe vendet e zhvilluara G-7 të botës, të cilët u takuan sëbashku, për të biseduar mbi situatën e rëndë, të krijuar nga pa-aftësia e Joe Biden në Afganistan, mbas urdhërit absurd të tërheqjes së menjëhershme të trupave amerikane.

Kina komuniste si partnere bisnesi familjar të Joe Biden-it, ka shprehur simpati për ri-pushtimin apo regjimin e ri taleban, që erdhi në pushtet dhe po bashkëpunon me ato në të gjitha fushat politike, ekonomike dhe ushtarake.

Qysh në ditën e parë, terroristët radikalë islamik kanë vrarë në shesh një nënë të re në sy të fëmijëve të saj, sepse nuk pranoi të vendos në krye perçen e zezë (Burqa), simbol i Shtetit Radikal Islamik të Sheriatit.[43]

Radikalët talebanë, kanë bllokuar të gjitha hyrjet dhe daljet në Aeroportin International të Kabulit në Afganinstan dhe nuk po lejojnë evakuimin e 50,000 amerikanëve që ndodhen atje.

Gjendja e rëndë po precipiton me shpejtësi. Sipas Biden-it 31 gushti 2021, është dita e fundit e qëndrimit të trupave amerikane në territorin e shtetit të ri të Kalifatit Islamik në Afganistan. Ai e ka venë SHBA dhe ushtrinë e saj në një pozicion të vështirë dhe të turpshme, përballë zjarrit të armëve të trupave terroriste islame talebane.

Sekretari i Sigurisë Kombëtare të SHBA-së, ka thënë për media, se Biden, është në bisedime me talebanët radikalë islamik (!!!), për të lejuar largimin nga aeroporti i Kabulit të qindra dhe mijëra civilëve afganë, që nuk duan të qëndrojnë nën sundimin e rregjimit të Shtetit Radikal Islam të Kalifatit.

Në SHBA do të hyjnë 5,000 refugjatë çdo ditë deri më 31 gusht 2022

Por edhe këtu ai po gënjen si zakonisht tesh 8 muaj, thonë mediat ndërkombëtare dhe ato të pavarura amerikane, sepse talebanët terroristë kanë ngritur me qindra postoblloqe me paramilitarë civilë të armatosur me armatime moderne amerikane, për kontrollin e hyrjes dhe daljes së njërëzve në

---

[43] Burka ose e njohur edhe si **chadaree apo pashto** në Afganistan ose një paranja në Azinë Qendrore, është një veshje e jashtme mbështjellëse e cila mbulon trupin dhe fytyrën, që vishen nga gratë në disa tradita islame dhe hebraike. Versioni arab i burkës quhet *boshiya*, dhe zakonisht është *me ngjyrë të zezë*. Termi burka nganjëherë përzihet apo keqkuptohet me nikab. Në përdorim më të saktë, nikabi është një vello për fytyrën që i lë sytë të zbuluar, ndërsa një burkë mbulon të gjithë trupin nga maja e kokës deri në tokë, me vetëm një ekran rrjetë që i lejon mbajtëses të shohë para saj. *Në ditët tona, linderi i ri suprem taleban i shtetit të ri radikal islamik të Sheriatit në Afganistan, ka urdhëruar të gjithë gratë dhe vajzat të vendosin në publik burqa dhe kush nuk e vendos do të vritet menjëherë.*

aeroport dhe nuk po lejojnë afganët e thjeshtë apo disidentë të shkojnë në aeroport, duke u thënë se ju duhet të ktheheni dhe më pas ata janë vrarë barbarisht me masakra kolektive.

Absurdi po arrin kulmin në Afganistan edhe pse atje vazhdojnë të qëndrojnë trupat amerikane. Kështu korrespendenti i Fox News në Shtëpinë e Bardha **Peter Doocy**, thotë se administrata Biden, nuk i garaton shkuarjen e sigurtë në aeroport të 50,000 amerikanëve, që ndodhen në shtetin e Kalifatit Islamik në Afganistan.

Ata janë shumë larg aeroportit dhe nuk janë të sigurtë (garantuar) të udhëtojnë drejt saj, sepse i gjithë aeroporti është i rrethuar nga postoblloqe me talebanë të armatosura me armatime amerikane, që kontrollojnë 100% nga terroristët radikalë islamikë.

Korrespondenti Dooce, thotë se nuk pritet që Biden të rikthehet në Shtëpinë e Bardhë deri vonë mbasdite me datën 18 gusht 2021. Sekretari i Mbrotjes fajëson Departamentin e Shtetit dhe Sekretarin e saj medioker Antony 'Tony' Blinken.

> *"Antony 'Tony' Blinken ishte një rrezik për kombin dhe anëtarët e shërbimit të tij."* **– John McCain, senator republikan**

Për të parë se sa e pa-aftë është regjimi i paligjshëm Biden në ditët tona, kujtoj se gjatë vitit 2008, ish veterani i Luftës në Vietnam senatori republikani **John Sidney McCain III (1936 -2018)**, *ka kundërshtuar hapur me forcë në Senatin Amerikan, me komentet e tij kundër nominimit të Blinken, për të qenë zëvendëssekretar shteti nën ish Presidentin Barack Hysen Obama dhe ish zv/Presidentit Joseph Biden Jr. (2008-20016).*

Ai shprehimisht ka thënë: ***"Unë ngrihem për të diskutuar kundërshtimin tim ndaj votimit në pritje në lidhje me Antony 'Tony' Blinken,*** *i cili jo vetëm që nuk është i kualifikuar, por, në fakt, sipas mendimit tim, është një nga përzgjedhjet më të këqija të një shorti shumë të keq, që ka zgjedhur ky president. Në këtë rast, ky individ ka qenë në të vërtetë i rrezikshëm për Amerikën dhe për të rinjtë dhe të rejat, që po luftojnë dhe i shërbejnë asaj. Kjo është arsyeja pse unë jam kaq i shqetësuar që ai të jetë në pozicionin që ai është, sepse nëse ata i përmbahen këtij orari, unë po u them kolegëve të mi se do të shohim një përsëritje të Irakut".*

McCain vuri në dukje, se ai nuk kundërshtonte shpesh hapur një kandidat presidencial në Senat, pasi ai besonte se "zgjedhjet kanë pasoja", por *ai paralajmëroi se Blinken ishte një rrezik për kombin dhe anëtarët e shërbimit të tij.* *"Le të rishikojmë disa nga disa elementë në veçanti dhe rolin e zotit Blinken në konceptimin dhe avancimin e tij,"* tha McCain.

Ai gjithashtu i vuri në dukje Blinken-it për pretendimin e tij se lufta në Afganistan, do të bëhej deri në vitin 2014, me Blinken duke pretenduar se orari i konfliktit *"nuk do të ndryshonte"*.

Regjimi i "demokratëve", fodullë dhe pa-aftë e Biden-it, është vënë në qendër të një uragani krikash, pyetjesh dhe polemikash, rreth tërheqjes së parakohshme të trupave amerikane nga Afganistani, të cilat panë se talebanët radikal islamik të merrnin me shpejtësi të gjithë vendin.

Jeta e afganëve është në rrezik. Me mijëra afganë pa karta identiteti po vijnë çdo ditë në SHBA. Sipas disa burimeve amerikane të pavarura mbi 5 mijë afgane çdo ditë po hyjnë këtu. Terroristët talebanë afganë, që kanë marrë në kontroll gjithë Afganistanin dhe Kabulin kryeqytetin e vendit, po kërkojnë shtëpi në shtëpi për amerikanët dhe forcat aleate të shteteve të tjera europiane që ndodhen aty.

Terroristët talebanë, sipas mediave amerikane po gjuajnë me armë mbi popullsinë afgane dhe të huajt, që ndodhen në Kabul dhe atyre që po mundohen t'i afrohen aeroportit të kryeqytetit të vendit.

Media Fake News si CNN dhe shumë të tjera, që janë në shërbim të Biden-it, nuk flasin për mbi 50,000 amerikanë, që fatkeqsisht ndodhen në Afganistan.

Biden, gënjehu mediat amerikane, se në Afganistan janë 300,000 trupa afgane të përgatitur dhe stërvituar, të armatosur shumë mirë dhe se SHBA u paguan atyre rrogat. Ai tha se: *"75,000 forca talebane, nuk janë problem. Ata nuk mund të marrin peng shtetin. Ambasada jonë atje është e siguruar…"*

Lt Colonel Oliver L. North tashmë në pension, është bashkautori i librit: *"Ne, nuk luftojmë për socializmin"*[44] tha se kjo situatë katastrofike e SHBA-së, është e gjitha për fajin e Biden-it dhe administratës së tij tërësisht ikopetente.

Deri tani **SHBA-ja, ka shpenzuar mbi 2.26 trilion dollarë, për të fituar luftën në Afganistan**. Biden, tha se do të sillte në SHBA 5,000 refugjatë çdo ditë deri më 31 gusht. Ai tha se do t'u jepte të gjithëve letrat si qytetarë

---

[44] **Lt Colonel Oliver North and David Goetch** *"We didn't fight for socialism"* (*America's Veterans Speak Up*, **2021**) brings many powerful voices to bear against America's greatest threat. I spent nearly forty years opposing foreign enemies only to realize freedom's adversaries have been raised right here. My friends Ollie North and David Goetsch have delivered what may be the most important book you'll read this year." — LTG William G. "Jerry" Boykin – U.S. Army (Ret.), executive director of Family Research Council and author of Man to Man. Veterans we interviewed and surveyed for this book as well as veterans we have talked to over the years made it clear they did not join the military to fight for socialism. Many of the veterans interviewed and surveyed for this book said they served in the military because they loved the freedom and opportunity afforded them by our country as well as the values that have long characterized America. To them, America has always been the good guy in the community of nations. A socialist America, in the eyes of these veterans, will no longer be a good guy. (www.amazon.com)

amerikanë dhe do të financonte secilin nga $35,000. Joe Biden gjithashtu tha se tashmë ka sjellë mbi 2,000 afganë.

Afganistani, kurrë nuk ka qenë shtet. Aty miliona njerëz nuk kanë kartë identiteti dhe do të hyjnë të pakontrolluar në SHBA. Kjo nga ana e tjetër do të rëndoj edhe më shumë mbi taksat e qytetarëve amerikanë, të cilët do të paguajnë për të mbajtur refugjatët e huaj dhe emigrantët e jashtë ligjshëm që po vijojnë non stop të hyjnë vazhdimisht në territorin amerikan.

Edhe Europa Perendimore disa vite më parë pranoi me qindra dhe mijëra refugjatë nga zonat e konfliktit në Iraq dhe Siri, ku pjesa më e madhe e tyre nuk kishin asnjë lloj dokumenti të identitetit të tyre.

Kjo u krijoi mundsi ISIS, që të penetroj lehtësisht në shtetet e Europës shumë ish luftëtarë vullnetarë kamikazë (vetëvrasës me eksploziv në ambientet publike ku ka shumë njerëz) të ISIS, të cilët bënë shumë akte terroriste (në disa qytete të Europës Perendimore), gjë e cila u vërtetua nga investigimet e autorëve të akteve terroriste.

JASON MILLER THEMELON GETTR ANTI BIG TECH
- NJË PLATFORMË TË MEDIAVE SOCIALE PA CENSURË

"Le të mblidhemi sëbashku, se ne po flasim për ndjenjën e bashkësisë. Ne mendojmë, se përfundimisht do të jetë një platformë mbarëbotërore, jo vetëm për konservatorët, por edhe për të pavarurit në SHBA. Ne duam që njerëz nga të gjitha shtresat politike t'i bashkohen platformës. **Gettr***, filloi zyrtarisht më 4 korrik 2021, në përkujtimin e Ditës së Pavarësisë së SHBA-së. Ajo do të jetë e pavarur nga monopolet e mediave sociale, i pavarur nga kultura e përjashtimit; do të jetë gjithmonë përfqsimi i fjalës së lirë."* **– Jason Miller GEO GETTR,** Fox News

Presidenti Donald J. Trump kundër Big Tech
(Facebook, YouTube, Google, Twitter etj.)

Gjatë muajit të kaluar, në një paraqitje publike për mediat vendase dhe ndërkombëtare, të cilët ishin mbledhur për një prononcim të jashtëzakonshëm të *Presidenti Donald J. Trump, ai ka njoftuar se ka ngritur padi më 7 korrik 2021, kundër Big Tech, ku bëjnë pjesë: Facebook, YouTube, Twitter dhe Google.*

Midis të tjerave Presidenti Trump u ndal tek çensura e rrjetit social Twitter, i cili, sistematikisht dhe arrogancë ka abuzuar me Kushtetutën Amerikane me të Drejtat e Fjalës së Lirë, që përfshihen në Amendamentin e Parë, ku Presidenti Trump është çensuruar në mesazhe e tij (cicërimat) dhe më vonë duke e anuluar përfundimisht në mënyrë absurde llogarinë e tij në Twitter, Facebook etj.

Bashkimi me procesin gjyqësor, është një tjetër paditës individual i *përjashtuar nga Twitter*, si dhe *Unioni Konservator Amerikan*, të cilën Twitter e ka ndaluar aktivitetin e saj në këtë rrjet social. Kjo pjesë përqendrohet në mënyrën se si çensura e mediave sociale abuzon sistematikisht me ligjin federal amerikan.

Në këtë rast, sipas avokatësve mbrojtës të çështjes së çensurës, paditësit i kanë kërkuar gjykatës, që t'i lejojë ata të përfaqësojnë të gjithë individët, të cilët Twitter etj., i kanë ndaluar ato sistematikisht në mënyrë absurde.

Akuzuesit sëbashku kërkojnë kompensime për dëmtimet e tyre financiare dhe morale, që kanë pasur vazhdimisht nga Big Tech në shoqërinë amerikane dhe ndërkombëtare, humbjet e mëdha në lirinë e fjalës dhe shkeljen e Kushtetutës së SHBA-së, çensura e qëllimshme e ideve dhe kritikave anti-qeveritare demokratike të tyre në dobi të shoqërisë amerikane dhe rivendosjen e menjëhershme pa kushte të llogarive të tyre të mëparshme.

Ata më tej kërkojnë një vendim, që Seksioni 230 i Aktit të Kompetencës së Komunikimit (Kodi i SHBA, titulli 47, Seksioni 230) është Anti-Kushtetues dhe duhet të shfuqizohet menjëherë. Seksioni 230 imunizon Big Tech, Facebook, YouTube, Google dhe Twitter-in nga përgjegjësia për çensurimin e llojeve të caktuara të përmbajtjes.

Në këtë rast, paditësit pretendojnë që edhe nëse Seksioni 230 është kushtetues, ai nuk autorizon çensurimin politik, që ka bërë sistematikisht Big Tech.

Pse Big Tech përdor Seksionin 230 për paprekshmërinë e vet?

Imuniteti i Big Tech, vjen nga një ligj që në SHBA quhet *Seksioni 230* dhe është miratuar shumë kohë më pare, nga Kongresi për të nxitur zhvillimin e kompanive të pavarura nga qeveria dhe shteti.

Kështu nëse një person bën një deklaratë shpifëse në një gazetë, në radio ose medium tjetër tradicional, mediumi (radio, televizioni apo rrjeti social) nuk mund të jenë përgjegjës për dëmet.

Për shembull, nëse gazeta *The Epoch Times* boton një letër shpifëse, për në redaktor në lidhje me Mary Smith (të cilën, natyrisht, The Epoch Times nuk do t'a bënte kurrë), atëherë Smith zakonisht mund të përjashtohet nga gazeta **The Epoch Times** nga autori i letrës. Nëse Epoch Times duhet të paguajë, ajo mund të kërkojë kompensim.

Seksioni 230 u jep kompanive të mediave sociale mbrojtje unike absolute. Ajo pjesërisht në përmbajtje thotë: *"Asnjë ofrues… i një shërbimi kompjuterik ndërveprues (siç janë Facebook, Google, YouTube ose Twitter) nuk do të trajtohet si botuesi ose folësi i ndonjë informacioni të siguruar nga një tjetër ofrues i përmbajtjes së informacionit."*

Pra, nëse unë shkruaj në Twitter një deklaratë për *Mary Smith*, që është false dhe e dëmshme, Smith mund të jetë në gjendje të mbledh dëmet nga unë, por jo nga Twitter. Avokatët thonë, se kompania e mediave sociale Big Tech është *"e imunizuar nga përgjegjësia"*.

Ky imunitet, ka kuptim vetëm nëse platforma e mediave sociale funksionon si një shesh qyteti ose sallë. Të gjithë e kuptojnë, që në mungesë të rrethanave të veçanta, qyteti nuk është përgjegjës për ato që thotë dikush në shesh dhe as pronari, që jep me qira sallën e tij (apo sheshin) nuk është përgjegjës për ato që mund të thuhen atje.

Por dihet se Big Tech nuk janë kompani mediatike, që emetojnë lajme të mirëfillta dhe editime. *Nga ana tjetër, nëse platforma e mediave sociale zgjedh ose editon përmbajtje siç bën një gazetë apo revistë, atëherë imuniteti është më pak i mbrojtshëm. Ata nuk janë media dhe për këtë gjë ata mund të ndeshkohen rëndë, sepse kanë* çensuruar me vetëdije Presidentin Donald J. Trump dhe miliona amerikanë dhe të tjerë të thjeshtë kudo në botë.

Megjithatë, Seksioni 230 lejon kompanitë e mediave sociale të çensurojnë lloje të caktuara të materialit. Kompanitë e mediave sociale, pretendojnë se fuqia e tyre për të çensuruar komentet politike, bazohet në të drejtën e tyre, për të blokuar materiale, që është *përndryshe e kundërshtueshme.*

Presidenti Trump, ka shumë të drejtë, kur thekson se kjo formë e veprimit të Big Tech është anti-Kushtetuese, sepse Kongresi mund të mos ndaloj fjalimin e mbrojtur me Kushtetutë dhe për këtë arsye Kongresi nuk mund t'ia delegoj atë fuqi kompanive të mediave sociale.

Përpara se një gjykatë t'a pranoj këtë argument, ajo do të përpiqet të interpretoj ligjin, në një mënyrë që e bën atë kushtetues. Në këtë rast, kjo është e lehtë për tu bërë. E vërteta është se *ndryshe e kundërshtueshme,* në të vërtetë nuk do të thotë *"asgjë që kompania e mediave sociale nuk i pëlqen".* Termi është shumë më i ngushtë se kaq.

Supozoni, për shembull kur bashkëshorti ose partneri juaj ju dërgon në treg për të blerë karota, spinaq dhe perime të tjera. A përfshin fraza e zakonshme blej edhe *"perime të tjera"* edhe blerja pemës së Krishtlindjes? Ju mund të argumentoni, se një pemë e Krishtlindjes është një "perime", sepse është klasifikuar si e tillë!? Artikujt specifik tregojnë, se blej edhe *perime të tjera,* do të thotë ushqime si lakra ose speca dhe nuk përfshin blerjen e një pemë të Krishtlindjes.

*"Tani, le të rikthehemi tek **Seksioni 230** dhe të shohim listën e materialit të shqetësueshme: **I pahijshëm, i ndyrë, i pasjellshëm, tepër i dhunshëm, ngacmues, dhe përndryshe i kundërshtueshëm.***

*Një gjykatë e apelit, ka theksuar se pikat (**i pahijshëm**) deri (**përndryshe i kundërshtueshëm**) mbulojnë shumë terren. Ata na tregojnë se **ligji përfshin ngacmim, pornografi, kërcënime, zhvatje dhe anglo-saksonizma vulgare.** Ata gjithashtu na tregojnë se çfarë nuk është në ligj "ndryshe ofenduese".*

*Për shembull, e njëjta gjykatë e apelit **vendosi,** që **ligji** nuk justifikonte një kompani të mediave sociale, që çensuronte thjesht për të dëmtuar një konkurrent biznesi.*

Unë mendoj, se është po aq e qartë që diskutimi i zakonshëm politik nuk kualifikohet si "i kundërshtueshëm", sipas statutit.

*Në fillim të Seksionit 230, Kongresi përfshiu materiale shpjeguese, që na tregonin se si t'a interpretojmë atë. Recitalet skjarojnë më tej se "ndryshe e kundërshtueshme" nuk u referohet mosmarrëveshjeve të zakonshme politike." - shkruan **prof. Rob Natelson**[45]*

---

[45] **Prof. Robert G. Natelson,** është një ish-profesor i së Drejtës Kushtetuese, është koleg i vjetër në Jurisprudencën Kushtetuese në Institutin e Pavarësisë në Denver dhe autor i "**Kushtetuta Origjinale: Ajo që Në të Vërtetë Thoshte dhe Do të Rëndësonte**".

Gettr shpall "pavarësinë" nga Big Tech

"GETTR vrasës i Twitter" - Steve Bannon, *strateg i fushatës elektorale 2016 dhe këshilltar i Presidentit Trump, themelues i Breitbart News*

Këto ditë ish-këshilltari i lartë **i Presidentit Donald J. Trump, Jason Miller,** hapi një platformë të re **Gettr** të mediave sociale më 4 korrik 2021, për të shpallur *pavarësinë* nga Big Tech (Facebook, Google, YouTube, Twitter etj.), duke e cilësuar atë si *një zonë pa çensurë,* të fokusuar në **Fjalën e Lirë,** me **teknologji superiore,** që ai thotë se do t'a ketë zili Silicon Valley.

Konservatori republikan Jason Miller, CEO i GETTR, ishte këshilltar i lartë i Presidentit Donald J. Trump dhe shërbeu në fushatat e presidentit të vitit 2016 dhe sërisht në vitin 2020.

Platforma quhet **Gettr,** që në gjuhën shqipe do të thotë *Të Bëhemi Sëbashku,* për të cilën Miller, si CEO i kompanisë, tha për Fox News, se evoluoi nga ideja e *mbledhjes sëbashku.*

"Le të mblidhemi sëbashku, ne po flasim për ndjenjën e bashkësisë", tha Miller për Fox News, në një intervistë ekskluzive. *"Ne mendojmë se përfundimisht do të jetë një platformë globale, dhe jo vetëm për konservatorët dhe të pavarurit në SHBA."* Ai shtoi: *"Ne duam që njerëz nga të gjitha shtresat politike t'i bashkohen platformës."*

Gettr, filloi zyrtarisht të dielën, më 4 korrik 2021 në orën 10:00 të ET, dhe platforma është tashmë në *Dyqanet e Aplikacioneve* **(AppStore).**

"Kjo lidhet me Ditën e Pavarësisë. I pavarur nga monopolet e mediave sociale, i pavarur nga kultura e anulimit; përqafimi i fjalës së lire, nisja jonë të Dielën është shumë e qëllimshme," tha Miller

"Ne besojmë, se duhet të ketë një platformë të re të mediave sociale, që mbron vërtet fjalën e lirë dhe një që nuk de-platformon për bindjet politike. Kjo është një sfidë për monopolet e mediave sociale.

Platforma e re, ka **teknologji superiore ndaj platformave ekzistuese.** *Ne po fillojmë një teknologji të përparuar, që do të jetë vërtet zili e botës së mediave sociale,"* tha Miller.

Kryetari i shtetit amerikan, Presidenti Trump, u ndalua nga Twitter, Facebook, Instagram dhe Snapchat, pas tubimit mbarëpopullor amerikan më 6 janar 2021 në Capitoli Hill, Washington D.C., para Kongresit Amerikan, për arsye të vjedhjet masive dhe manipulimin e turpshëm të zgjedhjeve presidenciale, që u mbajtën me 3 nëntor 2020.

Demokratët asokohe e hodhën në gjyq Presidentin Trump për herë të dytë, për t'a shkarkuar, por deshtuan me *bisht nder shale* si zakonisht para popullit amerikan, që e ndiqte direkt idiotësinë dhe show-n e turpshëm të social-komunistëve fanatik në Kongres dhe Senatin Amerikan.

Nga ana e tjetër, Senati i kontrolluar nga republikanët konservatorë patriotë e nxori të pafajshëm Presidentin Donald J. Trump, i cili fitoi dy herë sfiden me komunistët radikal "demokratë" amerikanë.

Presidenti Donald J. Trump, përpiqet vazhdimisht të komunikojë direkt me 75,000.000 ndjekësit dhe votuesit e tij patriotë, përmes deklaratave të dërguara nga rezidenca dhe zyra e tij Presidenciale në Florida.

Si funksionon Gettr?

Platforma e re e mediave sociale, që mbron vërtetë fjalën e lirë quhet Gettr. Ajo fatmirësisht lejon përdoruesit të postojnë mesazhe më të gjata me deri në 777 karaktere (shkronja). Gettr, gjithashtu lejon përdoruesit të postojnë fotografi më të kjarta (kualitative), të postojnë video, që janë deri në tre minuta (180 sekonda) të gjata dhe kushdo ka aftësinë për të redaktuar videot brenda aplikacionit.

Pas regjistrimit në aplikacion *AppStore* përdoruesit në **Gettr**, kanë mundësinë të marrin (importojnë) cicërimat e tyre ekzistuese në këtë platformë të re.

Gettr, *është një platformë e re e mediave sociale, që mbron me fanatizëm dhe vendosmëri absolute* Fjalën e Lirë dhe nuk de-platformon njerëzit apo përdoruesit e saj për bindjet e tyre politike. Kjo është një sfidë reale, për monopolet e mediave sociale Big Tech, mediat globaliste komuniste dhe socialiste.

"Ju mund t'i importoni këto cicërima, në mënyrë që puna juaj e palodhur, kreativiteti, prona juaj intelektuale të vijë me ju," tha Jason Miller GEO themelues rrjetit të ri social GETTR, duke vënë në dukje se është një *opsion një herë pas krijimit të llogarisë tuaj,* dhe duke thënë se importi nuk i lidh përdoruesit prapa jashtë në Twitter.

Rritja e aplikacioneve të shpejta në AppStore për Gettr

Që nga data 4 korrik 2021 deri tani, numëri i aplikacioneve për rrjetin e ri *social altarnativ Gettr në AppStore ka arritur në 10,000,000 përdorues nga 5 kontinentet e botës.*

Lajmi i mirë është se shumë *shqiptaro-amerikanë dhe bashkëatdhetarët tanë nga vendlidja Shqipëria, Kosova, Mali i Zi dhe Maqedonia, duke mbyllur profilet në Big Tech, kanë hapur profilet e tyre të reja anti-çensurë dhe në mbështetje të Presidentit Donald J. Trump,* të cilat kanë qenë të çensuruar dhe përjashtuar nga rrjetet e tjera sociale, si: Facebook, YouTube, Google, Twitter ose ajo që njihet ndryshme si Big Tech.

Karakteristikat shtesë, që vijnë në platformë pas lançimit zyrtar të dielën e Ditës së Pavarësisë që përkujtohet në SHBA më 4 korrik, përfshijnë *vlerësimin dhe informimin në internet, në mënyrë që përdoruesit të japin para për krijuesit e shquar të përmbajtjes.*

Nga ana e tjetër, themeluesi i GETTR.com konservatori Miller tha se ai beson se mjeti do t'i stimulojë ata ndikues të shquar të përdorin Gettr, në mënyrë që ata të *"fitojnë para nga ato që po bëjnë dhe postojnë tani".*

Miller tha gjithashtu për kanalin televiziv amerikan Fox News, se Gettr ka një mundsi transmetimi të drejtpërdrejtë (LIVE), si dhe një mundsi tjetër, që përdoruesit të dhurojnë financiarisht për kandidatët politikë të preferuar.

Ai tha se kompania GETTR.com, është ende duke rishikuar se si do të kufizoj donacionet politike të përdoruesve, për të qenë konform apo në kuadër të ligjeve zgjedhore, por theksoi se *"nuk kishte asnjë kufizim për dhënësit e vlerësimit në internet".*

realDonaldTrump

*Të gjithë aplikuesit që duan të jenë pjesë e profilit të Presidentit Donald J. Trump, duhet ta kërkojnë në rrjetin e ri social Gettr: **realDonaldTrump.***

Themeluesi i rrjetit të ri social Jason Miller tha se përdoruesit e shquar do të verifikohen në platformë. I pyetur nga Fox News për Presidentin Trump ai shtoi se: *"Ne me siguri shpresojmë se Presidenti Trump do të bashkohet me platformën, por unë do t'ia lë atij të marrë vendime për atë që po bën, se Gettr po krijon një komunitet këtu jo vetëm për konservatorët, të pavarurit dhe demokratët e zhgënjyer nga çensura e Big Tech, por edhe për njerëzit nga të gjitha partitë politike lidhjeve në të gjithë botën për t'u bashkuar."*

I pyetur nëse Presidenti Biden gjithashtu do të ishte i mirëpritur në platformë, Miller tha: *"Ne, do të donim të kishim Presidentin Biden. Liria e fjalës, refuzimi i kulturës së anulimit, nëse pajtoheni dhe besoni në fuqinë e fjalës së lirë, atëherë kjo platformë është për ju,"* tha Miller.

Getting Together - Gettr

Ekipi i Presidentit Donald J. Trump filloi me qetësi një platformë të re të mediave sociale, duke e faturuar atë si një alternativë ndaj faqeve të Big Tech. Ish zëdhënësi i fushatës së Trump, **Tim Murtaugh** është përfshirë si konsulent në aplikacion.

Presidenti Donald J. Trump, ka qenë në kërkim të mënyrave alternative, për t'u angazhuar me bazën e tij në internet, pasi ishte shkarkuar nga Twitter dhe ishte pezulluar nga Facebook.

Gettr, është një nga projektet e profilit më të lartë në një ekosistem më të madh të platformave të teknologjisë dhe mediave **pro MAGA**, që kanë lulëzuar në rrymat politike të djathta, të nxitur kryesisht nga ndjenja e drejtë se Big Tech ka mbyllur me arrogancë fjalën e lirë të pikëpamjeve konservatore, atdhedashëse dhe anti-komuniste të ideologjisë konservatore pro amerikane dhe pro Trump online.

Sipas vlerësimeve nga Sensor Tower, Gettr ka marrë mbi 10.9 milion shkarkime në nivel global që nga qershori 2021, me Shtetet e Bashkuara, Brazil, Europa, që kanë më së shumti shkarkime.

Platforma u hackua shkurtimisht në ditën e lansimit të saj. Disa ditë më vonë, një haker ishte në gjendje të prishë pothuajse 90,000 adresa e-maili përmes API-së së tyre.

Aplikacioni GETTR, u shfaq për herë të parë në dyqanet e aplikacioneve Google dhe AppStore. Një përshkrim për Gettr, në dyqanet e aplikacioneve e quan atë me të drejtë një **rrjet social pa paragjykime, për njerëzit në të gjithë botën**. Aplikacioni vlerësohet "**M**" për të rriturit, që do të thotë se rekomandohet për përdoruesit 17 vjeç e lart.

Selitë për aplikacionin janë të vendosura në New York. Për më shumë materialet promovuese fillestare për Gettr në dyqanet e aplikacioneve shfaqën postime të përdoruesve, që festonin në Dhomën e Përfaqësuesve (Kongres), që nuk kërkonin më maska në dyshemenë e dhomës.

Temat fillestare në trend në aplikacion përfshinin hashtags *#trump, #virusorigin, #nra dhe #unrestrictedbioëeapon*. Ato etiketa i referohen refrenit të sapo gjetur dhe të provuar nga republikanët, se *Kina krijoi virusin Covid-19 në një laborator si një armë biologjike*.

"ÇFARËDO QË BIDEN TRAJTON POLITIKISHT BRENDA DHE JASHTË SHBA-SË, KTHEHET NË MUT" – PRESIDENTI DONALD J. TRUMP
(Alabama, Gusht, 2021)

"Kombi ynë i detyrohet përgjithmonë marinsave trima, që bënë sakrificën përfundimtare sot. Dhe ne kujtojmë gjithashtu afganët e pafajshëm, që vdiqën pa nevojë. Joe Biden, tani ka mbikëqyrur ditën më vdekjeprurëse për trupat amerikane në Afganistan, në më shumë se një dekadë, krizë e cila përkeqësohet nga ora në orë. **Ne duhet të hedhim poshtë gënjeshtrën e bërë nga një president i pacipë, se ky ishte i vetmi opsion për tërheqje.** *Ky është produkt i dështimit katastrofik të udhëheqjes së Joe Biden. Tani është dhimbshëm e qartë, se ai nuk ka as vullnet as kapacitet për të udhëhequr. Ai duhet të japë dorëheqjen."* **– Senatori Prof. Josh David Hawley, republikan, avokat nga Missouri**

Biden, duhet të gjykohet nga Gjyqi Ushtarak për tradhti të lartë ndaj SHBA-së

Ish-komandanti i Mbretërisë së Bashkuar në Afganistan, koloneli **Richard Kemp,** tha se: *"Joe Biden duhet të Gjykohet, jo të dënohet teorikisht.* **Presidenti Joe Biden si Komandant i Përgjithshëm i Ushtrisë Amerikane nuk duhet të fajësohet, por përkundrazi të shkoj në Gjykatën Ushtarake, për dorëzimin e turpshëm të SHBA-së para terroristëve talebanë.** *Ai duhet gjykohet për Trathti Ndaj Shteteve të Bashkuara të Amerikës. Unë nuk e them këtë lehtë dhe nuk e kam thënë kurrë për askënd tjetër, për ndonjë udhëheqës tjetër në këtë pozicion. Njerëzit kanë folur për fajësimin e Presidentit Biden."*

Kështu foli hapur koloneli Kemp, drejtuesit të Fox News **Mark Levin,** në një intervistë direkte, me analistin konsitucionalist, në programin e tij: *"Life, Liberty & Levin".*

Republikanët në Kongres dhe Senat akuzojnë direkt Biden, se i ka duart me gjak

Republikanët e Kongresi Amerikan, në një prononcim për mediat më 24 gusht 2021, deklarojnë, për armatimet amerikanë që kanë ra në duart e terroristëve radikal islamik taleban dhe Al Qaides: *"Talebanët, kanë në dorë sot*

85 billion dollarë nga materialet ushtarake, ku midis tyre janë 75 makina moderne ushtarake, mbi 200 aeroplanë dhe elikopterë si fjala e fundit e shkencës ushtarake, 600,000 armë të vogla moderne plus sniper, që përdorin ushtarët amerikanë.

Gjithashtu ata kanë më shumë Blackhawk se 85% e vendeve të ndryshme të botës. Pra, ata kanë më shumë elektoperë të kushtueshëm, se asnjë shtete tjetër i botës, kjoshin këto edhe antarë të NATO-s.

Talebanët dhe Al Qaida, kanë në dorë të gjithë aparaturat moderne elektotronike amerikane, që janë përdorur çdo ditë nga ushtarët amerikanë tesh 20 vjet.

Ata kanë në dorë aparatura dhe informacione elektronike moderne, që janë fjala e fundit e shkencës ushtarake, të cilat përdoren për ID dhe etj.

Ata kanë në dorë listën dhe informacione të plota për të gjithë afganistanët, që ndihmuan trupat amerikane për 20 vjet në Afganistan.

Biden dhe regjimi i tij nuk ka plane për të nxjerrë jashtë Afganistanit të gjithë armatimet moderne të ushtrisë ameirkane me të shtrenjtat në botë. Tashmë të gjithë këto armatime janë në duart e talebanëve.

Biden, nuk e di se çfarë janë këto armatime, të cilat ai ia la talebanëve terroristë dhe Al Qaides, që kontrollojnë sot gjithë Afganistanin dhe Kabulin.

Të gjithë këto armatime amerikane, do të përdoren nga grupet terroriste, për të vrarë ushtarët amerikanë dhe afganistanët, që ndihmuan ushtrinë amerikanët për 20 vjet me radhë. Biden, gënjen kur thotë se cdo gjë është në rregull, situata është nën kontroll etj.

Ai po vijon të gënjej Kongresin, Senatin dhe popullin amerikan. Ky është turpi i tij i radhës. Afganistani ra, sepse ra Biden, para popullit afgan, amerikan, Kongresit, Senatit dhe mbarë njerëzimit, që na shikojnë ne sot."

Dhe kostot janë edhe më të mëdha, përsa i përket jetës së njerëzve të humbur në luftë. Deri tani ka pasur mbi 2,500 vdekje nga ushtria amerikane në Afganistan dhe gati 4,000 kontraktorë të tjerë civilë amerikanë të vrarë në rrethana të ndryshme. Kjo zbehet nëse tregohen shifra të tjera, si: 69,000 të vrarë nga radhët e policisë ushtarake afgane, 47,000 civilë të vrarë, dhe plus 51,000 luftëtarë të vdekur të opozitës talebane.

Biden një rrencak serial, që nuk skuqet para amerikanëve

"Joe Biden nuk ka turp, Joe Biden nuk ka klasë. Ai nuk ka nder, ai nuk ka dinjitet, nuk ka moral. Unë nuk mendoj, se ai nuk e ka idenë se çfarë dite është dhe tani atij mezi i funksionon truri." **- Sean Hannity, Fox News Channel**[46]

---

[46] **Sean Hannity, Fox News Channel,** "*Joe Biden has no shame, Joe Biden has no class. He has no honor, he has no dignity, he has no morals. I don't think he has any clue what day it is and now he has barely funtionning brain.*"

Politikani më i keq e i deshtuar këtu në SHBA, është gënjeshtari profesional, më i madh në historinë e politikës, i pandreqshmi e i korruptuari Joe Biden. Sleepy Joe, ia kalon në nivele shumë të larta gënjestarëve politikanë amerikanë veteranë si vëllezërve të tij "demokratë" dhe të papërgjeshëm: *Jimmy Carter dhe Barack Hysen Obamës.*

Më përpara dhe më së shumti në vitet 2012-2022, familja e tij për interesa bisnesi ka bërë në rrugë të paligjshme dhe me konflikte interesi miliona dollarë, në Ukraninë me kompaninë e gazit Burisma...

Ai gënjeu hapur popullin dhe mediat amerikane, kur tha se nuk ka dijeni për bisnesin e djalit të tij. Më vonë nga media doli se ai kishte me qindra foto dhe biseda bisnesi, me pjesëtarë të lartë drejtues të kompanisë Burisma, me të cilën punonte djali i tij Hunter Biden, që paguhej me shifra astronomike në $120,000 në muaj dhe mbi 1,500.000 dollarë në vit, pa pasur asnjë meritë.

Kohët e fundit agjencia britanike e informacionit *Reuters (1851)*, ka zbuluar se **Joe Biden, ka telefonuar dhe kërcenuar kolegun e tij ish Presidentin e Afganistan-it** *Ashraf Ghani* **më 23 korrik 2021**, bisedë e cila po mbahet e fshehur dhe larg popullit amerikanë nga Shtëpia e Bardhë, Kongresi dhe Senati Amerikan, që fatkeqsisht kontrollohet nga "demokratët" radikal komunistë.

Rikujtoj nga historia, se kur media përmes një agjenti (informator si përgjues) i fshehtë demokrat, zbuloi telefonatën e Presidentit Donald J. Trump me Presidentin e Ukrahinës Vladimir Zhelinski, ai dhe Shtëpia e Bardhë menjëherë e ka bërë publike të gjithë telefonatën, pra bisedën midis dy presidentëve, duke e botuar atë edhe në faqen zyrtare.

Kjo gjë nuk po ndodh sot me idhullin e mediave dhe Big Tech gënjeshtarin e madh serial Joe Biden. Media amerikane Fake "News" si: CNN, The New York Times, Washington Post, USA Today, Daily News etj., kanë heshtur dhe kritikuar agjencitë e tjera pse ka nxjerrë në shesh telefonatën e Biden-it me ish Presidentin dezertor të Afganistanit.

Historia përsëritet në SHBA dhe më saktë në Shtëpinë e Bardhë. Presidenti Trump vetëm pse telefonoi në mënyrë korrekte Presidentin e Ukrahinës nga demokratët e Kongresit Amerikan, u akuzua (me gënjeshtra demokratësh të kongresmenëve dhe senatorëve radikal komunistë) se ai e ka "kërcënuar" atë duke i "thënë", që të investigoj korrupsionin e familjes kriminale të Joe Biden-it.

Krerët kryesorë fanatikë dhe anti-Trump të Kongresit, me në kryekomunisten Nancy Pelosi e "shkarkuan" Presidenti Trump dhe e kaluan çështjen në hapin tjetër drejt Senatit të kontrolluar nga republikanët, të cilët e hodhën poshtë me përbuzje e neveri absolute këtë gjyq fallco politik, pa fakte dhe prova konkrete.

Sikurse dihet prej disa dekadash, se provat ndaj Joe Bidenit janë bindëse dhe me shumicë, por Kongresi e Senati Amerikan, i kontrolluar nga hipokritët gënjeshtarë radikalë "demokratë", nuk duan që të filloi proçedura për shkarkimin dhe arrestimin e Joe Bidenit.

Media gënjeshtare dhe mashtruese Fake "News", asokohe kërkoj që Trump të shkarkohet, kurse tani po ajo media për idhullin e tyre marionetë Joe Biden, po hesht si gur varri për korrupsionin e vijueshëm të tij.

Ne që vijmë nga shteet e diktaturave absolute komuniste fashiste, habitemi dhe jemi të shokuar vazhdimisht se në vendin me Kushtetutë dhe ligje më demokratike të SHBA, fatkeqsisht po përdoren dy standarte "drejtësie", të cilët po irritojnë dhe zemërojnë me të drejtë edhe më shumë popullin amerikanë, pa dallim përkatësie politike.

Gjatë vitit 2008-2016, politika e deshtuar e administratës Obama-Biden 2 dhe me Sekretares së Shtetit Hillary Clinton, largoi përfundimisht trupat amerikane nga Iraku, duke krjuan me vetëdije një vakum në vend, që u mbush shumë shpejt në terren nga grupet ndërkombëtare terroriste radikale islamike, si: **Al Qaida, ISIS,** etj., të cilët së bashku krijuar shtetin prej kartoni të *Kalifatit Radikal Islamik*, me prioritet vendosjen dhe zbatimin me gjak e hekur të Ligjit Kobzi të Inkuizicionit Barbar të Sheriatit sipas librit të Kur'an-it.

Vullnesa e Drejtë e Zotit dhe vota plebishitare e popullit amerikan kundër Hillary Clinton, mrekullisht solli në pushtet patriotin dhe njeriun e suksesshëm në fushën e bisnesit Donald J. Trump.

Fatmirësisht ardhja e tij në Presidencë, solli për një kohë të shkurtër shkatërrimin apo zhdukjen përfundimtare nga faqja e dheut të shtetit radikal islamik - Kalifatit dhe zhdukjen në themel të ISIS në Iraq dhe Siri, duke risjellur lirinë e ëndrruar të popujve të atjeshëm muslimanë, që po vuanin nga *Burqa dhe Ligji i Sheriatit*, i vendosur me dhunën e armëve vrastare asokohe nga ISIS. *Duke mos qenë politikan i mirëfilltë, Presidenti Trump mbajti kështu fjalën e nderit, para mbarë botës dhe popullit amerikanë.*

Ky grup radikal islamik terrorist (ISIS), u krijua dhe zgjerua me shifra të përbindshme me ndihmën e rrjeteve sociale të kontrolluara nga Big Tech, Facebook, Twitter, YouTube, Google etj., të cilët u krijuan atyre kushte e mundsi organizimi dhe rekrutimi masiv të luftarëve radikal islamik nga shtete të ndryshme të botës islame.

Edhe pse rekrutet jetonin në disa shtete Europë Perendimore dhe SHBA si shtetas të këtyre vendeve, për hir të islamit dhe radikalizimit të tyre nga propaganda e ISIS në rrjetet sociale, ato u shtuan shumë shpejt në Facebook, Twitter dhe YouTube radhët e rekrutëve apo luftarëve.

Ata edhe sot janë fatkeqsisht në rrjetet sociale amerikane globaliste ultra të majta, ndërsa Presidenti patriot amerikanë Donald J. Trump, është përjash- tuar në mënyrë absurde dhe raciste prej tyre. Nga ana e tjetër del pyetja pse agjencitë e zbulimit CIA dhe invesitgimit të kriminelëve FBI asnjëherë deri më sot nuk kanë investiguar, se kush ishin faktorët dhe rrugët e rritjes së rekrutëve të ISIS dhe organziatave të tjera radikale islamike në rrjejet sociale amerikane!? Dihet se asokohe shumë rekrutë radikal islamik, me pashaportë apo shtetësi amerikane iu bashkuan kalifatit islamik në Iraq dhe Siri. A është kjo rastësi!?

New York Post boton vazhdimisht 5 -10 gënjeshtra ditore të Biden-it

Mediat bashkëkohore të pavarura amerikane, si: *Blaze Media (2018), Newsmax (2014),* One America News Network (*OANN, 2013*), *InfoWars (1999, Alex Jones), Fox News, FrankSpeech TV (The Voice of Free Speech)* etj., pothuajse çdo ditë botojnë me gojë, fjalime, shkrime dhe intervista të ndryshme të Biden-it, ku ai del gënjeshtar i mirëfilltë, qysh nga koha kur ai fatkeqsisht ishte senator, zv/President dhe sot në vitin 2022 si fatkeqsi kombëtare në Zyren Ovale të Shtëpisë së Bardhë.

Biden, është gati të njoh qeverinë e re terroriste radikale islamike talebane, që e zbythi me turp para botës, me forcën e armëve nga Afganistani brenda 8 muajve. Ai vazhdonte të gënjente popullin amerikanë, pasojat e se cilës ishte edhe vrasja nga talebanët e pabesë dhe ISIS të 13 ushtarëve heronj amerikanë.

Me trathëti i vetëquajturi komandanti i ushtrisë amerikane Biden, i dhuroi me kënaqsi 85 billion dollarë paisje moderne ushtarake terroristëve radikal islamik talebanë. Kurrë nuk ka qenë Amerika me e poshtëruar se në 18 muaj të administratës anti-kombëtare të O-Biden 3.

**Biden dhe liberalët europian të Bashkimit Europian
duan bisedime (negociata) me terroristët talebanë**

Një "gazetare" propagandiste e VOA në gjuhën shqipe, i tha TV shqiptar Top Channel, se administrata Biden po shikon situatën se si do të sillen talebanët në vend dhe botë dhe do të shikoj mundsinë e njohjes së qeverisë re të tyre. (Turp!)

Këtë idiotësi frikacakësh e ka shprehur edhe ish-kryeministri i deshtuar britanik **Boris Johnson**, ndonëse ai ndeshi menjëherë kundërshtimin absolut edhe brenda partisë së tij. Britanikët, qendruan në Afganistan për 20 vjet dhe tani duan të ulen në tryezen e bisedimeve me armiqët e tyre terroristë radikalë islamik (të cilët kanë vrarë me qindra ushtarë britanik), që po vendosin në vend Ligjin Musliman të Sheriatit, që kthen automatikisht në skllevër dhe burg fetarë vajzat dhe gratë muslimane afgane.

Talebanët, erdhën në pushtet me forcën e armëve dhe jo me vota demokratike. Si mund t'i kërkosh shtetëve të botës së tretë të pazhvilluara si Shqipëria dhe Kosova etj., të ecin drejt rrugës së vërtetë demokratike, kur libe-ralët e Britanisë së Madhe dhe socialkomunistit Joe Biden në SHBA duan të njohin talebanët në një kohë që ata vetë qëndruan së bashku në një dhogore lufte për 20 vjet, kundër terroristëve taleban në Afganistan!?

"Demokratët" amerikanë trushpërlarë të Joe Biden dhe Nancy Pelosi-t, kanë lënë apo braktisur fatkeqsisht në shkretëtirat e Afganistanit mbi 50,000 qytetarë kontraktorë dhe mijëra familje amerikane. Ato janë sot në duart e talebanëve Al Qaides, ISIS etj.

Fëmijët amerikanë, vajzat amerikane, gratë amerikane dhe prinderit e tyre, janë nën kërcënimin e vazhdueshëm me vdekje nga talebanët, sepse Joe Biden-it iu mbush mendja të largoj më parë ushtrinë amerikane se sa qytetarët amerikanë nga vendi i pasigurtë, që ka gjeneruar vazhdimisht konflikte të ndryshme me lutra dominuese fetare islame dhe civile.

Ky është rasti me i turpshëm, në të gjithë historinë e lavdishme të SHBA-së, e cila përbën trathtinë më të madhe kombëtare të Joe Biden-it, i cili e vë vendin në risk për Sigurinë Kombëtare, duke i ekspozuar kudo në botë.

Gënjeshtrat e njëpasnjëshme të administratës Biden, nuk kanë të sosur. Rrenë mbas rrene, ai nuk mban mend rrenat e mëparshme. Ata po gënjejnë edhe aleatët e NATO-s, të cilët me këtë tërheqje të papritur nga Afganistani, i lanë në baltë e i ekspozuan keqas dhe të pasigurtë para rrezikut të terror-istëve radikal islamik talebanë, ISIS dhe Al Qaides, që veprojnë në Afganistan, të cilët kohët e fundit janë zgjeruar në numër dhe armatosur me armët më moderne në botë, me një vlerë astronomike mbi 85 bilion dollarë. Kjo falë bu-jarisë së madhe të Joe Biden. *Talebanët e zgjuar, përfituan menjëherë taktikisht dhe politikisht nga pa-aftësia mendore diplomatike e tij.*

Për të justifikuar vetën Biden dhe regjimi rrencak, thotë se "afganët" po dergohen në Kosovë për verifikim të mëtejshëm. Këtu në SHBA dhe atje në Kosovë dhe Shqipëri kushdo e kupton lehtësisht gënjeshtrën e radhës të tij, me hedhje pluhur syve naivëve amerikanë dhe shqiptarëve, që i puthin dorën dhe b... gjithkujt vetëm për pak dukje, krekosje dhe levdatë.

Sherbimet sekrete të zbulimit në Shqipëri dhe Kosovë, disa vite më parë, nuk ishin në gjendje të zbulonin ose të parandalonin shkuarjen e qindra dhe mijëra radikalë islamikë shqiptarë për kalifat, në luftrat apo xhihadin islamik, që u zhvilluan në Irak dhe Siri (duke arritur të integrohen shpejt në kupolat e krimit të ISIS dhe Al Qaides), të cilët nga ekstremistët atje u përdoren si mish për top, të ndihmuar vëllazërisht dhe flamurtari i islamit politik Presidenti Taip Rexhep Erdoganit dhe shteti "vëlla" islam turk.

Këto dy shtete shqipfolëse muslimane, nuk kanë aftësinë për të zbuluar dhe informuar sikurse SHBA-ja, por është e kundërta, sepse gjithnjë Amerika dhe agjencitë e zbulimit të saj si CIA etj., kanë informuar Shqipërinë dhe Kosovën e varfër, për rekrutët e shumtë muslimanë shqiptarë me gjithë familjet e tyre, që u bënë mish për top si ushtarë xhihadist, për llogari të ISIS, Al Qaides etj.

Si mund t'i verifikojnë, zbulojnë apo investigojnë "agjentët" sekretë të zbulimit shqiptarë në Kosovë apo Shqipëri "afganët", që vijnë në Prishtinë apo Tiranë, kur ata nuk kanë aftësi logjistike, shkollën, teknologjinë e zbulimit, specialistë, përkthyes profesionistë të kodeve terroriste, fonde… për të kryer këtë detyrë.

Të gjithë e dijnë, se sa të besueshëm janë agjentët "sekretë" kosovarë dhe vetë ish Ministri i Brendshëm (në kohën e ish Kryeministrit **Ramush Haradinaj**), i cili, me pabesi tipike arnaute i dergoj të paketuar me aeroplan 4 turq kundërshtarë të diktatorit radikal islamik turk **Erdoganit**. E ata turq apo vëllezër të kosovarëve nuk ishin asnjeri terroristë, por të gjithë mësues në shkollat private fetare me administrate islame turke.

Kjo situatë e frikës dhe krizës së thellë me pa-aftësi diplomatike amerikane, nuk u krijua nga Shqipëria dhe Kosova, por nga vetë regjimi Biden, Sekretari i Shtetit, Sekretari i Mbrojtës dhe gjeneralët e ushtrisë, që ndodheshin në Afganistan dhe drejtuesit strategjik në Pentagon.

Fatkeqsisht, të dy kryeninistrat turkoshak, u vendosën në ato poste të larta respektive me nderhyrjen direkte ambasadorëve amerikanë të regjimit O-Biden 3 dhe propaganda e shfrenuar të Sekretarit të Shtetit **Tony Blinken**, i cili, nxiti dhe lejoi veprimet e jashtëligjshme të ambasadores komuniste në Shqipëri **Yuri Kim**, të mbyll sytë, para masakrës elektorale në Shqipëri më 25 prill 2021 dhe në vendin e tij (SHBA), në zgjedhjet e vjedhura dhe manipuluara presidenciale më 3 nëntor të vitit 2020.

Të gjithë këto "refugjatë" shumica burra dhe të rinj, të aftë për luftë, kishin braktisur frontin e luftës liridashëse, për të mbrojtur Atdheun e tyre në Irak dhe Siri. Ata vinin nga shtetet muslimane, që ishin në konflikte me njeri-tjetrin, për dominim fetarë radikal islam, ku u krijua dhe veproi Shteti Islamik i ISIS (krijuar në kohën e Presidencës Obama-Biden 1 dhe 2), i cili u zhduk nga faqja e dheut apo shkatërrua vetëm nga merita e patriotit republikan Presidentit Donald J. Trump.

Nga ana e tjetër është fakt historik, se asnjë nga "refugjatëy" muslimanë tranzit, nuk pranoi të qëndroi dhe jetoi në vendet e varfëra të botës së tretë si Shqipëria apo Kosova edhe pse aty ndodheshin vëllezërit dhe motrat e tyre të besimit islam.

Sot për sot Amerika e drejtuar fatkeqsisht nga dyshja deshtake historike Obama-Biden 3, është kthyer në shtet policorë ndërkombëtar, e cila do që Shqipëria dhe Kosova të mbulojnë me gjethe fiku gabimet trashanike politike të regjimit të papërgjeshëm të tyre.

Biden nuk e duan as prindërit
e 13 Ushtarëve Heronj të vrarë në Kabul

Imagjinoni Biden, që vetëquhet si Komandat i Përgjithshëm i Ushtrisë së SHBA-së dhe prindërit e ushtarëve amerikanë të vrarë mizorisht në Kabul, nuk e duan dhe respektojnë atë. *Ata e akuzojnë drejtpërdrejtë komandantin e fëmijëve të tyre, se i ka duart e lyer me gjakun e djemëve e vajzave heronj amerikanë. Po të ishte Presidenti Trump në Shtëpinë e Bardhë, të gjithë 13 ushtarët amerikanë do të ishin kthyer shëndosh e mirë pranë shtëpive të tyre, duke përmbushur me sukses misionin ushtarak.*

Media e majtë globaliste botërore, amerikane me Big Tech dhe shqipfolëse, vazhdojnë të gënjëjnë pa pushim si makinë e madhe e komanduar robotike propagandistike në mbrojtje të politikave idiote të O-Biden 3.

Ata nuk treguan asnjëherë të vërtetën e hidhur për Biden, se këto ditë nënat zermërthyer të 13 ushtarëve amerikanë, refuzuan hapur me neveri të takohen me komandatin Fake Joe Biden në Shtëpinë e Bardhë.

Populli amerikanë i kujton dhe nderon vazhdimisht me respekt 13 heronjtë e tij:
Marine Corps Lance Cpl. David Espinoza, 20, of Rio Bravo, Tex.
Marine Corps Sgt. Nicole Gee, 23, of Roseville, Calif.
Marine Corps Staff Sgt. Darin Taylor Hoover, 31, of Utah.
Army Staff Sgt. Ryan Knauss, 23, of Corryton, Tenn.
Marine Corps Cpl. Hunter Lopez, 22, of Indio, Calif.
Marine Corps Lance Cpl. Rylee McCollum, 20, Jackson, Wyo.
Marine Corps Lance Cpl. Dylan R. Merola, 20, of Rancho Cucamonga, Calif.
Marine Corps Lance Cpl. Kareem Nikoui, 20, of Norco, Calif.
Marine Corps Cpl. Daegan William-Tyeler Page, 23, of Omaha.
Marine Corps Sgt. Johanny Rosario, 25, Lawrence, Mass.
Marine Corps Cpl. Humberto Sanchez, 22, Logansport, Ind.
Marine Corps Lance Cpl. Jared Schmitz, 20, of Wentzville, Mo.
Navy Hospital Corpsman Max Soviak, 22, of Berlin Heights, Ohio
Këto nëna fisnike me kurajo amerikane e akuzuan direkt dhe hapur të ashtëquajturin komandanin e forcave të armatosura të SHBA-së komunistin Biden, përmes rrjetëve sociale dhe kanaleve televizive konservatore, si: *Newsmax, One American News, InfoWars, Fox News, FrankSpeech TV* etj., duke thënë me lot dhimbjeje ndër sy se: *Biden i ka duart e lyer me gjakun e femijëve të tyre të pafajshëm.*

Këtë akuzë e bënë hapur edhe shumë senatorë dhe kongresmënë amerikanë. Populli amerikanë, në rrjetet sociale dhe media të pavarura, vazhdimisht në opinionet e tyre po e vëjnë pikën mbi plag, se *Joe Biden i ka duart e lyer me gjakun e ushtarëve amerikanë dhe të 180 afganëve të pafajshëm,* që u masakruan barbarisht nga kamikazët talebanë, në bashkëpunim me terroristët radikal islamik të ISIS dhe Al Qaiden.

Për më tepër, babai ushtarakut apo djalit 20-vjeçarë, të vrarë mizorisht nga nje kamikaz në Kabul javën e kaluar, ka refuzur hapur t'a takoj Biden.

Dy krahasime: Një ushtar hero dhe një kriminel drogaxhi

Në mediat amerikane këto ditë, kanë qarkulluar dy foto të ngjitura me mesazhe të kundërta. I pari ishte **Geroge Floyd,** *një ish drogaxhi dhe kriminel, që është futur në burg për shitje droge, dhe sepse ka kërcënuar me armë për grabitje një grua shtatëzëne etj.,* kurse në një tjetër foto prekëse *Marine Corps Lance Cpl. Dylan R. Merola, 20, nga California.* paraqitet një ushtar **Hero të Ushtrisë Amerikane**, *i cili, u vra në Kabul nga një shpërthim eksploziv terrorist i kamikazëve, të organizuar nga talebanët, ISIS dhe Al Qaida.*

Floyd u kthye në simbol fallco propagandistik nga BLM, partia demokratike, Obama, Hillary, Pelosi, Biden, Harris, media e majtë globaliste socialkomuniste dhe ekipi i fushatës elektorale brenda kampit marksist të Biden-it etj. Për Floyd, sot janë shkruar libra me gënjeshtra të turpshme, janë ngritur me qindra permendore e buste fallco dhe shumë rrugë kanë marrë emrin e tij apo janë zhgarravitur me ngjyrë të verdhë BLM, pa marrë *Referendum,* pelqimin e komuniteteve përreth, të cilët nuk e dijnë se kush ishte ai, por kanë parët flakët e vëna kudo në shumë shtete të SHBA-së nga vandalistët, marksistët e anarkistët e BLM dhe Antifës.

Absurdi dhe hipokrizia, ka arritur kulmin në SHBA. Figura e tij është kriminale dhe kontraversale dhe aspak e denjë për t'i vendosur në kokë kurorën e shenjtit, sikurse po ndodh në shumë piktura murale kushtuar atij në disa shtete…

Edhe në Kampionatin Europian të Futbollit për meshkuj dhe femra (2020) dhe në Kampionatin Botërorë të Futbollit (Qatar, Nëntor-Dhjetor 2022), pa asnjë lidhje me sportin, shumë ekipe u ulen në gjunjë, në nderim të organizatës marksiste-anarkiste-globalist dhe në sfond të shkallëve të stadiumeve ishte e shkruar BLM, duke politizuar sportin e bukur mbarëbotëror.

Disa lojtarë të ekipit Kombëtar të Futbollit për Femra të SHBA-së, gjatë Lojërave Olimpike në Tokio 2020, u ulen në gjunjë në shenj nderimi, për levizjen marksiste anarkiste BLM dhe u ulen paturpsisht në gjunj gjithashtu, kur po intepretohej Himni i Flamurit Amerikan.[47]

---

[47] **Owens details shocking documentary exposing Black Lives Matter funding** Oct 12, 2022

Hipokrizia e tyre e turpshme është e dukshme, sepse ato me këto veprime fyese të pjesës më të madhe të popullit amerikanë, shprehen publikisht pik-pamjet e tyre personale politike në sportin e futbollit ndërkombëtarë me fla-murin amerikanë në emër të popullit amerikanë, kur dihet se BLM, nuk përfaqson pjesën e madhe të popullit amerikanë, por vetë një organizatë pri-vate apo grupim politik anarchist-marksist, që në portestat e tyre të dhunshme dogjën edhe flamurin amerikan. Asnjë nga këto futbollistë, nuk kritikoi djegien e shumë qytetëve dhe shtetëve të SHBA-së, në pranverë dhe verë të vitit 2020 nga këto vandalistë dhe anarkistë-marksistë.

E njejta gjë ndodhi edhe në garat e Futbollit Amerikan. Sportdashësit në shenjë zemërimi braktisen masivisht stadiumet, në vitin 2019-2020 dhe në rrjetet sociale ato tregonin videot, duke djegur biletat, simbolet dhe veshjet e ekipeve të tyre të zemrës, që po ngatëronin sportin me politikën raciste anark-iste-marksiste të BLM.

*Mallkimi i tifozëve, u duk edhe nga sondazhet e shitjes se biletave dhe shikuesh-mërisë të ndeshjeve direkte në kanalin sportiv **ESPN**, e cila pësoi rënie drastike me biliona dollarë humbje vjetore.*

Në një ditë me kohë të keqe me stuhi në një shtet, rrufeja ra mbi pikturën murale ndërtuar me tulla me ngjyra, kushtuar idhullit të rrejshëm me kurorë "shenjtit" George Floyd, duke e shkatërruar atë plotësisht. Lajmi i mirë bëri bujë dhe u perhaps si rrufeja, duke bërë xhiro në të gjithë mediat botërore, edhe pse Big Tech, Big Media etj., u munduan t'a minimizojnë dhe censurojnë zemërimin e drejtë të Zotit dhe po-pullit ameirkanë. Zoti vonon, por nuk harron!

Kjo foto ndodhet kudo e shpërndarë në shumë gazeta amerikane, website, rrjetet sociale, që u zunë ngusht nga kjo suprizë e këndshme dhe e pagabueshme e Zotit. Facebook, Twitter, Google, YouTube, u munduan të censurojnë, por pa sukses, sepse nuk mbulohet Dielli me shoshë. ***Zoti, është i madh dhe nuk harron kollaj, abuzimin që po bëhet në emër të Tij.***

Floyd u frye dhe ekzagjeruar si tullumbacë me shumë gënjeshtra dhe tril-lime absurde nga media e majtë socialiste globaliste, Big Tech, kongresmenët dhe senatorët e majtë "demokratë" këtu.

Biden, ka qenë mbeshtetës i Floyd dhe është ulur në gjunjë (pas vdekjes së tij nga influenca e drogave në trup), në kohën e protestave të dhunshme anarkiste-marksiste të BLM dhe Antifës, që po djeginin pa mëshirë Amerikën dhe rrëzonin simbolet kombëtare presidenciale, djeginin flamuirn amerikanë etj., në verën e vitit 2020. Biden ka qenë gjithnjë kundër policisë dhe në mbështetje të anarkistëve-marksistë, që dogjen flamurin dhe qytetet e shtetëve

---

Candace Owens joined 'Tucker Carlson Tonight' to discuss her new documentary and how BLM leaders allegedly spent millions from donations on luxury houses. https://www.youtube.com/watch?v=5JfMiXbVH4U

amerikane.

Gjithashtu historikisht me prova dhe fakte Joe Biden ka qenë gjithnjë kundër forcave të rendit, rojeve të kufirit, agjentëve të policisë, që arrestojnë emigrantët e jashtëligjshëm, kriminelët, antarët e organizatës kriminale MS-13, kundër ndërtimit të murit me Meksikën etj.

George Floyd vdiq, ndërsa ishte i ngarkuar me drogë në trup, menjëherë pasi kreu një krim, u arrestua 9 herë dhe drejtoi armën e zjarrit një gruaje shtatëzane me ngjyrë afrikano-amerikane, ndërsa ai dhe miqtë e tij e grabitën pasi e futën me forcë në shtëpinë e saj. Ai qëndroi i denuar 5 vjet në burg, për një krim të shkallës së parë dhe disa qëndrime të tjera në burg për drogë në kohë të ndryshme.

Ushtari hero amerikan, *ishte një martir 20-vjeçar, që i shërbente vendit të tij, i sapomartuar dhe do të bëhej baba brenda pak javësh. Ai ishte duke i shërbyer vendit të tij, duke ndihmuar afganët dhe të tjerët të arrijnë sigurinë jetësore, për t'u larguar nga Kabuli drejt SHBA-së. Ai aspironte të ishte mësues i historisë dhe trajner i sportit të mundjes.*

Së fundi, George ***Floyd mori 27,000,000 dollarë në një padi vdekje të gabuar, dhe një tjetër në shumën $13,000,000.***

Ushtari hero amerikan nuk mori asgjë cent, për jetën e dhënë si Hero për vendin e tij.

Fyerja e Biden-it, ndaj tij ishte e madhe, kur trupi i të ndjerit po vinte në aeroportin ushtarak i mbuluar me flamurin amerikan, ai si komandant i ushtrisë amerikane po shikonte orën e tij, se u vonua të ikte nga ceremonia e nderimit të 13 ushtarëve heronj amerikanë. Kjo fyerje publike do të mbahet mend gjatë, në kujtesën e trazuar të prinderve të 13 heronjve dhe popullit amerikanë.

FSHEHJA E LAPTOPIT TË HUNTER BIDEN NDËRLIKON SHTYRJEN E SHTËPISË SË BARDHË TË LUFTËS KUNDËR KORRUPSIONIT NË SHBA DHE BOTË

"Megjithatë ka dëshmi se aktivitetet e familjes Biden ndër vite kanë paraqitur rregullisht një pamje të tillë. Larg shqetësimeve etike në lidhje me zbardhjen e Hunter Biden, rasti për shqyrtim vetëm bëhet më i forte, kur shikohet në kontekstin e plotë të historisë së familjes dhe në dritën e ngjarjeve, që kanë ndodhur që nga Dita e Zgjedhjeve 3 nëntor 2020... Por në dekadat e fundit, anëtarët e Familjes së Parë, përfshirë Hunter Biden, kanë hyrë vazhdimisht në marrëdhënie financiare me njerëz që kanë interes të ndikojnë tek i afërmi i tyre i fuqishëm (Joe Biden), përfshirë marrjen e huave nga lobistët; duke kërkuar biznes nga grupet e punës, marrja e një pune në një bankë, që mbështetej në mbështetjen e Joe Biden, për të miratuar një ligj personal të falimentimit, të urryer nga "progresistët" dhe natyrisht, duke u ulur në bordin e një kompanie energjetike ukrainase, Burisma, e cila u përball me akuzat për korrupsion, edhe pse Biden "drejtoi" përpjekjet fallco amerikane kundër korrupsionit në Ukrainë. Prokurori i Ukrainës kundër korrupsionit Nazar Kholodnytsky, i majtë dhe shefi i zyrës kombëtare të anti-korrupsionit Artem Sytnik në një konferencë në Kiev në qershor të vitit 2020, thonë se ata kanë përgjuar një përpjekje ryshfeti prej 6 milionë dollarësh, për të hequr dorë nga një hetim penal kundër kreut të Burisma, kompani e gazit natyrorë, ku Hunter Biden mbante një vend të rëndsishëm në bord." - **Elizabeth Weiberg, The New York Times**

"Kur The New York Post publikoi artikullin e tyre, një individ i quajtur Andy Stone ndërhyri. ... Dhe e hodhi poshtë modelin e fakteve. Gjëja interesante me këtë, Tucker, është se Andy Stone nuk më ka arritur (takuar) kurrë. Ai kurrë nuk i thirri avokatët e mi. Adresa ime e emailit ishte aty. Unë jam i lehtë për t'u mbajtur. Facebook, kurrë nuk më kontaktoi dhe më tha, hej, Toni ne e shohim këtë email që sapo e publikoi The New York Post, a është i vërtetë!? Mund të na dërgoni emailin? Unë brenda pesë minutave, ua kisha dërguar e-mailet nëse Twitter, Facebook, apo dikush tjetër do të më kishte kontaktuar, unë do ta kisha ofruar emailin. Sot të gjithë duan të flasin për datat, oh, emailet që prodhohen nuk kanë asnjë të dhënë, e unë do t'i kisha dhënë atyre të dhënat që janë me faqe të gjata

*në atë email që publikoi The New York Post.***" - Tony Bobulinski,** Fox News **Channel** *"Tucker Carlson Tonight"*

Një vit më vonë, raportimi i gazet*ës New York Post*, mbi djalin e Joe Biden si njeriu më i korruptuar në botë Hunter Biden është i justifikuar, por ende i pavarrosur e i pa ekspozuar nga media e majtë globaliste amerikane. Ish Sekretarja e Shtëpisë së Bardhë për Shtypin Jen Psaki, është e mërzitur nga pyetjet me spec, që disa gazetarë të pavarura bëjnë për *laptopet e djalit të vogël të Joe Biden "bisnesmenit" Hunter Biden.*[48] [49]

Turpi më i madh, është kur vetë Shtëpia e Bardhë, me në krye Joe Biden dhe Kamala Harris ngrejnë duart dhe supet lart prej pyetjeve të reja mbi mashtrimin e *"artit"* të Hunter Biden dhe **laptopet e tij,** që janë në duart e DOJ dhe FBI, të cilat po heshtin, me paramendim, duke mos treguar se çfarë përmbajnë ato. *Në SHBA media është e vdekur, sepse është kapur me dy duar peng nga mafia politike dhe Big Tech, që bëjnë ligjin këtu.*

Për fat të mirë të amerikanëve, një memorie e kompiuterit të parë, që përmban materiale shumë sensitive dhe serioze kompromentuese të Hunter Biden, ka ra në duart e avokatit konservator **Rudy Giuliani**, ish Kryetarit të Bashkisë së New York City, avokatit aktual personal të **Presidentit Donald J. Trump,** po trondit gjithë SHBA dhe botën, edhe pse *Big Media vazhdon të fshehin të vërteta dhe korrupsionin më të madh të shekullit, që ndodhet në Shtëpinë e Bardhë.*[50]

Nga ana e tjetër, media e pavarur dhe e kontrolluar nga rregjimi komunist Biden, tregojnë se *galeria e artit e Hunter Biden mori $500,000 hua nga qeveria federale për Covid-19, tregojnë mbi këto të dhëna.*[51]

Media qeveritare, si: CNN, The New York Times, Washington Post, Daily News, Boston Globe dhe Big Tech, Facebook, Twitter, Google, YouTube, AOL, Yahoo, etj., përhapin lajme të rreme mbi atë se çfarë përmbajnë laptopet e djalit të Joe Biden, i vetëquajturi *"bisnesmen" Hunter Biden, se ato janë "materiale të hakuara", "dezinformim rus", "të pabazuara"* etj.[52]

---

[48] Kapinova, Klajd: **"Presidenti Trump dhe keneta globaliste"**, (Refleksione) New York, 2021 Shih www.amazon.com & www.barnesandnoble.com

[49] 'Hunter Biden Stood To Gain Millions': GOP Lawmaker Details Hunter Biden's Deals While Dad Was VP https://www.youtube.com/watch?v=0P54O0W-RSA

[50] Congress ERUPTS as Brave Congressman Plays Video Evidence Exposing who controls Joe Biden. Congress ERUPTS as Brave Congressman Plays Video https://www.youtube.com/watch?v=4ljk-2b5WzYEvidence Exposing who controls Joe Biden BIDEN IS FINISHED! The Evidence Against Joe Biden On The Hard Drive Is STRONGER Than Against Hunter:

[51] BREAKING: Jim Jordan Explodes Over Hunter Biden During Hearing: 'This Is As Real As It Gets!' https://www.youtube.com/watch?v=-yDutAW0As4

[52] Here's why House GOP members are skeptical of Hunter Biden investigation. **California**

Një vit më parë, gazeta **New York Post**, zbuloi se laptopi i parë i braktisur nga Hunter Biden, tregoi se Joe Biden *u provua, se kishte ndikim në bisnesin e djalit të tij* (se **Big Guy, që vjelte rregullisht 10% e të ardhurave financiare**), *duke shkelur hapur ligjet e shtetit dhe Kushtetutës amerikane, ndërsa babai i tij Joseph Biden Junior shërbente si zv/President i SHBA-së (2008-2016) dhe tani kryetar shteti.*[53]

E-mailet e publikuara herë pas herë nga mediat e pavarura amerikane, angleze dhe australiane, kanë treguar se Joe Biden i korruptuar ishte në dijeni të plotë për bisnesin e djalit të tij Hunter Biden dhe e ndihmonte atë në rrugë dhe forma të ndryshme, duke e marrë shpesh edhe në bordin e aeroplanin e tij zyrtar.[54]

Ky është një konflikt i hapur i interest dhe shkelje të ligjit e Kushtetutes amerikane, që nëse fillon investigimi ai mund të shkarkohet menjëherë dhe të dënohet edhe me burg, për shkelje me ndërgjegje të ligjit.[55]

Megjithatë, shumica e mediave të tjera e trajtuan vetë historinë si skandal, duke raportuar vetëm për pretendime të paqarta, që kërkonin ta minonin atë në vend që të nxitonin (*siç do të bënin me histerizëm të paparë kundër Presidentit Donald J. Trump*) për t'a treguar atë vetë.

Një vit më parë dhe deri në ditët tona, në mënyrë sistematike manipulative dhe të gënjeshtër FBI, Big Tech dhe më së shumti Twitter, Facebook, YouTube, Google, nxituan t'a bllokojnë atë, duke mbledhur informacion jetësor edhe kur SHBA mbaroi procesin e votimit mbas 3 nëntorit 2020. *Për këtë ata bashkëpunonin ngushtë me FBI, gjë që u zbulua në vitin 2022 nga vetë bossi i Fakebook-ut.*

Këto media të korruptuara dhe Big Tech, paturpsisht bënë fushatë elektorale të sinkronizuar me familjen Biden, duke i fshehur me paramendim popullit amerikanë të vërtetën mbi laptopin e parë dhe të tjera të Hunter Biden.[56]

Rep. Darrell Issa **joins 'The Evening Edit' to discuss why a federal probe into Hunter Biden's overseas business dealings may have been blocked. https://www.youtube.com/watch?v=JJrHvNFxD-E**

[53] **'Does Anyone... Dispute Our Allegations That Hunter Biden Was Influence Peddling?': GOP Rep** At a House Oversight Committee hearing last week, Rep. James Comer (R-KY) spoke about Hunter Biden.
https://www.youtube.com /watch?v=pGUocp8x5Lg&t=29s

[54] **Jesse Watters: Meet the alleged Chinese spy who worked for Hunter Biden.** 'The Permanent Coup' author, Lee Smith reacts to an email revealing Hunter Biden's communication with a Chinese spy on 'Jesse Watters Primetime.' https://www.youtube.com/watch?v=_RU14B0NyPs

[55] **Sean Hannity 10/18/22 FULL HD | BREAKING FOX NEWS October 18,2022**
https://www.youtube.com/watch?v=BxkkP156_C4

[56] **'Is He Corrupt Or Not?': GOP Lawmaker Hammers Joe Biden And Hunter Biden Over Business Dealings.** At a House Oversight Committee hearing last week, **Rep. Pat Fallon (R-TX)** spoke about Hunter Biden. https://www.youtube.com/watch?v=Z8zh0MWoAqM

Gjatë një interviste të transmetuar në kanalin Fox News Channel "Tucker Carlson Tonight", ish-bashkëpunëtori i biznesit të Hunter Biden, deklaroi se nëse Facebook, Twitter ose dikush tjetër do të kishte kontaktuar me te, për të verifikuar **Tony Bobulinski** vërtetësinë e e-maileve të dërguara atij nga historia e laptopit Hunter Biden e New York Post, ai menjëherë do t'a kishte treguar e-mailin, me të dhënat të sakta, brenda pak minutash, por askush nuk e bëri verifikim të fakteve.

Në fakt rrjeti social më i madh komunist globalist Facebook, ka qenë "media", që ka gënjyer sistematikisht dhe ka çensuruar përdoruesit e tij sa herë që përmendej korrupsioni i familjes Biden dhe emëri i Joe dhe Hunter Biden etj.

Ai dhe FBI, kanë punuar së bashku deri në ditët tona, për fshehur dhe mohuar ekzistencën e laptopit të Hunter Biden. Ato me hezitimin e tyre qysh nga viti 2019 janë bërë pjesë e mbulimit të krimit financiarë etj., për të cilën po hetohet sot "engjelli" Hunter Biden.

Megjithëse kompanitë e mëdha të mediave dhe Big Tech edhe pas publikimit të vazhdueshëm të majës se ajzbergut korruptiv apo së fundi të disa materialëve sensitive dhe korruptive të hapura mbi familjen Biden dhe Hunter Biden, (kryesisht) kanë pushuar së pretenduari se **kemi gabuar.**[57]

Shumica e mediave, ende nuk i përmendin këto zbulime edhe në historitë kur ato janë shumë të rëndësishme, siç është grindja e vazhdueshme e shfaqjes artistike të Hunter-it, e cila duket një përpjekje e hapur për të kërkuar fonde nga ata që shpresojnë të fitojnë vullnetin e mirë të presidentit Trump.

Biden ka përfunduar! Provat kundër tij në hard disk janë më të forta se kundër Hunter Biden

Sipas New York Times, CNN, dhe madje edhe *Washington Post pa vlerë të Jeff Bezos*, laptopi i Hunter Biden është bërë një çështje serioze lajmesh. Fakti që ata pritën më shumë se një vit e gjysmë pas zgjedhjeve të vitit 2020, për të ekspozuar detaje, që askush nuk mendon se i dinte, që në fillim është tipik për faqet e lajmeve të dezinformatave të majta.

Ata donin të ndihmonin Joe Biden të mposhte me hile Presidentin Donald J. Trump. Misioni u realizua. Gjatë një paraqitjeje në The War Room me Steve

---

[57] **Bobulinski: I Would Have Verified Hunter Laptop Story 'Within Five Minutes' if Anyone from Facebook, Twitter Reached Out**
https://www.breitbart.com/clips/2022/10/04/bobulinski-i-would-have-verified-hunter-laptop-story-within-five-minutes-if-anyone-from-facebook-twitter-reached-out/?fbclid=IwAR3RzMKmzDQFGhnlOMtxB22otAbX0KQ0wpddc6Ijpdmh1i8jcCJSkQVUYN4

Bannon, Rudy Giuliani theksoi *zgjimin e mediave në atë që të gjithë në të djathtët konservatorë e dinim qysh nga tetori i vitit 2020.*

Në vend të një hetimi të rëndë penal të merituar, Katie Hobbs do të kandidoj për guvernatore të Arizonës, që është proçedura e zakonshme për mënyrën se si demokratët mbulojnë gjithçka.

Kur Giuliani i kërkoi Bannon-it të hetonte një artikull të caktuar të gjetur në laptopin e Hunter Biden, Bannon raportoi se ai ishte afërsisht 6 minuta në të kur ai bërtiti: *"I shenjtë, mo ... ah!"* ... *"Kjo është e mrekullueshme, Rudy,"* u përgjigja. ... *"Më habiti."* tha Bannon. *"Rudy, kjo është çështja ime. "Çfarë ju bën hero?"*

Kjo kurrësesi nuk do të kishte ndodhur, nëse Rudy Giuliani nuk do të kishte ardhur ose nëse pronari i firmës (dyqan për riparimin e kompjuterëve) nuk do të kishte thënë, 'Rudy Giuliani, është një njeri me integritet.' Rudy Giuliani është një luftëtar dhe një luftëtar i pamposhtur. "Dhe Rudy Giuliani solli ekspertë në çdo fushë," tha ai.

Për pornografitë, situatën e fëmijëve dhe përfitimet e ndryshme, ai pyeti për Partinë Komuniste Kineze dhe aktivitetet e saj." Më pas ai mori New York Post dhe ekipin e tij fantastik, veçanërisht avokatët dhe teknikët, për t'a konfirmuar këtë.

"Çfarë thotë për kriminelët e paligjshëm, që qeverisin këtë vend?" Steven Banon më pas mori në pyetje Giulianin.

"Dua të them, ne jemi një komb i korruptuar," vuri në dukje Rudy. *Është një gjë e tmerrshme, të thuash këtë për vendin tonë. Jo të gjithë janë të tronditur, por shumë prej nesh janë. Megjithatë, ne dominohemi nga hajdutët. Ashtu si Silicon Valley, media është bashkëfajtore dhe pjesë e mbulimit me vetëdije të krimit. Është njësoj pothuajse, sikur ata po komplotojnë diçka negative. Ata i kufizojnë njerëzit, sepse administrata e Biden ose Partia Demokratike i bëjnë presion për t'a bërë këtë, ose e bëjnë sepse mbështesin të majtën e tyre. Për mua ata janë socialistë, komunistë dhe mashtrues."*

Avokati i famshëm, ish prokurori dhe ish Kryetar i Bashkisë së New York City për 8 vjet Rudy Giuliani, i është bashkuar ndërhyrjes zgjedhore në mediat sociale dhe në mediat kryesore. *"Ata luftuan shumë për të mbajtur Presidentin Donald J. Trump jashtë fitores, sepse ai do të rrezikonte planet e tyre."*

Ai do të ekspozonte mashtrimin më të madh që ka ndodhur në vendin tone ndonjëherë. Shikoni, disa njerëz fitojnë miliona dollarë, ndërsa të tjerët fitojnë miliarda. Koronavirusi kinez kushton miliarda dollarë.

Pra, ne po flasim për shumë më tepër para se sa ju dhe unë mund të kisha parashikuar pesë vjet më parë, kur diskutuam për gjendjen e thellë të keqe ku është zhytur vendi ynë. Është shumë më e thellë. Është shumë më e rrezikshme. Kjo situatë tragjike e bën Mafian të duket e parëndësishme.

Pse nuk ia dorëzova hard disk-un e Hunter Biden *New York Times ose Washington Post? Ata e demonstruan atë. Ata po vazhdojnë të mashtrojnë vazhdimisht non stop. Ata pretendojnë se nuk ka asnjë provë, për përfshirjen e Joe Biden.*

"Dëshmitë në hard diskun, kundër Joe Biden e tejkalojnë Hunter Biden."

Nuk kisha parë kurrë më parë prova të tilla. Në ditën e Krishtlindjes 2018, Hunter Biden përshkruan grupin kriminal të vajzës së tij. Ai e merr parasysh atë. *'Ju adhuroj të gjithëve, por jam i pavlerësuar.'* Shpresoj, që të gjithë të arrini atë që bëra dhe të paguani për këtë familje për 30 vitet e ardhshme. Eshte e veshtirë. *"Megjithatë, ndryshe nga Popi, unë nuk dua gjysmën e pagës suaj"*.

Raportimi i gazetës New York Post, për laptopin e Hunter Biden tashmë është konfirmuar

Më në fund dhe fatmirësisht një vit më vonë, raportimit të gazetës **New York Post**, për laptopin e Hunter Biden, është justifikuar se tashmë është origjinal kompiuteri i tij. Sërisht edhe sot Big Tech dhe Big Media, fatkeqsisht nuk kishin dhe nuk kanë ende sot asnjë justifikim të mirë për çensurën e tyre pro partiake demokrate, mediatike dhe në rrjetet sociale. *Asnjëherë 12 muaj më parë dhe deri më sot vetë* **Biden** *nuk kanë kundërshtuar asnjëherë faktet e forta, të raportimit të gazetës presigjioze të përditshme* **NYP**.

Sipas agjencive të ndryshme të lajmeve dhe gazetave presigjioze amerikane, britanike dhe australiane, me kërkesën e djalit të tij zv/Presidenti i SHBA-së, vetë asokohe zv/Presidenti I SHBA-së Joseph Joe Biden Jr. u takua miqësisht për bisnes me **Vadym Pozharskyi**, një këshilltar i firmës energjetike (gaznxjerrëse) ukrainase Burisma, e cila punësoi Hunter Biden si anëtar të bordit të lartë eksekutiv, të paguar shumë mirë nga $80,000 deri në $120,000 në muaj dhe $1,500.000 në vit, pavarësisht mungesës së përvojës së tij zero në energji të Europës Lindore, mungesën e njohjes së gjuhës ukrahinase etj., etj.[58]

Zv/Presidenti Biden përfitoi nga një marrëveshje me një firmë kineze të lidhur me shtetin komunist

E-mailet e shumta të nxjerrë nga laptopi i Hunter Biden, sugjeronin se babai i tij do të përfitonte nga një marrëveshje me një firmë kineze të lidhur me shtetin. Kësisoj thuhet në përmbajtjen e tyre, se ndarja e aksioneve përfshinte

---

[58] 'Do You Agree That The Hunter Biden Laptop Was Not Russia Disinformation?': Blackburn Grills Wray. **At today's Senate Judiciary Committee hearing, Sen. Marsha Blackburn (R-TN) grilled FBI Director Christopher Wray. https://www.youtube.com/watch?v=ayjA31-0yPQ&t=10s**

*"10 të mbajtura nga **H** (Hunter, shënimi im K.K.) për djalin e madh"*, për të cilin ish-partneri i tij zoti **Tony Bobulinski** *konfirmoi se nënkuptonte Joe Biden asokohe zv/President i SHBA-s*ë.

Nga ana e tjetër, zoti Bobulinski doli në publik dhe ofroi të gjithë dokumentet, e-mailet, celularët e përdorur nga ai, kompiuterat, duke i vënë në dispozicion të publikut amerikan, mediave, Departamentit të Drejtësisë dhe FBI, sepse organizata të panumërta globaliste mashtruese të Big Tech dhe Big Media hodhën poshtë raportimin e gazetës New York Post si *"dezinformim rus"*. Ai dha disa intervista me fakte dhe prova interesante në kanalet televizive dhe radiot në SHBA-së mbi korrupsionin e familjes Biden.[59]

Tony Bobulinski *konfirmoi* se dinte që nuk ishte e vërtetë se çfarë po gënjejnë hapur Big Tech dhe Big Media globaliste e majtë socialkomuniste në Amerikë dhe botë dhe me ndershmëri dhe guxim qytetari të ndërshëm amerikan i vërtetoi e-mailet publikisht para mediave, të cilët filloi t'i botoi një nga një.[60]

Fatmirësisht, sot Big Tech dhe Big Media, po heshtin si zakonisht dhe nuk po kundërshtojnë më me histerizëm partiak, duke pranuar në shumë raste se laptopi original (*që tashmë është në duart e FBI dhe DOJ (Departamentit të Drejtësisë së SHBA-së*)) është i djalit të Joe Biden zv/Presidentit të SHBA-së… dhe sot diktatori të ri socialkomunist, i vendosur fatkeqsisht nga media komuniste në Shtëpinë e Bardhë.[61]

Por nga ana e tjetër, këto media anti-amerikane të paskrupullta, asnjëherë nuk i kanë kërkuar falje publikut amerikanë dhe ndërkombëtarë, për gënjeshtrat dhe mashtrimet sistematike non stop, që kanë përhapur dhe botuar për 12 muaj deri më sot, në faqet e tyre tashmë të braktisur nga të gjithë amerikanët në internet.

Frekuentimi, reklamat dhe shitja e tyre ka rënë shumë deri në masën 70%, duke përbërë rekordin më të ulët që mbahet mend, për shumë dekada, në të gjithë historinë e mediave amerikane.

Por ky ishte justifikimi i dytë që ata provuan. E para është ajo se rrjeti social pro komunist Twitter përdori bllokimin e përdoruesve nga ndarja e historisë, si dhe mbylljen e llogarisë së **The Post** për javë të tëra, domethënë pretendimin

---

[59] Kapinova, Klajd: **"Presidenti Trump dhe keneta globaliste"**, (Refleksione) New York, 2021 Shih www.amazon.com & www.barnesandnoble.com

[60] **Watch Trump sends SH0CKWAVE to Biden after DIRTY 'censorship'…Hunter ADMITS crime.** Watch Trump sends SH0CKWAVE to Biden after DIRTY 'censorship'… Hunter ADMITS crime https://www.youtube.com/watch?v=RyG5B9qhMLs

[61] **Trump makes SH0CKING plot twist againts Biden with 'impeachment' for 'Hunter case' in 2022.** Trump makes SH0CKING plot twist againts Biden with 'impeachment' for 'Hunter case' in 2022 https://www.youtube.com/watch?v=JxzyryAZGV8

sepse gazeta pretigjioze njujorkeze New York Post ka përdorur *"materiale të hakuara"*!

Ish-CEO i Twitter Jack Dorsey, pranoi më në fund s e çensurimi i historisë ishte një "gabim total" i tij

Big Tech mashtruese dhe keqinformuese, u vu për 12 muaj para kritikave të forta nga populli amerikan, Senati dhe Kongresi Amerikan, për shkelje të përsëritura abusive të lirisë së shtypit, lirive dhe të drejtave të njeriut, çensurën dhe imponimin e politikave socialkomuniste globaliste popullit amerikan etj.

Kështu edhe në dëshminë para Kongresit dhe Senatit Amerikan, *Big Tech pranoi se kishte gabuar dhe kishte qenë e njëanshme politikisht pro partisë demokratike dhe pro kandidaturës së Biden*, por nuk kërkoj falje për këtë veprim anti-Kushtetutes, kur **dihet se Big Tech nuk janë agjenci informimi**, pra gazetarë karriere dhe **nuk njihet të liçensuara si të tilla në SHBA**.

> *"Jo, raportimi ynë, shpjegoi sesi gjithçka erdhi nga një laptop që Hunter e harroi në një dyqan riparimi kompjuterash, pronari i të cilit kështu fitoi të drejta të plota për kompjuterin e braktisur, skedarët dhe të gjitha materialet e shumta sensitive, që ishin brenda saj. As Biden nuk akuzoi The Post për hakim. Dhe CEO i Twitter Jack Dorsey, pranoi më ne fund, në një seancë Dëgjimore në Kongres se çensurimi i historisë ishte një "gabim total".*
>
> Komunisti globalist *Jack Dorsey kishte gënjyer hapur dhe në mënyrë sistematike popullin amerikan, duke përdorur rrjetin e tij social papagall Twitter, për të fshehur dhe stimuluar korrupsionin galopant të familjes Biden, deri sa ai e shiti kompaninë e tij propagandistike.* (**New York Post, 13 Tetor, 2021**)

Raportimi i saktë i Post, për skandalin e laptopit Hunter Biden, u injorua vazhdimisht kryesisht nga globalistët socialkomunistë të Big Media dhe Big Tech.

> *"Por ai (Joe Biden) nuk e bëri atë pranim deri në mars-maj, pas zgjedhjeve presidenciale të 3 nëntorit 2020. Të dhënat, tregojnë se në ditët pas raportit tonë tetor 2020, kërkimet për mënyrën e ndryshimit të një votimi të hershëm u rritën. Edhe pse mediat sociale u përpoqën të varrosnin historinë, për të cilën NPR e financuar nga taksapaguesit tha se nuk ia vlen të raportohet dhe u quajt "e diskredituar" disa lexues morën mallrat."*
> (**New York Post, 13 Tetor 2021**)

Kështu gazetarja invesitigave e çështjes së korrupsionit të familjes Biden dhe në veçanti të djalit të Joe Bidenit, Hunter Biden zonja **Miranda Devine** e gazetës The Post, *ka detajuar shumë histori të tjera tronditëse nga laptopi, me tekste që sugjeronin që Joe pagoi për qëndrimin e Hunter të ushqyer me drogë në Los Angeles, që kishte shërbimin sekret. Dhe ende Biden-ët nuk mohojnë asgjë, ndërsa mediat e tjera qëndrojnë të heshtura.*

Sot në 1-vjetorin e publikimit të skandalit të shekullit në SHBA, të familjes Biden dhe të djalit të tyre si aktori kryesor Hunter Biden, gazeta e përditshme New York Post shkruan: "Email-i i armëve të duhanit, zbulon sesi Hunter Biden e prezantoi biznesmenin ukrainas tek zëvendës Presidenti i SHBA-së që ishte babai i tij Joe Biden.

Revista **Politico**, *tani më në fund pranon se i kishim mallrat (materialet e korrupsionit, shënimi im K.K.), sepse reporteri i saj,* **Ben Schreckinger**, *mori konfirmimin "e pavarur" të disa prej e-maileve. Megjithatë, gati një vit pasi ishte konfirmuar tashmë nga njerëz si Bobulinski, The New York Times ende e quajti raportimin tonë "të pabazuar" edhe pse orë më vonë, ai fshiu në heshtje atë fjalë nga historia e tij."* (**New York Post, 13 Tetor 2021**)

Më përpara dhe tani Big Tech dhe Big Media, nuk vuajti kurrë nga çensura e saj e turpshme dhe vazhdon të çensurojë popullin amerikanë pa pushim.

Edhe pse nuk janë të liçensuara si media, që verifikojnë lajmet të hënën (më 11 Tetor 2021), për shembull, *Google pezulloi në mënyrë absurde (në kundërshtim me ligjet amerikane, për informimin dhe lirinë e fjalës dhe mendimit) llogarinë në* **YouTube** *të Projektit të Parimeve Amerikane,* për një video, duke argumentuar se "**Big Pharma dhe komuniteti mjekësor po përfitojnë nga njerëzit transgjinorë**"!

Ndërprerja e vazhdueshme e shtyp diskutimin e pyetjeve vitale, të tilla si: *A ka ndikuar ndikimi i Hunter-it jo vetëm në punën e Joe Biden si zv/President i SHBA-së asokohe (2008-2016), dhe sot në rregjimin komunist të presidencës së tij?*

Pse regjimi dhe vetë kryesocialisti Joe Biden është kaq ngurrues, për të hetuar origjinën e Covid-19 ose **virusit kinez**, *për t'i treguar të vertetën popullit amerikanë!?*

Edhe sot mediat e pavarura amerikane, kanë zbuluar shumë detaje të reja, se të gjithë e dijnë se *Hunter Biden ende nuk e ka shitur, siç ishte premtuar, aksionet e tij në firmën e lidhur me Pekinin komunist.*

Pse Biden nuk kritikon asnjëherë Republikën Komuniste të Kinës, për përhapjen e virusit Covid-19 dhe mbi rreth 700,000 të vdekur në SHBA nga virusi kinez, por hesht dhe vijon të bëj bisnes me ato që kanë favorizuar dhe dhënë miliona dollarë djalit të tij kur ai ishte zv/President i SHBA-së?

Sikurse dihet sot Big Media dhe Big Tech, nuk duan që ju të bëni pyetje të tilla. Mirëpo gazeta New York Post, vazhdon të këmbngulë në pyetje të shumta, në lidhje me korrupsion e familjes Biden dhe të djalit Hunter dhe se ata **gazetarë kurajoz** edhe në të ardhmen *do të vijojnë të pyesin vazhdimisht deri* *sa të fillojnë investigimet serioze nga organet përgjegjëse shtetërore mbi korrupsionin dhe shumë gjera të tera që lidhen me këtë familje.*

Shtëpia e Bardhë fsheh korrupsionin e familjes Biden në SHBA, Ukrainë, Kinë etj.

Pyetjet rreth djalit të parë të Joe Biden, mund të pakësojnë përpjekjet e Biden-it, për t'a pozicionuar veten si një luftëtar global i qeverisë së mirë.

Gjatë fushatës presidenciale të vitit 2020, demokratët ultra liberalë, kishin shumë arsye për të përcaktuar historinë e Hunter Biden. Nga njëra anë, ajo ishte duke u shtyrë nga administrata Donald J. Trump, e cila të cilit ishte shumë e suksesshëm në rimkëmbjen ekomomike të vendit.[62]

Gjatë viteve 2012-2021 Hunter Biden ishte në bordin e një kompanie (gaznxjerrëse) energjetike ukrainase, i cili, u ndihmua shumë nga veprimet korruptive të babait të tij Joe Biden, kur ishte zv/President i SHBA-së, gjatë vitëve 2008-2016.[63]

Në kulmin e korrupsionit në fjalë asokohe, doli se FBI, DOJ, Big Media dhe Big Tech, vazhdimisht u bashkuan me të keqen, për të fshehur të vertetat, që kishin filluar të botoheshin kudo këto kompani të rrjeteve sociale dhe media globaliste e majtë socialkomuniste, veçanërisht u munduan me të gjitha mjetet dhe format e veprimit antiligjor, që të *"kufizojnë qasjen në histori dhe një pjesë e ish zyrtarëve të lartë inteligjencës amerikane si FBI dhe CIA e hodhën poshtë atë si "dezinformim rus".*

"Shumat e parave të përfshira për pikturat e Hunter Biden janë absolutisht të tmerrshme…", shkruan **Walter Shaub**, Zyrtar i Lartë i Etikës Qeveritare.

Sikur të mos mjaftonte kjo, por kohët e fundit ose më saktë gjatë muajve të verës Biden, për të larguar vëmendjen e njerëzve në SHBA kundër korrupsionit të tij, i mbushur me fakte konkrete që vinin nga laptopi i tij, do të fillonte shitjen e pikturave, me çmime fillestare deri në 500,000 dollarë.

Ajo ishte një shumë e jashtëzakonshme, për një artist diletant debutues dhe menjëherë ai zgjeroi shqetësimet se njerëzit në SHBA me të drejtë do të zemëroheshin me rregjimin e presidentit Joe Biden, se ato do të paguanin shumë për *"artin"* pa art të djalit të tij.

Mirëpo, sipas gazetares globaliste ultra të majtë **Elizabeth Weiberg,** që

---

[62] 'Time For President Biden To Answer Some Questions' About Hunter Biden's Businesses: James Comer. **At a House Oversight Committee hearing last week, Rep. James Comer (R-KY) spoke about Hunter Biden.**
https://www.youtube.com/watch?v=aV0uPP4p0no
[63] Kapinova, Klajd: **"Presidenti Trump dhe keneta globaliste"**, (Refleksione) New York, 2021 Shih www.amazon.com & www.barnesandnoble.com

shkruan për gazetën socialiste *The New York Times*, Shtëpia e Bardhë u përgjigj se *identitetet e personave blerës do të mbaheshin të fshehta, si nga piktori ashtu edhe ndaj publikut amerikanë, ndërsa ia lanë tregtarit të artit (organizatorëve të ankandit) të pastrojë çdo mbrojtës të dyshimtë.*

Ndërsa nëse djemtë e Presidentit Donald J. Trump, i riu **Donad Trump Jr.** dhe **Eric Trump** do të kishin bërë këtë veprim të fshehtë ndaj publikut dhe mediave, ata do të ishin vënë si zakonisht nën breshërinë e Big Tech dhe Big Mediave të majta të njëanshme globaliste socialkomuniste, Kongresit dhe Senatit Amerikan të kontrolluar sot fatkeqisht nga ato në SHBA.

Shumë ekspertë të etikës, shprehën mosmiratim të mprehtë të marrëveshjes, përfshirë një *ish –shefin e Zyrës së Etikës Qeveritare,* **Walter Shaub**, i cili, tha se *"Shumat e parave të përfshira për pikturat e Hunter Biden, janë absolutisht të tmerrshme."*

Deri më tani, mediat amerikane me prirje të pavarura, i kushtuan shumë vëmendje çështjeve etike të ngritura nga aktivitetet e paligjshme të familjes Biden, **Hunter Biden** dhe të afërmve të tij. Interesimi për aktivitetet e tij anti-Kushtetues dhe korruptiv të përmave globaliste të skandalit të shekullit, është zbehur, fshehur apo mbuluar me mjeshtëri gjarpëri nga media ultra e majtë globaliste Big Media dhe Big Tech në të gjithë SHBA.

Ky shqetësim shumë serioz, për paratë, që drejtpërdrejtë ndikojnë në politikë, kanë shqetësuar popullin amerikan. Është e habitshme se ish kandidati për President komunisti **senator Bernie Sanders,** *u bë një nga kritikët më të ashpër të familjes Biden dhe vetë Joe Biden*, gjatë zgjedhjeve primare (paraprake) demokratike në vitin 2020, i cili asokohe ka shkruar artikull për gazetën britanike **The Guardian**, duke *akuzuar direkt Joe Biden, se ka një "problem me korrupsionin"*.

Por muaj më vonë, kur ai nuk fitoi besimin e Partisë Demokratike në Kuvendin e saj, hipokrizia e Bernie Sanders u tregua hapur, me heshtjen e qëllimshme të tij në ditët tona, ndaj korrupsionit të Joe Biden dhe familjes së tij, kur *sot po mbushet 3-vjetori nga zbulimi dhe sekuestrimit i laptopit personal të Hunter Biden nga FBI dhe CIA, ndaj të cilit kanë filluar 4 (katër) hetime kriminale nga drejtësia amerikane dhe agjencitë e veprimtarive anti-kriminale.*

Disa nga mediat dhe kanalet televizive amerikane në ditët tona, analizojnë se është e pamundur për publikun të dijë gjithçka, që ndodh brenda një zyre qeveritare, e lëre më brenda një familjeje, veçanërisht një familje shumë të lidhur dhe të fshehtë, sikurse është ajo e Biden-ve.

Mirëpo nga ana e tjetër, ekspertët e etikës në përgjithësi pohojnë se ekziston në mënyrë të dukshme me fakte dhe prova bindëse (*që vijnë nga laptopet personale të Hunter Biden*), se këtu kemi shfaqjen e dukshme apo të pastër të shumë konflikteve të interesit, standarte të përmasave botërore, që shkojnë në nivelet më të larta të Qeverisë apo rregjimit të korruptuar të Joe Biden, qysh para vitit 2020 dhe më saktë ato zënë fill në vitin 2008.

Shumë vite më parë, vetë media sot pro Biden, kanë shkruar dhe botuar për 10 vjet papushim materiale kompromentuese dhe skandaloze korruptive të familjes Biden dhe Hunter Biden, duke menduar se plaku apo *sleepy Joe Biden* nuk do të garonte më për postin më të lartë në Shtëpinë e Bardhë.

Ajo që është më interesante sot, është se mediat e pavarura dhe konservatore nuk po bëjnë asgjë më shumë se sa po ri-publikojnë ato lajme dhe rubrika shumë orëshe televizive dhe shumë të gjata investigimi, që vetë mediat e majta kanë bërë para se ta sillnin me katapultë në pushtet Biden dhe familjen e tij, me një eksperiencë të madhe, në fushën e korrupsionit profesional. Pra, këtu del se korrupsioni është nxitur dhe po mbrohet me shumë sukses nga vetë Big Media e Big Tech.

Tashmë vetë **The New York Times, nga halli pranon hapur** më në fund, përmes gazetares së saj **Elizabeth Weiberg,** kur shkruan se: "*Megjithatë ka dëshmi se aktivitetet e familjes Biden ndër vite kanë paraqitur rregullisht një pamje të tillë. Larg shqetësimeve etike, në lidhje me zbardhjen e Hunter Biden, rasti për shqyrtim të ngushtë vetëm bëhet më i forte, kur shikohet në kontekstin e plotë të historisë së familjes dhe në dritën e ngjarjeve që kanë ndodhur që nga Dita e Zgjedhjeve…*

Por në dekadat e fundit, anëtarët e Familjes së Parë, përfshirë Hunter Biden, kanë hyrë vazhdimisht në marrëdhënie financiare me njerëz që kanë interes të ndikojnë tek i afërmi i tyre i fuqishëm, përfshirë marrjen e huave nga lobistët; duke kërkuar biznes nga grupet e punës; marrja e një pune në një bankë, që mbështetej në mbështetjen e Biden, për të miratuar një ligj personal të falimentimit të urryer nga progresistët; dhe, natyrisht, duke u ulur në bordin e një kompanie energjetike ukrainase, Burisma, e cila u përball me akuzat për korrupsion, edhe pse ai "drejtoi" përpjekjet amerikane kundër korrupsionit në Ukrainë.

> *Prokurori i Ukrainës kundër korrupsionit* **Nazar Kholodnytsky,** *i majtë dhe shefi i zyrës kombëtare të antikorrupsionit* **Artem Sytnik** *në një konferencë në Kiev në qershor 2020, thonë se ata kanë përgjuar një përpjekje ryshfeti prej 6 milionë dollarësh për të hequr dorë nga një hetim penal kundër kreut të Burisma, gaz natyror kompani, ku dikur Hunter Biden mbante një vend në bord.*" **- Elizabeth Weiberg, The New York Times**

Disa kontakte të mëparshme biznesi të Hunter Biden, kanë akuzuar gjithashtu të afërmit e Biden se kanë thirrur në mënyrë eksplicite ndikimin e tyre politik, për të avancuar interesat e tyre të biznesit, akuza të cilat anëtarët e familjes i kanë mohuar.

Qysh nga viti 2007, disa nga bashkëpunëtorët e tyre të biznesit janë dënuar për mashtrime federale ose akuza korrupsioni, megjithëse asnjë anëtar i Familjes së Parë, nuk është përfshirë në ato krime.

Mbasi gënjeu shumë here, para fakteve kryeneçe të mediave, më në fund në muajin dhjetor 2020 (*mbasi kishin mbaruar me turp skandali më i madh i zgjedhjeve presidenciale të 3 nëntorit 2020, dhe demokratët ruajtën sundimin në Kongres dhe Senatin Amerikan*), Hunter Biden pranoi ekzistencën e një hetimi federal penal të çështjeve të tij tatimore, i cili u përqëndrua në marrëdhëniet e tij jashtë shtetit, përfshirë levizjet në Kinë.

Revista amerikane Politico, gjithashtu raportoi për interesin e FBI-së, për një nga vëllezërit e Biden, **James Biden**, si pjesë e një hetimi të vazhdueshëm të një operatori spitalor, me të cilin ai ishte i lidhur.

Ai hetim, i cili mbeti aktiv deri në fund të vitit të kaluar, u përqëndrua pjesërisht në përfaqësimet e pretenduara të bëra nga James Biden në fushat e investimeve për vlerën e mbiemrit dhe ndikimit të tij, sipas një ish zyrtari me njohuri të dorës së parë për të.

Në ditën e tij të parë në detyrë, Biden emëroi një partner ligjor të avokatit mbrojtës të djalit të tij si kreu i përkohshëm i departamentit penal të Departamentit të Drejtësisë, një emërim që rrezikonte të shkelte rregullat e konfliktit të interesit të departamentit.

Në të njëjtën ditë, vëllai i Bidenit Frank theksoi marrëdhënien e tij me presidentin në një reklamë gazete, për një firmë ligjore në Florida. Qysh atëherë, vëllai tjetër i Biden, James, u tërhoq nga një sipërmarrje energjetike në Mbretërinë e Bashkuar, pas një shqyrtimi etik të Shtëpisë së Bardhë, sipas **Financial Times**.

Pikturat e "Van Gogut" amerikan Hunter Biden shiten anonim me $500,000 dhe skandalet me konflikte interesi të familjes Biden

*"**Unë kurrë nuk kam diskutuar, me djalin tim** ose vëllain tim ose me dikë tjetër, ndonjë gjë që ka të bëjë me bizneset e tyre."* **– Joe Biden**, *pensionist*

"Pak blerësit do të jenë të interesuar për diçka përtej pikturave të Hunter dhe se ata mund të jenë të gatshëm të paguajnë aq shumë sa u nevojitet për qasje të njeriut (babait) në Zyrën Ovale", shkroi gazetari **Casey Michel**, në artikullin për revistën *Atlantik*.

Shqetësimet e reja, në lidhje me lajmin e ngritur në fund të korrikut kur tv CBS News, raportoi se Hunter Biden, në fakt, do të takohej ballë për ballë me njerëz të interesuar, për të blerë "artin" e tij, duke minuar kështu anonimatin e proçesit.

Ky zhvillim i papritur e la të habitur profesoreshen **Jessica Tillipman**, një dekane e Juridikut, pranë Universitetit George Washington dhe një ekspert kundër korrupsionit, i pabesueshëm.

"Tani, ai po takohet privatisht me blerësit e mundshëm dhe citon një citim të pashprehur që ai kurrë nuk do ta dijë (nëse ata atëherë bënë një blerje), sepse ai sapo ka transferuar funksionin e etikës tek ky tregtar arti, dhe ne supozohet të mbështetemi vetëm në këtë?" tha ajo.

Mburoja personale apo Zëdhënësja manipulative e Shtëpisë së Bardhë **Jen Psaki**, ka thënë se bisedat midis Robert Hunter Biden (1970) dhe blerësve të mundshëm nuk do të jenë *"të lidhura me shitjen e artit"*, dhe ka distancuar Shtëpinë e Bardhë nga aranzhimi, duke thënë se është hartuar nga përfaqësuesit e Hunter Biden.

Dihet nga të gjithë, se sipërmarrja apo sprova e re në pikturë, nuk është një incident i izoluar, por pjesë e një modeli më të madh në të cilin financat e Hunter Biden dhe të afërmve të tjerë të familjes, kanë ngritur në pikëpyetje çështje etike ose mbivendosen me aleancat politike dhe detyrat publike të presidentit.

Ndër konfliktet e pretenduara të interesit janë: **Puna e Hunter Biden për MBNA**, një bankë me bazë në Delaware, *punonjësit e së cilës ishin në një kohë midis donatorëve kryesorë të fushatës së babait të tij. Pasi u largua nga banka dhe u bë lobist federal, Hunter Biden mori tarifa të jashtme të konsultimit nga banka.*

Ndërsa MBNA po paguante Hunter Biden, *Joe Biden mbrojti një faturë të kërkuar nga banka,* që e bëri më të vështirë për njerëzit të heqin borxhin e kartës së kreditit, përmes falimentimit personal.

Socialistja ekstreme, ish pedagogia e atëhershme e drejtësisë *senatorja Elizabeth Warren,* e kundërshtoi projektligjin, por Biden ishte në gjendje të ndihmonte në sigurimin e miratimit të tij në vitin 2005.

Marrja e huave me vlerë më shumë se 1,000.000 milion dollarë nga Hunter dhe James Biden nga Banka e Uashingtonit, e cila erdhi në vitin 2006, kur dy të afërmit e Biden, po kërkonin mjete financiare, për të shlyer një borxh, në lidhje me blerjen e tyre të një firme fondesh të trazuara, *Paradigm Global Advisors Me Banka* u bashkë-themelua nga një lobist federal, i cili, kishte qenë *partneri lobues i Hunter Biden dhe mbante lidhje të gjata me Joe Biden.* Kreditë u paguan më vonë, sipas një ish ekzekutivi në bankë.

Shitja e tokës nga James Biden në Ishujt e Virgjër Scott, një ish punonjës i Senatit të Biden, që punonte si lobist federal dhe kontraktues qeveritar. James Biden, gjithashtu mori një hua nga lobisti, i cili më vonë tregoi se ishte paguar.

Green dhe disa nga klientët e tij përfituan nga veprimet e Joe Biden në

Senat dhe administratën Obama. Kjo përfshinte punën e Biden për sigurimin e fondeve, për programin jofitimprurës të Edukimit për Rezistencën ndaj Abuzimit me Droga dhe për një program të Departamentit të Sigurisë Kombëtare, që synonte të përmirësonte sistemet e komunikimit për personat e parë.

Marrja e një roli ekzekutiv nga James Biden në firmën e ndërtimit Hill Stone International, gjatë kohës që ishte si zv/President i SHBA-së Joe Biden vëllai i tij, pavarësisht mungesës së përvojës së mëparshme në industri.

Pas mbërritjes së *James Biden, firma dhe kompania e saj mëmë morën kontrata me vlerë prej 1.5 miliardë dollarësh, për të ndërtuar banesa në Irak.*

Marrëveshja erdhi përmes një firme të Koresë së Jugut, që kishte marrë një kontratë nga Qeveria e Irakut e mbështetur nga SHBA. Në atë kohë, Joe Biden mbikëqyri politikën e administratës Obama mbi Irakun.

Roli i Hunter Biden, në bordin e Burisma-s në vitin 2014, pavarësisht nga mungesa e përvojës paraprake në sektorin e energjisë, e cila erdhi ndërsa nënpresidenti i atëhershëm Joe Biden mbikëqyri politikën amerikane në Ukrainë.

Burisma iu dha liçenca të vlefshme për prodhimin e gazit natyror, ndërsa themeluesi i tij, **Mykola Zlochevsky**, shërbeu si ministër i Ekologjisë dhe burimeve natyrore të Ukrainës nën administrimin e Rusisë të **Viktor Yanukovych**. Të dy Zlochevsky dhe Burisma, ishin nën dyshimin për korrupsion.

Të dy Burisma Holdings Limited dhe themeluesi i saj Mykola Zlochevsky, të cilin Hunter Biden e përshkroi si "një dëgjues", ishin nën dyshimin për korrupsion aktiv ndërsa ai u ul në bordin e kompanisë energjetike të Ukrainës.

Ndërsa shërbente si ambasador i Obamës në Ukrainë, **Geoffrey Pyatt**, një zyrtar i Departamentit të Shtetit në karrierë, veçoi Zlochevsky në vërejtjet publike, për korrupsionin, duke thënë se miliona dollarë nga *"pasuritë e paligjshme"* të manjatit me të drejtë *"i përkisnin popullit ukrainas."*[64]

Një zyrtar tjetër i Departamentit të Shtetit, **George Kent**, e ka përshkruar Zlochevsky si një *oligark urryes*. Ai dëshmoi se një zyrtar i lartë ukrainas i tha atij për një ryshfet prej 7 milionë dollarësh, që Zlochevsky u kishte paguar zyrtarëve të tjerë ukrainas në 2014, për t'i dhënë fund një hetimi për korrupsion, sipas një raporti nga republikanët e Senatit.

Kent u dëshmoi hetuesve të Kongresit, gjatë hetimit të fajësimit të udhëhequr nga demokratët në vitin 2019, se ai u hodh poshtë nga zyra e zv/presidentit, kur ai u përpoq të ngrinte shqetësimet se punësimi i Hunter-it, mund të shihej si blerje ndikimi.

---

[64] Kapinova, Klajd: "**Presidenti Trump dhe keneta globaliste**", (Refleksione) New York, 2021 Shih www.amazon.com & www.barnesandnoble.com

Biden, vazhdimisht ka thënë se nuk i ka diskutuar marrëdhëniet e biznesit të Hunter Bidenit jashtë shtetit me të. Ai, ka thënë se mbiemri i tij ka të ngjarë të ketë luajtur një rol në punësimin e tij në Burisma dhe se marrja e pozicionit tregoi *gjykim të dobët*, duke thënë se ai nuk ishte përfshirë në keqbërje.

Në kujtimet e tij, ai vlerësoi Zlochevsky, duke e përshkruar biznesmenin si një *fitues energjie* dhe *një dëgjues* i cili "nuk i vuan budallenjtë lehtë".

Episode të tilla ndërlikojnë përpjekjet e Biden-it, për t'a pozicionuar veten si një kryqtar kundër korrupsionit. Në një esse vitin e kaluar për Foreign Affairs, ai u zotua se "*do të ndërmarrë hapa për të trajtuar vetë-trajtimin, konfliktet e interesit, paratë e errëta dhe renditjen e korrupsionit, që po i shërbejnë axhendave të ngushta, private ose të huaja dhe minojnë demokracinë tone*".

Në esse, Biden gjithashtu premtoi se do të mbante gjatë vitit të tij të parë në detyrë një "*Samit global për Demokracinë*", në të cilin ai do të siguronte angazhime kundër "***korrupsionit***" nga vendet në mbarë botën.

Përpjekje të tjera më të ndërlikuara, janë disa raste në të cilat kontaktet e mëparshme të biznesit, kanë pohuar se Hunter ose James Biden, në mënyrë eksplicite thirrën ndikimin e tyre politik, në përpjekjet e tyre të biznesit.

Ndërsa Joe shërbeu si anëtar i rangut të Komitetit të Senatit për Marrëdhëniet me Jashtë, Hunter e James Biden blenë firmën mbrojtëse *Paradigm*. Ish shefi i firmës, ka thënë se James Biden i foli atij për planet, duke kërkuar investime nga subjekte të huaja, që donin të ishin mbështetës të Joe Biden, por u ndaluan ligjërisht të dhuronin për fushatat politike amerikane.

Për shembull, në vërejtjet e regjistruara me video të vitit 2014, vëllai tjetër i presidentit, **Frank Biden** dhe një lobist federal diskutuan përpjekjen dhe suksesin e tij, për të kërkuar ndihmën e Joe Biden.

Si pjesë e përpjekjeve, zv/Presidentit të SHBA-së Joe Biden ishte mbrojtja e një personi në një takim me senatorin republikan **Mitch McConnell**, sipas ekzekutivit të kompanisë së naftës sponsorizon shtimet e lobimit për demokratët amerikanë.

Kohët e fundit, në fondin e vitit 2020, një gjykatë federale e apelit rivendosi *dënimin e Devon Archer, ish partnerit të biznesit të Hunter Biden*, që lehtëson arritjen e tij në Burisma, për akuzat e mashtrimit në lidhje me lirimin.

Në vitin 2017, Hunter dhe James Biden, filluan të ndjekin seriozisht një partneritet biznesi me *Ye Jianming, themeluesin e kompanisë së punës në CEFC*. U tha se, ju regjistruat Hunter Biden, për të siguruar një ligj ligjor, për një nga togerët e tij, Patrick Ho, i cili po përballej me problemin e shtetit në SHBA Ho dhe dënua më pas në gjykatën federale për ryshfet të zyrtarëve të qeverisë në Afrikë.

Vite më parë, në kohën e fushatës së dytë presidenciale të Biden në 2007, vëllai i tij James Biden planifikoi të niste një dyqan ligji dhe lobimi ndërkombëtar, që do të quhej Patterson, Balducci dhe Biden.

Plani u ndërpre kur partnerët e tij, **Timothy Balducci** dhe **Steve Patterson**, u arrestuan nga FBI, dhe më vonë u dënuan, për përpjekjet e tyre të palidhura për të korruptuar një gjykatës të Misisipit.

Ndërkohë, një bashkëpunëtor i Patterson dhe Balducci, **Joey Langston**, u deklarua fajtor në gjykatën federale, për rolin e tij në një skemë, për të ndikuar në mënyrë të paligjshme në një gjyqtar tjetër.

Disa vjet më vonë, Langston dhe James Biden, filluan biznes së bashku, sipas të dhënave të korporatave dhe një hetimi nga ProPublica.

Dyshja punoi me një kompani të quajtur *Trina Health*, e cila ofroi një trajtim të diskutueshëm të diabetit. Por themeluesi i kompanisë, G. Ford Gilbert, u deklarua fajtor, për akuzat e ryshfetit federal në vitin 2019, pas një skandali korrupsioni në Alabama.

As Langston as James Biden nuk i janë përgjigjur pyetjeve, që kërkojnë më shumë detaje, në lidhje me natyrën e përfshirjes së tyre me Trina.

Por çështja Burisma, ngriti kokën përsëri në javët e fundit të fushatës, kur gazeta e madhe New York Post, raportoi për një sasi dosjesh, që supozohej se kishin rrjedhur nga laptopi i Hunter Biden.

Raporti përfshinte një email të supozuar të prillit 2015 nga një këshilltar i Burisma, Vadym Pozharskyi, *duke falënderuar Hunter Biden që e ftoi në Uashington dhe lejoi Pozharskyi të takohej me nënpresidentin e atëhershëm.*

Tony Bobulinski, një ish partner biznesi i Hunter Biden, doli për të thënë se email i ishte i vërtetë dhe se ai i referohej planeve për Hunter-it, që të mbante kapitalin neto në sipërmarrje në emër të babait të tij.

Bobulinski, tha gjithashtu se ai diskutoi sipërmarrjen e planifikuar me Joe Biden në terma të përgjithshëm, gjatë një takimi në 2017 në Los Angeles.

Tony Bobulinski, i cili thotë se është një ish bashkëpunëtor i Hunter Biden, bisedon me gazetarët para debatit presidencial më 22 tetor 2020, në Nashville.

Pretendimet e Bobulinski ishin në kundërshtim me deklaratën e Bidenit në fushatën e vitit 2019 se *"Unë kurrë nuk kam diskutuar, me djalin tim ose vëllain tim ose me dikë tjetër, ndonjë gjë që ka të bëjë me bizneset e tyre."*

Në përgjigje të një pyetjeje nëse Joe Biden ishte takuar ndonjëherë me Bobulinski dhe kishte treguar një familjaritet me sipërmarrjen e lidhur me CEFC, një zëdhënës i Shtëpisë së Bardhë, Andrew Bates, vuri në dukje deklaratën origjinale të fushatës se Biden nuk e ka konsideruar kurrë të hyjë në biznes me familjen ose kishte të afërmit të mbanin aksione në emër të tij. Bates gjithashtu vuri në dukje një deklaratë nga Gilliar, se ai ishte *"në dijeni për çdo përfshirje"* nga Joe Biden në sipërmarrjen e planifikuar.

Gilliar nuk iu përgjigj kërkesave për koment për librin. As avokatët për James dhe Hunter Biden. Shtëpia e Bardhë nuk e ka kundërshtuar pretendimin e Bobulinski, se ai diskutoi sipërmarrjen e planifikuar me Joe Biden.

Senatori republikan Ron Johnson kërkon përgjegjësi ligjore për historitë e laptopëve Hunter Biden

"Unë mendoj, se ky ishte treguesi im i parë, pse ndoshta FBI ishte më e interesuar për t'ia kthyer laptopin ish-pronarit dhe për të mbrojtur familjen Biden, sesa ata po më mbronin mua ose për t'a çuar këtë në kanalin e duhur. Unë, mund të them patjetër se ai (Hunter Biden) ishte i dehur. Kur kërkova mbiemrin e tij, pati një pauzë të gjatë. Dhe ai shtoi në mënyrë sarkastike Biden… " - **John Paul Mac Isaac**, teknik kompiuterash ***"The Mac Shop"***, 12 prill 2019, Delaware

Senatori republikan Ron Johnson nga shteti Wisconsin, thotë se është koha për llogaridhënie, në lidhje me përmbajtjen e laptopit të parë të Hunter Biden.

Email-et alarmante në laptop, të cilët tani janë autentikuar, pas një përpjekjeje masive për mbulim të krahut të majtë, implikojnë përfshirjen e Joe Biden në marrëdhëniet e korruptuara të biznesit të djalit të tij jashtë shtetit.

Kjo ndodhi ndërsa ai po shërbente si zv/President i SHBA-së, nën drejtimin e presidencës së demokratit Barack Hysen Obamën, që tregon hapur se ky veprim anti-kushtetues, është një abuzim i qartë i pushtetit dhe konflikt i pastër e i hapur interesi.

Senatori Johnson, thotë se situata është *tronditëse*. Laptopi tashmë është vërtetuar, për më shumë se një vit nga analizat e ekspertëve, tha Johnson. *"Nuk e kuptova, se askush ende nuk po vinte në dyshim, se disku i kompjuterit të Hunter Biden ishte i rremë. Mendova, se ishte krijuar iluzioni i rrem nga FBI dhe DOJ, për më shumë se një vit."* tha Johnson.

"Kjo tregon se sa e njëanshme është me të vërtetë media kryesore. Ata nuk janë më gazetarë. Ata janë avokatë të së majtës radikale dhe formave të ndryshme të korrupsionit. Është befasuese, që ata do të dilnin tani dhe më në fund do të pranonin atë që ne të tjerët e pranuam të ishte laptop i vërtetë i Hunter Biden, shumë kohë më parë dhe ata kurrë nuk do ta pranojnë se kishin gabuar, në mbulimin e autorit të kompiuterit laptop."

"Kjo sërish dëshmon korrupsion të nivelit të lartë. Ka korrupsion të madh edhe brenda medias kryesore. Është një problem i madh, me të cilin po përballemi sot në këtë vend. Ne, kemi nevojë për një shtyp të lirë demokratik të lirë, që duhet të jetë kryesisht i pa-anshëm."

"Kjo nuk është ajo që kemi sot. Ne, duhet të hedhim një vështrim në atë që ka ndodhur me shoqërinë tone, ndarja, përçarja, për shkak të gënjeshtrave massive, që ata kanë shtyrë dhe fshehur hapur prej vitesh. Është skandaloze. **Kur do të kërkojnë falje avokatët në media, për atë dëm kolosal, që i kanë bërë Amerikë**s!?"

Vetëm disa muaj para zgjedhjeve presidenciale të 2020-ës, liberalët po përpiqeshin të mbronin kandidatin e tyre Joe Biden dhe të mbulonin një raport mallkim për laptopin nga ferri të Hunter Biden (**Laptop from Hell**).

Kontrolluesit e fakteve të krahut të majtë me nxitjen edhe të FBI, mbyllën me vetëdije dhe paturpësi historinë në mediat sociale në vitin 2020. Megjithatë, ata nuk mund t'a fshehin më të vërtetën. Laptopi dhe përmbajtja e tij, është verifikuar se i përkiste Hunter Biden dhe askujt tjetër dhe se *ai nuk është krijesë e agjencive të fshehta ruse.*

Në fillim, një burrë i quajtur John Paul Mac Isaac thotë se Hunter Biden hyri në dyqanin e tij të riparimit të kompjuterëve më 12 prill 2019. Dyqani i tij në Delaware quhej *"The Mac Shop"*.

"Unë mund të them patjetër se ai ishte i dehur," shpjegoi Mac Isaac. "Kur kërkova mbiemrin e tij, pati një pauzë të gjatë. Dhe ai shtoi në mënyrë sarkastike Biden".

Mac Isaac, thotë se *ai thirri FBI-në, pasi gjeti një vëllim të habitshëm dhe të neveritshëm të pornografisë dhe foto me prostituta të bërë në shtëpi.* Ajo që filloi si një riparim i thjeshtë kompjuteri, u shndërrua shpejt në një zbulim shqetësues.

Riparuesi i kompiuterave Mac Isaac, gjeti gjithashtu të zbuluar një PDF, që tregonte se Hunter Biden kishte fituar 1.2 milionë dollarë për Burisma, një kompani private energjetike e gazit në Ukrainë në Lindje të Europës.

Ai hulumtoi për kompaninë e gazit Burisma dhe përmbajtjen e laptopit, të cilin e gjeti thellësisht me përmbatje shqetësuese me video pornografike, e-maile të shumta, foto pornografike, emra njerëzish të niveleve të larta të shoqërisë amerikane, në Presidencë, Ambasadën Ameirkane në Ukrainë, implikimet e FBI, CIA, fëmijë nipa apo mbesa të figurave kryesore në Kongresin dhe Senatin Amerikanë etj.

Kur u takua me agjentët e FBI-së, ai tha se ata nuk ishin në nxitim apo të interesuar, për të parë laptopin ose për të ndërmarrë veprime investigimi anti-kushtetuese korruptive, që përmbante kompiuteri i Hunter Biden, djalit të madh të ish senatorit dhe ish zv/Presidentit dhe sot President i SHBA-së gënjeshtarit Joe Biden.

"Unë mendoj, se ky ishte treguesi im i parë se ndoshta FBI ishte më e interesuar për t'ia kthyer laptopin ish-pronarit dhe për të mbrojtur Bidenët, sesa ata po më mbronin mua ose për ta çuar këtë në kanalin e duhur investigative anti-korrupsion," tha ai.

Për fat të mirë, një Juri e Madhe Federale, po shqyrton akuzat e mundshme kundër djalit të Joe Biden. Departamenti Amerikan i Drejtësisë, ka hetuar Hunter Biden, për mashtrim, pastrim parash dhe evazion fiskal.

Deri më sot në vitin 2022, Hunter Biden, duke qenë djali i Joe Biden si President i SHBA-së, fatkeqsisht dhe paturpsisht nuk është akuzuar penalisht, mbasi sot DOJ, FBI dhe CIA, si gjithnjë në historitë skandaloze të tyre, po përdorin dy standarte "drejtësie" dhe fshehje të fakteve dhe provave korruptive të mëdha, për njerëzit e veshur me pushtet poltik në qarqet më të larta të shoqërisë dhe shtetit amerikanë.[65]

Bidenët, kanë favorizuar rusët gjatë gjithë kohës

Jetesa luksoze e djalit **të Joe,** Hunter dhe marrëdhëniet e ngushta **të** biznesit me të huajt, kanë ngritur shqetësime të mëdha këtu. Kështu është zbuluar, se **Hunteri, kishte të paktën katër transaksione të mëdha**, që bankat i cilësuan si *"veprimtari të mundshme kriminale"* (**pastrim parash**), ndërsa babai i tij shërbeu si zv/dëspresident nën Presidencën e Obamës.

Një sekret i errët nga e kaluara e Biden-ëve, është shfaqur dhe ka rënë në sy të shumë amerikanëve. Dihet se *Hunter Biden, dikur mori një transfertë mbresëlënëse prej 3.5 milionë dollarësh nga Elena Baturina, gruaja më e pasur në Rusi dhe e veja e Yury Luzhkov, i cili ishte kryebashkiaku i Moskës.*

Pagesa në dollarë, për firmën e investimeve të Hunter Biden-it, është bërë në fillim të vitit 2014. Me kalimin e shpejtë të skandalit deri në vitin 2022, ka akuza të përhapura se Biden-ët, kanë bërë favore për rusët gjatë gjithë kohës.

Hunter Biden merr $100,000 nga një filial i CEFC China Energy

Kohët e fundit, fatmirësisht është zbuluar, se *një tjetër transaksion i dyshimtë mbi një pagesë prej 100,000 dollarësh nga një filial i CEFC China Energy.* Në atë kohë, kjo kompani ishte në pronësi të **miliarderit kinez Ye Jianming**. Pagesa shkoi në firmën ligjore të Hunter Biden, *Owasco*, në vitin 2017.

Rrjeti i Zbatimit të Krimeve Financiare, në Departamentin e Thesarit të SHBA-së, mori këto katër paralajmërime, për aktivitete të mundshme korruptive, kriminale dhe pastrim parash.

Mësohet se gjatë **vitit 2020**, një hetim u nis mbi aktivitetin financiarë të Hunter Biden nga Komiteti i Sigurisë Kombëtare të Senatit dhe Komiteti i Financave të Senatit.[66]

---

[65] Kapinova, Klajd: **"Presidenti Trump dhe keneta globaliste"**, (Refleksione) New York, 2021 Shih www.amazon.com & www.barnesandnoble.com
[66] By David RuffuMarch, Ron Johnson Demands Accountability Over Hunter Biden Laptop Stories, March 20, 2022

RRJETI I DËNIMIT TË KRIMEVE FINANCIARE NË DEPARTAMENTIN E THESARIT TË SHBA-SË, MORI 4 (KATËR) PARALAJMËRIME PËR AKTIVITETE TË MUNDSHME KRIMINALE TË HUNTER BIDEN

"I dashur Hunter, faleminderit që më ftove në DC dhe që më dhatë mundësinë të takojmë babanë tuaj dhe kaluam ca kohë së bashku." – **Pozharsky**, më 17 prill 2015

"Unë mendoj, se ky ishte treguesi im i parë, se ndoshta FBI ishte më e interesuar për t'ia kthyer laptopin ish-pronarit dhe për të mbrojtur Biden-ët, se sa ata po më mbronin mua ose për t'a çuar këtë në kanalin e duhur investigativ. Unë mund të them patjetër, se ai (Hunter Biden) ishte i dehur. Kur i kërkova mbiemrin e tij, pati një pauzë të gjatë. Dhe ai shtoi në mënyrë sarkastike Biden…" - **John Paul Mac Isaac, teknik kompiuterash** *"The Mac Shop"*, 12 prill 2019, Delaware

Në vitin 2020, një hetim u nis mbi aktivitetin financiarë dhe pastrim parash të Hunter nga Komiteti i Sigurisë Kombëtare të Senatit dhe Komiteti i Financave të Senatit.[67] *Pikërisht për këtë arsye Federata Ruse, në të kundërt me shtetin dhe qeverinë amerikane (pro korrupsionit), është në aksion konkret, kundër korrupsionit amerikanë dhe ndërkombëtarë.*

Rusia shpall si Persona Non Grata njerëzit më të korruptuar në botë: Joe Biden, Hunter Biden, Hillary Clinton…

Media botërore dhe amerikane po fshehin Deklaratën e Ministrisë së Jashtme të Federatës Ruse, e cila ndalon si Persona Non Grata hyrjen në Rusi të njerëzve më të korruptuar në botë. Ajo përcakton sanksionet personale në lidhje me përfaqësuesit e udhëheqjes amerikane. Kjo bëhet në përgjigje të një sërë sanksionesh të paprecedentë, që ndalonin ndër të tjera, hyrjen në Shtetet e Bashkuara për zyrtarët e lartë të Federatës Ruse, nga 15 marsi 2022, është përfshirë në *toplistën ruse*, në bazë të reciprocitetit të ndërsjellë.

---

[67] By David RuffuMarch, **Ron Johnson Demands Accountability Over Hunter Biden Laptop Stories,** March 20, 2022

Nga burime të sigurta, mësohet se aty janë emrat e Hunter dhe Joe Biden, Sekretari i Shtetit E. Blinken, Ministri i Mbrojtjes L. Austin, Kryetari i Komitetit të Bashkuar të Shefave të Shtabit M. Milly, si dhe një sërë shefash departamentesh dhe udhëheqës të famshëm amerikanë.

Ky hap, i ndërmarrë në rendin e reagimit, u bë një pasojë e pashmangshme e kursit ekstrem rusofobik: *Russia, Russia, Russia… të ndërmarrë nga Kongresi dhe Senati Amerikan i kontrolluar nga "demokratët" fanatikë të O-Biden 3.*

"*Ne, nuk refuzojmë të mbajmë marrëdhënie zyrtare nëse ato përmbushin interesat tona kombëtare dhe nëse është e nevojshme, do të zgjidhim problemet që dalin nga statusi i personave në listën e zezë, për të organizuar kontakte të një niveli të lartë*", thuhet në deklaratën zyrtare të publikuar.

Më poshtë, është një listë e gjatë qytetarëve amerikanë "demokratë", që mbrojnë korrupsionin e familjes Biden. Në listën e ndalesave përfshihen:

1. **Joseph Biden** (Joseph Robinette Biden);
2. **Anthony Blinken** (Anthony John Blinken);
3. Llo**yd James Austin III;**
4. **Mark Alexander Milley**;
5. **Jacob Sullivan** (Jacob Jeremiah Sullivan) - Asistent i Presidentit të Shteteve të Bashkuara për Sigurinë Kombëtare;
6. **William Joseph Burns** – Drejtor i CIA-s
7. **Jennifer Psaki** (Jennifer Rene Psaki), Sekretare e Shtypit e Shtëpisë së Bardhë;
8. **Dalip Singh** (Daleep Singh) – Zëvendës Asistent i Presidentit të Shteteve të Bashkuara për sigurinë kombëtare;
9. **Samantha Jane Power** - Drejtoreshë e Agjencisë për Zhvillim Ndërkombëtar;
10. **Hunter Biden** (Robert Hunter Biden), është djali i Presidentit të SHBA.
11. **Hillary Clinton** (Hillary Diane Rodham Clinton), në pension, ish-kandidate presidenciale e Shteteve të Bashkuara;
12. **Adewale Adeyemo,** zv/Mministri (Sekretari) i parë i Financave;
13. **Reta Jo Lewis** është President dhe Kryetar i Bordit të Drejtorëve të Bankës së Eksportit dhe Importit.

Mësohet nga burime të brendshme atje, se **Së shpejti**, do të pasojnë njoftime të reja, për zgjerimin e listës së sanksioneve, për të përfshirë zyrtarë të lartë amerikanë, ushtarakë, ligjvënës, biznesmenë, ekspertë dhe persona mediatikë, zjarrvënës rusofobë apo bashkëpunëtorë, urrejtjen e qershorit ndaj Rusisë dhe futjen e masave kufizuese.

Këto veprime, thuhet se do të kryhen në unitet organik me vendime të gjera të marra nga Qeveria e Federatës Ruse në sferat financiare, bankare dhe të tjera për të mbrojtur ekonominë ruse dhe për të siguruar zhvillimin e saj të qëndrueshëm.

Dhe Rusia mban premtimin e vet, duke qenë në ballë aksionit konkret dhe fakte, në luftën kundër korrupsionit të zyrtarëve dhe ish zyrtarëve të lartë amerikanë dhe ndërkombëtarë.

Po ashtu sipas raportit të **Interfax**, me datë 10 tetor 2022, Kompania **Meta** pronare e Facebook-ut, Whatsapp dhe Instagram-it *shpallet Organzatë Ekstremiste Terroriste nga Federata Ruse.* Kështu **Rosfinmonitoring**, Shërbimi Federal i Monitorimit financiar të Rusisë, ishte pas kësaj lëvizje për pronarin **Mark Elliot Zuckerberg (1984).**

Ky Vendim i Drejtë, do të thotë se të gjitha shërbimet false të ofruara nga **Meta**, duke përfshirë edhe **WhatsApp** dhe **Instagram**, do të ndërpriten në vend dhe rusët e mashtruar ndër vite nga kjo kompani propagandistike do të humbnin fatmirësisht aksesin në këto platforma komuniste globaliste false.

Vesna, lëvizja komuniste globaliste ruse kundër luftës në Ukrainë, u vu gjithashtu në listën e organizatave të përfshira në terrorizëm dhe ekstremizëm.

Në mars, rregullatori rus i teknologjisë bllokoi aksesin në Facebook, duke e akuzuar atë për **diskriminim** dhe duke thënë se platforma e mediave sociale kishte kufizuar aksesin e përdoruesve në mediat e lajmeve të mbështetura nga qeveria si **Sputnik** dhe **Russia Today**.

Më vonë, Zyra e Prokurorit të Përgjithshëm të Rusisë kërkoi, që *Meta* të etiketohej si një *organizatë ekstremiste.* Sipas një raporti të **Reuters**, që citonte disa e-maile të brendshme të kompanisë, Meta lejoi përkohësisht postimet, që bënin thirrje për dhunë kundër "pushtuesve" rusë nga përdoruesit në disa vende si Ukraina dhe Polonia. Një gjykatë e shpalli kompaninë **fajtore**, për **veprimtari ekstremiste** në Rusi.

Politikanët amerikanë përdorin taktika të ngjashme me Mafien, për t'u pasuruar

*Kujtoj, se autori i shum*ë librave investigative, mbi familjen Biden dhe korrupsionin në qarqet më të larta në tërësi të shtetit amerikanë, *gazetari, analisti dhe studiuesi investigativ i pavarur bashkëkohor* **Peter Schweizer,** *si opinionist dhe bashkëpunëtor i ngushtë i kanalit televiziv Fox News, Newsmax, One American News, Infowars, etj., me librin e tij: "Perandoritë sekrete: Si klasa politike amerikane fsheh korrupsionin dhe pasuron familjen dhe miqtë me mbulesë të fortë",*[68] **mbetet sot për sot #1** *NEW YORK TIMES BESTSELLER* **në të gjithë SHBA dhe botë.**

---

[68] Peter Schweizer "Secret Empires: How the American Political Class Hides Corruption and Enriches Family and Friends Hardcover" (Illustrated)

Peter Schweizer, ka vite që lufton papushim korrupsionin dhe ka ngall-njyer. Në librin: *"Hidhini të gjithë jashtë"*,[69] **ai ekspozoi tregtimin e brend-shëm nga anëtarët e Kongresit, duke çuar në miratimin e Aktit STOCK.**

Në *Exortion*, ai zbuloi se si politikanët amerikanë po përdorin taktika të ng-jashme me **Mafien,** për t'u pasuruar. Dhe në librin tjetër investigative: *"Clinton Cash"* **(2015)**[70] **ai zbuloi makinën masive të parave të familjes së Klintonëve, e cila më** *pas ndezi dritën jeshile për një hetim të korrupsionit galopant të familjes dhe Fondacionit Clinton nga agjentët federal të FBI. Si dhe Pse Qeveritë dhe biz-neset e huaja ndihmuan që Bill dhe Hillary Clintin të pasurohen.*

Gazetari dhe studiuesi investigativ **Peter Schweizer,** gjithashtu është autor i librit: *"Duar e kuqe: Si elitat amerikane pasurohen duke ndihmuar Kinën të fitojë"*, i cili paraqet një foto të Joe Biden, duke shtrënguar duart me presi-dentin kinez **Xi Jinping.**

Ai është gjithashtu autor i **"Profiles in Corruption: Abuse of Power"** **(2020)** nga *Elita Progresive e Amerikës*, kopertina e të cilit libër përfshin gjithashtu një foto të Joe Biden-it.

Schweizer, tha se *laptopi, i cili përmban imazhe mallkimore të Hunter Biden-it, duke pirë duhan, shkëmbime të çuditshme të teksteve dhe e-mail-eve me gra të ndryshme, dhe dhjetëra referenca të dukshme për marrëdhëniet e tij të dyshimta të biz-nesit ndërkombëtar, është një tufë provash për hetimin e Weiss.*

Historia e laptop-it u thye nga **New York Post,** para zgjedhjeve të 2020, por ajo u mbyt dhe mbuluar me fanatizëm nga platformat e mediave sociale globaliste, duke përfshirë *rrjetet e korruptuara komuniste Twitter dhe Fakebook.*

Gjatë 16 muajve të fundit, media të tjera, duke përfshirë **Washington Ex-aminer**, kanë raportuar për zbulimet nga laptopi, megjithëse media si Wash-ington Post, New York Times, CNN dhe të tjera e kanë injoruar atë. Por nga ana e tjetër vetë CNN, për vite më parë ka raportuar sistematikisht për kor-rupsionin e madh të familjes Biden dhe të djalit të Joe Biden Hunter Biden.[71]

Tani Peter Schweizer, shpjegon se si ka zënë vend një korrupsion i ri, që përfshin shuma më të mëdha parash si asnjëherë më parë. Mbushja e dhjetëra dhe mijëra dollarëve në një frigorifer, është shndërruar në marrëveshje kapitali shumë miliarda dollarësh, të kryera në qoshet e errëta të botës (në vendet e prapambetura dhe të korruptuara).

Një bankë amerikane, që hapet në Kinë, do të ndalohet nga ligji amerikan

---

[69] Peter Schweizer "Throw Them All Out" (2011)

[70] Peter Schweizer "Clinton Cash" (2015)

[71] **CNN reporter raises 'legitim ate questions' about Hunter Biden.** Fox News contributor Joe Concha discusses the backlash facing Sara Sidner after she said a Hunter Biden investigation shouldn't be a partisan issue. #FoxNews https://www.youtube.com/watch?v=_X0fJwriGSU

të punësoj një mori anëtarësh të familjes së politikanëve të lartë kinezë. Megjithatë, një bankë kineze e hapur në Amerikë, mund të punësoj këdo që dëshiron. Madje mund të ftoj miqtë dhe familjet e politikanëve amerikanë të investojnë në marrëveshje, që nuk mund të humbasin.

Fëmijët e politikanëve amerikanë, media e korruptuar nga ana e vet mezi i ka shqyrtuar marrëveshjet e diskutueshme të bëra nga ata të afërt me Barack Hysen Obamën, Joe Biden, John Kerry, Mitch McConnell dhe politikanë më pak të njohur, që kanë qenë më gjatë në lojën korruptive.

Në shumë pjesë të botës, fëmijët e figurave të fuqishme politike, hyjnë në biznes dhe përfitojnë shumë, jo domosdoshmërisht sepse janë të mirë në këtë bisnes, por sepse njerëzit duan të fitojnë favorin e prindërve të tyre, me ndikim në Capitol Hill në Washingotn DC.

Ky është një fenomen relativisht i ri në Shtetet e Bashkuara. Por për të afër-mit e disa familjeve të shquara politike, tashmë mund të flasim për qindra milionë dollarë.

Të hulumtuar thellësisht dhe të mbushura me zbulime tronditëse, libri i ri **Sekret e Perandorisë,** identifikon nëpunësit publikë të cilëve nuk mund t'u besohet dhe ofron një rrugë drejt një qeverie më të përgjegjshme.

Më në fund gazeta e ultra e majtë The New York Times, pranon se laptopi i Hunter Biden është i tij

"I dashur Hunter, faleminderit që më ftove në DC dhe që më dhatë mundësinë të takojmë babanë tuaj dhe kaluam ca kohë së bashku" – *Vadym* **Pozharskyi**, më 17 prill 2015

Për një vit e gjysëm, në mënyrë sistematike dhe të përsëritur me kokë fortësi 100% publikisht, administra ultra liberale e korruptuar O-Biden 3, ka gënjeyer në mënyre të turpshme popullin amerikanë dhe autoritet e drejtësisë federale të drejtësisë (*të cilat kanë heshtur me paramendim, duke mbuluar kështu korrupsionin fizik*), duke bërë publike deklaratën e tij mashtruese, para media-ve, *se laptopi nuk është i djalit të tij Hunter Biden,* por është krijuar (sajuar) nga Presidenti Putin dhe agjentetët e Shërbimit dhe Inteligjencës Sekrete të Fed-eratës Ruse, për të ulur kredibilitetin dhe prestigjin e familjes së tij...

Vetem kaq, mjafton, që Joe Biden të jap dorëheqjen dhe të vihet në dispozi-cion para drejtësisë amerikane, për investigim të metejshëm për mashtrim publik dhe korrupsion sistematik fizik.

Autori investigativ i shumë librave mbi korrupsionin e elitës së politikes amerikane **Peter Schweizer** (*librat e të cilit kanë kataloguar marrëdhëniet e dyshimta të familjeve Clinton dhe Biden*), **mendon se e di se çfarë fshihet** pas pra-

nimit të vonuar prej kohësh të New York Times, *se laptopi i mallkuar i Hunter Biden nuk është në fund të fundit një operacion dezinformues rus.*

Në tre pikat kryesore të politikës së jashtme amerikane sot: Ukraina, Rusia dhe Kina, familja Biden ka marrë dhjetëra miliona dollarë

"Babai do të jetë atje, por mbaje atë (sekret), ne tani për tani."
- **Hunter Biden**, e-mail Mars 2015

Autori dhe gazetari investigative *Peter Schweizer*, i tha **Maria Bartiromo** të kanalit **Fox News**, se artikulli i 16 marsit 2022, i cili hodhi njohjen e bombës në paragrafin e 24-të pas 16 muajsh mohimesh të medias liberale të legjitimitetit të laptopit, është një shenjë se familja Biden po përgatitet për një padi ndaj djalit të parë.

"Unë mendoj, se kjo pjesë e New York Times, fakti që ata morën bashkëpunim nga Ekipi Biden dhe ndoshta nga ekipi ligjor i Hunter Biden, është një tregues, se ata janë jashtëzakonisht të shqetësuar se ai do të paditet," i tha Schweizer gazetares Bartiromo të dielën në studio.

Duke vënë në dukje se një juri e madhe ka hetuar çështjen që nga viti 2018, si pjesë e hetimit të Prokurorit të Distriktit të Delaware **David Weiss**, Schweizer tha se vonesat e shkaktuara nga virusi kinez, duket se kanë mbaruar dhe një faturë e vërtetë mund të jetë në rrugë e sipër.

*"Ai është duke u mbështetur dhe funksionuar, dhe është shumë e qartë se kur bëhet fjalë për çështjet që lidhen me evazionin fiskal dhe pastrimin e parave dhe çështjet e tjera të lidhura me të, ata janë jashtëzakonisht të shqetësuar se **Hunter Biden do të paditet**,"* tha Schweizer. *"Dhe unë mendoj, se ky artikull është një përpjekje, për të përshtatur bisedën në një mënyrë që mund të jetë më e favorshme për ta. Nëse shikoni tre pikat kryesore të politikës së jashtme amerikane sot, Ukraina, Rusia dhe Kina, familja Biden ka marrë fonde, miliona dollarë në disa raste dhe dhjetëra miliona dollarë, nga individë të fuqishëm të lidhur me qeverinë, në secilin prej atyre vendeve. Hunter Biden dhe Joe Biden, kishin ndërthurur financat dhe Hunter Biden po paguante faturat mujore, duke paguar riparimet në shtëpinë e tij."*, tha Schweizer

Sipas laptopit të parë (*dhe të tre të tjerave që janë zbuluar më vonë*), është zbukuar se aty përfshihen mesazhe për dhe nga **Hunter Biden, që tregojnë se ai merr të paktën 31 milionë dollarë,** *në marrëveshje të dyshimta ndërkombëtare.*

"Këto janë marrëveshjet, që janë shpallur. Ka e-maile, në të cilat shtetasit e huaj thonë: "Sapo kam blerë 5 milionë dollarë në llogarinë tuaj, ju lutem konfirmoni marrjen", kështu që është e qartë bardhë e zi, por është e rëndësishme të theksohet në rastin e Kinës se 31 milionë dollarë erdhën nga katër. Biznesmenë

kinezë, secili me lidhje me nivelin më të lartë të inteligjencës kineze".

Vitin e kaluar, gazeta britanike **Daily Mail,** raportoi e-mailet, që tregonin Hunter Biden, duke organizuar një darkë të prillit 2015 në *Cafe Milano të George Town*, me një listë të të ftuarve, *duke përfshirë këshilltarin e gjigantit ukrainas të energjisë Burisma, Vadym Pozharskyi.*

"Babai do të jetë atje, por mbaje atë (sekret) tani për tani," shkroi Hunter Biden, në një e-mail të marsit 2015.

Pozharskyi, dërgoi një e-mail më 17 prill 2015, duke thënë: *"I dashur Hunter, faleminderit që më ftove në DC dhe që më dhatë mundësinë të takojmë babanë tuaj dhe kaluam ca kohë së bashku"*.

Ekipi i Presidentit aktual të SHBA-së Joe Biden, ka mohuar që të ketë pasur ndonjëherë një takim të tillë. (*Greg Wilson, Redaktor Menaxhues, 21 mars 2022*)

KYLE RITTENHOUSE: "UNË NUK KAM BËRË ASGJË TË KEQE. UNË MBROJTA VETEN."

"Kyle Rittenhouse, meriton të kujtohet si një hero, që mbrojti komunitetin e tij, mbronte bizneset dhe veproi në mënyrë të ligjshme, përballë paligjshmërisë. Jam krenar, që paraqes këtë legjislacion, për t'i dhënë Kyle Rittenhouse një Medalje të Artë të Kongresit." - **Marjorie Taylor Greene,** kongresmene e Gjeorgjisë, Nëntor 2021

*Nëna e Kyle Rittenhouse, sugjeroi se avokatët e saj po shqyrtojnë një **padi në gjyq, kundër Joe Biden, për lidhjen e supozuar të djalit të saj me organizatën e Supremacistëve të Bardhë amerikanë.***

Gjatë një interviste në Fox & Friends të Fox News, **Wendy Rittenhouse** *u pyet nëse ekipi i Rittenhouse planifikon të ndërmarrë ndonjë veprim ligjor, kundër amerikanëve të fuqishëm, duke përfshirë edhe Presidentin Joe Biden, për "**ndërhyrje në sistemin e drejtësisë**" dhe "**shpifje**", ndaj djalit tuaj 18-vjeçarë **Kyle Rittenhouse**.*

Epilogu

Kompania globaliste ultra e majtë **FAKEBook,** *që po shkel çdo ditë liritë dhe të drejtat e njeriut dhe po vendos diktaturën e saj socialiste mediatike në çdo hap me çensurë të turpshme të fjalës së lirë (të sanksionuar në amendamentet e Kushtetutës Amerikane) me përjashtoi përgjithmonë nga rrjeti social globalist, vetëm pse thashë të vertetën për patriotin Kyle Rittenhouse, djalin adolishent të pafajshëm, që mbrojti vetën e tij dhe qytetin nga sulmi i "protestuesve" të dhunshëm marksistë-anarkistë në Kenosha, ku Antifa dhe BLM, po djegnin barbarisht qytetin asokohe, stacionin e policisë së qytetit dhe pronat private, flamurin amerikan, gjatë verës së rrëmujave anarkiste të majta të vitit 2020.*

Gjendja në atë kohë, kur u zhvillua kjo ngjarje tragjike kishte dalur jashtë kontrollit nga turmat anarkiste histerike, që kishin pushtuar si huliganë sheshet e digjinin pronat private dhe publike.

Presidenti Donald J. Trump, i kërkoj kryetarit të Bashksië së qytetit dhe governatorit të shtetit, që të pranoj dërgimin nga ana e tij të trupave federale, për ri-vendosjen e qetësisë, në mbështetje të policisë, për të ndaluar kausin e mëtejshëm, të krijuar nga organizatat protestuese të dhunshme marksiste amerikane dhe indiferenca pushtetarëve dhe zyrtarëve demokratë aty.

Zyrtarët e lartë të demokratë të administratës lokale, të shtetit Wisconsin, fatkeq-

sisht dhe turpërisht refuzuan me vendosmëri për arsye politike, duke nxitur edhe më shumë dhunën, sepse ishin demokratë liberalë, duke berë që gjendja të precipitoi me shpëjtësi dhe në dëm të qytetit dhe banorëve të qytetit Kenesha, në shtetin e Wisconsin.

Kush është adolishenti trim dhe hero Kyle Howard Rittenhouse

"Unë mendoj, se gjyqi im ishte një shembull i përpjekjeve të tyre për të ardhur pas të drejtave tona të Amendamentit të Dytë, të drejtën tonë për të mbrojtur veten, duke u përpjekur për të marrë armët tona." - **Kyle Rittenhouse,** Konferenca Konservatore e inisë *Turning Point USA AmericaFest*, Dhjetor 2021

Një ndër historitë më të bujshme në dy vitet e fundit në SHBA, është ajo e të riut trim dhe hero me emrin Kyle Howard Rittenhouse (2003), **një i ri adolishent amerikan i mirënjohur, i cili për vetëmbrotje ka qëlluar tre burra agresorë, dy për vdekje, gjatë trazirave civile në Kenosha, Wisconsin, në gusht të vitit 2020, kur ai ishte 17 vjeç.**

Në gjyqin e tij *në nëntor 2021, një juri e shpalli të pafajshëm Kyle Rittenhouse,* **për vrasje dhe akuza të tjera,** *pasi ai dëshmoi se kishte vepruar në vetëmbrojtje.*

Ndjekja penale e adolishentit Rittenhouse, ishte nxitur nga të majtët, të cilët ishin të sigurtë se ai do të denohet dhe e dhanë direkt në TV, përmes mediave të tyre Fake News nga salla e gjyqit, në një kohë që për menaxheren personale të pedofilit **Jeffrey Epstein**[72] **Ghislaine Noelle Marion Maxwell**[73] **gjyqi nuk**

---

[72] **Jeffrey Edward Epstein (1953-2019)** was an American sex offender and financier. Epstein, who was born and raised in Brooklyn, New York City, began his professional life by teaching at the Dalton School in Manhattan, despite lacking a college degree. After his dismissal from the school, he entered the banking and finance sector, working at Bear Stearns in various roles; he eventually started his own firm. Epstein developed an elite social circle and procured many women and children; he and some of his associates then sexually abused them. In 2005, police in Palm Beach, Florida, began investigating Epstein after a parent reported that he had sexually abused her 14-year-old daughter. Epstein pleaded guilty and was convicted in 2008 by a Florida state court of procuring a child for prostitution and of soliciting a prostitute. He served almost 13 months in custody, but with extensive work release. He was convicted of only these two crimes as part of a controversial plea deal; federal officials had identified 36 girls, some as young as 14 years old, whom Epstein had allegedly sexually abused. He was arrested again on July 6, 2019, on federal charges for the sex trafficking of minors in Florida and New York. He died in his jail cell on August 10, 2019. The medical examiner ruled the death a suicide. Epstein's lawyers have disputed the ruling, and there has been significant public skepticism about the true cause of his death, resulting in numerous conspiracy theories. Since Epstein's death precluded the possibility of pursuing criminal charges against him, a judge dismissed all criminal charges on August 29, 2019.[17] Epstein had a decades-long association with the British socialite Ghislaine Maxwell, leading to her 2021 conviction on U.S. federal charges of

u dha direkt dhe deri më sot nga FBI, po fsheh investigimin provat si videot dhe listën e plotë të njerëzve me peshë V.I.P., që frekuentonte ishullin e tij privat.

Pra në këtë rast, u perdoren dy standarte të "drejtësisë" amerikane. Mediat e majta Fake News, janë munduar sistematikisht të hedhin baltë ndaj fëmijës apo adolishentet të pafajshëm, vetëm pse ai ishte dhe është sërisht mbështetës i Presidentit Donald J. Trump.

Mbas fitimit të pafajsisë, Kyle, ka marrë pjesë si i ftuar në ngjarje të organizuara nga organizata dhe individë konservatorë, të cilat përfshinin një takim me ish-presidentin **Donald J. Trump**, shfaqje televizive në kanalin prestigjoz **Fox News**, me komentatorin e famshëm politik **Tucker Carlson** dhe si i ftuar special në disa prodhime të **Turning Point USA**.

Emri dhe suksesi i të riut Rittenhouse, është përdorur për të shitur produkte, veçanërisht bluza. Në vitin 2022, Rittenhouse filloi një përpjekje për mbledhjen e fondeve, për të paditur me të drejtë mediat Fake News, në gjykatën civile, për shpifje të dokumentuar në video dhe njoftoi se kishte hapur fushatë në popull, për të mbledhur fonde financiare për mbrojtjen ligjore.

Kyle Howard Rittenhouse lindi më 3 janar 2003 në Antioch, Illinois, nga Michael dhe Wendy Rittenhouse. Ai është një amerikan i bardhë. Prindërit e tij u martuan në Lake County, Illinois, në shkurt 2000. Ai ka dy vëllezër e motra, një motër më të madhe dhe një motër më të vogël. Prindërit e tij u ndanë në vitin 2014.

Si student i vitit të parë të shkollës së mesme, Rittenhouse mori pjesë në programin Explorers në Departamentin e Policisë Grayslake, si dhe një program kadet në Departamentin e Zjarrfikësve të Antiokisë, me qëllimin për t'u bërë një ndihmës mjek ose për të punuar në zbatimin e ligjit si polic.

Ai shprehu interes për zbatimin e ligjit, përmes postimeve në mediat sociale të shikueshme publikisht. Në dhjetor 2018, Rittenhouse filloi një mbledhje fondesh përmes Facebook për Humanizing the Badge, një organizatë jofitimprurëse. Postimet e tjera rrotulloheshin rreth "nderimit të policisë, me grafika Blue Lives Matter, foto të oficerëve të vrarë në krye të detyrës dhe flamurin e "vijës së hollë blu" të lidhur me mbështetjen për zbatimin e ligjit." Në përshkrimin e profilit të tij në TikTok, Rittenhouse kishte shkruar: **"Jetet blu kanë rëndësi" dhe "Trump 2020"**

Më 30 janar 2020, Rittenhouse mori pjesë në një tubim të Donald J. Trump

---

sex trafficking and conspiracy for helping him procure girls, including a 14-year-old, for child sexual abuse and prostitution. (Wikipedia)

[73] **Ghislaine Noelle Marion Maxwell** (1961) is a British convicted sex offender and former socialite. In 2021, she was found guilty of child sex trafficking and other offences in connection with the financier and convicted sex offender Jeffrey Epstein, and was sentenced, in a New York court, to 20 years imprisonment on 28 June 2022.

në *Des Moines, Iowa* dhe u ul në rreshtin e parë. Rittenhouse mori një punë me kohë të pjesshme si roje plazhi në YMCA në Lindenhurst, por u pushua u largu në mars 2020 kur filloi *Plandemia e Virusit Kinez.*

Më 25 gusht 2020, kur Rittenhouse ishte 17 vjeç, ai qëlloi tre burra gjatë trazirave civile në Kenosha, Wisconsin. Rittenhouse ishte i armatosur me një pushkë të stilit AR-15 dhe ishte bashkuar me një grup burrash të armatosur në Kenosha, të cilët ishin atje për të mbrojtur bizneset.

Asokohe një burrë e ndoqi Rittenhouse në një parking dhe rrëmbeu tytën e pushkës së tij, Rittenhouse e qëlloi për vdekje. I riu me armë iku me vrap dhe u ndoq nga një turmë demostruesish të irrituar huliganë dhe anarkistë.

Ai qëlloi për vdekje një burrë të dytë, pasi goditi Rittenhouse me një skateboard dhe u përpoq të rrëmbejë pushkën e tij. Rittenhouse plagosi një burrë të tretë, kur ai iu afrua Rittenhouse dhe i drejtoi një pistoletë atij.

Në gjyqin e nëntorit 2021, prokurorët gënjyen direkt para TV, me video të cunguara, duke "argumentuar" me fallcitet, se adolishenti Rittenhouse shihej si një qëllues aktiv dhe kishte provokuar pjesëmarrësit e tjerë, ndërsa *avokatët mbrojtës argumentuan mbrojtjen pozitive të vetëmbrojtjes, duke deklaruar se ai kishte përdorur forcën e nevojshme për të parandaluar vdekjen e afërt ose lëndim të madh trupor për veten e tij.*

Një juri peshoi (analizoi) dy akuza për vrasje, dy akuza për tentativë vrasje dhe një akuzë për rrezikim të pamatur, dhe e gjeti adolishentin Kyle Rittenhouse të pafajshëm. Ndjenja publike dhe mbulimi mediatik i të shtënave ishte i polarizuar.

Në një sondazh të Economist/YouGov, zbuloi se 3/4 e republikanëve (që mbronin komunitetin nga demostruesit histerik të dhunshëm), mendonin se Kyle Rittenhouse duhet të lirohej menjëherë, ndërsa 2/3 e demokratëve (që mbronin anarkistët marksistë), mendonin se ai duhet të dënohej.

Facebook dhe Instagram e kishin ndaluar Kyle Rittenhouse nga platformat e tyre komuniste globaliste në gusht të vitit 2020 dhe kishin pamundësuar përdoruesit që të kërkonin emrin e tij, por e rikthyen atë politikë në dhjetor 2021, pas lirimit të tij nga akuzat fallco.

Mua personalisht Fakebook më fshiu profilin tim, vetëm pse në një artikull të **New York Post***, që ishte shpërndarë edhe në Fakebook, tek rubrika koment, unë shkruajta fjalët: "**Kyle is hero**".*

Pas shpalljes së pafajësisë, Rittenhouse u kërkua për paraqitje në media. Ai mori pjesë në një numër ngjarjesh republikane dhe konservatore të përshkruara si një fushatë e marrëdhënieve me publikun dhe turne publicitar.

Gjatë turneut, ai u përfaqësua nga publicistja Jillian Anderson, një ishkonkurrente në sezonin 19 të shfaqjes televizive realitet *The Bachelor.* Dy ditë më vonë, më 22 nëntor 2021, në **Fox News**, u publikua episodi njëorësh i titulluar **"Intervista e Kyle Rittenhouse"**, ku gazetari dhe analisti i famshëm **Tucker Carlson** intervistoi adolishentin Kyle Rittenhouse, për një gamë të gjerë temash.

Gjatë intervistës, Rittenhouse tha se përfundimisht do të donte të bëhej avokat ose infermier. Rittenhouse tha gjithashtu se ai mbështeti lëvizjen Black Lives Matter, kur ata demonstrojnë në mënyrë paqësore.

Carlson prezantoi Rittenhouse si *"të ndritshëm, të denjë, të sinqertë, të përgjegjshëm dhe punëtor, pikërisht lloji i personit që do të dëshironit shumë më tepër në vendin tuaj."* Intervista me Tucker Carlson u shikua atë natë nga 8,942 milion shikues.

Kyle Rittenhouse dhe nëna e tij, u takuan me Presidentin Donald J. Trump në Mar-a-Lago. Ai e quajti atë **"një djalë me të vërtetë i ri"**. Gjithashtu Rittenhouse, është shfaqur në disa ngjarje të drejtuara nga **Turning Point USA**, një organizatë konservatore jofitimprurëse, duke përfshirë një panel të quajtur **"Kenosha në Kamera"**, në *Konferencën Konservatore të Rinisë Turning Point USA AmericaFest në dhjetor 2021.*

Në ditën e tretë të Konferencës më 20 dhjetor, paneli përbëhej nga **Kyle Rittenhouse,** *Charlie Kirk, Jack Posobiec, Elijah Schaffer dhe Drew Hernandez.* Ai tha: *"Unë mendoj, se gjyqi im ishte një shembull i përpjekjeve të tyre, për të ardhur pas të drejtave tona të Amendamentit të Dytë, të drejtën tonë për të mbrojtur veten, kur të tjeret u përpoqen për të marrë armët tona."*

Në mars të vitit 2022, kompania suedeze *Nordic Empire Games* prezamtoi një lojë video me Kyle Rittenhouse, të quajtur *Acquitted.* I përshkruar si një grup i djathtë në pronësi të **William Hahne**, organizata krijoi lojën, ku paraqet Kyle Rittenhouse duke gjuajtur mbi turmat e zombive me 18 armë të ndryshme.

Më 23 qershor 2022, Rittenhouse njoftoi një lojë video të quajtur *Kyle Rittenhouse's Turkey Shoot,* e realizuar nga *Mint Studios*, me qëllim financimin e padive të tij për shpifje në media.

Videoloja, e cila përmban një film vizatimor Rittenhouse, që mban një armë portokalli të ndezur me qëllim që të gjuajë gjelat, të cilat përfaqësojnë mediat Fake News, nuk ka një datë të deklaruar të publikimit.

Në një reklamë në mediat sociale për lojën, Rittenhouse e përshkroi median si *"asgjë veçse një tufë gjela deti, që nuk kanë asgjë më të mirë për të bërë sesa të shtyjnë axhendën e tyre gënjeshtare dhe të shkatërrojnë jetët e njerëzve të pafajshëm."*

Të paktën dy ligje, një projekt-ligj dhe një shpallje janë propozuar në shtete të ndryshme, të cilat **kanë marrë emrin e Rittenhouse.**

Në muajin nëntor të vitit 2021, kongresmenja republikane, që përfaqson shtetin e Gjeorgjisë, **Marjorie Taylor Greene,** prezantoi Aktin e Medaljes së Artë të Kongresit Kyle H. Rittenhouse (H.R.6070), gjatë Kongresit të 117-të të

Shteteve të Bashkuara.

Projektligji, do t'i jepte Kyle Rittenhouse Medaljen e Artë të Kongresit, nuk gjeti bashkë-sponsor. Konservatorja patriote **Taylor Greene**, deklaroi: *"Kyle Rittenhouse meriton të kujtohet si një hero, që mbrojti komunitetin e tij, mbrojti bizneset dhe veproi në mënyrë të ligjshme përballë paligjshmërisë. Jam krenar, që paraqes këtë legjislacion, **për t'i dhënë Kyle Rittenhouse një Medalje të Artë të Kongresit."***

Në nëntor 2021, Përfaqësuesi i Senatit për shtetin e Oklahomas Nathan Dahm prezantoi projektligjin e Senatit 1120, të quajtur **"Ligji i Kyle"**. Projekt-tligji thotë se *nëse një i pandehur akuzohet për vrasje, por shpallet i pafajshëm, për shkak të vrasjes së justifikueshme, shteti duhet t'i rimbursojë ate.* Një version i modifikuar i projekt-ligjit kaloi nga Komiteti Gjyqësor i Senatit, me një shumicë votash të partisë republikane 7–3 në shkurt 2022.

Në janar 2022, Përfaqësuesi i Shtetit të Tenesit, Bruce Griffey prezantoi HB1769, i njohur gjithashtu si **Ligji i Kyle**. The Hill tha se ligji *"do të kërkonte që shteti të rimbursonte të pandehurit e shpallur të pafajshëm, për akuzat e vrasjes, për shkak të vetëmbrojtjes."*

Në muajin shkurt të vitit 2022, Rittenhouse njoftoi se po fillonte Projektin e Akuzës (Përgjegjshmërisë) së Medias Fake News, gjatë një interviste tjetër me gazetarin dhe analistin *Tucker Carlson Tonight*, në *Fox News*, duke thënë: *"Unë dhe ekipi im, kemi vendosur të lançojmë Projektin e Përgjegjshmërisë së Medias, si një mjet për të ndihmuar në mbledhjen e fondeve dhe për t'i mbajtur mediat përgjegjëse, për gënjeshtrat non stop që kanë thënë dhe t'i përballim ato në gjykatë. Nuk dua të shoh, që dikush tjetër duhet të merret me atë që unë kam kaluar."*

Njoftimi i Rittenhouse tërhoqi një krahasim me **Nicholas Sandmann,** një student i shkollës së Mesme Katolike Covington nga Kentaki, i cili, u bë i njohur në nanarit e vitit 2019 të Lincoln Memorial, Washington DC.

Në tetor 2021, Rittenhouse filloi të merrte mësime në internet në Universitetin Shtetëror të Arizonës si një student, që nuk kërkonte diplomë dhe donte të kalonte në klasat personale. Studentët, që nuk kërkojnë diplomë në ASU, kalojnë përmes një *procesi të modifikuar pranimi*, në vend të rregullit të plotë të pranimit, për studentët që kërkojnë diplomë, por studentët globalistë majtis të ASU, mbajtën një tubim të quajtur *"Vrasësi" jashtë kampusit*, për të protestuar kundër regjistrimit të Kyle Rittenhouse.

Historia e shkurtër e Kenosha-s County në shtetin Wisconsin

Kenosha *(ndryshe njihet si vendi i troftave të Liqenit Michigan)*, është një qytet ose selia e qarkut të Kenosha County, Wisconsin, ShBA. Ai shtrihet në bregun jugperëndimor të Liqenit të Michigan-it.

Nga regjistrimi i vitit 2020, popullsia ishte 99,986, gjë që e bëri atë qytetin e katërt më të madh në Wisconsin dhe qytetin e katërt më të madh në Liqenin Michigan.

Edhe pse më afër Milwaukee, qyteti është pjesë e zonës së kombinuar statistikore të Chicago-s (CSA) dhe zonës statistikore metropolitane të Byrosë së Regjistrimit të ShBA-së.

Dikur ajo ishte një qendër e madhe e aktivitetit industrial, ndërsa sot ajo është shtëpia e institucioneve të shumta arsimore, duke përfshirë Universitetin e Wisconsin (Parkside), Kolegjin Carthage dhe Kolegjin Teknik Gateway.

Ajo është shtëpia e selisë së prodhuesit të mjeteve *Fortune 1000 Snap-on Inc.*, si dhe e kompanisë së veshjeve *Jockey International*.

Vende të banimit të hershëm njerëzor janë zbuluar në afërsi të Kenoshës.

Sot, mbetet e paqartë nëse ndonjë vend daton para *kulturës Clovis* por, nëse po, ato vende do të ishin të njëkohshme me periudhën e akullnajës së shtetit në Wisconsin.

Ekspertët e arkeologjisë amerikane, kanë arritur në përfundimin se *Paleo-indianët u vendosën në këtë zonë të paktën 13.500 vjet më parë...*

Qytetari Kyle Rittenhouse, është 100% i pafajshëm

Kjo e vërtetë historike, po vërtetohet çdo ditë edhe në gjyqin e bujshëm, që amerikanët po e ndjekin **Live**. Tre dhunuesit fizik të Kyle Rittenhouse, kanë pranuar se kanë qenë ata (protestuesit e BLM) të parët që e kanë sulmuar fizikisht dhe me armë atë (djaloshin 17-vjeçar Kyle Rittenhouse).

Një person me veprimtari të gjatë kriminale **Gaige Paul Grosskreutz,** i cili, i ka drejtuar direkt pistoletën e mbushur me plumba atij (*Kyle i rrëzuar në tokë, sikurse shiohet edhe në video*), për t'a vrarë dhe në reagim vetëmbrojtës, sulmuesi me pistolete ka marrë menjëherë plumbin nga djaloshi hero vetëmbrojtës Kyle Rittenhouse, duke e plagosur atë aty në vendngjarje.

Nga investigimi i biografisë së dy të vrarëve sulmues: **Anthony Huber** (***Convicted felon, assault & battery domectic abuse false imprisoment, elegal weapon***), dhe **Joseph Rosenbaum** (***Convicted felon, sex offeder level 3 offender, failure to maintain, register status***), del se dy të vrarit kanë qenë persona me veprimtari aktive kriminale, të mirënjohur për policinë si abuzues me fëmijët (pedofilë) dhe kanë qenë të arrestuar dhe dënuar disa herë.

Tashmë, gjyqi kundër djaloshit adolishent vetëmbrojtës Kyle ishte farse dhe me doza idiote politike, të përgatitur nga hienat: Big Media, Fake News, Big Tech, dhe politikanët dhe gjykatësit "demokratë" socialkonunistë të Joe Biden, i cili, sikurse do ta lexoni *e ka akuzuar djaloshin e ri të pafajshëm Kyle Rittenhouse si "Përfaqsues i Grupit të Supremacistëve të Bardhë". Ky i fundit e ka hedhur ne gjyq Biden, Fakebook, etj., dhe shumë media amerikane.*

Vetë gjyqi me seancat e tij e ka hedhur poshtë gënjeshtrën politike të *sleepy Joe Biden.* Propaganduesit mashtrues "demokratë", media Fake News dhe Big Tech, që në gjyq vazhdimisht po mundohen të imponojnë kartën e racizmit, e cila po del si një ide boshe e politikanëve të ekstremit të majtë, që tradicionalisht janë shpirti dhe zemra e elementëve negative të shoqërisë amerikane.

Në këtë ngjarje, që po trajtohet në gjyq, del e kjartë se nuk ka racizëm, sepse të gjithë personat në ngjarje, janë njerëz të bardhë.

Pothuajse çdo ditë media Fake News, Biden dhe Big Tech, po dalin zbuluar dhe ekspozojnë vetën dhe taktikat e tyre mashtruese, kur gënjejnë, hapur të gjithë amerikanët, që e dijnë se të gjithë njerëzit e përfshirë në ngjarje janë të bardhë dhe asnjë person i ndonjë komuniteti tjetër dhe ngjarja tragjike nuk ka asnjë lidhje me racizmin.

Kjo ndodh gjithnjë non stop, sa here që komunistët dhe anarkistët amerikanë nuk kanë argumente dhe fakte, dhe se po shohin se humbin gjyqet, ata rishfaqen me tema absurde pa lidhje, sikurse është teoria e preferuar e tyre e kartës së vjetër së racizmit.

Mos të harrojmë, se më 6 janar 2021, **polici me ngjyrë i komunitetit afrikano-amerikanë Michael Byrd**, i cili është i regjistruar në video me pistoletë, ka vrarë me gjakftohtësi brenda Kongresit **Ashli Babbitt**[74] një grua

---

[74] **Ashli Babbitt (1985-2021). Më 6 janar 2021**, Ashli Babbitt u qëllua për vdekje gjatë sulmit të Kapitolit të Shteteve të Bashkuara të vitit 2021. Ajo ishte pjesë e një manifestimit kunder manipulimit dhe vjedhjeve te zgjedhjeve presidenciale si mbështetëse e Presidentit të SHBA Donald J. Trump. Pasi një ekip i përgjigjes emergjente të USCP administroi ndihmën, Babbitt u transportua në Qendrën Spitalore të Uashingtonit, ku ajo vdiq më vonë. Ashli Babbitt u rrit në një familje pranë San Diegos, Kaliforni. Në vitin 2004, ajo u regjistrua në Forcat Ajrore të Shteteve të Bashkuara, ku shërbeu dymbëdhjetë vjet; ndërsa ishte në detyrë aktive, ajo takoi burrin e saj të parë, Staff Sgt. Timothy McEntee. Babbitt mori pjesë tetë herë si forcë aktive në ushtrinë amerikane deri në vitin 2014, duke përfshirë në **Afganistan, Irak, Kuvajt dhe Katar; nga viti 2010, ajo shërbeu në Gardën Kombëtare Ajrore.** Gjashtë nga vitet e saj në shërbim u shpenzuan në një njësi "Capitol Guardians" të Gardës Kombëtare Ajrore të Distriktit të Kolumbias, mandati i së cilës është të mbrojë rajonin e Uashington DC dhe të shtypë trazirat civile. Në vitin 2014, Babbitt shërbeu si "mentor" për avionët me më pak përvojë që do të shkonin në dislokimin e tyre të parë. Ajo arriti gradën e aviatorit të lartë, një "gradë relativisht e ulët" për një veteran dymbëdhjetëvjeçar sipas The Washington Post. Nga viti 2015 deri në vitin 2017, afër përfundimit të shërbimit të saj, ajo plotësoi të ardhurat e saj duke punuar si sigurim në centralin bërthamor Calvert Cliffs në Maryland. Atje, ajo u takua me **Aaron Babbitt**, i cili do të bëhej burri i saj i dytë. Ajo bëri kërkesë për divorc nga burri i saj i parë në vitin 2018. Në vitin 2018, Babbitt u kthye në Kaliforni me burrin e saj të dytë dhe ata blenë një biznes shërbimi pishinash. Ajo punoi atje me vëllain e saj dhe disa të afërm të tjerë. Nëna e Babbitt, **Micki Witthoeft**, u bë politikisht aktive pas vdekjes së vajzës së saj. Në korrik 2021, ajo u shfaq në një tubim të Presidentit Donald J. Trump, ku u prezantua nga Paul Gosar dhe mori një ovacion të vazhdueshëm nga turma. Burri i Babbitt u tha gazetarëve se ai nuk dëshiron që dhuna të bëhet në emër të gruas së tij. *Presidenti Donald J. Trump shfaqi ne ekranin e madh per*

paqësore të bardhë nga Kalifornia dhe media, Big Tech, Senati dhe Kongresi Amerikan, i kontrolluar nga demokratët nuk duan t'a investigojnë dhe ndriçojnë (zbardhin) këtë të vertetë historike.

Në këtë rast, ato ("demokratët") nuk flasin për racizëm edhe pse të gjithë amerikanët e dijnë, se një njeri me ngjyrë si oficer policie në Kongresin Amerikan, vret një grua paqësore të bardhë.

Këto ditë Biden, hapur dhe pa pikë turpi, gënjeriu në një fjalim të tij se janë vrarë nga demostruesit paqësorë 6 policë, duke përharur si zakonisht keqinformim me vetëdije, para popullit amerikanë, që tashmë ka fituar imunitet ndaj gënjeshtrave dhe gafave seriale idiote të tij.

Pse nga organizatat komuniste anarkiste: **BLM dhe simotra e saj Antifa**, për vdekjen e personit me ngjyrë me histori kriminale dhe droge George Floyd nga një polic i bardhë, u djeg SHBA, gjatë verës së vitit 2020.

Gjatë asaj periudhe të turpshme të sundimit të kaosit anarkisto-komunist, u rrëzuan qindra monumente të historisë dhe presidentëve të lavdishme të vendit, ndërsa për vrasjen e qëllimshme të gruas së bardhë **Ashli Babbitt (1985-2021)** nga Kalifornia më 6 janar 2021, nuk u dogj asnjë shtëpi, nuk u vra asnjë polic, nuk u shkatërrua apo djegur asnjë stacion policie, nuk është djegur asnjë flamur amerikanë apo pronë publike dhe private.

Polici me ngjyrë afrikano-amerikanë me shërbim në Kapitol Hill, pranë Kongresit Amerikan, në Washington D.C., që vrau gruan e bardhë sot është i lirë dhe veprimi i tij fatal nuk është bërë objekt investigimi nga "demokratët" komunistë atje.

Në këtë rast kemi të bëjmë me dy standarte hipokrite të "drejtësisë" amerikane, nga qeveria komuniste këtu, Kongresi dhe Senati Amerikan, *e cila ka sjellë me të drejtë revoltimin dhe zhgënjimin e madh të popullit amerikanë.*

Facebook, Twitter, YouTube, Google etj., në ditët tona, po sulmojnë non stop qytetarët amerikanë, familjet, prindërit, që thotë të vërtetën, ofron fakte, video, foto, intervista, duke mbrojtur me opinione apo deklarata në rrjetet sociale, djalin e pafajshëm adolishent Kyle Rittenhouse.

---

fansat e tij një video për të shënuar ditëlindjen e Ashli Babbitt, protestueses së Capitol Hill Washington D.C., e qëlluar për vdekje nga polici me ngjure afrikano-ameirkane Michael Byrd. "Ne i japim mbështetje të palëkundur familjes së saj dhe Departamenti i Drejtësisë të rihap hetimin për vdekjen e saj. Në atë ditë të tmerrshme të 6 janarit, Ashli Babbitt mbërriti në Kapitolin e Shteteve të Bashkuar. Ajo u qëllua dhe u vra tragjikisht. Sot do të kishte ditëlindjen e saj. Gëzuar ditëlindjen, Ashli." - **Donald J. Trump, President i 45-te i SHBA-se, Iowa-s në Des Moines, 11 tetor 2021**.

Roli negativ i çensurës dhe desinformimi sistematik
nga Fakebook Farse në SHBA

Miliona amerikane janë burgos nga Facebook,[75] Twitter, YouTube, Google ect., pra Fake News dhe Big Tech, vetëm po thonë të vërtetën, për ngjarjen në fjalë apo për Joe Biden.

Facebook, fatmirësisht është denuar dhe po paguan sot mbi 643,000 dollarë gjobë, për rolin e spiunit, në skandalin e Cambridge Analytica. Sipas burimeve të sakta, mësojmë se **Fakebook** (Facebook), ka rënë dakord t'i paguajë një gjobë demshpërblimi rreth **643,000** dollarë një mbikëqyrësi të mbrojtjes së të dhënave në Mbretërinë e Bashkuar Britanike, për rolin e tij në skandalin e Cambridge Analytica. (*Ben Margot/AP*)

Një agjenci tjetër serioze lajmesh, shkruan se **Facebook**, ka rënë dakord të paguaj një gjobë prej 500,000 £ (Euro) rreth 643,000 dollarë, për Zyrën e Komisionerit të Informacionit të Mbretërisë së Bashkuar, *për rolin e saj në skandalin e Cambridge Analytica*. Gjoba u lëshua fillimisht në tetor të vitit 2018, si pjesë e hetimit të ICO-së, për përdorimin e jashtëligjshëm të të dhënave të mediave sociale, për qëllime politike dhe fitimi.

Sikurse shihet **Fakebook**, ra dakord të paguante gjobën, pas më shumë se një viti procesesh gjyqësore dhe apelimesh, ndërmjet rregullatorit dhe gjigantit të teknologjisë.

Në hetimin e saj, ICO zbuloi se Facebook, ka shkelur me paramendim ligjet, për mbrojtjen e të dhënave private, duke dështuar në ruajtjen e të dhënave personale të përdoruesve dhe lejuar kësisoj *Cambridge Analytica* të mbledhë të dhënat e më shumë se **87 milionë njerëzve,** pa pëlqimin e tyre në mbarë botën.

Gjoba u vendos me të drejtë, sipas **Aktit për Mbrojtjen e të Dhënave 1998**, i cili, kufizoi dënimin maksimal të mundshëm që ICO mund të vendoste ndaj Facebook. Për shkak se Cambridge Analytica mblodhi të dhënat në vitin 2015, ICO thotë se nuk mund të vendoste një dënim më të ashpër.

Nga ana e tjetër, sipas ligjeve të reja, për mbrojtjen e të dhënave që MB miratoi në vitin 2018, Facebook do të përballet me një gjobë maksimale deri në 17 milionë paund (rreth 22 milionë dollarë) për të njëjtën shkelje.

Amerikanët mendojnë, se po përdoren pa të drejtë dy standarte me ligjet e drejtësisë ketu, ku të gjithë habiten pse pronari i Facebook nuk është arrestuar për shkeljen e ligjeve amerikane mbi privatësinë e 87,000.000 për-

---

[75] https://www.nytimes.com/2018/04/04/us/politics/cambridge-analytica-scandal-fall-out.html

doruesve të tij, kur një qytetar i thjeshtë, nëse përdor informacionet private të dikujt tjetër denohet me burg dhe gjobë, për dëmin e madh të shkaktuar ndaj dikujt tjetër.

Sipas ligjit amerikan, nëse dikush hap një zarf, pra letren dikujt tjetër, denohet me gjobë $300 dhe deri në prvimin e lirisë, duke shkuar direkt në shtëpinë pa qira, që quhet **burg**.

Si po reagojnë përdoruesit e Facebook, ndaj skandalit të Cambridge Analytica? *"Mbrojtja e informacionit personal dhe privatësisë personale, është e një rëndësie thelbësore, jo vetëm për të drejtat e individëve, por edhe siç e dimë tani, për ruajtjen e një demokracie të fortë,"* tha zëvendës komisioneri i ICO-së, James Dipple Johnstone.[76]

Bossi i Facebook fatkeqsisht, duke shkelur ligjet amerikane, nuk është arrestuar për spiunazh, rrezikshmërinë e Sigurisë Kombëtare, mbasi po përdorin dy standarte apo *Ligji si Maliqi*, për spiunët me para dhe pushtet dhe popullit të thjeshtë amerikanë, pa para dhe pushtet.

Sot Fakebook, po bën me hipokrizi santazhe dhe rolin e moralizuesit sherrbudallit, duke çensuruar dhe përjashtuar **President Donald J Trump** dhe konservatorët e patriotët amerikanë.

Ato po shkelin hapur amendamentet e Kushtetutës Amerikane, për **Lirinë e Fjalës** dhe të **Drejtat e Njeriut**, në një kohë që talebanët dhe organizatat terroriste apo qeveritë diktatoriale nëpër botë etj., kanë pushtet të plotë dhe bëjnë propagandë non stop anti-amerikane dhe anti-demokratike nëpër faqet hipokrite me shumë standarte të "komunitetëve" fantazëm globaliste të Big Tech...

Shfajësimi i Kyle Rittenhouse në Kenosha, është vendimi më i drejtë e i saktë

*"Më parë, mund të shihja Kyle Rittenhouse duke u shpallur i pafajshëm. Tani, pasi kam parë pjesën tjetër të provave, do të isha i tronditur nëse ai do të dënohej për ndonjë gjë më shumë se një akuzë. Me fjalët përmbyllëse, **do të ishte një tronditje nëse ai do të shpallej fajtor.**"*[77]

Avokatët e djalit të ri patriot, fatmirësisht dhanë argumentet e tyre përfundimtare, në gjyqin e Kyle Rittenhouse dhe më pas çështja shkoj në Juri të Madhe brenda sallës së gjyqit.

Nëse do të isha anëtar i asaj jurie, menjëherë do të votoja për të liruar Kyle Rittenhouse nga akuzat e padrejta, më të rënda për vrasje, bazuar në provat se ai po vepronte

---

[76] https://www.npr.org/2019
[77] Sean Krajacic/The Kenosha News përmes AP

në vetëmbrojtje, kur qëlloi tre persona aggressive dhe kërcenues me vrasje në Kenosha, në gusht të vitit 2020.

Por, provat janë prova dhe nuk pres që udhëzimet ligjore të ndryshojnë ndjeshëm rezultatin. Në momentet përpara se të tërhiqte këmbëzën, është shumë e qartë se Rittenhouse, kishte arsye të vlefshme, për t'u frikësuar për sigurinë e tij, fillimisht nga një burrë i pavarur mendërisht, që e ndiqte me njohuri të plotë, mbasi ai po mbante në dorë një pushkë AR-15 dhe më vonë nga ajo që ai e perceptonte si një turmë histerike, që e sulmon dhunshëm, për t'u hakmarrë, për të shtënat e para.

Por kjo nuk e anulon perceptimin e vetë Rittenhouse, për ngjarjet dhe veprimet, që ai ndërmori, për të mbrojtur veten. Amerikanët, do të tronditeshin nëse ai dënohet pa të drejtë, për ndonjë gjë më shumë se posedimi i një arme zjarri të rrezikshme nga të miturit.

Një burrë i qëlluar nga djali i ri 17-vjeçari i atëhershëm Kyle Rittenhouse në vitin 2020, pranoi në gjykatë se po drejtonte armën ndaj Rittenhouse, kur adoleshenti qëlloi për vetëmbrojtje. Kjo mjaftoi që çështja të mbyllet dhe Kyle të shpallet i pafajshëm para televizoreve, që e transmetonin direkt proçesin gjyqsor.

Rittenhouse qëlloi Gaige Grosskreutz, atëherë 26 vjeç në atë kohë, gjatë një trazire në Kenosha, Wisconsin, në muajin gusht të vitit 2020. Grosskreutz, atëherë i armatosur me një pistoletë, i ishte afruar Rittenhouse disa çaste pasi adoleshenti ishte sulmuar nga dy të tjerë dhe ishte shtrirë në tokë.

Grosskreutz, drejtoi armën e tij në Rittenhouse, përpara se adoleshenti, i cili ishte i armatosur me pushkë, të kthente armën e tij mbi Grosskreutz, duke qëlluar dhe goditur në krahun e tij.

Në pyetje nga avokati mbrojtës i Rittenhouse, **Corey Chirafisi**, *Grosskreutz dëshmoi se Rittenhouse qëlloi mbi të, pasi Grosskreutz kishte drejtuar pistoletën në Rittenhouse.*

Chirafisi, filloi radhën e pyetjeve me një imazh të palëvizshëm nga një video, që tregon momentin kur Rittenhouse qëlloi Grosskreutz, duke treguar se krahu i Grosskreutz ishte *"avulluar"*, siç tha dëshmitari.

Corey Chirafisi: **Ai qëlloi vetëm derisa i drejtove armën, e përparuat me armën tuaj - tani duart tuaja poshtë - i drejtuat atij. E drejtë?**

Gaige *Grosskreutz: E saktë.*

Trazirat e BLM dhe Antifa në Kenosha (Wis.)

Sipas investigimeve të dëmeve të bisneseve publike dhe private dhe pronave private dhe publike, del se u shkaktuan mbi 2002 billion dollarë, u shkaktuan nga demostruesit anarkistë markistë të BLM dhe Antifa në shumë shtete të SHBA në verë të vitit 2020.

Gjatë kësaj periudhe janë zhvilluar 570 protesta të dhunshme dhe shkatërruese, duke u djegur dhe shkumbuar plotësisht, vjedhur në mënyrë massive, ku u plagosën nga protestuesit mbi 2000 pilicë dhe vrarë barbarisht shumë të tjerë.

Gjyqi i Kyle Rittenhouse, Kenosha ekspertët po peshojnë në argumentet përfundimtare. Ndërsa një juri e Wisconsin peshonte akuzat, kundër sulmuesit të akuzuar në Kenosha, Kyle Rittenhouse, avokatët dhe ish-prokurorët e vjetër u shprehën në ato që ata mendonin se ishin disa nga pikat e ulëta dhe të larta të argumenteve përfundimtare.

Prokuroria dhe mbrojtja, kaluan secila orë të tëra, duke u përpjekur të bindin jurinë, për fajësinë ose mospafajësinë e Rittenhouse. **Juria e Madhe**, diskutoi me përgjegjësinë e madhe, për të përcaktuar nëse Rittenhouse, sot 18 vjeç, do të dënohej, për ndonjë nga akuzat kundër tij.[78]

Duke folur për Fox News Digital, avokatët për një kohë të gjatë kishin mendime të ndryshme, për mënyrën se si ia dolën të dyja palët, me njërin që pohoi se Prokuroria dha argumente më bindëse, se sa kishte më parë, dhe të tjerë, që pretendonin se ajo kishte më shumë për të kompensuar se sa mbrojtja.

"Prokuroria, që merr më shumë se dy orë në një çështje, nuk është një shenjë e madhe," tha **Brett Tolman**, një ish-prokuror federal i kthyer në avokat mbrojtës penal, duke iu referuar se si fjalimet përfundimtare të prokurorisë zgjatën afërsisht dy orë e gjysmë.

Avokatët mbrojtës të Kyle Rittenhouse, kanë argumentuar vazhdimisht se klienti i tyre, po vepronte në vetëmbrojtje. Ndërkohë, prokurorët e tejpolitizuar shtetit, janë përpjekur të përshkruajnë Rittenhouse si nxitës të sulmeve.

Djegia e 100 bisnesve nga protestuesit e BLM në Kenosha

Pronarët e bizneseve Kenosha, po bëjnë bilancin e rrënojave dhe po shikojnë gradualisht drejt ri-ndërtimit, pas disa protestave të BLM dhe Antifës.

---

[78] **Jury duty. Jury duty or jury service** is service as a juror in a legal proceeding. The prosecutor and defense can dismiss potential jurors for various reasons, which can vary from one state to another, and they can have a specific number of arbitrary dismissals, or unconditional peremptory challenge, which does not require specific reasons. The judge can also dismiss potential jurors. Some courts had been sympathetic to jurors' privacy concerns and refer to jurors by number, and conduct voir dire in camera. In the United States, there have also been Fifth Amendment challenges and medical privacy objections to this.

Lozha Daneze e Vëllazërisë në Kenosha, është tani vetëm një grumbull tullash. *"Shumë gjak, djersë dhe lot, u futën në këtë vend dhe tani ai është zhdukur,"* tha **Robert Ibsen**, anëtar i Vëllazërisë Daneze.

Policia e Kenosha, publikoi fatmirësisht këto ditë imazhet e shumta të vëzhgimit nga kamet e sigurisë të personave me interes në hetimet e dhumshme, për zjarrvënie të qëllimshme nga proetstuesit "paqësorë".

Ndërtesa publike e cila është më shumë se 100 vjet e vjetër, u dogj deri në themel gjatë trazirave. Ibsen, 92 vjeç, është një anëtar i përjetshëm i shtëpizës dhe zemërthyer. Rrënojat janë plot me dekada kujtimesh.

"Është vetëm një turp," tha ai. *"Pse ne? Ne kemi qenë një shtyllë e këtij komuniteti, për të gjithë kohën, që kemi qenë këtu."*

Nga ana e tjetër, mësojmë se Aleanca e Biznesit në Kenosha, tha se më shumë se 100 biznese u dëmtuan, gjatë trazirave dhe të paktën 40 biznese u shkatërruan.

"Mund të jetë deri në 50 milionë dollarë humbje, së bashku me bizneset, infra-strukturën publike, ndërtesat publike dhe atë që qiramarrësit kanë humbur," tha **Heather Wessling Grosz**, nënkryetare e Aleancës së Biznesit të Zonës Kenosha.

Tony Farhan shikoi një mesazh në **Facebook Live** të grabitjes së dyqanit të tij. Më vonë, tha ai, grabitësit i vunë zjarrin.

"Nuk është vetëm puna ime; gjysma e sendeve të mia ishin atje. Rrobat e fëmijëve, bagazhet, shumë gjëra në magazinë që ose u grabitën ose u dogjën deri në tokë. Kjo është shumë e trishtueshme. Ky vend do të thoshte shumë për mua." – tha **Tony Farhan**.

Ai po përpiqet të shpjegoj dëmin e katër fëmijëve të tij. *"Fëmija im donte të shiste lemonade, për të mbledhur para, duke u përpjekur të qëndronte pozitiv dhe të ndihmonte sa më mirë që mundej,"* tha ai.

Bodrumi i Vëllazërisë Daneze, ishte praktikisht i paprekur nga flakët dhe grupi ishte në gjendje të shpëtonte disa objekte historike. Tani ata po punojnë për të rindërtuar.

"Sjellja e vëmendjes kombëtare te Kenosha mund të mos jetë vëmendja që ndihmon në ndërtimin e komunitetit tani, por ne mund ta përdorim atë për të thënë se si mund të rindërtojmë? Dhe ne kemi nevojë për shumë fonde, për ta ribërë atë," tha Wessling Grosz. (**Alexis McAdams, 2 shtator 2020**)

Familja e Kyle Rittenhouse, u sugjeroi avokatëve të shqyrtojnë një padi penale kundër Joe Biden

Ndaj Joe Biden, fatmirësisht mund të ngrihen akuza të renda, në gjyqin e ardhshëm për racizëm, kundër të riut 17-vjeçar Kyle Rittenhouse nga Kenosha në shtetin Wisconsin.

Plaku Biden, akuzoi të riun Rittenhouse si përfaqsues i organizatës së supremacistëve e njerëzve të bardhë, në verën e vitit 2020, gjatë kohës së fushatës për garën presidenciale, për të fituar votat e komunitetit me ngjyrë afrikano-amerikanë. Kjo akuzë e rendë raciste, mund t'i rrezikoj atij postin dhe mund të denohet nga gjykata.[79]

Gjatë një paraqitjeje në America Reports të Fox News, **Leo Terrell** (*opinionit i komunitetit afrikano-amerikanë*), një avokat për të Drejtat Civile për njerëzit me ngjyrë si dhe bashkëpunëtor i ngushtë i Fox News, tha se **Biden nuk kishte fakte, për të justifikuar vërejtjet e tij.**

Nëna e Kyle Rittenhouse, sugjeroi se avokatët e saj po shqyrtojnë një padi kundër Joe Biden, për lidhjen e supozuar të djalit të saj se gjoja ai është antar i Organizatës së Supremacinë së Bardhë. *"Më lejoni t'i jap Joe Biden një këshillë: Te jeni shumë të kujdesshëm se çfarë thoni, sepse jeni subjekt i një padie të mundshme për shpifje,"* tha Terrell pas vendimit.

Reagimet kundër Kyle Rittenhouse (17 vjeç) dhe ish-klientit të McMurtry kanë paralele: të dy ishin të mitur dhe ishin figura private, tha McMurtry.

Për të mbajtur dikë përgjegjës për shpifje, kundër një figure private, avokatëve do t'u duhet vetëm të provojnë neglizhencë nga ana e kujtdo, që ka bërë deklaratën shpifëse, në krahasim me keqdashjen aktuale, një barrë më e lartë provash, për figurat publike si të famshëm dhe zyrtarë të zgjedhur, tha McMurtry.

Nicholas Sandmann (asokohe në moshën 16-vjeçare), një banor në Kentaki, vendosi një padi prej 250 milionë dollarësh ndaj **CNN** për shpifje në janar të vitit 2020 (të cilën e fitoi) lidhur me mbulimin e rrjetit të konfrontimit të tij viral me një burrë vendas amerikan në Washington DC.

Një videoklip tregoi Sandmann, duke mbajtur një kapelë të kuqe me gërmat e mëdha "**MAGA**" rreth shokëve të tij të klasës dhe duke buzëqeshur përpara **Nathan Phillips**, i cili po i binte daulles dhe po këndonte në Memorialin të Presidentit republikan **Abraham Lincoln**.

Asokohe, shumë media globaliste të majta dhe Big Tech në rrjetet sociale e portretizuan incidentin si akuzë racore, përpara se të shfaqeshin pamjet shtesë, që tregonin se një grup njerëzish, kishin provokuar konfrontimin.

---

[79] **Kyle Rittenhouse** could potentially have a defamation case against sleepy Joe Biden over a tweet suggesting Kyle Rittenhouse was a White supremacist, a lawyer who represented former Covington Catholic High School student **Nicholas Sandmann** told **Fox News**.

KISHA KATOLIKE LEJON ME NDËRGJEGJE IMAZHIN BLASFEMIK NË HYJNIZIMIN APO SHENJTËRIMIN E DROGAXHIUT GEORGE FLOYD SI KOPJE E JEZUSIT NË UNIVERSITETIN KATOLIK AMERIKAN (1895-2021)

"George Floyd, nuk është dëshmori im. Ai mund të jetë i juaji. Atij i kishin kryer autopsi të shumëfishtë dhe të gjithë konkluduan të njëjtën gjë: ai nuk vdiq nga shtypja në fyt. Ai ishte një i varur nga droga, i cili kishte marrë shumë drogë mbidozë. Faktet janë se Derek Chauvin nuk e shkaktoi vdekjen e tij." **- Candace Owens**

"George Floyd, nuk është Jezu Krishti. Ai nuk është shenjtor, as martir, dhe sepse, në çfarëdo mënyre, krahasohet me djalin e pamëkat të Zotit të Plotfuqishëm, duhet t'i bëjë një dëm të madh shumicës dërrmuese të katolikëve dhe teologjisë katolike." **- Blayne Clegg.**

Një pikturë me ngjyra pieta e ekspozuar në shkollën juridike të Universitetit Katolik të Amerikës, që disa e shohin se përshkruan afrikano-amerikanin drogaxhi George Floyd në vendin e Jezusit u vodh, sikurse njoftoi zyrtarisht shkolla.

Por në një e-mail, më 24 nëntor 2021, Presidenti John Garvey tha se *"vepra artistike"* (!), e cila shkaktoi një reagim të ashpër në mediat sociale dhe një **Peticion** të vazhdueshëm, që kërkonte heqjen e saj, është zëvendësuar nga një version më i vogël i së njëjtës pikturë, që varej më parë në kampusin e shkollës.

Idea e realizmit të pikturës, sikurse shihet bazohet në pikturën e famshme **La Pieta** të autorit famshëm italian **Mikelanxhelo**, e realizuar rreth vitit **1498**, e cila ndodhet aktualisht **në Bazilikën e Shën Pjetrit në qytetin e Vatikanit**.

Vepra e rilindasit të shquar italian e përshkruan Marinë duke mbajtur trupin e vdekur të Jezusit në krahë. Skulptura origjinale prej mermeri përshkruan nënën e Jezusit, Marinë, duke mbajtur trupin e djalit të saj të vdekur në prehër.

Piktura e Kelly Latimore me titull "Mama", përshkruan një nënë me ngjyrë afrikano-amerikane, që mban në gjoks djalin e saj të vdekur (drogaxhiun Geroge Floyd të denuar 5 herë me burg për aktivitet kriminal).

Organizata Amerikane Studentore CUA Young Americans for Freedom, filloi një *Peticion*, për të hequr pikturën nga kampusi. *"Ne po kërkojmë përmes këtij Peticioni, që administrata e Universitetit t'i heqë këto imazhe nga ekspozimi publik* *në Kampusin tonë, pasi besojmë se ato janë mosrespektuese dhe sakrilegjike"*, thuhej në **Peticion**.

Pak fjalë mbi Universitetin Katolik të Drejtësisë

Shkolla e Lartë e Drejtësisë në Columbus, e njohur gjithashtu si Ligji CUA, është shkolla juridike e Universitetit Katolik të Amerikës, e cila ndodhet në Washington, D.C.

Ajo ka më shumë se 450 studentë të Jurisprudencës, të cilët ndjekin Ligjin CUA. Klasat hyrëse zakonisht përbëhen nga rreth 150 studentë, duke përfshirë programet e ditës dhe ato të orëve të mbrëmjes. Rreth 1,900 studentë aplikojnë çdo vit për të hyrë në auditoret e tij.

Sipas burimeve historike të shkollës në fjalë del se Universiteti Katolik i Amerikës filloi të ofroj mësime në drejtësi qysh në vitin 1895 si pjesë e vendimit të tij, për të hapur *"fakultete për laikët"*. Departamenti u shndërrua në një shkollë zyrtare në vitin 1898.

Shkolla Juridike e Universitetit Katolik, ka krijuar një histori progresive të përfshirjes. Studenti i saj i parë afrikano-amerikan u regjistrua në vitin 1902, kurse studentja e parë femër në vitin 1922.

Në vitin 1919, Knights of Columbus themeluan një program arsimor të njohur si Universiteti i Columbus, i cili ofronte një program edukimi në mbrëmje për veteranët katolikë të luftës, të cilët ktheheshin nga Lufta e Parë Botërore. Ky institucion ishte i lidhur ngushtë me Universitetin Katolik dhe ndante fakultetin në vendndodhjet e të dy institucioneve në Uashington, DC.

Në vitin 1954, Universiteti Columbus (tani përbëhet vetëm nga një shkollë juridike në mbrëmje), u bashkua me shkollën juridike të Universitetit Katolik, për të formuar Shkollën e Drejtësisë Columbus.

Shkolla juridike, është akredituar nga Shoqata e Shkollave Amerikane të Drejtësisë, që nga viti 1921 dhe Shoqata Amerikane e Avokatëve, që nga viti 1925. *Programi mësimor* i Universitetit Katolik, mund të përfundoj gjatë tre viteve të studimit ditor me kohë të plotë ose katër viteve të studimit me kohë të pjesshme në mbrëmje.

Blasfemia e turpshme në hyjnizimin e George Floyd në Universitetin Katolik Amerikan

E titulluar *Mama*, piktura kontraversale e realizuar nga artistja amerikane Kelly Latimore, u instalua në muajin shkurt 2021, jashtë kapelës në Shkollën Juridike të Universitetit Columbus.

Vetë Lattimore, ka thënë se piktura *ishte porositur për të pasqyruar George*

Floyd, por kur u pyet nga një intervistues nëse figura në pieta është Floyd apo Jezusi, ajo u përgjigj në mënyrë të paqartë, duke u përgjigjur më në fund me një **Po**.

George Floyd ishte 46 vjeç, kur vdiq në rrugë nga një polic në maj të vitit 2020, duke shkaktuar protesta të parapërgatitura të dhunshme, vrasjen e policëve, djegie masive kudo, shkatërrime, rrëzimin e 180 monumeneteve të historisë të lavdishme amerikane në mbarë SHBA.

Ish-oficeri i policisë së Minneapolis, Derek Chauvin, i cili e mbajti në një gju në qafën e Floyd për më shumë se 9 minuta, u dënua më vonë për tre akuza: për vrasje të paqëllimshme të shkallës së dytë, vrasje të shkallës së tretë dhe vrasje të shkallës së dytë. Ai u dënua me 22 vjet e gjysmë burg.

Mes polemikave mbi George Floyd
është zhdukur piktura e tij si Jezus

Në përgjigje të mbulimit mediatik të pikturës, në fillim universiteti ka marrë një *"numër të konsiderueshëm e-mail-esh dhe telefonatash"*, tha Garvey.

"Disa kritikë e quajtën imazhin blasfemik, sepse e panë atë si hyjnizimin ose shen-jtërimin e George Floyd. Disa komente që morëm ishin të menduara dhe të arsyeshme. Pjesa më e madhe e kritikave erdhën nga njerëz pa lidhje me Universitetin," tha ai.

Garvey shkroi se ndërsa polemika u zhvillua, universiteti lëshoi një deklaratë, të cilën ai e përfshiu në e-mailin e tij.

"Ikona Mama" është një pieta, që përshkruan Marinë dhe Birin e saj, Jezu Krishtin. Shkronjat në aureolë janë □ □*N,* që është stenografi në greqisht, që do të thotë *Unë jam.* Shkronjat përdoren në ikona, vetëm në lidhje me Jezu Krishtin, Birin e Perëndisë", thuhej në deklaratën e mëparshme.

Një grup studentësh të **CUA**, filluan nënshkrimin e një Peticioni, për të hequr me të drejtë pikturën, sepse *"besojnë se është fyes dhe sakrilegj"*. Peticioni, i cili filloi më 23 nëntor 2021 arriti mbi 2,500 nënshkrime.

Garvey tha se nuk do të urdhëronte shkollën të heqë pikturën, për shkak të politikës së tij të mospërjashtimit.

Ka qenë politika e Universitetit, gjatë kohës sime si President, të mos anulojë folësit ose të parandalojë fjalimin e anëtarëve të komunitetit," tha Garvey në e-mail.

"Ne, shpresojmë të vazhdojmë të ndërtojmë në kampus një kulturë, që angazhohet në dialog dhe debat të menduar, jo në llojin e taktikave ngacmuese të mishëruara nga kjo vjedhje." shtoi ai.[80]

---

[80] *Shënim: **Joseph Bukuras** është një shkrimtar i stafit në Agjencinë Katolike të Lajmeve (ACN). Joe ka një diplomë bachelor në Shkenca Politike nga Universiteti Katolik i Amerikës.*

"George Floyd, nuk është Jezu Krishti" - Blayne Clegg

Një i ri amerikan në CUA tha në faqen e internetit konservator të lajmeve **The Daily** se: *"Kjo është një tjetër simptomë e liberalizimit dhe sekularizimit të kampusit tonë"*.

Raporti citoi disa njerëz të pakënaqur me praninë e imazhit në kampus, megjithëse shumica prej tyre i kërkuan të mbetej anonim nga frika e hakmarrjes.

Ata thanë se duke folur kundër do t'i ekspozonte publikisht ndaj akuzave absurd për racizëm. Studentët e CUA, tani hartuan një *Peticion*, për heqjen e saj, duke pretenduar se askush nuk mund të *të japë një justifikim serioz teologjik* për pikturën.

"George Floyd, nuk është Jezu Krishti. Ai nuk është shenjtor, as martir, dhe sepse, në çfarëdo mënyre, krahasohet me djalin e pamëkat të Zotit të Plotfuqishëm, duhet t'i bëjë një dëm të madh shumicës dërrmuese të katolikëve dhe teologjisë katolike", tha **Blayne Clegg**.

Piktura u zbulua në shkollë, në fund të *Muajit të Historisë së Zezë*, në ndërtesën e shkollës juridike, por Clegg i tha **Fox News** se ai nuk kalon shumë kohë atje si student universitar. Studenti, tha se piktura është pritur me një reagim **universal negativ** dhe se askush nuk mund ta 'justifikojë' pikturën.

Unë nuk kam gjetur askënd që të ketë qenë në gjendje të japë një justifikim serioz teologjik, për këtë lloj idhujtarie heretike, blasfemuese," tha ai për pikturën.

Clegg pranoi se: ***"Jezusi, është përshkruar në shumë raca të ndryshme, por Jezusi është përshkruar gjithmonë si asgjë tjetër veç Jezusit.*** *Nuk ka pasur kurrë, me dijeninë time, ndonjë teolog serioz, i respektuar katolik apo krijues ikonash, që e ka përshkruar Jezu Krishtin si një qenie tjetër njerëzore"*, tha ai për Fox News.

Daily Signal, tha se rishikoi një video të ceremonisë së mirëseardhjes në maj, e cila që atëherë është bërë private. Në të, *At Jude DeAngelo*, kapelan i universitetit dhe drejtor i Ministrisë së Kampusit, i bëri thirrje Zotit *"Shenjtërojeni dhe bekoni këtë ikonë që ne do ta përdorim në adhurimin e Nënës së Bekuar"*, thuhet në raport. Universiteti i tha ai gazetës, se printimi përshkruante Marinë dhe Jezusin.

Një tjetër printim i së njëjtës picture, thuhet se varet në zyrat e Ministrisë së Kampusit në Caldwell Hall, tha gazeta, duke cituar një burim.

Artistja ikonografike Kelly Latimora, është e famshme për përdorimin në mënyrë kontraversale të ikonografisë së krishterë ortodokse, në paraqitjen e figurave të famshme publike, të cilat *ajo i percepton si shembuj morale, për t'u imituar dhe jo si shenjtorë për t'u nderuar.*

Shumë nga subjektet e saj ishin figura të shquara në lëvizjen për të drejtat civile si *Martin Luther King Jr.* ose thjesht promovuan pranimin dhe dashurinë, si fëmijët e dashur të shfaqjes së të ftuarit Fred Rogers.

Kisha Katolike, ka qenë shumë mirënjohëse për punën e saj. Piktura *Refug-jatët: La Sagra-da Familia,* që përshkruan Jozefin, Marinë dhe Jezusin si refugjatë nga Amerika Latine, ishte zgjedhja për kopertinën e *"Një i huaj dhe ti më mirëprite"*, libri i shkruar nga **Papa Françesku,** në mbështetje të refugjatëve.

Mama, u pikturua nga Latimore në qershor të vitit 2020, me kërkesë të part-nerit të saj dhe në përgjigje të drejtpërdrejtë ndaj policisë, që shkaktoi ose jo vrasjen e George Floyd në Minneapolis. (**Ekipi Editorial, 23 nëntor 2021**)

Candace Owens tregon të vërtetën
mbi "shenjtin" e rrejshëm George Floyd

Një video prej 18 minutash në Twitter, Facebook, YouTube etj., e aktivistes konservative afrikano-amerikane **Candace Owens** me titull: *"George Floyd, nuk është dëshmori im. Ai mund të jetë i juaji."* ("George Floyd is Not My Martyr. He May Be Yours"), ka patur mbi 120,000.000 klikime vetëm brenda një jave. [81]

Të trembur nga zbulimi i të vërtetës, kompanitë e majta globaliste medi-atike dhe rrjetet sociale, me prirje te theksuara të majta: Youtube, Twitter,

---

[81] Candace Owens: **"George Floyd is Not My Martyr. He May Be Yours"**, "Confession: #GeorgeFloyd is neither a martyr or a hero," Owens captioned her video on Twitter. "But I hope his family gets justice." In the 18-minute clip, Owens clearly condemns police officer Derek Chauvin's murder of Floyd but also examines Floyd's criminal record and challenges the narrative that celebrates him as a hero. "I am not going to accept the narrative that this is the best the black community has to offer. …Nobody thinks he should have died during this arrest but what I find despicable is that everyone is pretending this man lived a heroic lifestyle when he didn't." Owens notes that Floyd was high on fentanyl and methamphetamine at the time of his death, according to the autopsy report, and goes on to cite his record which includes jail sentences in 1998, 2002, 2004, 2005, and 2007. His 2007 arrest, she continues, was for par-ticipating in an armed home invasion against a pregnant African-American woman, where Floyd held a gun to the pregnant mother's stomach. Owens challenges the idea of lifting Floyd up as a hero. "We are the only people that fight and scream and demand support and justice for the people in our community that are up to no good. We are being sold a lot of lies and at the detriment of the black and the white community and at the detriment to America as a whole. A police officer is 18 and a half times more likely to be killed by a black person than the other way around… Do some police officers do the wrong thing? Yes. They're always going to exist because they're human beings. And sometimes human beings suck… society is not perfectible… It is no excuse to paint society with a broad brush and it is certainly no excuse to accept a Democratic narrative." Rather than celebrate George Floyd as a role model, Owens cites some of her own African-American heroes, including Kobe Bryant, Thomas Sowell, Wal-ter Williams, and Shelby Steele. "George Floyd is not my martyr…he can be yours," she says. "And that's all I have to say to Black America." https://www.pscp.tv/w/1MYGNklYaYZJw

Facebook, Google, Yahoo, AOL etj., dhe disa kompani sponsorizuese të saj, menjëherë filluan censurën dhe bllokimin e fondeve (sponsorizimin) për Fjalën e Lirë dhe të Vërtetat e Faktuara, që ajo rreshtoi hapur me kurajo dhe plot emocione para opinionit amerikanë.

Video e vetë-regjistruar ka 18 minuta. Ajo është shumëzuar në progresion gjeometrik në shumë edicione lajmesh, show, intervista, opinione, rrjetet sociale, youtube channel, website, senatorë, kongresistë, V.I.P. etj., gazetat dhe revistat këtu në SHBA dhe vende të ndryshme të botës.

Candace Owens, me opinionin e saj ka lënë pa mend shumë "liderë" afrikano-amerikanë, duke i vënë para përgjegjësisë, për gjendjen jo të këndshme, ku ndodhet sot komuniteti i saj.

Ajo ka marrë përgëzime nga miliona të rinj amerikanë, shumica e të cilëve i përkasin komunitetit me ngjyrë, të cilët kanë postuar mbështetjen e tyre 100% në media dhe rrjetet sociale.

Në videon Owens, thotë se: *"Ajo që po them nuk është mbrojtje për Derek Chauvin, shpresoj, që Derek Chauvin të marrë drejtësinë që meriton dhe familja e tij gjithashtu për mënyrën se si ai vdiq. Por, George Floyd, nuk është dëshmori im. Ai mund të jetë i juaji."*

"Siç vihet re nga vëzhguesit e sinqertë, Big Tech është kthyer në mënyrë radikale, duke bllokuar dhe hequr gjithçka jashtë narrativës së Partisë Demokratike. Si korporata private, ata kanë një të drejtë ligjore ta bëjnë këtë, por si monopol të informacionit në sheshin publik, nuk e bëjnë këtë. Pra, kompania globaliste YouTube censuron këtë video të Candace Owens, nga e cila buron më poshtë, (pasi ato kanë disa nga të tjerët), LibertyUnderFire mbron të drejtën e Candace Owen në sheshin publik." - shkruan **Harold Pease, Ph.D.,** për gazetën britanike **The Independent.**

Opinionistia Owens, vijon: *"Por, unë gjithashtu nuk do të pranoj narracionin, se kjo është më e mira që komuniteti i zi ka për të ofruar. Për çfarëdo arsye, është bërë modë dhe përbuzëse, për ne, vitet e fundit, për t'i kthyer kriminelët në një hero brenda natës. Unë, nuk do të luaj një rol në të, pa marrë parasysh sa presion vijnë nga liberalët me ngjyrë dhe konservatorët me ngjyrë."*

Oficeri Derek Chauvin, është portretizuar nga media, se: *"Ai është "djall" dhe "nuk është ngritur ose mbrohet nga amerikanët e bardhë", por George Floyd, është duke u lartësuar si "një qenie njerëzore e mahnitshme"*, gjë që ai nuk është i tillë.

Në kohën e arrestimit, ai kishte në trup fentanil dhe metamfetaminë, sipas të dy raporteve të autopsisë, që iu bë trupit të tij pa jetë. Telefoni i thirrjes së policisë me numërin 911, që thërriste për ndihmë *"përshkroi dikë që ishte jashtë mendjes së tyre"*, dhe se ata kishin frikë nga sjellja e tij edhe gjatë përpjekjes së tij, për të përdorur *"një faturë të rreme për të blerë diçka"* deri sa arriti policia.

Një klip i tij i vendosur në pranga dhe përballë murit, tregonte një pluhur të bardhë, që binte nga trupi i tij. *"Media, po refuzon ta qarkullojë atë"*, tha Owens.

"Ju mund ta gjeni atë në Twitter nëse përdorni DuckDuckGo dhe kërkoni lart, George Floyd baggie. Klipin mund ta shikoni vetë me sytë tuaj. Ai kishte drogë ndaj tij në kohën e arrestimit të tij." Atëherë, çfarë tjetër nuk ka ndarë media për zotin Floyd!? Me sa duket, ai ka qenë *një kriminel i dënuar*, për disa kohë, të paktën 5 (pesë) herë, duke filluar në vitin 1998 me *"vjedhje me armë zjarri"*.

Për këtë, ai qendroi në burg 10 muaj. Dhe përsëri, tetë muaj në burg në vitin 2004, *"për një vepër kokaine"*. Dhe përsëri ai u denua me burg për kokainë për dhjetë muaj të tjerë në vitin 2005. Ai sërisht për dhjetë muaj të tjerë qëndroi në burg, për shitje kokaine në vitin 2007"*, vazhdon në shkrimin e tij *Prof. Dr. Harold Pease*.

Por ngjarja që e bindi Candace Owens më së shumti se Floyd nuk ishte një person i mirë, me siguri jo qytetari i shquar, për të bërë bluza të bëra dhe shpërndarë në emrin e tij si një shtyllë e shoqërisë, që përfaqësonte komunitetin me ngjyrë, ishte kur ai dhe 5 (pesë) të tjerë afrikano amerikanë hynë në shtëpinë e një gruaje shtatzënë me ngjyrë për ta grabitur.

"George Floyd nxori një armë dhe ia drejtoi në bark. Ajo po bërtiste, duke luftuar për jetën e saj dhe ai e futi atë brenda dhomës së fjetjes dhe udhëzoi një nga miqtë e tij kriminel, (që ishin me atë) ta shikonte, dhe të sigurohej që ajo të mos dilte nga dhoma, ndërsa ato sulmuan shtëpinë e saj, duke kërkuar droge dhe para. Duke mos gjetur asgjë, ato u larguan duke marrë portofolin dhe celularin e saj.

Një fqinj, duke parë disa nga sa më sipër, thirri në targën e automjetit të drejtuar nga Floyd dhe ai vuajti një dënim 5-vjeçar, të gjashtën e tij, duke u lëshuar nga burgu në vitin 2014.

Njerëzit bëjnë gabime. Por, unë tërheq linjën kur bëhet fjalë për shanset e dyta, të treta, të katërt, të pestë, të gjashta, të shtata, të tetë dhe të nëntë. Por Floyd ishte akoma duke thyer ligje që merreshin me falsifikim, duke përdorur fentanil dhe metafetaminë, kur u arrestua në 25 maj 2020.

Asnjë nga këto nuk justifikon një oficer policie, që vendos gjurin në qafën e viktimës, duke shkaktuar vdekjen e tij. Asgjë!! Ai ishte një shembull i një krimineli të dhunshëm tërë jetën e tij. Kjo nuk do të thotë që ai meriton të vdesë në duart e policisë, por, do të thotë që unë nuk do të luaj një pjesë të kulturës së zezë të thyer që gjithmonë dëshiron të dëshmojë kriminelët. Kush dëshiron të pretendojë se ata ishin këto qenie njerëzore të ngritura."

Owens, u shqetësua dukshëm me nxitimin e gjykimit të Amerikës. Pak njerëz ishin të gatshëm të prisnin informacione të tjera përpara se të dilnin në rrugë për t'u djegur, vrarë, rrëzuar bustet, plaçkitur dhe rebeluar njëri-tjetrin.

"Unë bëra vetëm kërkime themelore", tha ajo, duke nënkuptuar se çdokush mund të dijë të njëjtën gjë, duke bërë pak detyra shtëpie. Viktima George Floyd, është një dëshmor, për një rrëfim të rremë. *"Brutaliteti policor i motivuar racionalisht është një mit."*

Candace Owens, citon shifrat e vitit 2018, që tregojnë se kriminelët e dhunshëm të bardhë kanë një shans 25% më të lartë për të vdekur nga policia, sesa kriminelët e dhunshëm me ngjyrë. Për më tepër, ajo tha në video se 9 njerëz me ngjyrë të pa-armatosur përkundrejt 19 të bardhëve të pa-armatosur u vranë në vitin 2018.

"Fatkeqësisht, komuniteti i afrikano amerikanë, kryen një sasi jo-proporcionale krimesh në krahasim me komunitetin e bardhë. Kështu burrat me ngjyrë, me 6%, të popullsisë, bëjnë 44% të të gjithë vrasjet në këtë vend sipas statistikave të vitit 2018." Owens argumenton, se jo vetëm që po e lejojmë këtë mit *"të frymëzojë trazira"*, trazira në të cilat po vdesin njerëzit me ngjyrë, në të cilat po vdesin sërisht qytetarët afrikano amerikanë.

Ajo i referohet 77-vjeçarit *David Dorn (1943-2020)*, një oficer policie me ngjyrë në pension, që mbronte dyqanet e një shoqeje me ngjyrë, të vrarë hapur me pistoletë nga një *"protestues"* dhe sulmues *"paqësore"* afrikano amerikanë.

Në orët e para të 2 qershorit të vitit 2020, **David Dorn**, një kapiten 77-vjeçar i policisë në pension, u qëllua për vdekje pasi zbuloi dhe ndërpreu vjedhjen e një dyqani në The Ville, St. Louis. Incidenti ndodhi në të njëjtën natë me protestat në St. Louis, Missouri Mississippi, për vrasjen e George Floyd.

Deri tani janë vrarë 10 oficerë policie, ku, 8 prej tyre janë afrikano amerikanë. *Media, që ka vdekur në Amerikë* dhe liderët e komunitetit afrikano amerikanë nuk flasin për këto vrasje kriminale të policëve me ngjyrë, por ato bërtasin dhe demostrojnë vetëm kur polici vret një person me ngjyrë.

Një polic në New York u shtyp brutalisht me makinën e një "demostruesi" të zakonshëm "paqësor". Kështu, **gjatë ditëve të dhunshme të trazirave vetëm në New York State, janë plagosur rëndë mbi 300 policë, ndaj të cilëve "demostruesit" e zakonshëm "paqësorë"** (BLM dhe Antifa), hidhnin mbi policinë dhe makinat e tyre koktej molotovi me zjarr, gurë dhe tulla, që për çudi u gjenden ditët e protestave në disa qytete të SHBA...

Policia shtetërore si ruajtëse e rendit dhe qetësisë publike, ka vrarë në raste të ndryshme edhe njerëz të bardhë, por asnjë individ, grup apo organizatë e bardhë (që nuk ekzistojnë), nuk ka përdorur dhunë apo *vandalizma të tjera, vrarë policë apo hedhur koktej molotovi me zjarr mbi trupat dhe makinat e tyre, ose djegur stacionet e policisë së shtetit, dyqane dhe supërmarketet, kishat dhe rrëzuar bustet e historisë së SHBA-së...*

Në lidhje me të keqen, ndaj krimit të njerëzve me ngjyrë, i cili është problemi kryesor në komunitetet afrikano-amerikanë, asnjëherë të adresuar nga media demokratike apo politikanë e tyre Owens nenvizon: *"Ne, fajësojmë njerëzit e bardhë. E drejta! Ne u drejtojmë vetëm një aparat fotografik personave të bardhë kur ata bëjnë diçka, edhe pse ne e bëjmë atë me një shkallë më të lartë për veten tonë, apo jo! Dhe kjo funksionon aq mire, për mbajtjen e popullit tim të skllavëruar në*

Partinë Demokratike. Nëse doni të varni posterat e kriminelëve në murin tuaj dhe të flisni rreth tyre si dëshmorët tuaj, bëjeni, bëni atë, mund ta bëni!, por nuk do të më kapësh jashtë, duke u përpjekur të kapësh një TV, duke pretenduar se është një martir me emrin George Floyd u vra".

E vërteta vonon, por nuk harron

*Vetëm 36% e njerëzve besojnë se policia vrau George Floyd,
nga 60% vitin e kaluar*

Sondazhi i fundit anketoi 1,165 njerëz të rritur në SHBA, permes disa pyetje në pinternet, midis datave 1-2 mars 2021, me një diferencë gabimi prej 3.3%.

Vetëm 36% e të rriturve amerikanë besojnë se George Floyd u vra nga ofi-cerët e policisë, sipas një sondazh i ri i *USA Today-Ipsos, realizuar në muajin mars 2021.*

Kështu rreth 17% e të pyeturve thanë se nuk ishin të sigurt se si të për-shkruanin vdekjen e afrikano amerikanit me ngjyrë George Floyd dhe 8% thanë se besonin se ishte një aksident.

Sipas të dhënave të sondazhit, njerëzit me ngjyrë kryesisht afrikano amerikanë, kishin më shumë gjasa t'a shikonin vdekjen e antarit të komu-nitetit të tyre Floyd si një vrasje, në masën 64%, kur thanë se ai u vra nga ofi-cerët. *Vetëm 28% e njerëzve të bardhë të anketuar thanë se vdekja e Floyd ishte një vrasje.*

Nga ana e tjetër pyetjes në lidhje me organizatën e Black Lives Matter të anketuarit ishin të lëkundur në qëndrimin e saj. Kështu nga përgjigjet doli se *besimi në lëvizjen Black Lives Matter (BLM) gjithashtu ra nga 60% gjatë verës në 50% gjatë muajit mars 2021.* Ish oficeri i policisë së Minneapolis Derek Chauvin, për vdekjen e njeriut me ngjyrë afrikano-amerikanë George Floyd në ditën përkujtimore të tij vitin e kaluar 2020 kur ai u vra.

Një akuzë për shkallën e tretë për vrasje, u rikthye kundër ish oficerit të policisë Chauvin, pavarësisht shtyrjes nga mbrojtja e tij. Vdekja e Floyd verën e vitit 2020, shkaktoi trazira dhe protesta në të gjithë vendin, duke lënë mil-iarda dollarë dëme material dhe vdekjen e shumë policëve, pjesa më e madhe e tyre ishin afrikano-amerikanë me ngjyrë.

GABRIEL ESCOBAR SHKON NË SHQIPËRI PËR TË FSHEHUR KORRUPSIONIN E SHEKULLIT TË HUNTER BIDEN, DJALIT TË JOE BIDEN

"Për shumë e shumë vite ka pasur raporte të Bidenve, që arkëtonin emrin e Biden, që nga koha kur Joe Biden ishte senator. Por Hunter, tha se ai kurrë nuk mori asnjë cent? Jo, ai mori miliona dollarë. Raporti ynë dokumenton 5 milion dollarë. Ne lëshuam një shtesë në raportin tonë, që tregon se rreth 6 milion dollarë ishin paguar në llogaritë e Rob Walker, një biznes që ai kontrollonte. Dhe sigurisht Rob Walker, tha se ai dëshironte të ishte një përfaqësues për familjen Biden. Pra ka 11 milion dollarë nga Kina..." - **Senatori republikan Ron Johnson,** Kryetar i Komitetit të Senatit të SHBA-së për Sigurinë e Vendit

Vizita e zv/Sekretarit të Shtetit Escobar në Tiranë, ishte thjeshtë një formë e radhës propagandistike tipike globaliste, që perdorin komunistët amerikanë sa herë, që kanë në dorë forcën e pushtetit këtu, për të bërë zhurmë mediatike dhe mbuluar deshtimin e plotë politik dhe ekonomik brenda vendit të administratës së mbrapshtë dhe të papërgjeshme Biden. Escobar, nuk është i miratuar nga Senati Amerikan, sikurse bossi i tij Antony J. Blinken.

Ai tha se në vizitën e tij në Tiranë, do të ketë si pikë referimi edhe "luftën" e "korrupsionit" që administrata Biden ka në takimet ndërkombëtare, ku bën pjesë edhe Shqipëria.

Gabriel Escobar, është Zëvendës Ndihmës Sekretari, i cili mbikëqyr politikën amerikane ndaj vendeve të Ballkanit Perëndimor dhe Zyrës së Shtypit dhe Diplomacisë Publike. Escobar, ka shërbyer si Zëvendës Shef i Misionit në Ambasadën e SHBA-së në Beograd.

Ja disa nga pyetjet për Escobar-in që kërkojnë përgjigje nga taksapaguesit amerikanë dhe miqët shqiptarë:

Si mund të pretendoni "luftën" kundër "korrupsionmit" në Shqipëri, kur administrata e juaj është e korruptuar me shembullin e Hunter Biden dhe familjes Biden kur dihet botërisht se media amerikane flet dhe shkruan çdo ditë!?

Çfarë keni bërë ju në detyrën që keni për të nxjerrë para drejtësisë djalin e bossit të bossit të tuaj Biden dhe familjen e tij si të korruptuar!?

Çfarë mund t'i tregoni ju popullit dhe Qeverisë së korruptuar shqiptare Rama 3 mbi laptopin e Hunter Biden!?

Pse djali i Joe "bisnesmeni" Hunter ka marrë 3,5000.000 dollarë amerikanë nga

gruaja e ish kryetarit të Bashksië së Moskës, në kohën që Biden ishte zv/President i SHBA-së!?

Çfarë ka bërë Departamenti i Shtetit për të xjerrë nga Afganistani qindra dhe mijëra qytetarë amerikanë që mbetën në Afganistan!

Pse administrata Biden dhe Departamenti i Shtetit Antony J. Blinken i dorëzuan listat e plota të qytetarëve amerikanë dhe afganë forcave talebane terroriste, kur dihet se talebanët bëjnë pjesë në listën e zezë të grupeve terroriste nga vetë Departamenti i Shtetit në SHBA!?

Të bashkëpunosh me terroristë duke u dorëzuar atyre listat e qytetarëve të tu amerikanë a përbën kjo trathti kombëtare!?

Pse Blinken nuk ka dhënë dorëheqjen mbasi qindra amerikanë ende ndodhen brenda në Afganistan dhe nuk kanë mundsi të dalin jashtë nga frika se mund të vriten nga terroristët radikalë talebanë, të cilët bashkëpunojnë me Al Qaiden dhe ISIS në Afganistan[82]

Si mundet Biden të luftoj korrupsionin kur administrata tij, po pengon drejtësinë të investigoi për korrupsiopnin e familjes së tij dhe djalit Hunter Biden!?[83]

Familja e Biden, është e korruptuar dhe kjo dihet botërisht dhe vetëm Shqipëria e Dardania nuk e dinë këtë gjë, sepse mediat e fuqishme sorosiane (*RTVSH, Top Channel, Tv Klan, Tv Vizion Plus etj.*) ua shpërlajnë trurin non stop me gënjeshtra dhe "suksese" të administratës Bideni. Vetë djali i tij, Hunter, është në investigim kriminal për 4 çeshtje, midis dy prej të cilëve janë bërë publike: ***mos pagim të taksave dhe për pastrim parash.***[84]

Shqiptarët, duhet t'a dijnë, se FBI këtu merret direkt me hetimin e çeshtjeve të pastra kriminale, pavarësisht se kush fshihet pas tyre. Në këtë rast hetimi i tij shumëplanesh për çeshtje delikate kriminale dhe laptopi i tij personal, po bëhet nga vetë DOJ (Departamenti i Drejtësisë së SHBA-së), me urdhër të Prokurorit të Përgjithshëm dhe FBI.[85]

Këtu në SHBA, të gjithë e dijnë se Joe Biden sot në Shtëpinë e Bardhë, gënjen hapur botën dhe popullin amerikanë, se administrata e tij po "lufton" ashpër "korrupsionin" nëpër botë, kur këtu **Biden, është vetë oktapodi i korrupsionit** dhe po bën të gjitha përpjekjet për t'a fsheh atë, sepse ka pushtetin e DOJ, FBI etj., dhe po shfrytëzon privilegjet e paprekshmerisë.[86]

Pse media e kontrolluar nga Soros dhe të majtët esktremistë, Kongresi dhe Senati Amerikan i dominuar nga "demokratët" e majtë, këtu asnjëherë nuk i bëjnë pyetje Joe Biden-it, për korrupsionin e djalit të tij, kur *vetë ai ka gënjyer*

---

[82] https://ww.youtube.com/watch?v=9XUVdZQW72
[83] https://ww.youtube.com/watch?v=9XUVdZQW72
[84] (https://www.youtube.com/watch?v=9XUVdZQW72)
[85] https://www.youtube.com/watch?v=x2b1jsZHGqI
[86] https://www.youtube.com/watch?v=CNnX_YH_zLs

publikisht, duke thënë se nuk ka lidhje dhe nuk di asgjë për bisnesin e Hunter Biden, në një kohë që qindra e-maile origjinale e implikojnë atë si **Big Guy**, se është në dijeni të plotë.

Senatorët dhe kongresmenët republikanë, sikurse edhe media konservatore dhe e pavarur këtu, kanë kërkuar herë pas here me forcë, që Kongresi dhe Senati të hetoj veprimtarinë kriminale të korrupsionit të familjes Biden dhe djalit të tij. Me qindra dhe mijëra foto të tij janë botuar herë pas herë nga mediat e pavarur amerikane.

Gazeta **New York Post** (gjatë vitit 2020 e në vazhdim), ka kohë që ka hapur rubrikën fokus të korrupsionit të familjes Biden. Sa herë që kjo gazetë boton në fakte dhe foto në New York, rrjetet sociale globaliste të majta si **Fakebook dhe Twitter etj., bëjnë hapur çensurë**, që amerikanët të mos mësojnë të vërtetën, ç'ka bie ndesh me ligjet federale, Kushtetutën e vendit, për luftën kundër korrupsionit, duke përdorur dy standarte.

Laptop from Hell

Që në ditët e parë në Shtëpinë e Bardhë të sleepy Joe Biden, shumë kongresmenë republikanë, kanë depozituar akt-padinë, për të filluar proçedurat apo proçesin e investigimit dhe të shkarkimit të Joe Biden nga Shtëpia e Bardhë.

Ju kujtoj, se libri i ri më i lexuar sot në SHBA, me titull kuptimplotë: "**Laptop from Hell**", është shkruar nga Miranda Devine, New York, 2021. Kjo vepër është më e kërkuar sot online dhe *#1 Best Seller*, sipas gazetës *The New York Times*.[87]

Nga ana e tjetër kujtojmë, se **Lapotopi** i famshëm **i Hunter Biden** ndodhet në duart e FBI, në zyrat e saj burokratike në Washington D.C. Ky kompiuter apo më saktë memoria e tij, si kopje origjinale e laptopit, është edhe në duart e ish **Kryetarit të Bashkisë së New York-ut Rudy Giuliani**, avokat aktual i Presidentit Donald J. Trump, të cilin ia ka dhuruar vetë tekniku i dyqanit të riparimit të kompiuterave.

Amerikanët, me të drejtë sot janë të shqetësuar, për ngadalsinë me qëllim, që DOJ dhe FBI të kontrolluar politikisht nga "demokratët" ekstremistë socialistë po i bëjnë hetimeve dhe konkluzioneve, arrestimin e pashmangshëm për rastin më skandaloz e më të madh në të gjithë historinë e korrupsionit

---

[87] **This is why the Biden family corruption matters: Miranda Devine, Will Cain Podcast** Story #1: The bullies always claim to be victims, the attempt to take down Libs of Tik Tok account. Story #2: Those with Royal titles claim to want equality. Story #3: What's exactly inside the 'laptop from hell,' and why it matters ft. **New York Post Columnist Miranda Devine.** https://www.youtube.com/watch?v=Sllh5Hkue6k

shekullor të SHBA-së.

Nga laptopi aktual, që përben edhe **Dosjen e Korrupsionit të Shekullit 21**, del se Hunter Biden ka marrë nga qeveria komuniste kineze $10,000.000 për të bërë lidhje bisnesi me kinezët, e cila është depozituar drejtpërdrejtë në numërin e llogarisë së tij private në bankë.

Në këtë histori turpi, është i përfshirë edhe vëllai i Joe Biden, axha (xhaxhai) i Hunter Biden, **Jim Biden**. Këto lidhje bisnesi privat familjar, i ka bërë me Partinë Komuniste të Kinës, në Pekin (në vitin 2013) Ukrahinën, Rumaninë, Rusinë, Kazakistan, Shangai, Hong Kong, Monte Carlo etj.

Ai e ka takuar Joe Biden, kur ishte në Pekin, duke ftuar njerëzit për të ngrënë mengjesin bashkë me bisnesmenët, shok të djalit të tij. Shumë prej tyre ai i ka paraqitur edhe në Shtëpinë e Bardhë, kur President ishte Barack Hysen Obama dhe zv/President Joe Biden, dhe në **kafeterinë "Milano"**, që ndodhet në Washington D.C.

E gjithë familja Biden, ka marrë para prej tij, sepse i zgjuari "bisnesmeni" Hunter Biden, ka qenë në qendër të këtij korrupsioni galopant, si shembull negativ në të gjithë historinë e skandalëve të SHBA-së.

Për hipokrizi, Biden flet, bërtet si diktator dhe gënjen regullisht dhe çdo ditë, përmes zyrtarëve të administratës së tij, se po "lufton" pa u ndalur korrupsionin kudo në të gjithë botën dhe në veçanti në Shqipëri.

Ai e sheh politikisht korrupsionin imagjinar me sajesa vetëm tek partitë, qeveritë dhe presidentët e djathtë konservatorë në të gjithë botën, duke fshehur me qëllim korrupsionin real, që ekziston në administratën e tij, në familjen dhe djalin e tij, që është kampion i korrupsionit botëror dhe amerikan i shekullit 21.

Sot, të gjithë fotot e pahijshme origjinale me streepshow, prostituta… etj., që rregullisht botohen në New York Post, janë marrë direkt nga laptopi original i Hunter Biden dhe nuk është krijesë e agjentëve rusë.

Ajo që është më e veçanta, është se unë jam mbeshtetur në fakte nga vetë mediat socialkomuniste qeveritare pro administratës Biden, si gazetat ultra të majta: *The New York Times, Washington Post, Boston Glob, Los Angelos Times, Daily News, Politico, TIME, Newsweek, etj., dhe kanalet televizive, si: CNN, ABC News, NBCNews etj.,* të cilat në fillim të viteve 2008-2016, kanë shkruar gjerësisht çdo ditë dhe kanë bërë raportime direkte nga Ukrahina, Kompania e Gaz-njerrëse Burisma, vendi i korrupsionit të Hunter Biden, kur ai ishte në krye të bordit drejtues të saj, etj.

Këto media ndaluan më tej të informojnë popullin amerikanë, kur babai i tij Joe Biden vuri kandidaturën për herë të tretë në historinë e tij, për t'u bërë kandidati demokrat, për postin e lartë të Presidentit të SHBA-së.

Gjatë kësaj kohe, kur mediat e pavarura panë se mediat globaliste të majta pro PD-së së SHBA-së, filluan të heshtin dhe të mohojnë ato, që vetë kishin thënë vite më parë (2008-2016), mediat e pavarura filluan të publikojnë me logun e mediave të majta fotot dhe e-maile, që implikojnë direkt **Big Guy** Joe Biden ish zv/Presidentin e SHBA-së.

Ai perdori në mënyrë abusive, për konflikte interesi aeroplanin zyrtar të zv/President, për të ndihmuar djalin e tij, të bëj udhëtime të shumta bisnesi, në drejtim të Kinës dhe në shumë vende të tjera të botës.

Senati Amerikan, gjatë vitit 2020, ka bërë në mënyrë serioze një hetim special, për korrupsionin e Hunter Biden të mbështetur në dokumente origjinale. Ky raport voluminoz, është botuar edhe në faqen zyrtare të Senatit Amerikan.

Unë kam bërë një përmbledhje dhe kam botuar disa artikuj esencial, duke u mbështetur në këtë rasport tepër serioz. Gjithashtu raporti në formë të përmbledhur u botua me komente, në librin tim: **"Presidenti Trump dhe keneta globaliste" (New York, 2021).**

Ardhja e Biden në pushtet, me vota të vjedhura nga zgjedhjet presidenciale 3 nëntor 2020, bëri që ai të ndaloj hetimin e korrupsionit në SHBA, e cila është me e madhja në shekulli XXI. Ajo po mbulohet turpërisht dhe në shkelje të ligjeve federale nga vetë DOJ dhe FBI, që politikisht janë përzgjedhur nga vetë Biden dhe senatorët "demokratë", që fatkeqsisht kontrollojnë Senatin.

Edhe ish senatorja "demokrate" Kamala Harris, përmes deklaratave televizive, ka kërkuar që protestat e dhunshme anti-amerikane (verë 2020), që asokohe udhëhiqeshin nga organizatat anarkiste-markiste Antifa dhe BLM, nuk do të ndalen, duke nxitur hapur dhunën në vend. Ajo është e regjistruar në një studio televizive dhe filloj të buzëqesh.[88]

Senati Amerikan mbi korrupsionin e familjes Biden

Në Washington D.C., gjatë një interviste në *"Hannity Show"* (E mërkurë, 9 dhjetor 2020) tek kanali televiziv **Fox News**, senatori amerikan Ron Johnson (R-Wis.) foli për integritetin e zgjedhjeve dhe raporton se Hunter Biden është në 4 hetime kriminale federale, pastrim parash, për çështje që lidhen me marrëdhëniet e tij të biznesit në Kinë.[89]

Kryetari i Komitetit të Sigurisë Kombëtare në Senatin Amerikan senatori Johnson, së bashku me kryetarin e Komitetit të Financave të Senatit, senatori Chuck Grassley (R-Iowa), lëshoi një **Raport** në shtator të vitit 2020, që nxori në pah marrëdhëniet e huaja të biznesit të Hunter Biden.[90]

---

[88] https://www.hollywoodreporter.com/news/politics-news/kamala-harris-lack-news-coverage-black-lives-matter-protests-1299205/

[89] 'Let That Sink In A Minute': Ron Johnson Displays Alleged Bank Records Of Hunter Biden, Forbes Breaking News, https://www.youtube.com/watch?v=LKesRXml7rA

[90] **Sen. Grassley drops major bombshell about Hunter Biden, 2020 election debacle.** New

Për të qenë e qartë, puna e komiteteve është përqendruar vetëm në të dhënat e administratës Obama nga Departamenti i Shtetit, Arkivat Kombëtare dhe Administrata e Regjistrave, Departamenti i Drejtësisë, agjenci të tjera federale dhe firma këshilluese e SHBA Blue Star Strategies, si dhe intervista me aktualët dhe ish zyrtarë të qeverisë amerikane.[91]

Robert Hunter Biden, Burisma dhe korrupsioni

Hunter Biden, u pagua pa pasur asnjë profesion nga 50,000 deri 80,000 dollarë në muaj, për të shërbyer në bordin e Burisma, një kompani ukrainase e gazit natyror me një pronar të korruptuar, ndërsa babai i tij Joe Biden, ishte fytyra publike e politikës së administratës Obama-Biden për Ukrainën.[92]

Por Burisma, nuk ishte shembulli i vetëm i "bisnesmenit" Hunter Biden, që kërkon të fitojë para në emër të familjes së tij. Gjatë hetimit të tyre, Kryetari senator Grassley dhe Kryetari senator Johnson zbuluan shembuj shtesë të Hunter Biden, anëtarëve të tjerë të familjes dhe bashkëpunëtorëve të tyre të biznesit, që ndjekin marrëveshjet financiare me shtetas të huaj, në pjesë të ndryshme të botës.[93]

Senati amerikan asokohe diskutoi mbi ndikimin në politikën e qeverisë amerikane dhe shqetësimet e ngjashme. Komiteti i Senatit të SHBA-së, për Sigurinë e Vendit dhe Çështjet Qeveritare, hartoi dhe publikoi në faqen e saj zyrtare një *Raport të Komisionit të Senatit të Shumicës së Financave të Senatit Amerikan.[94]*

York Post columnist Miranda Devine discusses Sen. Chuck Grassley, R-Iowa, alleging that the DOJ and FBI illegally suppressed information on Hunter Biden ahead of the 2020 election as new details emerge from a whistleblower's claims.
https://www.youtube.com/watch?v=4q2o-FKgzd8

[91] **BREAKING: Grassley Confronts FBI Chief Wray Over 'Political Bias' In Hunter Biden Investigation.** In his opening remarks at today's Senate Judiciary Committee hearing, Sen. Chuck Grassley (R-IA) questioned the investigation into Hunter Biden.Forbes Breaking News, https://www.youtube.com/watch?v=cfJvTfGlI3k

[92] **'He's corrupt': Calls for a special counsel to investigate Hunter Biden.** There are calls for a special counsel to be appointed to investigate Hunter Biden's alleged crimes as the federal investigation into the president's son heats up. Sky News Australia, https://www.youtube.com/watch?v=uH23ahlefAY

[93] This could be the greatest episode of corruption in US history: GOP lawmakerSen. Ron Johnson, R-Wis., demanded DOJ open an internal investigation, following whistleblower allegations that the DOJ and FBI illegally suppressed information on Hunter Biden, claims the FBI is 'smearing' GOP senators on 'The Evening Edit.' #FOXBusiness #Fox https://www.youtube.com/watch?v=joN8cP9cCJY

[94] **Whistleblowers say they saw burying of evidence in Hunter Biden case.** Fox News contributor Trey Gowdy reacts whistleblowers accusing the FBI of downplaying evidence in the Hunter Biden case on 'The Story.' #FoxNews #thestory https://www.youtube.com/watch?v=odFABIJztjQ

Në këtë **Raport prej 87 faqesh**, përfshihen: *Përmbledhja ekzekutive, paraqitja, tabelat e përmbajtjes, konfliktet e interesit, zyra e zyrtarit të Presidentit Trump, dhe zyrtarit të Departamentit të Shtetit, të cilët kanë bërë të ditur për çështjet e pagesave, që lidhen më rolin e ofertave të kompanisë Burisma të gazit ukrahinas, mbledhjet e bordit ekzekutiv të Burisma, ku ish Sekretari i Shtetit John Kerry thotë se nuk ka "njohuri" rreth rolit të ofertave dhe bordit Burisma, ndërsa provat dhe dëshmitë dokumentare tregojnë të kundertën e tij.*[95]

Sipas një anketimi të bërë nga *Rasmussen Reports*, më 15 dhjetor 2020, del se 67% e amerikanëve mendojnë se ish zv/Presidenti *Joe Biden, sistematikisht ka pasur dijeni dhe ka marrë profite (fitime) nga bisnesi i djalit të tij Hunter Biden*, që është në hetim kriminal për 4 çështje të ndryshme nga DOJ dhe FBI dhe 62% e amerikanëve të pyetur thonë se *Media dhe Big Tech (tashmë e korruptuar) e ka injoruar dhe fshehur Skandalin e Shekullit të Joe dhe Hunter Biden*, në mënyrë që të ndihmojnë fushatën elektorale të tij.[96]

Më 15 dhjetor 2020, Senati Amerikan ka marrë në pyetje drejtuesit e Big Tech, për fushatën e Çensurës totale, që i është bërë përdoruesve të tyre, pra popullit amerikan, Presidentit Trump, kandidatëve republikanë, duke shkelur sistematikisht dhe çensuruar hapur amendamentet e Kushtetutës amerikane, për lirinë e fjalës dhe shprehjes.[97]

Ecuria sistematike e korrupsionit të familjes Biden

Në fund të vitit 2013 dhe në fillim të vitit 2014, shpërthyen protestat masive në Kiev, Ukrainë, duke kërkuar integrimin në ekonomitë perëndimore europiane dhe dhënien fund të korrupsionit sistematik, që kishte pllakosur keqas vendin e tyre poskomunist.

Të paktën 82 njerëz u vranë nga policia, gjatë protestave të përditshme, të cilat arritën kulmin në 21 shkurt 2014, kur Presidenti i Ukrainës Viktor

---

[95] **GOP Rep Concerned About FBI's Hunter Biden Probe: 'I Think I've Seen These Kinds Of Things Before'** At Tuesday's House Oversight Committee hearing, Rep. Pete Sessions (R-TX) called out alleged politicization of the FBI in relation to the Hunter Biden probe. https://www.youtube.com/watch?v=_pzR9s-XFxk

[96] **FBI 'schemed' to 'falsely' dismiss Hunter Biden evidence as 'disinformation'.** A Republican senator has claimed "credible witnesses" told him the FBI schemed to undermine any "derogatory" information connected to Hunter Biden by passing it off as disinformation just before the 2020 federal election. https://www.youtube.com/watch?v=Pv-h9Hmtnlk

[97] **Ted Cruz: The criminal laws don't apply to Hunter Biden.** Sen. Ted Cruz, R-Texas, joined 'Jesse Watters Primetime' to weigh in on allegations the Department of Justice and FBI allegedly buried information on Hunter Biden. #foxnews #jessewattersprimetime #primetime https://www.youtube.com/watch?v=fg3ryemgqT0

Janukoviç u tërheq nga posti, duke ikur nga vendi.

Më pak se dy muaj më vonë, brenda një periudhe prej vetëm 28 ditësh, u shpalosën ngjarje të reja të rëndësishme, që përfshinin pjesëtarë të familjes Biden.

Më 16 prill 2014, Nënpresidenti amerikan "demokrat" Joseph Biden Jr. u takua me partnerin e biznesit të djalit të tij, **Devon Archer**, në Shtëpinë e Bardhë.[98]

Pesë ditë më vonë, Biden vizitoi Ukrainën dhe ai menjëherë më pas u përshkrua në shtyp si *"fytyra publike e administrimit të administratës së Ukrainës"*.

Për më tepër, një ditë pas vizitës së tij, më 22 prill, Archer u bashkua me bordin e Burismas. Gjashtë ditë më vonë, më 28 prill, zyrtarët britanikë sekuestruan 23 milion dollarë nga llogaritë bankare në Londër, të pronarit të kompanisë së gazit ukrahinas Burisma, Mykola Zlochevsky.[99]

Katërmbëdhjetë ditë më vonë, më 12 maj të vitit 2014, H. Biden u bashkua me bordin e Burisma dhe gjatë disa viteve të ardhshme, ai dhe Devon Archer u paguan miliona dollarë nga një oligark i korruptuar ukrainas, për pjesëmarrjen e tyre në bord.[100]

Protestat e vitit 2014 në kryeqytetin e vendit në Kiev, u njohën si *Revolucioni i Dinjitetit*, një revolucion kundër korrupsionit galopant në Ukrainë. Pas këtij revolucioni, figurat politike ukrainase ishin të dëshpëruara, për mbështetjen e pasigurtë të SHBA-së. Zlochevsky, donte të ishte i siguruar, që zyrtarët e duhur ukrainas të ishin të vetëdijshëm, për emërimin e Hunter në bordin e Burismas si levë.

Pozicioni i lartë i Hunter Biden në bord, krijoi një konflikt të menjëhershëm të mundshëm të interesi, që do të provonte të ishte problematik si për zyrtarët amerikanë ashtu edhe për ata ukrainas dhe do të ndikonte në zbatimin e politikës së pavarur të Ukrainës.

Hetimi i kryetarëve senatorë patriotë republikanë për konfliktet e mund-

---

[98] **Sen. Grassley shares whistleblower details on FBI coverup.** Sen. Chuck Grassley, R-Iowa, shares information on whistleblowers who claim FBI protected Hunter Biden and the Department of Justice moving to investigate President Trump over January 6. https://www.youtube.com/watch?v=9iOXc_6uD2A

[99] **New bombshell into FBI's Hunter Biden coverup revealed.** Hunter Biden's former business partner Tony Bobulinski was interviewed by the FBI for five hours just 11 days before the 2020 election but the allegations he presented against the president and his son was "ignored", according to the New York Post. https://www.youtube.com/watch?v=V87z0AjSgAA

[100] **When will Hunter Biden 'face the music'?** Compact magazine founder and editor Sohrab Ahmari argues the justice system is 'one-sided' in how it handles Hillary Clinton, Hunter Biden and former President Donald Trump, as more emails emerge highlighting Hunter Biden's suspicious behavior. https://www.youtube.com/watch?v=wE9r2v_IvkY

shme të interesit filloi në gusht të vitit 2019, me letrën e Kryetarit Grassley drejtuar Departamentit të Thesarit, në lidhje me konfliktet e mundshme të interest, në lidhje me politikën e administratës së Obamës, në lidhje me transaksionin Henniges.[101][102]

Gjatë administrimit të Barack Hysen Obamës, Komiteti për Investime të Huaja në Shtetet e Bashkuara (CFIUS), miratoi një transaksion, që i dha kontrollin Henniges, një prodhues amerikan i teknologjive anti-dridhje me aplikime ushtarake, një kompanie aviacioni në pronësi të qeverisë komuniste kineze dhe një firme investimesh me bazë në Kinë me lidhje të ngushta me qeverinë komuniste kineze.

Një nga kompanitë e përfshira në transaksionin Henniges, ishte një fond investimi privat miliarda dollarësh, i quajtur Bohai Harvest RST (BHR). BHR u formua në nëntor 2013 nga një bashkim midis firmës së lidhur me qeverinë komuniste kineze Bohai Capital dhe një kompanie të quajtur Rosemont Seneca Partners. Kjo e fundit *Rosemont Seneca* u formua në vitin 2009 nga Hunter Biden, djali i Zëvendës Presidentit të atëhershëm të SHBA-së Joseph Biden Jr., nga Chris Heinz, njerku i ish-Sekretarit të Shtetit John Kerry dhe të tjerë.

Njoftim për shtyp, Kryetar Charles Grassley, S. Comm. në Fin., Grassley ngre shqetësime rreth miratimit të administratorit të Obamës të Shitjes së Përbashkët të Kompanisë Teknike të SHBA-së, për Qeverinë Komuniste Kineze dhe Firmën e Investimeve të Lidhur me Biden, Familjet Kerry (15 Gusht 2019).[103]

Kryetari senatori Grassley, ngre shqetësime serioze mbi administratën Obama-Biden dhe Kompaninë Teknike të shitjes së përbashkët për Qeverinë komuniste kineze dhe Firma e Investimeve të lidhura me familjet Biden-Kerry. (Peter Schweizer, *"Brenda firmës Shady Private "Equity Firm" drejtuar nga Kerry dhe Biden"*, **New York Post** (03/15/2018))

---

[101] Ron Johnson calls evidence of Hunter Biden foreign dealings 'sleezy'. Wisconsin Republican comments on the reveal of new bombshell Hunter Biden emails. #FoxNews #Hannity https://www.youtube.com/watch?v=yI49p21IHYI

[102] **Media In DENIAL About SCREWING Up Hunter Biden Laptop Story: Robby Soave.** Robby Soave reflects on lessons to be learned from the media misfire on Hunter Biden's foreign business dealings https://www.youtube.com/watch?v=7oO7Ar8OYBw.

[103] https://www.hollywoodreporter.com/news/politics-news/kamala-harris-lack-news-coverage-black-lives-matter-protests-1299205/

Hetim i mbështetur në dokumente, sipas dëshmive të agjensive dhe zyrtarët amerikanë

Qasja në dokumentet përkatëse dhe dëshmitë origjinale, është penguar vazhdimisht nga hetimet penale, procedurat e fajësimit, Covid-19, dhe disa raste të sjelljes obstruktive. Prandaj, ky hetim ka zgjatur me qëllim pengimi më shumë sesa duhej.

Përpjekjet e kryetarëve republikanë, janë drejtuar gjithmonë nga besimi ynë se publiku ka të drejtë të dijë për keqbërjet dhe konfliktet e interest, që ndodhin brenda qeverisë së korruptuar, dhe veçanërisht ato konflikte të shkaktuara nga veprimet e paramenduara të zyrtarëve qeveritarë.

Ky është një hetim i mbikëqyrjes së qeverisë së mirë, që mbështetet në dokumente dhe dëshmi nga agjensitë dhe zyrtarët amerikanë, jo një fushatë dezinformimi ruse, siç kanë deklaruar në mënyrë të gabuar senatorët demokratë.[104]

Ajo që kryetarët republikanë zbuluan, gjatë këtij hetimi, është se administrata e Obama-Biden 1 dhe 2 e dinte më parë se pozicioni i Hunter Biden në bordin e e Kompanisë ukrainase Burismas ishte problematik dhe ndërhyri në ekzekutimin efikas të politikës, në lidhje me Ukrainën.[105]

Për më tepër, ky hetim ka ilustruar dhe zbuluar asokohe shkallën në të cilën zyrtarët brenda administratës, injoruan shenjat paralajmëruese të ndritshme, kur djali i zëvendës presidentit Joe Biden, u bashkua me bordin e një

---

[104] https://nypost.com/2021/05/26/hunter-biden-arranged-secret-dinner-with-business-partners-and-vp-joe/

[105] **Hunter Biden laptop story dismissed by media: Kurtz | The Fox News Rundown.** n October 2020, leading up to the Presidential election, the New York Post published an article reporting that a laptop belonging to Hunter Biden had been recovered and it contained evidence that he was trading on his family's name. Not only was this story labeled Russian misinformation by countless media organizations, but Twitter and Facebook initially restricted access to the article. Now the New York Times has confirmed the authenticity of Hunter Biden's laptop and the messages that it contained. Howard Kurtz, host of "MediaBUZZ" on the FOX News Channel and the Media BUZZMeter podcast joins to breakdown how the mainstream media originally suppressed this story, the recent corroboration of this story creating questions surrounding journalistic accountability and how this may impact the public's trust in the media. Casualties are on the rise as Russia continues to bomb major cities across Ukraine. While reporting on the tragic war in Ukraine, a FOX News crew was attacked outside of Kyiv. FOX cameraman Pierre Zakrzewski and journalist Sasha Kuvshynova were killed in the attack while FOX News correspondent Benjamin Hall suffered grave injuries. Hall was rescued from behind enemy lines by a group called Save Our Allies. The organization's co-founder Sarah Verardo joins the Rundown to discuss details of how they reached the FOX crew, the organization's origins with the collapse of Afghanistan, and why the rescue mission means so much to her. https://www.youtube.com/watch?v=V_3JRgipCOs

kompanie në pronësi të një oligarku të korruptuar ukrainas. Dhe, siç do të diskutohet në seksionet e mëvonshme, Hunter, nuk ishte i vetmi Biden, që arkëtoi zëvendëspresidencën e Joe Biden.

Ky raport, jo vetëm që detajon shembuj të transaksioneve financiare të gjera dhe komplekse, që përfshijnë antarët e familjes Biden, ai gjithashtu përshkruan gjendjen e vështirë të zyrtarëve të tjerë qeveritarë të SHBA-së, me të cilët u përpoqën të udhëzonin dhe mbështesnin përpjekjet e Ukrainës antikorrupsion. Komitetet investigative republikane, do të vazhdojnë të vlerësojnë informacionin dhe provat, kur ato bëhen të disponueshme.[106] [107]

Hunter Biden mori $3.5 milion nga Elena Baturina, gruaja e ish-kryebashkiakut të Moskës

Hunter Biden, hapi një llogari bankare me Gongwen Dong, për të financuar një zbritje globale prej $100,000 me James Biden dhe Sara Biden.

Djali i Joe Biden ish zv/Presidentit të SHBA-së Hunter Biden, kishte lidhje me shoqata të ndryshme biznesi, si me Ye Jianming, Gongwen Dong dhe shtetas të tjerë kinezë, të lidhur ngushtë me Qeverinë Komuniste dhe Ushtrinë Komuniste Çlirimtare të Popullore Kineze.

Nga hetimet e bëra, doli se këto shoqata komuniste kineze rezultuan me fitime marramendëse prej miliona dollarësh, në rrjedhën pambarim të parave në llogari të fitimit të tyre babzitës anti-ligjorë.

Nga ana e tjetër, djali i përkdhelur i Joe Biden-it "bisnesmenit" pa asnji kualifikim profesional dhe gjuhësor Hunter Biden paguan gratë jorezidente, që ishin shtetase të Rusisë ose vendeve të tjera të Evropës Lindore dhe që duket se ata janë të lidhura me një *"rrjet të prostitucionit ose trafikimit njerëzor të Evropës Lindore"*.[108] [109] [110]

---

[106] Rudy Giuliani lays out the Biden's corruption in Ukraine.
https://www.youtube.com/watch?v=vxvoFfjn2do

[107] **RUDY GIULIANI ON UKRAINE: Documents PROVE Hunter Biden, Burisma Corruption and Money Laundering.** President Trump's personal lawyer and former Mayor of New York City, Rudy Giuliani, joins Glenn at the Turning Point USA Student Action Summit. He presents Glenn documents that prove Democrat corruption in Ukraine. Specifically, the documents show that Burisma committed a money laundering scheme to get millions of dollars into the pockets of board members...like Hunter Biden. Gleen Beck
https://www.youtube.com/watch?v=HtXYExjlpwk

[108] https://nypost.com/2022/04/21/gopers-ask-if-russian-linked-to-hunter-biden-sanctioned/

[109] **Bruce Golding, Russian oligarch who met with Hunter Biden sanctioned by UK — but not US, New York Posto, April 29,0222** https://nypost.com/2022/04/29/russian-oligarch-who-met-with-hunter-biden-sanctioned-by-uk-but-not-us/

KURT WALDHEIM, ISH-SEKRETAR I PËRGJITHSHËM I OKB-SË DHE PRESIDENT I AUSTRISË, DHE GRUAS SË TIJ IU DHA STATUSI PERSONA NON GRATA NË SHBA

Elvis Presley, shpallet persona non grata në Meksikë; Kina shpall aktorin Brad Pitt të padëshiruar; aktori dhe regjisori liberal Alec Baldwin hyn në listën e zezë si i padëshiruar në ishujt e Philippines; këngëtari italian Albano Antonio Carrisi (Al Bano) persona non grata në Azerbajxhan; Izraeli e shpalli poetin gjerman Günter Grass, fitues të Çmimit Nobel në Letërsi të vitit 1999, persona non grata; gazetari shqiptar investigativ Marin Mema shpallet persona non grata në Greqi; sërisht Al Bano dhe aktori i famshëm Michele Placido persona të padëshiruar në Ukrainë; Kosova e shpalli autorin austriak Peter Handke persona non grata, pasi iu dha Çmimi Nobel në Letërsi (viti 2019); Rusia ndalon si Persona Non Grata njerëzve më të korruptuar në botë: Joe Biden, djali të tij Hunter Biden, Hillary Clinton etj.; Republika e Shqipërisë, shpalli në shtator 2022 si persona non grata të gjithë personelin e Ambasadës së Iranit dhe mbylli ambasadën e saj në Tiranë..

Origjina e fjalës persona non grata

Kjo fjalë si term rrjedh nga latinishtja *persona*, që do të thotë *maskë e një aktori*, dhe kështu lidhet etimologjikisht me termin *dramatis personae*, duke përcaktuar personazhet në një dramë.

Një pyetje tjetër, që mund të lind vetvetiu është se: *A mund të shpallet një qytetar persona non grata?* Sigurisht që po. Një person mund të shpallet persona non grata edhe para se ai person të hyjë në brenda një shteti.

Kjo varet shumë nga nga niveli i mbrojtjes së personelit të misionit nga ndjekja penale, për shkelje të ligjeve civile dhe penale, në varësi të gradës, sipas neneve 41 dhe 42 të Konventës së Vjenës, ata janë të detyruar të respektojnë ligjet dhe rregulloret kombëtare.

Çfarë ndodh nëse shpalleni persona non grata? Në aspektin e diplomacisë ose marrëdhënieve ndërkombëtare, një deklaratë persona non grata, për një shtetas të huaj, zakonisht një diplomat, i cili ka një privilegj imuniteti, ndalohet të hyjë në vendin e caktuar, që ka lëshuar deklaratën.

Për çfarë përdoret persona non grata? Çfarë është një persona non grata? Në

---

[110] https://nypost.com/2020/09/29/trump-rips-hunter-bidens-alleged-3-5m-payout-from-russian-billionaire/

termin fjalë për fjalë, fraza është latine për **"një person të padëshiruar"**.

Termi në fjalë, në kuptimin diplomatik i referohet një personi të huaj, hyrja ose qëndrimi i të cilit në një vend të caktuar është i ndaluar nga ai vend.

Mirëpo natyrshëm dikush mund të shtroj pyetjen e drejtë: *A është një ligj persona non grata?* Sikurse e cekëm edhe më lart, vetë termi *persona non grata* është një frazë latine, që do të thotë *një person i padëshiruar.*

Kësisoj, një diplomat, që nuk është më i mirëpritur në qeverinë e shtetit të huaj në të cilën është akredituar, i ndalohet qëndrimi në atë vend dhe shpallet persona non grata.

Po a ka një fjalë tjetër për persona non grata? Ekzistojnë gjashtë sinonime, anton-ime, shprehje idiomatike dhe fjalë të lidhura për persona-non-grata, si: **person i padëshiruar, lajm i keq, person i pakëndshëm, i padëshirueshëm, person i pa-pranueshëm.**

Po sa kohë është ai apo ajo është i shpallur zyrtarisht persona non grata?

Në mënyrë efektive, kjo do të thotë se afati duhet të jetë (të paktën) 48 orë. Prandaj, praktika shpesh përmendet edhe si *dëbimi* i një diplomati. Shteti dër-gues ka detyrimin, sipas ligjit ndërkombëtar të tërheqë diplomatin e tij, që nuk është më i mirëpritur brenda afatit kohorë dhe ditorë.

A mundet një vend të dëbojë një ambasador? Ekzistojnë arsye për këtë veprim: një diplomatët mund të dëbohen nëse **së pari** ai apo ajo *shkelin marrëveshjet e Kombeve të Bashkuara,* pra *shkelin Marrëveshjen e Selisë së OKB-së,* **së dyti** kur shkelin Kartën e Kombeve të Bashkuara, **së treti** kur ai apo ajo *shkel Konventën e Përgjithshme* dhe **së katërti** sipas të drejtës ndërkombëtare, një shtet pritës mund, për arsye të sigurisë kombëtare, të shpall persona non grata apo me fjalë të tjera diplomatike të kufizojë një të huaj.

Çfarë është imuniteti diplomatik?

Imuniteti diplomatik, është një parim i së drejtës ndërkombëtare, sipas të cilit disa zyrtarë të qeverisë së huaj nuk i nënshtrohen juridiksionit të gjykatave vendore dhe autoriteteve të tjera, për aktivitetet e tyre zyrtare ashtu edhe, në një masë të madhe, për aktivitetet e tyre personale.

Neni 9, i jep shtetit pritës të drejtën të njoftoj shtetin dërgues se çdo anëtar i personelit diplomatik konsiderohet persona non grata në çdo kohë, duke përfshirë edhe kohën para mbërritjes.

Pasi të jetë njoftuar, shteti dërgues ose duhet të tërheqë anëtarin ose të për-fundojë funksionet e tij/saj. Nëse shteti dërgues refuzon ose dështon brenda një periudhe për të përmbushur detyrimin, shteti pritës mund të refuzojë të njohë personin në fjalë si anëtar të misionit diplomatik.

Neni rezulton të jetë një dispozitë kyçe në Konventë, e cila i mundëson një shteti të mbrohet nga sjelljet e papranueshme të anëtarëve të misioneve diplomatike dhe përbën një kundërpeshë të rëndsishme për imunitetet e dhëna diku tjetër në Konventë.

Për vite me radhë, disa nga shembujt më ekstremë të zhanrit, qofshin ato të rritura në shtëpi apo të importuara, u konsideruan si non grata nga censuruesit në Mbretërinë e Bashkuar. (sipas *David Fear, Rolling Stone, 11 qershor 2021.*)

Rusia e cila supozohet të jetë një vend non grata në Lojërat Olimpike të Pyeongchang, për shkak të programit të saj të egër dhe sistematik të dopingut, është ende një pjesë shumë e madhe e këtyre Lojërave Dimërore. (USA Today, 9 shkurt 2018)

Lista e personave të shpallur persona non grata në SHBA

*Lista e personave të shpallur persona non grata, është **forma më serioze e censures,** që një vend mund të aplikojë ndaj diplomatëve të huaj, të cilët përndryshe mbrohen nga imuniteti diplomatik nga arrestimi dhe nga llojet e tjera normale të ndjekjes penale.*

Persona non grata viti 1900

Traktati i Lozanës në vitin 1923, përfshinte listën prej **150 personash non grata të Turqisë**, e cila ndalonte hyrjen në Turqi të kryesisht një grupi ish-zyrtarësh të Perandorisë Otomane dhe rreth 100 persona të tjerë, deri në heqjen e këtij statusi në vitin 1938.

Kështu *Chiune Sugihara, një diplomat japonez që ndihmoi disa mijëra hebrenj të arratiseshin nga Lituania e pushtuar nga nazistët në vitet 1940, u shpall persona non grata nga Bashkimi Sovjetik (B.R.S.S.) në vitin 1947.*

Mbretëresha Victoria Eugenie e Spanjës, u detyrua të largohej nga Italia në vitin 1942, duke u bërë *persona non grata,* për qeverinë italiane. Sipas Harold Tittmann, një përfaqësues i Shteteve të Bashkuara në Vatikan në atë kohë, kjo ishte për shkak të *"prirjeve të saj të maskuara keq ndaj çështjes aleate"*.

Harald Edelstam, ambasadori suedez në Kili, u shpall persona non grata për përpjekjet e tij, për të fshehur dhe ndihmuar anëtarët e opozitës, që përballeshin me persekutimin nga junta kiliane e viteve 1973-1990, duke përfshirë pushtimin e Ambasadës së Kubës në Santiago, ku kishte qindra refugjatë dhe duke e shpallur tokën suedeze.

Kurt Waldheim, ish-Sekretar i Përgjithshëm i OKB-së dhe **President i Austrisë, dhe gruas së tij iu dha statusi persona non grata në SHBA** dhe vende të tjera, kur ai u akuzua se kishte ditur për krimet e luftës naziste dhe se nuk kishte bërë asgjë për ato.

Në shtator të vitit 1952, ambasadori i SHBA-së në Bashkimin Sovjetik, **George F. Kennan**, u shpall persona non grata pasi bëri një deklaratë që sovjetikët besonin se i lidhte ata me Gjermaninë naziste. Sovjetikët refuzuan të lejonin Kennan të rihynte në B.R.S.S.

Elvis Presley shpallet persona non grata në Meksikë

Në nëntor të vitit 1962, autoritetet meksikane, sipas një direktive nga Regjenti i qytetit të Meksikës, Ernesto Peralta Uruchurtu, **refuzuan t'i jepnin një leje pune këngëtarit dhe aktorit amerikan Elvis Presley**, i cili ishte planifikuar të udhëtonte në Acapulco me një ekuipazh të Paramount prej rreth pesëdhjetë të tjerë. Të gjithëve u janë dhënë leje pune përveç Elvisit jo.

Pra, Presley u bë i vetmi këngëtar dhe aktor amerikan, që u shpall zyrtarisht persona non grata nga autoritetet meksikane, rezultat siç theksohet nga këto të fundit, i një serie incidentesh, që nisën në shkurt të vitit 1957, kur ai u ndalua nga një Radio, pasi një gazetë e citoi atë në mënyrë të rreme, duke folur keq për gratë meksikane, pastaj në vitin 1959, kur muzika e tij u ndalua nga dyqanet e diskografive dhe vazhdoi kjo situatë edhe në vitin 1961, kur filmat e tij u ndaluan nga teatrot meksikane.

Atij iu përmendën dy trazira të dhunshme, mes fansave pro-Presley-t. Ata nuk besuan se akuzat e vitit 1957 ishin të vërteta.

Sërisht persona non grata të amerikanëve kudo në botë

Në mars 1976, **Herbert Spiro**, ambasadori i Shteteve të Bashkuara në Kamerun, i akredituar gjithashtu në Guinenë Ekuatoriale, u shpall persona non grata nga Guinea Ekuatoriale. Në fund të një vizite në vendin të cilin ai e përshkroi si të këndshëm dhe pa ngjarje deri në atë moment, Zëvendësdrejtori i Protokollit Ekuatoguine Santiago Nchama i dorëzoi atij një letër, ku akuzonte qeverinë e Shteteve të Bashkuara, për përfshirje në aktivitete subversive atje dhe ditë më vonë, të huajt e Guinesë Ekuatoriale Ministria i dërgoi një telegram Departamentit të Shtetit, duke njoftuar se Spiro dhe konsulli William C. Mithoefer Jr., të cilët e kishin shoqëruar në vizitën e tij, u ndaluan të dy nga vendi.

Në prill 1979, eksperti i Agjencisë Qendrore të Inteligjencës për Iranin, **George W. Cave**, u shpall persona non grata nga qeveria iraniane.

Në vitet 1990, **shkrimtari Mario Vargas Llosa**, i cili më vonë do të merrte çmimin **Nobel në Letërsi**, ishte persona non grata në Peru, i diskredituar e i fyer në shtypin zyrtar të regjimit të Alberto Fujimorit.

Në vitin 1995, Kroacia e shpalli **Carl Bildt** persona non grata, duke njoftuar se ai *"kishte humbur besueshmërinë e nevojshme, për rolin e një ndërmjetësi paqeje"*. Bildt kishte sugjeruar se Presidenti i Kroacisë, Franjo Tuxhman ishte *"po aq fajtor për krime lufte sa udhëheqësi serb i Krajinës"*, Milan Martić.

Kina shpall aktorin Brad Pitt të padëshiruar

Brad Pitt, *u bë persona non grata në Republikën Popullore të Kinës,* pasi u shfaq në filmin e vitit 1997 Seven Years in Tibet, i cili përshkruante me simpati Dalai Lamën dhe portretizonte aneksimin kinez të Tibetit. Ndalimi u hoq në vitin 2014, kur ai shoqëroi gruan e tij Angelina Jolie në një turne promovimi të filmit.

Në vitin 2000, Izraeli e shpalli **politikanin austriak Jörg Haider** persona non grata pas zgjedhjeve legjislative austriake të vitit 1999, pasi Partia e tij e djathtë populiste e Lirisë së Austrisë (gjermanisht: Freiheitliche Partei Öster-reichs, FPÖ) ishte anëtare e qeverisë së koalicionit austriak.

Më 19 shkurt **2000**, ShBA shpallën **Jose Imperatori**, një zv/Konsull, i cak-tuar në seksionin e interesave kubane të Ambasadës Zvicerane si persona non grata. Imperatori u akuzua se kishte vepruar si ndërmjetës, për të ndihmuar Mariano Faget në aktivitetet e tij të supozuara të spiunazhit. Imperatori refu-zoi të largohej dhe përfundimisht u dëbua fizikisht më 26 shkurt 2000.

Në vitin **2007**, Dhoma e Përfaqësuesve e Komonuelthit të Ishujve Mariana Veriore (CNMI) votoi banorin e Saipanit dhe shtetasin e Shteteve të Bashkuara, **Ron Hodges**, persona non grata me rezolutë. Ai u ndëshkua për fushatën e tij të shkrimit të letrës, që kritikonte qeverisjen e CNMI dhe abuzimet kundër punëtorëve të huaj, të titulluar Chamberonomics. Letrat e tij mbështetën marrjen e fuqisë punëtore dhe imigracionin nga CNMI nga Shtetet e Bashkuara.

Në vitin **2008**, Presidenti i Bolivisë Evo Morales e shpalli **ambasadorin** e Shteteve të Bashkuara **Philip Goldberg** persona non grata, duke pretenduar se qeveria amerikane komplotoi kundër tij dhe mbështeti kundërshtarët e tij.

Menjëherë pas dëbimit të Goldberg nga Bolivia, Presidenti i Venezuelës Hugo Chavez e shpalli **ambasadorin** e Shteteve të Bashkuara **Patrick Duddy** persona non grata në solidaritet me veprimin e Morales. Chavez nuk për-mendi ndonjë shkelje specifike të supozuar nga Duddy.

Në tetor **2008**, Serbia dëboi ambasadorët e Malit të Zi dhe Maqedonisë, pasi këto vende njohën pavarësinë e Kosovës.

Në nëntor **2008**, Serbia dëboi ambasadorin nga Malajzia, pasi Malajzia njohu Pavarësinë e Kosovës.

Në vitin **2008**, Ministria e Punëve të Jashtme të Izraelit e shpalli amerikanin **Richard A. Falk**, *profesor emeritus i së drejtës ndërkombëtare në Universitetin e Princetonit*, persona non grata, kur ai ishte Raportuesi Special i Kombeve të Bashkuara të Këshillit të Kombeve të Bashkuara, për të Drejtat e Njeriut, për *"situatën e të drejtat e njeriut në territoret palestineze të pushtuara që nga viti 1967."*

Më 23 dhjetor **2008**, Fixhi ndoqi një kërcënim, për të dëbuar komisionerin e lartë të Zelandës së Re në vendin ishull. Dëbimi erdhi një ditë pasi kryemi-nistri i përkohshëm i Fixhit, njoftoi se nuk do të dëbonte kryediplomatin e Ze-landës së Re, sepse donte të përmirësonte marrëdhëniet e tij me Zelandën e Re. Në hakmarrje ndaj dëbimit, Zelanda e Re e shpalli Komisionerin e Lartë të Fixhit në Wellington persona non grata, pasi Kryeministri i Zelandës së Re John Key, kishte deklaruar një ditë më parë se do të kishte veprime hakmar-rëse nëse komisioneri i saj dëbohej.

Në janar **2009**, pasi Venezuela dëboi diplomatët izraelitë për shkak të Luftës së Gazës, Izraeli urdhëroi diplomatët venezueliane të largoheshin nga vendi, duke i shpallur ata persona jo gratae në Izrael.

Në mars **2009**, Presidenti Evo Morales i Bolivisë, shpalli një anëtar të am-basadës së Shteteve të Bashkuara (divizioni politik) persona non grata.

Më 8 prill **2009**, Presidenti i Moldavisë Vladimir Voronin shpalli persona non grata ambasadorin rumun **Filip Teodorescu** dhe ministrin këshilltar **Ioan Gaborean**, duke pretenduar se *"veprimtaria e tyre nuk ishte në përputhje me sta-tusin e tyre diplomatik"*, pas flamurit moldav në ndërtesa e Parlamentit u shemb e u zëvendësua me flamuj rumun dhe të BE-së, gjatë trazirave paszgjedhore në Moldavi.

Aktori dhe regjisori liberal Alec Baldwin në listën e zezë në ishujt e Philippines

Më 20 maj **2009**, aktori amerikan Alec Baldwin u shpall persona non grata nga qeveria e Filipineve, pas një paraqitjeje në një episod të *Late Show me David Letterman*, ku ai bëri shaka për përfitimin e një *nuseje me porosi filipinase ose ruse*. Senatori dhe aktori filipinas Ramon Revilla Jr. tha se gruaja e tij (e Baldwin) do të ishte *e pafat* dhe *se do të ketë telashe*, nëse Alec Baldwin do të udhëtonte në vend. **Byroja e Emigracionit e ka vendosur Baldwin në listën e saj të zezë**, duke e ndaluar atë të vizitojë vendin.

Më 3 qershor **2009**, disidenti kinez **Wu'erkaixi** u largua nga Aeroporti i Makaos dhe iu refuzua hyrja në Kinë, kur thuhet se u përpoq të dorëzohej tek autoritetet kineze.

Më 8 qershor **2009,** Rusia e shpalli **diplomatin finlandez Simo Pietiläinen** persona non grata, për shkak të një veprimi të diskutueshëm nga Pietiläinen, ku ai kontrabandoi Anton Salonen jashtë Rusisë, pas një mosmarrëveshjeje të gjatë, për kujdestarinë midis babait të tij finlandez dhe dashnorit të lindur rus.

Më 21 gusht **2009,** Sllovakia e shpalli Presidentin hungarez **László Sólyom** persona non grata (termi latin nuk u përdor, por vetëm *person i padëshiruar,* dhe ai nuk u lejua të kalonte kufirin), në ditën kur presidenti kishte qenë i caktuar, për të zbuluar një statujë të Shën Stefanit të Hungarisë në Komárno.

Arsyeja kryesore e ndalimit ishte se kjo datë është edhe dita e përvjetorit të pushtimit të Çekosllovakisë nga Pakti i Varshavës, në të cilin morën pjesë edhe forcat e armatosura të Hungarisë, për të shtypur Pranverën e Pragës të vitit 1968. Kryeministri sllovak **Robert Fico**, është shprehur gjithashtu shqetësimet e tij se presidenti *"u përpoq të theksonte shtetësinë hungareze në tokën sovrane sllovake"*.

Më 3 nëntor **2009,** Kryeministri i Fixhit shpalli diplomatë australianë dhe të Zelandës së Re në Fixhi personae non grata. Si përgjigje, një ditë më vonë, Qeveria Australiane dhe Zelanda e Re shpallën përfaqësuesit përkatës të Fix-hias personae non gratae dhe atyre iu dha 24 orë, për t'u larguar nga vendi. Lëvizja erdhi pasi tensionet ndërkombëtare midis Fixhit dhe Australisë/Ze-landës së Re u intensifikuan, pas një vendimi të kryeministrit fixhian komodor Josaia Voreqe (Frank) Bainimarama vendimit, për të shtyrë pafundësisht zg-jedhjet në vend.

Më 8 janar **2010,** Ministria e Jashtme egjiptiane e shpalli politikanin e Partisë së Respektit, George Galloway, persona non grata, pasi ai u përpoq të merrte 200 kamionë me ndihma në Rripin e Gazës, së bashku me aktivistët ndërkom-bëtarë. Ai u deportua më pas nga Egjipti në MB.

Këngëtari italian Albano Antonio Carrisi (Al Bano) persona non grata në Azerbajxhan

Në tetor **2010,** këngëtari italian Al Bano **Albano Antonio Carrisi**, kantau-tor, aktor dhe verëbërës (singer-songëriter, actor and ëinemaker). Atij i është dhënë shtetësia shqiptare në vitin 2016, për shkak të lidhjeve të ngushta me vendin. Ai u përfshi në listën e personave non grata në vitin 2010 në Azerbajxhan, *për shkak të vizitës së Nagorno Karabakut, pa lejen e shtetit të Azerbajxhanit.*

Më 30 mars **2011,** Ministri i Punëve të Jashtme të Kuvajtit shpalli persona jo gratae tre diplomatë iranianë, përfshirë Ambasadorin, për spiunazh.

Më 5 prill **2011,** Ministria e Ekuadorit e shpalli ambasadoren e Shteteve të Bashkuara **Heather Hodges** persona non grata, pasi ajo nuk dha përgjigje të mjaftueshme për një kabllogram diplomatik, të zbuluar në lidhje me Ekuadorin. Si hakmarrje, Shtetet e Bashkuara e shpallën ambasadorin e Ekuadorit Luis Gallegos persona non grata më 7 prill 2011.

Më 27 prill **2011**, Malavi e shpalli Komisionerin e Lartë Britanik **Fergus Cochrane Dyet** persona non grata një javë pasi ishte zbuluar një kabllogram diplomatik në të cilin Cochrane-Dyet deklaronte se presidenti i Malavisë Bingu ëa Mutharika *po bëhej gjithnjë e më autokratik dhe intolerant ndaj kritikave.*

Më 1 maj **2011**, ambasadorit të Libisë në Mbretërinë e Bashkuar, **Omar Jelban**, iu dha 24 orë kohë për t'u larguar nga vendi pasi Sekretari i Jashtëm William Hague tha se ai ishte persona non grata. Dëbimi ishte në përgjigje të sulmeve në ambientet e ambasadës britanike në Tripoli pas vdekjes së djalit të kolonel Gadafit në një sulm ajror të NATO-s.

Më 6 maj **2011**, Franca shpalli 14 ish-diplomatë libianë në Paris si persona non grata, për shkak të *"sjelljes dhe aktiviteteve që nuk janë në përputhje me rezolutat e OKB-së, veçanërisht me rezolutën 1973"* dhe *"që shkojnë kundër mbrojtjes së civilëve libianë"*.

Më 19 maj **2011**, Ministria e Jashtme ruse tha se atasheu ushtarak i Izraelit në Moskë **Kol. Vadim Leiderman** u shpall persona non grata pasi u kap duke marrë informacione sekrete nga një shtetas rus.

Më 6 janar **2012**, ShBA njoftuan qeverinë venezueliane, për shpalljen persona non grata të diplomates venezueliane **Livia Acosta Noguera** dhe kërkuan që ajo të largohej nga Shtetet e Bashkuara deri më 10 janar 2012.

Më 8 prill **2012**, Izraeli e shpalli **poetin gjerman Günter Grass, fitues të Çmimit Nobel në Letërsi të vitit 1999**, persona non grata, për shkak të poemës së tij *Çfarë duhet të thuhet.*

Më 29 maj **2012**, si kundërpërgjigje ndaj masakrës së Houlws në Siri, qeveria franceze shpalli ambasadoren siriane **Lamia Shakkour** dhe dy zyrtarë të tjerë të ambasadës, personale non grata. Ambasadori sirian në Holandë u shpall gjithashtu persona non grata nga Ministri i Jashtëm holandez **Uri Rosenthal**.

Më 7 shtator **2012**, qeveria kanadeze i shpalli të gjithë diplomatët iranianë në Kanada persona non grata. Ambasada kanadeze në Teheran gjithashtu u mbyll.

Gazetari shqiptar investigativ Marin Mema
shpallet persona non grata në Greqi

Për raportet e tij më 19 gusht **2012**, gazetarit **Marin Mema** iu ndalua hyrja në Greqi e *u shpall persona non grata.* Mema merret kryesisht me gazetarinë investigative. Raportet e tij variojnë nga korrupsioni i qeverisë deri te abuzimet e të drejtave të njeriut. Në vitet 2011–2012 ai raportoi nga Margariti dhe Filiates për pronat e çamëve (shqiptarët çamë, që kanë jetuar në këtë zonë deri në Luftën e Dytë Botërore), që janë përvetësuar nga shteti grek. UJA (Unioni i Gazetarëve të Shqipërisë), menjëherë protestoi para ambasadës greke në Tiranë kundër ndalimit të hyrjes së gazetarit të mirënjohur shqiptar.

Më 14 maj **2013**, Ministria e Jashtme e Rusisë, shpalli person non grata **Ryan Fogle**, sekretarin e tretë të Departamentit Politik të Ambasadës së Shteteve të Bashkuara në Moskë.

Në qershor **2013**, *këngëtarja spanjolle e operës* **Montserrat Caballé**, u përfshi në një listë personash non grata në Azerbajxhan (sikure Albano) për vizitën e Nagorno Karabakut pa lejen e Azerbajxhanit.

Më 6 korrik **2013**, Byroja Filipine e Imigracionit pengoi aktivistin holandez **Thomas van Beersum** të largohej nga Filipinet në Aeroportin Ndërkombëtar Ninoy Aquino në Manila. Thomas van Beersum mori pjesë në një tubim politik kundër qeverisë Filipine, gjatë fjalimit të Presidentit Benigno Aquino III, për gjendjen e kombit.

Më 23 nëntor **2013**, Egjipti shpalli persona non grata ambasadorin turk **Huseyin Avni Botsali**, për shkak të kritikave të bëra nga kryeministri turk Rexhep Tajip Erdogan, për rrëzimin e Mohamed Morsit si President i Egjiptit.

Më 24 dhjetor **2013**, **Jagmeet Singh**, një deputet kanadez i Parlamentit Provincial (MPP) në Ontario, u ndalua të udhëtonte në Indi, pasi ai konsiderohej *persona non grata* nga qeveria indiane. Kërkesa për vizë e Singh-ut u refuzua nga konsullata indiane në Toronto, Kanada. Ai ishte akuzuar se kishte lidhje me ekstremistët Khalistan me bazë në Kanada, të cilët dëshirojnë të krijojnë një shtet të veçantë fetar sikh nga India përmes luftës së armatosur.

Më 7 korrik **2014**, ministria e jashtme e Mbretërisë së Bahreinit kërkoi largimin e menjëhershëm të **Tom Malinowskit**, Ndihmës Sekretarit të Shtetit të Shteteve të Bashkuara për Demokraci, të Drejtat e Njeriut dhe Punën.

Në dhjetor **2014**, Qeveria e Estonisë e shpalli **gazetarin italian Giulietto Chiesa** persona non grata. Chiesa ishte një ish-deputet i Parlamentit Evropian, i cili i përkiste Delegacionit në Komitetin e Bashkëpunimit Parlamentar BE-Rusi dhe kishte kandiduar si kandidat për Bashkimin Letonez Rus.

Në nëntor **2015**, **konkurrentja e Miss World, Anastasia Lin** nga Kina, ku shteti komunist, nuk ka dhënë asnjë arsye zyrtare, për shpalljen e saj persona non grata.

Më 27 tetor **2016**, një diplomat pakistanez në Indi, **Mehmood Akhtar**, u arrestua për pak kohë përpara se të shpallej persona non grata nga sekretari i jashtëm indian për spiunazh.

Më 27 tetor **2016**, sekretari i jashtëm pakistanez thirri një të dërguar indian, **Surjeet Singh** dhe e informoi atë për dëbimin e tij nga vendi.

Më 29 dhjetor **2016**, *mbi 35 diplomatë rusë u shpallën personae non grata* nga Shtetet e Bashkuara, në përgjigje të ndërhyrjes së supozuar të mbështetur nga Kremlini në zgjedhjet presidenciale të Shteteve të Bashkuara të vitit 2016.

Më 4 mars **2017**, qeveria e Malajzisë shpalli ambasadorin e Koresë së Veriut në Malajzi, **Kang Chol**, si persona non grata, për shkak të rastit të vrasjes së Kim Jong-nam (vëllait të Kim Jong-un, liderit suprem të Koresë së Veriut) nga agjenti nervor VX.

Në korrik **2017**, qeveria venezueliane e Nicolás Maduro shpalli **5 ish-liderë të Amerikës Latine** si persona non grata si rezultat i pjesëmarrjes së tyre si vëzhgues ndërkombëtarë, në referendumin jozyrtar të Venezuelës, të mbajtur nga opozita. Ish-presidenti meksikan Vicente Fox u ndalua më 16 korrik.

Më 2 gusht **2017**, zëvendëskryeministri i Rusisë **Dmitry Rogozin** u shpall persona non grata nga Qeveria e Moldavisë për deklarata fyese ndaj zyrtarëve publikë moldavë dhe rumunë dhe për veteranët e Luftës së Transnistrisë.

Në shtator **2017**, ambasadori i Koresë së Veriut në Meksikë **Kim Hyong Gil** u shpall persona non grata nga Qeveria e Meksikës dhe iu dha 72 orë kohë për t'u larguar nga Meksika, për shkak të aktivitetit bërthamor të Koresë së Veriut në atë kohë.

Më 28 janar **2018**, **Anthony Fouchard,** korrespondent francez i Rfi dhe France 24 në Mali, shpallet persona non grata në Mali nga Ministri i Ekonomisë dhe Komunikimit Dixhital, pas një publikimi në Tëitter, duke e krahasuar atë me një provokim ose një shaka, në lidhje me sulmin vetëvrasës që ndodhi të njëjtën ditë në Menaka në veri të vendit.

Më 5 prill **2018**, *6 diplomatë amerikanë në Rusi* u shpallën persona non grata nga Ministri i Jashtëm rus Sergej Lavrov.

Më 21 prill **2018**, ministri serb i Mbrojtjes, **Aleksandar Vulin**, u shpall persona non grata në Kroaci. Si masë hakmarrjeje, ministri kroat i mbrojtjes, **Damir Krstiçeviq**, është shpallur persona non grata në Serbi.

Më 10 prill **2018**, Izraeli njoftoi se kryetarit të atëhershëm Lord të Dublinit, **Mícheál Mac Donncha** do t'i refuzohej hyrja në Izrael.

Më 25 prill **2018**, ambasadori i Filipineve në Kuvajt, Renato Villa u afirmua si persona non grata nga Ministria e Jashtme e Kuvajtit dhe u mandatua të lirojë Kuvajtin brenda një jave në përgjigje të masës së stafit të ambasadës filipinase për të shpëtuar në mënyrë të njëanshme punëtorët e keqtrajtuar filipinas nga familje të ndryshme.

Më 22 maj **2018**, i Ngarkuari me Punë në Venezuelë, **Todd D. Robinson** dhe zëvendësi i tij, **Brian Naranjo**, u shpallën persona non grata nga Nicolas Maduro, pas sanksioneve në rritje të SHBA-së dhe deklaratave të të ngarkuarit se rizgjedhja e fundit e Maduro ishte një *rrëmbim pushteti* dhe se zgjedhjet nuk ishin as *të lira apo të drejta*.

Më 14 korrik **2018**, India shpalli persona non-grata një punonjës të Komisionit të Lartë të Pakistanit, pasi ai u arrestua nga Policia e Delhit me akuzën për spiunazh. Ai u kap së bashku me dokumentet në lidhje me detajet e vendosjes së BSF përgjatë kufirit Indo-Pak.

Më 5 gusht **2018**, ambasadori kanadez në Arabinë Saudite, **Dennis Horak**, u shpall persona non grata, pasi Kanadaja bëri thirrje për lirimin e aktivistëve civilë në paraburgim.

Më 1 janar **2019**, Ministri i Punëve të Jashtme i Somalisë, i shpalli statusin persona non grata Përfaqësuesit Special të Sekretarit të Përgjithshëm të Kombeve të Bashkuara **Nicholas Haysom**, pasi Haysom u akuzua për ndërhyrje të qëllimshme në punët e brendshme të vendit dhe minim pavarësia e qeverisë së Somalisë.

Sërisht Al Bano dhe aktori i famshëm Michele Placido persona të padëshiruar në Ukrahinë

Më 11 mars **2019**, Ministria e Kulturës e Ukrainës shpalli statusin persona non grata, për artistin, aktorin dhe verëbërësin italian **Albano Carrisi**, i njohur si **Al Bano**, si një kërcënim për sigurinë kombëtare. *Këngëtari deklaroi hapur se beson se historikisht Gadishulli i Krimesë është territor rus dhe thuhet se është një fans i presidentit rus Vladimir Putin.*

Një ndalim dhe status persona non grata, për të njëjtat arsye është shpallur edhe më 10 dhjetor **2018** për aktorin dhe regjisorin italian **Michele Placido,** aktori i filmit të famshëm *Oktapodi.*

Më 5 shtator **2019**, Shtetet e Bashkuara shpallën ish-liderin e Partisë Social Demokrate të Rumanisë, **Liviu Dragnea** persona non grata, për shkak të dënimit të tij për korrupsion.

Më 10 dhjetor **2019**, Qeveria e Malit shpalli **Christophe Sivillon**, Zyrën kryesore MUNISMA të Kombeve të Bashkuara në Rajonin Kidal, një rajon i kontrolluar nga rebelët Tuareg që nga Beteja e Dytë Kidal, persona non grata, për shkak të një deklaratë, që kërcënonte sovranitetin e Malit.

Më 10 dhjetor **2019**, **Kosova** e shpalli **autorin austriak Peter Handke** persona non grata, *pasi iu dha Çmimi Nobel në Letërsi.*

Më 23 dhjetor **2019**, **Daniel Foote** u tërhoq në Shtetet e Bashkuara nga Zambia, pasi pozicioni i tij si ambasador u deklarua *i paqëndrueshëm* nga qeveria në detyrë, pas kritikave të tij, për një dënim të gjatë burgimi për një çift homoseksual, duke e bërë në mënyrë efektive persona non grata.

Më 14 maj **2020**, Burundi shpalli **Dr. Walter Kazadi Mulombo** dhe tre nga ekipi i tij si persona jo gratae për shkak të "ndërhyrjes në punët e brendshme të vendit".

Më 1 qershor **2020**, dy punonjës të Komisionit të Lartë pakistanez që punonin në Seksionin e Vizave në Nju Delhi u arrestuan nga **Celula Speciale e Policisë së Delhit me akuza për spiunazh** dhe pak kohë, pasi u shpallën persona non gratae.

Më 8 gusht **2020**, **tre diplomatë rusë** u dëbuan nga Sllovakia, sepse *"veprimtaritë e tyre ishin në kundërshtim me konventën e Vjenës, për marrëdhëniet diplomatike"*.

Më 19 gusht **2020**, pas protestave antiqeveritare në Bjellorusi, Presidenti **Alexander Lukashenko** u shpall persona non grata në Lituani, për manipulimin e zgjedhjeve, duke përdorur dhunë brutale kundër protestuesve paqësorë dhe më vonë duke i torturuar ata.

Më 29 gusht **2020**, ministria e jashtme ruse njoftoi se kishte dëbuar dhe shpallur persona non grata një **diplomat norvegjez** në një lëvizje reciproke pasi ministria e jashtme norvegjeze dëboi një diplomat rus më 18 gusht për spiunazh të dyshuar.

Më 28 nëntor **2020**, ambasadori i Serbisë në Mal të Zi **Vladimir Bozovic** u shpall persona non grata në Mal të Zi, për ndërhyrje të dyshuar në punët e brendshme të Malit të Zi *dhe për deklarata të shumta, që ishin të papranueshme për një diplomat*, sipas Ministrisë së Punëve të Jashtme malazeze.

Më 28 nëntor **2020**, në përgjigje të Malit të Zi që e shpallte persona non grata ambasadorin serb **Vladimir Bozhoviq**, Ministria e Punëve të Jashtme të Serbisë e shpalli ambasadorin malazez në Serbi **Tarzan Millosheviçin** persona non grata dhe atij iu dha 72 orë për t'u larguar nga Serbia.

Më 17 prill **2021**, Republika Çeke **dëboi 18 diplomatë rusë** të dyshuar si spiunë, pas një hetim nga shërbimet çeke të inteligjencës dhe sigurisë arriti në përfundimin se Njësia 29155 e shërbimit të inteligjencës ushtarake ruse GRU ishte përfshirë në shpërthimet e magazinës së municioneve Vrbětice të vitit 2014.

Dr. Sali Berisha hedh në gjyq Sekretarin e Shtetit Blinken për fyerje dhe shpifje ndaj tij

Më 19 maj 2021, *Sekretari Amerikan i Shtetit Antony J. Blinken e shpalli pa prova faktike tesh 6 muaj ish-kryeministrin shqiptar dr. Sali Berisha persona non grata për "përfshirje në korrupsion të konsiderueshëm". Dr. Berisha, me të drejtë i ka kundërshtuar akuzat dhe fatmirësisht e ka hedhur në gjyq ndërkombëtar në Paris të Francës Sekretarin e Shtetit Amerikan Blinken, per fyerje, sepse po abuzon me pozitën e detyrës që mban për interesa të Sorosit. Deri më sot Blinken nuk ka ofruar asnjë fakt dhe provë për akuzat e ngritur politikisht kundër zotit Berisha. Administrata Biden po mbulon dhe blokon me paramendim investigimin dhe korrupsionin e familjes Biden dhe të* *djalit të tij Hunter Biden, edhe pse faktet dhe provat janë bërë publike dhe ndaj djalit të tij Hunter Biden ka filluar investigimi për 4 (katër) akuza kriminale të ngritur nga Departamenti i Drejtësisë dhe FBI...*

Më 23 tetor **2021**, presidenti turk Recep Tayyip Erdoğan shpalli persona non grata ambasadorët e dhjetë vendeve perëndimore, duke përfshirë **Shtetet e Bashkuara, Gjermaninë, Kanadanë, Danimarkën, Finlandën, Francën, Holandën, Zelandën e Re, Norvegjinë dhe Suedinë** për lirimin. të biznesmenit dhe filantropit të burgosur Osman Kavala.

Moske 2022. *Media botërore dhe amerikane po fshehin Deklaratën e Ministrisë së Jashtme të Federatës Ruse, e cila ndalon si Persona Non Grata hyrjen në Rusi të njerëzve më të korruptuar në botë, si: Joe Biden, djalit të tij Hunter Biden, Hillary Clinton, etj.*

Në përgjigje të një sërë sanksionesh të paprecedentë që ndalonin, ndër të tjera, hyrjen në Shtetet e Bashkuara për zyrtarët e lartë të Federatës Ruse, nga 15 marsi 2022, është përfshirë në "stop-listën" ruse, në bazë të reciprocitetit të ndërsjellë. Në listën e ndalesave përfshihen: **Joseph Biden** (Joseph Robinette Biden); **Anthony Blinken** (Anthony John Blinken); Lloyd **James Austin III; Mark Alexander Milley; Jacob Sullivan** (Jacob Jeremiah Sullivan) - Asistent i Presidentit të Shteteve të Bashkuara për Sigurinë Kombëtare; **William Joseph Burns** – Drejtor i CIA-s; **Jennifer Psaki** (Jennifer Rene Psaki), Sekretare e Shtypit e Shtëpisë së Bardhë; **Dalip Singh** (Daleep Singh) – Zëvendës Asistent i Presidentit të Shteteve të Bashkuara për sigurinë kombëtare; **Samantha Jane Power** - Drejtoreshë e Agjencisë për Zhvillim Ndërkombëtar; **Hunter Biden** (Robert Hunter Biden), është djali i Presidentit të SHBA-së; **Hillary Clinton** (Hillary Diane Rodham Clinton), në pension, ish-kandidate presidenciale e Shteteve të Bashkuara; **Adewale Adeyemo,** zv/Mministri (Sekretari) i parë i Financave; **Reta Jo Lewis** është President dhe Kryetar i Bordit të Drejtorëve të Bankës së Eksportit dhe Importit.

Personat e ndaluar të hyjnë në Mbretërinë e Bashkuar

Një departament qeveritar i Mbretërisë së Bashkuar, nga gushti 2005 deri më 31 mars 2009, ka përjashtuar 101 individë nga Mbretëria e Bashkuar, të përfshirë në sjellje të papranueshme. Prej tyre, 22 u përjashtuan nga sekretari i atëhershëm i Brendshëm Jacqui Smith, midis 28 tetorit 2008 dhe 31 marsit 2009. Më 5 maj 2009 Smith emërtoi dhe turpëroi publikisht gjashtëmbëdhjetë nga ata individë.

Përveç gjashtëmbëdhjetëve, persona të tjerë janë ose janë ndaluar nga Mbretëria e Bashkuar. Pasardhësi i Smith si Sekretar i Brendshëm, Alan Johnson, i dha fund politikës së emërtimit të njerëzve, të cilëve u ndalohej hyrja në Britani.

Persona non grata *të* shpallur nga Qeveria e Filipineve

Persona non grata, në kontekstin e qeverisjes vendore të Filipineve, i refer-ohet individëve ose grupeve të deklaruara si të padëshiruar, në një lokalitet të caktuar.

Në kuadrin e diplomacisë ose marrëdhënieve ndërkombëtare, një deklaratë persona non grata për një shtetas të huaj, zakonisht një diplomat i cili përndryshe ka një privilegj imuniteti, ndalohet të hyjë në vendin që ka lëshuar deklaratën.

Në kontekstin e qeverisjes vendore në Filipine, njësitë e qeverisjes vendore (NJQV-të, duke përfshirë bashkitë, qytetet dhe provincat), mund të shpallin një person persona non grata. Një arsye e tillë për një lëvizje është reagimi ndaj një personi të caktuar, që shkel urdhëresat dhe ligjet lokale.

Deklarata, do të nënkuptonte se një personi ndalohet të hyjë në juridik-sionin e një lokaliteti të caktuar. Megjithatë, sipas një opinioni ligjor të Depar-tamentit të Brendshëm dhe Qeverisjes Vendore (DILG), deklaratat persona non grata shpesh bëhen nëpërmjet rezolucioneve nga legjislativi vendas dhe jo me urdhëresa dhe bëhen thjesht për të shprehur një ndjenjë; që në mënyrë efektive nënkuptonte se deklarata të tilla nuk janë detyruese.

Në rastin e këshillit bashkiak të Anahawan, Southern Leyte, duke deklaruar kryetarin e sapo-instaluar në atë kohë Roberto Loquinte si persona non grata, për mendimin e tyre se Loquinte nuk ishte i përshtatshëm për këtë pozicion, DILG tha se legjislatura lokale ka të drejtën e tyre për të nxjerrë deklaratën por e njëjta gjë duhet bërë brenda *kufijve të ligjit*. Ai tha se nuk mund ta pengonte ligjërisht Loquinte të merrte postin si Kryetar Bashkie dhe/ose të kryente funksionin e tij, një akt të cilin DILG e sheh të dënueshëm.

Persona të shquar të shpallur të padëshiruar në Filipine

Në vijim do të lexoni më poshtë personat ose grupet e shquara apo mirën-johur, që janë shpallur persona non grata nga njësitë e qeverisjes vendore (NJQV) në Filipine. Kjo përjashton të huajt të cilëve u ndalohej hyrja dhe/ose u dëbuan nga qeveria kombëtare e Filipineve, por përfshin të huajt që u sh-pallën persona non grata nga NJQV-të.

Në Manila **1998 Aktorja amerikane Claire Danes,** pasi përfunduan xhirimet për filmin *Brokedown Palace*, u etiketua si persona non grata nga Këshilli i Qytetit të Manilës, pasi komentoi në Vogue se Manila ishte një *qytet i kobshëm dhe i çuditshëm*. Në përgjigje të deklaratës, atëherë presidenti Joseph Estrada vuri në dukje se danezët nuk duhet të lejohen të hyjnë në Filipine.

Danes në mbrojtjen e saj tha se vërejtjet u bënë në kontekstin e Brokedown Palace, i cili u filmua në pjesët e varfra të Manilës dhe pohoi se komentet e saj nuk pasqyronin opinionet e saj ndaj filipinasve në tërësi.

Davao City në vitin 2014, përmes Këshillit të Qytetit të Davaos e shpalli komedianin **Ramon Bautista** si persona non grata për vërejtjet e tij se ka shumë hipon në qytet, gjatë një feste rave që është pjesë e Festivalit Kadayaëan. *Hipon*, që fjalë për fjalë përkthehet në **karkaleca**, është një term kolokial për një person me një trup tërheqës, por një fytyrë jo tërheqëse. Bautista, ka kërkuar falje për komentet e tij. Këtu përfshihen edhe shumë politikanë dhe zyrtarët e qeverisë filipinase.

Tiranë, 2022. *Qeveria e Republikës së Shqipërisë shpalli persona non grata të gjithë trupën diplomatike dhe personelin e Ambasadës së Republikës Islamike të Iranit, me arsyen se hakeret iraniane kishin ndërhyrë në serverat e kompiuterave qeveriatare shqiptare dhe kishin kopjuar dhe më* pas demtuar të gjithë sherbimet qeveritare ne vend, *demi* i së cilës vijoi për shumë muaj në vend të varfër të Europës. Kjo kishte ndodhur në shej hakmarrjeje, sepse qeveria shqiptare prej shumë vitesh strehon 3000 qytetarë muhaxhidinë, disidentë dhe opozitarë të tjerë të qeverisë aktuale radikale islamike të mullave të shtetit radikal islamik.

ANTI BIG TECH
– APLIKACIONI MË I RI I PRESIDENTIT DONALD J. TRUMP PËR MEDIAT SOCIALE TRUTH SOCIAL

"TRUTH Social Media, është platform e re, që do t'i bëjë ballë Tiranisë së Teknologjisë së Madhe, Big Tech, sepse ata po çensurojnë zërat konsevatorë kundërshtarë të globalistëve në SHBA dhe kudo në botë. Ne jetojmë në një botë, ku talebanët kanë një prani të madhe në Twitter, Facebook etj., por Presidenti juaj i preferuar amerikan është çensuruar vazhdimisht dhe përjashtuar. Të gjithë më pyesin pse dikush nuk e përballon Big Tech? Epo, do të jemi ne së shpejti!" – **Donald J. Trump, President i 45-të i SHBA-së**

"Kërkesa për Presidentin Trump, udhëheqjen e tij dhe zgjidhjet e tij America First vazhdojnë të rriten, pavarësisht sulmit të Big Tech, ndaj lirisë së tij të fjalës. Lëvizja e ndërtuar nga Presidenti Trump, është e gjithëpranishme në të gjithë mediat sociale, si një zinxhir blloku **MAGA**. *Ndikimi i tij, nuk është i kufizuar në asnjë llogari të verifikuar. Për të anuluar Trump, Twitter, Facebook dhe platforma të tjera, do të duhej të anulohej shumica e përdoruesve të tyre më të angazhuar. Fakti, është se ju nuk mund t'a anuloni MAGA-n, sepse MAGA është Amerika."* - tha **Taylor A. Budowich**, në një deklaratë dërguar mediave.

Ish-kongresmeni konservator republikan i Kalifornisë **Devin Nunes**[111]

---

[111] **Devin Gerald Nunes (1973),** është biznesmen, politikan dhe ish-fermer qumështit amerikan, i cili shërben si shef ekzekutiv i Grupit Trump Media & Technology (TMTG). Ai është më i madhi nga dy djemtë e Antonio L. "Anthony" Nunes Jr. dhe Toni Diane Nunes (i mbiquajtur Enas). Gjyshi i tij themeloi Nunes & Sons, një Kompani qumështi në Tulare County. Familja e tij drejtonte fermën e tyre në Kaliforni deri në vitin 2006, kur ata shitën pronën dhe blenë një baxho në Sibley, Iowa. Nunes është me prejardhje portugeze tre të katërtat, me para-ardhësit që emigruan nga Azores në Kaliforni. Ai ka një vëlla më të vogël, Anthony III. Pas marrjes së diplomës së tij "Asociate of Arts" nga Kolegji i Sequoias në 1993, Nunes u diplomua nga Cal Poly San Luis Obispo me një diplomë bachelor në biznes bujqësor në 1995, dhe një diplomë master në bujqësi në 1996. Pas mbarimit të shkollës, Nunes u kthye në bujqësi. Në vitin 1996, në moshën 23-vjeçare, Nunes u zgjodh në Kolegjin e Bordit të Sequoias, duke e bërë atë një nga administratorët më të rinj të kolegjit të komunitetit të Kalifornisë në historinë e shtetit. Ai shërbeu në bord deri në vitin 2002. Në vitin 2001, Presidenti Xhorxh

është caktuar si një punonjës i profilit të lartë, që u njoftua pasi ai dha dorëheqjen nga puna në Kongresin Amerikan, për t'u bërë **CEO i Trump Media & Technology Group.**

Një aplikacion vetëm për iPhone, së shpejti pritet të filloj më 21 shkurt 2022, sipas një faqeje për *Truth Social në App Store të Apple.*

Truth Social, është një platformë e propozuar e mediave sociale nga Trump Media & Technology Group (**TMTG**).

Presidenti i Shteteve të Bashkuara Donald J. Trump, ngriti mundësinë e ndërtimit të një platforme të re të mediave sociale, pasi u ndalua në menyrë permanente nga rrjetet sociale globaliste të majta si Facebook dhe Twitter në vitin 2021, pas demostratës paqsore të popullit amerikan, para Capitol Hills, në Washington D.C., të Shteteve të Bashkuara më 6 Janar të vitit 2021.

Në maj 2021, Trump lançoi një faqe, ku ai postoi njoftime të shkurtra. Më 20 tetor 2021, Trump Media & Technology Group, lëshoi një deklaratë për shtyp, e cila njoftoi se platforma do të kishte lançimin e saj publik më 21 shkurt 2022.

Një aplikacion i ri i mediave sociale nga ish-Presidenti Donald J. Trump, duket se është afër datës së lançimit, sipas një faqeje të dyqanit të aplikacioneve.

Truth Social, një aplikacion i ri i mediave sociale nga Trump Media & Technology Group, mund të lançohet më 21 shkurt 2022, sipas faqes së aplikacionit iOS nga Apple Inc. AAPL -1.18%.

Faqja e internetit Truth Social Media, ofron një buton për të porositur paraprakisht aplikacionin, në pajisjet iOS dhe për t'u regjistruar në listën e pritjes.

W. Bush emëroi Nunes për të shërbyer si Drejtor i Shtetit të Kalifornisë për seksionin e Zhvilimit Rural të Departamentit të Bujqësisë së Shteteve të Bashkuara. Nunes u nderua me Medaljen Presidenciale të Lirisë nga Presidenti Donald Trump në 2021. Përpara se të jepte dorëheqjen nga Dhoma e Përfaqësuesve (Kongresi) dhe t'i bashkohej TMTG-së, Nunes shërbeu fillimisht si përfaqësuese e SHBA për distriktin e 21-të të Kongresit të Kalifornisë dhe më pas distriktin e 22-të të Kongresit të Kalifornisë nga viti 2003 deri në vitin 2022. Ai është anëtar i Partisë Republikane. Ish kongresmeni Nunes, ishte kryetar i Komitetit të Zbulimit të Dhomës së Përfaqësuesve në vitet 2015-2019. Ai ishte gjithashtu anëtar i ekipit të tranzicionit të Presidentit Donald Trump. Në mars 2017, Komiteti i Inteligjencës i Dhomës së Përfaqësuesve, të cilin Nunes e kryesonte në atë kohë, nisi një hetim mbi ndërhyrjen e mundshme ruse në zgjedhjet e 2016-ës në Shtetet e Bashkuara. Në shkurt 2018, Nunes publikoi publikisht një *Memorandum* me katër faqe, që tregonte për një komplot të FBI, kundër Presidentit Donald J. Trump. Kjo u duke tedhe në nderhyrjet dikrekte te FBI në zgjedhjet presidenciale, duke gënjyer bossat e rrjeteve sociale si Facebook etj., se laptopi i Hunter Biden (Laptop from Hell), është një sajesë e Shërbimit Sekret të Federatës Ruse, gjë që u hodh poshtë nga vetë mediat e majta si gazeta liberale The New York Times, konfirmim i cili shukoi mediat e majta globaliste në të gjithë botën, ku saktësoi në një shkrim të saj, se ai është laptopi original i Hunter Biden, djalit të Joe Biden). Nunes më pas filloi një hetim të FBI-së dhe Departamentit të Drejtësisë të SHBA-së për abuzim e turpshëm me pushtetin e tyre, në një përpjekje për të lënduar Presidentin Trump.

Nuk ka asnjë lidhje ose përmendje që aplikacioni të jetë në dyqanin Google Play nga Alphabet Inc GOOG -1,15% GOOGL -1,45%

"Faleminderit të gjithëve për mbështetjen e porositjes paraprake! E verteta po vjen", thuhet në faqen e aplikacionit.

"Truth Social, është platforma e mediave sociale Tenda e Madhe e Amerikës, që inkurajon një bisedë të hapur, të lirë dhe të ndershme globale pa diskriminuar ideologjinë politike," thuhet në faqen e internetit të kompanisë.

Trump Media & Technology Group, planifikon të hyjë në Twitter Inc TWTR -2,88% dhe Meta Platforms Inc FB -1.27% me platformën e saj të re të mediave sociale.

Misioni i kompanisë është të *"krijojë një rival të konsorciumit të medias liberale dhe të luftojë kundër kompanive Big Tech në Silicon Valley"*.

Presidenti Trump, u ndalua përgjthmonë nga rrjetet sociale socialiste dhe komuniste liberale globaliste Twitter dhe Facebook në vitin 2021, sepse Trump dhe forcat konservatore kanë kritikuar hapur platformat e mediave sociale komuniste amerikane. Përpara se të ndalohej, Trump ishte një nga llogaritë më të ndjekura në Twitter në botë me 89 milionë ndjekës, si personaliteti më i admiruar në mbarë rruzullin.

Lidhje e ngjashme: 7 Marrëveshje kryesore nga marrëveshja e Donald J. Trump SPAC.

Pse është e rëndsishme Grupimi i Medias dhe Teknologjisë Trump, e cila famirçsisht njoftoi një bashkim SPAC me Digital World Acquisition Corp DWAC -3,87% në tetor tç vitit 2021.

Marrëveshja u prit mirë nga tregu me aksionet e DWAC, që përfundonin në vitin 2021, si IPO me performancën më të mirë me aksionet e përbashkëta të SPAC arritçn deri në 430%.

Aksionet arritën vlerën më të lartë prej 175 dollarë në 2021 dhe aksioni u bë një tregues kryesor në trend, në shumë platforma të mediave sociale.

Aplikacioni, ka qenë në *testim Beta*, për *mysafirët e ftuar* të paktën, që nga dhjetori i vitit 2021.

Kompania në fjalë tha se një prezantim kombëtar i Truth Social Media, ishte planifikuar për tremujorin e parë të vitit 2022.

Deklarimi i aplikacionit Truth Social Media, do të vinte në një kohë kur disa politikanë përfshirë *Marjorie Taylor Greene dhe Rand Paul*, janë kthyer në platforma alternative të mediave sociale, në vend që të përdorin Twitter.

Rumble, i cili po bashkohet me CF Acquisition Corp VI CFVI -2,67%, së fundmi njoftoi se arriti gjerësinë më të lartë të brezit të videove të martën, më 4 janar 2022, një ditë kur Paul njoftoi se do të kalonte në **Rumble**.

Trump Media & Technology, do të përdorë teknologjinë Rumble, për platformat e saj. Rumble, i cili gjithashtu e vlerëson veten si një alternativë ndaj

Twitter dhe Facebook, e mbylli tremujorin e tretë të 2021 me 36 milionë përdorues aktivë mujorë.

Trump Media & Technology Group, parashikon të arrijë 16 milion përdorues për Truth Social Media në vitin 2022 dhe 3.7 bilion përdorues deri në vitin 2026, sipas një prezantimi investitor.

Aplikacioni falas, do të ketë disa përpjekje për fitim parash, me qëllimin e kompanisë që të fitojë para 5% të përdoruesve në vitin 2022 dhe 26% në vitin 2026.

Përmbajtja transmetuese e kompanisë TMTG+ pritet të arrijë në 40 milionë abonentë deri në vitin 2026.

Trump Media & Technology Group, parashikoi se të ardhurat do të arrinin sa vijon në vijim:

- **2022: 1 milion dollarë**
- **2023: 114.1 milionë dollarë**
- **2024: 835 milionë dollarë**
- **2025: 1.8 miliardë dollarë**
- **2026: 3.7 miliardë dollarë**

Veprimi i çmimit: Aksionet e DWAC kanë rënë me 9,89% në 54,31 dollarë të premten në publikim.

Aksioni, ka qenë shumë i luhatshëm, që nga shpallja e bashkimit dhe investitorët, duhet të jenë të vetëdijshëm, se bursat janë mbyllur më 21 shkurt 2022, për shkak të festës. (Chris Katje, Staff Writer të Benzinga)

TRUTH Social - Një zë i fortë për konservatorët botërorë

Forcat politike dhe shoqërore konservatore të djathta kudo në botë, permes **TRUTH – T**, ose sikurse njihet *Trump Media & Technology Group*, do të kenë mundsi të shprehin fjalën e tyre të lire, të botojnë lajme, dokumente, video, të cilat i janë mohuar (censuruar) apo delete (fshirë) nga rrjetet sociale komuniste Facebook, Twitter, YouTube, Google, etj., për të fshehur në publik të vërtetën, dhe korrupsionin galopant të forcave të majta komuniste dhe socialiste kudo në botë, ku ata drejtojnë me gënjeshtra dhe korrupsion.

Big Tech ka frikë nga e vërteta, sepse ata vazhdimisht gënjejnë popullin amerikan. Kur njerëzit u tregojnë me fakte dhe prova mashtrimin dhe rrenen, ata menjëherë përdorin gërsherat, sepse janë ekspozuar para rrenave sistematike të tyre.

Edhe shqiptarët konservatorë kudo që ndodhen, do të gjejnë në këtë rrejet të ri social atë që media dhe rrjetet sociale komuniste nuk u lejojnë t'i bëjnë publike, për të mirën e vendit dhe popullit të tyre.

Grupe, indivd, parti, organizata shoqërore dhe politike, konservatore do të gjejnë tek TRUTH – T (*Trump Media & Technology Group*), një zë shprese në të gjithë botën. Kjo lidhet me faktin se deri në vitin 2026, ky rrjet social do të arrij shifrën mbi 3.2 bilion perdorues, në të gjithë botën.

Fundi i Big Tech nga braktisja masive e frekuentuesve

Pothuajse dramastike janë rënia e të ardhurave Big Mashtruese Media si CNN, The New York Times, Washingotn Post, Daily News etj., të cilat kanë pësuar rënie deri në 90%, duke bërë që ata të shkurtojnë personelin e tyre.

Në këto humbje janë edhe Facebook dhe Twitter, të cilat nuk mbështeten nga populli amerikan, qysh kur ato vodhen dhe manipuluan zgjedhjet presidenciale më 3 nëntor 2020.

Edhe sot, Presidenti Trump, gëzon mbështetjen më të lartë popullore në SHBA dhe një admirim të madh nga forcat konservatore përparimtare dhe patriotike botërore.

Për disa vite me radhë, mediat sociale luajtën një rol kyç, në garën presidenciale të ish kandidatit konservator republikan Donald J. Trump për Shtëpinë e Bardhë (2016) dhe ishin mjeti i tij i preferuar i komunikimit drejtpërdrejtë popullorë edhe kur arriti të behet President i 45-të i SHBA-së.

Një version i hershëm i sipërmarrjes së tij të fundit, TRUTH Social, do të jetë i hapur për mysafirët e ftuar muajin e ardhshëm (shkurt 2022) dhe *do të ketë një përhapje mbarëkombëtare dhe botërore të madhe*, brenda tre muajve të parë të vitit 2022, sipas një deklarate nga Trump Media & Technology Group (TMTG).

Ekipi i Presidentit Donald J. Trump, po bën një punë të madhe me këtë. Ai dëshiron të krijojë një platform, që rivalizon Twitter ose Facebook, e cila do të ketë sukses, sepse TRURH - T, është kundër censures sistematike, që po ushtron Big Tech (Facebook & Twitter) ndaj popullit amerikan.

Ajo që mund të jetë është një version më i suksesshëm i platformave të tjera të mediave sociale *fjala e lire,* si: Parler, GETTR, GAB.

TMTG, të cilën ai e drejton, synon gjithashtu të nisë një shërbim abonimi video, sipas kërkesës. TMTG, tha se shërbimi i tij video, sipas kërkesës do të paraqiste programe argëtuese, lajme, podkaste etj.

Njoftimi i zotit Trump, vjen disa muaj pasi ish ndihmësi i tij **Jason Miller** lançoi një kompani tjetër të mediave sociale, të quajtur **GETTR** (që ka kuptimin *Së Bashku*).

Presidenti Donald J. Trump, ruan një kontroll të fortë mbi partinë republikane. Ai ka lënë të kuptohet se do të kandidojë sërish në vitin 2024, por nuk ka bërë asnjë njoftim zyrtar. Ai e ka mbajtur profilin e tij edhe me mitingje publike.

MEDIA, NEO-NAZISTËT, LIDERSHIPI EKSTREMIST GLOBALIST SOCIALIST DHE KUKULLAT OBAMA-BIDEN 3

*"Mbi luftën apo konfliktin Ukrainë-Rusi, janë të njëjtat agjenci lajmesh dhe individë që flasin sërisht sot, ashtu sikurse kanë folur për luftrat në Afganistan, Iraq, Siri, Libi etj. Unë mendoj, se amerikanët nuk e kuptojnë sepse nuk po informohen saktësisht. Ata dëgjojnë papushim, se çfarë u japin të gatshme media si propagandë, si: MSNBC, CNN, The New York Times etj., duke bërë në mënyrë të pandryshueshme fabrikimin, sipas porosisë që ato marrin. Në mënyrë konstante, kanë bërë me të njëjtën metodë apo taktikë propagandistike edhe më përpara, duke gënjyer si me Afganistanin, Irakun, Libinë dhe Sirinë. Ajo që më habit mua, është se ata e kanë bërë këtë veprim propagandistik, duke bërë vazhdimisht lëvizje të përsëritura dhe pa pushim. Fatkeqsisht, ne vazhdojmë t'i dëgjojmë, se çfarë fabrikimesh të tjera ato vazhdojnë të bëjnë. Republika Federale Ruse, në konfliktin e Ukrainës sot, kërkon të bëj de-nazistifikimin dhe de-militarizmin e këtij vendi. Sot, në SHBA kanë lindur shumë pikëpyetje dhe ne e kemi të vështirë të marrin përgjigje të sakta. Anologjia, që unë po përdori është kjo. Ne sot, po ndjekim sërisht filmin **Godfather**, një film i preferuar për mua. Sa herë që e shoh këtë film, personazhi Soni, shkon jashtë drejt makinës së tij e merr dhe asnjëherë nuk vjen mbrapa... Pra, sa herë që shoh këtë film Soni Koleone nuk vjen. Dhe njerëzit aty bërtasin: "Soni mos shko, Soni mos shko…!" Unë kam një mik amerikan, që jeton në Krime. Ai shkruan për ngjarjet e ditës atje. Sot media amerikanë po gënjejnë, për armatimet në Ukraninë, për armët e ndryshem që përdoren atje. Dhe kjo bëhet, për të mbajtur nën propagandë popullin amerikan. Sot për sot Big Media nuk tregon të vërtetën, se çfarë po ndodh në Ukraninë dhe për Rusinë..."* **– Wilmer J. Leon, III, Ph.D, Author & Political Scientist**

Në nën seksionin e *"Politikës së pakicave"*, **OUN-B dhe Stepan Bandera (Stepán Andríyovyč Bandera),** *urdhëroi largimin e polakëve, hebrenjve dhe rusëve armiqësor, nëpërmjet dëbimit dhe shkatërrimit të inteligjencës së tyre përkatëse, duke deklaruar më tej se "të ashtuquajturit fshatarë polakë, duhet të asimilohen" dhe të "shkatërroni udhëheqësit e tyre." Në fund të vitit 1942, kur Bandera ishte në një kamp përqendrimi gjerman, organizata e tij, Organizata e Nacionalistëve*

Ukrainas, u përfshi në një masakër të polakëve në Volhynia dhe, në fillim të vitit 1944, spastrimi etnik u përhap edhe në Galicinë Lindore. Vlerësohet, se më shumë se 35,000 dhe deri në 60,000 polakë, kryesisht gra dhe fëmijë, së bashku me burra të pa-armatosur, u vranë gjatë fushatës së pranverës dhe verës të vitit 1943 në Volhynia, dhe deri në 100,000 në rajone të tjera, si Galicia Lindore përfshihen. (**Ukrahine on Fire, by Igor Lopatonok** www.rumble.com, **March 9, 2022)**

"Ushtria ukrainase po bombardon njerëzit e saj, në rajonin e Donbas." - **Anne-Laure Bonnell**, gazetare dhe korrespondente e Luftës në Ukrainë

*"**Është trond-itëse të shohësh një armë, që shumica e vendeve e kanë ndaluar të përdoret kaq gjerësisht në Ukrainën lindore. Autoritetet ukrainase, duhet të marrin një angazhim të menjëhershëm, për të mos përdorur municione thërrmuese dhe të bashkohen me Traktatin, për ndalimin e tyre."* - **Mark Hiznay**, studiues i lartë i armëve në **Human Rights Watch**

Rrëfimet e një qytetari amerikan, që jeton në Yalta të Krimesë

Tashmë të gjithë këtu në SHBA e dijnë shumë mirë, se edhe rrjetet sociale amerikane, që kontrollohen nga Big Tech dhe Fake News, Big Media, FBI si vegël e verbër e Biden-it, nuk lejojnë të thuhet e vërteta, që këtu të gjithë e shohin dhe e dijnë shumë mirë nga burime të tjera të sigurta dhe të sakta të pavarura informacioni. **Bota po tallet me SHBA, sepse nuk e do kukullën Jeo Biden,** të lodhur nga mosha, gafat, pa-aftësia fizike dhe mendore.

Media manipulative ose sikurse njihet trushpërlarëse ndërkombëtare Fake News, sikurse për çdo luftë tjetër, që është zhvilluar deri tani në botë, po vazhdon non stop 24/7 të shpërndaj dhe publikoj "lajme" kontradiktore me shumë gënjeshtra dhe të mbushur në maksimum me propagand, se sa të jap informuese mbi **situatën e krijuar nga vetë NATO dhe Biden,** në mes dy shtetëve kufitare ish-komuniste dhe ortodokse ruse-ukrahinase.

Vetë Sekretari i Përgjithshëm i NATO **Jens Stoltenberg (1959),**[112] deklaroi

---

[112] **Jens Stoltenberg (born 16 March 1959)** is a Norwegian politician who has been serving as the 13th secretary general of NATO since 2014. A member of the Norwegian Labour Party, he previously served as the 34th prime minister of Norway from 2000 to 2001, and again from 2005 until 2013. Born in Oslo as the son of the prominent diplomat and politician Thorvald Stoltenberg, Stoltenberg attended Oslo Waldorf School and Oslo Cathedral School before graduating with a degree in economics from the University of Oslo in 1987. During his studies,

hapur, para mediave ndërkombëtare në gjuhën angleze, se **NATO ka trajnuar vazhdimisht gjatë 8 vitëve ushtarët ukrahinas, në vitet 2014-2022 dhe ka financuar dhe armatosur me armative luftarake ushtrinë e shtetit të Ukrainës**.[113] [114] [115]

Pra, sikurse shihet kjartë Ukraina edhe pa qenë antare e NATO-s, është ndihmuar sistematikisht financiarisht dhe ushtarakisht nga kjo organizatë ushtarake, duke fshehur me paramendim krimet ndaj 3 republikave të pavarura me etnicitet rus, që ndodhen në vend, gjatë vitëve 20014-2022, para konfliktit të panevojshëm ruso-ukrainas.

Kësisoj, ushtria ukrainase e drejtuar nga **Batalioni Neo-Nazist Azov**, ka mbështetje morale, mediatike propagandistike, financiare, ushtarake, etj., nga komuniteti ndërkombëtar, Europa, NATO dhe Biden etj., duke e lejuar neo-nazi të bëjnë sistematikisht krime, kundër njerëzimit, në pjesën juglindore të Ukrainës, ku jeton historikisht popullsia etnike ruse.[116] [117] [118] [119]

---

he worked as a journalist, and led Labour's youth wing from 1985 to 1989. He started his career in government as a State Secretary in the Ministry of the Environment in 1990 and was elected to the Storting in 1993. He served as Minister of Industry and Energy from 1993 to 1996 and Minister of Finance from 1996 to 1997. He was Prime Minister from 2000 to 2001, was leader of the Labour Party from 2002 to 2014, and served as Prime Minister for a second time from 2005 to 2013. The following year, he was named as the 13th Secretary General of NATO, and his term was subsequently extended three times by the NATO heads of state and government. Stoltenberg has been described as a cautious politician, belonging to the right-wing of social democracy. When he became prime minister in 2000, he was portrayed as the "Norwegian Tony Blair", and his policies were inspired by Blair's New Labour agenda; his first government oversaw the most widespread privatisation by any Norwegian government to that date. Stoltenberg said he was both inspired by and wanted to learn from Blair's policies. As Secretary-General of NATO, Stoltenberg has worked to strengthen the alliance's military capabilities in response to the Russo-Ukrainian War, and his tenure coincided with the largest increase in NATO defense spending since the Cold War.

[113] Stoltenberg Expects NATO Leaders to Strengthen Alliance Posture https://www.defense.gov/News/News-Stories/Article/Article/2975977/stoltenberg-expects-nato-leaders-to-strengthen-alliance-posture/

[114] https://apnews.com/article/russia-ukraine-politics-jens-stoltenberg-nato-b2e087a113f0fe50249ccd6087cee435

[115] https://english.almayadeen.net/news/politics/nato-chief-admits-alliance-trained-tens-of-thousands-of-ukra

[116] **Profile: Who are Ukraine's far-right Azov regiment?** *The far-right neo-Nazi group has expanded to become part of Ukraine's armed forces, a street militia and a political party. Al Jazzera (News, Military) 1 March 2022.* **https://www.aljazeera.com/news/2022/3/1/who-are-the-azov-regiment**

[117] https://www.theguardian.com/world/2014/sep/10/azov-far-right-fighters-ukraine-neo-nazis. Azov fighters are Ukraine's greatest weapon and may be its greatest threat. The battalion's far-right volunteers' desire to 'bring the fight to Kiev' is a danger to post-conflict stability, The Guardian, Wed.10, Sep. 2014.

[118] https://geohistory.today/azov-movement-ukraine/

Nëse shikohen prononcimet direkte, për mediat botërore të Ministrisë së Jashtme dhe Departamentit të Shtetit të Federatës Ruse, në lidhje me arsyet reale të luftës në Ukrainë, shohim se është krejt e ndryshme (e kundërt) nga ajo gjuhë luftë-nxitëse, që thonë papushim, përmes makinës së fuqishme propagandistike mediat manipulative ndërkombëtare, duke përfshirë edhe ato majtiste komuniste amerikane, që po ecin në sinkroni me ato globaliste.[120] [121] [122] [123] [124]

Kështu në një deklaratë të Ministrisë së Jashtme Ruse, më datë **17 mars 2022**, shpërndarë dhe publikuar në faqet zyrtare dhe përmes ambasadave të Federatës Ruse kudo në botë, thuhet:

"Qëllimi i operacionit special, të nisur nga forcat e armatosura ruse, më datë 24 shkurt, është de-militarizimi dhe de-nazifikimi i Ukrainës, mbrojtja e popullit të Donbasit etj., si edhe e Rusisë nga rreziku ushtarak i krijuar nga vendet e NATO-s, *të cilët përpiqen të përdorin territorin ukrainas, për të krijuar një bazë ushtarake, kundër vendit tonë.*

Planet e Rusisë, nuk përfshijnë pushtimin e Ukrainës. Forcat ruse nuk kryejnë sulme me raketa ndaj qyteteve dhe popullsisë civile, si pohojnë mediat ukrainase dhe ato perëndimore.

Operacioni special, është plotëshit legjitim. **Ai po zbatohet në përputhje me Kartën e OKB-së, neni 51, pika 7, lejen e Parlamentit rus dhe kërkesat zyrtare të autoriteteve drejtuese të DNR dhe LNR.**

Situata e krijuar në Donbas dhe Ukrainë, është pasojë e grushtit të shtetit antikushtetues të realizuar në shkurt 2014 nga forcat neo-naziste me mbështetjen e Perëndimit.

Në një shtet me dhjetëra miliona qytetarë rusishtfolës, regjimi i ri i Kievit nisi një luftë të papajtueshme kundër gjuhës dhe kulturës ruse. Ideologjia e nazizmit depërtoi në mënyrë agresive.

Hakmarrja jashtëgjyqësore, ndaj kundërshtarëve politikë dhe përndjekja e disidentëve u kthyen në normë. Për tetë vjet vazhduan gjenocidi dhe lufta e përgjakshme,

---

[119] /sites/default/files/Documents/Countries/UA/Ukraine_14th_HRMMU_Report.pdf

[120] https://www.pbs.org/newshour/world/russia-designates-ukraines-azov-regiment-terrorists

[121] https://cisac.fsi.stanford.edu/mappingmilitants/profiles/azov-battalion

[122] **Neo-Nazi Azov Battalion Takes On Russian Troops In Mariupol; Kyiv Braces For Mega Assault | Top News.** Mariupol has become the most heavily bombed and damaged city in Ukraine's war with Russia - having suffered the brunt of sustained Russian attacks. **India Today, Mar 22, 2022** https://www.youtube.com/watch?v=RZ7WGvGCXSY

[123] https://www.laprensalatina.com/azov-regiment-ukraines-most-controversial-defenders/

[124] https://www.independent.co.uk/news/world/europe/ukraine-azov-battalion-mariupol-neo-nazis-b2043022.html

kundër banorëve të Donbasit dhe bllokada e rajonit.

Kërcënimi për civilët në Ukrainë, sot nuk vjen nga ushtria ruse, të cilët kryejnë goditje me armë me precizion të lartë vetëm mbi objektet ushtarake, por nga regjimi i Kievit, që ushtron terror ndaj bashkëqytetarëve të tij, si edhe nga batalionet nacionaliste të pakontrolluara prej tyre.

Nacionalistët vendosin tanke, artileri dhe sisteme raketash të shumëfishta (MLRS) te muret e kopshteve dhe shkollave, pajisin pozicionet e qitjes në çatitë e shtëpive, fshihen pas grave dhe fëmijëve, duke i mbajtur në pozicione si pengje.

Ushtarët rusë të zënë rob, u nënshtrohen torturave sadiste. Banditët ukrainas i filmojnë këto tortura në video, duke nxjerrë në pah mizorinë e tyre të dukshme.

Kriminelët, janë liruar nga burgjet. Një vendim kriminal i regjimit kievian është shpërndarja, pa ditur se kujt, e dhjetëra mijë armëve (vetëm në Kiev më shumë se dhjetë mijë).

Banda të armatosura të grabitësve dhe plaçkitësve kudo bëjnë skandale në qytetet e Ukrainës. Ato qëllojnë pa paralajmërim civilët e thjeshtë.

Është fiksuar përdorimi prej Forcave të Armatosura të Ukrainës i municioneve të mbushura me fosfor, gjë që, siç dihet, është e ndaluar nga Protokolli i III i Konventës së OKB-së e vitit 1980 e cila thotë: "Mbi ndalimin ose kufizimin e përdorimit të disa Armëve Konvencionale, të cilat mund të jenë të dëmshme ose kanë efekte."

Pak histori

E themeluar në vitin 1922 si një Konfederatë e Rusisë, Bjellorusisë, **Ukrainës** dhe Transkaukazisë (e përbërë nga Gjeorgjia, Azerbajxhani dhe Armenia), Bashkimi i Republikave Socialiste Sovjetike (B.R.S.S.), përfundimisht u rrit në 15 republika dhe u bë një superfuqi mbarëbotërore. **Gati 130 grupe etnike populluan vendin, me shtrirje gjeografike të gjerë, i cili shtrihej në 11 zona kohore.**

Eshtë shumë e habitshme, që në shekullin XXI dhe më saktë në vitin 2022, media marramendse "demokratike" amerikane e administrates globaliste të majtë Biden, asnjëherë nuk tregon të vërtetën, por vetëm manipulon marrëzisht dhe trillon e fabrikon non stop gënjeshtra të trasha e bajate, me përmbajtje qesharake çdo ditë dhe për gjithçka.

Qytetari amerikan tregon të vërtetën, ndërsa O-Biden 3 gënjen non stop

Një qytetar amerikan, që jeton në Krime, në qytetin Jalta (Yalta), qytet shumë i mirënjohur në vitin 1945, tregon se qyteti në fjalë ka një histori të famshme.

Kështu qendra e famshme e banuar qysh heret, ka histori me figura apo njerëz të shquar brenda vendit dhe jashtë saj, duke filluar me kohën e ish B.R.S.S., pra në kohën e diktatorit komunist Josif V. Stalin dhe deri me britanikun **Sir Winston Leonard Spencer Churchill.**

Ai rrefen: *"Unë, jam këtu tesh 2 vjet dhe kam mundur të zbuloi në terren çdo gjë, që ka të bëj me federatën ruse dhe gjatë 3 mujave të fundit, kam mundur të mësoj shumë gjëra interesante mbi ngjarjet në vend.*

Unë, kam qenë në Ukrainë në qytetin Odessa, i cili, është një port detar shumë i rëndsishëm, për vendin dhe në dy krahina të tjera si **Luhansk dhe Donetsk,** *(që duan të shkëputen nga Ukraina, mbas* **referendumeve,** *që ata kanë bërë, ashtu sikurse bëri disa vite më parë* **Krimea, që doli me një rezultin 96.77%).**

Unë, kam marrë në intervistë shumë njerëz dhe kam dokumentuar me sytë e mi shumë dëshmi, duke u munduar për të gjetur të vërtetën, që unë kam mundur të zbuloi, duke vërtetuar faktin, se **media po gënjen për çdo gjë.**

Makina e madhe non stop e mediave propagandiste, thotë se forcat ushtarake federale ruse po shkatërrojnë infrastrukturën e qyteteve dhe po vrasin civilë!!!

Kjo nuk është e vërtetë. SHBA me ushtrinë e saj, kur pushtuan Irakun, shkatërruan gjithçka nga infrastruktura, në qytetet dhe fshatrat e prapambetura të Irakut.

Ata, kështu vepruan me radhë në shtetet e tjera, që pushtuan në vite të ndryshme. Nga ajo luftë, që mbaroi me deshtim në vitin 2022, në Afganistan u vranë 1,000.000 shtetas afganë dhe mijëra marinsa apo ushtarë amerikane.

Në fakt, sot kjo nuk është strategjia e ushtrisë së Rusisë. Ata po rethojnë qytetet e mëdha të Ukrainës, si Kievin (si kryeqytet të vendit), zonat apo territoret në bregun e Detit të Zi, si qytetin Mariupol.

Forcave Kombetare të Ushtrisë së Ukrahinës (National Guard), ushtria federale ruse, u ka berë thirrje, që të lëshojnë armët në mënyrë paqësore dhe të kthehen në shtepitë e tyre, sepse asgjë nuk do të ndodh, mbasi **"nuk kemi punë me ju".** *Disa ushtarë vendas dhe neo-naziskinë janë kundërpërgjigjur me armë zjarrin dhe shumë të tjerë janë larguar nga lufta (dezertuar).*

Ajo që shumë amerikanë nuk besojnë sot, është fakti konkret **në Ukrainë (ushtri) ka neo-nazistë, dhe ky realitet këtu, u duket fantazi.** *Në realitet, ushtria ruse po përleshet me nazistët brenda vendit sllav.* **Qeveria e Ukrainës, është marrë peng dhe manipuluar nga neo-nazistët, që ndodhen me shumicë në vend.**

Ata ndodhen (shtrihen) dhe veprojne në pjesën Perëndimore të Ukrahinës, ku me mijëra vetë janë të armatosur dhe bëjnë pjesë apo përfshirë me ndërgjegje në këto grupe, duke mbajtur edhe simbolet naziste.

Gjatë kohës së Luftës së Dytë Botërore mbi 85,000 forca ushtarake naziste ishin asokohe nacionalistë ukrahinas në Ukrainë, *të cilët ishin kundër ukrahinasve anti-fashistë, rusëve, polakëve dhe ebrejve...*

Neo-nazistët sot në Ukrahinë, janë shpërndarë në të gjithë vendin, duke kërcënuar civilët ukrahinas, për të krijuar imazhin ndërkombëtarë, se këtë gjë po e bëjnë ushtria federale ruse.

Neo-nazistët në Ukrainë, po veprojnë sot në **Mariupol, Kiev, Krakov.** *Ata po marrin peng civilët si të burgusur, duke i përdorur si mburoj, ndaj sulmeve të ushtrisë federale ruse…"*

Gazetari amerikan në studio e pyet qytetarin amerikan, që jeton në Krime, e ai përgjigjet, se: *"Ne, nuk po themi se Qeveria e Ukrainës dhe Presidenti i saj janë neo-nazistë. Ai është ebrej, por SHBA, mbështet dhe nxit nacionalistë e dyshimtë, të cilët kanë forcë brenda vendit.*

Sot, Presidenti i Ukrainës, është (ndodhet) midis SHBA dhe Ukrainës dhe midis neo-nazistëve (simboli frymezues ish-lideri dhe ish-nacionalisti nazist ukrahinas **Stepan Andriyovych Bandera (1909-1959),** *dhe njerëzve të tij, që po dëmtohen nga elementët nazistë."*

Nazisti ukrainas Stepán Andríyovyč Bandera, arkitekt i gjenocideve ndaj polakëve, ebrejve, rusëve, hungarezve vendas. Ai ishte drejtues i organizatave të ekstremit të djathtë të nacionalistëve, ideolog i ultranacionalistëve ukrainas, i njohur për përfshirjen e tij në aktivitetet terroriste raciste.[125] [126] [127] [128]

---

[125] http://www.encyclopediaofukraine.com/display.asp?linkpath=pages%5CB%5CA%5CBanderaStepan.htm

[126] https://www.rumble.com/vx4uo8-ihor-kolomoysky-funds-volodymyr-zelenskys-rise-to-the-ukrainian presidency.html?fbclid=IëAROIeCGCe8aOftGPol tkyX1oOierk_IPcNzdE_QqAiyoëDSQgBrvQGh7mE

[127] **Ukrahine on Fire,** by Igor Lopatonok www.rumble.com, March 9, 2022

[128] **Stephen Dorril,** *"MI6: Inside the Covert World of Her Majesty's Secret Intelligence Service"*

FEDERATA RUSE NJË SUPËRFUQI E KOMPLETUAR MODERNE, PRESIDENTI DHE KRIZA E UKRAINËS

"SHBA, po i bën embargo vetës së saj, mbasi çmimi i naftës dhe i gazit në vend është rritur nga 1.5 dollarë për gallon sot është 7-8 dollarë për gallon dhe koston e qeverisë së papërgjeshme e paguan populli amerikan…" **Vladimir Putin, President i Federates Ruse**

Pensionisti i pa-aftë fizikisht dhe mendërisht Joe Biden, ka ekipin politik total më të keqen dhe skandalozen në historinë e të gjithë presidentëve të SHBA-së dhe në tërësi në historinë e botës. Ai është deshtak, në të gjitha drejtimet dhe po e ul në gjunjë prestigjin dhe lavdinë e vendit tonë.

Vetë familja Biden, është përfshirë me kohë në veprimtari financiare kriminale si patrim parash dhe korrupsion ndërkombëtarë prej disa dekadash, ku konkretisht si shembul negative është djali i tij Hunter Biden, tashmë po "investigohet" direkt për 4 (katër) veprimtari kriminale (**midis të cilëve është pastrim parash, mos pagim të taksave etj.**) nga Departamenti i Drejtësisë, Departamenti i Thesarit dhe FBI…

Dihet nga të gjithë në Amerikë, se Joseph Biden Junior, gjatë kohës që ishte zv/President i SHBA-së, ka kërcënuar hapur Prokurorin e Përgjithshëm të Ukrainës me një fjalor banal, duke e kërcënuar që të ndërpres menjëherë hetimin e djalit të tij Hunter Biden, i cili u heq pa të drejtë nga ajo detyrë (*duke qenë Prokuror i Ukrainës dhe jo i SHBA-së*) më vonë nga dora e Presidentit demokrat Barack Hysen Obama, sepse nuk pranoi të bëhet pjesë e korrupsionit amerikanë dhe ndërkombëtarë të administratës komuniste Obama-Biden 1 & 2 dhe familjes Biden…[129]

Në vitin 2016, Prokurori i Përgjithshëm i Ukrainës **Viktor Shokin, i cili, ishte ngarkuar nga drejtësia e shtetit të vet, për të investiguar korrupsionin e Kompanisë Gaz-nxjerrëse Burisma Holdings**, ku u zbulua se djali i Joe Biden, Hunter Biden, ka marrë rregullisht nga kompania në fjalë mbi 120,000 dollarë në muaj dhe mbi 3.000,000 dollarë amerikanë në vit, duke ekspozuar kështu drejtpërdrejtë korrupsionin e vetë familjes së Joe Biden, që asokohe ishte zv/President i SHBA-së, në administratën më të korruptuar të Barack Hysen Obamës. [130]

---

[129] Biden tries to OUTSMART Trump by blocking access from Hunter's 'financial' record… Trump found best **https://www.youtube.com/watch?v=GZ58gJntnZQ**

[130] https://www.facebook.com/watch/?v=196947478124769

Joe Biden, në mënyrë të paturpshme dhe pa iu dridhur syri publikisht ka përdorur presion politik me ndihmat financiare të Qeverisë Amerikane mbi $1.000,000,000, që do të jepshin për Ukrainës asokohe.

Asokohe zv/Presidenti amerikan i korruptuar Joe Biden, ka përdorur kërcënimin e hapur publik të drejtëpërdrejtë brutal, ndaj Qeverisë dhe Presidentit të Ukrainës deri sa ata të shkarkojnë brenda 6 orëve Prokurorin e Përgjithshëm zotin Shokin të shtetit sovran të Ukrainës.[131]

Biden, asnjëherë nuk ka qenë transparent me popullin amerikanë, para mediave, për të treguar raportin mjekësor, se a është i aftë të kryej detyrën në vendin e vendosur gabimisht nga Big Tech, Big Media, FBI, BLM, Antifa, partia komuniste amerikane, përmes mashtrimit dhe vjedhjes së turpshme të zgjedhjeve presidencile më 3 nëntor të vitit 2020.

Kriza në Ukrainë, është dhuratë e Biden-it dhe Europës majtiste

Kriza e vërtetë në Ukrainë, është shumë më e thellë nga sa dinë realisht shumë njerëz dhe amerikanët e mashtruar nga media globaliste manipulative dhe mashtruese... *Media amerikane sorosiane non stop po manipulon e u fsheh vazhdimisht me paramendim të vërtetën popullit amerikan.*

Është qesharake dhe komike, kur dëgjon dhe sheh se i pa-afti Biden dhe Europa majtiste sorosiane, i kanë venë sanksione Federatës Ruse, që sikurse SHBA-ja është një supërfuqi e madhe botërore.

Për fat të mirë, çdo ditë, orë dhe minutë, ata po ekspozojnë me ose padashje para botës korrupsionin e vjetër dhe të ri të familjes Biden në Ukrainë, të pensionuar qysh në vitin 2016.[132]

Paralelisht me këto veprime, po vazhdojnë proçeset gjyqsore në të gjitha nivelet lokave dhe federale të SHBA-së, për mashtrimin apo krimin më madh shtetëror të organizuar mbi zgjedhjet e vjedhura dhe manipuluara brutalisht, për të përmbysur rezultaitn fallco, të dhënë të gatshme në tavolinë padrejtesisht në favor të Joe Biden.

Sipas disa anketimeve 80% e amerikanëve, shprehën të indinjuar, se Zgjedhjet Presidenciale të vitit 2020, u vodhën, manipuluan me mashtrime të turpshme nga Big Tech, FBI, Big Media dhe demokratët e mbështetur nga Soros,

---

[131] https://www.youtube.com/watch?v=UXA—dj2-CY In 2016 Ukrainian Prosecutor General Viktor Shokin, in his investigation of corruption involving Burisma Holdings, a natural gas company, identified Hunter Biden as the recipient of over $3,000,000 from the company. Not wanting this corruption exposed, Joe Biden swung into action, using US loan guarantees as hostage while demanding Skokin be fired. Amazingly, Joe Biden now brags about his actions in this matter.

[132] https://www.facebook.com/WhiteHouse45/videos/19694747124769/

Fakebook, Twitter etj.

Dy republikat dhe dy shtetet etnike ruse të vetëshpallura brenda Ukrainës u bashkuan zyrtarisht me Federatën Ruse

Presidenti rus Vladimir Putin, ka nënshkruar më 30 shtator 2022, traktatet e pranimit për përfshirjen e dy republikave të Donbas-it, si dhe të shteteve të vetëshpallura në Kherson dhe Zaporozhye, në Federatën Ruse. Masa vjen pas referendumeve të mbajtura në territoret përkatëse, ka njoftuar zëdhënësi i tij.

Nënshkrimi ceremonial u bë në sallën e Shën Gjergjit, brenda Pallatit të Kremlinit të premten në orën 15:00 me orën e Moskës, pas së cilës Putin mbajti një *fjalim të gjatë*, sipas zëdhënësit të Kremlinit, Dmitry Peskov.

Ai u takua edhe personalisht me krerët e territoreve të reja. Njoftimi vjen pasi të dy republikat dhe dy shtetet e vetëshpallura bënë kërkesa zyrtare, për t'u bashkuar me Federatën Ruse, pasi kishin mbajtur referendume publike për këtë çështje midis 23 dhe 27 shtatorit. Kërkesa u mbështet në masë të madhe nga popullsia lokale, sipas rezultateve zyrtare të shpallura vonë të martën.

Media amerikane dhe europiane, nuk po flasin për rezultatin e referendumeve 5 ditore të krahinave ruse në Ukrainë, të cilat kerkuan bashkimin me shtetin amë Federaten Ruse. Ndryshe nga këto krahina ruse, Kosova u vetëshpall e pavarur për hesap të vet dhe nuk iu bashkua shtetit amë nga e cila u shkeput në vitin 1913...

A kemi të bëjmë këtu me dy standarte, një ndryshe për Kosovën dhe një ndryshe për krahinat etnike ruse!?

Këto ditë përfunduan me sukses Referendumet (në Ukrainë), në territoret etnike rusishfolëse, si: **Donetsk, Lugansk, Zaporozhye dhe Kherson**. Ata votuan me shumicë dërrmuese në favor të bashkimit me Federatën Ruse.

Shifrat përfundimtare që u luhatën për një votë **Po** duken si më poshtë: **Republika Popullore e Donetskut me 99,23% Republika Popullore e Luganskut me 98,42% Rajoni Zaporozhye me 93,11% Rajoni Kherson me 87.05%**.

Peskov, veçmas vuri në dukje se fjalimi i Putinit, nuk do të jetë një fjalim zyrtar në Asamblenë Federale, Parlamentin e vendit, duke deklaruar se një fjalim i tillë do të mbahet në një format krejtësisht të ndryshëm dhe ende nuk është shpallur.

Siç shpjegohet nga senatori **Konstantin Kosachev**, nënkryetari i Dhomës së Lartë të parlamentit rus, nënshkrimi i traktateve, është vetëm një nga hapat kyç të nevojshëm, për të inkorporuar zyrtarisht territoret e reja në Federatën Ruse.

Pasi Putini të nënshkruaj traktatet, ato duhet të dorëzohen në Gjykatën Kushtetuese të vendit, për t'u siguruar se ato janë në përputhje me ligjin rus. Pasi të jenë pastruar, dokumentet duhet të ratifikohen nga dhoma e ulët, Duma e Shtetit dhe dhoma e lartë e parlamentit, Këshilli Federal. Vetëm pas kësaj DPR, LPR dhe rajonet e Kherson dhe Zaporozhye, do të integrohen zyrtarisht në Federatën Ruse.

Sesioni i ardhshëm i Këshillit Federal është planifikuar për më 4 tetor, sipas kryetares **Valentina Matvienko**, e cila tha se nëse *gjithçka konfirmohet*, organi do të marrë për shqyrtim traktatet për pranimin e territoreve të reja.

BE-ja dhe SHBA-ja kanë refuzuar në mënyrë të përsëritur të pranojnë rezultatet e referendumeve, duke i quajtur ato një *"mashtrim"*. Udhëheqësit perëndimorë, janë zotuar gjithashtu se nuk do të njohin kurrë *"asnjë lloj aneksimi në Ukrainë."*

Presidentja e Komisionit Evropian **Ursula von der Leyen,** pretendoi se ajo ishte *"e vendosur të detyronte Kremlinin të paguante për këtë përshkallëzim të mëtejshëm"*, ndërsa Sekretari i Shtetit i SHBA-së Antony Blinken deklaroi se Kievi kishte *çdo të drejtë*, për të rimarrë territoret që po përpiqen të shkëputen nga sundimi i tij.

Deep State, Rusia, Putin dhe propaganda e urretjes non stop me rusofobi dhe putinofobi

Oscar Silva-Valladares, në një shkrim analitik për *Ron Paul Institute for Peace and Prosperity*, shkruan mbi miratimin zyrtar të katër referendumeve në territoret ruse me popullsi etnike shumëshekullore vendase, Rusinë dhe rusofobinë, Presidentin e saj Vladimir Putinin dhe putinofobin etj.[133]

Autori i shkrimit Valladares, është një figure e mirënjohur në botë, si ish-bankier investimesh, i cili ka jetuar dhe punuar me sukses në Amerikën Veriore dhe Latine, Evropën Perëndimore dhe Lindore, Arabinë Saudite, Japoni, Ishujt Filipine dhe Afrikën Perëndimore. Ai aktualisht drejton *Davos International Advisory*, një firmë këshilluese e fokusuar në këshillimin strategjik në tregjet në zhvillim.

Këto ditë, *Ceremonia shtetërore e fundit e pranimit të katër rajoneve të Ukrainës në Rusi*, solli fjalimin e **Presidentit Vladimir Putin**, *që përvijonte arsyet e betejave aktuale të Federatë Ruse, karakterin dhe identifikimin e armiqve të saj dhe, më e rëndësishmja, hodhi bazat për nivelin e ardhshëm të konfrontimit të Rusisë me Perëndimin, përtej konfliktit të vazhdueshëm ushtarak në Ukrainë.*

Ai e përcaktoi qartë luftën aktuale si një betejë mbarëbotërore, në të cilën

---

[133] **Oscar Silva-Valladares**: Vladimir Putin's Battle Cry Against the Deep State, **Ron Paul Institute for Peace and Prosperity**, Wednesday October 4, 2022

Rusia luan një rol udhëheqës, kundër Shtetit të Thellë (Deep State), që drejton për-
fundimisht Perëndimin dhe i cili përdor të gjitha mjetet e disponueshme, duke
përfshirë ato ushtarake, ekonomike, kulturore dhe sociale, në përpjekjen e saj
të turpshme, për të ruajtur dominimin e botës.

Fjalët e Kryetarit të shtetit rus, iu drejtuan tre audiencave të veçanta:
Perëndimit kolektiv, Jugut Global dhe Rusisë. Ai iu rikthye historisë së peri-
udhës së Mesjetës, për të kujtuar *origjinën dhe ndikimin e shfrytëzimit të burimeve*
perëndimore dhe kolonializmit në Amerikë, Azi dhe Afrikë, përmes luftërave policore,
racizmit dhe skllavërisë.

Ai gjithashtu preku me kujdes shfrytëzimet ushtarake të shekullit të 20-të
të udhëhequra kryesisht nga SHBA-të dhe aleatët e saj dhe ndikimin e saj në
Gjermani dhe Japoni, në fund të Luftës së Dytë Botërore, Korenë e viteve 1950,
Vietnamin në vitet 1960-1970 dhe aventurat e fundit të dështuara, në: *Irak,*
Libi, Siri dhe Afganistan.

Putin, gjithashtu theksoi ditët e tmerrshme të Rusisë, gjatë viteve 1990 dhe
përpjekjet e fuqive perëndimore për t'a kthyer atë në një vend burimesh naty-
rore të lira të copëtuara dhe pasive.

Nga ana e tjetër, *Mesazhi* i tij për rusët kishte tone nacionaliste dhe fetare,
duke prekur mbrojtjen e vlerave tradicionale të familjes si një thirrje për armë,
kundër kërcënimit të shkaktuar nga zvogëlimi i rritjes së popullsisë.

Ai e quajti gjithashtu shtypjen monetare të SHBA-së si një nga mjetet krye-
sore të përdorura nga elita politike, ekonomije dhe financiare perëndimore,
për të arritur qëllimet e tij të vetë-ruajtjes dhe supremacisë, duke kujtuar se
letra ($ (dollari) apo euro) nuk ushqen dhe as ngroh qeniet njerëzore.

Do të ishte joshëse, për t'a parë këtë fjalim ngushtësisht si një tjetër mani-
festim të pozicionit të Rusisë në betejat e mëdha gjeopolitike, por ajo që Putini
ka bërë është vendosja e rivalitetit ndërkombëtar në terma të thella historike
dhe kulturore, të cilat kanë një tërheqje të padyshimtë në të gjithë globin.

Sulmi i ashpër i Putinit, kundër Perëndimit, është një armë me shumë koka,
pasi u bashkua me segmentet konservatore të një popullsie të tronditur nga
globalizmi, duke imponuar *një axhendë thellësisht shqetësuese, që shkon kundër*
pikëpamjeve tradicionale për familjen, martesën dhe seksin, por gjithashtu ka tone
majtiste, si kritikat e tij shkojnë gjithashtu *kundër të njëjtit globalizëm,* që po
përkeqëson pabarazinë e pasurisë, madje edhe një apel libertarian, pasi ai iu
referua vendosjes së gjendjeve të jashtëzakonshme, kontrollit të medias dhe
sanksioneve ndaj shoqërive të tjera si shembuj të totalitarizmit të bërë nga
perëndimi.

Objektivi kryesor i Putinit *ishte struktura anglo-saksone, kryesisht SHBA-ja*
dhe Britania e Madhe, dhe ai u përpoq të vendoste një pykë brenda Perëndimit, ndërsa
u përqendrua tek sovraniteti, një klithmë me jehonë në vende si Hungaria dhe Italia,

kundër luftës tradicionale, ndjenjat në Gjermani dhe Japoni, duke kujtuar tmerret e bombardimeve të Luftës së Dytë Botërore në Dresden, Hamburg, Këln, Hiroshima dhe Nagasaki.

Një pasojë e menjëhershme e përshkallëzimit retorik të Putinit do të jetë presioni i shtuar i SHBA ndaj Jugut Global, për të ndjekur sanksionet anti-ruse. Për të përballuar me sukses këtë kërcënim, dhe pasi Rusia ka nevojë për mbështetjen e saj të vazhdueshme, ajo do të duhet të kombinojë ideologjinë me mbështetjen pragmatike dhe të prekshme në drejtim të aksesit në burimet kritike të energjisë dhe ushqimit për vendet më të varfra.

Abstenimet e fundit të Kinës, Indisë dhe Brazilit, për një *Rezolutë* të Këshillit të Sigurimit të OKB-së, që bën thirrje për dënimin e referendumit të Ukrainës, pa dyshim, u nxitën nga pritshmëritë e këtyre vendeve, për veprimet e ardhshme të Rusisë.

Pas përfundimit të Luftës së Ftohtë dhe rënies së Bashkimit Sovjetik, Rusia humbi tërheqjen e fuqishme ideologjike, që kishte gjatë dekadave në Jugun Global dhe në segmentet anti-establishment të Perëndimit.

Aspekti më i jashtëzakonshëm i fjalimit të fundit të presidentit rus, është rikthimi në rend të ditës i konfrontimit ideologjik.

Kjo betejë e re, duket të paraqesë mbrojtjen e demokracisë, lirisë dhe sovranitetit nga Perëndimi si dicka artificiale dhe boshe me tipare të theksuara hipokrite.

Një mesazh i kombinuar i anti-kolonializmit dhe konservatorizmit, është një mjet i fuqishëm, por apeli indirekt dhe delikat i Putinit, *për pushtetin e njerëzve si mënyra e vetme, për t'iu kundërvënë përfundimisht Cabala dhe Deep State, është edhe më i fortë.*

Identifikimi i Shtetit të Thellë nga Putini si armiku i njerëzimit mund të jetë trashëgimia e tij përfundimtare ideologjike, diçka e shmangshme nëse SHBA-ja do të jepte dorëheqjen për të qenë thjesht një vend normal dhe për t'u fokusuar kryesisht në prosperitetin e popullit të saj.

Federata Ruse ka 105 vjet (2017-2022) që përballet me sanksione dhe si injorim dërgon misione me anije kozmike në hapsirë

Duhet thënë për hir të vërtetës historike, se ish Bashkimi Sovjetik (B.R.S.S.)[134] dhe sot *Federata Ruse ka sanksione amerikane dhe ndërkombëtare pa ndëprejrje qysh nga viti 1905, 1917, 1991 dhe deri më sot në vitin 2022.* Ato zenë fill me krismat e Aurorës, në Pallatin e Dimrit të Carit të Rusisë apo me re-volucionin bolshevik të muzhikëve proletarë, të udhëhequr nga diktatorët

---

[134] **Soviet Russia** from 1917 to 1924 and of the **Soviet Union** from 1922 to 1924.

kriminelë: **Vladimir Ilyich Ulyanov** (**1870-1924**) ose **Vladimir Lenin**[135] dhe gjeorgjiani **Joseph Stalin** (**Iosif Vissarionovich Stalin** *dhe me emër original* **Ioseb Dzhugashvili (1878-1953).**[136]

Gjatë kohës së Luftës së Ftohtë (1944-1990), sa herë që fuqia e madhe bërthamore e SHBA-së bënte testime ushtarake me armë nukleare (në Nevada etj.), p.sh. sot, kurse Rusia e "varfër" bolshevike-komuniste e bënte testin e armëve nukleare (bërhamore) ditën tjetër edhe pse rusët ishin në embargo ndëkombëtare.

Si mundet që një shtet si *Rusia*, me embargo të pandërprerë gati 105-vjeçare, të ketë një ekonomi të fortë dhe standart jetese të lartë, sikurse një superfuqi botërore dhe *bën pjesë ende sot në organizatat e vendeve të pasura të botës si Këshilli i Sigurimit të OKB-së, G-7 apo G-21!?* Ata dhe SHBA, janë në konkurentë të fortë dhe të vazhdueshme me njera-tjetrën prej shumë dekadash.

Sipas logjikës dhe pasojave të embargos, i bie që rusët apo qeveritë komuniste dhe neo-komuniste ruse, duhet të kishin vdekur me kohë për bukë goje, sikurse ndodhi në shtetin burg apo në rregjimin e egër komunist në Shqipëri, gjatë viteve të zeza 1944-1990.

Mirëpo, për hir të së vërtetës historike, që po jetojmë edhe sot, del se rusët në ditët tona kanë stacione satelitore në orbitë dhe hapsirë anije apo satelitë kozmike bashkëkohorë, që kushtojnë biliona dollarë (*duke bërë vazhdimisht kërkime në hapsirë*) edhe pse janë në embargo ekonomike, ideologjike etj.

Ato kanë shumë dekadash, paisje me teknologji bashkëkohore elektronike ultramoderne, sisteme dhe radare ushtarake elektronikë dhe me rreze lazer, raketa ushtarake të tipeve dhe llojeve të ndryshme mbrojtëse, anije gjigande dhe nëndetëse me mbushje bërthamore dhe armë të tjera shfarosëse ushtarake me mbushje bërthamore supërshkatërruese etj.

Federata Ruse, ka vite që shet rregullisht armë luftarake moderne të tipeve të ndryshme në shumë vende të botës, por më së shumti në kontinentet: Azi, Afrikë, Amerikën Latine etj.

Një stacion në hapsirë me pajisje satelitorë bashkohorë, e cila kushton biliona dollarësh, është e barabartë sa e gjithë vlera e pasurisë kombëtare nëntokësore dhe sipërfaqsore e Shqipërisë dhe Kosovës të marrë së bashku.

Me një qetësi dhe siguri të plotë Presidenti i Federatës Ruse, Putin tha para mediave ndërkombëtare, se: ***"SHBA po i bën embargo vetës së saj, mbasi çmimi i naftës dhe i gazit në vend është rritur nga 1.5 dollarë për gallon sot është 7-8 dollarë për gallon dhe koston e qeverisë së papërgjeshme e paguan***

---

[135] **Kapinova, Klajd**: *"Lenini në Seattle i dhunshëm me pushkë abstrakte dhe flakë."* Shih në librin: **"Presidenti Trump dhe keneta globaliste"**, (Refleksione) New York, 2021, f.119-126

[136] **Kapinova, Klajd**: *"Lenini e Stalini arkitektë të Tmerrit të Kuq bolshevik."* Shih në librin: **"Presidenti Trump dhe keneta globaliste"**, (Refleksione) New York, 2021, f.134-140

populli amerikan..."

Shumë oligarkë apo bilionerë rusë, kanë blerë bisnese të mëdha të patund-shme dhe ekipe basketbolli etj., në SHBA dhe Europë, media dhe rrjete sociale, kanë aksione bisnesi kudo, kontrollojnë 50-1100% shumë kanale mediatike televizive, sportive, revista, website, hotele, restorante, pasuri të patundshme, resorte turistike, qendra sportive kulturore etj.

Rusia sot, ka nivelin e lartë ekonomik GDP, nivelin më të lartë cilësorë shkencorë, kulturorë, ekonomik, artit, muzikën, sportin etj., sikurse edhe SHBA.

Bota e trajton Rusinë permes propagandës foshnjore, sikurse të ishte Shqipëria dhe Kosova, që besojnë sipas traditës në forcën e propagandës gënjeshtare me naivitet ab-solut dhe absurd se fluturon edhe gomari...

Shteti Federal i Rusisë, në kohën e komunizmit fanatik, ka qenë më i dobët politikisht dhe ushtarakisht, sepse aty ndër dekada kanë sunduar pushtuesit soviet muzhikë komunistë proletarë të B.R.S.S. (1917-1990).

Sipas burimeve historike bashkëkohore, del se asokohe shteti federal rus (para shpërbërjes në vitin 1991), është drejtuar shumë herë nga liderët kokëkrisur muzhikë komunistë jo rusë, por persona egoist politikë, me nivel të ulët të nacionaliteteve të tjera.

Në ditët tona, rusët si komb, janë të parët ose konkurentë të drejtpërdrejtë me sportistët cilësorë dhe rezultativë amerikanë, në sportet cilësore dimërore etj., në shumë olimpiada dhe deri tek sportet masive popullore si futboll, hockey sport, atletikë etj., në të gjithë kampionatët botërore.

Për hir të së vërtetës gjeopolitike dhe ideologjike, sot Federata Ruse (me popullsi 145.000,000 banorë), ka mbështetjen e fortë morale të hapur dhe fshe-hur të Republikës Popullore të Kinës (1.4 miliard banorë), Indisë (Indisë 1.2 miliard banorë, e cila ka blerë vazhdimisht të gjithë arsenalin e armative të saj prej shumë vitesh), kontinentit të Afrikës (me 1.4 bilion banore)[137] që për-bëjnë 65% të numërit të përgjshëm të Planetit tonë, shteteve të Amerikës së Jugut (Latine), dhe në Europë: si Bullgarisë, që importon 100% të gazit natyror rus, Rumanisë, Greqisë, Serbisë, Turqisë së Erdoganit, Iranit, Sirisë, Irakut, pra në tërësi të gjithë vendeve apo shteteve islamike, sikurse të një pjese të madhe anti-globaliste të forcave patriotike, nacionaliste dhe të djathta të Eu-

---

[137] **Africa** is the world's second-largest and second-most populous continent, after Asia in both cases. At about 30.3 million km² including adjacent islands, it covers 6% of Earth's total surface area and 20% of its land area. With 1.4 billion people as of 2021, it accounts for about 18% of the world's human population. **Area:** 11.73 million mi² **Population:** 1.216 billion (2016) **Languages:** English; French; Spanish; Portuguese; Swahili; Arabic; 1250–3000 native languages **Largest city:** Lagos **Religions:** Christianity (49%); Islam (42%); Traditional faiths (8%); Others (1%) (Wikipedia)

ropës Perëndimore, SHBA-së, Kanadasë, Australisë, Afrikës, Azisë etj.

Shpesh Rusia federale, pas SHBA-së merr me shumë medalje ari, argjendi dhe bronx-i në shumë sporte masive ndërkombëtare, sa të gjithë shtetet e Europës të marrë së bashku.

Mos të harrojmë, se *Rusia nga ana e resurseve mbi dhe nëtokësore kombëtare, ka të gjithë elementet kimikë dhe mineralet e dobishme të asaj që njihet në botë* si **Tabela e Mendelejevit**, të cilën shumë shqiptarë dhe amerikanë (kjoshin edhe politikanë) nuk e dijnë, sepse janë verbuar me urretjen ndaj Rusisë, që më shumë shikon interesat e veta, se sa ato globaliste socialkomuniste ndërkombetare, sikurse po bën sot regjimi Biden dhe Europa.

Tabela kimike e rusit Dimitri Mendeleev 1869-2022

Tabela periodike e elementeve, nganjëherë e quajtur *Tabela Periodike e Mendelejevit,* përmban në formë tabelare të gjithë elementët kimikë, të renditur sipas numrit të tyre atomik (d.m.th. sipas numrit të protoneve, në vetitë kimike të përsëritura). Marrëveshjet dhe *acet* çojnë në identifikimin e disa *tendencave periodike,* në mënyrë që elementët në të njëjtin grup të kenë veti kimike të ngjashme.

Sipas *Tabelës së Mendeleev,* në të vërtetë, në të njëjtën kohë elementet në të majtë janë *metale* dhe ato në të djathtë janë *jometale.*

Rreshtat e tabelës periodike quhen *perioda,* kurse kolonat quhen *grupe.* Gjashtë nga grupet kanë edhe emra të veçantë, për shembull grupi i 17-të quhet edhe grupi *halogjen,* dhe grupi i 18-të është ai i *gazeve fisnike.*

Tabela periodike, mund të përdoret për të përcaktuar marrëdhëniet midis vetive të elementeve, si dhe për të parashikuar vetitë e elementeve të rinj, që do të zbulohen ose sintetizohen.

Dimitri Mendeleev botoi në vitin 1869 atë, që do të ishte tabela e parë e njohur periodikisht në botë. Ai hartoi tabelën e tij, për të ilustruar tendencat periodike të vetive të elementeve të njohura në atë kohë.

Duke përdorur këtë teori, Mendeleev (*Dimitri Mendeleev published in 1869 what would be the first periodically recognized table in the world*), parashikoi disa veti të elementeve ende të pazbuluar, që dukej se mungonin në tabelë.

Shumica e parajsave doli të ishin të vërteta, pasi u zbuluan elementë të rinj. Që atëherë, tabela periodike e Mendelejevit është zhvilluar dhe korrigjuar (plotësuar dhe saktësuar), pasi janë sintetizuar ose zbuluar elementë të rinj.

Të gjithë elementët, nga numri atomik 1 (hidrogjeni) deri në 118 (oganesson), u zbuluan ose u sintetizuan. Shkrirja më e shtuar në tabelë ishte nihoni, muscovite, tennessee dhe oganesson (u zbuluan nga 300UPConfirmed), duke përfunduar kështu të shtatë periudhat.

Kështu 94 elementët e parë ekzistojnë në natyrë, megjithëse disa u vëzhguan në sasi të vogla e u sintetizuan në laborator shumë kohë, përpara zbulimit të tyre. bërthamore.

Është planifikuar sinteza e elementeve me numër atomik mbi 118. Në laboratorë, janë prodhuar edhe radioizotopë të shumtë sintetikë të elementeve të përhapur në natyrë.

Ja një shembull tjetër, që tregon se sa e rëndsishme është prania e elementëve të Tabelën në fjalë, për një shtet të caktuar. P.sh. Japonia, nuk ka as 1/10 e këtyre elementëve në 5 ishujt e saj të mëdhenj (*Hokkaido*, ishulli kryesor më verior dhe i dytë më i madh; *Honshu,* ishulli më i madh dhe më i populluar me kryeqytet Tokio; *Kyushu*, ishulli kryesor i tretë më i madh dhe më i afërti me kontinentin aziatik; *Shikoku*, ishulli i dytë më i vogël kryesor pas Okinawa. Ai ndodhet midis Honshu dhe Kyushu; Ishulli *Okinawa,* më i vogli dhe më jugor nga ishujt kryesorë), që janë kone të lashta vullkanike të shuara, pa vlera mineralesh, por ato kanë trurin e gjallë japonez, kurse **Rusia, ka trurin e gjallë njerëzor dhe pasuritë nën dhe mbi tokësore në truallin e saj.**

Pra, kjo tregon se propaganda, që behet sot është mashtrim dashakeq, një flluckë sapuni, duke krijuar një imazh të rrejshëm për ata shtete, që i mbajnë shpresat tek SHBA e Bidenit të përgjumur e pa memorie dhe Europës fake, në fushën e politikës propagandistike ndërkombëtare.

Rusia Federale, në vitin 2022 kontrollon jetën e saj, pra 40% e gazit natyrorë të Europës dhe 70% të importimit të gazit, që bën çdo ditë Gjermania, që sipas statistikave ndërkombëtare thuhet se është vendi më i zhvilluar e i pasur në kontinentin plakë dhe një ndër më të fuqishmet në botë.

Sot edhe SHBA për turpin e të gjithë regjimit Obama-Biden 3, merr gaz dhe blen naftë nga Rusia, ndonëse shumë vonë (më 8 mars 2022), SHBA filloj embargon ekonomike, për të mos blerë më naftë dhe gaz nga Rusia, duke menduar se do të gjunjëzojnë Rusinë, që ka sot 24% të të gjithë rezervave të gazit natyror në botë, duke qenë në vend të parë me këtë element jetik të domosdoshëm për vete dhe botën.

Dyshja e papërgjeshme Biden/Harris, fatkeqsisht tesh 2 vjet e kanë bërë me vetëdije më të pasur Rusinë e Putinit dhe para botës gënjejnë dhe bëjnë sikur e kritikojnë dhe bëjnë "embargo".

Me Donald J. Trump si President SHBA-së (2016-2020), ne ishim të pavarur në enërgji dhe arritëm të rreshtohemi në vendin e parë në botë, duke mos importuar gaz dhe naftë nga Rusia.

Sot Biden, i ka shtrirë dorën si lypës edhe vendeve komuniste më të varfëra në botë si Venezuela (***ku njerëzit barkthatë, kërkojnë ushqime në kazanat e plehrave***), që fatkeqsisht drejtohet nga **Moduro**, një diktator në vendin e vet dhe një anti-amerikan i deklaruar publikisht.

Sikurse dihet nga literatura botërore, del se shtetet që ishin të varur shumë nga gazi rus renditeshin: Gjermania (70%), Anglia (4%), Bullgaria (100%), Franca 17% SHBA etj., *e bënë Rusinë më të pasur, sepse bënin bisnes në triliona dollarë në vit, ndërsa gënjejnë me hipokrizi botën, se janë me Ukrainën...*

Dhe Presidenti rus Vladimir **Purtin** si ish drejtues i KGB-së, me lëkurën e ujkut të zgjuar dhe vjetër dhe me përvojën e madhe në politikën ndërkombëtare, duke parë delen amerikane (O-Biden III) me gjendje fizike, mendore e politike jo profesionale sikurse edhe Europën e përdalë, që vijon të bëj politikë me dy standarte, ai **tallet me ato**.

Putin, ka paralajmëruar komunitetin ndërkombëtar, që të jenë të kujdshëm, lidhur me vendosjen e sanksioneve të mëtejshme ndaj vendit të tij.

Historikisht dihet, se ekonomia e dështuar e ish-Bashkimit Sovjetik, pas Luftës së Dytë Botërore dhe ushtrisë së dobësuar, sëbashku me pakënaqësinë e publikut brenda vendit (me politikat e zbutura ekonomike) dhe politikën të **Perestrojkës dhe Glasnostit të ish-Presidentit Sovjetik Mikhail Gorbachev**, kontribuan në kolapsin e menjëhershëm të ish B.R.S.S.

Presidenti Putin, në ditët tona thotë se ata që refuzojnë të bashkëpunojnë me Rusinë do të dëmtojnë veten e tyre, si dhe do të dëmtojnë Rusinë. Por, pavarësisht këtij dëmi, ai shton se Rusia po zhvillon *kompetenca të reja* dhe projekte ekonomike dhe tregtare ndërkombëtare, për të zgjidhur detyrat e kohës, me të cilat po përballet. Në fund të deklaratës së tij, për mediat ndërkombëtare, ai saktësoi: "**Ne, do të përfitojmë nga sanksionet**".

A po përdoret Presidenti i Ukrainës nga NATO dhe SHBA!?

Qytetari amerikan, që jeton prej 2 vitesh në Jalta të Krimesë, i qetë me prova dhe me fakte, i përgjigjet, një mbas një pyetjeve provokuese (investigative) të gazetarit amerikan në studio:

"Unë po mundohem tu them amerikanëve të vertetën, se çfarë po ndodh në Ukrainë... Informacioni, që media amerikane japin sot, është krejt manipulim dhe gënjeshtër e pastër, pra të njëjtën taktikë dhe lojë, që ata bënë në Iraq etj..."

A është kjo që ju po thoni!? -shton gazetari. I intervistuari përgjigjet drejtpërdrejtë: *"Dikur George W. Bush e nxiti Presidenti e Ukrainës, që të rreshtohet përkrah SHBA-së, në luftën kundër Sadam Hysenit në Iraq.*

Nga ana e tjetër, sot Izraeli, ishte shteti i parë në botë, që tha se tani jemi në katastrofën historike nuklerare, kur u pa në stacionet televizive manipulative një "zjarr" në hyrje të një qendre apo platforme bërthamore në Ukrainë...

Vetë ambasadori i SHBA-së në Kiev, deklaroi me nxitim propagandistik para mediave, se forcat ushtarake federale ruse kanë sulmuar një stacion apo platformë nukleare në Ukrainë!!!

Kur e dëgjova për herë të parë këte lajm, mendova se është e pamundur, që forcat federale ushtarake ruse të sulmojnë një platformë bërthamore (që përdoret për prodhimin e 60% të energjisë eletrike në vend, shënimi im K.K.), sepse ata kanë përvojë të hidhur me Çernobilin shumë vite më parë, të vendos vetën në një risk të madh, në një platformë berthamore, të cilat janë një rrisk apo rrezik shumë të madh edhe për atë, sepse ajo ndodhet në kufi me Ukrainën.

Nga burimet e mia informative, zbulova se forcat ushtarake federale ruse, kanë rrethuar platformën bërthamore dhe po e mbrojnë nga keqbërësit, të cilët me aktet e tyre shkatërruese mund të akuzojnë më pas forcat ruse, mbasi ata me gënjeshtra i mbështesin edhe mediat ndërkomëbatre.

Aty sot punëtorët dhe specialistët ukrahinas po vazhdojnë të prodhojnë energjinë eletrike, aq të nevojshme për vendin.

Janë pikërisht forcat perëndimore naziste (ukrahinas etnik, që veprojnë në Ukrainë), që e kanë sulmuar platformën në fjalë dhe trupat federale ruse, i janë kundërpërgjigjur sulmit (zjarrit) të tyre, duke i asgjesuar ata në vend dhe fotot dhe planet e tyre të zbuluara fatmirësisht i kanë si prova faktike para botës.

Pra, edhe një herë theksoj, se kanë qenë forcat ushtarake naziste, që ndodhen në Ukrainë prej dekadash, ata që kanë sulmuar platformën e vendit të tyre.

Presidenti i Ukrainës Vladimir Zhelinski, kritikoi NATO-n, sepse nuk po e ndihmon atë dhe popullin e tij. Ata po tregohen të dobët politikisht dhe ushtarakisht, para situatës sot.

Në vitin 2000, Vladimir Putin zgjidhet President i Republikës Federale Ruse. Ai është patriot dhe nacionalist i vendit të vet dhe nuk e pelqen frymën dhe vijën e politikës socialkomuniste globaliste, në gjendjen e së cilës ndodhet sot Europa dhe SHBA, me administratën kukull të Joe Biden.

Putini, në saj të propagandës globaliste botërore, është sot personi më i urryer në SHBA dhe botë, për politikën e tij, në mbrojtje të interesave kombëtare federale ruse.

Këtu në Ukrainë, ka shumë keqinformime, që po bëhet papushim me paramendim nga mediat amerikane. Ju keni shumë të drejtë, sepse është ashtu sikurse argumentoni nga burimet tuaja si gazetar."

Sikurse po zhvillohen ngjarjet në terren, del se e gjithë plani ushtarak rus në Ukrainë, është zbatuar mbi bazën e një Projekti – **Mission Special**, të parastudiuar ushtarak, duke synuar për të mos sulmuar qendrat e banimit dhe të minimizohet humbjet e njerëzve. *Ka shumë qendra bëthamore në Ukrainë, duke përfshirë edhe Çernobilin.*

Fatkeqësia e Çernobilit (The Chernobyl disaster), *ishte një aksident bërthamor, që ndodhi më 26 prill të vitit 1986, në reaktorin nr. 4 në termocentralin bërthamor të Çernobilit, pranë qytetit të Pripyat, në veri të SSR-së së Ukrainës, në ish-Bashkimin Sovjetik. Ajo konsiderohet si katastrofa më e keqe bërthamore, në histori* *si në kosto ashtu edhe në viktima njerëzore, shkatërrime të mëdha ekologjike të florës dhe faunës aty dhe përreth...*

Qytetari amerikan, që nodhet në Krime, mbas pyetjes së gazetarit në studio, vazhdon të skjaroi situatën në Ukrainë dhe aktorët e konflitit të ri ushtarak ruso-ukrahinas. Ai shton se:

"Trupat federale ruse, që ndodhen në Ukrainë, kanë rrethuar menjëherë të gjithë qendrat bërthamore të vendit, dhe i kanë marrë nën kontroll, për të mos rënë në duart e keqbërsve, që mund të sjellin katastrofë biblike humanitare.

Ata (keqbërësit) i përdorin për të akuzuar Rusinë për propagandë dhe në një plan më të gjërë në të gjithë botën e cila është viktimë e manipulimit mediatik.

Një ditë tjetër, trupat ushtarake federale ruse, që patrollonin në këto qendra bërthamore, janë sulmuar nga vetë ukrahimasit neo-nazistë dhe ukrahinasit sabotarorë, që shetisin lirshëm në Ukrainë.

Ne fakt, zjarri që ata krijuan, nuk ishte afër platformën, por shumë larg saj. Këto sabotatorë u asgjësuan menjëherë nga forcat ushtarake federale ruse.

Kjo histori fallco, shpërtheu në të gjithë botën, duke gënjyer rëndë, se kishte rrjedhje nga kjo platformë bërthamore..."[138]

Ja një fakt tjetër shumë domethënës, që vjen nga fronti i "luftës" dhe po trondit botën. Gazetarja dhe korrespondentja e luftës **Anne-Laure Bonnell**, e cila ndodhet në Ukrainë thotë, se: **"Ushtria ukrainase po bombardon njerëzit e saj, në rajonin e Donbas."** Dëgjojeni vetë, se çfarë thotë ajo në gjuhën frenge.[139]

Anne-Laure Bonnel, është një korrespondente franceze e luftës dhe regjisore e filmave dokumentarë, e njohur kryesisht për dokumentarin e saj të vitit 2016, me titull *"Donbas"* dhe për dokumentarin tjetër të vitit 2020, me titull: *"Silence dans le Haut-Karabagh".*

Ajo punon për kanalin konservator francez 24-orësh të lajmeve **CNews**, websitin (faqja) **Wiki War** in Donbas. Anne-Laure Bonnel, po studion për çështjet e mbulimit të mediave, për lajmet dhe libretet apo shkrimin e filmave dokumentarë, pranë *Institut National de l'Audiovisuel (INA), në Ecole Supérieure de Journalisme de Paris* dhe në Universitetin e Sorbonës në Francë.

Qeveria ukrainase po përdor bomba thërrmuese, kundër civilëve vendas në Donetsk (Sipas *Human Rights Watch)*

Në tetor 2014, Human Rights Watch, raportoi se forcat e qeverisë ukrainase dhe milicitë pro-qeveritare ishin përgjegjëse, për përdorimin e gjerë të municioneve thërrmuese, në zonat e populluara në qytetin **Donetsk.**

---

[138] https://www.youtube.com/watch?v=YjW6ZL4fgF8
[139] https://www.facebook.com/maria.zadrima.1/videos/947650049257170

Është tronditëse të shohësh një armë, që shumica e vendeve e kanë ndaluar, të përdoret kaq gjerësisht në Ukrainën lindore," tha **Mark Hiznay**, studiues i lartë i armëve në Human Rights Watch. *"Autoritetet ukrainase, duhet të marrin një angazhim të menjëhershëm, për të mos përdorur municione thërrmuese dhe të bashkohen me Traktatin për ndalimin e tyre."* (*Sipas Rumble.com, 2022*)

Kjo nuk do të thotë, se të dyja palët nuk ishin fajtore, për shkeljen e ligjeve të luftës, pasi separatistët e mbështetur nga Rusia u akuzuan gjithashtu për përdorimin e raketave të padrejtuara, rrëzimin e avionëve civilë dhe të dyja palët janë akuzuar për krime të shumta lufte gjatë 8 viteve luftë.[140]

Politika e jashtme amerikane e shtyu presidencën republikane (1989-1993) të Presidentit të 41-të të SHBA-së **George H. W. Bush (1924-2018)**, në një rol kyç në ribashkimin e Gjermanisë (Perendimore (Bon) me Lindore (Berlin)) dhe rrëzimin e Murit të Berlinit në vitin 1989 dhe dy vjet më vonë filloj shpërbërja e 15 republikave të ish Bashkimit Sovjetik.

George Bush plaku, kryesoi pushtimin e Panamasë dhe Luftën e Gjirit, duke i dhënë fund pushtimit irakian të Kuvajtit në konfliktin e fundit.

Grushti i shtetit i pa suksesshëm i gushtit 1991, kundër linderit komunist të ish Bashikimit Sovjetik (*1985-1991*) M. Gorbaçovit (**Mikhail Gorbachev 1931-2022**), vulosi asokohe fatin e brishtë të Bashkimit Sovjetik. I planifikuar nga komunistët e linjës së ashpër, grushti i shtetit pakësoi fuqinë e Gorbaçovit dhe e çoi ish antarin e partise komuniste (1961-1990) **Boris Jelcinin (***Boris Yeltsin* **(1931-2007)** dhe forcat demokratike në ballë të politikës së re sovjetike dhe ruse.

Në dekadat pas krijimit të tij, Bashkimi Sovjetik, i dominuar nga Rusia u rrit në një nga shtetet më të fuqishme dhe me ndikim në botë dhe përfundimisht përfshiu **15 republika**: *Rusinë, Ukrainën, Gjeorgjinë, Bjellorusinë, Uzbekistanin, Armenia, Azerbajxhanin, Kazakistanin, Kirgistanin, Moldavinë, Turkmenistani, Taxhikistani, Letonia.*

Presidenca e **Boris Jelcinit** (1991–1999), për B.R.S.S. ligjërisht pushoi së ekzistuari më 31 dhjetor 1991. Shteti i ri, i quajtur **Federata Ruse**, u nis në rrugën drejt demokracisë dhe ekonomisë kapaliste të tregut, pa ndonjë përvojë dhe konceptim të qartë, se si të përfundonte një transformim i tillë, në vendin më të madh në botë.

Kontrolli i shtypit u lehtësua dhe mijëra të burgosur politikë dhe disidentë u liruan nga burgjet politike. Gorbaçovi më 26 dhjetor të vitit 1991, hoqi rolin kushtetues të Partisë Komuniste dhe kjo nga ana e tjetër çoi menjëherë në

---

[140] https://www.rumble.com/vx4sw2-ukrainian-government-uses-cluster-munitions-on-civilians-in-donetsk-human r.html?fbclid=IwAR0VOZqUiUYD5MHYOf8Snpfr-T1X-9j0igEcdz8LM08tzVn6p_EA8r4Vuxc

tjetërsimin apo shpërbërjen totale të ish-Bashkimit Sovjetik.

Yalta, kryeqytet historik dhe kulturorë i Krimesë

Yalta (Jalta, rusisht dhe ukrainisht: Ялта) është një qytet turistik në bregun jugor të Gadishullit të Krimesë i rrethuar nga Deti i Zi. Jalta, shërben si qendra administrative e Komunës së Jaltës, një nga rajonet brenda Krimesë. Popullsia që nga Regjistrimi i fundit ishte 76,746 (*Regjistrimi i vitit 2014*).

Qyteti, ndodhet në vendin e kolonisë së lashtë greke Yalita. Thuhet, se është themeluar nga kolonët grekë, që kërkonin një breg të sigurt ku të zbarkonin. Ajo ndodhet në një gji të thellë, me pamje të mrekullueshme nga jugu drejt Detit të Zi, i rrethuar nga vargmalet e gjata Ai-Petri.

Ajo ka një klimë të ngrohtë të lagësht subtropikale dhe është e rrethuar nga vreshta dhe pemishte të shumta. Zona u bë e famshme, kur qyteti mbajti **Konferencën e Jaltës**, si pjesë e Konferencave Aleate të **Luftës së Dytë Botërore në vitin 1945**.

Termi *Jalta e Madhe*, përdoret për të përcaktuar një pjesë të bregdetit jugor të Krimesë, që gjeografikisht shtrihet nga Foros, në perëndim deri në Gurzuf në lindje, duke përfshirë qytetin e Jaltës me vendbanime të shumta urbane ngjitur.

Jaltë, Departamenti i Koleksioneve të Imazheve, Galeria Kombëtare e Bibliotekës së Arteve, Uashington, DC. **Ekzistenca e Jaltës u regjistrua për herë të parë në shekullin e XII nga një gjeograf arab**, i cili e përshkroi atë si një port bizantin dhe vendbanim peshkimi. Ajo u bë pjesë e një rrjeti të kolonive tregtare gjenoveze, në bregun e Krimesë në shekullin e 14-të, kur njihej si Etalita ose Galita.

Krimea u pushtua nga **Perandoria Xhihadiste Islame Osmane në vitin 1475**, gjë që e bëri atë një territor gjysmë të pavarur, nën sundimin e Khanatit të Krimesë, por bregdeti jugor me Jaltën ishte nën sundimin e drejtpërdrejtë osman, duke formuar Eyaletin e Kefe (Feodosiya).

Jalta, u aneksua nga Perandoria Ruse në 1783, së bashku me pjesën tjetër të Krimesë, duke ndezur Luftën Ruso-Turke të viteve 1787-1792. Para aneksimit të Krimesë, grekët e Krimesë u zhvendosën në Mariupol në vitin 1778, një nga fshatrat që ata krijuan aty pranë quhet edhe Jaltë.

Në shekullin XIX, qyteti u bë një vendpushim në modë për aristokracinë dhe zotërinë ruse. **Shkrimtari i famshëm Leo Tolstoi** kaloi verën atje dhe **Anton Chekhov** më 1898 bleu një shtëpi (Daça e Bardhë) këtu, ku jetoi deri në vitin 1902.

Jalta, është mjedisi për tregimin e shkurtër të *Çehovit*, **Zonja me qenin**, dhe drama të tilla të shquara si **Tre Motrat**, u shkruan në Jaltë. Qyteti, ishte gjithashtu i lidhur ngushtë me mbretërinë. Në vitin 1889, **Car Alexander III** përfundoi ndërtimin e Pallatit Massandra, në një distancë të shkurtër në veri të Jaltës dhe **Car Nikolla II** ndërtoi Pallatin Livadia në jug-perëndim të qytetit në vitin 1911.

Gjatë shekullit të 20-të Jalta ishte vendpushimi kryesor i pushimeve të Bashkimit Sovjetik. Në vitin 1920, **Vladimir I. Lenini** nxori një dekret *"Për përdorimin e Krimesë për trajtimin mjekësor të njerëzve që punojnë"*, i cili miratoi transformimin e rajonit nga një zonë turistike mjaft ekskluzive në një objekt rekreacioni për proletarët e lodhur. Sanatoria e shumtë punëtorësh u ndërtuan në dhe rreth Jaltës dhe përreth.

Në fakt, kishte pak vende të tjera ku qytetarët sovjetikë mund të vinin për pushime buzë detit, pasi udhëtimet e huaja ishin të ndaluara për të gjithë, përveç një grushti të sferave politikë komunistë asokohe.

Edhe elita komuniste sovjetike erdhi në Jaltë; **Kryeministri sovjetik Joseph V. Stalin** përdori Pallatin Massandra si rezidencën e tij verore. Jalta u pushtua nga ushtria gjermane nga 9 nëntori 1941 deri më 16 prill 1944.

Qyteti, erdhi në vëmendjen mbarëbotërore në vitin 1945, kur Konferenca e Jaltës midis **Tre fuqive të Mëdha:** *Bashkimi Sovjetik, Shtetet e Bashkuara dhe Mbretëria e Bashkuar*, u mbajt në Pallatin Livadia. Pas shpërbërjes së Bashkimit Sovjetik në vitin 1991, Jalta ka pasur vështirësi ekonomike.

Shumë nga të pasurit e rinj të ish-qytetarëve sovjetikë, filluan të shkonin në vendpushimet e tjera evropiane të pushimeve, tani që kishin lirinë dhe paratë për të udhëtuar; anasjelltas, varfërimi i shumë qytetarëve ish-sovjetikë, nënkuptonte se ata nuk mund të përballonin më të shkonin në Jaltë.

Lidhjet e transportit të qytetit, janë reduktuar ndjeshëm me përfundimin e pothuajse të gjithë trafikut të pasagjerëve nga deti. Linja më e gjatë e trole-jbusit në Evropë shkon nga stacioni i trenit në Simferopol në Jaltë (pothuajse 90 km).

Jalta, është e mbushur me njerëz në sezonin e pushimeve (korrik-gusht) dhe çmimet për akomodim janë shumë të larta. Shumica e turistëve janë nga vendet e ish-Bashkimit Sovjetik; në vitin 2013, rreth 12% e turistëve në Krime ishin perëndimorë nga më shumë se 200 anije turistike.

Jalta, ka një shëtitore të bukur buzë detit përgjatë Detit të Zi. Njerëzit mund të shihen duke shëtitur atje, në të gjitha stinët e vitit, dhe gjithashtu shërben si një vend për t'u mbledhur dhe biseduar, për të parë dhe për t'u parë. Ka disa plazhe në lindje dhe perëndim të shëtitores.

Qyteti, ka disa kinema, një teatër drama, shumë restorante dhe disa tregje të hapura. Dy plazhe në Jaltë janë plazhe me flamurin blu, që nga maji i vitit 2010, këto ishin plazhet e para (me dy plazhe në Yevpatoria), që iu dha një flamur blu në një shtet anëtar të CIS.

Në vitin 2014, ushtria ruse hyri në Krime dhe e mori atë si pjesë e dikur-shme e Rusisë.[141]

Ligjvënësit federal rusë miratuan ndryshimet në kodin penal

Mediat globaliste të lajmeve, thanë se po pezullonin raportimin në Rusi, për të mbrojtur gazetarët e tyre, pas një ligji të ri, që kërcënonte me burgim deri në 15 vjet për përhapjen e *lajmeve të rreme.*

Vetë BBC-ja britanike tha se kishte ndërprerë përkohësisht raportimin në Rusi dhe deri në fund të ditës. Gjithashtu kompania kanadeze e transme-timeve dhe Bloomberg News, thanë se gazetarët e tyre kishin ndaluar punën. CNN dhe CBS News, thanë se do të ndalonin transmetimin në Rusi dhe media të tjera, hoqën linjat e gazetarëve me bazë në Rusi, ndërsa vlerësonin situatën.

Me sulmin e Rusisë ndaj Ukrainës, Moska ka kërkuar të kundërpërgjigjet në luftën e informacionit. Rregullatori i tij i komunikimit, *Roskomnadzor,* bllokoi Facebook-un e Meta Platform Inc., duke përmendur 26 raste të diskri-minimit ndaj mediave ruse.

Zyrtarët ruse, kanë thënë se informacione të rreme janë përhapur nga armiqtë e Rusisë si Shtetet e Bashkuara dhe aleatët e saj evropiano-perëndi-morë, në një përpjekje për të krijuar mosmarrëveshje midis popullit rus.

Ligjvënësit federal rusë, miratuan ndryshimet në kodin penal, duke e bërë përhapjen e informacionit *të rremë* një vepër të dënueshme me gjobë ose me burg. Ata gjithashtu vendosën gjoba, për këdo që bën thirrje për sanksione kundër Rusisë, pas pushtimit të Ukrainës.

Legjislacioni i ri u hartua nga Dhoma e Lartë e Parlamentit të Rusisë dhe u nënshkrua në ligj nga Presidenti Vladimir Putin, raportoi TASS. (**Reuters**)

Kjo në fakt i jep shtetit rus fuqi shumë më të forta, për të goditur, duke e bërë vepër penale *përhapjen e informacionit të rremë (Fake News)*, me një dënim me burg. Rusia kundërpërgjigjet në luftën e informacionit me dënime burgu, ndryshe në SHBA ku Big Media dhe Big Tech gënjejnë 24/7, gjatë gjithë vitit dhe nuk mbajnë asnjë përgjegjësi morale dhe ligjore...

---

[141] *Russian Federal State Statistics Service (2014). Federal State Statistics Service. Retrieved January 4, 2016. Sergei R. Grinevetsky; Igor S. Zonn; Sergei S. Zhiltsov; Aleksey N. Kosarev; Andrey G. Kos-tianoy (2015). The Black Sea Encyclopedia. p. 821. Kottek, M.; J. Grieser; C. Beck; B. Rudolf; F. Rubel (2006). "World Map of the Köppen-Geiger climate classification updated" (PDF).*

Ebrejt përballë veteranëve neo-nazistë ukrainas të Batalionit Azov

Problemi nazist i Ukrainës është real, dhe de-nazifikimi është i nevojshëm e i domosdoshëm. Mospranimi i këtij kërcënimi, do të thotë se pak po bëhet për t'u mbrojtur kundër tij dhe neo-nazi në ditët tona në Ukrainë. **Veteranët ukrainas të Batalionit Azov**, të formuar nga një supremacist i bardhë është i ndaluar të marrë ndihma financiare nga SHBA. Ato morën pjesë në një tubim të madh publik në Kiev, më 14 mars të vitit 2020. (**5 mars 2022, Allan Ripp, drejtor i Ripp Media**)

Një nga arsyet presidenti rus Vladimir Putin, për të justifikuar misionin e Rusisë ndaj Ukrainës, është për të **de-nazifikuar** vendin dhe udhëheqjen e tij. Duke shprehur argumentin e tij, për hyrjen në territorin e fqinjit të tij me tanke të blinduara dhe avionë luftarakë, Putin ka deklaruar se masa është ndërmarrë: "**Për të mbrojtur njerëzit. Rusia, do të përpiqet të bëj de-militarizimin dhe de-nazifikimi e Ukrainës.**"

Por edhe pse Putini po angazhohet të bëj de-nazisfikimin, është gjithashtu e vërtetë se Ukraina ka një problem serioz dhe të vërtetë nazist, si në të kaluarën ashtu edhe në të tashmen me neo-nazi.

Megjithatë është e rëndsishme të mbrosh flamurin verdhë-blu kundër agresionit brutal të Kremlinit, *do të ishte një shkelje e rrezikshme të mohosh historinë anti-semite të Ukrainës dhe bashkëpunimin me nazistët e Hitlerit, si dhe përqafimin e ditëve të mëvonshme të fraksioneve neo-naziste në disa lagje e qytete të mëdha të vendit.*

Në prag të Luftës së Dytë Botërore, Ukraina ishte shtëpia e një prej komuniteteve më të mëdha hebreje në Evropë, me vlerësime deri në 2.7 milionë, një numër i jashtëzakonshëm duke marrë parasysh rekordin e gjatë të territorit të anti-semitizmit dhe masakrave.

Deri në fund në fund të Luftës së Dytë Botërore, më shumë se gjysma e tyre do të humbiste nga masakrat kolektive naziste gjermanë të Adolf Hitlerit dhe *ukrainasve të inkuadruar në radhët e ushtrisë naziste, ku kishte mbi 85.000 antarë SS dhe Gestapos*. Kur trupat gjermane morën kontrollin e Kievit në 1941, ata u mirëpritën nga pankartat *Heil Hitler*.

Menjëherë pas kësaj, afro 34,000 hebrenj në Ukrainë, së bashku me romët dhe "të padëshiruar" të tjerë, u mblodhën dhe marshuan në fushat jashtë qytetit me pretekstin e zhvendosjes, vetëm për t'u masakruar në atë që u bë e njohur si *Holokausti me plumba*.

Gryka e Babyn Yar, vazhdoi të mbushej si një varr masiv për dy vjet. Me rreth 100,000 të vrarë atje, ai u bë një nga vendet më të mëdha të vrasjeve të vetme të Holokaustit jashtë Aushvicit dhe kampeve të tjera të vdekjes.

Studiuesit botërorë, kanë vënë në dukje rolin kryesor, që kanë luajtur vendasit në përmbushjen e urdhrave të nazistëve, për të vrarë komunitete të tjera etnike në vend.

Në ditët e sotme, **Ukraina numëron nga 56,000 deri në 140,000 hebrenj**, të cilët gëzojnë liri dhe mbrojtje të pa imagjinuara nga gjyshërit e tyre. *Kjo përfshin një ligj të përditësuar të miratuar muajin e kaluar, që kriminalizon aktet anti-semitike.*

Fatkeqësisht, ligji kishte për qëllim të trajtonte një rritje të theksuar në shfaqjet publike të fanatizmit racist, duke përfshirë vandalizmin e ngarkuar me svastika të sinagogave dhe memorialeve hebreje, dhe marshimet e frikshme në Kiev dhe qytete të tjera, që kremtonin Waffen SS.

Në një tjetër zhvillim ogurzi, Ukraina ka ngritur vitet e fundit një sërë statujash për nder të nacionalistëve ukrainas, trashëgimia e të cilëve është e njollosur nga rekordi i tyre i padiskutueshëm si përfaqësues nazist.

I tillë është **Stepan Bandera**, udhëheqësi i Organizatës së Nacionalistëve Ukrainas (OUN), pasuesit e së cilës vepronin si anëtarë të milicisë lokale, për SS dhe ushtrinë gjermane. *"Ukraina ka disa dhjetëra monumente dhe shumë emra rrugësh, që lavdërojnë këtë bashkëpunëtor të nazistëve. Ai ka dy faqe të veçanta të Wikipedia-s,"* shkroi gazeta Forward.

Një tjetër i nderuar i shpeshtë është edhe *Roman Shukhevych*, i respektuar në Ukrainë si një luftëtar ukrainas i lirisë, por edhe drejtuesi i një njësie policore ndihmëse të frikshme naziste. Ai ishte *"përgjegjës për therjen e mijëra hebrenjve, rusëve, polakëve etj."* Statujat janë ngritur gjithashtu për nder të *Yaroslav Stetsko*, një kryetar i dikurshëm i OUN, i cili shkroi: *"Unë insistoj në shfarosjen e hebrenjve në Ukrainë"*.

Grupet e ekstremit të djathtë, kanë fituar gjithashtu monedhë politike në dekadën e fundit, asgjë më e frikshme se Svoboda (ish Partia Sociale Kombëtare e Ukrainës), lideri i së cilës pretendonte se vendi kontrollohej nga një "mafia muskovite-hebreje" dhe zëvendësi i të cilit përdorte një antisemitik, sharje për të përshkruar aktoren hebreje me origjinë ukrainase *Mila Kunis*.

Organizata neo-naziskine Svoboda, ka dërguar me vota popullore ukrahinase disa anëtarë të partisë në Parlamentin e Ukrainës, duke përfshirë një që e quajti Holokaustin një *"periudhë të ndritshme"* në historinë njerëzore. **(sipas Foreign Policy).**

Po aq shqetësuese, neo-nazistët janë pjesë e disa prej gradave në rritje të batalioneve vullnetare të Ukrainës. Ata janë forcuar nga beteja, pasi kanë zhvilluar disa nga luftimet më të ashpra në rrugë, kundër separatistëve të mbështetur nga Moska në Ukrainën lindore, pas pushtimit të Krimesë të Putinit në vitin 2014.

Njëri është **Batalioni Azov**, i themeluar nga një supremacist i bardhë i shpallur, i cili, *pretendonte se qëllimi kombëtar i Ukrainës ishte të çlironte* *vendin prej hebrenjve dhe racave të tjera inferiore.*

Në vitin 2018, *Kongresi i SHBA-së* përcaktoi se ndihma e tij për Ukrainën, **"nuk mund të përdorej për të ofruar armë, stërvitje ose ndihmë tjetër për Batalionin Azov"**. Megjithatë, *Azov tani është një anëtar zyrtar i Gardës Kombëtare të Ukrainës.*

Me rënien e Bashkimit Sovjetik në 1991, Ukraina u bë një shtet i pavarur, i zyrtarizuar me një referendum në dhjetor të vitit 1991. Më 21 janar 1990, mbi 300,000 ukrainas organizuan një zinxhir njerëzor për pavarësinë e Ukrainës midis Kiev-it dhe Lviv-it.

Pas grushtit të shtetit të dështuar të gushtit në Moskë më 19-21 gusht 1991, Sovjeti Suprem i Ukrainës shpalli pavarësinë më 24 gusht 1991, i cili e quajti Republikën Socialiste Sovjetike të Ukrainës në Ukrainë. Rezultati i Referendumit të Pavarësisë së vitit 1991 të mbajtur më 1 dhjetor 1991 ishte një surprizë.

Holodomor ose kriza e urisë 1932-1933 në Ukrainë
e krijuar nga diktatori Stalin

Në vitet 1932-1933, miliona ukrainas u vranë në **Holodomor**, një zi buke e krijuar nga qeveria kriminale sovjetike e **Jozef V. Stalinit**. Ai, personalisht kryesoi rindërtimin sovjetik të pasluftës dhe zhvillimin e tij të një bombe atomike në vitin 1949. Gjatë këtyre viteve, vendi përjetoi një tjetër uri të madhe dhe një fushatë anti-semite, që kulmoi me komplotin e mjekëve.

Uria ukrainase e njohur si Holodomor, një kombinim i fjalëve ukrainase për *uri* dhe *për të shkaktuar vdekje,* sipas një vlerësimi **mori jetën e 3.9 milionë njerëzve, rreth 13 për qind e popullsisë.**

Dhe, ndryshe nga zitë e tjera të bukës në histori, të shkaktuara nga plaga ose thatësira, kjo u shkaktua kur një diktator donte të zëvendësonte fermat e vogla të Ukrainës me kolektiva shtetërorë dhe të ndëshkonte ukrainasit me mendje të pavarur, të cilët përbënin një kërcënim, për autoritetin e tij totalitar.

Në ato ditë, Ukraina, një komb i përmasave sipërfaqsore të Texas-it (SHBA) përgjatë Detit të Zi në perëndim të Rusisë, ishte pjesë e Bashkimit Sovjetik, në atë kohë të sunduar nga Stalini.

Në vitin 1929, si pjesë e planit të tij për të krijuar me shpejtësi një ekonomi totalisht komuniste, Stalini kishte imponuar kolektivizimin, i cili zëvendësoi fermat individuale dhe të operuara me kolektivë të mëdhenj shtetërorë.

Zyrtarët sovjetikë i përzunë këta fshatarë nga fermat e tyre me forcë dhe policia sekrete e Stalinit bëri më tej plane për të dëbuar 50,000 familje fermash ukrainase në Siberi, shkruan historiania **Anne Applebaum**, në librin e saj të vitit 2017, **"Uria e Kuqe: Lufta e Stalinit në Ukrainë"**.

Qeveria ruse, që zëvendësoi Bashkimin Sovjetik e ka pranuar se zia e bukës kishte ndodhur në Ukrainë, por mohoi se ishte gjenocid.

Gjenocidi përkufizohet në nenin 2 të Konventës së OKB-së për Parandalimin dhe Ndëshkimin e Krimit të Gjenocidit (1948) si *"çdo nga aktet e mëposhtme të kryera me qëllim për të shkatërruar, tërësisht ose pjesërisht, një komb etnik, racor ose fetar dhe grup."*

Në prill 2008, dhoma e ulët e Parlamentit të Rusisë, miratoi një *Rezolutë*, ku thuhej se *"Nuk ka asnjë provë historike, që zia e bukës ishte organizuar sipas linjave etnike"*.

Megjithatë, të paktën 16 vende e kanë njohur Holodomorin, dhe së fundmi, Senati i SHBA-së, në një Rezolutë të vitit 2018, pohoi gjetjet e komisionit të vitit 1988, se Stalini kishte kryer gjenocid.

Në fund të fundit, megjithëse politikat e Stalinit rezultuan në vdekjen e miliona njerëzve, ajo nuk arriti të shtypte aspiratat e Ukrainës për autonomi, dhe në planin afatgjatë, ato mund të kenë dështuar. **"Uria shpesh arrin një qëllim socio-ekonomik ose ushtarak, të tillë si transferimi i zotërimit të tokës ose pastrimi i një zone të popullsisë, pasi shumica ikin në vend që të vdesin,"** thotë historiani i urisë de Waal.

Përfundimisht, kur Bashkimi Sovjetik u shemb në vitin 1991, Ukraina më në fund u bë një komb i pavarur dhe Holodomor mbetet një pjesë e dhimbshme e identitetit të përbashkët të ukrainasve.[142]

Pas vdekjes së Leninit, Stalini u përshëndet zyrtarisht si pasardhësi i tij si udhëheqës i Partisë Komuniste në pushtet dhe i vetë Bashkimit Sovjetik. Kundër dëshirës së Leninit, atij iu bë një funeral pompoz dhe luksoz, ku trupi i tij u balsamos dhe u ekspozua para publikut në mauzoleum.

Gulag, ishte një sistem kampesh pune sovjetike dhe kampe dhe burgje shoqëruese të paraburgimit dhe tranzitit. Nga vitet 1920 deri në mesin e viteve 1950, aty strehoheshin të burgosur politikë dhe kriminelë të Bashkimit Sovjetik. Në kulmin e tij, Gulag burgosi miliona njerëz.

Sa njerëz vdiqën nga uria në Ukrainë?! Sipas historianëve vdiqën mbi 3,900,000 vetë, sa e gjithë sot popullsia e Shqipërisë dhe Kosovës të marrë së bashku.

Gjatë periudhës së Luftës së Dytë Botërore, të dhënat zyrtare thonë se të paktën 8 milionë ukrainas humbën jetën: 5,5 deri 6 milionë civilë, dhe më

---

[142] https://www.nbcnews.com/think/opinion/ukraine-has-nazi-problem-vladimir-putin-s-denazification-claim-war-ncna1290946

shumë se 2,5 milionë vendas të Ukrainës u vranë në front. Të dhënat variojnë nga 8 deri në 14 milionë të vrarë, megjithatë, vetëm 6 milionë janë identifikuar.

Që kur u vendos kontrolli rus mbi Krimenë në vitin 2014, gadishulli është administruar si pjesë e Federatës Ruse (përveç zonave veriore të Arabat Spit dhe Syvash, të cilat kontrolloheshin nga Ukraina, derisa Rusia rifilloi Misionin Special në shkurt të vitit 2022).

Krimea iu tregtua Rusisë nga Perandoria Xhihadiste Islame Osmane, si pjesë e dispozitave të traktatit dhe u aneksua në 1783. Pas dy shekujsh konflikti, flota ruse kishte shkatërruar marinën osmane dhe ushtria ruse i kishte shkaktuar disfata të rënda forcave tokësore osmane. Me shpërbërjen e B.R.S.S. në dhjetor të vitit 1991, Ukraina fitoi pavarësinë e plotë.[143]

Ukrainasit, luftuan në të dy anët në Luftën e Dytë Botërore. Deri më tani, shumica e ukrainasve etnikë, rreth 4.5 milionë, luftuan në Ushtrinë e Kuqe, kundër gjermanëve. Të tjerë u bashkuan me partizanët komunistë, të cilët përfshinin komandantin e *Sydir Kovpak.*

Më shumë se 4.5 milionë ukrainas iu bashkuan Ushtrisë së Kuqe, për të luftuar Gjermaninë naziste dhe më shumë se 250,000 shërbyen në njësitë paraushtarake partizane sovjetike, duke e zbehur numrin e trupave pushtuese dhe ushtarëve të tjerë anti-sovjetikë, madje edhe në vitet e para të luftës.

Literatura:

1. Marples, David R. (2006). "Stepan Bandera: The Resurrection of a Ukrainian National Hero. Europe-Asia Studies.

2. Breitman, Richard (2010). Hitler's Shadow: Nazi War Criminals, U.S. Intelligence, and the Cold War. DIANE Publishing. p. 82.

3. Snyder, Timothy (24 February 2010). "A Fascist Hero in Democratic Kiev". The New York Review of Books. Retrieved 8 January 2019.

4. Volodymyr Yaniv (2004). "Bandera, Stepan". Encyclopedia of Ukraine.

5. Rossolinski, Grzegorz (2014). Stepan Bandera: The Life and Afterlife of a Ukrainian Nationalist : Fascism, Genocide, and Cult. Columbia University Press.

6. Christopher Andreë and Vasili Mitrokhin, The Sword and the Shield: The Mitrokhin Archive and the Secret History of the KGB, Basic Books, 1999.

8. "Russia condemns Yushchenko for declaring Bandera a Hero of Ukraine". Voice of Russia. 26 January 2010. Archived from the original on 14 November 2012. Retrieved 3 May 2012.

---

[143] https://www.britannica.com

9. "Ukraine: l'UEJF condamne la glorification d'un complice des nazis". Archived 6 February 2010 at the Wayback Machine. Student Union of French Jews. 1 February 2010. Retrieved 6 February 2010.

10. Reuters, Thomson, Ukrainians mark birthday anniversary of controversial nationalist, retrieved 27 November 2018

11. Cohen, Josh. "Dear Ukraine: Please Don't Shoot Yourself in the Foot". Foreign Policy. Retrieved 27 November 2018.

12. "Nuremberg The Trial of German Major War Criminals (Volume VI)". Nizkor.org. Archived from the original on 24 March 2010. Retrieved 18 August 2018.

13. "Ukrainian History World War II in Ukraine". InfoUkes. Retrieved 17 March 2010.

14. Berkhoff, K.C. and M. Carynnyk 'The Organization of Ukrainian Nationalists and Its Attitude toëard Germans and Jeës: Iaroslav Stets'ko's 1941 Zhyttiepys' in: Harvard Ukrainian Studies, vol. 23 (1999), nr. 3/4, pp. 149-184.

15. "Israeli ambassador 'shocked' by Lviv region's decision to declare Year of Bandera". Kyiv Post. 13 December 2018.

16. "Nazi collaborators included in Ukrainian memorial project". jpost.com, 21 January 2021.

BOTA DREJT ÇLIRIMIT TË PLOTË,
SEPSE DEEP STATE PO JEP SHPIRT

"Demokracia, është një sistem politik i keq, por më i miri, që ka shpikur njerëzimi deri tani. Argumenti më i mirë kundër demokracisë, është një bisedë pesë minutëshe me votuesin mesatar. Demokracia, funksionon më së miri kur vendimin duhet ta marrin dy dhe një është i sëmurë." - **Sir. Winston Churchill, Kryeministër i Britanisë së Madhe**

"Mos besoni në lajmet e rreme (Fake News). Unë, kurrë nuk kam shkuar askund. Unë, nuk do të kthehem. Unë kam qenë gjithmonë këtu, President i të gjithë Amerikanëve. Është koha për të dhënë llogari, një kohë kur kombi do të ndërgjegjësohet, për atë që po ndodh realisht dhe veprimet, që ai ka ndërmarrë, për të luftuar një herë e përgjithmonë kundër Kabalit të Shtetit të Thellë, si në SHBA ashtu edhe jashtë saj." – **Donald J. Trump, President i 45-të i SHBA-së**

"Çfarë do të bënin amerikanët, nëse do të shkonim në Kanada dhe Meksikë dhe të vendosnim raketa atje? Mbrëmja e së premtes (11 mars 2022), ka qenë më e bukur për të gjithë botën. E premte 11 marsi ishte dita që Rusia i shpalli botës në Këshillin e Sigurimit të OKB-së, krimet e projektuara nga satanistët. Është gjithashtu dita që fillon Nuremberg 2.0". – **Vladimir Putin**, President i Federates Ruse

"Gënjeshtra, gënjeshtra, gënjeshtra!!! Që nga fillimi i këtij konflikti, vetëm falsifikime dhe manipulime kemi parë, në mediat globaliste ndërkombëtare! Fotografi të rreme, video nga diku tjetër, që portretizojnë sikur janë marrë në Ukrainë, imazhe me video-lojëra femijësh të krijuar nga studiot, etj. Kjo luftë, është më shumë një në TV sesa në terren. Dhe ajo që është e vërtetë në fushë, paraqitet në fytyrë gënjeshtare dhe partiake... Nuk i shikoj më lajmet tona apo mediat perëndimore! Më bën të sëmurë në stomak. Patriotët e kanë për detyrë t'i zgjojnë popujt nga gjumi. Ata duhet t'a kuptojnë luftën e Rusisë ndaj Ukrainës." - **Marko Liçina**

"Ne, nuk jemi dëshmitarë të një lufte kundër Ukrainës, por kundër George Soros dhe Globalizmit. Kjo është një luftë, kundër globalizmit,

kundër George Soros, kundër Joe Biden, kundër Atlanticizmit." - **Alexander Dughin, filozof** (*Lufta e Putinit kundër rendit liberal*)

Çelësat që hapin të gjitha dyert!

Intervista më e mirë e gjatë e deritanishme e **Scott Ritter**, që kam parë. Një meritë për kanalin tuaj, është lejimi i tij në platformën tuaj, për të folur hapur dhe realisht nga terreni.

Asgjë nuk mund t'a ndaloj këtë! Ai është në panik në Ukrainë. Tregimet që po dalin nga terreni i konfliktit ruso-ukrainas, provojnë edhe një herë bindshëm, se janë neo-nazistët ukrainas ata dhe vetëm ata, që janë përgjegjës për mizoritë e vazhdueshme në Ukrainë.

Lojtarët, janë duke plaçkitur dhe duke u përpjekur të shpëtojnë nga kjo lojë, që kanë përgatitur më përpara në tavolinë. Laptopet e "bisnesmenit" Hunter Biden, pra djalit të përkdhelur të Joe Biden, nuk do të largohen asnjëherë nga skena e opiniont amerikan dhe ndërkombëtarë.

Dora-dorës dhe herë pas here, provat do të prodhohen vazhdimisht nga laptopet, ashtu sikurse janë në realitet brenda kompiuterave deri në shkatërrimin e organizuar të korrupsionit galopant shtetërorë amerikanë, të mbuluar turpërisht brenda vendit nga Deep State, Cabala, Big Tech, Big Media, Twitter, Facebook (Fakebook), Google, Senati dhe Kongresi Amerikan, i kontrolluar fatkeqsisht sot nga komunistët ekstremist globalistë si dhe nga agjentët e agjencive sekrete amerikane, të cilët po vijojnë të mbulojnë **Skandalet e Shekullit të Familjes Biden** në pushtet sot. [144] [145] [146] [147] [148] [149] [150] [151] [152] [153] [154] [155] [156] [157] [158]

---

[144] Can You At Least Be Honest?': Ron Johnson Confronts Twitter Exec Over Stifling Hunter Biden Story **https://www.youtube.com/watch?v=O949ym3-ghY**

[145] 'He's corrupt': Calls for a special counsel to investigate Hunter Biden **https://www.youtube.com/watch?v=uH23ahlefAY**

[146] Hunter Biden's federal probe reaches key point **https://www.youtube.com/watch?v=y4AtHeRsnOY**

[147] FBI WARNED Facebook About 'Russian Propaganda' Before Hunter Biden Story: Zuckerberg To Joe Rogan **https://www.youtube.com/watch?v=ZhHro-QvtXa0**

[148] FBI agent accused of suppressing Hunter Biden scandals resigns **https://www.youtube.com/watch?v=Xjk5F9jq2rE**

[149] 'Hunter Biden Is Compromised': Matt Gaetz Grills DOJ Official On The Presicdent's Son **https://www.youtube.com/watch?v=Fze0btPLCBc**

[150] 'I Want To Know Where Hunter Biden's Laptop Is': Matt Gaetz Grills FBI Cyber Chief **https://www.youtube.com/watch?v=7KfpZRaTkwY**

[151] New bombshell into FBI's Hunter Biden coverup revealed **https://www.youtube.com/watch?v=V87z0AjSgAA**

Spygate (Spiuni) hap derën, është fillimi dhe asgjë nuk mund ta ndalojë këtë, asgjë. Është koha për të shkuar! Sistemi i transmetimit të urgjencës, është tani në kontrollin e kapelës së bardhë! Gjithsesi, pothuajse çdo veprim që ndërmerr Qeveria jonë, vazhdon t'u kushtojë njerëzve para dhe liri. Këta kriminelë të **Shtetit të Thellë (Deep State)**, duhen shfarosur si buburreca që janë.

Në një analizë në **Freedom Reports**, flet **Scott Ritter,** si Ekspert i Pavarur i Inteligjencës Ushtarake, për konfliktin e nxitur nga neo-nazi në Ukrainë. Ai thotë: "**Perëndimi sapo i bëri Putinit favorin më të madh në botë.** *Ai (Zelenskyy)*, **ka bërë një marrëveshje me djallin.**"

Mercenarët, janë llumi i Tokës

"**Scott Ritter** *(Ish Oficer i Inteligjencës i Trupave Detare të SHBA-së dhe Inspektor i Armëve i OKB-së)*, ofron perspektivë mbi Luftën në Ukrainë.

Zoti Ritter, në studio do të trajtoj apo flasë kjartë për *propagandën e shfrenuar mediatike, Strategjinë e NATO-s, përparimin rus, zonën e ndalimit të fluturimit* dhe çështje të tjera kyçe, që lidhen me konfliktin në Ukrainë.

"*Udhëheqësit rusë nuk tërhiqen. Unë e quaj këtë ndershmëri dhe kjo është një tipar, që e kam parë pothuajse nga të gjithë rusët, që kam takuar ndonjëherë. Ata ju tregojnë se çfarë do të bëjnë dhe gjithmonë i dinë pasojat dhe duket se i pranojnë ato paraprakisht.*"

Djema, është një lehtësim i madh të shohësh atë intervistë të gjatë me Scott Ritter dhe të dish se ka njerëz në këtë botë, që mund t'a shohin të gjithë pamjen. Shumë falëminderit për punën tuaj, për të sjellë rreshtin e argjendtë të së vërtetës, në këtë rrëmujë informacioni rreth nesh.

(Freedom Reporters, Rick Walker dhe Brendan Kennedy mbi luftën në Ukrainë)

---

[152] JUST IN: Grassley Calls Out Potential Problems With FBI Hunter Biden Investigation **https://www.youtube.com/watch?v=ozhlyuqDzZI**

[153] Was the Obama administration involved in Hunter Biden's business? **https://www.youtube.com/watch?v=PIseKX58wMM**

[154] 'Ought To Scare The Hell Out Of You': Ted Cruz Goes Off On Hunter Biden Laptop Story's Suppression **https://www.youtube.com/watch?v=yhEz8kUaSNo**

[155] Could Hunter Biden be a 'national security threat'? **https://www.youtube.com/watch?v=304J_7p41jA**

[156] FBI Agent Accused Of Protecting HUNTER BIDEN Resigns After 25 YEARS With Bureau: Bri & Robby React **https://www.youtube.com/watch?v=xuLnbCKID_8**

[157] Pundit who signed Hunter Biden letter hired by White House **https://www.youtube.com/watch?v=8RsV4CC032Q**

[158] Watch Mike Lindell puts Biden in SHAME with SH0CKING 'witchhunt' list...SLAPS Hunter **https://www.youtube.com/watch?v=hOVYkmuxHTw**

Operacioni "Z" i sukseshëm, nuk ka luftë, nuk ka trazira civile: Ora e drejtësisë, për gjithë botën po afron...

"Shokë të mi amerikanë, stuhia është mbi ne!... Zoti e bekoftë! Askush nuk largohet nga kjo! Ne, duhej të ecnim nëpër errësirë, përpara se të mund të shohim dritën! Duhet të ishte në këtë mënyrë, për të mbrojtur zgjedhjet e ardhshme dhe *për të shpëtuar fëmijët tanë nga plandemia e vërtetë: Trafikimi seksual i fëmijëve!*

Patriotët, mund të provojnë gjithçka! Por sa më gjatë të presim, aq më shumë ekspozohet gjendja e thellë!

Çdo skenar, ishte planifikuar! E gjithë bota po e shikon! *Trump, nuk do të kthehet si President i korporatës amerikane të falimentuar, por si President i Republikës së Re të Shteteve të Bashkuara!*

Në këtë Republikë të Re Amerikane, Ne, Njerëzit, kemi të gjithë fuqinë. Nuk ka Taksë Federale të të Ardhurave! Dhe *Amerika, do të kthehet në Standardin e Artë!*

Koha e Arrestimeve dhe Tribunaleve Ushtarake tani po afrohet më me shpejtësi

Disa si: **Mark Zuckerberg, Jack Dorsey, Anthony Fauci, The Obamas, Bidens & Clintons,** *kanë për të përfunduar të gjithë në GITMO, për Tradhti të Lartë!*

Operacioni i Forcave Speciale të Trump dhe Putinit **Z** i Kabalit Satanik NWO, po vijon deri në përfundimin me sukses!

Goditja fillestare do të jetë e shpejtë e papritur dhe së shpejti! Patriotët, janë në kontroll të plotë! *Shijoni shfaqjen deri në fund me kokoshka të pjekura, para televizorit tuaj!*

"Rusia nuk ka përdorur ende armët e saj strategjike", tha një gjeneral francez në pension për *Boulevard Voltaire*. Shpresat e Perëndimit për fitore janë iluzore të humbura përgjithëmonë. Bashkimi Globalist Komunist Europian dhe SHBA-ja e komunistit Joe Biden nuk e kanë kuptuar, që *për rusët tani është Atdheu, dhe kjo është ajo që i jep forcë pozicioneve të Putinit.*

Perëndimi majtis shpresonte se në pengesat e para Putini, do të rrëzohej dhe do të zëvendësohej nga një politikan pro perëndimor. Faktet tregojnë se përkundrazi, popullariteti i Putinit u rrit shumë, në zgjedhjet e 2022 dhe partia e tij fitoi më shumë vota popullore.

Dhe ja çfarë është interesante: edhe figura properëndimore si kruyeministri rus **Dmitry Medvedev**, kanë filluar hapur të flasin kundër Perëndimit! Për

më tepër, vendet perëndimore mendonin se sanksionet e tyre do të gjunjë-
zonin ekonominë ruse, por kjo nuk ndodhi.

Sot ekonomitë europiane dhe ajo amerikane e Biden po gjunjëzohen dhe
kanë hyrë në Recension apo Depresion të Madh, që mund të sjell protesta
popullore massive ne Europë dhe SHBA. Nga ana e tjetër nga kjo përfitojnë
vetëm amerikanët, të cilët u shesin europianëve gaz të lëngshëm të shtrenjtë
dhe përpiqen të dobësojnë ndjeshëm Bashkimin Europian edhe pse sot ka një
ideologji të përbashkët komuniste me regjimin e Biden-it.

Bota drejt çlirimit të plotë. Deep State po jep shpirt. Deep State po i mbaron
skuadra! *Patriotët po fitojnë terren vazhdimisht!* Goditja me raketa hiper-
sonike, godet NATO-n në Ukrainë! Gjërat po hiqen, *pushtetet e vjetra të ko-
rruptuara po bien.*

Shteti i Thellë, fatmirësisht po humbet lojën dhe ata e dinë këtë. Ka shumë
pak vende, ku mund të kthehen, **një mundësi është në Shqipëri,** por ata po
përpiqen. Qëndroni të gjithë të fortë, ne patjetër po bëjmë një ndryshim. Ne,
po e marrim planetin tonë nga ato forca regresive të errëta. *Zoti na bekoftë të
gjithëve.*

Ukraina?... ose një perde tymi, për të shpërqendruar vëmendjen e
amerikanëve dhe komunitetit ndërkombëtar, për të kryer operacione të
tjera? Kishte lajme në vitin 2020, për trupat e Kinës CCP, që bënin trajnime
luftarake dimërore në Kanada dhe po ashtu të vendosura përgjatë kufirit,
të gjithë thirrën **teoricien konspirative**, atëherë ne patëm lajme, që dolën
në të njëjtën kohë në 2020, duke thënë se trupat e Kinës CCP ishin në ku-
firin meksikan sëbashku me Kinën, që blen sasi masive toke në Teksas,
për *fermat e erës*, për të mos përmendur tokën në afërsi të bazave ushta-
rake amerikane, dhe të gjithë thirrën *teoricien konspirative*, e po tani kemi
axhendën komuniste të blerë dhe paguar nga Biden në vend, ende e quan
atë Bashkimi Sovjetik!?

Mbani sytë nga ngjarjet botërore dhe në kufijtë e SHBA-së. Nxehtësia,
do të jetë së shpejti në SHBA, ata vetëm duhet të vendosin pjesët në vend.
Prisni një lloj veprimi të furishëm *blitzkrieg* në njërin ose të dy kufijtë, ka
shumë të ngjarë në të njëjtën kohë. (*Raporti X22*, *Putini, po i ekspozon të
gjitha!*)

Sistemi ekonomik në mbarë botën po ngadalësohet dhe përkeqsohet me
shifra dramatike, inflacioni i madh po ha paratë e njerëzve që po varfërohen
me shpejtësi. Sot kemi më pak para në kuletat familjare, më pak shpenzime,
që përkthehen në ekonomi fillojnë të përkeqësohen vazhdimisht non stop dhe
jemi në tashmë në Recension drejt humnerës.[159]

---

[159] Ep. 2899a - The [CB]/[WEF] Lost The Economic Narrative, People Will Know What To

Shteti i Thellë, është i bllokuar! Tranzicioni ekonomik, është në punë! **Harley Schlanger**, është historian dhe zëdhënës kombëtar, ai ka mbuluar industrinë financiare, që nga vitet '80, tani mund t'a ndiqni Harley-n në *Organizatën LaRouche*.

Harley e fillon bisedën, duke folur se si Gjermania e drejtuar prej disa dekadash nga të majtët është e varur tërësisht nga gazi rus, po lufton me një krizë energjetike dhe njerëzit mund të shohin një ndërprerje gazi nga Rusia Federale.

Por nga ana e tjetër, Lufta e Ukrainës, nuk është ajo që transmetojnë media, sepse Vladimir Putini është në kontroll të plotë të situatës. Fatmirësisht, ai po i ekspozon të gjitha Deep State, Cabala, korrupsionin e familjes Biden, FBI, që sajon histori dhe **Dosjes Fake**, kundër Presidentit Donald J. Trump dhe ato janë tashmë në panik. Është bllokuar dhe sistemi ekonomik botëror, i cili po kalon në një sistem të ri.

Ministria e Mbrojtjes Federate Ruse, vazhdon të studioj dokumentet, për realizimin e bërë nga SHBA-të dhe aleatët në NATO mbi programin ushtarak biologjik të shkatërrimit në masë, që sot fatkeqsisht ndodhet në territorin dhe duart e një aktori komik ukrahinas-ebrej në shtetin më të korruptuar në botë me emërin Ukrainë.

Për këtë tregoi më datë 17 mars 2022 zëdhënësi i Ministrisë së Mbrojtjes Ruse, **Igor Konashenkov**. Sipas tij, *specialistët rusë po studiojnë detajet e realizimit nga SHBA-të në Ukrainë të projektit sekret, për studimin e rrugëve të transmetimit të sëmundjeve vdekjeprurëse tek njeriu, nëpërmjet lakuriqëve të natës, bazuar në një bio laborator në Kharkhov.*

Në kuadrin e projektit amerikan, Instituti i Mjekësisë Veterinare në Kharkhov, *që merret me studimin e zogjve të egër si vector, për transmetimin e gripit të shpendëve me patogjenitet të lartë ka zbuluar këto aktivitete.*

Në të njëjtën kohë vlerësoheshin kushtet, në të cilat proceset e transmetimit mund të fitonin një karakter të pakontrollueshëm, të shkaktonin dëm ekonomik, të krijonin rreziqe për sigurinë ushqimore, bëri të ditur gjenerali.

Presidenti i Rusisë, Vladimir Putin, gjatë takimit për masat e mbështetjes sociale ekonomike për rajonet tha se Ukraina, e mbështetur nga SHBA-të dhe një numër vendesh evropiane, po përgatitej qëllimisht **për një skenar ushtarak, një masakër të përgjakshme dhe spastrime etnike në Donbas.** *Sulmi masiv në Donbas dhe Krime, ishte thjesht një çështje kohe. Forcat tona të Armatosura ua prishën këto plane.*

Çfarë të habit me cinizmin e saj të pamasë, është jo vetëm gënjeshtra e paturpshme e Kievit kukull, deklarata e pretenduar se Rusia lëshoi raketën në Donetsk (deri këtu u shkoi mendja!), por edhe fakti që e ashtuquajtura botë perëndimore e "qytetëruar", media europiane dhe amerikane, as që e vuri re tragjedinë e Donetskut, sikur nuk kishte ndodhur asgjë.

Talljet shumëvjeçare ndaj banorëve të Donbasit, nuk mund të duroheshin më. Dhe *për t'i dhënë fund gjenocidit, Rusia njohu republikat popullore të Donbas-it, nënshkroi me to marrëveshjet e miqësisë dhe ndihmës së ndërsjellë.* Në bazë të këtyre marrëveshjeve, republikat iu drejtuan Federatës Ruse për ndihmë ushtarake, për të pasqyruar agresionin.

"Dhe ne këtë ndihmë ua dhamë, thjesht nuk mundeshim, nuk kishim të drejtë të vepronim ndryshe. Nëse forcat tona do të vepronin vetëm në territorin e republikave popullore, nëse do t'i ndihmonin ato të çlironin tokën e tyre, kjo nuk do të ishte një zgjidhje përfundimtare, nuk do të kishte sjellë paqen dhe nuk do të eliminonte nga rrënjët rreziqet ndaj vendit tonë tashmë, ndaj Rusisë. Përkundrazi, rreth Donbasit dhe përgjatë kufijve të tij, do të shtrihej një linjë e re fronti, do të vazhdonin goditjet dhe provokimet.

Pra, konflikti i armatosur do të zgjatej pafundësisht, do të nxitej nga histeria revanshiste e regjimit të Kievit, ndërsa infrastruktura e NATO-s në Ukrainë do të zhvillohej edhe më shpejt dhe në mënyrë më agresive: ne do të ishim vendosur para faktit që armët sulmuese të Aleancës do të ishin tashmë pranë kufijve tanë.

Sot, gjithë planetit i duhet të paguajë për ambiciet e Perëndimit, për përpjekjet e tij, për të ruajtur me çdo mënyrë dominimin që po i rrëshket nga duart.

Politika e frenimit, dobësimit të Rusisë, duke përfshirë izolimin ekonomik, bllokadën është një strategji afatgjatë e ndërmarrë me vetëdije", shtoi **Presidenti rus Vladimir Putin**.

Bashkimi globalist socialist europian dhe Europa lavire e motit

Mjaftuan shpejt e shpejt 6-7 ditë sulmi nga Federata Ruse, për të mbrojtur rajonet e minoritetit rusisht-folës me popullsi etnike të pastër ruse në Ukrainë, dhe në atë vend (me prirje naziste-fashiste) vershuan pa kursim milionat e eurove, donacione përrallore, municione-armatime moderne; vullnetarë apo mercenarë me pagesë nga e gjithë bota, duke shkelur ligjet e nxjerra nga parlamentet e shteteve europiane, strehim të menjëhershëm në disa vende të BE-së, madje, dhënien e shtetësisë, duke u bashkuar me familjarët e tyre dhe lajmi me bombastik i ditës: *pranimin e menjëhershëm në Bashkimin Globalist Socialist Europian nga të gjitha vendet anëtare, pa kaluar asnjë sprovë politiko-ekonomike!*

Këshilltari i Pentagonit Kol. Doug Macgregor për Luftën Rusi-Ukrainë

Këshilltari i Pentagonit Kol. Doug Macgregor[160], ka folur për Luftën Rusi-Ukrainë: *"Çështja kryesore për rusët, që në fillim ka qenë, si të vazhdojmë pa vrarë një numër të madh civilësh dhe pa shkaktuar shumë dëme pronësore? Madje dhe Presidenti Vladimir Putin dha urdhra shumë të rrepta, që në fillim, duhet t'i shmangnin këto gjëra.*

Problemi me shmangien e tij është se ka ngadalësuar përparimin e operacionit deri në pikën ku u ka dhënë shpresa të rreme të dy ukrainasve, por mendoj se është kapur nga njerëzit në Perëndim, për të provuar dhe bindur botën se një humbje është në zhvillim, kur në fakt është e kundërta.

Pra, vetë lufta në këtë fazë të lojës mund të vendoset shumë, shumë shpejt përgjithmonë, nëse Putini do të jepte urdhrin dhe do t'i lejonte forcat të shpërfillnin shqetësimin për civilët dhe dëmtimin e pronës.

Por ai nuk e ka bërë këtë. Ai ka vazhduar të negociojë edhe pse e kupton se njerëzit, që ulen përballë tij nuk janë në gjendje të japin shumë.

Atyre u thuhet se çfarë të bëjnë dhe është shumë e qartë, se **Washington-i dëshiron që kjo të vazhdojë sa më gjatë**, *që të jetë e mundur me shpresën se Rusia do të dëmtohet dëshpërimisht.*

Unë, thjesht nuk e shoh që të ndodhë. Kështu 70% e popullsisë ruse, qëndron pas Putinit. Kjo është një përqindje shumë e madhe në çdo konflikt, për çdo president që mund të gëzoj.

Forcat ukrainase janë ende aktive, janë tërësisht të rrethuara, të prera dhe të izoluara në qytete të ndryshme. Forcat ukrainase nuk janë të afta për asgjë, përveç një sulmi të rastësishëm me gjilpërë ndaj diçkaje që nuk duket të jetë shumë e fuqishme apo e rrezikshme. Pra, lufta, për të gjitha qëllimet, është vendosur."

Kol. Doug Macgregor, thotë: *"Gënjeshtra më e madhe, që kam dëgjuar të përsëritet në televizion është, se "Trupave ruse, u është thënë të vrasin qëllimisht civilë, civilë ukrainas."* Është absurd dhe e pakuptimtë. Asgjë nuk mund të jetë më larg nga e vërteta. *Rusët, do të jenë të suksesshëm, në atë që kanë vendosur të bëjnë"*.

---

[160] **Douglas Abbott Macgregor** (born January 4, 1953) is a retired U.S. Army Colonel and government official, and an author, consultant, and television commentator. In 2020, President Donald J. Trump proposed Macgregor as ambassador to Germany, but the Senate blocked the nomination. On November 11, 2020, a Pentagon spokesperson announced that Macgregor had been hired to serve as Senior Advisor to the Acting Secretary of Defense, a post he held for less than three months.

Zhurma rreth Memorandumit të Budapestit

Synimi i Ukrainës, për të krijuar armët e veta bërthamore, nuk duhet të vihet në dyshim nga askush. Deklaratat përkatëse, janë përsëritur vazhdimisht nga Kievi. Për këtë folën shumë politikanë ukrainas.

Kështu në vitin 2021, *Aleksey Arestovich, këshilltar i kreut të aparatit presidencial të Ukrainës, shpalli realizimin e një programi raketor në vend, dhe nënvizoi se raketat do të drejtoheshin drejt Moskës*. (*Kjo është e ashtequajtura gjuha e Paqes "demokratike", që po i mësohet botës!*)

Në muajin shkurt 2022, gjatë një fjalimi *në Konferencën e Sigurisë në Mynih, Presidenti Volodymyr Zelensky njoftoi për planet e Ukrainës*, **për të hequr dorë nga statusi i saj jo-bërthamor.**

Deklarata të këtij lloji nga udhëheqja e një shteti pjesëmarrës në NPT, janë absurde dhe absolutisht të papranueshme si kercenuese dhe luftënxitëse.

Deklaratat e përfaqësuesve të Kievit, u bënë me pretekstin, e sajuar e krejtësisht jorealist, të shkeljes së të drejtave të Ukrainës, sipas *Memorandumit të Budapestit*, i cili, **u nënshkrua gjatë pranimit të saj në NPT në cilësinë e një shteti jo-bërthamor.** Është thelbësisht e rëndsishme, që Ukraina të jetë një shtet jo-bërthamor, në përputhje me NPT, dhe jo sipas Memorandumit të Budapestit.

Është karakteristike, që çdo veprim i Ukrainës, sikurse dihet kjartë ka marrë paraprakisht miratimin e regjimit globalist Obama-Biden 3 të Shtetëve të Bashkuara dhe vendeve të majta të Europës Perëndimore, që fatkeqsisht kontrollojnë Bashkimin Europian dhe Parlamentin e saj. Kësisoj *në thelb apo fakt, sot po bëhet fjalë për krijimin e një potenciali bërthamor të kontrolluar nga SHBA, në kundërshtim me NPT-në.*

Obama-Biden 1, 2, 3, po financojnë Biolabs e krijuar në Ukrainë, për të studiuar patogjenët potencialisht të rrezikshëm

Shumë Kapele të Bardha, shumë operacione në prapaskenë. *Rusia, Kina, Brazili, India bëjnë thirrje për hetime në biolabs të SHBA-së në Ukrainë.*

Agjencia ruse e lajmeve **Ria Novosti,** publikoi dokumente, që pretendonin se Ukraina po punonte për *armë biologjike,* pranë kufirit rus. Ria Novosti drejtpërdrejtë **akuzoi administratën O-Biden 3, se e udhëzuan Ukrainën të shkatërronte agjentët biologjikë përpara vershimit rus.**

Sipas dokumentit, të marrë nga agjencia e lajmeve në fjalë, Ministria e Shëndetësisë në Ukrainë, urdhëroi që patogjenët biologjikë të asgjësoheshin, në një memo të 24 shkurtit.

Sipas mediave ndërkombëtare jo qeveritare, dëgjuam të marten nga Departamenti Amerikan i Shtetit, se **kishte Biolabs të SHBA në Ukrainë.** *Më pas të mërkurën, regjimi socialkomunist globalist O-Biden 3, u tërhoq dhe këmbënguli se nuk kishte Biolabs të financuara nga SHBA në Ukrainë, duke pretenduar se ishte e gjitha propagandë ruse.*

Por populli amerikan nuk i ha ato bishtaja, të papjekura mashtrimi të hapur të globalistëve gënjeshtarë O-Biden 3, sepse një funksionare e Biden-it e thirrur nga Senati Amerikan, të deshmoi para senatorëve (**senatori republikan nga Florida z. Mario Rubio**), **pranoi botërisht** ekzistencën e laboratoreve biologjike në Ukrainë, ku ajo fatmirësisht pranoi në gjuhën angleze (para Senatit dhe kamerave televizive amerikane), se *ato janë atje dhe financohen rregullisht në miliona dollarë nga taksat tona nga qeveria federale amerikane.* (**Fox News**)

Pse mesazhet e papritura konfuze nga O-Biden 3, sidomos kur ka dokumente, që vërtetojnë se **administrata globaliste po financonte disa nga Biolabs, që ata krijuan në Ukrainë,** *për të studiuar patogjenët potencialisht të rrezikshëm.*

Tani që borxhi i jashtëm amerikan ka tejkaluar 30 trilion dollarë, O-Biden 3, ka filluar ta shtyjë njerëzimin drejt një katastrofe globale.

SHBA e Biden-it të papërgjeshëm dhe NATO luftënxitëse bëjnë militarizimin e Ukrainës

Hipokrizia ndërkombëtare shfaqet hapur dhe me dy standarte për shtete apo qeveri të ndryshme, që nuk duan të vihen në rresht për një dhe të komandohen nga Cabala, Deep State, NATO, korrupsioni i madh i politikave socialiste të burokratëve të Kombeve të Bashkuara etj.

Më 24 mars 2022, në Bruksel u zhvillua Samiti i jashtëzakonshëm i NATO-s, me temë: Situata në Ukrainë në kontekstin e kryerjes nga Federata Ruse të operacionit special ushtarak. *Media si zakonisht bëri avazin e ditës, duke bërë propaganda ose shpërlarje të trurit non stop të popujve, që u besojnë si robot verbërisht atyre.*

Vendet anëtare të NATO-s, demonstruan verbërisht një besnikeri absolute robotike ndaj regjimit **O-Biden 3 të panjohur nga 75,000.000 votues të popullit amerikanë.** Ato edhe pse të pazgjedhur me vote nga popujt, shprehën gatishmërinë për të ndjekur postulatet e Joe Biden, me qëllim frenimin total të shtetit të pavarur të Federatës Ruse.

Vendimi i shpallur NATO-s, në samitin komunist internacional propagandistik, ishte për të vazhduar më tej luftën në vend të paqes dhe shtimin sa të jetë e mundur të gjakderdhjes mes dy popujve vëllezër sllav në kufi me njera-tjetrën, mbështetjen politike dhe praktike të ushtrisë Neo-Nazi të Kievit, e cila sot po konfirmon interesin e aleancës, për të vazhduar veprimet luftarake.

Duke bërë thirrje për bisedime, blloku i Atlantikut të Veriut, nuk ndërmori asnjë përpjekje të vetme, për të bindur autoritetet ukrainase, për një zgjidhje paqësore politike të situatës me popullsi ruse në Donbas etj..

Për më tepër, Sekretari i Përgjithshëm i NATO-s, **Jens Stoltenberg** *deklaroi me krenari, se "përgjatë 8 viteve aleanca ka përgatitur dhjetëra mijë ushtarakë të Forcave të Armatosura të Ukrainës, të cilët aktualisht marrin pjesë në luftime."*

Kësisoj, duke ri-mbushur Ukrainën (më saktë Batalionin Ushtarak Neo-Nazi me emrin Azov) me armë, Brukseli provokoi Kievin, për të kryer veprime luftarake, kundër LRN dhe DNR, ndërsa tani po korr fryte të tmerrshme, ku bota para TV dhe rrjetet sociale po sheh vetëm gjak dhe shkatërrimin e qyteteve banesave të njerëzve të pafajshëm.

Në bllokun e Atlantikut Verior, u diskutua për një realitet të ri, të krijuar nga ato vetë në fushën e sigurisë europiane, a thua se Brukseli nuk ka lidhje me këtë.

Vendet anëtare të NATO-s gur-gur çmontuan themelet e sigurisë së kontinentit europian: soditën në heshtje Biden që po shkatërronte Traktatin për Kufizimin e Sistemeve të Mbrojtjes Kundër-raketore *(ashtu sikurse ka shkaterruar ekonomine amerikane tesh 2 vjet)*,. Kështu ato u hoqën mënjanë, duke mos reaguar, kur Washington-i u tërhoq nga Traktati i Forcave Bërthamore me Rreze të Mesme, duke i lejuar amerikanët të dalin nga Traktati i Qiejve të Hapur.

Në vitin 2008, NATO *deklaroi se ishin të gatshëm të pranonin në radhët e tyre Gjeorgjinë dhe Ukrianën,* se synonin të vazhdonin afrimin e potencialeve të tyre ushtarake dhe bërthamore pranë territorit rus, duke formuluar para Ukrainës dhe Gjeorgjisë perspektivën e pranimit në NATO.

Të gjitha paralajmërimet e herë pas herëshme qysh nga viti 1991, të Federatës Ruse u injoruan me paramendim, për të krijuar këtë kasaphanë lufte të pakuptimtë që fatkeqsisht kemi sot. Dhe tani konfirmojnë me hipokrizi sërish politikën e *dyerve të hapura.* Se ku të çon ajo, dihet shumë mirë.

Në konceptin e ri strategjik, i cili pritet të miratohet në Samitin e ardhshëm në Madrid, po përgatitet terreni edhe për konsolidimin afatgjatë të *kursit rutinë anti-rus dhe të derdhjes së gjakut mes shteteve vëllezër sllav kufitarë.*

Militarizimi i Evropës, dhe hapja e fronteve të luftrave fatkeqsisht po merr një hov, falë përpjekjeve politike dhe diplomatike absurd "paqësore" të Aleancës së NATO-s, që flet dhe bërtet për "Paqe" dhe nxit luftën, si e vetmja alternativë e saj kryesore, përmes makinës së fuqishme non stop të mediave të tyre manipulative.

Nxitja e histerisë anti-ruse, përdoret sot fatkeqsisht për të rritur shpenzimet e blerjes së armëve të reja nga shtetet e ndryshme antare të NATO-s, furnizuesi kryesor i të cilave është natyrisht kompleksi ushtarak industrial i SHBA-së.

Duke mbuluar *punët e errëta* të gomerëve blu të Biden, në drejtim të kryerjes së kërkimeve sekrete mbi armët biologjike dhe kimike, aleanca ndoqi traditën më "të mirë" të dez-informimit dhe akuzoi pa prova Rusinë, për një provokim të mundshëm ushtarak. *Nuk është hera e parë, që vendet e majta të Europës Perëndimore me Biden-in e papërgjeshëm dhe ndërgjegjshën në krye të bëjnë një truk të tillë.*

Fikeni televizorin! Mos u trullosni me pallavrat e tyre!!!

Shikoni mediat mjerane, se si po mashtrojnë çdo ditë me imazhe të rreme dhe fotoshop dilitantësh. Kështu propaganda e tyre e trashë, po zbulohet vazhdimisht në dritë të Diellit. *Një foto në Bejrut mediat manipulative propagandistike e trajtojnë sikur është foto e ditëve tona në Kharkov të Ukrainës.*

"Gënjeshtra, gënjeshtra, gënjeshtra! Që nga fillimi i këtij konflikti, vetëm falsifikime dhe manipulime! Fotografi të rreme, video nga diku tjetër, që portretizojnë si Ukrainë, imazhe video-lojëra, etj.

Kjo luftë është më shumë në TV sesa në terren. Dhe ajo që është e vërtetë në fushë, paraqitet në fytyrë gënjeshtare dhe partiake...

Nuk i shikoj më lajmet tona apo mediat perëndimore! Më bën të sëmurë në stomak. Patriotët e kanë për detyrë t'i zgjojnë popujt nga gjumi. Ata duhet t'a kuptojnë luftën e Rusisë ndaj Ukrainës", shkruan **Marko Liçina.**

Me kalimin e ditëve, e vërteta bëhet më e qartë, pse Putini hyri me forcat e tij special në Ukrainë. Tashmë të gjithë në botë e dijnë, se *Putini Nuk po sulmonte qytetarët e Ukrainës, por ai po largonte asetet e Deep State, Cabala dhe kriminelët prej andej.*

Kush janë Shtetet e Thella?

Ata janë mafia Khazarian, familja e korruptuar Biden, ushtarët neo-nazistë ukrainas, CIA, FBI, Soros, Obama, Pelosi, Clintonët, Kerry, Trudeau, Freeland dhe shumë të tjerë.

Ka shumë korrupsion atje, duke përfshirë laboratorët e armëve biologjike, një strukturë e madhe pastrimi parash, rrjete të trafikimit të fëmijëve dhe tunele, drogë, armë etj.

Kjo është ajo, me të cilën po lufton Putini. Dhe le të mos harrojmë **Uranium One** dhe **Burisma,** ka shumë aktivitete kriminale, të fshehura thellë në Ukrainë.

Pothuajse gjithçka që shihni në media, tani është një gënjeshtër e sajuar.

Fikeni televizorin!! Mos u trullosni me pallavrat e tyre.

Rusia si shtet i pavarur, doli nga matriksi për herë të parë... Po Shqipëria, kur.... Tani Rusia është pothuajse e pavarur nga Shtetet e Bashkuara të Biden-ëve...

Kur Saddam Hussein njoftoi në Irak se nuk do të pranonte më dollarët amerikanë si naftë, dy muaj më vonë shpërtheu një luftë në Irak dhe Sadam Husein u vra...

Atje nuk u gjetën asnjë armë nukleare të shkatërrimit në masë, për të cilin nisi edhe lufta kundër këtij shteti islam. Sot, askush nuk ka kërkuar falje publike me shkrim dhe gojë para Tv, për mijëra ushtarë heronj amerikanë, që u përdorën si mish për top dhe qytetarët e thjeshtë irakianë.

Kanë filluar luftëra të tjera, për të shpëtuar dollarët amerikanë. Kur Moammer Kadhafi krijoi një monedhë të vlefshme për Afrikën, ekipet perëndimore shkuan në Libi dhe vranë Kadhafin... Tani Rusia më në fund theu dollarin e naftës.

Me Biden, SHBA, është në një krizë të vazhdueshme dhe Evropa do të ndjek shembullin e saj, n**ë **kurriz të popujve lirdashës. Dollari, falimentoi dhe thirrjet për rregullimin e korruptuar të kriptomonedhave të Qeverisë ekspozon korrupsionin dhe trazirat, brenda sistemeve financiare të korporatave.

Kjo do të zbulojë se si mbrohen nga **Bitcoin dhe Ethereumo... Rusia, ka rublën e veshur me ar.** India, Kina dhe Rusia. Ripple gradualisht do të bëhet QFS e re, që shumë besimtarë XRP dhe XLM premtuan dhe shpresuan për...

Duket sikur është afër koha, për një ndryshim... Parashikojmë situata, që do të ndikojnë në ngjarje, për një kohë të gjatë... Dhe Rusia e di rrugën, për të dalë nga Matrica... Hidhni sistemin financiarë të korruptuar, median, internetin etj...

NWO, SHBA, NATO, OKB, CERN, WHO, CIA, MOSSAD... Të gjithë gjarpërinjtë e mëdhenj, plot errësirë, të ndërthururur, në piramidën e djajve elitë. *Rusia, është në rrugën e saj, në të cilën kemi qenë të bllokuar prej shekujsh.*

Kohë emocionuese… Pasojat e vaksinave. Kështu vaksina kundër virusit kinez Covid-19, sipas ekspertëve raportohet se ajo ka një efekt anësor të rrallë *autoimun.*

Njerëzit e ndershëm në Europë dhe botë po lëvizin fuqishëm me aksione me prova dhe fakte konkrete, për të mësuar të vërtetën e fshehur vazhdimisht dhe qëllimisht nga Deep State, Cabala, heshtja e korruptuar Biden etj.

Viti 2022, mund të qyhet si viti i hetimit të vazhdueshëm në gjerësi dhe thellësi i EPPO, për blerjen e vaksinave kundër virusit kinez në Bashkimin Europian. Zyra e Prokurorit Publik Europian (EPPO), konfirmon se ka një hetim në vazhdim për blerjen e vaksinave të virusit kinez nga vendet e Bashkimit Europian. Ky konfirmim i jashtëzakonshëm, vjen pas interesimit të lartë publik europian dhe botë. Detaje të tjera nuk do të bëhen publike në këtë fazë.[161]

Për më tepër, sipas një studimi gjerman i titulluar: *"**Hepatiti autoimun pas vaksinimit SARS-CoV-2**: **Fillimi i ri ose shpërthimi**"*, i publikuar në Bibliotekën Kombëtare të Mjekësisë, përshkruan zhvillimin e një reagimi të pazakontë, pas administrimit të një vaksine të virusit kinez.

Studimi u publikua në nëntor të vitit 2021 dhe përshkruan një rast në të cilin një grua 61-vjeçare vuante nga keqtrajtimi, lodhja, humbja e oreksit, vjellja dhe sytë e verdhë. Ajo ishte vaksinuar një muaj më parë, **me vaksinën mRNA të Pfizer/BioNTech.**

Studiuesit shkruajnë, se: *"Një muaj më parë ajo mori një vaksinë mRNA BNT162b2 nga Pfizer/BioNTech. Ekzaminimi fizik, tregoi verdhëz në të gjithë trupin, veçanërisht në sklera.* **Testet laboratorike, zbuluan rritje të enzimave të mëlçisë dhe niveleve të bilirubinës.**

Anti-trupat anti-nuklear dhe anti-muskulor të lëmuar ishin pozitivë dhe imunoglobulina G ishte dukshëm e ngritur. Biopsia e mëlçisë, zbuloi gjetje histopatologjike, që sugjerojnë për hepatit autoimun (AIH), diagnostikuar me AIH miniature Covid-19: Vaksina **Pfizer shkaktoi hepatit autoimun, tek një pacient 61-vjeçar** (Eugene Chystiakov@Unsplash).

Pacienti është identifikuar se ka anti-trupa anti-nuklear (ANA), i cili është treguesi më i hershëm diagnostikues, për sëmundjet autoimune si hepatiti autoimun (AIH)."

Sipas *Hoag Medical Group*, anti-trupat anti-nuklear nënkuptojnë: Anti-trupat anti-nuklear janë autoantitrupa, anti-trupa, që drejtohen kundër proteinave normale në bërthamë.

Pacienti më pas u diagnostikua me AIH dhe mori mjekim steroide.

Mungesa e sakte e informacionit shkencorë në universitetet e politizuara

Ish-zyrtari amerikan i inteligjencës (CIA): *"Çdo diplomë doktorature në botë, qoftë mjekësore apo shkencore, ka marrë informacione të pasakta për universin, gjatë 1000 viteve të fundit, pavarësisht se çfarë ndodh. **Në çdo libër, çdo universitet në këtë botë, ka dez-informata në çdo fushë teknike"**.

---

[161] EPPO's ongoing investigation into EU procurement of COVID-19 vaccines. The European Public Prosecutor's Office (EPPO) confirms that there is an ongoing investigation into the purchase of COVID-19 vaccines in the European Union. This extraordinary confirmation comes after extremely high public interest. No further details will be released at this stage.
https://t.me/TheOfficialSantino
https://www.eppo.europa.eu/.../ongoing-eppo-investigation...

Sistemi i ri ekonomik dhe dilemat

Sipas **X22Report:** Lindja e një sistemi të ri ekonomik, po del në plan të parë.[162]

"Në fillim na nxorrën nga standardi i arit në petrodollar. Tani po largohemi nga petro-dollari. Ne po largohemi nga sistemi globalist.

Bankierët qendrorë mendojnë, *"Oh, ndoshta ne mund t'i tërheqim ata në Rivendosjen e Madhe"*, por unë mendoj se në fund do të dështoj plotësisht, sidomos kur sheh sesi vendet kanë filluar të dalin jashtë binarëve.

Ju mund të shihni se si *Gjermania, po reagon tani dhe thotë*: **"Shiko, ne nuk mund të bojkotojmë furnizimet me gaz dhe naftë ruse, sepse me të vërtetë do të dëmtojë popullsinë tonë më shumë se Rusinë"**.

Unë mendoj, se vendet evropiane tani po e kuptojnë gradualisht se pavarësia energjetike dhe siguria janë shumë të rëndsishme në këtë fazë.

Ata thonë: *"Le të vendosim panele diellore. Le të krijojmë pak erë."* Ata e kuptojnë, se nuk mund të bëhen të varur, se gjërat do të ndryshojnë shumë shpejt në Evropë. Pse? Sepse gazsjellësi rus Yamal-Evropë, sapo ka ndërprerë furnizimet.

Kjo do të ketë ndikim në disa vende perëndimore, veçanërisht në Gjermani. Duhet të presim dhe të shohim se si do të zhvillohet gjithçka.

Ne po ecim në drejtimin, ku vendet e Evropës nuk do të varen më nga një vend. Ata do të kenë disa burime energjie. Dhe, si në Shtetet e Bashkuara, kur Trump ishte në Shtëpinë e Bardhë, disa prej tyre mund të bëhen edhe të pavarur nga energjia, nëse është e mundur për ta.

Por ne shohim këtu në Shtetet e Bashkuara, se gjërat nuk po shkojnë mirë për Deep State dhe për Sistemin e Rezervës Federale. Mbani mend, ata nuk duan të tërheqin vëmendjen për shkatërrimin e ekonomisë së tyre, për të cilën ata vetë janë përgjegjës. Kjo është pikërisht ajo që ata nuk duan.

Është e përshtatshme që ata të fajësojnë virusin kinez, tani Presidentin rus Vladimir Putinin, për gjithçka ku ata po dështojnë non stop. Kjo është pikërisht ajo që Biden e përdori që në fillim. **Ai fajëson të gjithë, përveç vetes."**

Lufta e Presidentit Trump në SHBA kundër Deep States
në 7 drejtime njëherësh

Vini re, me kujdes se Aleanca ka manovruar në mënyrë të përsëritur dhe ka përjashtuar autorët e së keqes, korrupsionit dhe tradhtisë. Këtu në SHBA,

---

Deep State, është goditur në mënyrë të pamëshirshme nga Aleanca në të pak-tën shtatë fronte kryesore, në të njëjtën kohë:

1. **Politike**/Durham
2. **Media**/Digital Warriors
3. **Biznesi**/Aktakuza- dorëheqje
4. **Bankare**/QFS
5. **Krimet e tmerrshme**/Tribunalet Ushtarake
6. **Fëmijët**/Operacione speciale
7. **Fazat përfundimtare**/Manifestimi ushtarak (në pritje)

Jini të inkurajuar bashkëpatriotët dhe luftëtarët e dritës në mbarë botën. **Apex**, është këtu. Siç ka thënë shpesh Q… **"Zoti fiton!"** Ku shkon njëri, shko-jmë të gjithë.

Vdekja e 1500 njerëzve në Teatrin e Dramës në Mariupol është Fals

Dhe ja informacioni i parë i besueshëm për lexuesit pro-ukrainas, për atë që ndodhi në *Teatrin e Dramës Mariupol*.

Nga *deputeti i Supremes Rada Sergei Taruta*, me konfirmimin e boss-it neo-nazist. Nga kjo, informacioni i përhapur nga **i gjithë shtypi ukrainas, për vdekjen e 1.500 njerëzve nga fillimi deri në fund rezultoi të jetë False**.

Qeveria aktuale ukrainase, ka vetëm dy aleatë: *Madhërinë e saj të rreme dhe Madhërinë e saj të rreme.*

Droni i emëruar **Bayraktar TB2**, nuk e ndihmoi dot Zelenskin. Njëri prej tyre u rrëzua nga mbrojtja anti-ajrore ruse, në rajonin e Kievit. Ai mbante 70 milionë dollarë, për një kompleks me 6 njësi, ku njeri prej tyre, është më pak se 10 milionë. Taksapaguesi ukrainas, do të paguajë për këtë aventurë, sepse ai është i pasur vetë! Por para për njerëzit e vet ata nuk kanë.

Stuhia ka mbërritur!
Kompjuteri kuantik u aktivizua!
Lufta e Ukrainës dhe Rivendosja e Madhe!

Laboratorët e bio-armëve në të gjithë botën, do të asgjësohen! **Kina** kërkon llogari të plotë, edhe në **Tajvan ka armë biologjike** dhe jemi gati për as-gjësimin e tyre!

Mafia Khazarian, do të vriste 70% të popullsisë deri në vjeshtë! Sulmi kibernetik i pashmangshëm.

Ato po shkojnë edhe më larg në planet e tyre afatgjatë, për të shkatërruar sistemin e suksesshëm kapitalist në vendin tonë, përmes politikës anti-amerikane të hapjes se kufijve dhe lejimit zyrtar të futjes së emigrantëve të jashtëligjshëm në territorin e SHBA, sikurse po ndodh në ditët tona.

Presidenti Donald J. Trump, ka thënë: "*Mos besoni në lajmet e rreme (Fake News). Unë, kurrë nuk kam shkuar askund. Unë, nuk do të kthehem. Unë, kam qenë gjithmonë këtu, President i të gjithë Amerikanëve.*"

Një burim i Mar-a-Lago, i cili foli për Real Raw News mbi premtimet e anonimitetit, tha se presidenti Donald J. Trump, ka kaluar shumë kohë në këshillim privat me këshilltarët e tij më të besuar, që kur rusi *Vladimir Putin filloi të "plaçkiste" bio-laboratorët dhe të lironte fëmijët e burgosur në tunelet e Ukrainës.*

RRN, ishte media e parë, që raportoi një ndërlidhje midis Trump dhe liderit rus, një ndjenjë që tani ndahet nga shumë faqe alternative të lajmeve në internet.

Trump e ka duartrokitur privatisht vendosmërinë e Putinit, për të pastruar kombin e korruptuar nga laboratorët e armëve biologjike dhe rrjetet e trafikimit të fëmijëve, që u krijuan menjëherë në fshatrat e Ukrainës, pas shpalljes së pavarësisë së vendit nga B.R.S.S. më 24 gusht të vitit 1991.

Brenda disa muajsh nga shpërbërja e B.R.S.S., paratë perëndimore po spërkatnin Ukrainën si ujë nga një zorrë e kontrolluar me presion të lartë.

Miliona dollarë nga SHBA, **Gjermania dhe Izraeli**, u derdhën në arkat private të presidentit të atëhershëm të Ukrainës, **Leonid Kravchuk**, i cili, me kënaqësi pranoi paratë amerikane, në këmbim të fuqive të huaja, që lejoheshin të ndërtonin laboratorë të armëve biologjike në tokë të huaj.

Presidenti Trump, tha se është pothuajse koha për të dhënë llogari, një kohë kur kombi do të ndërgjegjësohet, për atë që po ndodh realisht dhe veprimet, që ai ka ndërmarrë, për të luftuar një herë e përgjithmonë kundër Kabalit dhe Shtetit të Thellë, si në SHBA ashtu edhe jashtë saj.

Ndonëse mund të duket e vështirë për t'u besuar, ai ka punuar me Putinin dhe Xi Jinping, për të çliruar botën jo vetëm nga laboratorët e bio-armëve, por edhe nga infektimi i unazave të pedo-ve të fëmijëve, që po shkatërrojnë botën e përmbytur sot.

Kina thotë, se **SHBA**-ja, **ka ngritur laboratorë biologjikë edhe në Tajvan**, dhe kjo është një arsye që ata kanë treguar interes për t'a rimarrë atë, tha burimi ynë.

Presidenti Trump, shtoi ai, i ka thënë rrethit të tij se ka prova të pakundërshtueshme se Vladimir Putin, në fakt hodhi në erë 11 laboratorë të armëve biologjike të financuara nga Anthony Fauci në Ukrainën Qendrore.

"*Më besoni, ne do të kemi një llogaridhënie të pabesueshme këtu, që askush nuk e ka parë ndonjëherë. Do të jetë e pabesueshme dhe urrejtësit dhe humbësit në median Lamestream do ta mohojnë atë, por e vërteta do të bëhet publike,*" tha ai sipas raportimeve.

"Së shpejti, shumë shpejt, vendi do të mësojë të vërtetën e asaj që po ndodh në Rusi dhe Ukrainë, do të jetë e jashtëzakonshme, dhe e vërteta e 11 shtatorit 2001 dhe shumë më tepër. Këto mashtrime masive, janë ferr i zi i katastrofës", vazhdoi Trump.

Gjëra të mahnitshme do të zëvendësojnë së shpejti dëshpërimin, me të cilin përballen kaq shumë amerikanë, tha burimi ynë.

Washington DC në panik, Cabala, Deep State mori fund, Ukraina u iku nga duart

Ngjarja e frikësimit afër vdekjes së qytetërimit tonë ndodhi, kur rusët gjetën në epiqendrat e Operacioneve Satanike të Cabala-s (Ukrainë), **30 laboratorë bio-armë të financuar nga SHBA** dhe **të mbrojtura nga Mafia Neo-Naziste Khazariane, që kontrollon Ukrainën**. Laboratorët e *BioWeapons* kishin projektimin qendror në Planin e Ç'popullimit të Rendit të Ri Botëror, për të fshirë nga faqja e dheut mbi 70% të popullsisë sonë deri në vjeshtën e ardhshme.

Dokumentet dhe provat e 336 laboratorëve të tillë të Bio-Armëve në të gjithë botën, u paraqitën si prova dokumentare në OKB më 11 mars 2022, e cila nuk ndërmori asnjë veprim.

Duke marrë parasysh zbulimin dhe shkatërrimin e supozuar të laboratorëve të bio-armëve të globalistëve, së bashku me shkatërrimin e DUMBS-ve të tyre, që fitonin para dhe tuneleve të nëndheshme nëpër të gjithë globin, që mbajti armën e tyre ndërkombëtare, lagimin apo qarkullimin e drogës, seksin e fëmijëve, transplantin e organëve dhe **Unazat e trafikimit të qënieve njerëzore**, kur i shtohet dështimi i tyre i fundit, për të vendosur tiraninë mjekësore, përmes *Plandemisë së virusit kinez* dhe duke ditur se Cabala do të luftonte deri në frymën e fundit, atëherë lindi pyetja: *A ishte i pashmangshëm një sulm kibernetik me flamur të rremë në shkallë të gjerë?*

Ju jeni duke parë një film, që po ndodhte me një plan shumë të avancuar, si në një lojë shahu, ku duhen llogaritur shumë mirë lëvizjet. *Një lojë interesante kjo, që ekspozoi korrupsionin në botë.*

Ukraina ishte çelësi, Putin duhej t'a bënte këtë lëvizje

Përgatituni për inflacionin e ushqimit, trazirat e ushqimit, mungesën dhe racionimin e ushqimit dhe protestat masive mbarëpopullore anti-globaliste dhe anti-qeverive të majta komuniste në shtetet e Europës Perëndimore dhe kudo në botë, që pej disa vitesh janë marrë peng nga Soros dhe korrupsioni ndërkombëtarë, i kryesuar nga familja Bidenve.

Kjo ishte pikërisht arsyeja pse **Biden dhe NATO, po e përshkallëzonin**

qëllimisht këtë konflikt. Ata kishin nevojë për justifikimin e luftës me Rusinë, për të ç'montuar zinxhirin global të furnizimit të plehrave dhe lëndëve djegëse fosile, që ushqejnë botën. Ndërsa uria masive dhe mungesa e gazit do të bëhej një realitet, e kjo do të fajësonte me propaganda 24/7 sërisht Putinin dhe Rusinë e pafajshme.

Gjatë këtij përshkallëzimi të projektuar, të gjithë mund të presim të dëshmojmë sa vijon, efekte dhe ngjarje të tmerrshme.

Në thelb, inflacioni i madh në SHBA, që porritet me shifra të frikshme astronomike po reflektohet kudo në botë me numëra gjeometrike dhe mungesa e ushqimit të përditshëm do të çonin në rritje të trazirave apo proetstave botërore sociale të drejta, të cilat do të përkthehej në trazira, vjedhje dhe dhunë masive kudo në mbarë planetin.

Por, nga ana e tjetër, në zgjedhjet e përgjithshme në shumë shtete të Europës (*sikurse ndodhi sot me Suedinë dhe Italinë gjatë muajit shtator 2022, ku fituan zgjedhjet forcat patriotike te djathta*) dhe botës forcat patriotike po korrin suksese elektorale, kundër korrupsionit globalist dhe qeverive të majta të shteteve të tyre.

Si shembull është fitorja e forcave konservatore në Ishujt e bukur Filipine, ku fituan Fernand Marcos Junior si President dhe Sara Duterte si zv/Presidente të vendit, për një mandate 6 vjeçar, në zgjedhjet presidenciale, me një diferencë të madhe votash mbi 17 milion nga djekësit kundërshtar i tyre. Po ashtu në Suedi (Shtator, 2022) dhe më 8 nëntor 2022 do të jetë SHBA në zgjedhjet për 435 vende në Kongresin Amerikan, dhe disa vende në Senatin Amerikan si dhe për governatorërt e shumë shtetëve amerikane.[163]

Kjo domosdoshmërisht, mund të sjellë prishjen e nevojshme të balancit të

---

[163] Klajd Kapinova: **Zgjedhjet në Filipine dhe rikthimi me sukses. i forcave nacionaliste konservatore.** Djali 64-vjeçar (Bongbong) i ish-Presidentit Ferdinand Marcos dhe Sara vajza e ish-Presidentit Rodrigo Duterte (me 31 milion vota popullore) janë liderët e rinj të Filipineve. Politikani me karrierë të gjatë politikë në ishujt Pilipine, sot Presidenti i ri për një mandate 6-vjeçar ka qenë më parë ish-guvernator provincial, kongresmen dhe senator. Ai flet shumë mirë anglisht dhe është një njohës i shkëlqyer i politikës tradicionale filipinase dhe ndërkombëtare, falë fatit dhe përvojes historike, sepse është djali i ish-Presidentit të ishujve Filipine Fernand Marcos. Në fund të numërimit të votave në shkallë kombëtare Marcos Jr. mblodhi më shumë se 31 milionë vota, vendi i dytë ish-zv/Presidentja Leni Robredo 14,309,524 dhe ish-boksieri i famshëm senatori Manny Pacquiao 3,412,075. Konservatori i djathtë Marcos Jr. ka fituar 2 herë më shumë vota, se sa ndjekësi më i afërt i tij, që përbën shifrën rekord për disa dekada, në të gjithë historinë e presidentëve në ishujt e bukur Filipine. Nga ana e tjetër zv/Presidentja e re e Filipinëve Sara Duterte (1978), ka fituar gjithashtu me një rezultat shumë të lartë, duke marrë gjithsej 30,310,743 vota në shkallë kombëtare, kurse vendi i dytë kandidati Pangilian ka marrë 8,917,499 dhe vendi i tretë Sotto 7,969,127. http://www.radiandradi.com/zgjedhjet-ne-filipine-dhe-rikthimi-me-sukses-i-forcave-nacionaliste-konservatore-nga-klajd-kapinova/

mykur globalist komunist, që prej disa kohë po mashtron, helmon dhe shkatërron botën dhe vlerat e saj të ndërtuar me mund dhe sakrifica nga etërit pararendës amerikanë dhe të kombeve të ndryshme kudo në botë.

E majta anarkiste-marksiste e O-Biden 3 është përfshirë këto ditë nga një panik absolut, sepse do të ekspozohet shumë shpejt para kënetë së madhe të korrupsionit, duke filluar nga mashtrimi dhe vjedhja e zgjedhjeve presidenciale të vitit 2020 etj., së bashku me median Fake News, FBI dhe Big Tech i kanë fshehur mjeshtërisht, duke rritur kështu për pasojë zemërimin e madh dhe të drejtë amerikanë dhe botërorë.

Kjo nga ana e tjetër, do të shfrytëzohej mjeshtërisht nga shkaktarët e vërtetë apo sikurse njihen ndryshe autoritarët buroktratikë socialkomunistë globalistë, regjimet toralitare, për të lëshuar sistemet e kontrollit të popullsisë, të racionimit të ushqimit dhe për të nxjerrë jashtë ligjit kopshtarinë në shtëpi, farën, kursimin dhe shitjet private të ushqimit.

Çdo krizë, natyrisht, do t'i faturohet si gjithnjë përmes makinës së madhe propagandistike pikërisht presidentit rus Vladimir Putinit, i cili ishte koka e re apo macja e zezë për gjithçka. (Rusia, ishte covidi i ri.)

Sistemi SWIFT drejt likudimit

India, Kina, Rusia, Pakistani, Arabia Saudite, Polonia, Irani, Japonia dhe Venezuela, kanë rënë dakord të përdorin monedhat e tyre amtare, për të blerë produkte ndërmjet tyre, kështu që ata nuk keni nevojë për sistemin SWIFT. (**Michael Baxter**)

Përbindshat satanikë, kanë financuar 336 bio-laboratorë në të gjithë botën

Më në fund Federata Ruse, kanë ekspozuar apo hapur publikisht të gjithë dokumentet sekrete amerikane dhe ju prezantuan OKB-së më 11 mars 2022, e cila nuk ndërmori asnjë veprim kritikuese.

Dokumentet dhe provat e **336 laboratorëve të tillë të Bio-Armëve në mbarë botën,** që fatkeqsisht globalistët komunistë i zotërojnë.

S ipas burimeve të sakta thuhet, se: **25 shtete europiane 14 shtete në Amerikën e Veriut, 13 shtete në Azi, 4 shtete në Australi dhe 3 në kontinentin e Afrikës, kanë baza të BIO-Labve.**

Presidenca amerikane e kohës së Obama dhe Biden 1 & 2, kishin krijuar dhe financuar me dollarë amerikanë të taksapaguesve, por asnjë nga MSM nuk e kanë transmetuar një gjë të tillë. *A janë laboratorët biologjikë të drejtuar nga SHBA në Ukrainë një nga arsyet e pushtimit të Rusisë!?*

Ndërsa Rusia, ka filluar të sulmojë instalimet ushtarake në Ukrainë, ka spekulime se Biolabs të Shteteve të Bashkuara, që janë krijuar në Ukrainë, në emër të kërkimit dhe mbrojtjes, janë gjithashtu ndër objektivat kryesore. Sikurse dihet sot, se SHBA kanë disa laboratorë të tillë në Ukrainë, nën: "**Programin e saj të Reduktimit të Kërcënimeve Biologjike**".

Mediat sociale, kanë qenë të mbushura me diskutime se si qeveria ruse, përveç kundërshtimit të zgjerimit të NATO-s në rajon, de-nazistifikimit të vendit, ka nxjerrë me të dejtë në pah shqetësimet e tyre, duke akuzuar SHBA-në për drejtimin e laboratorëve të armëve biologjike, pranë kufirit të tyre.

Një manual në **Twitter i quajtur @WarClandenstine,** pretendoi se mund të jetë një mundësi, që Rusia të synojë Biolabs. Asgjë nuk është konfirmuar ende deri tani.

Ka shumë diskutime në mediat sociale, në lidhje me laboratorët e dyshuar të bioarmëve të drejtuara dhe të financuara nga qeveria federale amerikane në tokën ukrainase. Laboratorët biologjikë në SHBA, janë në të njëjtat vende, që mediat po i tregojnë si **zona nën sulm.**

Ja vendet ku ndodhen Laboratoret Biologjike:

1. Uzharod

2. Lviv

3. Ternopil

4. Vinnitaya

5. Kyiv

6. Kharkiv

7. Dnipropetrovsk

8. Kherson

Amerika e Joe Biden, nuk e ka idenë se çfarë po vjen

Deri në fund të këtij muaji **mars 2022** *Amerika, nuk e ka idenë se çfarë po vjen. Shkenca dhe teknologjia në Rusi, janë zhvilluar me shpejtësi, që nga Epoka e Iluminizmit, kur Pjetri i Madh themeloi Akademinë Ruse të Shkencave dhe Universitetin Shtetëror të Shën Petersburgut dhe polimateni Mikhail Lomonosov themeloi Universitetin Shtetëror të Moskës, duke krijuar një traditë të fortë vendase në të mësuarit dhe inovacionin.*

Në shekujt 19 dhe 20, Rusia prodhoi shumë shkencëtarë të shquar, duke dhënë kontribute të rëndësishme në fizikë, astronomi, matematikë, informatikë, kimi, biologji, gjeologji dhe gjeografi.

Shpikësit dhe inxhinierët rusë shkëlqyen, në fusha të tilla si inxhinieria elektrike, ndërtimi i anijeve, hapësira ajrore, armatimi, komunikimi, IT, teknologjia bërthamore dhe hapësinore.

Kohët e fundit, kriza e viteve 1990, çoi në uljen drastike të mbështetjes shtetërore, për shkencën dhe teknologjinë, duke bërë që shumë shkencëtarë rusë dhe të diplomuar universitarë të shpërngulen në Evropën Perëndimore ose në Shtetet e Bashkuara.

Në vitet 2000, në valën e një bumi të ri ekonomik, situata është përmirësuar dhe qeveria ruse, nisi një fushatë, që synonte modernizimin dhe inovacionin me sukses të ndryshëm.

Filmi dokumentar faktografik "Ukraina në zjarr"

Në film del kjartë, se si CIA, neo-nazistët e OKB-së dhe NATO-s kontrollonin Ukrainën për dekada dhe instaloi një regjim të Shtetit të Thellë, përmes bilionerit ateist, anti-kapitalist komunistit Soros.

Ukrainë, përtej kufirit të saj lindor është Rusia dhe në Evropën e saj Perëndimore. Për shekuj me radhë, ajo ka qenë në qendër të një tërheqjeje lufte midis fuqive, që kërkojnë të kontrollojnë tokat e saj të pasura dhe hyrjen në Detin e Zi.

Masakra e Maidanit e vitit 2014, shkaktoi një kryengritje të përgjakshme, që rrëzoi presidentin Viktor Janukoviç dhe e pikturoi Rusinë si autore nga mediat perëndimore. Por a ishte? *Ukraina në zjarr* nga **Igor Lopatonok**.

Rusia sjell dëshmitë drejtpërdrejt në Këshillin e Sigurimit të OKB-së se Pentagoni ka Financuar Bio Labs në Ukrainë nën Obamën president.

Putin tha se do të ndalonte bombardimet e Ukrainës, kur Ukraina të kthente 19 shkencëtarët e përfshirë në drejtimin e laboratorëve të armëve biologjike të shënjestruar gjenetikisht në Ukrainë.

Rusia, pretendoi se Armët Bio u transferuan së fundmi nga Ukraina në *Instituti Doherty* **në Australi.**

"Ne trajnuam nazistët", Ish-oficeri i zbulimit të Korpusit Detar të SHBA, **Scott Ritter**. *"Trupat e para që u trajnuan nga ushtarët amerikanë dhe britanikë ishin Batalioni neo-nazist Azov"* (Ushtria e Ukrainës).

SHBA, financon Bio Labs anembanë botës. Katër vjet më parë, një reporter u përball me SHBA. Sekretari i Shëndetësisë dhe Shërbimeve Njerëzore Robert Kadlec ngriti me pyetjen shqetësuese: *Pse është SHBA-ja që financon laboratorë bio në mbarë botën?* Ai u përjashtua nga Parlamenti Evropian, për të bërë shumë pyetje të tjera.

Laboratori i Sëmundjeve Infektive Viktoriane në Melburn u kap duke importuar serum gjaku nga Laboratorët e Armëve Bio të Ukrainës. Dokumentet e klasifikuara të kapura nga Ushtria ruse zbulon një gjurmë letre, midis Bio Laboratories Ukrainian dhe The Instituti Doherty në Australi.

Pra, 30 laboratorë të armëve biologjike, u porositën nga Pentagoni në Ukrainë, për t'u shkatërruar nga Rusia. Laboratorët biologjikë në Lvov, po kryenin punë me agjentët infektivë të murtaja, antraksi dhe bruceloza, ndërsa laboratorët në Kharkov dhe Poltava po punonin me agjentë infektivë të difterisë, salmonit dhe dizenterisë.

Një gazetar shkroi, se batalioni mercenar fashist ukrainas "Aidar" në Fshati Donbass Polovinkino në veri të Lugansk, kishte një burg të fshehtë dhe dhoma torturash. **Mercenarët ukrainas**, të krahut të djathtë patën një *dritë jeshile* për 8 vjet rrëmbejnë, burgosin dhe torturojnë qytetarët e Donbass, kundërshtues dhe disidentë.

Sa shumë njerëz të zhdukur në këtë burg torture, tani do të hetohen në detaje nga Prokuroria e Federatës Ruse dhe e Popullit të Donetsk dhe Lugansk. Viktimat po raportojnë: **Ushtria ruse dërgoi më shumë se 100 tonë ndihma humanitare në rajonin e Kharkiv.**

Ngarkesa përfshin ushqim, ujë të pijshëm në shishe, ilaçe dhe rroba të ngrohta. E gjithë kjo ndihmë humanitare vjen direct nga ushtarët trima rusë.

Leksion demokracie

Na gënjejnë! *Prej dekadash, gënjeshtra e quajtur "Demokraci"*, nuk është servirur, e *sidomos versioni "Perëndimor".* Na thonë se është i vetmi sistem politik (dhe ekonomik) që është i drejtë, i mirë etj.

Vetë ish-kryeministri britanik **Sir. Winston Churchill,** tha diçka interesante për Demokracinë, por thënia e tij shtrembërohet dhe interpretohet për t'iu përshtatur socialkomunistëve.

"Demokracia, është një sistem politik i keq, por më i miri që ka shpikur njerëzimi deri tani. Argumenti më i mirë kundër demokracisë është një bisedë pesë minutëshe me votuesin mesatar. Demokracia, funksionon më së miri, kur vendimin duhet t'a marrin dy dhe një është i sëmurë."

Kjo do të thotë, se njeriu nuk i besonte fare këtij sistemi, që megjithate në kohën e tij, prapë funksiononte mirë, dhe zgjedhjet nuk mund të *rregulloheshin* nga sistemi.

Sot, jemi dëshmitarë të perversitetit të tmerrshëm të demokracisë klasike, konservatore, në imazhin e përhumbur të neo-marksizmit të shkollës së Frankfurtit, kombinuar me një ekstremizëm të çuditshëm dhe shumë të rrezikshëm, që bashkon elementët nazistë dhe progresistë dorë për dore!

Dhe kushdo që nuk pajtohet me këtë model, që promovohet nga Bill Clinton (kjo për të thjeshtësuar narrativën) etiketohet fashist/nazist (edhe pse nocionet nuk janë të ngjashme), madje edhe nga eksponentët e atij nazizmi progresiv më kot flisja rreth saj!

Kështu: - *Trump është fashist, Putini është fashist, Orbán Viktor është fashist, të gjithë ata që nuk janë në anën e Rendit të Ri Botëror janë fashistë!!!*

Por, në të njëjtën kohë, shohim nazistë të vërtetë, fashistë, racistë, të veshur me **Zvastika**, ata që torturojnë dhe vrasin njerëz të pafajshëm në Ukrainë, edhe *në ditët e sotme, dhe këta qelbësira mbrohen, sponsorizohen, inkurajohen nga Perëndimi liberal e anarkist i organizatave anti-kapitaliste.*

Pastaj, na u përsërit derisa refuzuam një gënjeshtër tjetër, pra, se nuk ka alternativë për *Demokraci*, dhe variantet në fakt janë *Diktaturë* e nuancave të ndryshme, por të gjitha të "esencës" fashiste. Dhe kjo është një **Gënjeshtër** e madhe!

Demokracia e stilit perëndimor funksionoi, për një kohë në Europën Perëndimore dhe SHBA, është e vërtetë. Por sot, nuk kemi më demokraci klasike atje, siç thamë. Dhe perpjekja për të eksportuar dhe zbatuar (ndonjëherë me forcë) këtë sistem, në vendet e tjera nuk dha rezultat.

Kudo ky operacion, është provuar dhe po tentohet, rezultatet janë **Zero**, *forma pa fund, maskarada, që në fakt po fshehin diktatura të fshehura ekonomike, financiare dhe politike. Shihni rastin e Ukrainës, pas revolucionit Maidan të vitit 2014.*

Një shembull tjetër klasik, është ***Rumania***. Jo vetëm 32 vitet e fundit, por edhe ai ndërluftues, ku *sistemi "demokratik" zgjati vetëm 18 vjet e u shtyp nga korrupsioni, banditizmi politik dhe trazira të tjera të rënda të kritikuara edhe nga shtypi i motit.*

Pse? Sepse ata u përpoqën të zbatonin një sistem të kopjuar në indigo, pas atyre franceze dhe belge dhe gjithçka u tregua joefikase.

Pse? Thjesht, sepse ky sistem *nuk i përshtat* të gjithë popujve! Është e thjeshtë, e qartë, e dukshme

Çfarë është. Edhe atje? A nuk thanë se *Demokracia*, është zgjidhja e vetme... *Fallso*! Pastaj? Diktaturë? Gabim! Alternativa e demokracisë, *nuk* është diktatura, ashtu siç na gënjejnë elitat progresiste dhe apologjistët e Rendit të Ri Botëror.

Duke u kthyer në atë që po shohim tani *filozofi Alexander Dughin thotë*: "**Ne, nuk jemi dëshmitarë të një luftë, kundër Ukrainës, por kundër George Soros dhe Globalizmit.**"

Dughin, vazhdoi: "**Kjo është një luftë, kundër globalizmit, kundër** *George Soros*, **kundër Joe Biden, kundër Atlanticizmit.**"

Më në fund, **Francis Fukuyama** e kuptoi të drejtë, kur e quajti artikullin e tij të fundit ***"Lufta e Putinit, kundër rendit liberal"***.

"Kjo është mjaft e drejtë; është lufta e Rusisë së Putinit kundër rendit botëror liberal, kundër fundit të historisë dhe kundër Perandorisë Amerikane!"

Alexander Dughin, vijon: "Rusia duhet të bëhet një pol i pavarur i botës multipolare. Dominimi i një pol të vetëm pushteti, atij amerikan, duhet të marrë fund!

Nuk ka problem të sulmohen shtetet anëtare të NATO-s në Evropë, sepse me pavarësinë e Rusisë, në një hapësirë të madhe euroaziatike, bota multipolare do të vendoset plotësisht.

Sipas mendimit tim, pasojat direkte të këtij revolucioni gjeopolitik do të jenë të kënaqshme, sepse me këtë bllok, që do të perfshinte Rusinë, Rusinë e Madhe (Rusinë me Ukrainën) dhe Kinën (dhe shpresojmë se me Tajvanin) do të shkatërrohet hegjemonia Perëndimore..." Kjo do të jetë *"fundi i fundit të historisë"*. *Kjo është një luftë kundër Perandorisë Globaliste Amerikane dhe jo Europës.*

Në këtë multipolaritet të siguruar, Evropa do të jetë në gjendje të zgjedhë anën e saj: ose vazhdon të jetë një zgjatim i Atlantizmit dhe botës anglo-saksone, ose Evropa bëhet përsëri një pol i pavarur dhe sovran. Ky është një shans për Evropën, të mos bashkohet me Rusinë, por të afrohet si pol i pavarur, si për Shtetet e Bashkuara ashtu edhe për Rusinë.

Evropa, mund të bëhet një bllok i vërtetë, i aftë të mbrohet, edhe kundër rusëve. Evropa duhet të rikonfirmohet si pol, jo me ne, jo domosdoshmërisht në marrëdhënie miqësore me Rusinë, por në mënyrë realiste. (**Christian Wagner.**

SHKELJA ME QËLLIM E AKTIT TË BASHKËPUNIMIT
DHE SIGURISË NDËRMJET NATO-S (SHBA)
DHE FEDERATËS RUSE SOLLI LUFTËN RUSO-UKRAINASE

"Zgjerimi i NATO-s, do të jetë gabimi fatal i politikës amerikane, në të gjithë epokën pas Luftës së Ftohtë." - **J. Kennan, 1997**

"Presidenti Zelensky, është një personazh shumë i keq, që po punon me globalistët, kundër interesave të popullit të tij. Nuk do të largohem asnjë centimetër nga vlerësimi im, pavarësisht se sa të zbukuara janë për-shkrimet mediatike rreth tij." – **Candace Owens**

"Nëse sundimtarët tuaj mbështesin nazizmin, nxirrni tre dyer jashtë, merrni pushtetin në duart tuaja. Nazistët ukrainas mbrohen nga plumbat e civilëve, sundimtarët e tyre, nën maskën e Rusisë së tmerrshme, vendosën gjithashtu të transferojnë mbi popullsinë barrën e çmimeve të larta dhe telashet e ardhshme. Si në Ukrainë ashtu edhe tek ju, nazistët jetojnë mirë pas shpinës së qytetarëve të zakonshëm dhe njerëzit e zakonshëm duhet të vuajnë, këto janë krime identike si në Ukrainë ashtu edhe në Perëndim. Nëse bashkohemi, brenda një jave nuk do të ketë nazistë në Ukrainë, jeta normale do të kthehet në Evropë, SHBA dhe vende të tjera dhe së bashku do të gjykojmë nazistët ukrainas dhe të gjithë pushtetarët që mbështesin nazizmin në gjykatën e re. Qëllimi ynë është i saktë. Ne do t'a mposhtim nazizmin." – **Vladimir Putin, President i Federatës Ruse**

Sot, në Europën Lindore, po zhvillohet një luftë e organizuar ndërkufitare nga të tjerët, midis dy popujve ortodoks sllavë Federatës Ruse dhe ish repub-likës sovjetike dhe sot shtetit të pavarur të Ukrainës.

Të dy shtetet, dikur kanë qenë në suazën e ideologjisë bolshevike dhe sitemit komu-nist proletarë të quajtur B.R.S.S., nën influencën totale të idologjisë apo diktaturës shoviniste dhe kriminale komuniste, të drejtuar asokohe nga Rusia bolshevike e dikta-torëve kriminalë Vladimir I. Leninit dhe Josif V. Stalinit.

"Mbi luftën apo konfliktin Ukrainë-Rusi, janë të njëjtit agjenci lajmesh dhe individë që flasin sërisht sot, ashtu sikurse kanë folur dhe gënjyer me propaganda të porositur, për luftrat në: Afganistan, Iraq, Siri, Libi etj. Unë mendoj, se amerikanët nuk e kup-tojnë, sepse nuk po informohen saktësisht. Ata dëgjojnë papushim, se çfarë u japin të

*gatshme media si propagandë, si: MSNBC, CNN, The New York Times etj., duke bërë në mënyrë të pandryshueshme fabrikimin, sipas porosisë që ato marrin. Në mënyrë konstante, kanë bërë me të njëjtën metodë apo taktikë propagandistike edhe më përpara, duke gënjyer si me Afganistanin, Irakun, Libinë dhe Sirinë. Ajo që më habit mua, është se ata e kanë bërë këtë veprim propagandistik, duke bërë vazhdimisht lëvizje të përsëritura dhe pa pushim. Fatkeqsisht, ne vazhdojmë t'i dëgjojmë se çfarë fabrikimesh të tjera ato vazhdojnë të bëjnë. **Republika Federale Ruse, në konfliktin e Ukrainës sot, kërkon të bëj de-nazistifikimin dhe de-militarizmin e këtij vendi.** Sot, në SHBA kanë lindur shumë pikëpyetje dhe ne e kemi të vështirë të marrin përgjigje të sakta. Anologjia, që unë po përdori është kjo. Ne sot, po ndjekim sërisht filmin **Godfather**, një film i preferuar për mua. Sa herë që e shoh këtë film, personazhi Soni, shkon jashtë drejt makinës së tij e merr dhe asnjëherë nuk vjen mbrapa... Pra, sa herë që shoh këtë film Soni Koleone nuk vjen. Dhe njerëzit aty bërtasin: "Soni mos shko, Soni mos shko…!" Unë kam një mik amerikan, që jeton në Krime. Ai shkruan për ngjarjet e ditës atje. **Sot, media amerikanë po gënjejnë, për armatimet në Ukrainë, për armët e ndryshem që përdoren atje. Dhe kjo bëhet, për të mbajtur nën propagandë popullin amerikan.** Sot, për sot Big Media, nuk tregon të vërtetën, se çfarë po ndodh në Ukrainë dhe për Rusinë...", thotë* **Wilmer J. Leon, III, Ph.D, Author & Political Scientist**

Për më tepër, nëse media e pavarur dhe e pa financuar nga lobet e fuqishme globaliste të majta qeveritare, ju etitekoheni rus, kinez, racist, fashist, etj., në një kohë që vetë NATO dhe Biden po jep apo po i hedh benzene, duke i dhënë biliona dollarë (**82 bilion**) dhe armatime të fundit në Ukrainë (*dhe trupa paqeruajtëse dhe diplomatë dhe ndermjetës politikanë paqësorë, sikurse bëjnë në mënyrë rutine kudo në botë*), për të ri-armatosur rëndë ushtrinë ukrainase, e cila fakteqssht sot kontrollohet nga Neo-Nazistët e Batalionit Azov dhe supremacistët e bardhë, të cilët kanë influencë dhe pushtet në të gjithë vendin.

Biden me paaftësi mendore dhe fizike po e çon vendin tonë drejt greminës dhe si zgjidhje idiote ka menduar çmendurinë e luftës idiote bërthamore me rusët, sepse edhe për ekonominë dhe shkatërrimin e financave këtu fajin e ka sipas tij Rusia. SHBA me administratën e Obama-Biden 3, NATO dhe Bashkimi i Fake i Burokraktëve Komunistë Europian, nuk i tregojnë të vërtetën botës pse dhe kush po e mban ndezur konfliktin e pakuptimtë, duke i hedhur benzene ($$$$) luftës mes dy popujve vëllazër orthodokso-sllav, që janë në kufi me njeri-tjetrin, kur dihet se ato shtete deri në fillim të shek. XVIII ishin brënda territorit të Perandorisë Ruse…

Kjo luftë nuk ka të bëj aspak me Ukrainën, por është me Britaninë e Madhe, ShBA e Biden dhe NATO-n, që e duan këtë luftë ku po vritën banorët e pafajshëm ukrainas. Për mendimin tim, zgjerimi i NATO-s është kërcënim për shtetet jo antare, që duan të jenë asnjanjës nga pakti ushtarak që mendon për luftën në vend të Paqes.

Si do të dukej sikur Kina e madhe (me 1.5 bilion banorë), vendet e Amerikës Latine dhe ishujve Karaibe, të bëjnë një Aleancë të Madhe Ushtarake mes vetës!? A do të ishte dakord SHBA e të papërgjegjshmit Biden me këtë inisitiavë të re strategjike si barapeshë vetëmbrojtëse ushtarake!?

Sigurisht Jo. Pse?! Ato duan që të zgjerojnë aleancën e NATO-s, por nuk duan konkurencë paralele të shtetëve të tjera përballë tyre. Po sikurse vendet e kontinentit të Afrikës dhe Azisë apo Lindjes së Mesme (vendet muslimane me 1.2 bilion banorë në botë) në të ardhmen të krijojnë edhe ato një Pakt apo rigrupim të ri ushtarak për qefin e tyre, si do ti dukej Europës dhe SHBA së Bidenit kjo!?

Presidenti Trump kishte të drejtë, kur thoshte se Amerika nuk mund të jetë polic i botës, që të imponojmë vullnetin e saj qeverive dhe vullnetit të pop-ujve të tyre kudo në botë.

Mendoj, se nëse fillon Lufta e Tretë Botërore me armë bërthamore shumë shtete do t'i bëjnë bisht apo shmangen asaj në mënyrë të hapur, sepse nuk duan t'i kthejnë popujt e tyre në male me kufoma dhe qytetet me varreza dhe gërmadha të frikshme, sikurse të ishin katastrofat biblike.

Tani në paqe të gjithë flasin si gjela hipokrit blah blah blah, se do të bëjnë këtë dhe atë aksion, thjesht vetëm për konsum mediatik politikë të momentit, por kur vjen fjala për luftë reale aktive të vërtetë në terren, pra, për t'i hequr të drejtën e jetës tjetrit (miliona fëmijëve, nënave, motrave, pleqëve, vëllezërve etj) me armë bërthamore, sepse kështu duan kokëkrisurit të mbushur në sh-pirt me urretje, asnji shtet me mend në kokë i NATO-s nuk do të pranonte të luftonte kundër Rusisë, sepse do të kishin pasoja negative për popujt e tyre.

Mendoj, se shtetet ortodokse historikisht si Serbia dhe Greqia (në Ballkan), si mike tradicionalisht të Rusisë, kurrësesi nuk do të luftojnë kundër Federatës Ruse, për interesa idiote politike të ShBA-së së Bdenit të paaftë mendërisht apo Anglisë së Boris Johnson të shpupurishur dhe kontraversal.

Në situatën e re gjeo-politike dhe ushtarake botërore, Serbia do të sulmonte andrrën e vet në kufi territorin e Kosovës, të cilën s'mund t'a mbroj NATO (sepse nuk është antare e saj, njësoj sikurse Ukraina sot) dhe as Shqipëria e varfër, ku shqiptarët e lodhur nga politika dhe qeveria trushpërlarë duan të ikin një orë e më parë nga vendi i tyre dhe jo të bëhen mish për top.

Lufta e Tretë si asnjëherë tjetër kudo në botë, do të zgjonte plagët e vjetra të pambyllura dhe asmeritë e vjetra shumë shekullore, mes shtetëve për ter-ritore dhe inate të tjera brenda shtetëve dhe mes shtetëve. Pra, nuk do të ketë dy grupe të mëdha që luftojnë kundra njeri-tjetrit, sikurse ndodhi në kohën e Luftës së Dytë Botërore, mes boshtit Berlin-Romë-Tokio dhe kampit të shteteve të tjera anti-naziste dhe anti-fahiste.

Kështu mes Greqisë dhe Turqisë si dy shtete antare të NATO-s, fatkeqsisht do të ketë lufte dhe kurrësesi ato sëbashku të luftojnë kundër Rusisë ortodokse. Luftënxitësit do t'i krijonin fat dhe mundësi Kinës, që marrë pa asnjë luftë ishullin e vet Tajvanin në mëngjez (breakfast) me një kafshatë, sepse ShBA s'mund të përballoj dy fronte lufte, në të njëjtën kohë kundër dy supër-fuqive të tjera botërore bërthamore si Rusinë dhe Kinës.

Nga ana e tjetër, shumë shtete të NATO-s dhe botës do t'i shmangeshin luftës botërore, sepse popujt e tyre do të protestojnë në rrugë dhe sheshe si për shembull para Shtëpisë së Bardhë, kundër luftës dhe organizatorëve të saj, ashtu sikurse ndodhi në SHBA disa dekada më parë, kundër luftës në Vietnam etj. Mundësitë e organizimit të protestave anti-luftë është më e madhe dhe më e shpejtë sot, falë teknologjisë bashkëkohore dhe ndërgjegjësimit të shpejtë të popujve, kundër qeverive dhe liderëve të tyre vrastarë.

Ana e vërtetë e pathënë e mediave globaliste, që fatkeqsisht kontrollohen nga Deep State, Cabala, Big Tech etj.

Në një mesazh nga Presidenti i Rusisë, Vladimir Putin, drejtuar të gjitha kombeve të botës, thuhet:

"Të dashur qytetarë të planetit tonë të mrekullueshëm Tokë!

Unë, Presidenti i Federatës Ruse, Vladimir Putin, vendosa t'ju drejtohem drejt-përdrejt të gjithëve, duke anashkaluar diplomatët, pushtetarët dhe gazetarët tuaj.

Në Rusi, ekziston "koha e dorëzimit", në të cilën nuk mund të gënjeni, mashtroni dhe luani. Prandaj do të jem i sinqertë, që të gjithë të verifikojnë vërtetësinë e fjalëve të mia.

Rusia është një vend i madh dhe i pasur. Vlera kryesore është më shumë se 150 qytete, që jetojnë në një territor ku drejtësia është mbi të gjitha.

Ne nuk kemi nevojë për territore të reja. Ne kemi shumë energji dhe të gjitha burimet e tjera.

Që nga koha e Tatarit të Madh dhe Mogulit të Madh, popujt e Evropës Veriore kanë evoluar jo duke plaçkitur në luftërat e kryqëzatave dhe kolonizimin e Amerikës, Afrikës, Indisë, varësinë nga droga në Kinë, por me punën e tyre të palodhur dhe ru-ajtjen e paqes.

Ata që dinë rusisht e kuptojnë se "rusisht", është një mbiemër për të gjithë popujt e vendit tonë.

Sllovenët rusë, tatarët rusë, hebrenjtë rusë, evenkasit rusë, etj., janë rusë në zemër, megjithëse kultura, gjuha dhe mënyra e tyre e jetesës mund të ndryshojnë.

Ne e përshëndesim këtë shumëllojshmëri uniteti.

Edhe një herë, populli rus i Rusisë, është i detyruar të sakrifikojë jetën e

tij, duke mbrojtur botën nga nazizmi dhe fashizmi.

Kështu 50 robërit tanë të luftës, i këmbyem me 50 ushtarë ukrainas. Ushtarët ukrainas morën ndihmë mjekësore në spitalet tona, hëngrën tre vakte të bollshme në ditë dhe u kthyen në shtëpi.

Ne presim ushtarë rusë me gishta të prerë dhe organe riprodhuese. As nazistët nuk e bënë këtë, gjatë luftës së fundit botërore.

Ne, do t'i paraqesim këto prova, në një gjykatë të ardhshme. Turp për këdo, që i mbështet këta të poshtër tani.

Sundimtarët e tyre në Shtetet e Bashkuara, Evropë, Japoni, Australi dhe vende të tjera kanë mbajtur anën e këtyre nënnjerëzve, të cilët kanë vënë para tyre civilë, gra shtatzëna dhe fëmijë, duke dëmtuar qëllimisht të burgosurit e luftës.

Është e vështirë për mua të imagjinoj një person të shëndetshëm, që i mbështet këto përbindësha.

Dhe Bidenët e tyre, studiuesit, Macron dhe "demokratë" të tjerë të modës së errët jo vetëm që mbrojnë kriminelët, por gjithashtu i armatosin në mënyrë aktive, u ofrojnë atyre para (të cilat nuk mjaftojnë), për të mbajtur çmimet të ulëta, në vendet e tyre.

Çmimet po rriten gjithnjë, bota po shembet, por jo, sepse rusët po pastrojnë Evropën nga shpirtrat e këqij të nazistëve, por sepse ata nuk shohin ose mbështesin një valë të re nazizmi.

Këtë herë nuk do të shkojmë në Berlin. Ne, do të qëndrojmë në kufijtë tanë historikë dhe të gjithë shpirtrat e këqij të nazistëve, të cilëve sundimtarët e tyre u hapën gjerësisht, do të organizojnë një jetë të re **kristal**, siç bënë nazistët, duke shtuar organet riprodhuese të synetuara.

U bëj thirrje të gjithë atyre, që duan të jetojnë dhe punojnë në paqe, të rrisin fëmijë dhe të jenë miq me kombet e botës.

Ndihmoni Rusinë të luftojë kancerin e ri: nazizmin ukrainas. Jo Ukraina, ku jetojnë njerëz paqësorë dhe me vlerë, por nazizmi, i nxitur nga skifterët e SHBA-së dhe NATO-s, për taksat e tyre.

Nëse sundimtarët tuaj mbështesin nazizmin, nxirrni jashtë nga dyert, merrni pushtetin në duart tuaja. Nazistët ukrainas, mbrohen nga plumbat e civilëve, sundimtarët e tyre, nën maskën e Rusisë së tmerrshme, vendosën gjithashtu të transferojnë mbi popullsinë barrën e çmimeve të larta dhe telashet e ardhshme.

Si në Ukrainë ashtu edhe tek ju, nazistët jetojnë mirë pas shpinës së qytetarëve të zakonshëm dhe njerëzit e zakonshëm duhet të vuajnë, këto janë krime identike si në Ukrainë ashtu edhe në Perëndim.

Nëse bashkohemi, brenda një jave nuk do të ketë nazistë në Ukrainë, jeta normale do të kthehet në Evropë, SHBA dhe vende të tjera dhe së bashku do të gjykojmë nazistët ukrainas dhe të gjithë pushtetarët që mbështesin nazizmin në gjykatën e re. Qëllimi ynë është i saktë. Ne, do ta mposhtim nazizmin.

"Bëhuni vetë një ushtar dixhital, duke i dërguar këto mesazhe në shumë

grupe dhe njerëz që njihni. Vetëm njohja e vërtetës do të jetë e lirë."

NATO, militarizimi i Ukrainës (*Batalioni Neo-Nazi Azov*)

Më 24 mars vitit 2022, në Bruksel u zhvillua Samiti i jashtëzakonshëm i NATO-s, mbi situatën luftarake në Ukrainë, në kontekstin e kryerjes nga Federata Ruse të operacionit special ushtarak, u bë sërish tema kryesore e *"tryezës"* propagandisitike.

Media non stop 24/7 si zakonisht bëri rutinë avazin e zakonshëm apo të vjetër të të papagallit, duke bërë propagandë ose shpërlarje të mirëfilltë të trurit të popujve të përgjumur dhe naiv të tyre, që u besojnë si robot verbërisht liderëve të inkuadruar apo kontrolluar totalisht nga grupet minorance mbi shtetet dhe qeveritë e votuara, si: Deep State, Cabala, Big Tech (Fakebook, Twitter, TouTube, Google, Tik Tok, Big Media, dhe financimet marramenëse globaliste të multibionerit George Soros-it etj...

Vendet anëtare të NATO-s, demonstruan verbërisht një besnikëri absolute robotike ndaj **Obama-Biden 3, fatmirësisht të panjohur deri tani nga 75,000.000 votues të popullit amerikanë.**

Antarët dele me shifra numerike dhe formale të NATO-s, shprehën gatishmërinë për të ndjekur postulatet e tij absurde të mbishtetëve si: Deep State, Big Tech, Cabala-s, Klubit 300 etj., me qëllimin final absurd, për frenimin me çdo mjet dhe formë total të Federatës Rusisë, sipas devizës së vjetër: *qëllimi, justifikon mjetin* (neo-nazi e Batalionit Azov etj.)...

Vendimi i shpallur NATO-s, në samitin propagandistik zjarrvënës, ishte për të vazhduar më tej luftën dhe gjakderdhjen pa pushim, **mes dy popujve vëllezër sllav në kufi me njera-tjetrën,** *mbështetjen politike dhe praktike ushtarake të qeverisë dhe presidentit kukull në Kiev, e cila sot po konfirmon interesin e aleancës ushtarake, për të vazhduar veprimet luftarake.*

Duke bërë thirrje për bisedime hipokrite politike të merzitshme dhe me fjalë standarte boshe me blah blah blah, blloku ushtarak i Atlantikut të Veriut (**NATO**), *nuk ndërmori asnjë përpjekje të vetme, për të bindur autoritetet ukrainase, për një zgjidhje paqësore të situatës në Donbas etj.*

Për më tepër, Sekretari Ushtarak i Përgjithshëm i NATO-s, kukulla marionetë **Jens Stoltenberg** *deklaroi me krenari luftënxitjeje, se "përgjatë 8 viteve aleanca ka përgatitur dhjetëra mijë ushtarakë të Forcave të Armatosura të Ukrainës, të cilët aktualisht marrin pjesë në luftime."*

Kësisoj, duke rimbushur vazhdimisht Ukrainën me fonde financiare dhe armë, Brukseli provokoi Kievin, për të kryer pa pushim veprime luftarake kundër LRN dhe DNR, ndërsa tani po korr fryte të tmerrshme, të një lufte, që e orkestroi dhe po e mban të ndezur me propagandë dhe dis-informim rusofobie.

Në Samitin në fjalë, u diskutua për një realitet të ri, të krijuar në fushën e sigurisë evropiane, a thua se Brukseli nuk ka lidhje me këtë.

Vendet e komanduara si anëtare të NATO-s, gur-gur ç'montuan themelet e sigurisë së kontinentit evropian: soditën në heshtje papërgjesh-merinë dhe gafat e administratës Biden, që të shkatërronin Traktatin për Ku-fizimin e Sistemeve të Mbrojtjes Kundër-raketore *(ashtu sikurse ka shkaterruar ekonomine amerikane tesh 2 vjet)*, u hoqën mënjanë, duke mos reaguar, kur Washington-i u tërhoq nga Traktati i Forcave Bërthamore me Rreze të Mesme, i lejuan amerikanët të dilnin nga Traktati i Qiejve të Hapur.

Në vitin 2008, NATO *deklaroi se ishin të gatshëm të pranonin në radhët e tyre Gjeorgjinë dhe Ukrainën* (në kundërshtim flagrant me Paktin e Parisit të vitit 1991, që NATO (e kryesuar dhe drejtuar nga SHBA) vetë e kishte hartuar dhe nënshkruar në liri dhe pavarësi të plotë), se synonin të vazhdonin afrimin e potencialeve të tyre, pranë territorit rus, duke formuluar para Ukrainës dhe Gjeorgjisë perspektivën e pranimit të tyre të menjëhershëm në NATO.

Të gjitha paralajmërimet e herë pas herëshme qysh nga viti 1991, të Federatës Ruse u injoruan me paramendim nga NATO (SHBA). Ato sot duke habitur gjithë botën, tani po konfirmojnë me hipokrizi sërish politikën e *dyerve të hapura.* Se ku të çon ajo, dihet mirë.

Në konceptin e ri strategjik, i cili pritet të miratohet në Samitin e ardhshëm në Madrid (Spanjë), po përgatitet terreni edhe për konsolidimin afatgjatë të *kursit propagandistik anti-rus.*

Militarizimi i Evropës, fatkeqsisht po merr hov, falë përpjekjeve të aleancës së NATO-s, që flet dhe bërtet për "Paqe", permes papagallit apo makinës së fuqishme propagandistike non stop të mediave të tyre servile, dis-informuese dhe manipulative.

Ato mallkojnë kedo që ekzpozon para botës së shokuar nga loja e hipokrizisë *(me gënjeshtra e tyre politike të përsëritura edhe në luftrat e tjera të pakuptimtë)*, për të ashtëquajturën "paqen", tashmë një fjalë fatkeqe e polikës ndërkombëtare…

Nxitja e histerisë fanatike anti-ruse, sot po përdoret sistematikisht, për të rritur shpenzimet e blerjes së armëve të reja, ku sikurse dihet nga të gjithë se furnizuesi kryesor i të cilave është natyrisht vetëm nga kompleksi ushtarak industrial i SHBA-së, ku nga një copë të majme shpërblimi e merr si zakonisht edhe makina e mediave manipulative globaliste, Deep State, Big Tech, Cabala, etj.

Duke mbuluar punët e errëta të Biden-it, në drejtim të kryerjes së kërkimeve sekrete mbi armët biologjike dhe kimike në Ukrainë e gjetkë, aleanca ushtarake në fjalë, ndoqi traditën më të mirë së dez-informimit dhe akuzoi pa prova Rusinë, për një provokim të mundshëm.

Rusia nga ana e tjetër, në rrugë diplomatike ndëkombëtare, ka hedhur në Gjyq Ndërkombëtar dhe ka sjellë para Selisë së OKB-së dhe Këshillit te Sigurimit të OKB-së prova, fakte dhe dokumente origjinale mbi financuesit, administratorët dhe poseduesit e këtyre qendrave të armëve biologjike, të shkatërrimit në masë, që ndodhen në Ukrainë, në kufi me Rusinë (*duke përbërë një kërcënim serioz për Sigurinë Kombëtare të shtetit rus*) dhe fatmirësisht kanë rënë në duart e ushtrisë së Federatës Ruse.

Trathtia e Marrëveshjes për Sigurinë ndërmjet NATO-s dhe Federatës Ruse, të nënshkruar në Paris (1991)

Organizata e Traktatit të Atlantikut të Veriut dhe shtetet e saj anëtare, nga njëra anë, dhe Federata Ruse, nga ana tjetër, në vijim të referuara si NATO dhe Rusia, bazuar në një angazhim të qëndrueshëm politik të ndërmarrë në nivelin më të lartë politik vendosën Marrëveshjen ose Aktit për Themelimin e Marrëdhënieve të Ndërsjella, Bashkëpunimin dhe Sigurinë ndërmjet NATO-s dhe Federatës Ruse, të nënshkruar në Paris të Francës, e cila përcaktoj kjartë se do të ndërtojnë sëbashku një paqe të qëndrueshme dhe gjithëpërfshirëse, në zonën euroatlantike, mbi parimet e demokracisë dhe sigurisë bashkëpunuese.

Asokohe, thuhej se NATO dhe Rusia nuk e konsiderojnë njëra-tjetrën si kundërshtarë. *Kësisoj ata ndajnë synimin pozitiv, për të kapërcyer gjurmët e konfrontimeve dhe konkurrencës së mëparshme dhe për të forcuar besimin dhe bashkëpunimin reciprok.*

Ky akt nënshkrimi me vullnet të lirë, ripohoi asokohe vendosmërinë e NATO-s dhe Rusisë, për t'i dhënë përmbajtje konkrete angazhimit të tyre të përbashkët, për të ndërtuar një Evropë të qëndrueshme, paqësore dhe të pandarë, të plotë dhe të lirë, në dobi të të gjithë popujve të saj.

Marrja e këtij angazhimi, në nivelin më të lartë politik, shënon fillimin e një marrëdhënieje thelbësisht të re midis NATO-s dhe Rusisë. Kësisoj, ata synonin t'a zhvillojnë këtë mbi bazën e interesit të përbashkët, reciprocitetit dhe transparencës, përmes një partneritet të fortë dhe të qëndrueshëm.

Duke e lexuar me shumë kujdes përmbatjen e aktit në fjalë, arrihet në përkufizimin se ky pakt përcakton qëllimet dhe mekanizmin e konsultimit, bashkëpunimit, vendim-marrjes së përbashkët dhe veprimit të përbashkët, që do të përbëjnë thelbin e marrëdhënieve të ndërsjella në vijim ndërmjet NATO-s dhe Rusisë.

Për hir të së vërtetës historike, duhet thënë fakti se deri para vitit 1997-1998, jashtë Paktit Ushtarak të Atlantikut Verior (NATO), ishin pothuajse të gjithë vendet e europiane, si: *Irlanda, Suedia, Finlanda, Polonia, Çekia, Sllovakia, Zvicra, Austria, Hungaria, Kroacia, Sllovenia, Bosnja-Hercegovina, Serbia, Shqipëria, Maqe-*

donia e Veriut, Bullgaria, Rumania, Moldavia, Ukraina, Biellorusia, vendet balltike, si: Lituania, Letonia, Estonia.

Deri në vitin 2022, NATO-s iu shtuan pothuajse të gjithë shtetet (që cituam më lart), me përjashtim të Suedisë, Finlandës, Biellorusisë, Ukrainës, Moldavia, dy vendet e Europës Qendrore, si: Zvicra dhe Austria, dhe sot nuk bëjnë pjesë Bosnje-Hercegovina dhe Serbia.

Sikurse shihet nga provat e ofruara, del se u bë hapur dhe në mënyrë flagrante *Shkelja brutale, me qëllim e Aktit të Bashkëpunimit dhe Sigurisë ndërmjet NATO-s (SHBA) dhe Federatës Ruse e cila sot solli sot luftën Ruso-Ukrainase.*

NATO ka ndërmarrë transformimin e vet me profilin e policit globalist

Në vitin 1991, Aleanca rishikoi doktrinën e saj strategjike, për të marrë parasysh mjedisin e ri të sigurisë në Evropë, ku ajo ka reduktuar rrënjësisht dhe vazhdon përshtatjen e forcave të saj konvencionale dhe bërthamore.

Duke ruajtur aftësinë për të përmbushur angazhimet e marra në **Traktatin e Washington-it**, NATO sot ka zgjeruar dhe po vazhdon të zgjerojë antarësimet e reaja, funksionet e saj politike dhe ka marrë përsipër misione të reja të paqeruajtjes dhe menaxhimit të krizave në mbështetje të Kombeve të Bashkuara (OKB) dhe Organizatës për Siguri dhe Bashkëpunimi në Evropë (OSBE).

NATO, është në procesin e zhvillimit të Identitetit Evropian të Sigurisë dhe Mbrojtjes (ESDI) brenda Aleancës.

Ajo po vazhdon të zhvilloj një model të gjerë dhe dinamik të bashkëpunimit me shtetet pjesëmarrëse të OSBE-së në veçanti përmes Partneritetit, për Paqe dhe me vendet partnere mbi iniciativën, për të krijuar një Këshill të Partneritetit Euro-Atlantik.

Shtetet anëtare të NATO-s, kanë vendosur të shqyrtojnë Konceptin Strategjik të NATO-s, për të siguruar që ai është plotësisht në përputhje me situatën dhe sfidat e reja të sigurisë në Evropë.

Nga ana e tjetër, qysh nga viti 1990, Rusia po vazhdon ndërtimin e një shoqërie demokratike dhe realizimin e transformimit të saj politik dhe ekonomik.

Ajo ka ndryshuar konceptin e sigurisë së saj kombëtare dhe ka rishikuar doktrinën e saj ushtarake, për të siguruar që ato të jenë plotësisht në përputhje me realitetet e reja të sigurisë.

Federata Ruse, ka kryer reduktime të thella në forcat e saj të armatosura, ka tërhequr forcat e saj nga vendet e Evropës Qendrore dhe Lindore dhe vendet baltike dhe ka tërhequr të gjitha armët e saj bërthamore përsëri në territorin e saj kombëtar.

Ajo është e përkushtuar të reduktoj më tej forcat e saj konvencionale dhe bërthamore. Gjithashtu rusët po marrin pjesë aktive në operacionet paqeruajtëse në mbështetje të OKB-së dhe OSBE-së, si dhe në menaxhimin e krizave në zona të ndryshme të botës. *Rusia, po kontribuon në forcat shumëkombëshe në Bosnje dhe Hercegovinë etj.*

Parimet ku u mbështet ky akt

Duke u nisur nga parimi se siguria e të gjitha shteteve në komunitetin euroatlantik është e pandashme, NATO dhe Rusia do të punojnë sëbashku për të kontribuar në vendosjen në Evropë të sigurisë së përbashkët dhe gjithëpërfshirëse, të bazuar në besnikërinë ndaj vlerave, angazhimeve dhe normave të përbashkëta të sjelljes, në interes të të gjitha shteteve.

Ato **(NATO & Rusia)** do të ndihmojnë në forcimin e Organizatës për Siguri dhe Bashkëpunim në Evropë, duke përfshirë zhvillimin e mëtejshëm të rolit të saj si instrument parësor në diplomacinë parandaluese, parandalimin e konflikteve, menaxhimin e krizave, rehabilitimin pas konfliktit dhe bashkëpunimin rajonal të sigurisë, si dhe në rritjen e saj, aftësitë operacionale për të kryer këto detyra.

OSBE si e vetmja organizatë pan-evropiane e sigurisë, ka një rol kyç në paqen dhe stabilitetin evropian.

Nga ana e tjetër, në forcimin e OSBE-së, NATO dhe Rusia do të bashkëpunojnë për të parandaluar çdo mundësi të kthimit në një Evropë të ndarjes dhe konfrontimit, ose izolimit të çdo shteti.

Në përputhje me punën e OSBE-së, për një model të përbashkët dhe gjithëpërfshirës të sigurisë për Evropën për shekullin XXI dhe duke marrë parasysh vendimet e **Samitit të Lisbonës**, në lidhje me një Kartë për sigurinë evropiane, NATO dhe Rusia do të kërkojnë bashkëpunimin më të gjerë të mundshëm, ndërmjet shteteve pjesëmarrëse të OSBE-së, me synimin për të krijuar në Evropë një hapësirë të përbashkët sigurie dhe stabiliteti, pa vija ndarëse apo sfera ndikimi, që kufizojnë sovranitetin e asnjë shteti.

Ato nisin nga premisa se objektivi i përbashkët, për forcimin e sigurisë dhe stabilitetit në zonën euroatlantike, për të mirën e të gjitha vendeve kërkon një përgjigje ndaj rreziqeve dhe sfidave të reja, si nacionalizmi agresiv (neo-nazi), përhapja e armëve bërthamore, biologjike dhe kimike, terrorizmi, abuzimi i vazhdueshëm i të drejtave të njeriut dhe i të drejtave të personave, që u përkasin pakicave kombëtare dhe mosmarrëveshjet e pazgjidhura territoriale, të cilat përbëjnë një kërcënim për paqen, prosperitetin dhe stabilitetin e përbashkët.

Ky akt nuk prek, dhe nuk mund të konsiderohet si ndikim, përgjegjësinë kryesore të Këshillit të Sigurimit të OKB-së për ruajtjen e paqes dhe sigurisë ndërkombëtare, ose rolin e OSBE-së si organizatë gjithëpërfshirëse dhe gjithëpërfshirëse për konsultime, vendimmarrje dhe bashkëpunim në zonë dhe si një marrëveshje rajonale, **sipas Kapitullit VIII të Kartës së Kombeve të Bashkuara**.

Në zbatimin e dispozitave në këtë akt, NATO dhe Rusia do të respektojnë me mirëbesim detyrimet e tyre, sipas ligjit ndërkombëtar dhe instrumenteve ndërkombëtare, duke përfshirë detyrimet e Kartës së Kombeve të Bashkuara dhe dispozitat e Deklaratës Universale për të Drejtat e Njeriut, si dhe angazhimet e tyre sipas Akti Final i Helsinkit dhe dokumentet pasuese të OSBE-së, **duke përfshirë Kartën e Parisit** dhe dokumentet e miratuara në Samitin e OSBE-së në Lisbonë.

Për të arritur qëllimet e këtij akti, Organizata Ushtarake dhe Federata Ruse, do t'i bazojnë marrëdhëniet e tyre në një angazhim të përbashkët ndaj parimeve të mëposhtme:

• **zhvillimin**, mbi bazën e transparencës, të një partneriteti të fortë, të qëndrueshëm dhe të barabartë dhe të bashkëpunimit për të forcuar sigurinë dhe stabilitetin në zonën Euro-Atlantike;

• **njohja e rolit jetik që luan demokracia**, pluralizmi politik, sundimi i ligjit, respektimi i të drejtave të njeriut dhe lirive civile dhe zhvillimi i ekonomive të tregut të lire, në zhvillimin e prosperitetit të përbashkët dhe sigurisë gjithëpërfshirëse;

• **të përmbahen nga kërcënimi ose përdorimi i forcës kundër njëri-tjetrit**, si dhe kundër çdo shteti tjetër, sovranitetit, integritetit territorial ose pavarësisë së tij politike në çfarëdo mënyre, që nuk është në përputhje me Kartën e Kombeve të Bashkuara dhe me Deklaratën e Parimeve, që udhëzojnë marrëdhëniet ndërmjet shteteve pjesëmarrëse të përfshira në Aktin Final të Helsinkit;

• **respektimi i sovranitetit, pavarësisë dhe integritetit territorial të të gjitha shteteve** dhe e drejta e tyre e natyrshme për të zgjedhur mjetet për të garantuar sigurinë e tyre, paprekshmërinë e kufijve dhe të drejtën e popujve për vetëvendosje, siç parashikohet në Aktin Final të Helsinkit dhe dokumente të tjera të OSBE-së;

• **transparencë reciproke** në krijimin dhe zbatimin e politikave të mbrojtjes dhe doktrinave ushtarake;

• **parandalimi i konflikteve dhe zgjidhja e mosmarrëveshjeve me mjete paqësore** në përputhje me parimet e OKB-së dhe OSBE-së;

• **mbështetjen**, rast pas rasti, të operacioneve paqeruajtëse të kryera nën autoritetin e Këshillit të Sigurimit të OKB-së ose përgjegjësinë e OSBE-së.

Mekanizmi për Konsultim dhe Bashkëpunim, Këshilli i Përhershëm i Përbashkët NATO-Rusi

Për të kryer aktivitetet dhe synimet e parashikuara nga ky akt dhe për të zhvilluar qasje të përbashkëta ndaj sigurisë evropiane dhe ndaj problemeve politike, NATO dhe Rusia do të krijojnë Këshillin e Përhershëm të Përbashkët.

Objektivi qendror i këtij Këshilli të Përhershëm të Përbashkët, do të jetë ndërtimi i niveleve në rritje të besimit, unitetit të qëllimit dhe zakoneve të konsultimit dhe bashkëpunimit ndërmjet NATO-s dhe Rusisë, në mënyrë që të rritet siguria e njëri-tjetrit dhe e të gjitha kombeve në zonën euro-atlantike dhe zvogëlojnë sigurinë e asnjërit.

Në aktin e marrëveshjes thuhet se: **"Nëse lindin mosmarrëveshje, NATO dhe Rusia do të përpiqen t'i zgjidhin ato në bazë të vullnetit të mirë dhe respektit të ndërsjellë brenda kornizës së konsultimeve politike."** *Po a po zbatohet ajo sot me luften ruso-ukrainase!?*

Këshilli i Përhershëm i Përbashkët do të sigurojë një mekanizëm për konsultime, koordinim dhe, në masën maksimale të mundshme, kur është e përshtatshme, për vendime të përbashkëta dhe veprime të përbashkëta në lidhje me çështjet e sigurisë me interes të përbashkët. Konsultimet nuk do të shtrihen në çështjet e brendshme as të NATO-s, të vendeve anëtare të NATO-s apo të Rusisë.

Objektivi i përbashkët i NATO-s dhe Rusisë është të identifikojnë dhe të ndjekin sa më shumë mundësi për veprim të përbashkët. Ndërsa marrëdhënia zhvillohet, ata presin që të shfaqen mundësi shtesë për veprim të përbashkët.

Këshilli i Përhershëm i Përbashkët do të jetë vendi kryesor i konsultimit midis NATO-s dhe Rusisë në kohë krize ose për çdo situatë tjetër që ndikon në paqen dhe stabilitetin.

Mbledhjet e jashtëzakonshme të Këshillit do të zhvillohen krahas mbledhjeve të tij të rregullta, për të mundësuar konsultime të shpejta në rast emergjencash.

Në këtë kontekst, NATO dhe Rusia do të konsultohen brenda Këshillit të Përbashkët të Përhershëm, në rast se një nga anëtarët e Këshillit percepton një kërcënim për integritetin e saj territorial, pavarësinë politike ose sigurinë.

Veprimtaritë e Këshillit të Përbashkët të Përhershëm do të ndërtohen mbi parimet e reciprocitetit dhe transparencës. Gjatë konsultimeve dhe bashkëpunimit të tyre, NATO dhe Rusia do të informojnë njëra-tjetrën në lidhje me sfidat përkatëse të sigurisë me të cilat përballen dhe masat që secili synon të marrë për t'i trajtuar ato.

Dispozitat e këtij ligji nuk i japin NATO-s ose Rusisë, në asnjë mënyrë, të drejtën e vetos mbi veprimet e tjetrit dhe as nuk cenojnë ose kufizojnë të drejtat e tyre për vendimmarrje dhe veprim të pavarur. Ata nuk mund të përdoren si mjet për të dëmtuar interesat e shteteve të tjera.

Këshilli i Përbashkët i Përhershëm do të takohet në nivele të ndryshme dhe në forma të ndryshme, sipas temës dhe dëshirave të NATO-s dhe Rusisë.

Këshilli i Përbashkët i Përhershëm do të takohet në nivel të Ministrave të Jashtëm dhe në nivel të Ministrave të Mbrojtjes dy herë në vit, dhe gjithashtu çdo muaj në nivel të ambasadorëve/përfaqësuesve të përhershëm në Këshillin e Atlantikut të Veriut.

Ky këshill, mund të mblidhet gjithashtu, sipas rastit, në nivel të kryetarëve të shteteve dhe qeverive. Ai mund të krijojë komitete ose grupe pune, për subjekte ose fusha të veçanta bashkëpunimi në baza ad hoc ose të përhershme, sipas rastit.

Nën kujdesin e Këshillit të Përhershëm të Përbashkët, do të takohen gjithashtu përfaqësuesit ushtarakë dhe shefat e shtabit; mbledhjet e shefave të shtabit do të zhvillohen jo më pak se dy herë në vit, si dhe çdo muaj në nivel përfaqësuesish ushtarakë. Mund të thirren takime të ekspertëve ushtarakë, sipas rastit.

Këshilli në fjalë, do të kryesohet së bashku nga Sekretari i Përgjithshëm i NATO-s, një përfaqësues i një prej shteteve anëtare të saj, me rotacion dhe një përfaqësues i Rusisë.

Për të mbështetur punën e Këshillit, NATO dhe Rusia do të krijojnë strukturat e nevojshme administrative.

Rusia do të krijojë një mision në NATO, të kryesuar nga një përfaqësues në gradën e ambasadorit. Një përfaqësues i lartë ushtarak dhe stafi i tij do të jenë pjesë e këtij misioni për qëllime të bashkëpunimit ushtarak.

NATO ruan mundësinë e vendosjes së një pranie të përshtatshme në Moskë, modalitetet e së cilës mbeten për t'u përcaktuar.

Rendi i ditës për seancat e rregullta do të vendoset së bashku. Do të përpunohen aranzhimet organizative dhe rregullat e procedurës për Këshillin e Përbashkët të Përhershëm.

Këto marrëveshje, do të jenë në fuqi për mbledhjen inauguruese të Këshillit të Përbashkët të Përhershëm, i cili do të mbahet jo më vonë se katër muaj pas nënshkrimit të këtij akti.

Këshilli i Përbashkët i Përhershëm do të angazhohet në tre aktivitete të dallueshme:

• konsultimi për temat në seksionin III të këtij ligji dhe për çdo çështje tjetër politike ose të sigurisë të përcaktuar me pëlqim reciprok;

• në bazë të këtyre konsultimeve, zhvillimi i nismave të përbashkëta mbi të cilat NATO dhe Rusia do të bien dakord të flasin ose të veprojnë paralelisht;

• pasi të jetë arritur konsensusi gjatë konsultimeve, duke marrë vendime të përbashkëta dhe duke ndërmarrë veprime të përbashkëta rast pas rasti, duke përfshirë pjesëmarrjen, mbi baza të barabarta, në planifikimin dhe përgatitjen e operacioneve të përbashkëta, duke përfshirë operacionet paqeruajtëse nën autoriteti i Këshillit të Sigurimit të OKB-së ose përgjegjësia e OSBE-së.

Çdo veprim i ndërmarrë nga NATO ose Rusia, së bashku ose veçmas, duhet të jetë në përputhje me Kartën e Kombeve të Bashkuara dhe parimet qeverisëse të OSBE-së.

Duke njohur rëndësinë e thellimit të kontakteve ndërmjet organeve legjislative të shteteve pjesëmarrëse në këtë akt, NATO dhe Rusia do të inkurajojnë gjithashtu dialogun dhe bashkëpunimin e zgjeruar ndërmjet Asamblesë së Atlantikut të Veriut dhe Asamblesë Federale të Federatës Ruse.

Fushat për konsultim dhe bashkëpunim

Në ndërtimin e marrëdhënieve të tyre, NATO & Rusia do të fokusohen në fusha specifike me interes të përbashkët. Ata do të konsultohen dhe do të përpiqen të bashkëpunojnë në shkallën më të gjerë të mundshme në fushat e mëposhtme:

• **çështjet me interes të përbashkët** lidhur me sigurinë dhe stabilitetin në zonën euroatlantike ose me krizat konkrete, duke përfshirë kontributin e NATO-s dhe Rusisë për sigurinë dhe stabilitetin në këtë fushë;

• **parandalimi i konflikteve,** *(A punoi NATO për parandalimin e konfliktit ushtarak Ruso-Ukraine!?)* duke përfshirë diplomacinë parandaluese, menaxhimin e krizave dhe zgjidhjen e konflikteve duke marrë parasysh rolin dhe përgjegjësinë e OKB-së dhe OSBE-së dhe punën e këtyre organizatave në këto fusha;

• **operacionet e përbashkëta**, duke përfshirë operacionet paqeruajtëse, rast pas rasti, nën autoritetin e Këshillit të Sigurimit të OKB-së ose përgjegjësinë e OSBE-së, dhe nëse në raste të tilla përdoren Forcat e Përbashkëta të Kombinuara (CJTF), pjesëmarrja në to në një fazë të hershme.

Pjesëmarrja e Rusisë në Këshillin e Partneritetit Euro-Atlantik dhe Partneritetin për Paqe

• **Shkëmbimi i informacionit dhe konsultimi mbi strategjinë**, politikën e mbrojtjes, doktrinat ushtarake të NATO-s dhe Rusisë, dhe buxhetet dhe programet e zhvillimit të infrastrukturës;

• **çështjet e kontrollit të armëve**;

• **çështjet e sigurisë bërthamore**, në të gjithë spektrin e tyre;

• **parandalimi i përhapjes së armëve bërthamore, biologjike dhe kimike dhe mjeteve të shpërndarjes së tyre** (*të cilat sot ndodhen në Ukrainë dhe financohen nga qeveria federale amerikane, shënimi im K.K.*), luftimi i trafikut bërthamor dhe forcimi i bashkëpunimit në fusha specifike të kontrollit të armëve, duke përfshirë aspektet politike dhe të mbrojtjes të përhapjes;

• **Bashkëpunimi i mundshëm në Teatrin e Mbrojtjes Raketore**;

• **Rritja e sigurisë rajonale të trafikut ajror**, rritja e kapacitetit të trafikut ajror dhe shkëmbimet reciproke, sipas rastit, për të nxitur besimin nëpërmjet rritjes së masave të transparencës dhe shkëmbimit të informacionit në lidhje me mbrojtjen ajrore dhe aspektet e lidhura me menaxhimin/kontrollin e hapësirës ajrore. Kjo do të përfshijë eksplorimin e bashkëpunimit të mundshëm për çështjet e duhura të lidhura me mbrojtjen ajrore;

• **rritjen e transparencës, parashikueshmërisë dhe besimit reciprok** në lidhje me madhësinë dhe rolet e forcave konvencionale të shteteve anëtare të NATO-s dhe Rusisë;

• **shkëmbime reciproke, sipas rastit, për çështjet e armëve bërthamore**, duke përfshirë doktrinat dhe strategjinë e NATO-s dhe Rusisë;

• **koordinimin** e një programi të bashkëpunimit të zgjeruar ndërmjet institucioneve përkatëse ushtarake, siç detajohet më poshtë;

• **Ndjekja e bashkëpunimit të mundshëm** në lidhje me armatimet nëpërmjet lidhjes së Rusisë me Konferencën e Drejtorëve Kombëtarë të Armatimeve të NATO-s;

• shndërrimi i industrive të mbrojtjes;

• **zhvillimin e projekteve bashkëpunuese** të miratuara reciprokisht në fushat ekonomike, mjedisore dhe shkencore të lidhura me mbrojtjen;

• **kryerjen e iniciativave dhe ushtrimeve të përbashkëta** në përgatitjen e emergjencave civile dhe ndihma në fatkeqësi;

• **lufta kundër terrorizmit dhe trafikut të drogës**;

• **përmirësimin e të kuptuarit publik të marrëdhënieve** në zhvillim midis NATO-s dhe Rusisë, duke përfshirë krijimin e një qendre dokumentacioni të NATO-s ose zyrës së informacionit në Moskë.

Zona të tjera mund të shtohen me marrëveshje të përbashkët

IV. Çështjet Politiko-Ushtarake NATO dhe Rusia pohojnë dëshirën e tyre të përbashkët për të arritur stabilitet dhe siguri më të madhe në zonën euro-atlantike.

Shtetet anëtare të NATO-s përsërisin se nuk kanë asnjë qëllim, asnjë plan dhe asnjë arsye për të vendosur armë bërthamore në territorin e anëtarëve të rinj, as nevojë për të ndryshuar ndonjë aspekt të qëndrimit bërthamor të NATO-s ose politikës bërthamore dhe nuk parashikojnë ndonjë nevojë në të ardhmen. për ta bërë këtë.

Kjo nënkupton faktin se NATO ka vendosur që nuk ka asnjë qëllim, asnjë plan dhe asnjë arsye për të krijuar vende të ruajtjes së armëve bërthamore në territorin e atyre anëtarëve, qoftë përmes ndërtimit të objekteve të reja të ruajtjes bërthamore ose përshtatjes së objekteve të vjetra të ruajtjes bërthamore.

Vendet e magazinimit bërthamor kuptohen se janë objekte të projektuara posaçërisht për stacionimin e armëve bërthamore dhe përfshijnë të gjitha llojet e objekteve të ngurtësuara mbi ose nën tokë (bunkerë magazinimi ose kasaforta) të projektuara për ruajtjen e armëve bërthamore.

Duke njohur rëndësinë e përshtatjes së Traktatit për Forcat e Armatosura Konvencionale në Evropë (CFE) për kontekstin më të gjerë të sigurisë në zonën e OSBE-së dhe punën për një model të përbashkët dhe gjithëpërfshirës të sigurisë për Evropën për shekullin njëzet e një, shtetet anëtare e NATO-s dhe Rusisë do të punojnë së bashku në Vjenë me Shtetet e tjera palë, për të përshtatur Traktatin CFE, për të rritur qëndrueshmërinë dhe efektivitetin e tij, duke marrë parasysh ndryshimin e mjedisit të sigurisë në Evropë dhe interesat legjitime të sigurisë të të gjitha shteteve pjesëmarrëse të OSBE-së.

Ata ndajnë objektivin për të lidhur një marrëveshje përshtatjeje sa më shpejt që të jetë e mundur dhe, si hap i parë në këtë proces, ata, së bashku me shtetet e tjera palë në Traktatin CFE, do të përpiqen të përfundojnë sa më shpejt të jetë e mundur një marrëveshje kuadër që përcakton elemente të një Traktati të përshtatur CFE, në përputhje me objektivat dhe parimet e Dokumentit mbi Fushëveprimin dhe Parametrat e rënë dakord në Lisbonë në dhjetor 1996.

NATO dhe Rusia, besojnë se një qëllim i rëndësishëm i përshtatjes së Traktatit CFE duhet të jetë një ulje e konsiderueshme e sasisë totale të Pajisjeve të Kufizuara të Traktatit të lejuara në fushën e zbatimit të Traktatit, në përputhje me kërkesat legjitime të mbrojtjes të çdo Shteti Palë.

Ato inkurajojnë të gjitha shtetet palë në Traktatin CFE, që të marrin në konsideratë reduktimet në të drejtat e tyre të pajisjeve CFE, si pjesë e një përpjekjeje të përgjithshme, për të arritur nivele më të ulëta të pajisjeve, që janë në përputhje me transformimin e mjedisit të sigurisë në Evropë.

Shtetet anëtare të NATO-s dhe Rusia angazhohen të ushtrojnë vetëpërmbajtje, gjatë periudhës së negociatave, siç parashikohet në Dokumentin mbi Fushëveprimin dhe Parametrat, në lidhje me qëndrimet dhe aftësitë aktuale të forcave të tyre të armatosura konvencionale, veçanërisht në lidhje me nivelet e tyre të forcat dhe dislokimet, në fushën e zbatimit të Traktatit, me qëllim që të shmangen zhvillimet në situatën e sigurisë në Evropë, duke zvogëluar sigurinë e çdo shteti palë.

Ky angazhim është pa paragjykim ndaj vendimeve të mundshme vullnetare nga shtetet palë individuale për të reduktuar nivelet ose dislokimet e tyre të forcave, ose për interesat e tyre legjitime të sigurisë.

Shtetet anëtare të NATO-s dhe Rusisë vazhdojnë në bazën se përshtatja e Traktatit CFE, duhet të ndihmojë për të garantuar siguri të barabartë për të gjitha shtetet palë, pavarësisht nga anëtarësimi i tyre në një aleancë politiko-ushtarake, si për të ruajtur dhe forcuar stabilitetin dhe për të vazhduar parandalimin e çdo destabilizimi, shtimi i forcave në rajone të ndryshme të Evropës dhe në Evropë në tërësi.

Një Traktat i përshtatur CFE, duhet gjithashtu të rrisë më tej transparencën ushtarake nëpërmjet shkëmbimit dhe verifikimit të zgjeruar të informacionit dhe të lejojë anëtarësimin e mundshëm të shteteve të reja palë.

Shtetet anëtare të NATO-s dhe Rusia u propozojnë shteteve të tjera palë të CFE-së që të kryejnë një përshtatje të tillë të Traktatit CFE në mënyrë që t'u mundësojë shteteve palë të arrijnë, nëpërmjet një procesi transparent dhe bashkëpunues, në përfundime në lidhje me reduktimet që mund të jenë të përgatitura për të ndërmarrë dhe si rezultat kombëtar.

Tavanet e pajisjeve të kufizuara sipas Traktatit

Këto do të kodifikohen më pas si kufij detyrues në Traktatin e përshtatur për t'u rënë dakord me konsensus të të gjitha **Shteteve Palë** dhe do të rishikohen në vitin 2001 dhe në intervale pesëvjeçare më pas.

Duke vepruar kështu, Shtetet Palë do të marrin parasysh të gjitha nivelet e pajisjeve të kufizuara sipas Traktatit të vendosura për zonën e Atlantikut në Urale nga Traktati origjinal CFE, reduktimet thelbësore që janë kryer që atëherë, ndryshimet në situata në Evropë dhe nevoja për të garantuar që siguria e asnjë shteti të mos zvogëlohet.

Shtetet anëtare të NATO-s dhe Rusisë ripohojnë se shtetet palë në Traktatin CFE duhet të mbajnë vetëm aftësi të tilla ushtarake, individualisht ose në lidhje me të tjerët, të cilat janë në përpjesëtim me nevojat legjitime të sigurisë individuale ose kolektive, duke marrë parasysh detyrimet e tyre ndërkombëtare, duke përfshirë CFE-në. Traktati.

Secili shtet palë, do t'a bazojë marrëveshjen e tij me dispozitat e Traktatit të përshtatur në të gjitha tavanet kombëtare të Shteteve Palë, në parashikimet e tij për situatën aktuale dhe të ardhshme të sigurisë në Evropë.

Përveç kësaj, në negociatat për përshtatjen e Traktatit CFE, shtetet anëtare të NATO-s dhe Rusia, së bashku me shtetet e tjera palë, do të përpiqen të forcojnë stabilitetin duke zhvilluar më tej masat për të parandaluar çdo grumbullim potencialisht kërcënues të forcave konvencionale në rajonet e Evropës, duke përfshirë Evropën Qendrore dhe Lindore.

NATO dhe Rusia, kanë sqaruar synimet e tyre në lidhje me qëndrimet e tyre të forcave konvencionale në mjedisin e ri të sigurisë në Evropë dhe janë të përgatitur të konsultohen për evoluimin e këtyre qëndrimeve në kuadrin e Këshillit të Përhershëm të Përbashkët.

NATO rithekson se në mjedisin aktual dhe të parashikueshëm të sigurisë, Aleanca do të kryejë misionet e saj të mbrojtjes kolektive dhe misionet e tjera duke siguruar ndërveprueshmërinë, integrimin dhe aftësinë e nevojshme për përforcim në vend të stacionimit të përhershëm shtesë të forcave të konsiderueshme luftarake.

Rrjedhimisht, do të duhet të mbështetet në infrastrukturën adekuate në përpjesëtim me detyrat e mësipërme.

Në këtë kontekst, përforcimi mund të bëhet, kur është e nevojshme, në rast të mbrojtjes kundër kërcënimit të agresionit dhe misioneve në mbështetje të paqes në përputhje me Kartën e Kombeve të Bashkuara dhe parimet qeverisëse të OSBE-së, si dhe për ushtrime në përputhje me CFE-në e përshtatur.

Traktati, dispozitat e Dokumentit të Vjenës 1994 dhe masat e transparencës të miratuara reciprokisht. Rusia do të ushtrojë kufizime të ngjashme në dislokimet e saj të forcave konvencionale në Evropë.

Shtetet anëtare të NATO-s dhe Rusia do të përpiqen për transparencë më të madhe, parashikueshmëri dhe besim të ndërsjellë në lidhje me forcat e tyre të armatosura.

Ata do të respektojnë plotësisht detyrimet e tyre sipas Dokumentit të Vjenës 1994 dhe do të zhvillojnë bashkëpunim me shtetet e tjera pjesëmarrëse të OSBE-së, duke përfshirë negociatat në formatin e duhur, ndër të tjera brenda OSBE-së për të promovuar besimin dhe sigurinë.

Shtetet anëtare të NATO-s dhe Rusia do të përdorin dhe përmirësojnë regjimet ekzistuese të kontrollit të armëve dhe masat e ndërtimit të besimit për të krijuar marrëdhënie sigurie të bazuara në bashkëpunimin paqësor.

Nga ana e tjetër, **NATO dhe Rusia**, për të zhvilluar bashkëpunimin ndërmjet institucioneve të tyre ushtarake, do të zgjerojnë konsultimet dhe bashkëpunimin politiko-ushtarak, përmes Këshillit të Përhershëm të Përbashkët, me një dialog të zgjeruar midis autoriteteve të larta ushtarake të NATO-s dhe shteteve anëtare të saj dhe të Rusisë.

Ata do të zbatojnë një program të aktiviteteve ushtarake të zgjeruara ndjeshëm dhe bashkëpunimit praktik midis NATO-s dhe Rusisë në të gjitha nivelet.

Në përputhje me parimet e Këshillit të Përbashkët të Përhershëm, *ky dialog i zgjeruar ushtarak-ushtarak do të ndërtohet mbi parimin që asnjëra palë nuk e sheh tjetrën si kërcënim dhe as nuk kërkon të dëmtojë sigurinë e tjetrës.*

Ky dialog i zgjeruar ushtarak-ushtarak do të përfshijë informime reciproke të planifikuara rregullisht mbi NATO-n dhe doktrinën ushtarake ruse, strategjinë dhe qëndrimin e forcës rezultante dhe do të përfshijë mundësitë e gjera për stërvitje dhe trajnime të përbashkëta.

Për të mbështetur këtë dialog të zgjeruar dhe komponentët ushtarakë të Këshillit të Përbashkët të Përhershëm, NATO dhe Rusia do të krijojnë misione ndërlidhëse ushtarake në nivele të ndryshme mbi bazën e reciprocitetit dhe marrëveshjeve të mëtejshme reciproke.

Për të rritur partneritetin e tyre dhe për të siguruar që ky partneritet të jetë i bazuar në masën më të madhe të mundshme në aktivitetet praktike dhe bashkëpunimin e drejtpërdrejtë, autoritetet ushtarake përkatëse të NATO-s dhe Rusisë do të eksplorojnë zhvillimin e mëtejshëm të një koncepti për operacionet e përbashkëta paqeruajtëse NATO-Rusi.

Kjo nismë duhet të bazohet në përvojën pozitive të punës së bashku në Bosnje dhe Hercegovinë, dhe mësimet e nxjerra atje do të përdoren në krijimin e Task Forcave të Përbashkëta të Kombinuara.

BANDERASIT NAZISTË DJE E SOT DHE PASUESIT E TIJ NEO-NAZISTËVE TË BATALIONIT AZÓV NË LUFTËN RUSO-UKRAINASE

Mashtruesi: *"38 miliardë dollarë për të kompensuar defiçitin e buxhetit tonë për vitin e ardhshëm. Këtu përfshihen pagat dhe pensionet. Kjo është garancia e mbijetesës së popullit ukrainas. Dhe 17 miliardë dollarë të tjerë, që u verifikuan nga Banka Botërore dhe nevojiteshin për të rindërtuar infrastrukturën kritike, në kuadrin e RDNA. Këto janë: shkollat, spitalet, transporti kritik dhe rindërtimi i infrastrukturës, sikurse gjithashtu, banesat e dëmtuara."* **– se pinjollët do të ngrihen për këtë. Çfarë qeverie!!! Çdo politikan amerikan, që voton të dërgojë një qindarkë, Nuk duhet të kthehet në detyrë.** - Steve **Bannon**

Forcat ukrainase janë ende aktive, janë tërësisht të rrethuara, të prera dhe të izoluara në qytete të ndryshme. Forcat ukrainase, nuk janë të afta për asgjë, përveç një sulmi të rastësishëm me gjilpërë ndaj diçkaje që nuk duket të jetë shumë e fuqishme apo e rrezikshme. Pra, lufta, për të gjitha qëllimet është vendosur. ...Gënjeshtra më e madhe, që kam dëgjuar të përsëritet në televizion është: "Trupave ruse u është thënë të vrasin qëllimisht civilë, civilë ukrainas!!!" Është absurd, është e pakuptimtë. Asgjë nuk mund të jetë më larg nga e vërteta. Rusët, do të jenë të suksesshëm në atë që kanë vendosur të bëjnë" - **Kolonel Doug Macgregor, Këshilltari i Pentagonit, për Luftën Rusi-Ukrainë**

"Është e qartë për ne, se patronët perëndimorë thjesht po i shtyjnë autoritetet e Kievit të vazhdojnë gjakderdhjen. Ata furnizohen me sasi armësh të reja, me informacionet e zbulimit, japin edhe ndihma të tjera, përfshirë dërgimin e këshilltarëve ushtarakë dhe mercenarëve. Ne po bindemi, se fati i vet popullit të Ukrainës, nuk ka vlerë për regjimin e Kievit. Po ndihen indirferentë, për faktin që njerëzit po vdesin, se miliona janë bërë refugjatë, se një katastrofë e vërtetë humanitare po ndodh në qytetet e mbajtura nga neo-nazistët dhe kriminelët, të liruar nga burgjet." - **Vladimir Putin, President i Federatës Ruse**, Moskë, më 16 Mars 2022

"Zgjerimi i NATO-s, do të jetë gabimi fatal i politikës amerikane, në të gjithë epokën pas Luftës së Ftohtë." - **J. Kennan, 1997**

Termi, levizja, doktrina dhe fenomeni Neo-Nazizmi me shpërndarje gjeografike sot në botë

Neo-Nazizmi (organizatë e ngjashme me **Partinë Naziste Gjermane**), përfshin lëvizjet militante, sociale dhe politike të pas Luftës së Dytë Botërore (WWII), që kërkojnë të ringjallin dhe rivendosin ideologjinë naziste.

Termi neo-nazizëm, përshkruan çdo lëvizje militante, sociale ose politike të pas Luftës së Dytë Botërore që kërkon të ringjallë ideologjinë e nazizmit tërësisht ose pjesërisht. *Neo-Nazizëm*, mund t'i referohet gjithashtu ideologjisë së lëvizjeve, të cilat mund të huazojnë elemente nga doktrina bazë naziste e mëparshme etj.

Mohimi i Holokaustit, është një tipar i zakonshëm, sikurse është edhe përfshirja e simboleve naziste dhe admirimi i idhullit të tyre pararendës Adolf Hitlerit. Neo-nazizmi konsiderohet një formë e veçantë e politikës së ekstremit ekstremizmit të krahut të djathtë, ndonëse historikisht dihet se baza e ideologjisë së saj asokohe në fillim ishte socialdemokrate me zanafillen e saj në Gjermani gjatë viteve 1930.

Shkrimtarët neo-nazistë, kanë parashtruar një doktrinë propogandistike shpirtërore, ezoterike të racës supëriore, e cila shkon përtej racizmit shkencor materialist, kryesisht **të frymëzuar nga Charles Robert Darwin (1809-1882)**, i popullarizuar kryesisht në Anglosferë, gjatë shekullit të 20-të.[164]

---

[164] **Charles Robert Darwin (1809-1882),** ishte një natyralist anglez pjesëtar në **Royal Society** dhe themeloi teorinë e evolucionit sipas së cilës të gjitha krijesat zhvillohen me kalimin e kohës, e publikuar në librat e tij. Sipas tij zhvillimi i krijesave të gjalla që ndanin midis tyre të njëjtin paraardhës, ishte rrjedhojë e një procesi të quajtur **seleksionimi natyror** (përzgjedhja natyrore). **Evolucioni dhe seleksionimi natyror** ishin një ide shumë përparimtare për kohën dhe, pavarësisht kritikave e debateve të shumta, shumë shkencëtarë dhe njerëz të thjeshtë të kohës e pranuan atë si fakt. Megjithatë vetëm me themelimin e sintezës moderne evolucioniste nga vitet 1930 deri në 1950-n, u pranua se selektimi natyror ishte mekanizmi bazë i <u>evolucionit</u>. E thënë ndryshe, zbulimi shkencor i Darvinit është teoria bashkuese e shkencës natyrore duke shpjeguar diversitetin (larminë) e gjallesave. Në *Universitetin e Edinburgut*, Darvini i neglizhoi studimet mjekësore dhe ndihmoi në hetimin e gjallesave jovertebrore ujore. Udhëtimi i tij 5-vjeçar me anijen *Beagle* e bëri atë zyrtarisht një gjeolog të kualifikuar, studimet dhe *teoritë* e të cilit mbështetnin idetë e uniformiste të Charles Lyell-it. Publikimi i ditarit të tij, të mbajtur gjatë udhëtimit me Beagle-in, i dhanë atij famë të madhe. Duke studiuar larminë e gjallesave në vende të ndryshme të botës dhe <u>fosilet</u> e mbledhura gjatë udhëtimit të tij, Darvini thelloi studimet mbi transmutacionin e llojeve dhe formuloi <u>teorinë</u> e përzgjedhjes natyrore në vitin 1838. Edhe pse ai shpesh e diskutonte teorinë e vet me natyralistë të tjerë, atij iu desh kohë ta

Figura me ndikim në zhvillimin e racizmit neo-nazist, si Miguel Serrano dhe Julius Evola (*shkrimtarë që përshkruhen nga kritikët e nazizmit si Qendra Juridike e Varfërisë Jugore si me ndikim brenda asaj që ajo paraqet si pjesë të të çuditshmes skajet e nacionalsocializmit, e kaluara dhe e tashmja*), pretendojnë se paraardhësit hiperboreanë të arianëve ishin në të kaluarën e largët, qenie shumë më të larta se gjendja e tyre aktuale, duke vuajtur për shkak të përzierjes së popujve brenda shtetit dhe kontinentit; krijimet e supozuara të Demiurgut etj.

Brenda kësaj teorie, nëse **Arianët**, do të kthehen në Epokën e Artë të së kaluarës së largët, ata duhet të zgjojnë kujtesën e gjakut.

Shpesh *pretendohet një origjinë jashtëtokësore e Hiperboreanëve*. Këto teori marrin ndikim nga *gnosticizmi dhe tantrizmi*, duke u mbështetur në punën e *Ahnenerbe*. Brenda kësaj teorie raciste, hebrenjtë konsiderohen si antiteza e fisnikërisë, pastërtisë dhe bukurisë.

Sot Neo-nazistët, përdorin ideologjinë e tyre tradicionale të periudhës së errët të Luftës së Dytë Botërore, për të promovuar urrejtjen dhe supremacinë e bardhë dhe të tjera (*ndonëse dihet se antarë Neo-Nazi ka edhe në popujt me ngjyrë të Amerikës Latine, që gjithashtu janë njerëz me ngjyrë sikurse edhe në kontinentin e Afrikës, ku ndodhen banorët vendas me ngjyrë afrikanë*), sulmojnë pakicat racore dhe etnike (të cilat përfshijnë anti-semitizmin etj.), dhe në disa raste për të krijuar një shtet fashist, sipas modelit te **Adolf Hitlerit, Benito Musolinit** dhe militarizmit japonez (sipas boshtit ushtarak *Berlin-Romë-Tokio*).

Fenomeni global i Neo-Nazizmi, me përfaqësim të organizuar, është në shumë vende (shtete) dhe rrjete ndërkombëtare. Ai huazon elemente nga doktrina naziste, duke përfshirë anti-semitizmin, ultranacionalizmin, racizmin, ksenofobinë, aftësinë, homofobinë, anti-romanizmin, antikomunizmin dhe krijimin e një *Rajhu të Katërt*.

---

përfundonte me sukses shpjegimin e teorisë, ndërkohë që objektivi primar vazhdonte të ishte puna si gjeolog. Ai ishte akoma duke përpunuar teorinë në vitin 1858, kur Alfred Russel Vallace-i i dërgoi esenë e hartuar prej tij, në të cilën përshkruhej e njëjta ide, duke bërë kështu që të dyja esetë të publikoheshin si një e vetme. Libri i publikuar në 1859-n "Mbi origjinën e llojeve" (**On the Origin of Species**) themeloi evolucionin si shpjegimi më i saktë shkencor mbi diversitetin në natyrë të jetës. Ai ekzaminoi evolucionin njerëzor dhe selektimin/përzgjedhjen seksual/e në librin "Mbi prejardhjen e njeriut dhe selektimi në lidhje me seksin" (**The Descent of Man, dhe Selection in Relation to Sex**), libër i ndjekur nga libri tjetër "Shprehja e emocioneve tek njerëzit dhe kafshët." (**The Expression of the Emotions in Man and Animals**). Kërkimet e tij të mëtejshme mbi bimët u publikua në një seri librash të ndryshëm, ndërsa libri i tij i fundit bënte fjalë për krimbat e tokës dhe efektet e tyre mbi tokën bujqësore. Çarls Darvin ishte një nga pesë personat pa prejardhje mbretërore të cilit iu krye një shërbim funebër nga shteti në shekullin XIX. Ai u varros në Uestminister Abbey, pranë varreve të *John Herschel* dhe *Isaac Newton*.

Neo-nazistët, shfaqin rregullisht simbole naziste dhe shprehin admirim për Adolf Hitlerin dhe udhëheqësit e tjerë nazistë. Në disa vende europiane dhe të Amerikës Latine, ligjet ndalojnë shprehjen e pikëpamjeve pro-naziste, raciste, antisemitike ose homofobike. Shumë simbole të lidhura me nazistët janë të ndaluara në vendet europiane (veçanërisht në Gjermani) në një përpjekje për të kufizuar neo-nazizmin.

Shperndarja gjeografike e Neo-Nazizmit sot në botë

Shpërndarja gjeografike aktuale e Neo-Nazizmit, sot në mbarë botën, si: *Europë, Azi, Amerikën Latine, Afrikë, Amerikën e Veriut,* dhe kryesisht në shtetet si: *Belgjika, Bosnjë dhe Hercegovinë, Bullgaria, Kroacia, Republika Çeke, Danimarka, Estoni, Finlanda, Francë, Gjermani, Greqia, Hungari, Itali (me saktë si neo-fashizmi), Irlandë, Holandë, Polonia, Rusi, Serbia, Sllovaki, Spanjë, Suedi, Zvicër,* **Ukrainë***, Mbretëria e Bashkuar, Irani, Izraeli, Mongoli, Tajvan, Turqi, Brazili, Kanada, Kili, Kosta Rika, Per, Shtetet e Bashkuar, Uruguai dhe kontinentin e Afrikës.*

Mospranimi i kërcënimit neo-nazist po dobëson mbrojtjen kundër tij

Veteranët ukrainas të Batalionit Azov, të formuar nga një supremacist i bardhë, fatmirësisht janë të ndaluar të marrin ndihmën financiare nga SHBA, sepse ato vazhdimisht marrin pjesë në një marshimin e tipit nazist në Kiev. Organizimi më i madh publik i tyre i fundit i tyre ndodhi më 14 mars të vitit 2020.

Veprimi ushtarak i fundit nga Federata Ruse, është ndërmarrë për të de-nazifikuar, de-militarizuar vendin dhe udhëheqjen e tij.

Duke shprehur argumentin e tij, për hyrjen në territorin e fqinjit të tij, me tanke të blinduara dhe avionë luftarakë, Presidenti rus Vladimir Putin, ka deklaruar, se masa *ushtarake është ndërmarrë* **për të mbrojtur njerëzit**, dhe se Rusia *"do të përpiqet për de-militarizimin dhe de-nazifikimin e Ukrainës"* .

Holokausti me plumba

Presidenti ukrainas **Volodymyr Zelenskyy**, është hebre dhe ka thënë se anëtarët e familjes së tij u vranë, gjatë Luftës së Dytë Botërore.

Është gjithashtu e vërtetë, se Ukraina ka një problem të vërtetë nazist, si në të kaluarën në kohën e Luftës së Dytë Botërore, sikurse po ashtu edhe në të tashmen neo-naziste të ditëve tona.

Të mohosh historinë e vazhdueshme anti-semitiste të Ukrainës dhe bashkëpunimin me nazistët e Adolf Hitlerit, si dhe përqafimin e ditëve të mëvonshme të fraksioneve neo-naziste, në disa lagje të shtetit sllav, është absurditet.

Në prag të Luftës së Dytë Botërore, Ukraina, ishte shtëpia e një prej komuniteteve më të mëdha hebreje në Evropë, me vlerësime numerike deri në 2.7 milionë banorë, një numër i jashtëzakonisht i madh, duke marrë parasysh rekordin e gjatë të territorit të anti-semitizmit dhe masakrave.

Deri në fund të luftës, më shumë se gjysma e ebrejve do të humbiste jetën, si pasoj e përndjekjeve dhe masakrave kolektive, gjatë periudhës së errët të Luftës së Dytë Botërore (WWII).

Kur trupat naziste gjermane morën kontrollin e Kievit në vitin 1941, ata u mirëpritën nga pankartat dhe thirrjet *Heil Hitler (Lavdi Hitlerit).*

Menjëherë pas kësaj, afro 34,000 hebrenj së bashku me romët dhe *të padëshiruar* të tjerë, u mblodhën dhe marshuan, në fushat jashtë qytetit, me pretekstin e zhvendosjes, vetëm për t'u masakruar në atë që u bë e njohur si **Holokausti me plumba.**

Gryka e Babyn Yar, vazhdoi të mbushej si një varr masiv për dy vjet. *Me rreth 100,000 të vrarë atje, ai u bë një nga vendet më të mëdha të vrasjeve të vetme të Holokaustit, jashtë Aushvicit e Mat'hauzenit sikurse edhe e kampeve të tjera të vdekjes.*

Studiuesit vendas dhe të huaj, kanë vënë në dukje rolin kryesor, që kanë luajtur **vendasit ukrainas nazist të inkuadruar në Gestapo dhe SS**, në përmbushjen e urdhrave të nazistëve, për të vrarë në vend bashkatdhetarët e tyre.

Ebrejt, nazistët dhe neo-nazi sot

Në ditët e sotme, Ukraina numëron nga 56,000 deri në 140,000 hebrenj, *të cilët gëzojnë liri dhe mbrojtje të pa imagjinuara nga gjyshërit e tyre.* Kjo përfshin një ligj të përditësuar, të miratuar në shkurt 2022, që kriminalizon aktet anti-semitike.

Fatkeqësisht, ligji kishte për qëllim të trajtonte një rritje të theksuar në shfaqjet publike të fanatizmit urretjes, duke përfshirë **vandalizmin e ngarkuar me svastika të sinagogave dhe memorialeve hebreje**, dhe marshimet e frikshme në Kiev dhe qytete të tjera, që kremtonin me nderime **Waffen SS.**

Në një tjetër zhvillim ogurzi, Ukraina, ka ngritur vitet e fundit një sërë statujash përkujtimore, për nder të nacionalistëve ukrainas dhe nazistëve, trashëgimia e të cilëve është e njollosur nga rekordi i tyre i padiskutueshëm si përfaqësues të zellshëm nazist.

Gazeta Forward, katalogoi disa nga këto të mjerueshme, duke përfshirë **kryenazistin Stepán Andríyovyč Bandera**, udhëheqësin e Organizatës së Nacionalistëve Ukrainas (OUN), pasuesit e së cilës vepronin si anëtarë të milicisë locale, për SS dhe ushtrinë gjermane.

"Ukraina, ka disa dhjetëra monumente dhe shumë emra rrugësh me emtin Stepan Bandera, që lavdërojnë këtë bashkëpunëtor të nazistëve, mjaftueshëm për të kërkuar dy faqe të veçanta të Wikipedia-s," shkroi Forward.

Një tjetër i nderuar i shpeshtë, është **Roman Shukhevych**, i nderuar si një luftëtar ukrainas i lirisë, por edhe drejtuesi i një njësie policore ndihmëse të frikshme naziste, sipas të cilit Forward ishte *"përgjegjës për therjen e mijëra hebrenjve dhe ... polakëve"*.

Statujat, janë ngritur gjithashtu për **Yaroslav Stetsko**, një kryetar i dikurshëm i OUN, i cili, shkroi: *"Unë, insistoj në shfarosjen e hebrenjve në Ukrainë"*.

Grupet e ekstremit të djathtë, kanë fituar gjithashtu monedhë politike në dekadën e fundit, asgjë më e frikshme se **Svoboda** (ish Partia Sociale Kombëtare e Ukrainës), lideri i së cilës pretendonte se vendi kontrollohej nga një *"mafia muskovite-hebreje"* dhe zëvendësi i të cilit përdorte një anti-semitik, sharje, për të përshkruar aktoren hebreje me origjinë ukrainase Mila Kunis.

Svoboda, ka dërguar disa anëtarë në Parlamentin e Ukrainës, duke përfshirë një person, që e quajti Holokaustin një *"periudhë të ndritshme"* në historinë njerëzore, sipas Foreign Policy.

Po aq shqetësuese ëshë situata atje, sa që neo-nazistët janë pjesë e disa prej gradave në rritje të batalioneve vullnetare Azov në Ukrainë, që janë të integruar në Garden Kombëtare të vendit.

Ato kontrollojnë të gjithë Ukrahinën, Presidencën dhe Presidentin ebrej, të gjithë nivelet e Ushtrisë, Garden Kombëtare Ukrainase, bisneset, oligarkët, mediat, propagandën, memorien e shkuar të periudhës së Luftës së Dytë Botërore (WWII) dhe të sotmen historike të vendit sllav, ish mbështeti kryesor i Gjermanisë Naziste në Lindje…, ku kishte mbi 85,000 antarë nazist të SS etj.[165]

Ata janë forcuar nga beteja në betejë, pasi kanë zhvilluar disa nga luftimet më të ashpra në rrugë, kundër separatistëve të mbështetur nga Moska në Ukrainën lindore, pas pushtimit të Krimesë nga Federata Ruse, në vitin 2014.

Njëri prej tyre është **Batalioni Neo-Nazi Azov**, i themeluar nga një supremacist i bardhë i shpallur, i cili pretendonte se qëllimi kombëtar i Ukrainës ishte të çlironte vendin nga hebrenjtë dhe prej racave të tjera inferiore.[166]

Në vitin 2018, gjatë Precidencës së republikanit Donald J. Trump (2016-2020), Kongresi i SHBA-së përcaktoi se ndihma e tij për Ukrainën nuk mund të përdorej *"për të ofruar armë, stërvitje ose ndihmë tjetër për Batalionin Azov"*.[167]

Megjithatë, **Azov tani është një anëtar zyrtar i Gardës Kombëtare të Ukrainës**. Vetë gjyshërit e mi duhej të iknin nga Ukraina perëndimore, për t'i

---

[165] https://www.youtube.com/watch?v=bltsSD8QtU4
[166] https://www.youtube.com/watch?v=2fMiXyV61UY
[167] https://www.youtube.com/watch?v=2fMiXyV61UY

shpëtuar persekutimit dhe është tragjike të shohësh që ky cikël të vazhdojë tha Presidenti i Ukrainës **Volodymyr Zelensky**.

Nëse vendi kalon në kaos dhe kryengritje, hebrenjtë mund të jenë sërish në rrezik nga disa nga bashkëqytetarët e tyre. Mospranimi i këtij kërcënimi do të thotë se pak po bëhet për t'u mbrojtur kundër tij.[168]

Por edhe nëse disa elementë të vendit janë ngatërruar me një nga lëvizjet më të neveritshme të historisë, qëndrimi me Ukrainën është pa dyshim qëndrimi i duhur, që duhet marrë në këtë dramë.

Shtetet e Bashkuara po korrin atë që mbollën në Ukrainë prej vitesh, përmes korrupsionit të familjes Biden me kompaninë gaznxjerrëse Burisma dhe nga vetë korrupsioni i madh i administratës dhe Presidentit ebrej të vendit.

Qeveria amerikane dhe NATO, vazhdojnë dërgimin e armëve dhe mercenarëve nga Afrika etj., në Ukrainë, duke përshkallëzuar gjasat për jetëgjatësinë apo mbajtjen e gjallë të luftës mes popujve sllavë në kufi mes Ukrainës dhe Federatë Ruse.[169]

Ata në vend që dërgojnë diplomatë, për të zhvilluar bisedime, për vendosjen e Paqes dhe ndalimin e luftimeve mes dy popujve sllavë kufitarë, po dërgojnë gjithnjë e më shumë fonde rreth 13.8 billion dollarë, po rekrutojnë mercenarë nga e gjithë bota (kryesisht vendet e varfëra) dhe armatime të reja në frontin e luftës.

 Nga ana e tjetër, Bashkimi Europian, po përdor *"Fondin Evropian të Paqes"* (ose, me fjalë të tjera ***Fondin e Luftës***), për të financuar furnizimin me armë të reja vdekjeprurëse Ukrainën, ***pjesa më e madhe e armatimeve bie në dorë të Batalionit Neo-Nazi Azov.***

Në lidhje me këtë, dëshirojmë të kujtojmë fjalët e Presidentit rus **Vladimir Putin**, më 16 mars 2022.

"Është e qartë për ne se patronët perëndimorë thjesht po i shtyjnë autoritetet e Kievit të vazhdojnë gjakderdhjen. Ata furnizohen me tufa armësh të reja, me informacionet e zbulimit, japin edhe ndihma të tjera, përfshirë dërgimin e këshilltarëve ushtarakë dhe mercenarëve. Ne po bindemi se fati i vet popullit të Ukrainës nuk ka vlerë për regjimin e Kievit. Po ndihen indirferentë për faktin që njerëzit po vdesin, se miliona janë bërë refugjatë, se një katastrofë e vërtetë humanitare po ndodh në qytetet e mbajtura nga neonazistët dhe kriminelët, të liruar nga burgjet."

E habitshme dhe e pakuptimtë është për popullin taksapagues amerikanë, se si administrata e papërgjishme Biden, Kongresi me Senatin e kontrolluar nga socialkomunistë "demokratë" amerikanë, vetëm brenda 9 orëve miratuan fonde të reja shtesë financiare, për ushtrinë e Ukrainës (*e cila kontorllohet nga Batalioni Neo-Nazi Azov*), që kontrollohet nga neo-naziztët, kurse për vetë

---

[168] https://www.youtube.com/watch?v=5SBo0akeDMY
[169] https://www.youtube.com/watch?v=5SBo0akeDMY

qytetarët amerikanë iu desh 2 vjet për të miratuar ndihmën ekonomike me thërrime buke prej $600 për qytetarët amerikane për *Plandeminë Covid-19*.

Të dyja Shtetet e Bashkuara dhe Rusia pretendojnë se përshkallëzimi i tyre në Ukrainë janë mbrojtëse, duke iu përgjigjur kërcënimeve nga pala tjetër.

Spiralja e përshkallëzimit veprimeve ushtarake vetëm sa e bën luftën më të ashpër. Presidenti ukrainas Volodymyr Zelensky po paralajmëron se "paniku" i udhëheqësve të SHBA-së me Biden dhe Perëndimin, duke përfshirë premtimet boshe të NATO-s, po shkakton tashmë destabilizimin ekonomik në Ukrainë, vendin më të varfër dhe korruptuar të Evropës Lindore.

Interesi i SHBA-së dhe NATO-s në Ukrainë, nuk është në të vërtetë për zgjidhjen e problemit me rrugë diplomatike ndëkombëtare të dallimeve rajonale, por për të realizuar ambienciet e tyre strategjike anti-ruse, për mbajtur luftën e ndezur dhe sa më gjatë, edhe pse fatkeqsisht po humbin jetës mijëra njerëz të pafajshëm nga dy palët kufitar të përfshirë në konflikt...

Gjermania, me mençuri po refuzon të dërgojë më shumë armë në Ukrainë, në përputhje me politikën e saj të gjatë për të mos dërguar armë në zonat e konfliktit.

Ralf Stegner, një anëtar i lartë i Parlamentit për Social Demokratët në pushtet të Gjermanisë, i tha BBC-së se procesi Minsk-Normandi për të cilin u pajtuan Franca, Gjermania, Rusia dhe Ukraina në vitin 2015 është ende kuadri i duhur për t'i dhënë fund luftës civile.

"Marrëveshja e Minskut nuk është zbatuar nga të dyja palët," tha Stegner, *"dhe thjesht nuk ka kuptim të mendohet se rritja e mundësive ushtarake do ta bënte atë më mirë. **Unë mendoj, se është ora e diplomacisë.**"*

Në të kundërt, shumica e politikanëve dhe mediave të korporatave amerikane kanë rënë në përputhje me një narrativë të njëanshme, që përshkruan Rusinë si agresore në Ukrainë dhe mbështet dërgimin e më shumë armëve vrastare, për forcat e qeverisë ukrainase.

Demokracia juaj, është puna juaj: Njerëzimi nuk është vetëm Europa dhe SHBA

(Lionel Zinsou figura legjendare afrikane)

*"Tani dëgjojmë vetëm për krizën në Ukrainë, për sanksionet anti-ruse, për naftën, gazin... Por a e kuptoni se çfarë do të thotë kjo krizë për Afrikën? Rusia po na dorëzon grurë dhe misër. E gjithë logjistika po kalon përmes Detit të Zi. Dhe bota afrikane është bërë e frikësuar nga ajo që po ndodh. **E tmerrshme për veprimet e Shteteve të Bashkuara dhe Bashkimit Evropian.**"* - Lionel **Zinsou**

Ju nuk mund t'i mashtroni afrikanët me historitë hipikrite për demokracinë

Këto janë përrallat tuaja, për konsum shtëpiak. Shumica e elitës afrikane është e formuar në Bashkimin Sovjetik, mjekë, inxhinierë, pilotë, profesorë, shkencëtarë.

Rusët, ishin të vetmit evropianë që dekolonizuan Afrikën. Dhe Afrika nuk e harron këtë. Ashtu si **Afrika nuk harron mizoritë evropiane.**

Nëse e keni vënë re, vendet afrikane nuk e kanë mbështetur rezolutën e OKB-së, që dënon Rusinë. Dhe ata kurrë nuk do të mbështesin asnjë rezolutë kundër Rusisë.

Kjo fshihet në nënvetëdijen e çdo afrikani: Rusia po bën mirë, pavarësisht se çfarë mendoni për të. Ajo është konstante. E gjithë Afrika Qendrore, Republika Afrikane dhe Mali gjithashtu janë të lira.

Atë që evropianët nuk e bënë dot në dekada, rusët e bënë brenda një viti. Më parë në Republikën Afrikës Qendrore kishte grupe banditësh, tani ka një shtet të vërtetë.

Ju drejtohem diplomacisë franceze: kërkoni zgjidhje për problemin tuaj sa më parë, sepse **nëse brenda një muaji nuk mbaron ky konflikt, Afrika do të rrumbullakoset.**

Për ju, problemet me energjinë janë parësore. Në rastin më të keq, do të keni më pak nxehtësi dhe më pak makina, por për Afrikën do të jetë uri! **Dëgjoni çfarë po ju them, një krizë në Afrikë do të shkaktojë shkatërrimin e Europës.**

Zgjohuni, kërkoni zgjidhje diplomatike. Dhe mos harroni shtete si: India, Kina, Japonia mbështesin Rusinë. **Afrika si kontinent mbështet Rusinë.**

Nuk dua të flas për demokraci dhe nuk do me qetësoni si afrikan me histori për Ukrainën e palumtur dhe thirrjet e njerëzimit.

Njerëzimi, nuk është vetëm Europa dhe SHBA. Demokracia juaj, është puna juaj.

Nuk kemi nevoj të na impononi idete tuaja, se si duhet të jetojmë ne afrikanët. Edhe një herë! Kërkoni angazhim, lërini diplomatët të bëjnë punën. Koha është kundër vetvetes!" (*Marrë nga Raisa Ekaterina Ivatenko*)

Presidenti Zelensky në video para Parlamentit të Izraelit (Knesset)

Më datë **20 mars 2022**, gjatë mesazhit të tij drejtuar, përmes një videoje, deputetëve të parlamentit izraelit (Knesset), Presidenti i Ukrainës, Zelensky paralelizoi datën e fillimit të operacionit ushtarak special në Ukrainë, me ngjarjen historike të themelimit më 24 shkurt 1920 në Gjermani të Partisë Nacional-socialiste Gjermane të Punës.

Megjithatë, ai si ebrej nuk tha asnjë fjalë, se pikërisht në Ukrainë, nga viti 2014, po ndodh shtrembërimi i qëllimshëm i ngjarjeve historike, shfajësimi i bashkëpunëtorëve nazistë, minimizimi i rëndësisë historike dhe rolit të madh të popullit sovjetik në fitoren gjatë Luftës së Dytë Botërore, kundër Gjermanisë naziste, përkrahja e manifestimeve të sotme të ksenofobisë, nacionalizmit dhe neo-nazizmit.

Gjithashtu, në vitin 2014, Ukraina nisi të kundërshtoj me forcë **Rezolutën** *e Përvitshme të Asamblesë së Përgjithshme të OKB-së* "**Për luftën kundër hero-izimit të nazizmit, neo-nazizmit dhe ksenofobisë**", mbi Mizoritë e Organi-zatës së Nacionalistëve Ukrainas, Ushtrisë Kryengritëse të Ukrainës, *që gjatë Luftës së Dytë Botërore, ka vrarë mijëra civilë* (**100.000 vetë**, *duke përfshirë këtu gra dhe fëmijë*), *përfshirë ukrainas, rusë, hebrenj* (**35.000 vetë**, *duke përfshirë këtu gra dhe fëmijë*), *polakë etj, sot interpretohen nga Kievi si luftë për liri.*

Në Ukrahinë veprojnë hapur formacione paraushtarake neo-naziste

Ukraina, është i vetmi shtet në OSBE, në të cilin **njësitë naziste (Sektori i Djathtë), janë inkorporuar në strukturat e rendit. Batalioni Azov, që është pjesë e Gardës Kombëtare të Ukrainës, përdor si simbol ruantet SS dhe simbolika të tjera të disa njësive special ushtarake SS.**

Pavarësisht nga mospranimi i pjesës më të madhe të shoqërisë ukrainase, kësaj të fundit i janë imponuar apo reabilituar me detyrim, si orientues moralë, apologjetë të tillë të nacionalizmit ukrainas, si: **S. Petlura, E. Konovalec, Stepan Bandera, R. Shuckhevich, J. Stecko, A. Melnik etj.**

Interpretimet e shtrembëruara të ngjarjeve historike, kanë për synim kul-tivimin e një qëndrimi (përceptimi) nacionalist tek masat e gjera të popullsisë, para së gjithash, rinisë të ditëve tona.

Kursi i revizionizmit historik dhe glorifikimi i bashkëpunëtorëve nazistë, vazhdon të mbetet bazë e politikës ideologjike në vend.

Kështu në muajin *dhjetor 2021, Parlamenti i Ukrainës, miratoi festimin zyrtar të 80-vjetorit të krijimit të Ushtrisë Kryengritëse të Ukrainës, ndërsa këshillet vendore të rretheve të Ivanovo-Frankovsky-t dhe Lvovit shpallën vitin 2022 vitin e Ushtrisë Kryengritëse të Ukrainës.*

Në nivel shtetëror, vazhdon formimi i sistemit *"të edukimit patriotik"* të rin-isë **që bazohet në një rusofobi agresive**, të ushqyerit e brezit të ri me ide-ologjinë e nacionalizmit dhe ksenofobisë, si edhe vlerësimi i pjesëmarrësve të *lëvizjes nacional-çlirimtare*, që bashkëpunuan me nazistët.

Autoritetet ukrainase, gjithashtu lejojnë e nuk u ngjall frikë përfshirja e organizatave ultra të djathta, në edukimin e të rinjve, në kurriz të buxhetit të shtetit.

Në tokën ukrainase kryejnë stërvitje militantë nga Evropa, ata përmirësojnë taktikën, krijojnë rrjete ndërkombëtare, më pas kthehen në vendet e tyre.

Nga viti 2014-2021 rreth 4 mijë të huaj nga 35 shtete, kanë kryer stërvitje dhe luftuar në radhët e formacioneve ushtarake në Donbas.

Presidenti ebrej ukrahinas Zelensky, si i mbijetuar nga holokausti nazit gjerman, preferoi të mos i përmendte këto fakte në fjalimin e tij.

Partia Svoboda fitoi 10% të votave në Kiev dhe kandidati i saj u bë kryetar bashkie në qytetin Konotop

Në vitin 1991, u themelua *Partia Social-Nacionale e Ukrainës* (SNPU). Partia kombinoi nacionalizmin radikal dhe tiparet neo-naziste. Ajo u riemërua dhe u riemërua 13 vjet më vonë *si Shoqata Gjith-Ukrainase* **Svoboda** në vitin **2004** nën Oleh Tyahnybok.

Në vitin 2016, The Nation raportoi se "në zgjedhjet komunale të Ukrainës të mbajtura (në tetor 2015), **partia neo-naziste Svoboda fitoi 10 për qind të votave në Kiev** *dhe u rendit e dyta në Lviv.*

Kandidati i partisë Svoboda fitoi zgjedhjet për kryetar bashkie në qytetin Konotop. Në vitin 2015, kryetari i partisë Svoboda në **Konotop,** thuhet se kishte numrin **14/88** të shfaqur në makinën e tij dhe *refuzoi të shfaqte flamurin zyrtar të qytetit, sepse përmban një yll të Davidit,* dhe ka lënë të kuptohet se hebrenjtë ishin përgjegjës për Holodomorin.

Tema e nacionalizmit ukrainas dhe lidhja e supozuar e tij me neo-nazizmin, doli në pah në polemika rreth elementëve më radikalë të përfshirë në protestat e Euromaidanit dhe në Luftën Ruso-Ukrainase pasuese nga viti 2013 e më pas në vitet 2014-2022.

Disa media ruse, latino-amerikane, amerikane dhe izraelite, janë përpjekur t'i portretizojnë nacionalistët ukrainas në konflikt si neo-nazistë.

Personat e konsideruar si heronjtë kombëtarë të Ukrainës dhe të festuar gjithnjë e më shumë në ringjalljen nacionaliste të periudhës 2014, **Stepan Bandera, Roman Shukhevych** ose **Dmytro Klyachkivsky** *i Organizatës së Nacionalistëve të Ukrainës* (OUN) dhe Ushtrisë Kryengritëse të Ukrainës (UPA), nganjëherë mbështetën dhe më pas kundërshtuan prania e Rajhut të Tretë në Ukrainë.

Batalioni ushtarak Neo-Nazi Azov në Ukrainë

Batalioni ushtarak Azov, i themeluar në vitin **2014**, është përshkruar sot nga media e pavarur si një **milici e ekstremit të djathtë**, me lidhje me neo-nazizmin dhe anëtarë të veshur me simbole dhe regalia neo-naziste dhe SS, dhe që shprehin neo-nazist shikime.

Anëtarët e batalionit janë vullnetar ukrainas, me simbolin neo-nazist Wolfsangel, 24 korrik 2014. Sipas Vyacheslav Likhachev nga *Institut Français Des Internationales*, anëtarët e grupeve të së djathtës ekstreme (përfshirë neo-nazistët), luajtën një rol të rëndësishëm në anën ukrainase, veçanërisht në fillim të 2014 dhe sot në vitin 2022.

Roli i SHBA-së në Krime dhe grushti i shtetit të drejtuar
nga milicia neo-naziste ukrainase

Para tetë vitesh, në mars 2014, pas grushtit të shtetit në Kiev dhe ardhjes në pushtet të forcave anti-ruse, rusishtfolësit e Ukrainës jugore dhe jug-lindore dolën në protesta masive, për të mbrojtur të drejtat e veta.

Zëri më i fortë ishte ai i banorëve të Krimesë, gadishull ky që iu transferua Ukrainës sovjetike në vitin 1954 dhe që historikisht ka pasur mbi 90% të popullsisë qytetarë rusishtfolës dhe mbi 50% rusëve etnikë.

Më datë 18 mars 2014, *Federata Ruse dhe Republika e Krimesë*, nënshkruan *Traktatin mbi bashkimin e Krimesë me Rusinë.*

Po si ndodhi vetëvendosja e Krimesë dhe ribashkimi i saj me Rusinë?

Gjatë ribashkimit të Krimesë me Rusinë, nuk u dëgjua asnjë e shtënë dhe nuk u derdh asnjë pikë gjaku. Dhe për të shpjeguar logjikën e vetëvendosjes së Krimesë, duhet rikujtuar gjeneza e krizës ukrainase.

Siç dihet, si rezultat i trazirave në "Majdanin" e Kievit, në mes të muajit shkurt të vitit 2014, u arrit një kompromis ndërmjet Presidentit të atëhershëm legjitim të Ukrainës **Viktor Janukoviç** dhe opozitës.

Më 21 shkurt në Kiev me ndërmjetësimin e ministrave të jashtëm të Gjermanisë dhe Polonisë, si dhe të një përfaqësuesi i Ministrisë së Punëve të Jashtme të Francës, u nënshkrua një marrëveshje, e cila parashikonte zbatimin në Ukrainë të reformës kushtetuese, përgatitjen dhe zhvillimin e zgjedhjeve parlamentare dhe krijimin e një qeverie të unitetit kombëtar, me përfaqësuesit e të gjitha rajoneve të vendit.

Fatkeqësisht, *ajo marrëveshje zgjati vetëm një natë.* Paraditen e datës 22 shkurt, menjëherë pasi Janukoviçi u nis për në Harkov, për t'u takuar me përfaqësuesit e rajoneve jug-lindore, në Kiev u pushtuan me armë administrata dhe rezidenca e Presidentit dhe të gjitha institusionet qeverisëse.

Në mënyrë urgjente u formua një qeveri, por jo e unitetit kombëtar, siç parashikohej në marrëveshjen e përmendur më sipër, por një qeveri e të ashtuquajturve "fitimtarëve".

Ajo nuk u krijua nga Parlamenti dhe Presidenti, në përputhje me Kushtetutën, por nga *Majdani*, përmes një votimi të drejtpërdrejtë gjatë një mitingu. *Pra, ndodhi një grusht shteti i organizuar, me përdorim të forcës dhe me mbështetje nga nacionalistët radikalë.*

Me të ardhur në pushtet autoritetet e reja jo legjitime, filluan shtypjen e dhunshme të disidencës. Me shpejtësi të rrufeshme u miratuan ligjet, që cënuan të drejtat dhe liritë e popullsisë rusishtfolëse të Ukrainës lindore dhe të Krimesë.

Në fund të fundit e gjithë kjo shkaktoi një ballafaqim të armatosur, që pastaj solli si pasoj një luftë civile 8-vjeçare.

Duhet theksuar, se në ato rrethana të tensionuara zhvillimi i një *Referendumi*, për vetëvendosjen ishte mënyra e vetme, për të mbrojtur interesat jetike të popullit të Krimesë, përballë veprimeve të papranueshme të nacionalistëve radikalë në Kiev.

Referendumi, u mbajt më 16 mars 2014. Rezultatet e tij nuk kanë nevojë për koment: **pjesëmarrja në votim ishte 83%, dhe 96% e votuesve u shprehën për ribashkimin e Krimesë me Rusinë.**

Pra, nga pikëpamja e së drejtës ndërkombëtare, përfshirë këtu **Deklaratën mbi Parimet e së Drejtës Ndërkombëtare (1970) dhe Kartën e OKB-së, shpallja e Pavarësisë së Krimesë, ka qenë një formë e ligjshme e realizimit të së drejtës së popullit të Krimesë për vetëvendosje.**

Edhe pse parimi i integritetit territorial të shteteve mbizotëron mbi parimin e vetëvendosjes së popujve, duhet nënvizuar se ky mbizotërim qëndron vetëm derisa këto shtete sigurojnë kushte adekuate, për vetëvendosjen e mirëfilltë të popujve, që jetojnë në territorin e tyre. Në Ukrainë, këto kushte u shkatërruan përfundimisht.

Dhe duket shumë qartë, se Rusia nuk ka ushtruar asnjë presion mbi shprehjen e lirë të vullnetit të qytetarëve të Krimesë.

Ushtarët ruse, nuk kanë ndërhyrë as në zhvillimin e Referendumit popullor, as në shpalljen e pavarësisë së Krimesë. Dhe kjo është vërtetuar edhe nga vëzhguesit e shumtë ndërkombëtarë.

Ngjarjet më kritike, që janë hequr nga narrativa politike e Perëndimit, janë shkelja e marrëveshjeve, që liderët perëndimorë bënë në fund të Luftës së Ftohtë, për të mos zgjeruar NATO-n në Evropën Lindore dhe grushti i shtetit i mbështetur nga SHBA në Ukrainë në shkurt të vitit 2014.

Llogaritë e mediave kryesore perëndimore, në mënyrë të njëanshme e datojnë krizën në Ukrainë, që nga ri-integrimi i Krimesë nga Rusia në vitin 2014 dhe *vendimi i rusëve etnikë në Ukrainën Lindore, për t'u shkëputur nga Ukraina si* **Republikat Popullore të Luhanskut dhe Donetsk**.

Por këto nuk ishin veprime të paprovokuara; ato ishin përgjigje ndaj grushtit të shtetit të mbështetur nga SHBA, në të cilin një turmë e armatosur e udhëhequr nga Milicia Neo-Naziste e Sektorit të Djathtë sulmoi parlamentin ukrainas, duke detyruar presidentin e zgjedhur Viktor Janukoviç dhe anëtarët e partisë së tij të iknin, për të shpëtuar jetën e tyre.

Anëtarët e mbetur të parlamentit votuan, për të formuar një qeveri të re, duke përmbysur tranzicionin politik dhe planet për zgjedhje të reja, për të cilat Janukoviç kishte rënë dakord publikisht një ditë më parë, pas takimeve me ministrat e jashtëm të Francës, Gjermanisë dhe Polonisë.

Roli i SHBA-së në menaxhimin e grushtit të shtetit, u ekspozua nga një regjistrim audio i zbuluar në vitin 2014 i Ndihmës Sekretares së Shtetit Victoria Nuland dhe ambasadorit të SHBA Geoffrey Pyatt (gjatë kohës së administratës socialkomuniste Obama-Biden 1 dhe 2), *duke punuar në planet e tyre, të cilat përfshinin anashkalimin e Bashkimit Evropian dhe këpucën në krye të ministrit të mbrojtur të SHBA-së, Arseniy Yatsenyuk.*

Të dyja kukullat e zgjedhura me dorë të Nuland në Ukrainë, kryeministri Yatsenyuk dhe presidenti Poroshenko, u zhytën shpejt në skandale korrupsioni. Yatsenyuk u detyrua të jepte dorëheqjen pas dy vjetësh dhe Poroshenko u përfshi në një skandal evazioni fiskal të zbuluar në *Panama Papers*.

Ukraina e shkatërruar nga lufta, mbetet vendi më i varfër e i korruptuar në Evropë

Ushtria ukrainase kishte pak entuziazëm, për një luftë civile kundër popullit të saj në Ukrainën Lindore, kështu që Qeveria pas grushtit të shtetit formoi njësi të reja të **Gardës Kombëtare**, për të sulmuar Republikat Popullore separatist **të Luhanskut dhe Donetsk**.

Batalioni famëkeq neo-nazi Azov, tërhoqi rekrutët e tij të parë nga milicia e Sektorit të Djathtë dhe shfaqi hapur simbolet neo-naziste, megjithatë ai vazhdon të marrë rregullisht armë dhe trajnime të SHBA-së, edhe pasi Kongresi i SHBA-së ia ndërpreu në mënyrë eksplicite fondet e tij në projekt-ligjin, për ndarjet e mbrojtjes VF2018.[170]

---

[170] russia-insider.com

NATO, Batalionin Azov dhe flamuj neo-nazistë

Në vitin 2015, negociatat e Minskut dhe Normandisë çuan në një armë-pushim dhe tërheqjen e armëve të rënda nga një zonë tampon rreth zonave të kontrolluara nga separatistët.

Ukraina, ra dakord t'i jepte autonomi më të madhe *Donetskut, Luhanskut* dhe zonave të tjera etnikisht ruse të Ukrainës, por ajo nuk ka arritur ta zbatojë atë marrëveshje.

Një sistem federal, me disa kompetenca të transferuara në provinca ose ra-jone të veçanta, mund të ndihmojë në zgjidhjen e luftës, për pushtetin gjithçka ose asgjë midis nacionalistëve ukrainas dhe lidhjeve tradicionale të Ukrainës me Rusinë, e cila ka vazhduar politikën e saj, që nga pavarësia në vitin 1991.

Por interesi i SHBA-së dhe NATO-s në Ukrainë, nuk është në të vërtetë për zgjidhjen e dallimeve të saj rajonale, por për diçka tjetër.

Grushti i shtetit, ishte llogaritur për ta vënë Rusinë në një pozitë të pa-mundur. Nëse Rusia nuk do të bënte asgjë, Ukraina pas grushtit të shtetit, herët a vonë do t'i bashkohej NATO-s, siç kishin rënë dakord në parim anë-tarët e NATO-s në vitin 2008.

Forcat e NATO-s do të përparonin deri në kufirin e Rusisë dhe baza e rëndësishme detare e Rusisë në Sevastopol dhe Krime, do të binin nën kon-trollin e NATO-s.

Nga ana tjetër, nëse Rusia do t'i ishte përgjigjur grushtit të shtetit, duke pushtuar Ukrainën, nuk do të kishte kthim prapa nga një luftë e re katastrofike me Perëndimin.

Shtetet e Bashkuara, i kanë dhënë Ukrainës 2.7 miliardë dollarë ndihmë ushtarake që nga viti 2014, *duke përfshirë 80 bilionë dollarë, që kur Biden mori detyrën,* së bashku me vendosjen e trajnerëve ushtarakë të SHBA-së dhe NATO-s.

Ukraina, ende nuk ka zbatuar ndryshimet kushtetuese të kërkuara në mar-rëveshjet e Minskut të vitit 2014-2015, dhe mbështetja e pakushtëzuar ushtarake që kanë dhënë Shtetet e Bashkuara dhe NATO, i ka inkurajuar lid-erët e Ukrainës, që të braktisin në mënyrë efektive procesin Minsk-Normandi dhe thjesht të ripohojnë sovranitetin mbi të gjithë Territori i Ukrainës, përf-shirë Krimenë.

Në praktikë, Ukraina mund t'i rimarrë ato territore vetëm nga një për-shkallëzim i madh i luftës civile, dhe kjo ishte pikërisht ajo për të cilën Ukraina dhe mbështetësit e saj të NATO-s dukej se po përgatiteshin qysh në mars 2021.

Në tetor, Ukraina nisi sulme të reja në Donbass. Rusia, e cila kishte rreth 100,000 trupa të stacionuara pranë Ukrainës që nga marsi, u përgjigj me lëvizje të reja trupash dhe stërvitje ushtarake.

Në themel të të gjithë tensioneve është zgjerimi i NATO-s, përmes Evropës Lindore deri në kufirin rus, në kundërshtim me angazhimet e zyrtarëve perëndimorë të marrë në fund të Luftës së Ftohtë (Paris, 1991).

Refuzimi i SHBA-së dhe NATO-s, për të pranuar se kanë shkelur këto angazhime ose për të negociuar një zgjidhje diplomatike me rusët, është një faktor qendror në prishjen e marrëdhënieve SHBA-Rusi.

Nëse Shtetet e Bashkuara dhe NATO, nuk janë të përgatitura për të negociuar traktate të reja çarmatimi, për të hequr raketat amerikane nga vendet në kufi me Rusinë dhe për të anuluar zgjerimin e NATO-s, zyrtarët rusë thonë se nuk do të kenë zgjidhje tjetër veçse të përgjigjen me *"masat e duhura ushtarako-teknike reciproke"*.

Kjo shprehje mund të mos i referohet një pushtimi të Ukrainës, siç kanë supozuar shumica e komentatorëve propanadistikë perëndimorë, por një strategjie më të gjerë që mund të përfshijë veprime të cilat godasin shumë më afër shtëpisë për liderët perëndimorë.

Për shembull, Rusia mund të vendosë raketa bërthamore me rreze të shkurtër veprimi në Kaliningrad (*midis Lituanisë dhe Polonisë*), brenda rrezes së kryeqyteteve evropiane; *mund të krijojë baza ushtarake në Iran, Kubë, Venezuelë dhe vende të tjera; dhe mund të vendosë nëndetëse të armatosura me raketa bërthamore hipersonike në Atlantikun Perëndimor.*

Raketat bërthamore hipersonike në brigjet lindore të SHBA-së, do t'i vendosnin Shtetet e Bashkuara në një pozicion të ngjashëm me atë në të cilin NATO ka vendosur rusët.

Në një intervistë dhënë mediave ndërkombëtare të pavarura nga *drejtori i Departamentit për Çështjet e Mospërhapjes dhe Kontrollit të Armëve në Ministrisë së Punëve të Jashtme të Rusisë*, **Vladimir Ermakov**, thotë, se: "**Për vite me radhë**, kemi vënë në dukje rregullisht *kërcënimet, që sjell për Sigurinë Kombëtare të Rusisë veprimtaria ushtarako-biologjike e Shteteve të Bashkuara dhe aleatëve të saj, përgjatë perimetrit të kufijve rusë.*

Ukraina, është vetëm një nga shembujt ilustrues të realizimit të programit përkatës të Pentagonit. **Është një nga hallkat e rrjetit prej më shumë se 200 laboratorësh biologjikë të financuar nga Departamenti Ushtarak Amerikan dhe që veprojnë në mbarë botën.**

Materialet, të cilat ne disponojmë, konfirmojnë se në laboratorët biologjikë ukrainas, në afërsi të kufijve rusë, është kryer përpunimi i komponentëve të armës biologjike. **Në këtë drejtim, Ukraina dhe Shtetet e Bashkuara duhet të japin shpjegimet e duhura.**

Natyrisht, Kievi dhe kuratoret e tij amerikanë, u përpoqën të fshihnin nga komuniteti botëror, por edhe nga vetë popullsia e Ukrainës, qëllimet dhe rreziqet reale të aktiviteteve të tilla.

Udhëzimet e Ministrisë së Shëndetësisë të Ukrainës të datës 24 shkurt 2022, për eliminimin e rezervave të patogjenëve të rrezikshëm të ruajtur në objektet biologjike vetëm sa konfirmojnë përpjekjet e autoriteteve ukrainase, për të fshirë gjurmët e veprimtarive të tyre biologjike ushtarake.

Nuk ka dyshim se sekreti do të zbulohet. ***Operacioni special ushtarak në Ukrainë, nxori në dritë për publikun atë që ekspertët tashmë e dinë prej kohësh.***

Dihet me siguri, se *punonjësit e përfshirë në projekte me patogjenë të rrezikshëm në Ukrainë ishin shtetas amerikanë dhe kishin imunitet diplomatik. Mes tyre kishte ekspertë të armëve biologjike.*

Financimi i programeve kryhej drejtpërdrejt përmes DTRA, në kuadër të projektit të iniciuar nga Pentagoni *"Kundërveprimi ndaj kërcënimeve të patogjenëve veçanërisht të rrezikshëm në Ukrainë"*, i planifikuar për një periudhë deri në vitin 2024 (kontraktori kryesor është kompania amerikane CH2M Hill), dhe përmes Qendrës Shkencore Teknologjike në Ukrainë (*Science and Technology Center in Ukraine*).

Gjatë 10 viteve të fundit, më shumë se 1.5 miliardë dollarë janë ndarë për realizimin e projekteve biologjike në Ukrainë.

Hapat gjithëpërfshirëse në fushën ligjore, do të bënin të mundur vendosjen e veprimtarisë ushtarako-biologjike të Shteteve të Bashkuara dhe aleatëve të saj në hapësirën post-sovjetike, por edhe në rajone të tjera të botës, nën kontroll të ngushtë ndërkombëtar dhe do të siguronin përmbushjen e verifikueshme të detyrimeve të shteteve anëtare të BTWC."

Kina, mund të miratoj një strategji të ngjashme në Paqësor, për t'iu përgjigjur bazave ushtarake amerikane dhe vendosjeve rreth bregut të saj.

A do të mjaftojë perspektiva e një krize të tillë raketore kubane të shekullit njëzet (1962) e një për t'i rikthyer liderët amerikanë në tavolinën e negociatave, për të filluar të zbërthejnë rrëmujën vetëvrasëse në të cilën kanë gabuar?

Genocidi i Batalionit Azov, nis Dosja hetimore
për krime ndaj njerëzimit

Nazistët ukrainas nga batalioni Azóv (në Rusi u hap një dosje kriminale, kundër luftëtarëve të tij), janë maniakë, që kryen një *gjenocid të plotë në Mariupol, tha një banore e qytetit Irina Antonyuk.*

Duke filluar nga 24 shkurti 2022, kur filloi operacioni ushtarak rus në Ukrainë, **Azóv** filloi bombardimin e zonave të banuara të Mariupolit dhe qëlloi direkt në njësitë e trupave ukrainase, që ktheheshin nga qyteti, kujton ajo.[171]

Kështu për **neo-nazistët e Batalionit Para Militarë (Milicia) Azov**, u hap

---

[171] https://www.youtube.com/watch?v=meWM4lChqy4

një dosje kriminale kundër militantëve të saj në Federatën Ruse. Neo-nazistët, mblodhën posaçërisht civilë nga Mariupol, të cilët donin të evakuonin nga qyteti, pastaj i qëlluan, **tha Galina Surguch, një banore e qytetit.** Duke push-tuar shtëpitë e civilëve në Mariupol, neo-nazistët ukrainas të Batalionit Azov, thanë hapur se do t'i kthenin në terrenin e tyre të stërvitjes…[172]

Beteja pa luftë në Detin e Zi

Shumë anije detare ukrainase, kanë lënë gjithçka të hapur dhe kanë lënë pas të gjitha artilerinë dhe kompjuterët dhe të dhënat për ushtrinë ruse.

Njësitë naziste ukrainase, filluan të bombardojnë shtëpitë e banimit para mbërritjes në Donetsk të trupave special federale ruse.

Banorët, thonë se ata kanë qëlluar nëpër shtëpi dhe nëpër lokale dhe në spital me një tank dhe madje kërcënuan njerëzit, që u strehuan në bodrume. Të gjithë banorët i përgjigjen mjaft qartë pyetjes, se *"A ishin nazistët ukrainas që ua bënë këtë krim!?"*[173]

Mbi 18 mercenarë të huaj të punësuar nga Ukraina, janë të ekzekutuar nga forcat ukrainase. Mercenarët, që luftonin për regjimin e Kievit u plagosën në spitalin e Volnovakha, dhe u qëlluan nga të tyret, përpara se të largoheshin nga qyteti në mënyrë që ata nuk mund të hiqnin dorë nga informacioni. Të gjithë të plagosurit u qëlluan në tempull ose në shpi me goditje plumbi pas kokës.

Republika Popullore e Donetskut, sot mban zi për viktimat (21 të vdekur) të një sulmi çnjerëzor me raketa nga ushtria ukrainase, ndaj civilëve në Donetsk. Shikoni videon:[174]

Populli ukrainas, pretendon se ishte ushtria ukrainase, ajo që po qëllonte mbi njerëzit e tyre, përfshirë javën e kaluar në një klasë në kopsht fëmijësh, plus ata po përdornin qytetarët njerëz si mburoja, duke përfshirë fëmijët e kopshtit.

Shkronja Z, ishte simboli i mandatit të ushtrisë ruse, për të çliruar ukrain-asit nga qeveria e tyre naziste sioniste mafioze Khazarian.

Qytetarët e Ukrainës, konfirmojnë se forcat ukrainase po qëllojnë mbi njerëzit e tyre. Ndërkohë neo-nazistët, sikur të mos kishte ndodhur asgjë, po postojnë një video në internet, ku shihet qartë kopshti që kanë zënë. Pamjet janë në Mariupol ose Odessa. Dhe pastaj do të ketë ankime propagandistike, se rusët janë duke goditur kopshtet dhe spitalet e njerëve të tyre.

Nga ana e tjetër, në Selinë e OKB-së shtetet e mëdha si: Rusia, Kina, Brazili, India po bëjnë thirrje për hetime në biolaboratore të SHBA-së në Ukrainë.

---

[172] https://www.youtube.com/watch?v=wMMXuKB0BoY
[173] https://t.me/ExposeThePEDOSendTheCABAL/14130
[174] https://twitter.com/mfa_russia/status/1503711400845271042…

NAZISTI STEPÁN ANDRÍYOVYČ BANDERA, IDEOLOG I ULTRANACIONALISTËVE UKRAINAS GJATË LUFTËS II BOTËRORE DHE NË VAZHDIM

Nga burimet e pasura historike ne disa gjuhë të huaja mesojmë, se banori jo ukrainas **Stepán Andríyovyč Bandera,** ishte drejtues i organizatave të ekstremit të djathtë të nacionalistëve të bardhë, ishte ideolog i ultranacionalistëve ukrainas, i njohur për përfshirjen e tij në aktivitetet terroriste.

I lindur në Galicia, në familjen e një prifti greko-katolik, kur u rrit u bë një nacionalist radikal. Ai erdhi në jëtë në kohën e Mbretërisë së Galicisë dhe Lodomerisë, asokohe si pjesë e Austro-Hungarisë.

Kur Perandoria u shpërbë në vazhdën e Luftës së Parë Botërore, Galicia u bë për pak kohë një Republikë Popullore e Ukrainës Perëndimore; pas Luftës Polako-Ukrainase të 1918-1919, ajo u integrua në Poloninë Lindore.

Në këtë periudhë, Bandera u radikalizua dhe pasi autoritetet polake refuzuan ta linin të shkonte në Çekosllovaki për të studiuar, ai u regjistrua në Politeknikun e Lviv, ku ai organizoi organizatat nacionaliste ukrainase.

Për orkestrimin e vrasjes së Ministrit të Brendshëm të Polonisë *Bronisłaë Pieracki* në vitin 1934, Bandera u dënua me vdekje, por dënimi u ndryshua në burgim të përjetshëm.

Në vitin 1939, pas pushtimit të përbashkët gjermano-sovjetik të Polonisë, Bandera u lirua nga burgu dhe ai u transferua në Kraków, në zonën e pushtuar nga Gjermania të Polonisë.

Bandera kultivoi qarqe ushtarake gjermane të favorshme, për pavarësinë e Ukrainës dhe organizoi grupe ekspeditash OUN.

Kur Gjermania naziste sulmoi ose pushtoi Bashkimin Sovjetik, ai përgatiti 30 qershor 1941 Shpalljen e shtetësisë ukrainase në Lviv, duke u zotuar të punonte me Gjermaninë naziste.

Për refuzimin e tij për të anuluar dekretin, Bandera u arrestua nga Gestapo, e cila e vendosi atë në arrest shtëpiak më 5 korrik 1941, dhe më vonë midis viteve 1942-1943 e dërgoi atë në kampin e përqendrimit Sachsenhausen.

Në vitin 1944, me Gjermaninë që humbiste me shpejtësi terren në luftë përballë ushtrive aleate që përparonin, Bandera u lirua me shpresën se ai do të ishte i dobishëm në frenimin e forcave sovjetike që përparonin. Ai ngriti selinë e Këshillit të Lartë Çlirimtar të Ukrainës të rithemeluar, i cili punonte në fshehtësi.

Bandera, u vendos me familjen e tij në Gjermaninë Perëndimore, ku mbeti udhëheqës i Organizata e Nacionalistëve Ukrainas (OUN) dhe **punoi** me disa organizata anti-komuniste si Blloku Anti-Bolshevik i Kombeve si dhe **me agjencitë britanike të inteligjencës**.

Vitet kalojnë. Mbas 14 vjetësh të përfundimit të Luftës II Botërore, Bandera u vra në vitin 1959 nga agjentët e KGB-së në Mynih.

Më 22 janar 2010, Presidenti në largim i Ukrainës Viktor Jushçenko i dha Bandera titullin pas vdekjes Hero i Ukrainës. Parlamenti Evropian e dënoi çmimin, ashtu sikurse edhe Federata Ruse, politikanët dhe organizatat polake dhe hebreje.

Presidenti i ardhshëm e shpalli çmimin të paligjshëm, pasi **Bandera nuk ishte kurrë shtetas i Ukrainës, një kusht i domosdoshëm për marrjen e çmimit.** Ky njoftim u vërtetua me një vendim gjykate në prill të vitit 2010.

Në janar të vitit 2011, çmimi u anulua zyrtarisht. Një propozim për t'i dhënë çmimin Bandera-s, u refuzua nga Parlamenti ukrainas në muajin gusht të vitit 2019.

Bandera, mbetet një figurë shumë e diskutueshme në Ukrainë, me disa ukrainas që e përshëndesin atë si një çlirimtar, që luftoi kundër shteteve sovjetike, polake dhe naziste, ndërsa përpiqej të krijonte një vend sllav të pavarur, ndërsa ukrainas të tjerë si dhe Polonia dhe Rusia e dënojnë atë si një fashist dhe një kriminel lufte, i cili, së bashku me ndjekësit e tij, ishte kryesisht **përgjegjës për masakrat e civilëve polakë dhe pjesërisht për Holokaustin në Ukrainë**.

Në vitin 1928, Bandera u regjistrua në programin e agronomisë në Politeknikun Lviv (atëherë Politechnika Lëoëska), një nga programet e pakta të hapura për ukrainasit në atë kohë.

Stepán Bandera, ishte takuar dhe lidhur me anëtarët e një sërë organizatash nacionaliste ukrainase, gjatë shkollimit të tij nga Plast, tek Bashkimi për Çlirimin e Ukrainës dhe gjithashtu Organizata e Nacionalistëve Ukrainas (OUN).

Më aktive nga këto organizata ishte OUN, dhe udhëheqësi i OUN ishte Andriy Melnyk. Për shkak të personalitetit të tij të vendosur, Stepán Bandera u ngrit shpejt në radhët e këtyre organizatave, duke u bërë zyrtari kryesor i propagandës së OUN në 1931, i dyti në komandën e OUN në Galicia në 1932-1933 dhe kreu i Ekzekutivit Kombëtar të OUN në vitin 1933.

Për Banderën, një politikë gjithëpërfshirëse e ndërtimit të kombit ishte e rëndësishme dhe për këtë arsye, ai u fokusua në rritjen e mbështetjes midis të gjitha klasave të ukrainasve, në pjesët perëndimore të Ukrainës.

Në fillim të viteve 1930, Bandera ishte shumë aktiv në gjetjen dhe zhvillimin e grupeve të nacionalistëve ukrainas, në Ukrainën Perëndimore dhe Lindore.

Stepán Bandera u bë kreu i ekzekutivit kombëtar të OUN në Galicia në qershor 1933. Ai zgjeroi rrjetin e OUN në Kresy, duke e drejtuar atë kundër Polonisë dhe Bashkimit Sovjetik. Për të ndaluar shpronësimet, Bandera e ktheu OUN kundër zyrtarëve polakë, që ishin drejtpërdrejt përgjegjës, për politikat anti-ukrainase.

Aktivitetet përfshinin fushata masive kundër monopoleve polake të duhanit dhe alkoolit dhe kundër shkombëtarizimit të të rinjve ukrainas.

Bandera u dënua me vdekje për terrorizëm

Dënimi me vdekje u ndryshua në burgim të përjetshëm. Ai u mbajt në burgun Wronki; në vitin 1938 disa nga ndjekësit e tij u përpoqën pa sukses për ta nxjerrë nga burgu.

Sipas burimeve të ndryshme, Bandera u lirua në shtator 1939, ose nga burgosësit ukrainas, pasi administrata e burgut polak u largua nga burgu, nga polakët ose nga nazistët menjëherë pas pushtimit gjerman të Polonisë.

Menjëherë pas kësaj Polonia Lindore u pushtua nga Bashkimi Sovjetik. Pas lirimit nga burgu, Bandera u zhvendos në Kraków, kryeqyteti i Qeverisë së Përgjithshme okupuese të Gjermanisë. Atje, ai ra në kontakt me udhëheqësin e OUN, Andriy Atanasovych Melnyk.

Në vitin 1940, mosmarrëveshjet politike midis dy liderëve bënë që OUN të ndahej në dy fraksione; fraksioni OUN-M i udhëhequr nga Melnyk predikoi një qasje më konservatore për ndërtimin e kombit, ndërsa fraksioni OUN-B, i udhëhequr nga Bandera, mbështeti një qasje revolucionare.

Përpara shpalljes së pavarësisë së 30 qershorit 1941, Bandera mbikëqyri formimin e të ashtuquajturave *Grupe Mobile*, të cilat ishin grupe të vogla (5–15 anëtarë) të anëtarëve të OUN-B që do të udhëtonin nga Qeveria e Përgjithshme në Perëndim. Ukraina dhe pas një avancimi gjerman në Ukrainën Lindore, inkurajojnë mbështetjen për OUN-B dhe krijojnë autoritetet lokale të drejtuara nga aktivistët e OUN-B.

Në total, rreth 7,000 njerëz morën pjesë në këto grupe celulare, dhe ata gjetën ndjekës në një rreth të gjerë intelektualësh, si Ivan Bahriany, Vasyl Barka, Hryhorii Vashchenko dhe shumë të tjerë.

Përshëndetja e takimeve ishte me përsghëndetjen: *Lavdi Hitlerit! Lavdi Banderës! Rroftë Shteti i Pavarur ukrainas! Rroftë udhëheqësi ynë S. Bandera* në Kështjellën Zhovkva, Ukraina Perëndimore, korrik–gusht 1941.

Udhëheqësit e OUN *Andriy Melnyk dhe Bandera u rekrutuan para Luftës së Dytë Botërore në inteligjencën ushtarake të Gjermanisë naziste Abwehr për spiunazh, kundër-spiunazh dhe sabotim.* Qëllimi i tyre ishte të kryenin aktivitete diversioni pas sulmit të Gjermanisë ndaj Bashkimit Sovjetik.

Melnyk iu dha emri i koduar **Konsulli I**. *Ky informacion është pjesë e dësh-*

misë që Koloneli i Abwehr Erwin Stolze dha më 25 dhjetor 1945 dhe iu dorëzua gjyqeve të Nurembergut, me një kërkesë për t'u pranuar si provë.

Në pranverën e vitit 1941, Bandera zhvilloi takime me krerët e inteligjencës gjermane, në lidhje me formimin e batalioneve **Nachtigall** dhe **Roland**. Në pranverën e atij viti OUN mori 2.5 milionë marka për aktivitete subversive brenda Bashkimit Sovjetik. Zyrtarët e Gestapo dhe Abëehr mbronin ndjekësit e Bandera-s, pasi të dyja organizatat synonin t'i përdornin ata për qëllimet e tyre.

Më 30 qershor 1941, me mbërritjen e trupave naziste në Ukrainë, Bandera dhe OUN-B shpallën një shtet të pavarur ukrainas (*Akti i rinovimit të shtetësisë së Ukrainës*).

Kjo deklaratë u shoqërua me masakër të dhunshme. Disa nga shpalljet e botuara të formimit të këtij shteti thonë se Bandera, do të *"punonte ngushtë me Gjermaninë e Madhe Nacional-Socialiste, nën udhëheqjen e liderit të saj Adolf Hitler, i cili po krijon një rend të ri në Evropë dhe në botë dhe po ndihmon ukrainasit. Njerëzit për t'u çliruar nga pushtimi Moskovit."* - siç thuhet në tekstin e *"Aktit të Shpalljes së Shtetësisë së Ukrainës"*.

Pritshmëria e Bandera-s, se regjimi nazist do të njihte një Ukrainë të pavarur fashiste si aleate të Boshtit, ishte e gabuar. Në vitin 1941, marrëdhëniet midis Gjermanisë naziste dhe OUN-B ishin acaruar deri në atë pikë sa një dokument nazist i datës 25 nëntor 1941 thoshte, se: *"... Lëvizja Bandera po përgatit një revoltë në Reichskommissariat, e cila ka si qëllim të saj përfundimtar krijimin e një Ukraine të pavarur. Të gjithë funksionarët e Lëvizjes Bandera, duhet të arrestohen menjëherë dhe, pas marrjes në pyetje të plotë, të likuidohen..."*.

Më 5 korrik 1941, Bandera u transferua në Berlin. Më 12 korrik, kryeministri i qeverisë së sapoformuar Kombëtare të Ukrainës, Yaroslav Stetsko, u arrestua gjithashtu dhe u dërgua në Berlin. Edhe pse u liruan nga paraburgimi më 14 korrik, të dyve iu kërkua të qëndronin në Berlin. *Më 15 shtator të vitit 1941 Bandera dhe anëtarët kryesorë të OUN-B u arrestuan nga Gestapo.*

Në janar të vitit 1942, Bandera u transferua në kazermën speciale të kampit të përqendrimit Sachsenhausen, për të burgosurit politikë të profilit të lartë Zellenbau.

Në prill të vitit 1944, Bandera dhe zëvendësi i tij Jaroslav Stetsko u afruan nga një zyrtar i Zyrës Qendrore të Sigurisë së Rajhut, për të diskutuar planet për diversione dhe sabotazhe, kundër Ushtrisë Sovjetike.

Në shtator 1944, Bandera u lirua nga autoritetet gjermane dhe u kthye në Ukrainë ku po zhvillonte rezistencë si kundër nazistëve ashtu edhe komunistëve.

Veprimtaria naziste pas Luftës së Dytë Botërore

Sipas Stephen Dorril, autor i *"MI6: Inside the Covert World of Her Majesty's Secret Intelligence Service"*, OUN-B u riformua në 1946 nën sponsorizimin e MI6.

Organizata OUN-B, kishte marrë mbështetjeje nga MI6 që nga vitet 1930. **Një fraksion i organizatës së Bandera, i lidhur me Mykola Lebed, u lidh më ngushtë me CIA-n**.

Vetë Bandera ishte objektivi i një kërkimi të gjerë dhe agresiv të kryer nga Korpusi i Kundërzbulimit (CIC). Ajo dështoi, pasi e përshkroi levizjen e tyre si **jashtëzakonisht të rrezikshme** dhe **vazhdimisht profil shpesh të maskuar**.

Disa inteligjencë amerikane, raportuan se **ai (Bandera) madje ruhej nga ish ushtarët specialë gjermanë SS**. Organizata e tij kreu shumë krime, duke përfshirë qindra mijëra vrasje, falsifikime dokumentesh dhe rrëmbime njerëzish.

Pasi qeveria e shtetit bavarez nisi një goditje ndaj tij, Bandera arriti një marrëveshje me BND, duke u ofruar atyre shërbimin e tij, pavarësisht se CIA paralajmëroi gjermanët perëndimorë, që të mos bashkëpunonin me të.

Monument për polakët e vrarë nga UPA, Liszna, Poloni

Në një takim të majit të vitit 1941 në Krakov, udhëheqja e fraksionit OUN të Bandera miratoi programin *"Lufta dhe veprimi për OUN gjatë luftës"*, i cili përshkruante planet për aktivitetet në fillim të pushtimi nazist i Bashkimit Sovjetik dhe i territoreve perëndimore të SSR-së së Ukrainës. Seksioni **G** i atij dokumenti, *"Direktivat për organizimin e jetës së shtetit gjatë ditëve të para"*, përshkruan aktivitetin e ndjekësve të Bandera-s, gjatë verës së vitit 1941.

Në nënseksionin e *"Politikës së pakicave"*, OUN-B urdhëroi largimin e polakëve, hebrenjve dhe rusëve armiqësor nëpërmjet dëbimit dhe shkatërrimit të inteligjencës së tyre përkatëse, duke deklaruar më tej se **"të ashtuquajturit fshatarë polakë duhet të asimilohen"** dhe të **"shkatërroni udhëheqësit e tyre."**

Në fund të vitit 1942, kur Bandera ishte në një kamp përqendrimi gjerman, organizata e tij (Organizata e Nacionalistëve Ukrainas), u përfshi në një masakër ndaj popullsisë polake në Volhynia dhe, në fillim të vitit 1944, spastrimi etnik u përhap edhe në Galicinë Lindore.

Vlerësohet, se më shumë se 35,000 dhe deri në 60,000 polakë, kryesisht gra dhe fëmijë së bashku me burra të pa-armatosur, u vranë, gjatë fushatës së pranverës dhe verës së vitit 1943 në Volhynia, dhe deri në 100,000 në ra-

jone të tjera, si Galicia Lindore etj.

Pavarësisht nga roli qendror, që luajtën ndjekësit e Bandera-s në masakrën e polakëve në Ukrainën Perëndimore, vetë ai u internua në një kamp përqendrimi gjerman, kur u mor vendimi konkret për masakrimin e polakëve dhe kur polakët u vranë barbarisht nga njerëzit e organizatës së tij.

Sipas Yaroslav Hrytsak, Bandera nuk ishte plotësisht në dijeni të ngjarjeve në Ukrainë, gjatë internimit të tij nga vera e vitit 1941 dhe kishte dallime serioze mendimesh me Mykola Lebed, udhëheqësi i OUN-B, që mbeti në Ukrainë dhe që ishte një nga arkitektët kryesorë të masakrave të polakëve.

Bandera, ishte një anti-semit dhe bashkëpunëtor i nazistëve

Dihet se nacionalizmi ukrainas, nuk e përfshiu historikisht anti-semitizmin, si një aspekt thelbësor të programit të tij dhe i pa rusët si dhe polakët si armikun kryesor me hebrenjtë, që luanin një rol dytësor.

Megjithatë, nacionalizmi ukrainas nuk ishte i imunizuar ndaj ndikimit të klimës anti-semitike në Evropën Lindore dhe Qendrore, që tashmë ishte bërë shumë e racizuar në fund të shekullit XIX (në të vërtetë Bandera dhe pasuesit e tij, ngjashëm me nazistët, mbrojtën mbarështimin selektiv për të krijuar një racë **të pastër** ukrainase) dhe kishte zhvilluar një diskurs të përpunuar antihebre.

Armiqësia ndaj qeverisë qendrore sovjetike dhe pakicës hebreje, u theksua në Konferencën e OUN-B në Krakóë në maj të vitit 1941, në të cilën udhëheqja e fraksionit OUN të **Bandera** miratoi programin "**Lufta dhe veprimi i OUN gjatë luftës**", i cili përshkruante planet, për aktivitetet në fillimin e pushtimit nazist të Bashkimit Sovjetik dhe territoreve perëndimore të SSR-së së Ukrainës.

Programi deklaroi: *Hebrenjtë në BRSS përbëjnë mbështetjen më besnike të regjimit bolshevik në pushtet dhe pararojën e imperializmit moskovit në Ukrainë.*

Qeveria muskovite-bolshevike shfrytëzon ndjenjat anti-hebraike të masave ukrainase, për të larguar vëmendjen e tyre nga shkaku i vërtetë i fatkeqësisë së tyre dhe për t'i kanalizuar në një kohë zhgënjimi në pogrome ndaj hebrenjve.

OUN lufton hebrenjtë si mbështetës i regjimit muskovito-bolshevik dhe njëkohësisht i bën masat të ndërgjegjshme për faktin se armiku kryesor është Moska.

Seksioni G i programit: *"Direktivat për organizimin e jetës së shtetit gjatë ditëve të para"*, përshkruan aktivitetin e ndjekësve të Bandera gjatë mesit të vitit 1941. Në një nënseksion mbi "**Politikat e pakicave**", drejtuesit e OUN-B urdhëruan:

Moskali (d.m.th. rusët etnikë), polakët dhe hebrenjtë që janë armiqësorë ndaj nesh, duhet të shkatërrohen në luftë, veçanërisht ata që kundërshtojnë regjimin, me anë të: deportimit të tyre në tokat e tyre, zhdukjes së inteligjencës së tyre, e cila nuk duhet pranuar nga asnjë qeveri pozicionet, dhe në përgjithësi parandalimi i çdo krijimi të kësaj inteligjence (p.sh. aksesi në arsim etj.)...

Hebrenjtë duhet të izolohen, të largohen nga postet qeveritare për të parandaluar sabotazhin... Ata që konsiderohen të nevojshëm mund të punojnë vetëm nën mbikëqyrje të rreptë dhe largohen nga pozicionet e tyre për sjelljen më të vogël të keqe...

Asimilimi hebre nuk është i mundur. Më vonë në qershor, Yaroslav Stetsko i dërgoi Bandera-s një raport në të cilin ai tha: *"Ne, po krijojmë një milici, që do të ndihmojë në largimin e hebrenjve dhe mbrojtjen e popullsisë."* viti bëri thirrje për *"shkatërrimin e Moskës"*, polakëve, hungarezëve dhe hebrenjve.

Në vitet 1941–1942, ndërsa Bandera po bashkëpunonte me gjermanët, anëtarët e OUN morën pjesë në aksione anti-hebreje. Policia gjermane në vitin 1941 raportoi se ndjekësit *fanatikë* të Bandera, të organizuar në grupe të vogla ishin **"jashtëzakonisht active"**, kundër hebrenjve dhe komunistëve.

Megjithatë, kur Bandera ishte në konflikt me gjermanët, UPA nën autoritetin e tij strehoi hebrenjtë, dhe përfshinte disa luftëtarë hebrenj dhe personel mjekësor.

Në organin zyrtar të udhëheqjes së OUN-B, udhëzimet për grupet OUN i nxitën ato grupe që të *"likuidojnë manifestimet e ndikimit të dëmshëm të huaj, veçanërisht konceptet dhe praktikat raciste gjermane."*

Por nga ana e tjetër, ***disa hebrenj morën pjesë në lëvizjen e fshehtë të Banderas,*** **duke përfshirë një nga bashkëpunëtorët e ngushtë të tij, Richard Yary, i cili ishte gjithashtu i martuar me një grua hebreje.**

Një tjetër anëtar i shquar hebre i UPA ishte Leyba-Itzik "Valeriy" Dombrovsky. (Ndërsa dy Karaite nga Galicia, Anna-Amelia Leonowicz (1925-1949) dhe nëna e saj, Helena (Ruhama) Leonowicz (1890-1967), raportohet se janë bërë anëtarë të OUN, rrëfimet gojore sugjerojnë se të dyja gratë nuk bashkëpunonin vullnetin e lirë, por pas kërcënimeve nga nacionalistët.

Deri në vitin 1942, zyrtarët nazistë kishin arritur në përfundimin, se nacionalistët ukrainas ishin kryesisht indiferentë ndaj hebrenjve dhe ishin të gatshëm t'i ndihmonin ose t'i vrisnin, nëse njëri do t'i shërbente më mirë kauzës nacionaliste.

Një raport, i datës 30 mars 1942, dërguar Gestapos në Berlin, pretendonte se *"lëvizja Bandera ofronte pasaporta të falsifikuara jo vetëm për anëtarët e saj, por edhe për hebrenjtë"* ose punëtorë të kualifikuar që mund të ishin të dobishëm për lëvizjen.

Vdekja dhe varri i Stepán Bandera në Mynih

Më 15 tetor 1959, Bandera u rrëzua jashtë Kreittmayrstrasse 7 në Mynih dhe vdiq menjëherë pas kësaj. Një ekzaminim mjekësor vërtetoi se shkaku i vdekjes së tij ishte **helmi nga gazi cianid**.

Më 20 tetor 1959, Bandera u varros në varrezat Waldfriedhof në Mynih. Më 17 gusht 2014, njerëz të panjohur rrëzuan kryqin mbi varrin e tij.

Dy vjet pas vdekjes së tij, më 17 nëntor 1961, organet gjyqësore gjermane njoftuan se **vrasësi i Bandera kishte qenë një dezertor i KGB-së i quajtur Bohdan Stashynsky**, i cili vepronte me urdhër të kreut të KGB-së Sovjetike Alexander Shelepin dhe kryeministrit sovjetik Nikita Hrushov.

Pas një hetimi të hollësishëm kundër Stashynsky, u zhvillua një gjyq nga 8 deri më 15 tetor 1962. Stashynsky u dënua dhe më 19 tetor u dënua me tetë vjet burg.

Vëllezërit e Stepán Banderas, ishin Oleksandr dhe Vasyl Bandera, ku i pari ishte me doktoraturë në Ekonominë Politike nga Universiteti i Romës dhe ky i fundit i diplomuar në Filozofi, Universiteti i Lviv, u arrestuan nga gjermanët dhe u internuan në Aushvic, **ku dyshohet se u vranë nga të burgosurit polakë në 1942**.

Babai i tij Andriy Bandera u arrestua nga sovjetikët në fund të majit 1941, për strehimin e një anëtari të OUN dhe u transferua në Kiev. Më 8 korrik u dënua me vdekje dhe u ekzekutua më 10 korrik 1941.

Motrat e tij Oksana dhe Marta-Maria u arrestuan nga NKVD në vitin 1941 dhe u dërguan në një GULAG në Siberi. Të dy u liruan në vitin 1960 pa të drejtën e kthimit në Ukrainë.

Marta Maria vdiq në Siberi në 1982, dhe Oksana u kthye në Ukrainë në 1989, ku vdiq në vitin 2004. Një motër tjetër, Volodymyra, u dënua me një dënim në kampet sovjetike të punës nga viti 1946 deri në vitin 1956. Ajo u kthye në Ukrainë në 1956.

Trashëgimia dhe përjeitmi i emrit Stepán Bandera në Ukrainë

Për nder të tij vazhdimisht në Ukrahinë janë emetuar pulla postare, ndërtuar monumente, lapidare, statuja dhe me qindra qendra kanë emrin e tij. Kështu Pullë postare ukrainase, që nderon dhe përkujton 100-vjetorin e lindjes së Bandera.

Rigjallërimi i nacionalistëve ukrainas dhe marshimi i tyre në Kiev, më 1 janar 2015

Në një intervistë me gazetën ruse Komsomolskaya Pravda në vitin 2005, ish-shefi i KGB-së, Vladimir Kryuchkov, pohoi se *"vrasja e Stepán Bandera ishte një nga rastet e fundit, kur KGB-ja asgjësonte njerëz të padëshiruar me anë të dhunës"*.

Në fund të vitit 2006, administrata e qytetit të Lviv njoftoi transferimin e ardhshëm të varreve të Stepán Bandera, Andriy Melnyk, Yevhen Konovalets dhe liderëve të tjerë kryesorë të OUN/UPA, në një zonë të re të Varrezave Lychakiv, kushtuar posaçërisht viktimave të represioneve të shtetasit ukrainas.

Në tetor 2007, qyteti i Lviv ngriti një statujë kushtuar Bandera-s. Shfaqja e statujës ka shkaktuar një debat të gjerë rreth rolit të Stepán Bandera dhe UPA në historinë e Ukrainës.

Dy statujat e ngritura më parë u hodhën në erë nga autorë të panjohur; rryma ruhet nga një detashment i milicisë 24/7. *Më 18 tetor 2007, Këshilli i Qytetit të Lviv miratoi një resolute, që përcakton çmimin e Stepán Bandera.*

Më 1 janar të vitit 2009, në 100-vjetorin e lindjes së tij, u festua në disa qendra ukrainase dhe një pullë postare me portretin e tij u lëshua në të njëjtën ditë.

Më 1 janar 2014, ditëlindja e 105-të e Bandera u festua nga një procesion me pishtarë prej 15,000 njerëzish në qendër të Kievit dhe mijëra të tjerë u mblodhën pranë statujës së tij në Lviv. Marshimi u mbështet nga **Partia e Ekstremit të djathtë Svoboda** dhe disa anëtarë të **Batkivshchyna** të Qendrës së Djathtë.

Qëndrimet në Ukrainë ndaj Bandera-s

Tifozët e futbollit të Lviv, në një lojë kundër Donetsk, u shpalos një potret i madh i tij me fjalët: **"Bandera - heroi ynë"**. Bandera, vazhdon të jetë një figurë përçarëse në Ukrainë. Megjithëse Bandera, nderohet në pjesë të caktuara të Ukrainës Perëndimore dhe 33% e banorëve të Lvivit e konsiderojnë veten si ndjekës të Bandera-s.

Stepán Bandera, së bashku me Joseph Stalinin dhe Mikhail Gorbaçovin, konsiderohet në sondazhet e Ukrainës në tërësi midis tre të treve figura historike, që prodhojnë qëndrime më negative.

Një sondazh kombëtar i kryer në Ukrainë në vitin 2009, pyeti për qëndrimet, sipas rajoneve ndaj fraksionit të Bandera-s në OUN. Ai dha rezultatet e mëposhtme:

Në Galicia (provincat e Lviv, Ternopil dhe Ivano-Frankivsk) 37% kishin një mendim "shumë pozitiv" për Bandera, 26% një opinion "kryesisht pozitiv", 20% ishin "neutralë", 5% "kryesisht negative", 6% "shumë negative" dhe 6% "të pasigurt".

Në Volhynia, 5% kishin një opinion shumë pozitiv, 20% një opinion kryesisht pozitiv, 57% ishin neutral, 7% ishin kryesisht negativ, 5% shumë negativ dhe 6% ishin të pasigurt.

Në Transcarpathia 4% e të anketuarve kishin një opinion shumë pozitiv, 32% një opinion kryesisht pozitiv, 50% ishin neutralë, asnjë nuk kishte një opinion kryesisht negativ, 7% kishte një opinion shumë negativ dhe 7% ishin të pasigurt.

Në të kundërt, **në Ukrainën Qendrore** (që përfshin kryeqytetin Kiev, si dhe provincat Zhytomyr, Cherkasy, Chernihiv, Poltava, Sumy, Vinnytsia dhe Kirovohrad) qëndrimet ndaj fraksionit të Bandera të OUN ishin 3% shumë pozitive, 10% kryesisht pozitive, 24% neutrale, 17% kryesisht negative, 21% shumë negative dhe 25% të pasigurt.

Në Ukrainën Lindore (provincat Donetsk, Luhansk, Kharkiv, Dnipropetrovsk dhe Zaporizhzhia) 1% secila kishin qëndrime shumë pozitive ose kryesisht pozitive ndaj OUN-it të Bandera, 19% ishin neutrale, 13% kryesisht negative, 26% shumë negative dhe 20% të pasigurt.

Në Jug të Ukrainës (rajonet Odessa, Mykolaiv dhe Kherson plus Krime) 1% secila ishin shumë ose kryesisht pozitive, 13% ishin neutrale, 31% kryesisht negative, 48% shumë negative dhe 25% ishin të pasigurt.

Në Ukrainë në tërësi, 6% e ukrainasve kishin një opinion shumë pozitiv, 8% një opinion kryesisht pozitiv, 23% ishin neutralë, 15% kishin një opinion kryesisht negativ, 30% kishin një opinion shumë negativ dhe 18% ishin të pasigurt.

Një sondazh i kryer në fillim të majit 2021 nga Fondacioni i Iniciativave Demokratike së bashku me shërbimin sociologjik të Qendrës Razumkov, **tregoi se 32% e qytetarëve e konsiderojnë aktivitetin e Stepán Bandera si një figurë historike si pozitive për Ukrainën,** pasi shumë e konsiderojnë aktivitetin e tij negativ; 21% e tjerë i konsiderojnë aktivitetet e Bandera-s sa pozitive aq edhe negative.

Sipas sondazhit, një qëndrim pozitiv mbizotëron në rajonin perëndimor të Ukrainës (70%); në rajonin qendror të shtetit, 27% e të anketuarve e konsiderojnë aktivitetin e tij pozitiv, 27% e konsiderojnë aktivitetin e tij negativ dhe 27% e konsiderojnë aktivitetin e tij si pozitiv ashtu edhe negativ; qëndrimi negativ mbizotëron në rajonet jugore dhe lindore të Ukrainës (54 % dhe 48% e të anketuarve e konsiderojnë aktivitetin e tij negativ për Ukrainën, respektivisht).

Viti 2014 dhe ndërhyrja ruse në Ukrainë

Selia e Euromaidan, Kiev, Janar 2014. Në hyrje të përparme ka një portret të Bandera. Gjatë krizës dhe trazirave të Krimesë të vitit 2014 në Ukrainë, ukrainasit pro-rusë, rusët (në Rusi) dhe disa autorë perëndimorë aluduan për ndikimin e keq të Bandera-s tek protestuesit e Euromaidanit dhe mbështetësit pro-ukrainas të Unitetit në justifikimin e veprimeve të tyre.

Mediat ruse e përdorën këtë për të justifikuar veprimet e Rusisë. Putin e mirëpriti aneksimin e Krimesë, duke deklaruar se *ai po i shpëtonte ata nga ud-hëheqësit e rinj ukrainas, të cilët janë trashëgimtarët ideologjikë të Bandera, bashkëpunëtorit të Hitlerit, gjatë Luftës së Dytë Botërore. "Bashkëpunëtorët e nazistëve pas Bandera-s."* Grupet që adhurojnë Banderën morën pjesë në protestat e Euromaidan.

Çmimi Hero i Ukrainës

Më 22 janar 2010, në Ditën e Unitetit të Ukrainës, **Presidenti i atëhershëm i Ukrainës Viktor Jushçenko i dha Bandera titullin Hero i Ukrainës** (pas vdekjes) për *"mbrojtjen e ideve kombëtare dhe betejën për një shtet të pavarur ukrainas"*.

Një nip i Bandera-s, i quajtur gjithashtu Stepán, pranoi çmimin atë ditë nga Presidenti ukrainas, gjatë ceremonisë shtetërore për të përkujtuar Ditën e Unitetit të Ukrainës në Teatrin Kombëtar të Operas së Ukrainës.

Reagimet ndaj çmimit të Bandera janë të ndryshme. Ky çmim është dënuar nga Qendra Simon Wiesenthal dhe Unioni Studentor i Judenjve Francez.

Për më tepër, në të njëjtën ditë, media të shumta ukrainase, si gjuha ruse Segodnya, botuan artikuj në lidhje me këtë, duke përmendur rastin e Yevhen Berezniak, një veteran sovjetik ukrainas i njohur gjerësisht i Luftës së Dytë Botërore, duke menduar të heqë dorë nga titulli i tij Hero i Ukrainës.

Përfaqësuesit nga disa organizata antifashiste në Sllovakinë fqinje dënuan çmimin për Bandera, duke e quajtur vendimin e Jushçenkos një provokim u raportua nga *RosBisnessConsulting*, duke iu referuar *Radio Praha*.

Më 25 shkurt 2010, Parlamenti Evropian kritikoi vendimin e presidentit të atëhershëm të Ukrainës, Jushçenko për t'i dhënë Bandera titullin Hero i Ukrainës dhe shprehu shpresën se do të rishqyrtohej.

Më 14 maj 2010, në një deklaratë, **Ministria e Jashtme ruse** tha për çmimin: *"se ngjarja është aq e urryer sa që pa dyshim mund të shkaktojë një reagim negativ në radhë të parë në Ukrainë. Tashmë dihet një qëndrim për këtë çështje. të një numri poli-tikanësh ukrainas, të cilët besojnë se zgjidhjet e këtij lloji nuk kontribuojnë në konso-*

lidimin e opinionit publik ukrainas". Nga ana tjetër, dekreti u duartrokit nga nacionalistët ukrainas në Ukrainën perëndimore **dhe nga një pjesë e vogël e amerikanëve ukrainas**.

Më 9 shkurt 2010, Marshalli i Senatit të Polonisë Bogdan Borusewicz tha në një takim me kreun e Këshillit të Federatës së Rusisë Sergei Mironov, se përshtatja e titullit Hero të Ukrainës në Bandera, është një çështje e brendshme e qeverisë ukrainase.

Më 3 mars 2010, këshilli rajonal i Ivano-Frankivsk i bëri thirrje Parlamentit Evropian që ta rishikonte këtë rezolutë. Taras Kuzio, një bashkëpunëtor i lartë në katedrën e studimeve ukrainase në Universitetin e Torontos, ka sugjeruar që Jushçenko i dha Bandera-s çmimin në mënyrë që të pengojë shanset e Julia Tymoshenkos, për t'u zgjedhur presidente gjatë zgjedhjeve presidenciale të Ukrainës 2010.

Më 5 mars 2010, Presidenti Viktor Janukoviç deklaroi se do të merrte një vendim për të shfuqizuar dekretet, për të nderuar titullin Heronjtë e Ukrainës për Bandera dhe kolegun nacionalist Roman Shukhevych përpara Ditës së Fitores së ardhshme, edhe pse dekretet e Heroit të Ukrainës e bëjnë këtë, të mos parashikohet mundësia që një dekret për dhënien e këtij titulli të anulohet.

Më 2 prill 2010, një gjykatë administrative e rajonit të Donetskut vendosi që dekreti presidencial për dhënien e titullit të ishte i paligjshëm. Sipas vendimit të gjykatës, Bandera nuk ishte shtetas i Republikës Sovjetike Socialiste të Ukrainës (përballë Ukrainës).

Më 5 prill 2010, Gjykata Kushtetuese e Ukrainës refuzoi të fillojë procedurat kushtetuese mbi kushtetutshmërinë e dekretit të Presidentit Jushçenko, në të cilin bazohej çmimi. Një vendim nga gjykata u dorëzua nga Këshilli i Lartë i Republikës Autonome të Krimesë më 20 janar 2010.

Në janar 2011, shërbimi i shtypit presidencial informoi se çmimi ishte anuluar zyrtarisht. Kjo u bë pasi një ankesë kasacioni e paraqitur kundër vendimit nga Gjykata Administrative e Qarkut Donetsk u refuzua nga Gjykata e Lartë Administrative e Ukrainës më 12 janar 2011. Ish Presidenti Jushçenko e quajti anulimin *"një gabim të madh"*.

Në dhjetor 2018, Parlamenti ukrainas u zhvendos për t'i dhënë sërish çmimin Bandera-s, por propozimi u refuzua në gusht 2019.

Përkujtimore

Ka **muzeume** Stepán Bandera në Dubliany, Volia-Zaderevatska, Staryi Uhryniv dhe Yahilnytsia. Ekziston një Muzeu i Luftës Çlirimtare të Stepán Bandera në Londër, pjesë e Arkivit OUN, dhe Muzeu Familjar i Banderas

(Музей родини Бандерів) në Stryi.

Ka edhe **rrugë** Stepán Bandera në Lviv (ish rruga Mury), Lutsk (ish rruga Suvorovska), Rivne (ish rruga Moskovska), Kolomyia, Ivano-Frankivsk, Chervonohrad (ish rruga Nad Buhom), Berezhany (ish rruga Cherniakhovskoho), Drohobych (ish rruga Sliusarska), Stryi, Kalush, Kovel, Volodymyr-Volynskyi, Horodenka, Dubrovytsia, Kolomyia, Dolyna, Iziaslav, Skole, Shepetivka, Brovary dhe Boryspil, dhe një perspektivë Stepán Bandera në Ternopil (pjesë e Perspektiva e Leninit).

Më 16 janar 2017, Instituti Ukrainas i Kujtesës Kombëtare deklaroi se nga 51,493 rrugët, sheshet dhe "objektet e tjera" që ishin riemërtuar (që nga viti 2015) për shkak të dekomunizimit, 34 rrugë u emëruan me emrin Stepán Bandera.

Për shkak të *"shoqërimit me regjimin totalitar komunist"*, Këshilli i Qytetit të Kievit më 7 korrik 2016 votoi 87 me 10 pro në favor të mbështetjes për riemërtimin e Avenue Moska në Stepán Bandera Avenue.

Monumenti i Stepán Bandera në Ternopil

Monumentet kushtuar Stepán Bandera janë ndërtuar në një numër qytetesh të Ukrainës perëndimore, duke përfshirë një statujë në Lviv, si dhe Staryi Uhryniv, Kolomyia, Drohobych, Zalishchyky, Mykytyntsi, Uzyn, Buchach, Hrabivka, Horodenka, Staryi Sambir, Ternopil, Ivano-Frankivsk, Strusiv, Truskavets, Horishniy, Velykosilky, Sambir, Velyki Mosty, Turka, Zdolbuniv, Chortkiv, Sniatyn, dhe në qytete dhe fshatra të tillë si Berezhany, Boryslav, Chervonohrad, Dubliany, Kamianka-Buzka, Kremenets, Mostyska, Pidvolochysk, Seredniy Bereziv, Terebovlia, Verbiv dhe Volia-Zaderevatska.

Në 2010 dhe 2011, Bandera u emërua *qytetar nderi i një numri qytetesh perëndimore të Ukrainës*, duke përfshirë Khust, Nadvirna, Ternopil, Ivano-Frankivsk, Lviv, Kolomyia, Dolyna, Varash, Lutsk, Chervonohrad, Terebovlia, Truskavets, Radekhiv, Sokal, Stebnyk, Zhovkva, Skole, Berezhany, Sambir, Boryslav, Brody, Stryi, dhe Morshyn.

Në fund të vitit 2018, Këshilli i Rajonit të Lvivit vendosi të shpallë vitin 2019 si viti i Stepán Bandera, duke shkaktuar protesta nga Izraeli.

Dy filma artistikë janë bërë për Banderën, ndër ta janë *"Vrasja e tetorit në Mynih"* (1995) dhe *"The Undefeated"* (2000), të dy me regji të Oles Yanchuk, së bashku me një numër filmash dokumentarë.

Në vitin 2021, Instituti Ukrainas i Kujtesës Kombëtare nën autoritetin e Ministrisë së Kulturës së Ukrainës, përfshiu Bandera, midis figurave të tjera nacionaliste ukrainase, në Nekropolin Virtual, një projekt që synonte të përkujtonte figura historike të rëndësishme për Ukrainën.

Literatura:

1. Marples, David R. (2006). "Stepán Bandera: The Resurrection of a Ukrainian National Hero. Europe-Asia Studies..

2. Breitman, Richard (2010). Hitler's Shadow: Nazi War Criminals, U.S. Intelligence, and the Cold War. DIANE Publishing. p.82.

3. Snyder, Timothy (24 February 2010). "A Fascist Hero in Democratic Kiev". The New York Review of Books. Retrieved 8 January 2019

4. Volodymyr Yaniv (2004). "Bandera, Stepán". Encyclopedia of Ukraine

5. Rossolinski, Grzegorz (2014). Stepán Bandera: The Life and Afterlife of a Ukrainian Nationalist : Fascism, Genocide, and Cult. Columbia University Press

6. Christopher Andrew and Vasili Mitrokhin, The Sword and the Shield: The Mitrokhin Archive and the Secret History of the KGB, Basic Books, 1999.

7. "Texts adopted, Thursday, 25 February 2010, Situation in Ukraine, P7_TA (2010) 0035". Europarl.europa.eu. Retrieved 18 August 2018.

8. "Russia condemns Yushchenko for declaring Bandera a Hero of Ukraine". Voice of Russia. 26 January 2010. Archived from the original on 14 November 2012. Retrieved 3 May 2012.

9. "Ukraine: l'UEJF condamne la glorification d'un complice des nazis". Archived 6 February 2010 at the Wayback Machine. Student Union of French Jews. 1 February 2010. Retrieved 6 February 2010.

10. Reuters, Thomson, Ukrainians mark birthday anniversary of controversial nationalist, retrieved 27 November 2018

11. Cohen, Josh. "Dear Ukraine: Please Don't Shoot Yourself in the Foot". Foreign Policy. Retrieved 27 November 2018.

12. "Nuremberg – The Trial of German Major War Criminals (Volume VI)". Nizkor.org. Archived from the original on 24 March 2010. Retrieved 18 August 2018.

13. "Ukrainian History – World War II in Ukraine". InfoUkes. Retrieved 17 March 2010.

14. Berkhoff, K.C. and M. Carynnyk 'The Organization of Ukrainian Nationalists and Its Attitude toward Germans and Jews: Iaroslav Stets'ko's 1941 Zhyttiepys' in: Harvard Ukrainian Studies, vol. 23 (1999), nr. 3/4, pp. 149-184.

15. "Israeli ambassador 'shocked' by Lviv region's decision to declare Year of Bandera". Kyiv Post. 13 December 2018.

16. "Nazi collaborators included in Ukrainian memorial project". jpost.com. 21 January 2021.

SI FINANCOI NJË MILIARDER UKRAINAS HUNTER BIDEN, PRESIDENTIN VOLODYMYR ZELENSKY DHE BATALIONIN NEO-NAZIST AZOV

A është kjo arsyeja pse laptopi i Hunter Biden flet për "Fëmijët të djegur gjallë" në Ukrainë? (Is this why Hunter Biden's laptop talks about "Children Burned Alive" in Ukraine?)

Kolomoysky zotëron kompaninë e gazit ukrahinas Burisma Holdings

Personi i vërtetë që ishte dashamirës dhe shefi i djalit të Zëvendës Presidentit Joe Biden, Hunter Biden, në kompaninë ukrainase të gazit Burisma Holdings, nuk ishte CEO i Burisma Holdings, Mykola Zlochevsky, por ishte Ihor Kolomoysky, i cili ishte pjesë e qeverisë së sapo-instaluar ukrainase, të cilën vetë administrata e Obamës në fakt sapo e kishte instaluar në Ukrainë, në atë që kreu i firmës *"private të CIA-s"* Stratfor e quajti me të drejtë *"grusht shteti më flagrant në histori"*. **(Sipas Kabekoa's Newsletter)**

Menjëherë pas grushtit të shtetit në Ukrainë të administratës Obama-Biden 2, më 2 mars 2014, Kolomoysky, i cili mbështeti përmbysjen e Yanukovych, u emërua guvernator i Dnepropetrovsk, Ukrainë.[175]

Hunter Biden, pa përvojë në industri apo rajon, do t'i bashkohej Kolomoysky's Burisma Holdings dy muaj më vonë, më 12 maj të vitit 2014.

Një studim i vitit 2012 i Burisma Holdings, i bërë në Ukrainë nga Qendra e Veprimit Kundër Korrupsionit (ANTAC), një organizatë jofitimprurëse investigative e bashkëfinancuar nga miliarderi amerikan **George Soros**[176] dhe Departamenti Amerikan i Shtetit, zbuloi se pronari i vërtetë i Burisma Holdings nuk ishte askush tjetër veçse miliarderi ukrainas- oligarku **Ihor Kolomoysky**.

Studimi, i cili u financua për të zbuluar korrupsionin mbi presidentin ukrainas Viktor Janukoviç, në vend të kësaj zbuloi se Ihor Kolomoysky *"arriti të kapte rezervat më të mëdha të gazit natyror në Ukrainë"*.

Burisma Holdings ndryshoi pronarët në vitin 2011, kur u mor nga një ndërmarrje off-shore e Qipros e quajtur Brociti Investments Ltd, dhe më pas,

---

[175] https://kanekoa.substack.com/p/how-one-ukrainian-billionaire-funded?s=w

[176] **Matt Palumbo**: Matt Palumbo is the author of The Man Behind the Curtain: Inside the Secret Network of George Soros" (2021), Dumb and Dumber: How Cuomo and de Blasio Ruined New York (2020), Debunk This!: Shattering Liberal Lies (2019), and Spygate (2018).

zhvendosi adresat nën të njëjtën çati si Ukrnaftoburinnya dhe Esko-Pivnich, dy kompani ukrainase të gazit të cilat ndodheshin gjithashtu në pronësi të Kolomoysky përmes entiteteve off-shore në Ishujt e Virgjër Britanikë.[177]

Oleh Kanivets, i cili ka punuar si CEO i Ukrnaftoburinnya, konfirmoi Kolomoysky si pronar të Burisma Holding në raportin e 2012 duke thënë, "*Privat Group është pronari i menjëhershëm. Kjo kompani u themelua nga Mykola Zlochevsky disa kohë më parë, por ai më vonë ia shiti aksionet Privat Group*".

Me fjalë të tjera, shefi dhe dashamirës i Hunter Biden në Burisma Holdings është i njëjti miliarder-oligark ukrainas, i cili gjithashtu pretendoi pozicionin e shefit dhe dashamirës mbi Volodymyr Zelensky, përpara se të bëhej president i Ukrainës.

Kolomoysky zotëron 1+1 Media Group

Kolmoysky, i cili aktualisht ka një vlerë neto prej 1.8 miliardë dollarësh duke e bërë atë njeriun e 1750 më të pasur në botë, zotëron prona në sektorin e metalit, naftës dhe medias, ku ai ka pasur një histori të gjatë me presidentin ukrainas Volodymyr Zelensky.

Për vite, kompania e Zelensky prodhonte shfaqje për rrjetin televiziv të Ihor Kolmoysky, 1+1 Media Group, një nga konglomeratet më të mëdha mediatike në Ukrainë. Zelensky arriti famë kombëtare, duke portretizuar një president në një televizion hit të quajtur, Shërbëtori i Popullit, i cili u transmetua në një kanal në pronësi të Kolmoysky.

Në vitin 2019, kanalet mediatike të Kolmoysky i dhanë një shtysë të madhe fushatës presidenciale të Zelensky, ndërsa Kolmoysky madje ofroi siguri, avokatë dhe automjete për Zelensky gjatë fushatës së tij.

Truproja dhe avokati i Kolmoysky-t shoqëruan Zelensky-n në shtegun e fushatës, ndërsa Zelensky udhëtonte me shofer në një Range Rover në pronësi të një prej kompanive të Kolmoysky.

Dokumentet Pandora, treguan se presidenti ukrainas Volodymyr Zelensky dhe partnerët e tij të prodhimit televiziv ishin përfitues të një rrjeti firmash në det të hapur të krijuar në vitin 2012, në të njëjtin vit që *kompania e prodhimit të Zelensky hyri në një marrëveshje me grupin mediatik të Kolomoysky, i cili dyshohet se mori 41 milionë dollarë fonde nga Kolomoysky.*[178]

---

[177] https://kanekoa.substack.com/p/how-one-ukrainian-billionaire-funded?s=w
[178] https://kanekoa.substack.com/p/how-one-ukrainian-billionaire-funded?s=w

Privatbank

Rivali politik i Zelenskit, Presidenti Petro Poroshenko komentoi lidhjen e tyre gjatë fushatës: *"Fati synoi të më bashkonte me kukullën e Kolomoyskiy në raundin e dytë të zgjedhjeve"*.

Pas fitores së Zelenskit, Kolomoysky, i cili kishte kaluar vitet e fundit duke jetuar mes Izraelit dhe Zvicrës, u kthye në Ukrainë për të mbajtur marrëdhëniet e tij me presidentin e ri, duke emëruar mbi 30 ligjvënës në partinë e sapokrijuar të Zelensky dhe duke ruajtur ndikimin me shumë prej tyre në parlamenti.[179]

Kolomoysky financon batalionet Azov, Aidar dhe Dnipro

Ihor Kolomoysky, ka qenë një financues kryesor i Batalionit Azov që kur u formua në 2014. Ai gjithashtu ka financuar milicitë private si batalionet Dnipro dhe Aidar dhe i ka vendosur ato personalisht për të mbrojtur interesat e tij financiare.

Para se të bëhej pjesë e forcave të armatosura të Ukrainës, kush e financoi Azov?

Njësia mori mbështetje nga ministri i brendshëm i Ukrainës në vitin 2014, pasi qeveria e kishte pranuar se ushtria e saj ishte shumë e dobët për të luftuar separatistët pro-rusë dhe mbështetej në forcat vullnetare paraushtarake.

Këto forca financoheshin privatisht nga oligarkët, më i njohuri ishte Igor Kolomoisky, një miliarder magnat energjetik dhe guvernator i atëhershëm i rajonit Dnipropetrovska. (**Aljazeera**)

Grupet e nacionalistëve të supremacistëve të bardhë ukrainas të krahut ekstrem të djathtë, po kryejnë krime lufte në territoret e kontrolluara nga rebelët në Ukrainën Lindore, sipas një raporti nga Amnesty International, pasi në mediat lokale u shfaqën prova të milicive vullnetare, që u prenë kokën viktimave të tyre.

Vullnetarët e armatosur, që i referohen vetes si batalioni Aidar *"kanë qenë të përfshirë në abuzime të përhapura, duke përfshirë rrëmbime, ndalime të paligjshme, keqtrajtime, vjedhje, zhvatje dhe ekzekutime të mundshme"*, tha **Amnesty International**.

Batalioni Aidar, *mbështetet publikisht nga oligarku ukrainas Ihor Kolo-*

---

[179] https://www.youtube.com/watch?v=MXgli7TpINw

moyskyi, i cili dyshohet se financon *gjithashtu batalionet vullnetare Azov, Donbas, Dnepr 1, Dnepr 2, që veprojnë sipas urdhrave të Kievit.* (**Newsweek**)

Disa nga batalionet private të Ukrainës, kanë nxirë reputacionin ndërkombëtar të vendit me pikëpamjet e tyre ekstremiste. Batalioni Azov, i financuar nga Taruta dhe Kolomoisky, përdor simbolin nazist Wolfsangel si logon e tij dhe shumë nga anëtarët e tij përkrahin hapur pikëpamjet neo-naziste, anti-semite.

Anëtarët e batalionit, kanë folur hapur dhe pa dorashka, për *"sjelljen e luftës në Kiev"* dhe thanë se Ukraina ka nevojë për *"një diktator të forte, për të ardhur në pushtet, i cili mund të derdhë shumë gjak, por të bashkojë kombin në proces."* (**Reuters**)

Batalionet e Kolomoysky granatojnë civilët në Donbas

Rajonet e Luhansk dhe Donetsk, përbëjnë një rajon më të madh të njohur së bashku si **Donbas**. Në maj 2014, menjëherë pas grushtit të shtetit në Maidan të administratës Obama, të dy rajonet mbajtën një *Referendum për shkëputjen nga Ukraina, në të cilin 96% e Lukansk dhe 89% e Donetsk votuan për krijimin e dy entiteteve të reja të pavarura në Ukrainën lindore.*

Moska, tha se votimi pasqyronte **vullnetin e popullit**, por Bashkimi Evropian i quajti zgjedhjet **të paligjshme dhe jolegjitime**, të cilat shpejt u shndërruan në dhunë e u shndërruan në një konflikt të gjithanshëm, midis forcave separatiste të mbështetura nga Rusia dhe ushtrisë ukrainase dhe pro-milicitë qeveritare.

Donbasi, u bë epiqendra e një beteje për ndikim global midis NATO-s dhe Moskës, në të cilën shtëpitë, shkollat dhe zyrat e civilëve të pafajshëm ishin thjesht dëme kolaterale dhe uji, energjia elektrike dhe gazi u mbyllën rregullisht, për banorët që paguanin çmimin përfundimtar.

Lufta në Donbas, ka vazhduar edhe sot e kësaj dite, duke vrarë rreth 14,000 banorë të pafajshëm, ndërsa ka copëtuar rajonin Donbas të Ukrainës lindore.[180]

Nga ana e tjetër, me ose pa dëshirë organizata **Human Rights Watch,** raportoi më 24 korrik 2014, se forcat qeveritare të Ukrainës dhe milicitë pro-qeveritare kishin përdorur pa dallim *raketa Grad* të padrejtuara në zonat e populluara, të cilat shkelnin ligjin ndërkombëtar humanitar, ligjet e luftës dhe përbënin krime lufte.

Ndërsa zyrtarët e qeverisë ukrainase mohuan përdorimin e raketave Grad në Donetsk, *një hetim i Human Rights Watch në terren tregoi fuqishëm se forcat e qe-*

---

[180] https://kanekoa.substack.com/p/how-one-ukrainian-billionaire-funded?s=w

verisë ukrainase ishin përgjegjëse për sulmet dhe në fillim të muajit, gazetari i Al Jazeera kishte filmuar madje forcat ukrainase me raketahedhës Grad në rruga për në Donetsk.

Nga raportet ndërkombëtare të kohës, mësohet se Batalioni Neo-Nazi Azov i Kolomoysky udhëhoqi sulmin e qeverisë, pas grushtit të shtetit në republikat e vetëshpallura të Luhansk dhe Donetsk, dhe se **një raport i Amnesty International i vitit 2014 akuzoi Batalionin Aidar të Kolomoysky për krime lufte në Donbas,** duke përmendur në mënyrë specifike, *"abuzimet e përhapura, duke përfshirë rrëmbimet e pahijshme, trajtimi, vjedhja, zhvatja dhe ekzekutimet e mundshme."*

Në tetor 2014, Human Rights Watch, raportoi se forcat e qeverisë ukrainase dhe milicitë pro-qeveritare ishin përgjegjëse, për përdorimin e gjerë të municioneve thërrmuese, në zonat e populluara në qytetin Donetsk.

"Është tronditëse të shohësh një armë, që shumica e vendeve e kanë ndaluar të përdoret kaq gjerësisht në Ukrainën lindore," tha **Mark Hiznay,** studiues i lartë i armëve në Human Rights Watch. *"Autoritetet ukrainase, duhet të marrin një angazhim të menjëhershëm, për të mos përdorur municione thërrmuese dhe të bashkohen me traktatin për ndalimin e tyre."*

Marrëveshja Minsk II në vitin 2015, i dha fund luftimeve më të ashpra dhe krijoi një zonë tampon rreth republikave separatiste, por lufta civile vdekjeprurëse ka vazhduar të zvarritet në rajon deri më sot. Armët e rënda u ndaluan nga marrëveshjet e Minskut, por ende përdoreshin shpesh dhe me efekt shkatërrues.

Shkollat e fëmijëve në Donetsk janë goditur aq shumë herë nga bombardimet pa dallim, saqë bodrumet janë ngritur si strehë për bomba të ndërrimit dhe dritaret janë të mbushura me thasë rëre. *Donbasi, është bërë gjithashtu një nga vendet më të ndotura nga minat në tokë, duke vënë në rrezik më shumë se 220,000 fëmijë.*

"Granatimet nuk e lënë të padëmtuar psikikën e një fëmije. Fëmijët janë të traumatizuar. Ata janë të tmerruar. Ka fëmijë që bëhen shumë emocionues. Ata derdhin ndjenjat e tyre", tha Iryna Morhun, drejtoresha e shkollës Krasnohorivka, e cila u godit nga një goditje e drejtpërdrejtë.

"Në anën tjetër, ka fëmijë që e mbajnë këtë dhimbje brenda. Është shumë e trishtueshme të shohësh fëmijë që duhet të kenë një fëmijëri të lumtur të vuajnë për shkak të kësaj lufte."

Laptopi i Hunter Biden flet për "fëmijët e djegur të gjallë" në Donetsk

Grupi kërkimor jofitimprurës, **Marco Polo,** i cili po bën një raport gjithëpërfshirës mbi laptopin e Hunter Biden, bëri lidhjen midis mesazheve me tekst të tij dhe masakrave të Kolomoysky në Ukrainën lindore.

Mesazhet me tekst të gjetura në laptopin e Hunter Biden, tregojnë atë duke pyetur Hallie Biden, të venë e vëllait dhe zonjën e tij, nëse ajo besonte se ai kishte *"fëmijë të djegur të gjallë në DONETSK"* ose *"fëmijë të vrarë në Donetsk, Ukrainë"*.

Me shumë mundësi, duke iu referuar Kolomoysky-t, shefit të tij të raportuar të Burisma Holdings, i cili po financonte gjithashtu Batalionin neo-nazist Azov, që u akuzua për krime lufte dhe bombardime të civilëve në Ukrainën lindore.

Në vitin 2018, Kongresi Amerikan i ndaloi armët amerikane të shkonin në Batalionin Azov të Ukrainës, i cili përdorte, flamurin, shenja dhe simbole neo-naziste, pranoi hapur neonazistë në radhët e tij dhe ishte akuzuar për krime lufte të stilit të ISIS-it, përfshirë prerje koke.

"Supremacia e bardhë dhe neo-nazizmi, janë të papranueshme dhe nuk kanë vend në botën tonë," tha Rep. Ro Khanna (D-Calif.), një kritik i hapur i ofrimit të ndihmës vdekjeprurëse për Ukrainën, tha në një deklaratë për **The Hill**. *"Jam shumë i kënaqur që ligji i miratuar së fundmi në Kongres, pengon SHBA-në të ofrojë ndihmë me armë dhe trajnim për Batalionin neo-nazist Azov, që lufton në Ukrainë"*.

Në vitin 2016, Privatbank i Kolomoysky u shemb, mes akuzave publike për përvetësim dhe mashtrim. Dështimi i bankës i kushtoi qeverisë ukrainase dhe si rrjedhojë taksapaguesve amerikanë dhe evropianë që e mbështetën atë me fonde ndihme rreth 5.5 miliardë dollarë, në një paketë shpëtimi.

Në vitin 2020, Departamenti i Drejtësisë vendosi për të sekuestruar pronat e Kolomoysky në SHBA, pasi akuzoi oligarkun për përvetësim dhe mashtrim të miliarda dollarëve nga PrivatBank dhe pastrimin e tyre në pronat amerikane, duke përfshirë një fabrikë çeliku në Kentucky, një rritje komerciale në Cleveland dhe një prodhim Motorola në shtetin Illinois.

Në mars 2021, administrata Biden ndaloi Kolomoisky dhe anëtarët e familjes së tij të udhëtonin në Shtetet e Bashkuara, për shkak të *"përfshirjes në akte të rëndësishme korrupsioni"*.

Ka shumë pak gjasa që Kolomoisky të ishte kthyer në Shtetet e Bashkuara, duke pasur parasysh se Departamenti i Drejtësisë kishte filluar tashmë sekuestrimin e pronave të tij, një vit më parë dhe ai raportohet se kishte udhëtuar midis Zvicrës, Izraelit dhe Ukrainës nga frika se mos ekstradohej në Shtetet e Bashkuara.

Kongresi i SHBA-së, miratoi një ndihmë tjetër prej 14 miliardë dollarësh për Ukrainën, e cila padyshim do të derdhet në anëtarët e familjeve të llogarive bankare të politikanëve të korruptuar amerikanë dhe ukrainas dhe në entitetet financiare off-shore të oligarkëve, përpara se të kalojë rrugën, drejt neo-Kongresi i batalioneve naziste e ndaloi marrjen e armëve amerikane në vitin 2018.

A e dinë njerëzit që përpiqen kaq shumë për luftë me Rusinë për *"fëmijët e djegur të gjallë"* në Donetsk? *A e dinë ata se ne po armatosim batalionet neo-naziste, që kanë gjuajtur raketa dhe hedhin bomba thërrmuese mbi fëmijët në Donbas për 8 vitet e fundit?*[181]

Shkarkimi

Si Obama dhe Biden 1, 2, 3 instaluan neo-nazistët në Ukrainë: Artikulli im i mëparshëm mbi rolin e qeverisë amerikane në grushtin e shtetit të Maidan, masakrën me snajper në Maidan, masakrën e zjarrit të Odessa, Partinë Svoboda, Batalionin Azov dhe rolin e fraksioneve neo-naziste në luftat në Ukrainë. *OKB-ja është kthyer në një organizatë servile burokrate politike e njëanshme globaliste anti popujve rusë, që drejtohet nga Deep State, Cabala etj.*

Rusët, vazhdimisht bëjnë thirrje për një takim të Këshillit të Sigurimit të OKB-së, për Biolabs Ukrainës. Rusia, sistematikisht ka kërkuar një takim të Këshillit të Sigurimit të OKB-së, lidhur me aktivitetet e supozuara ushtarako-biologjike të SHBA-së në Ukrainë.

Igor Kirillov i Ministrisë së Mbrojtjes Ruse dhe kreu i Mbrojtjes Bërthamore, Kimike dhe Biologjike të Trupave, paraqiti prova të supozuara në lidhje me programin e financuar nga Pentagoni *"Reduktimi i Kërcënimeve Biologjike"* në Ukrainë.[182]

Ndërhyrja e NATO-s në Ukrainë mund të shkaktojë luftë bërthamore të përmasave katastrofike dhe me ndikimin e përhapjes së luftrave të pavarura anti-koloniale kudo nëpër botë.

Ja se si: *Gjatë vetëm tre ditëve, siç kam bërë herë të panumërta gjatë viteve të fundit, një grup zyrtarësh të lartë të qeverisë amerikane të kaluar dhe të tanishëm nga të dyja anët e rreshtit u mblodhën për të zhvilluar një luftë NATO-Rusi në një simulim në fund. të vitit 2019.*

Gjatë asaj që ne e quajtëm Lufta NATO-Rusi e 2019-ës, vlerësuam se një miliard njerëz vdiqën. Dhe nëse nuk jemi të kujdesshëm, ajo që ndodhi në një simulim mund të ndodhë nëse një luftë NATO-Rusi shpërthen mbi Ukrainën.[183]

---

[181] https://kanekoa.substack.com/p/how-one-ukrainian-billionaire-funded?s=w
[182] https://www.youtube.com/watch?v=MXgli7TpINw
[183] https://kanekoa.substack.com/p/how-one-ukrainian-billionaire-funded?s=w

PRESIDENTI JOHN F. KENNEDY NË KRIZËN KUBANE TË RAKETAVE DHE ROLI I ZV/ADMIRALIT RUS VASILY ARKHIPOV, QË SHPËTOI BOTËN NGA LUFTA E TRETË BOTËRORE

"Qëllimi ynë nuk është fitorja e fuqisë, por shfajësimi i së drejtës, jo paqja në kurriz të lirisë, por paqja dhe liria, këtu në këtë hemisferë dhe shpresojmë në të gjithë botën." **– John Fitzgerald Kennedy** *(1917-1963), President i 35-të i SHBA-së (1961-1963)*[184]

Kjo ngjarje e rrezikshme praglufte botërore, ishte një konfrontim, që filloi me 16 tetor dhe vijoi deri me 20 nëntor 1962, midis Shteteve të Bashkuara dhe ish-Bashkimit Sovjetik, i cili u përshkallëzua në një krizë ndërkombëtare, ku vendosjet amerikane të raketave Jupiter në Itali dhe Turqi u krahasuan me vendosjet sovjetike të raketave balistike në Kubë.

Ai e karakterizon transformimin e Kubës në një bazë të rëndësishme strategjike si një kërcënim të qartë, për sigurinë amerikane dhe *shpjegon shtatë komponentë të kursit të tij të propozuar të veprimit*: karantinimi i të gjitha pajisjeve ushtarake sulmuese, që dërgohen në Kubë, rritja e shkallës së mbikqyrjes, duke marrë parasysh një mundësi të tillë etj.

Sulmi i sovjetik i nisur nga Kuba, përforcon bazën detare të Gjirit të Guantanamos, thirrje për një takim të Organit të Konsultimit, thirrje për një takim urgjent të Këshillit të Sigurimit të Kombeve të Bashkuara dhe kërkon që Kryeministri Nikita Hrushovi të ndërpresë kursin aktual të veprimit kërcenues ushtarak.

Në fjalimin e tij para popullit amerikan në radio dhe TV, *Presidenti John Fitzgerald Kennedy*, shprehet në mënyrë të konkrete: *"Qëllimi ynë nuk është fitorja e fuqisë, por shfajësimi i së drejtës, jo paqja në kurriz të lirisë, por paqja dhe liria, këtu në këtë hemisferë dhe shpresojmë në të gjithë botën."*

Pavarësisht kornizës së shkurtër kohore, kriza e raketave kubane, mbetet një moment përcaktues në sigurinë kombëtare të SHBA-së dhe përgatitjen e luftës bërthamore. Konfrontimi, shpesh konsiderohet se **Lufta e Ftohtë** arriti të përshkallëzohej, në një luftë bërthamore në shkallë të plotë.

Në përgjigje të pranisë së raketave balistike amerikane dhe pushtimit të dështuar të Gjirit të Derrave të vitit 1961, Sekretari i Parë i ish Bashkimit Sovje-

---

tik (Presidenti) ukrainasi (*i lindur në Kalinovka, një fshat në atë që tani është Rajoni Kursk i Rusisë, pranë kufirit aktual të Ukrainës*) Nikita Hrushovi[185] ra dakord me kërkesën e Kubës, për të vendosur raketa bërthamore në ishull, për të penguar një pushtim të ardhshëm të saj nga amerikanët.

Një marrëveshje u arrit gjatë një *takimi të fshehtë midis Hrushovit dhe kryeministrit kuban Fidel Castro, në korrik tw vitit 1962* dhe ndërtimi i një numri objektesh për lëshimin e raketave filloi në verë.

Në planin tjetër amerikan, zgjedhjet presidenciale të vitit 1962 në Shtetet e Bashkuara, ishin duke u zhvilluar dhe Shtëpia e Bardhë mohoi akuzat për muaj të tërë, se po injoronte raketat e rrezikshme sovjetike që ishin 90 milje (140 km) nga Florida.

Përgatitjet e raketave u konfirmuan, kur një **aeroplan spiun U-2 i Forcave Ajrore Amerikane** tregoi prova të qarta fotografike të raketës balistike R-12 (emri i koduar i NATO-s SS-4) dhe me rreze të mesme veprimi R-14 (emri i koduar i NATO-s SS-5).

Kur kjo iu raportua Presidentit John F. Kennedy, ai më pas thirri një takim nëntë anëtarët e Këshillit të Sigurisë Kombëtare dhe pesë këshilltarëve të tjerë kyç, në një grup, që u bë i njohur si *Komiteti Ekzekutiv i Këshillit të Sigurisë Kombëtare* (EXCOMM).

Gjatë këtij takimi, Presidenti fillimisht u këshillua të kryente një sulm ajror në tokën kubane, me qëllim që të komprometonte furnizimet me raketa sovjetike, e ndjekur nga një pushtim i kontinentit kuban.

Më vonë pas një shqyrtimi të kujdesshëm të situatës, Presidenti Kennedy zgjodhi një kurs veprimi liberal (më pak agresiv), për të shmangur një shpallje lufte. Pas konsultimit, ai urdhëroi një "karantinë" detare më 22 tetor, për të parandaluar që raketa të mëtejshme të arrinin në Kubë.

Duke përdorur termin *karantinë* dhe jo *bllokadë* (një akt lufte, sipas përkufizimit ligjor), Shtetet e Bashkuara ishin në gjendje të shmangnin implikimet e një gjendje lufte.

SHBA, njoftoi se nuk do të lejonte dërgimin e armëve sulmuese në Kubë dhe kërkuan që armët tashmë atje të çmontoheshin dhe të ktheheshin në ish-

---

[185] **Nikita Sergeyevich Khrushchev (1894-1971)** ishte Sekretar i Parë i Partisë Komuniste të Bashkimit Sovjetik nga viti 1953 deri në 1964 dhe kryetar i Këshillit të Ministrave të atij vendi nga viti 1958 deri në 1964. Gjatë sundimit të tij, Hrushovi mahniti botën komuniste me denoncimin e tij për krimet e paraardhesit te tij Stalinit dhe filloi një politikë të denoncimit -Stalinizimi me aleatin e tij kryesor Anastas Mikoyan. Ai sponsorizoi programin e hershëm të hapësirës sovjetike dhe miratimin e reformave relativisht liberale në politikën e brendshme. Pas disa fillimeve të rreme dhe një lufte bërthamore të shmangur ngushtë mbi Kubën, ai kreu negociata të suksesshme me Shtetet e Bashkuara për të ulur tensionet e Luftës së Ftohtë. Në vitin 1964, udhëheqja e Kremlinit e hoqi nga pushteti, duke e zëvendësuar me Leonid Brezhnev si Sekretar i Parë dhe Alexei Kosygin si Kryeministër.

Bashkimin Sovjetik.

Pas disa ditësh negociatash të tensionuara, u arrit një marrëveshje mes Kenedit dhe Hrushovit. Publikisht, sovjetikët do të çmontonin armët e tyre sulmuese në Kubë dhe do t'i kthenin ato në B.R.S.S., duke iu nënshtruar verifikimit të Kombeve të Bashkuara, në këmbim të një deklarate publike dhe marrëveshjes së SHBA-së, për të mos pushtuar më Kubën.

Në fshehtësi, Shtetet e Bashkuara ranë dakord se do të çmontonin të gjitha MRBM-të e Jupiterit, të cilat ishin vendosur në Turqi kundër ish-Bashkimit Sovjetik.

Asokohe sovjetikët, çmontuan raketat e tyre, disa bombardues sovjetikë mbetën në Kubë dhe Shtetet e Bashkuara e mbajtën karantinën detare në vend deri më 20 nëntor të atij viti.

Kur të gjitha raketat sulmuese dhe **bombarduesit e lehtë Ilyushin Il-28** u tërhoqën nga Kuba, bllokada u përfundua zyrtarisht më 20 nëntor 1962.

Negociatat midis Shteteve të Bashkuara dhe ish-Bashkimit Sovjetik, vunë në dukje domosdoshmërinë e *një linje direkte komunikimi mes dy superfuqive.*

Si rezultat, u krijua linja telefonike Moskë-Uashington, një seri marrëveshjesh që reduktuan tensionet SHBA-B.R.S.S., për disa vite derisa të dyja palët rifilluan përfundimisht zgjerimin e arsenalit të tyre bërthamor.

Kuba e Karaibeve dhe Muri i Berlinit (1961)

Me përfundimin e Luftës së Dytë Botërore dhe fillimin e Luftës së Ftohtë, SHBA ishin rritur të shqetësuara për zgjerimin e komunizmit.

Administrata e Kenedit, ishte vënë në siklet publikisht nga pushtimi i dështuar i Gjirit të Derrave në prill 1961, i cili ishte nisur nën Presidentin John F. Kennedy nga forcat e stërvitura nga CIA të mërgimtarëve kubanë.

Më pas, ish-presidenti **Dwight D. Eisenhower** i tha Kenedit se: *"Dështimi i Gjirit të Derrave, do t'i inkurajojë sovjetikët të bëjnë diçka, që përndryshe nuk do ta bënin."* dhe këshilltarët e tij me përshtypjen se Kennedy ishte i pavendosur dhe, siç shkroi një këshilltar sovjetik, *"shumë i ri, intelektual, i papërgatitur mirë për vendimmarrje në situata krize... tepër inteligjent dhe shumë i dobët".* Operacionet e fshehta të SHBA, kundër Kubës vazhduan në vitin 1961, me *operacionin e pasuksessshëm Mongoose.*

Për më tepër, përshtypja e Hrushovit për dobësitë e Kenedit u konfirmua nga përgjigja e Presidentit, gjatë krizës së Berlinit të vitit 1961, veçanërisht për ndërtimin e Murit të Berlinit.

Duke folur me zyrtarët sovjetikë pas krizës, Hrushovi pohoi: *"Unë e di me siguri se Kennedy nuk ka një sfond të fortë dhe në përgjithësi, nuk ka guximin për t'i bërë ballë një sfide serioze."* Ai gjithashtu i tha djalit të tij Sergeit se në Kubë, Kenedi *"do të bënte bujë dhe më pas do të pajtohej"*.

Në janar 1962, gjenerali i ushtrisë amerikane **Edward Geary Lansdale (1908-1987)** përshkroi planet për të përmbysur qeverinë kubane në një raport top-sekret (pjesërisht i deklasifikuar 1989), drejtuar Kenedit dhe zyrtarëve të përfshirë në Operacionin Mongoose.

Në shkurt 1962, SHBA nisi një embargo kundër Kubës dhe Lansdale paraqiti një plan kohor me 26 faqe, top-sekret, për zbatimin e përmbysjes së qeverisë kubaneze, duke mandatuar që operacionet guerile të fillonin në gusht dhe shtator. *"Revolta e hapur dhe përmbysja e regjimit komunist"*, ishte menduar në dy javët e para të tetorit.

Raketat sovjetike në Kubë

Në vitin 1961, sovjetikët kishin vetëm katër raketa balistike ndërkontinentale (R-7 Semyorka) dhe deri në tetor 1962 ata arritën deri në 75 raketa.

Asokohe ish-Bashkimi Sovjetik kishte 700 raketa balistike me rreze të mesme. SHBA kishte një avantazh të konsiderueshëm në numrin total të kokave bërthamore (27,000 kundrejt 3,600 të sovjetikëve) dhe teknologjinë e nevojshme për dërgimin e tyre të saktë në objektiv.

Në maj 1962, Hrushovi u bind nga ideja për të kundërshtuar udhëheqjen në rritje të SHBA-së në zhvillimin dhe vendosjen e raketave strategjike, duke vendosur raketa bërthamore sovjetike me rreze të mesme veprimi në Kubë, pavarësisht nga dyshimet e ambasadorit sovjetik në Havanë (Alexandr Ivanovich Alexeyev), i cili argumentoi se kryekomunisti kubanez Fidel Castro nuk do të pranonte vendosjen e raketave.

Hrushovi u përball me një situatë strategjike, në të cilën SHBA mendohej se kishte një aftësi të *"goditjes së parë të shkëlqyer"*, që e vuri asokohe ish-Bashkimin Sovjetik në një disavantazh të madh. Në vitin 1962, sovjetikët kishin vetëm 20 ICBM të afta të dërgonin koka bërthamore në drejtim të objektivit të tyre territorit të SHBA-së nga brenda ish-B.R.S.S. Mirëpo, sipas ekspertëve ushtarakë mendohetj, se *saktësia dhe besueshmëria e dobët e raketave sovjetike ngriti dyshime serioze për efektivitetin e tyre.*

Sipas historianëve, mendohej se asokohe gjatë vitit 1962 vendosi më pak theks tek raketat ICBM-të sesa tek raketat e tjera balistike me rreze të mesme dhe të mesme (MRBM dhe IRBM). *Raketat mund të godasin aleatët amerikanë dhe pjesën më të madhe të Alaskës nga territori sovjetik, por jo më në brendsi të SHBA.*

Për të përballuar kërcënimin me të cilin u përball në 1962, 1963, dhe 1964, kishte shumë pak opsione. Lëvizja e armëve bërthamore ekzistuese në vende nga të cilat ato mund të arrinin objektivat amerikane ishte vetëm një.

Një arsye tjetër, që raketat sovjetike u vendosën në Kubë, ishte sepse Nikita Hrushovi donte të sillte me manovra politike dhe ushtarake Berlinin Perëndimor (të kontrolluar nga amerikanët, britanikët dhe francezët) brenda Gjermanisë Lindore komuniste, pra brenda sistemit apo orbitës sovjetike të kampit socialkomunist.

Sikurse dihet historikisht, N. Hrushovi me synime të kjarta e bëri Berlinin Perëndimor fushëbetejë qendrore të Luftës së Ftohtë.

Ai besonte, se nëse SHBA nuk do të bënte asgjë për vendosjen e raketave në Kubë, ai mund të nxiste Perëndimin jashtë Berlinit, duke përdorur raketat e përmendura si një pengesë ndaj kundërmasave perëndimore në Berlin.

Meqenëse Berlini ishte strategjikisht më i rëndësishëm se Kuba, tregtia do të ishte një fitore për Hrushovin, siç e pranoi edhe vetë Presidenti demokrat amerikan John F. Kennedy, kur u shpreh se: *"Përparësia tregtare është, nga këndvështrimi i Hrushovit. Ai merr një shans të madh, por ka mjaft shpërblime për të."*

Si rezultat, B.R.S.S. do të vendoste raketa në Kubë dhe do të neutralizonte kërcënimin. Kjo lojë apo taktikë diplomstike do të shërbente përfundimisht për të siguruar Kubën kundër sulmeve dhe për t'a mbajtur vendin në Bllokun Idiot Socialist.

Në vitin 1961, si kundërpërgjigje dhe për të parandaluar këtë skenar finok bolshevik asokohe, më shumë se 100 raketa të prodhuara nga SHBA, që kanë aftësinë precize, për të goditur objektivin dhe krenarinë komuniste bolshevike -Moskën, të cilat ishin të gjitha me mbushje bërthamore, u vendosën në shtetet aleate si Itali dhe Turqi.

Pas transportimit të raketave me koka bërthamore në Kubë, Hrushovi më në fund kishte vendosur shkatërrimin e siguruar reciprokisht, që do të thotë se nëse SHBA do të vendoste të kryente një sulm bërthamor kundër B.R.S.S., kjo e fundit do të reagonte menjëherë, duke nisur një sulm bërthamor hakmarrës kundër SHBA-së.

Në fillim të vitit 1962, një grup specialistësh sovjetikë ushtarakë dhe të ndërtimit të raketave shoqëruan një delegacion bujqësor në Havanë patën një takim me kryeministrin komunist kuban *Fidel Castro*.

Udhëheqja kubane kishte një pritshmëri apo parandjenjë të forte, se SHBA do të pushtonte Kubën përsëri dhe me entuziazëm dhe shpejtësi miratoi idenë e instalimit të raketave bërthamore në Kubë. Gjithashtu, dislokimi do të përfshinte arsenalin e armëve taktike me rreze të shkurtër me një distancë prej 40 km.

Të dy udhëheqësit komunistë **Hrushovi & Castro**, ranë dakord të vendosnin raketa bërthamore strategjike fshehurazi në Kubë. Ashtu si Kastro, edhe udhëheqësi bolshevik rus Hrushovi ndjeu se një pushtim i Kubës nga SHBA ishte i afërt dhe se humbja e Kubës do t'u bënte dëm të madh komunistëve, veçanërisht në Amerikën Latine.

Politikanët amerikanë në kongres dhe Senat ishin shumë aktiv. Kështu më 20 shtator, *Senati dhe Kongresi Amerikan miratoi Rezolutën e Përbashkët 230*, e cila shprehte fuqishëm zërin e protestës amerikane, se SHBA ishte e vendosur *"të parandalonte në Kubë krijimin ose përdorimin e një aftësie ushtarake të mbështetur nga jashtë, që rrezikonte sigurinë e Shteteve të Bashkuara"*.

Më 17 tetor, zyrtari i ambasadës sovjetike Georgy Bolshakov, i solli Presidentit John F. Kennedy një mesazh personal nga Nikita Hrushovi, duke e siguruar atë se *"në asnjë rrethanë nuk do të dërgoheshin raketa tokë-tokë në Kubë."*

Raketat në Kubë, lejuan sovjetikët të synonin goditjen në mënyrë efektive të pjesës më të madhe të SHBA-së kontinentale. Arsenali i planifikuar ishte menduar të ishte i përbërë nga 40 lëshues.

Populli kubanez e vuri re menjëherë mbërritjen dhe vendosjen e raketave ushtarake dhe qindra raporte arritën në Miami. Inteligjenca amerikane mori raporte të panumërta, shumë me cilësi të dyshimtë apo edhe për të qeshur, shumica e të cilave mund të hidheshin poshtë duke përshkruar raketat mbrojtëse.

Një nga imazhet e para fotografike të zbulimit U-2 të bazave të raketave në ndërtim iu tregua menjëherë në Zyren Ovala Presidentit John K. Kennedy në mëngjesin e 16 tetorit 1962.

Mësohet 24 orë më parë me 15 tetor, Qendra Kombëtare e Interpretimit Fotografik të CIA-s (NPIC) shqyrtoi fotografitë U-2 dhe identifikoi objekte që ata i interpretuan si raketa balistike me rreze të mesme veprimi. Ky identifikim u bë pjesërisht në bazë të raportimit të dhënë nga *Oleg Penkovsky, një agjent i dyfishtë (amerikano-britanik) në GRU, që punonte për CIA dhe MI6.*

Më 16 tetor, Presidenti Kennedy njoftoi Prokurorin e Përgjithshëm **Robert Francis Kennedy**[186], se ishte i bindur se sovjetikët po vendosnin raketa në Kubë dhe se ky ishte një kërcënim legjitim. Kjo e bëri realitet kërcënimin e shkatërrimit bërthamor nga dy superfuqitë botërore.

Robert Kennedy u përgjigj, duke kontaktuar ambasadorin sovjetik, Anatoli Dobrynin. Robert Kennedy shprehu *"shqetësimin e tij për atë që po ndodhte"* dhe Dobrynin *"u udhëzua nga kryetari sovjetik Nikita S. Hrushovi që të siguronte Presidentin Kennedy se nuk do të kishte raketa tokë-tokë ose armë sulmuese në Kubë"*.

N. Hrushovi e siguroi më tej Kenedin se Bashkimi Sovjetik nuk kishte ndërmend të *"prish marrëdhëniet e dy vendeve tona"*, pavarësisht nga foto dëshmitë

---

[186] **Robert Francis Kennedy (1925-1968)**, i referuar gjithashtu me inicialet e tij RFK ose me pseudonimin Bobby, ishte një avokat dhe politikan amerikan, që shërbeu si Prokurori i Përgjithshëm i 64-të i Shteteve të Bashkuara nga janari 1961 deri në shtator 1964, dhe si senator i SHBA nga New York nga janari 1965. deri në vrasjen e tij në qershor 1968..

e paraqitura para Presidentit John F. Kennedy.

Gjeneral rus Vasily Arkhipov dy herë Hero i B.R.S.S. shpëtoi botën

A nuk paralajmëroi Presidenti i Federatës Ruse Vladimit V. Putin, në fjalimin e tij, se qeveria amerikane dhe NATO prej shumë vitësh po shkëlnin marrëveshjen e vitit 1991 (mbi zgjerimin e NATO-s) me Rusinë, të arritur pas rrëzimit të ish-Bashkimit Sovjetik në vitin 1991!?

NATO (SHBA) & Rusia, do të ndërmarrin hapat e duhur për të siguruar zbatimin e saj në përputhje me procedurat e tyre. Ky akt është krijuar në dy tekste origjinale në gjuhën frënge, angleze dhe ruse.

Sekretari i Përgjithshëm i NATO-s dhe Qeveria e Federatës Ruse do t'i japin Sekretarit të Përgjithshëm të Kombeve të Bashkuara dhe Sekretarit të Përgjithshëm të OSBE-së tekstin e këtij akti me kërkesën për t'a shpërndarë atë tek të gjithë anëtarët e Organizatave të tyre.

*A u shkel marrëveshja NATO (apo Amerika) nën administratën e papërgjeshme Biden-Harris e cila padrejtësisht vuri në rrezik Federatën Ruse dhe Presidentin e Putin, siç ndodhi me krizën e raketave kubane, në kohën e (Presidentit demokrat) **John F. Kennedy (1917-1963)**, kur ish-Bashkimi Sovjetik solli raketa të rrezikshme me mbushje bëthamore në Kubë, duke kërcënuar kështu hapur Amerikën!?*

A reagoi dhe kundërshtoi me vendosmëri dhe shumë të drejtë Amerika asokohe, që për koncidencë edhe sot drejtohet nga socialkomunistët ekstremistë Biden-Harris dhe Senati apo Kongresi Amerikan i kontrolluar fatkeqsisht nga të papërgjeshmit ekstremistë komunistë të vetë quajtur "demokratë"!?

Meqenëse historia po përsëritet me kah të kundërt, në ditët tona të vitit 2022, Presidenti Putin si drejtues i shtetit federal rus, nuk mund të lejojë atë që po bëjnë bashkërisht globalistët trushpërlarë ndërkombëtarë, të drejtuar nga rregjimi i papërgjeshëm ekstremist globalist Biden-Harris Deep State, Cabala, Big Tech, George Soros etj., në Ukrainë.

Duke iu rikthyer shumë dekadave më parë historisë amerikane, kujtoj vrasjen në Dallas të Texas-it të Presidentit të 35-të të SHBA-së John Fitzgerald Kennedy (1917-1963) si presidenti më i ri në moshë në Zyrën Ovale në Shtëpinë e Bardhë.

Sipas investigimeve të FBI, mësohet se vrasësi i presidentit demokrat ishte mbështetës i partisë demokratike (alias komuniste) amerikane, pra ai ishte i regjistruar si demokrat (**socialist radikal**), për të marrë pjesë në zgjedhjet elektorale presidenciale, që mbaheshin asokohe në SHBA.

Nga burimet historike të kohës, mësohet se një ndër arsyet e vrasjes së presidentit amerikan, ishte *kriza kubane e raketave*, e njohur gjithashtu si kriza e tetorit e vitit 1962, e cila zgjati 1 muaj e 4 ditë, gjë që solli konfrontimin e hapur diplomatik, midis Shteteve të Bashkuara dhe ish-Bashkimit Sovjetik.

Sikurse dihet në atë kohë shteti komunist i ish-B.R.S.S., kishte nisur anijet ushtarake sovjetike me raketa të mbushura bërthamore, të cilat i dërgoi në drejtim të ishullit të Kubës komuniste, të cilat donte t'i instalonte atje.

Presidenti i ri aktual amerikan John F. Kennedy, i dha ultimatum sovjetikëve, që t'i kthenin mbrapa trupat dhe paisjet berthamore ushtarake, që kërkonte t'i vendoste në ishullin ekzotik të Karaibeve, në Amerikën Qendrore.

Ngjarjet po zhvilloheshin me shumë shpejtësi. Diplomacia amerikane dhe boshevike ruse asokohe po vepronte me shpejtësi, për të evituar mundësinë e shperthimit të një konflikti pa kuptim me pasoja katastrofike të luftës së tretë botërore me armë bërthamore të shkatërrimit në masë...

Presidenti sovjetik Nikita **Hrushovi** (asokohe **Sekretar i Parë i Partisë Komuniste të ish-B.S.),** duke parë guximin dhe vendosmërinë sypatrembur të Presidentit John F. Kennedy, dhe mbas shumë bisedimeve të tensionuara mes palës amerikane dhe asaj sovjetike, i dha urdhër ushtrisë së tij që të fillojnë ç'-montimin e armëve nukleare dhe t'i rikthejnë ato menjëherë nga kishin ardhur në territorin e ish-Bashkimin Sovjetik, duke e mbyllur me faqe të zezë historinë e turpshme të tyre.

Gjeneral rus Vasily Aleksandrovich Arkhipov (1926-1999) dy herë ka marrë titullin Hero i Bashkimit Sovjetik i përfshirë në krizën e raketave Kubane. Një sulm i tillë ka të ngjarë të kishte shkaktuar një përgjigje të madhe termonukleare globale mes dy vendeve konkurente me kapsula të mbushura nuklerare.

Si shef i shtabit të flotiljes dhe komandant i dytë i nëndetëses me naftë B-59, *Arkhipov refuzoi të autorizonte përdorimin e kapitenit të silurëve bërthamorë kundër Marinës së Shteteve të Bashkuara, një vendim që kërkon miratimin e të tre oficerëve të lartë në bord.*

Në vitin 2002, Thomas Blanton, i cili atëherë ishte drejtor i Arkivit të Sigurisë Kombëtare të SHBA-së, tha se Generali rus Arkhipov shpëtoi botën.

Kush ishte General Arkhipov (1926-1998)?

Arkhipov lindi në vitin 1926, një familje fshatare, në qytetin Staraya Kupavna, afër Moskës. Ai u shkollua në Shkollën e Lartë Detare të Paqësorit dhe mori pjesë në Luftën Sovjeto-Japoneze në gusht të vitit 1945, duke shërbyer në një minahedhës. Ai u transferua në Shkollën e Lartë Detare Kaspiane dhe u diplomua në vitin 1947.

Pas diplomimit, Arkhipov shërbeu në nëndetëse në bordin e anijeve në Flotën e Detit të Zi, Veriore dhe Balltike.

Në korrik 1961, Arkhipov u emërua zëvendës komandant dhe për këtë arsye oficer ekzekutiv i nëndetëses së re të raketave balistike të klasit Hotel K-19. Pas disa ditësh ushtrime në brigjet juglindore të Grenlandës, nëndetësja pati një rrjedhje ekstreme në sistemin e saj ftohës të reaktorit.

Kjo rrjedhje çoi në dështimin e sistemit të ftohjes. Komunikimet radiofonike u prekën dhe ekuipazhi nuk ishte në gjendje të merrte kontakt me zyrtarët e lartë ushtarakë të Moskën.

Duke mos pasur sisteme rezervë, kapiteni Nikolai Zateev urdhëroi shtatë anëtarët e ekuipazhit të inxhinierëve të gjenin një zgjidhje të shpejtë, për të shmangur katastrofën, që do të vinte menjëherë nga shkrirja e reaksioneve kimike bërthamore.

Historianët, që e përshkruajnë situatën si tepër dramatike, theksojnë se punë vetmohuese në ato momente vendimtare, kërkonte që burrat të punonin në nivele të larta ekspozimi para rrezatimit bërthamorë për periudha të gjata kohe.

Ata përfundimisht dolën me sukses në misionin e tyre historik, duke krijuar një sistem ftohës dytësor dhe në këtë mënyrë ishin në gjendje të parandalonin një shkrirje të mëtejshme katastrofike të reaktorit.

Edhe pse ata ishin në gjendje të shpëtonin veten në ato momente nga një shkrirje bërthamore, **i gjithë ekuipazhi, duke përfshirë edhe Generalin e famshëm rus Arkhipov, u rrezatuan**.

Të gjithë anëtarët e ekuipazhit inxhinierik dhe oficeri i divizionit të tyre vdiqën brenda një muaji, për shkak të niveleve të larta të rrezatimit, ndaj të cilit ishin ekspozuar vite më parë. Gjatë dy viteve, gjithashtu edhe 15 marinarë të tjerë vdiqën nga pasojat e këtij rezatimi.

Përfshirja e Gjeneral Arkhipov në krizën e raketave kubane

Nëndetësja sovjetike ruse B-59, ishte vendosur në Ishujt Karaibe afër Kubës. Më 27 tetor 1962, gjatë krizës së raketave kubane, një grup prej 11 shkatërruesish të Marinës së Shteteve të Bashkuara dhe aeroplanmbajtësja USS Randolph gjetën nëndetësen B-59 të klasit Foxtrot me naftë, të armatosur me armë bëthamore pranë Kubës. (*B-59, ishte një nga katër nëndetëset Foxtrot të dërguara nga BRSS në zonën përreth Kubës.*)

Pavarësisht se ishte në ujërat ndërkombëtare, Marina e Shteteve të Bashkuara filloi të lëshonte ngarkesa sinjalizuese për thellësinë, eksplozivë që synonin ta detyronin nëndetësen të dilte në sipërfaqe për identifikim.

Nuk kishte pasur asnjë kontakt nga Moska për disa ditë dhe, megjithëse ekuipazhi i nëndetëses kishte marrë më parë transmetimet e radios civile amerikane, sapo B-59 filloi të përpiqej të fshihej nga ndjekësit e saj të marinës amerikane, ishte shumë e thellë për të monitoruar ndonjë radio.

Ata që ishin në bord, nuk e dinin nëse lufta kishte shpërthyer apo jo. Kapiteni i nëndetëses, Valentin Grigorievitch Savitsky, vendosi që një luftë mund të kishte filluar tashmë dhe donte të lëshonte një silur bërthamor.

Ndryshe nga nëndetëset e tjera në flotilje, tre oficerë në bordin B-59 duhej të pajtoheshin unanimisht, për të autorizuar një lëshim bërthamor: kapiteni Savitsky, oficeri politik Ivan Semonovich Maslennikov dhe shefi i shtabit të flotiljes (dhe zyrtari ekzekutiv i B-59) Arkhipov.

*Në mënyrë tipike, nëndetëset sovjetike të armatosura me "Armë speciale", kërkonin vetëm që kapiteni të merrte autorizimin (lejen) nga oficeri politik, për të lëshuar një silur bërthamor, por për shkak të pozicionit të lartë të geberal **Arkhipov si shef i shtabit, kapiteni i B-59 gjithashtu duhej të merrte edhe miratimin e tij. Një argument ishte për lëshimin apo shpërthimin, por vetëm generali Arkhipov kundër lëshimit tw silurit bërthamor.***

Edhe pse Arkhipov ishte i dyti në komandën e nëndetëses B-59, ai në fakt ishte shefi i shtabit të flotiljes së nëndetëseve, duke përfshirë B-4, B-36 dhe B-130.

Sipas autorit të një libri mbi këtë histori **Edward Wilson**, reputacioni që Arkhipov kishte fituar nga sjellja e tij e guximshme në incidentin e rrjedhjes bërthamore të vitit të kaluar K-19 (*të cilin e përshkruam pak më lart*) e ndihmoi gjithashtu të mbizotëronte respekti i lartë ndaj tij.

Arkhipov përfundimisht e bindi Savitsky të dilte në sipërfaqe dhe të priste urdhra nga Moska. Kjo mund të ketë shmangur në mënyrë efektive një luftë bërthamore e cila ndoshta do të kishte pasuar nëse arma apo silura me mbushje bërthamore do të ishte shkrepur.

Bateritë e nëndetëses kishin mbaruar shumë dhe ajri i kondicionuar kishte dështuar, duke shkaktuar nxehtësi ekstreme dhe nivele të larta të dioksidit të karbonit brenda nëndetëses. Ata u detyruan të dilnin në sipërfaqe mes ndjekësve amerikanë dhe si rezultat të ktheheshin në ish-Bashkimin Sovjetik.

Pasojat e Gjeneral rus Vasily Arkhipov

Menjëherë pas kthimit në Rusi, shumë anëtarë të ekuipazhit u përballën me **"turpin"** nga eprorët e tyre. Një admiral u tha atyre: "Do të ishte më mirë nëse do të kishit zbritur me anijen tuaj." **Olga, gruaja e Arkhipovit**, madje tha se **"nuk i pëlqente të fliste për këtë. Ai ndjeu se ata nuk e kishin vlerësuar atë që kishin kaluar."**

Asokohe Greçko, i cili zëvendësoi ministrin e sëmurë sovjetik të mbrojtjes u zemërua me dështimin e ekuipazhit, për të ndjekur urdhrat e rreptë të fshehtësisë, pasi zbuloi se ata ishin zbuluar nga amerikanët.

Nga burimet historike të kohës, mësohet se një oficer sovjetik vuri në dukje reagimin e Greçkos, duke thënë se ai *"pasi mësoi se ishin nëndetëset me naftë që shkuan në Kubë, hoqi syzet dhe i goditi në tavolinë me tërbim, duke i thyer në copa të vogla dhe pas kësaj u largua papritur nga dhoma"*.

Në vitin 2002, komandanti në pension Vadim Pavlovich Orlov, si pjesëmarrës në ngjarje, mbajti një konferencë shtypi, duke zbuluar se nëndetëset ishin të armatosura me silurët bërthamorë dhe se **Arkhipov ishte arsyeja që ato pajisje nuk ishin shkrepur.**

Orlov i paraqiti ngjarjet në mënyrë më pak dramatike, duke thënë se kapiteni Savitsky e humbi durimin, por përfundimisht u qetësua.

Robert McNamara, Sekretari i Mbrojtjes i SHBA-së në kohën e krizës së raketave kubane, deklaroi në vitin 2002 se *"Ne u afruam shumë me luftën bërthamore, më afër nga sa dinim në atë kohë."*

Arthur M. Schlesinger Jr. këshilltar për administratën e Presidentit John F. Kennedy dhe si historian, vazhdoi këtë mendim duke thënë: *"Ky nuk ishte vetëm momenti më i rrezikshëm i Luftës së Ftohtë. Ishte momenti më i rrezikshëm në historinë njerëzore"*.

Arkhipov vazhdoi në shërbimin e Marinës Sovjetike, duke komanduar nëndetëset dhe më vonë skuadriljet e nëndetëseve. Ai u gradua në admiral në 1975 e u bë kreu i Akademisë Detare Kirov.

Arkhipov u promovua në zv/admiral në vitin 1981 dhe doli në pension në mesin e viteve 1980.

Ai më pas u vendos në Kupavna (e cila u përfshi në Zheleznodorozhny, Oblast i Moskës, në vitin 2004), ku vdiq më 19 gusht 1998.

Rrezatimi ndaj të cilit Arkhipov ishte ekspozuar në vitin 1961, mund të ketë kontribuar në kancerin e tij në veshka, si shumë të tjerë, që shërbyen asokohe me të në aksidentin K-19.

Nikolai Vladimirovich Zateyev, komandanti i nëndetëses K-19, në kohën e aksidentit të saj bërthamor në bord, vdiq më 28 gusht 1998. Të dy Arkhipov dhe Zateyev ishin 72 vjeç në kohën e vdekjes së tyre.

Burimet:

- *Thirteen Days*, Robert F. Kennedy's memoir of the crisis, posthumously released in 1969; It became the basis for numerous films and documentaries.

- *The Missiles of October*, 1974 TV docudrama about the crisis.

- *The Fog of War*, 2003 American documentary film about the life and times of former US Secretary of Defense Robert S. McNamara directed by Errol Morris, which won that year's Academy Award for Best Documentary Feature."

- *Topaz*, 1969 film by Alfred Hitchcock based on the 1967 novel by Leon

Uris, set during the run-up to the crisis.

- *Matinee*, 1993 film starring John Goodman set during the Cuban Missile Crisis in which an independent-filmmaker decides to seize the opportunity to debut an atomic themed film.

- *Thirteen Days* (film), based on *The Kennedy Tapes: Inside the White House During the Cuban Missile Crisis*, a 2000 docudrama directed by Roger Donaldson about the crisis.

- *Command & Conquer: Red Alert 3,* a 2008 video game, set in an alternate timeline where Einstein did not exist. During the Allied Nations campaign, an alternate version of the Cuban Missile Crisis occurs, dubbed in game as the mission *"The Great Bear Trap"*, where the Soviet Union had secretly planned and constructed an invasion force in Havana, capped by specially designed Kirov Airships that were yielding 50 megaton bombs and intended to fly towards Allied controlled cities.

- *Mad Men*, the 2008 episode "Meditations in an Emergency" is set in the midst of the Cuban Missile Crisis.

- *Ur*, a 2009 short novel by Stephen King, is about three men who discover through a magic Kindle that in a parallel universe, the Cuban Missile Crisis escalated into a nuclear war and ended that universe.

- *Call of Duty: Black Ops*, 2010 video game, set during and after the Cuban Missile Crisis.

- *The Kennedys* (TV miniseries), 2011 production chronicling the lives of the Kennedy family, including a dramatisation of the crisis.

- *X-Men: First Class*, 2011 superhero film set during the Cuban Missile Crisis, which depicts the crisis as being escalated by a group of mutants with the goal of establishing a mutant ruling class after the subsequent war.

- *The Courier (2020 film)*, tells the "true story of the British businessman Greville Wynne (played by Benedict Cumberbatch) who helped MI6 penetrate the Soviet nuclear programme during the Cold War. Wynne and his Russian source, Oleg Penkovsky (codenamed Ironbark), provided crucial intelligence that ended the Cuban Missile Crisis."

- https://www.jfklibrary.org/learn/about-jfk/historic-speeches/address-during-the-cuban-missile-crisis

POPULLARITETI I PRESIDENTIT DONALD J. TRUMP DJE DHE SOT DHE KONFERENCA E VEPRIMIT POLITIK KONSERVATOR (CPAC)

Amerika First e Presidentit Trump, sukseset dhe deshtimet me turp të dy gjyqeve fallco kundër tij

Në trojet shqiptare, pak ose më saktë asgjë nuk dihet se si funksionon organizimi në nivele të ndryshme një parti e caktuar dhe në rastin tonë konkret mekanizmi i partisë republikane amerikane. Partia Republikane Amerikane, në shkallë kombëtare ka me pak antarë dhe votues tradicional në disa shtete të mëdha në SHBA, se sa Partia Liberale SocialKomuniste me emër të bukur, por fallco "Demokratike" Amerikane e themeluar fatkeqsisht në vitin 1880 paralelisht me themelimin e Organizatës së tyre famkeqe **Klu Klus Klanin** (KKK). [187]

Ndjekja dhe mbështetja fanatike për demagogët e rrejshëm "demokratë" amerikanë, shprehet edhe në ditën e votimeve në garën presidenciale, për Senatin dhe Kongresin Amerikan, mbasi demokratët marrin më shumë vota në shkallë kombëtare nga shtresa e mesme amerikane, të cilët me së shumti janë të përqendruar në shtetet e mëdha metroplitane të gomerëve blu, si: New York, California, New Jersey, etj., ku është i përqendruar fatkeqsisht edhe numëri më i madh i "demokratëve" formal, të cilët tradicionalisht votojnë si robot, në rresht për një, për kandidatët demokratë, pavarësisht nga cilësia dhe përgatitja profesionale e tyre.

Blloku i madh i demokratëve liberalë, përfshinë fatkeqsisht: *marksistë me traditë të BLM dhe Antifa, komunistët e shkollës ish-ruse dje dhe sot të ideologjisë kubane e koreano veriore, që janë me shumicë dhe më së shumti nga komuniteti me ngjyrë afrikano amerikanë, ispanikë ose komunitetet me origjinë etnike nga vendet e Amerikës Latine, Amerika Qendrore apo ishujt ekzotik të Karaibeve dhe Meksika.*

Zgjedhja e merituar e republikanit konservator dhe bisnesmenit të suksesshëm Donald J. Trump në Presidencën e SHBA-së në vitin 2016, shënoi një ndryshim pozitiv në lëvizjen e re populiste amerikane në Partinë Konservatore Republikane.

---

[187] Për më shumë mbi themelimin, drejtimin, senatorët, kongresmenët, governatorët, që ishin truri dhe shpirti ideologjik në krye të kupolës drejtuese të oktapodit racist të KKK, mund të lexoni në librin tim: "**Presidenti Trump dhe këneta globaliste**" (**New York, 2021**), i cili mund të gjendet edhe në faqet e dy kompanive më të mëdha në botë www.amazon.com dhe www.barnesandnoble.com

Nga ana e tjetër, fitorja e merituar e kandidatit republikan **Donald J. Trump (1946)** dhe humbja e merituar e ish-senatores dhe ish-Sekretares së Shtetit Hillary Clinton (1947), në garën presidenciale në nëntor të vitit 2016 ishte e papritur, pasi sondazhet fallco (fake) të përgatitura vazhdimisht nga e majta globaliste amerikane, Fake News, CNN, The New York Times, Washingoton Post etj., dhe bijat e tyre në Europë dhe botë, kishin treguar vazhdimisht se zonja e tyre e preferuar Clinton dominonte në të gjithë sondazhet dhe kryesonte garën deri në shifra astronomike me siguri të lartë në 99%.

Por ndodhi mrekullia e votës plebishitare dhe realiste e popullit amerikanë, që me zgjuarësi dhe në formë *Referendumi mbarëpopullor*, nxori një herë e mirë në pension dinastinë e korruptuar të familjes së Klintonëve dhe përfaqsuesen e saj Hillary Clinton.

Në historinë e SHBA-së, ky është krimi më anti-Kushtetues që ka ndodhur ndonjëherë në tokën amerikane, duke u bërë për fat të keq kopje e diktaturave komuniste dhe ushtarake, në nivelet më të larta në botë.

Këto prova dhe fakte origjinale i vërteton fatmirësisht **filmi dokumentar me 4.2 milion video** www.2000Mules.com me autor indiano-amerikanin **Dinesh Joseph D'Souza (1961)**, i cili, është një komentator i suksesshëm politik i pavarur, autor, regjisor dhe producent i disa dukumentarëve më të shikuara sot në SHBA. **D'Souza, ka shkruar shumë libra, disa prej të cilëve më të shitura si #1 këtu në SHBA, sipas gazetës ultraliberale** *The New York Times*.

Fitorja e kandidatit republikan Donald J. Trump në vitin 2016, u nxit nga fitoret në tre shtete: **Michigan, Pennsylvania dhe Wisconsin,** që tradicionalisht kishin qenë pjesë e gomarëve blu demokratë, për shumë dekada.

Fuqia e madhe e Trump, erdhi natyrshëm në mënyrë të vrudhshme nga mbështetja mbarëpopullore e votuesve amerikanëve të bardhë, me ngjyrë afrikano-ameirkanë, ispanjolëve, të klasës së mesme punëtore, që ndiheshin të tallur dhe injoruar nga ish-kongresmenët, ish-senatorët dhe ish-Presidentët gjoja me emër "demokratë" në Washington D.C., mediat Fake News, Big Tech, Deep State, Cabala, Hollywood etj.

Duhet thënë për hir të së vërtetës historike, se **Fenomeni Trump,** nuk ka qenë një rastësi në skenën politike dhe ekonomike amerikane. Falë përvojës jetësore dhe eksperincës si bisnesmen, ai këto ide dhe qëllime politike America First, i ka shprehur hapur 20 apo 30 vjet më parë, nëse i shikojmë dhe dëgjojmë me kujdes mendimet e tij, në shumë intervista para gazetarëve dhe mediave të famshme amerikane, kur ai ka qenë i ftuar shpsh si mik nderi i tyre.

Falë talentit, zgjuarësisë dhe suksesit personal si bisnesmen i mirënjohur këtu dhe në botë Donald J. Trump, me moton: **"Ta Bëjmë Amerikën të Shkëlqyer"** (**MAGA**) dhe **America First,** ndërtoi besimin brenda kësaj baze më të abuzuar nga "demokratët" globalistë, të cilët prej disa dekadash shikonin interesat e xhepit të tyre, dhe ato botërore dhe asnjëherë amerikane, Republikanët konservatorë vijuan pandërprerje traditën e politikës kombëtare, për çështje të tilla si tregtia dhe shpenzimet qeveritare, qeveria e vogël dhe duke shkuar një hap më lart në favor të një mesazhi gjithpërfshirës kombëtarë amerikanë.

Pas zgjedhjeve të vitit 2016, republikanët mbajtën një shumicë në Senat, Dhomën e Përfaqësuesve dhe guvernatorët e shtetit, duke zotëruar fatmirësisht edhe pushtetin ekzekutiv, të sapofituar me zgjedhjen e Donald J. Trump si President.

Kështu Partia Republikane kontrolloi 69 nga 99 dhomat legjislative të shtetit në 2017, më së shumti që kishte mbajtur në histori dhe të paktën 33 guvernatorë, shumica që kishte mbajtur qysh nga viti 1922.

Partia republikane kishte kontrollin total të qeverisë (dhomat legjislative dhe guvernatorin) në 25 shtete, më së shumti që nga viti 1952; kurse Partia "Demokratike", kishte kontroll vetëm pesë shtete. Pas rezultateve të zgjedhjeve afatmesme të vitit 2018, republikanët humbën kontrollin e Dhomës së Përfaqësuesve, megjithatë forcuan kontrollin e tyre në Senat.

Të gjitha këto suksese (të cekura më lart), duhet thënë se kanë ardhur vetëm nga talenti dhe vendosmëria patriotike e Presidentit Donald J. Trump, i cili e ngriti SHBA në lartësi prestigji dhe krenarie, që nuk ka qenë asnjëherë gjatë gjithë historise së presidentëve të saj.

Gjatë mandatit të tij, Trump emëroi tre gjyqtarë në Gjykatën e Lartë: **Neil Gorsuch (1967)**, duke zëvendësuar Antonin Scalia (1936-2016), **Brett Kavanaugh (1965)**, duke zëvendësuar Anthony Kennedy (1936) dhe **Amy Coney Barrett (1972)**, duke zëvendësuar Ruth Bader Ginsburg (1933-2020), emërimet më të shumta se çdo presidenti, në një mandat të vetëm (2016-2020), që nga republikani **Presidenti Richard Nixon (1913-1994).**

Presidenti Donald J. Trump forcoi Gjykatën Supreme me një shumicë konservatore **6–3**. Trump, gjatë viteve 2016-2020 **emëroi 260 gjyqtarë gjithsej**, duke krijuar shumicën e përgjithshme të emëruar nga republikanët në çdo degë të gjyqësorit federal, përveç Gjykatës së Tregtisë Ndërkombëtare deri në kohën kur ai la detyrën, duke e zhvendosur gjyqësorin me të pavarur, konservator dhe patriotë.

Arritje të tjera të dukshme, gjatë presidencës Donald J. Trump përfshinin miratimin e **Aktit të shkurtimeve të taksave dhe vendeve të punës në vitin 2017, zhvendosjen e ambasadës së SHBA në Izrael në Jerusalem** (*të cilin veprim e kishin premtuar popullit të Izraelit shumë president demokratë dhe respublikanë, por asnjë se kishte mbajtur fjalën e dhënë për dekada atyre*), **krijimin e Forcave Hapësinore të Shteteve të Bashkuara, shërbimi i parë i ri i pavarur ushtarak që nga viti 1947 dhe ndërmjetësimi i Marrëveshjeve të Abrahamit,**

një seri të marrëveshjeve të normalizimit ndërmjet Izraelit dhe shteteve të ndryshme arabe.

Të gjithë e dijnë se Trump ishte njeriu i besës, aksionit përmes aksiomës patriotike prioritare **America First**, dialogut, paqes dhe mirëkuptimit edhe me kundërshtarët dhe armiqtë e SHBA-së.

Përmes kompromiseve të rëndësishme historike, politike, ekonomike dhe politikës ndërkombëtare, gjatë 4 vitëve të administrates profesionale dhe serioze, i mbajti të gjithë premtimet e bëra gjatë fushatës së tij elektorale, duke qenë i vetni president në të gjithe historinë presidentëve të SHBA-së, që tejkaloi disa herë më shumë premtimet e bëra para popullit amerikanë. Kjo ia arriti atij edhe më shumë popullaritetin brenda vendit dhe në botë.

Presidenti Donald J. Trump, u fajësua nga ekstremistët fanatikë socialkomunistë rrencakë në Kongresin Amerikan, të kontrolluar fatkeqsisht nga ato më 18 dhjetor të vitit 2019, ku filluan procesin e turpshëm të absurdit për shkarkimin e tij, duke ngritur **akuza plot shpifje dhe rrena propagandistike fallco, të cilat asnjëherë nuk u paprovuan**, si për *"shpërdorim të pushtetit"* dhe *"pengim"* drejtësisë.

Por koha dhe historia, provoi edhe një herë se Presidenti i pamposhtur dhe stoik Donald J. Trump, kishte shumë të drejtë (**Donald Trump: I was right about everything going on**), për gjithçka që po ndodhte në SHBA, sepse familja më e korruptuar në botë është ajo e ish-senatorit dhe ish-zv/Presidentit Joe Biden (2008-2016), Hunter Biden, Jim Biden, djali i të cilit nuk pranohet të hetohet nga vetë Biden, FBI dhe Departamenti i tij i "Drejtësisë", e cila sot fatkeqsisht po përdor dy standarte si është pjesë e lojës së fëlliqur të mbulimit të korrupsionit në Shtëpinë e Bardhë.[188]

Trump, me të drejtë u shpall i pafajshëm nga Senati më 5 shkurt 2020, ku 195 nga 197 republikanët patriotë brenda Dhomës së Përfaqsuesve (Kongres) votuan kundër akuzave **pa asnjë votë pro** (Dy republikanët që abstenues nuk kishin lidhje me shkarkimin).

Në Senatin Amerikan nga 100 senatorë 52 republikanë brenda Senatit votuan kundër akuzave fallco gjithashtu, duke liruar me sukses asokohe qytetarin e thjeshtë e të pafajshëm Donald J. Trump si rezultat.

"Demokratët" sot me kukullën e tyre Biden, po shkatërrojnë gjithçka në SHBA, duke e *kthyer në tokë të djegur,* si: ekonominë, bisneset e mesme dhe të vogla të shtresës së mesme, kanë rritur inflacionin, papunësinë dhe varfërinë, kanë ngritur çmendurisht të gjitha llojet e çmimeve, krimin e orga-

---

[188] **Donald Trump: I was right about everything going on | 'Wake Up America'** On Tuesday's 'Wake Up America', former President Donald Trump sounds off the Mar-a-Lago raid, the United Nations, the war in Ukraine, inflation and more.
https://www.youtube.com/watch?v=J37nNm4Gw_k

nizuar, pasigurinë e jetës dhe punës së familjeve amerikane në të gjithë shtetet, ku drejtojnë të korruptuarit gomerë blu të paaftë si governatorë dhe kryetarë bashkie, kanë futur gjithashtu në shkollat publike para shkollore dhe shkollore të ciklit të ulët teorinë e racizmit absurd, kanë shkatërruar politikën e jashtme ndërkombëtare etj.

Kush është CPAC?

Konferenca Konservatore e Veprimit Politik (**CPAC**), është një konferencë politike vjetore e ndjekur nga aktivistë konservatorët republikanë dhe zyrtarë të zgjedhur nga të gjithë Shtetet e Bashkuara.

Ajo organizohet nga **Unioni Konservator Amerikan**. CPAC-ja, e filloi aktivitetin e saj të parë në vitin 1974. Konferenca, u themelua nga Unioni Konservator Amerikan dhe Amerikanët e Rinj për Lirinë. Në fillim ajo ishte një grupim i vogël, i përbërë kryesisht nga konservatorë republikanë amerikanë shumë të përkushtuar.

Ish-aktori dhe më pas Presidenti konservator amerikan **Ronald Reagan** (**1911-2004**), mbajti fjalimin zyrtar kryesor inaugurues të CPAC-ut të parë të vitit **1974**.

Kandidati republikan presidencial e përdori atë foltore, për të ndarë apo shpalosur me të gjithë pjesëmarrësit vizionin e tij për vendin: *"Një qytet i ndritshëm mbi një kodër"*, që ishin këto fjalë të huazuara nga John Winthrop, që Reagan, me të cilin e filloi fjalimin e tij historik.

Qysh nga ajo kohë, u kthye në traditë mbajtja e konferencës së koservatorëve patriotë republikanë. Kështu dihet se CPAC i vitit **2010**, shfaqi bashkësponsorizimin për herë të parë me **GOProud**, një grup konservator homoseksual amerikanë, një lëvizje dhe pranim i ri pak më liberal.

Nga nga e tjetër, GoProud vlerësohet në media, për fillimin e bisedimeve me ACU, **për të ftuar bisnesmenin e suksesshëm Donald J. Trump të flasë në CPAC 2011**.

Fjalimi i CPAC i vitit **2011**, që Donald J. Trump mbajti vlerësohet për ndihmën e madhe në fillimin e karrierës së tij politike brenda Partisë Republikane.

Christopher R. Barron, bashkëthemelues i GOProud, i cili më vonë jo vetëm që do të mbështeste fushatën presidenciale të Donald J. Trump në vitin 2016, por gjithashtu do të niste LGBT për Trump, tha se *"do të donte ta shihte zotin Trump të kandidonte për president të vendit"*.

Në vitin **2014**, CPAC u bëri një ftesë ateistëve amerikanë, e cila u tërhoq menjëherë në të njëjtën ditë, për shkak të deklaratave të diskutueshme të presidentit të AA-së zotit David Silverman.

CPAC e vitit **2015**, e paraqiti Jamila Bey, e cila u bë aktivistja e parë ateiste, që foli në takimin vjetor të CPAC.

CPAC e vitit **2016**, shfaqi bashkë-sponsorizimin për herë të parë nga Republikanët Log Cabin (The **Log Cabin Republicans (LCR)**.

Themelimi në Kaliforni i Grupit Politik Log Cabin
të Konservatorëve Homoseksualë

Në historinë e politikës së Partisë Republikane Amerikane, një vend të rëndsishëm zë edhe themelimi i organizatës apo grupacionit konservatorë republikanët homoseksualë Log Cabin, që **e filloi aktivitetin e saj në vitin 1977 në Kaliforni,** si një pikë grumbullimi për republikanët, *që kundërshtonin Iniciativën Briggs, e cila u përpoq të ndalonte homoseksualët të mësonin në shkollat publike.*

Përveç sanksionimit të përfundimit të mësuesve të hapur homoseksualë dhe lezbike, legjislacioni i propozuar autorizonte shkarkimin e atyre mësuesve, që publikisht *mbështetën* homoseksualitetin.

Ndërsa rriti fushatën e tij të afërt presidenciale, **Ronald Wilson Reagan (1911-2004)** *shprehu publikisht kundërshtimin e tij ndaj politikës diskriminuese.*

Dënimi i Reganit i projekt-ligjit i mishëruar në një letër dërguar një grupi pro-Briggs, pjesë të të cilit u ribotuan në San Francisco Chronicle në 1978, luajti një rol ndikues në humbjen përfundimtare të Iniciativës Briggs.

Në mes të kësaj fitoreje, konservatorët homoseksualë në Kaliforni krijuan republikanët Log Cabin. Grupi fillimisht propozoi të quhej Lincoln Club, por zbuloi se ky emër ishte tashmë në përdorim nga Lincoln Club i Orange County, një tjetër organizatë republikane në Kaliforni, kështu që emri *Log Cabin Republicans u zgjodh si një titull alternativ.*

Ky emërtim tërheq vëmendjen te presidenti i parë republikan, avokati **Abraham Lincoln (1809-1865)**. Republikanët Log Cabin sugjerojnë që Lincoln themeloi Partinë Republikane mbi filozofitë e lirisë dhe barazisë.

Këto parime, argumenton Log Cabin, janë në përputhje me platformën e tyre të një Partie Republikane gjithëpërfshirëse.

Kongresi republikan i Log Cabin i vitit 1992, u mbajt në Spring, Teksas, një periferi e Hjustonit. Pika kryesore e diskutimit ishte nëse LCR do të mbështeste apo jo rizgjedhjen e Presidentit *George H. W. Bush.*

Grupi votoi për të mohuar atë miratim, sepse Bush nuk denoncoi retorikën anti-gay në Konventën Kombëtare Republikane të vitit 1992.

Në gusht 1995, fushata e kandidatit republikan presidencial, Robert (**Bob**) **Joseph Dole (1923-2021),** ktheu kontributin prej 1000 dollarësh të LCR për fushatën. Fushata e ktheu kontributin pasi kolumnistja lezbike e hapur, Deb Price, e Detroit News, pyeti për të pasi e pa në një raport publik nga Komisioni

Federal i Zgjedhjeve.

Ekspertët e akuzuan Dole si një *"flip-flopper dhe një hipokrit."*, duke dënuar veprimin e Dole, të cilëve iu bashkuan komentuesit famshëm të radios **Rush Hudson Limbaugh III (1951-2021)** dhe **Don Imus - John Donald Imus Jr. (1940-2019)**.

Nën presionin, Dole pranoi gjatë një konference shtypi të tetorit 1995 në Capitol Hill, se i vinte keq për vendimin për të kthyer çekun dhe se fushata e tij ishte përgjegjëse, për këtë pa u konsultuar me të.

Për shkak të mbështetjes së tij për Amendamentin Federal të Martesës, **grupi refuzoi të miratonte rizgjedhjen e Xhorxh W. Bush në 2004**.

Amendamenti i propozuar, do të kishte përcaktuar me kushtetutë martesën si ekskluzivisht midis një burri dhe një gruaje.

Mbrojtja e Bushit ndaj FMA e bëri grupin të votonte 22 me 2 kundër një miratimi të rizgjedhjes së tij. Kapitulli Palm Beach County në Florida e miratoi atë, duke rezultuar në revokimin e statutit të tyre.

Në shtator 2008, LCR votoi për të miratuar biletën **John Sidney McCain II (1936-2018)** dhe **Sarah Palin (1964)**, në zgjedhjet presidenciale të vitit 2008. Presidenti i LCR Patrick Sammon tha se arsyeja më e rëndësishme për mbështetjen e tyre ishte kundërshtimi i McCain ndaj amendamentit të propozuar kushtetues, për të ndaluar martesën e të njëjtit seks.

Më 23 tetor 2012, LCR miratoi zyrtarisht **Mitt Romney (1947)**, pavarësisht angazhimit të tij, për një amendament kushtetues, që ndalon martesat e homoseksualëve dhe lezbikeve në mbarë vendin dhe kundërshtimin e tij ndaj shfuqizimit të politikës *"Mos pyet, mos thuaj"*, për shërbimin ushtarak.

Më 22 tetor 2016, anëtarët e bordit të LCR votuan për të mos miratuar kandidatin republikan për president, **Donald J. Trump**, në kundërshtim me degët mbarëkombëtare të LCR të Kolorados, Gjeorgjisë dhe Teksasit, së bashku me degën mbarëkombëtare të LCR të Orange County, Kaliforni dhe degët e qytetit LCR të Houston, Teksas; Los Angjelos, Kaliforni; Miami, Florida; dhe Cleveland, Ohio; të cilat uninamisht votuan për të miratuar kandidatin republican Donald J. Trump për në garen presidenciale.

Më 9 nëntor 2016, LCR-ja kombëtare uroi Donald J. Trump, për fitoren e merituar në zgjdhjet presidenciale ndaj kandidates demokrate Hillary Clinton (1947).

Sërisht për CPAC në vite

Më 23 shkurt **2017** Richard Spencer, një figurë e së djathtës dhe një supremacist i bardhë, hyri në hollin e Hotelit Kombëtar Gaylord, në një përpjekje për të hyrë në CPAC. Organizatorët e konferencës e nxorën atë nga hoteli, sapo u zbulua prania e tij, duke përmendur *"pikëpamjet e tij që nuk kanë abso-*

lutisht asnjë lidhje me konservatorizmin apo atë që bëjmë ne këtu" si shkak për të refuzuar pranimin e tij në CPAC.

Në dhjetor **2016**, CPAC i bëri një ftesë *blogerit konservator Milo Yiannopoulos* për të folur mbi feminizmin, pakicat racore dhe çështjet transgjinore.

CPAC e vitit **2017**, përfshinte Presidentin Donald J. Trump, Zëvendës Presidentin Mike Pence (1959), Senatorin **Ted Cruz** (R-TX), Guvernatorët Matt Bevin (R-KY), Sam Brownback (R-KS), Doug Ducey (R-AZ) dhe Scott Walker (R-WI) dhe zyrtarët e degës ekzekutive (administratori i EPA Scott Pruitt dhe Sekretarja e Arsimit Betsy DeVos).

Konferenca e Veprimit Politik Konservator e vitit **2019**, u mbajt në Qendrën Kombëtare të Resorteve & Konventave Gaylord në Oxon Hill, Maryland, nga 27 shkurt 2 mars 2019. Ngjarja u kryesue nga Presidenti Donald J. Trump, me shumë folës të tjerë shtesë.

Temat gjatë gjithë konferencës ishin lufta kundër socializmit; reforma në drejtësinë penale; Kinë; dhe duke kritikuar Alexandria Ocasio-Cortez (AOC) dhe kritika për Marrëveshjen e Re të Gjelbër.

Në vitin **2020**, CPAC priti ngjarjen e saj kryesore në fillim të pandemisë Covid-19 pavarësisht rreziqeve të shëndetit publik. Të shtunën, 7 mars 2020, ACU konfirmoi se një pjesëmarrës në CPAC 2020 më vonë doli pozitiv për Covid-19. Senatori Ted Cruz, Përfaqësuesit **Matt Gaetz**, Paul Gosar, Doug Collins dhe **Mark Meadows** patën kontakte të drejtpërdrejta me transportuesin e paidentifikuar dhe njoftuan vetë-karantinimin e tyre.

Në vitin **2021**, CPAC priti drejtpërdrejt ngjarjen e saj kryesore, gjatë pandemisë Covid-19. Vendi i mëparshëm i zakonshëm për CPAC, (Gaylord National Resort & Convention Center) në National Harbor, Maryland ishte subjekt i kufizimeve të shëndetit publik në Maryland, të lëshuara nga guvernatori republikan Larry Hogan, i cili kufizoi grumbullimet masive, duke e reduktuar numërin e pjesëmarrësve në 10 persona, për të frenuar kështu përhapjen e sëmundjes *Plandemisë së Cocid-19*.

Si rezultat, Konferenca u zhvendos në Orlando, Florida, e cila kishte hequr të gjitha kufizimet e mëparshme të lidhura me pandeminë në numërin e pjesëmarrësve. Ngjarja e rëndsishme për konservatorët republikanë ishte ende subjekt i rregullave strikte të detyrueshme, për mbajtjen e maskave në qytetin e madh magjik të Orlando-s.

Pavarësisht nga këto kufizime, pjesëmarrës të shumtë zgjodhën të mos mbanin maska gjatë ngjarjes, pavarësisht njoftimeve të shpeshta nga organizatorët e ngjarjes dhe stafi i hotelit, duke u kërkuar të pranishmëve të respektojnë mandatin lokal të mbajtjes së maskave.

Guvernatori i Floridës, Ron DeSantis (1978), e karakterizoi rezistencën e shtetit ndaj kufijve të madhësisë së grumbullimit pandemik si në përputhje me statusin e shtetit si **"një oaz lirie."**

Ngjarja kryesore e Konferencës ishte një fjalim përmbyllës i ish-presidentit të 45-të të SHBA-së, Donald J. Trump, fjalimi i tij i parë publik dhe fjalimi politik, që nga largimi i detyrës.

Presidenti Trump u ndal në pjesën më të konsiderueshme të fjalimit të tij, duke kritikuar pasardhësin e tij, Joe Biden kur ishte zv/President dhe sot me regjimin e tij skandaloz. Fjalimi mori një mbulim të konsiderueshëm mediatik, në pritje të njoftimit të Presidentit Trump, për aktivitetin e tij politik pas presidentit.

Një konferencë e dytë e vitit 2021, u mbajt në Dallas më 9-11 korrik, në hotelin Hilton Anatole.

Tema e konferencës ishte politika e imigracionit dhe siguria kufitare, në kuadrin e krizës së vazhdueshme të emigrantëve në kufirin jugor të SHBA me Meksikën.

Konferenca e vitit **2022** u mbajt më 24-27 shkurt në Orlando, Florida. Folësit përfshijnë **Presidentin e 45-të të SHBA-së Donald J. Trump**, *guvernatorin e Floridës Ron DeSantis*, analistin konservator dhe personalitetin e famshëm televiziv të Fox News **Sean Hannity (1961)** etj.

Unioni Konservator Amerikan

Unioni Konservator Amerikan (ACU), është një organizatë e mirëfilltë politike amerikane, që mbron politikat tradicionale konservatore, politikanët, bazuar në nivelin e tyre të konservatorizmit dhe organizon Konferencën e Veprimit Politik Konservator.

E themeluar më 18 dhjetor të vitit 1964, ajo është organizata më e vjetër, që bën lobizmin e vazhdueshëm mes konservatorëve në të gjithë 50 shtetet e SHBA-së.

ACU, ka të bëjë me çështje të tilla si liria ose liria personale, politika e jashtme dhe vlerat tradicionale, të cilat ato i përcaktojnë si themelet e vijueshmërisë së konservatorizmit amerikan.

ACU, përbëhet nga tre entitete: Unioni Konservator Amerikan, një organizatë 501, që kryen lobim; Fondacioni i Unionit Konservator Amerikan, një organizatë 501 më e njohur për organizimin e Konferencës së Veprimit Politik Konservator; dhe Komiteti i Veprimit Politik të Unionit Konservator Amerikan, një PAC, që miraton dhe financon zyrtarisht kandidatët konservatorë për zyrën federale.

Duke filluar nga viti 1971, ACU ka zbatuar sistemin e vet të vlerësimit, i cili vlerëson çdo vit politikanët republikanë, sipas vlerave positive të konservatorizmit të tyre tradicional, ndërsa karta e rezultateve ishte e re për konservatorizmin, **Amerikanët për Veprim Demokratik**, ka përdorur një rubrikë apo linjë liberale, për liberalizmin që nga viti 1947.

Çdo botim i Vlerësimeve të Kongresit dhe të Shtetit, përmban një deklaratë nga Kryetari **Matt Schlapp (1967)**, në lidhje me filozofinë, që drejton vlerësimet si një vlerë e konservatorizmit: *"Ne fillojmë me filozofinë tonë (**konservatorizmi, është filozofia politike, ku sovraniteti qëndron tek personi**) dhe më pas zbatojmë të kuptuarit tonë për qeverinë (roli i saj thelbësor është të mbroj jetën, lirinë dhe pronën)."*

Ndryshe nga vlerësimet e tjera të Kongresit, që marrin pozicione për legjislacionin në pritje, Fondacioni ACU, vlerëson votat e hedhura tashmë nga ligjvënësit. Çdo vlerësim ofron një interpretim konservativ, të pikëpamjes së një zyrtari për qeverisjen.

ACU, vlerëson çdo vit politikanët, sipas mënyrës se si votojnë për çështjet kyçe, duke ofruar një tregues numerik se sa ishin dakord ligjvënësit me idealet konservatore.

Ata e përdorin këtë sistem vlerësimi si një pikë llogaridhënieje për politikanët, duke krahasuar retorikën e tyre politike me të dhënat e tyre të votimit, për të vlerësuar në esencë konservativitetin e tyre në rritje.

Politikanët, kanë një vlerësim të përqindjes, kushdo me një vlerësim mbi 80% konsiderohet të jetë një konservator ACU. Këto rezultate përdoren shpesh në kërkime të shkencave politike, në lajme dhe në fushatat zgjedhore.

Ngjarja më e njohur e ACU, është Konferenca e Veprimit Politik Konservativ (CPAC), një ngjarje vjetore e organizuar nga fondacioni ACU.

CPAC, ka një pjesëmarrje vjetore prej mijëra nga të gjithë shtetet e SHBA-së. Folësit, zakonisht sipas traditës përfshijnë rregullisht ish-presidentë dhe konservatorë të tjerë të famshëm.

Qëllimi i Fondacionit ACU, është të edukoj publikun amerikan mbi parimet konservatore dhe aktualisht ka pesë *qendra politikash*, të cilat fokusohen në fusha të ndryshme politike.

Kësisoj ekziston: *Qendra për Arte dhe Kulturë, Qendra për Dinjitet Njerëzor, Qendra për Mirëqenie Shtetërore dhe Diplomaci, Qendra për të Drejtat e Pronës së Shekullit 21 dhe Qendra për Reformën e Drejtësisë Penale (CCJR).*

Këto qendra apo këndvështrime politikash, janë kryesisht blogje, që postojnë artikuj në lidhje me fushën e tyre tematike.

Më e gjera prej tyre është **CCJR**, e cila mbron reformën konservatore të drejtësisë penale, përmes këshillimit të zyrtarëve qeveritarë, avokimit të medias dhe dëshmimit si dëshmitarë ekspertë, në seancat dëgjimore qeveritare.

CCJR fokusohet në dy fusha kryesore të politikave: *parandalimi i konfiskimit të pasurive civile* dhe *rritja e objekteve të shëndetit mendor brenda sistemit të drejtësisë penale.*

CCJR nga ana e tjetër, punon me Fondacionin e Politikave Publike të Teksasit dhe Ministritë e Burgjeve në fushatën e Drejtës mbi Krimin dhe ofron çdo vit një panel në Konferencën e Veprimit Politik Konservator.

Unioni Konservator Amerikan, ishte një nga shumë organizatat konservatore, të formuara në vitet 1960 si pjesë e ringjalljes së konservatorizmit amerikan.

Siç parashikoi aktivisti konservator **M. Stanton Evans**: *"Historianët, mund t'a regjistrojnë dekadën e viteve 1960 si epokën në të cilën konservatorizmi, si një forcë e qëndrueshme politike, më në fund erdhi si n*ë vetvete si *imperativ i koh*ës." Konservatorët dhe aktivistët filluan të ndërtonin një lëvizje konservatore të mirëorganizuar, duke formuar organizata të tilla, si: **Amerikanët e Rinj për Lirinë dhe ACU**.

Gjatë kësaj epoke, grupet konservatore u fokusuan më pak në veprimin e drejtpërdrejtë populore dhe u përqendruan më shumë në planifikimin afatgjatë për votuesit, mbasi u morën shumë për poste personale politike dhe të fitonin pozita dhe poste publike lokale dhe qendrore në shtetet konservatore republikane.

ACU u themelua në dhjetor të vitit 1964, në përgjigje të mbizotërimit politik të rrymës komuniste dhe liberale ekstreme në Amerikë. Këtë gjë e deshmon edhe humbja e thellë e fushatës elektorale presidenciale të kandidatit republikan **Barry Morris Goldwater (1909-1998).**

Senatori Goldwater, ishte një politikan, burrë shteti, biznesmen, oficer i Forcave Ajrore të Shteteve të Bashkuara dhe autor librash. Ai ishte senator nga Arizona dhe përfaqsoi këtë shtet në **pesë mandate si senator** i saj, duke qenë edhe kandidati më i kualifikuar i Partisë Republikane, për garën presidenciale të Shteteve të Bashkuara në vitin 1964, ku dhe humbi përballë liberalëve ekstremist komunistë.

Themeluesit e ACU përfshinin figura të mirënjohura të politikës amerikane, si: *Frank S. Meyer, William F Buckley Jr dhe Robert E. Bauman,* të cilët organizuan takimin e parë.

Në takimet fillestare, u emërua një bord drejtorësh prej 50 anëtarësh, anëtarët e të cilit përfshinin: *Lammot Copeland, Peter O'Donnell, John A. Howard, Donald C. Bruce dhe John Dos Passos.*

Si pasoj e reputacionit dhe respektit që ata gëzoni nga mbështetësit patriotë amerikanë, asokohe duhet thënë se anëtarësia e forcës politike konservatore republikane u rrit ndjeshëm në mbi 7,000 antarë të rinj brenda 9 muajve, dhe në 45,000 të tjerë deri në fund të vitit 1972.

Si pjesë e misionit të ACU, për të bashkuar kudo konservatorët amerikanë, *William F. Buckley dhe Robert Bauman,* udhëhoqën një iniciativë apo lëvizje të re duke deklaruar pikëpamjet e ACU për **Shoqërinë John Birch**.

Kush ishte John Birch Society

John Birch Society (JBS), është një grup amerikan i promovimit politik të krahut konservator të djathtë. E themeluar në vitin 1958, **John Birch Society** është një lëvizje e mirëfilltë anti-komuniste, e cila mbështet tek konservatorizmi tradicional social, dhe është e lidhur me politikën e vlerave patriotike konservatore të djathta amerikane.

Themeluesi i shoqërisë, ishte biznesmeni **Robert W. Welch Jr. (1899–1985),** i cili, zhvilloi një infrastrukturë politike organizative të degëve mbarëkombëtare në dhjetor të vitit 1958. Shoqëria në fjalë, gjeti shpejt përkrahje e cila u shpreh edhe në numërin e madh të shtimit të antarësisë me ndikim politik patriotic, në teoritë reale të konspiracionit.

Kështu në vitet 1960 konservatori William F. Buckley Jr. dhe National Review shtynë që JBS të drejtohet me profil si e djathtë patriotike amerikane.

Kohët e fundit **Jeet Heer**, ka argumentuar në *The New Republic,* se ndërsa ndikimi i organizatës arriti kulmin në vitet 1970, *Bircherism* dhe trashëgimia e tij për të thënë hapur të vërtetën, janë bërë rruga me vlerë dominuese në lëvizjen konservatore republikane.

Revista *Politico* me prirje politike globaliste të majta, pranon kur shkruan se *JBS filloi të ringjallet në mesin e viteve 2010 dhe sot pas 10 viteve zgjerimi dhe suksesi fatmirësisht fryma reale e saj formësoi rritjen dhe përkrahjes masive për Partinë Republikane,* senatorëve dhe kongresmenëve konservatorë, administratën e suksesshme të **Presidentit Donald J. Trump (2016-2020)** duke i dhënë fatmirësisht një shtytje positive pikërisht lëvizjes më të gjerë konservatore në të gjithë territorin e SHBA-së.

Media amerikane e ekstremit të majtë globalist nga inati i rritjes me shifra gjeometrike i mbështetësve patriotë republikanë në ditët tona, krijojnë trillime apo skena shkrimore me fantazi, lajme dhe show me gënjeshtra dhe mashtrime banale, duke menduar se kështu se do t'i shpërlajnë edhe më tej trurin zemërimit mbarëpopullor ameirkanë të vitit 2022, *kundër regjimit antiamerikanë të Joe Biden dhe epikipit të tij të papërgjeshëm dhe të deshtuar totalisht, e cila ka si synim kryesor shkatërrimin e kapitalizmit dhe vlerave të saj pëparimtare në SHBA dhe kthimin e vendit në një socialkomunizëm idiot ekstremist si në Venezuelë, Kubë apo Kore të Veriut...*

Fillimisht me bazë në Belmont, Massachusetts, Shoqëria John Birch tani ka selinë në Grand Chute, Wisconsin, një periferi e Appleton, Wisconsin, me degë apo filiale lokalë në të gjithë Shtetet e Bashkuara.

Ajo fatmirësisht zotëron **American Opinion Publishing,** e cila boton **revistën The New American (1985).** *Ajo është një revistë e shtypur dhe dixhitale e* *patriotëve të djathtë, e cila botohet dy herë në muaj nga American Opinion Publishing Inc., një degë e zotëruar plotësisht e John Birch Society, një organizatë patriotike e vlerave konservatore të djathtë amerikane. Revista u krijua në 1985 nga bashkimi i dy revistave JBS: American Opinion dhe The Review of the News.*

Në dokumentet e themelimit të ACU thuhet se, nuk ka asnjë lidhje mes dy organizatave. Drejtorët e ACU, kanë një pikëpamje të çështjeve botërore në thelb, në kundërshtim me atë të marrë nga *Robert Welch* në shkrimin e tij më të publikuar. Në këto rrethana, udhëheqja e ACU është e ndryshme nga Shoqëria John Birch.

Pikëpamja e konservatorëve, për Birchers u bë një histori kombëtare, kur Buckley vazhdoi të kritikonte Birchers në kolonën e tij *National Review*. ACU, shpenzoi afërsisht 1.4 milion dollarë, duke kundërshtuar ratifikimin e traktateve të Kanalit të Panamasë në 1977.

Ata përdorën një fushatë masive postimesh, duke dërguar rreth 2.4 milionë letra. Kjo solli afërsisht 15,000 dollarë në ditë në mbështetje të kandidatëve konservatorë, të cilët kundërshtuan traktatet.

Ata gjithashtu prodhuan një dokumentarë televiziv prej 30 minutash, e cila u transmetua në 150 stacione televizive dhe 18 shtete, ku nxorën reklama në gazeta në 30 shtete, duke inkurajuar qytetarët t'u shkruanin senatorëve të tyre, për të kundërshtuar traktatet.

Asokohe ACU, ndihmoi gjithashtu në financimin e një *skuadre të së vërtetës*, të formuar nga senatori **Paul Laxalt**, qëllimi i të cilit ishte "*të fokusonte interesin e rinovuar publik në traktatet*" dhe të bënte presion ndaj senatorëve për të votuar kundër traktateve.

Gary Jarmin, i cili në atë kohë ishte ligjvënës i ACU, deklaroi se Traktatet e Kanalit të Panamasë ishin "*një çështje e mirë për lëvizjen konservatore. Nuk është vetëm çështja për të cilën po luftojmë. Kjo është një mundësi e shkëlqyer për të kapur kontrollin e Partia Republikane.*"

Në vitin 1980, ACU vlerësoi se do të kushtonte afërsisht 1.8 milionë dollarë për të mposhtur SALT II; sëbashku me grupet e tjera konservatore, kundërshtarët e SALT-it. Pasi zbuloi se teknika e postimeve masive ishte e suksesshme, gjatë fushatave të tjera, ACU përdori të njëjtën teknikë për të kundërshtuar SALT II, duke arritur afërsisht 500,000 njerëz me këtë strategji.

Përveç kësaj, ata prodhuan një program televiziv 30 minutash anti-SALT të quajtur *Fuqia Sovjetike/Miti Amerikan*: Shtetet e Bashkuara në tërheqje, i cili u transmetua në 200 stacione televizive anembanë vendit.

Në 1985, ACU, dërgoi afërsisht 100,000 copë poste në mbështetje të ndihmës kundër Nikaraguas në 1985. Ata shoqëruan gjithashtu refugjatët Nikaraguanë rreth Capitol Hill, për të bindur politikanët e pavendosur që të mbështesin kërkesën kundër ndihmës të Presidentit republikan R. Reagan.

Anëtarët themelues përfshijnë: *William F. Buckley, Jr. Rep. Donald Bruce (R.-Ind.), Rep. John Ashbrook (R.-Ohio), Rep. Katherine St. George (R.-NY), William A. Rusher, Frank Meyer, Thomas S. Winter, John A. Howard dhe L. Brent Bozell.*

Donald Bruce, shërbeu si kryetar i parë nga 1964 deri në 1966, i pasuar nga John Ashbrook nga 1966 deri në 1971.

M. Stanton Evans, më pas shërbeu gjashtë vjet nga 1971 deri në 1977, pasuar nga një mandat dy-vjeçar i shërbyer nga Philip Crane nga 1977 në 1979.

Mickey Edwards, shërbeu si kryetar në vitet 1979-1983. **David A. Keene,** ishte kryetar nga viti 1984 deri në 2011, i pasuar nga **Al Cardenas,** i cili shërbeu deri në vitin 2014. Ai u pasua nga kryetari i nëntë dhe aktual, **Matt Schlapp,** i cili më parë ka shërbyer si drejtor politik i George Bush.

Sipas Qendrës për Politikë të Përgjegjshme, Unioni Konservator Amerikan shpenzoi afërsisht 20,000 dollarë për lobim në 2001, 400,000 dollarë në 2003 dhe 1,100,000 dollarë në 2005. Ata nuk shpenzuan asnjë para për lobim në vitin 2004. Në vitet që kur Schlapp u zgjodh kryetar i ACU, ka shpenzuar 120,000 dollarë për lobim.

SENATORËT HAWLEY DHE BLACKBURN
KËRKUAN DORËHEQJEN E PRESIDENTIT BIDEN

*Zimari Amari, babai i 9 fëmijëve u vra mizorisht nga regjimi Biden dhe se Sekretari i Shtetit Blinken **Gënjeriu**, kur thotë vazhdimisht se **Nuk e Di**… Senatorët Hawley dhe Blackburn kërkuan ndaj rrencakëve: Biden, Harris, Blinken, Austin, Milley të japin dorëheqjen **si persona non grata të popullit amerikan**.*

FAKTE dhe vetëm FAKTE

Senatori GOP **Rand Paul** i Kentucky, i bëri pyetje të vështira Sekretarit të Shtetit Antony J. Blinken, lidhur me një sulm me dron, që vrau 10 civilë afganë, përfshirë 7 (shtatë) fëmijë të pafajshëm, duke i bërë presion diplomatit amerikan, nëse regjimi e Biden ishte plotësisht në dijeni se kush ishte në shënjestër…

Blinken gënjeu, kur tha se Nuk e Di Nuk e Di… sepse shoferi i vrarë ishte *një qytetar afgan që punonte për amerikanët*. Gazeta globaliste pro Biden **The New York Times**, e cila nuk mund t'a mbroj më atë dhe Sekretarin e Shtetit, më në fund më 15 shtator 2021, shkruan se emri i shoferit ishte Zimari Amari, që punonte në Afganistan. Ai ka punuar për Bazën Ushtarake Humanitare Ndërkombëare në California.

Afgani baba, kishte 9 fëmijë dhe administrata gënjeshtare Biden nuk e ka evakuar atë, për t'a sjellë në SHBA. Komandanti i ushtrisë amerikane Biden e vrau atë mizorisht. Media tregon se Sekretari i Shtetit Blinken *Gënjeu*, kur thotë në Dëshminë, para Senatit Amerikan, duke thënë shpesh fjalët e pasakta: Nuk e Di.

Ahmadi, sapo kishte mbërritur në shtëpi, duke parkuar makinën e tij në oborrin e tij, kur fëmijët e tij iu afruan automjetit për t'a pritur, treguan pamjet e sigurisë të siguruara nga NYT.

Dëshmitarët okularë, konfirmuan se një raketë e zjarrit, goditi fatkeqsisht automjetin dhe filloi një breshëri zjarri masiv, duke rezultuar në viktima dhe gjak të pafajshëm. Deri më sot, komandanti përgjegjës *Biden, nuk ka kërkuar Falje publike, për këtë krim në Afganistan*…

Sipas ligjit amerikan, sot kongresmenët republikanë i kujtojnë Sekretarit të Shtetit se Ai është **PËRGJEGJËS DIREKT** dhe jo Departamenti i Mbrotjes Amerikane, **për evakuimin e qytetarëve amerikanë**, kudo në shtetet e ndryshme të botës dhe në rastin tonë të qytetarëve amerikanë dhe bashkëpunëtorëve afganë, duke u siguruar atyre jetën, kur ata janë në rrisk të lartë nga sulmet e armikut edhe në zonat më të vështira, sikurse është Afganistani.

Blinken, gjatë pyetjes shumë serioze të senatorit republikan Ted *Cruz* në Senatin Amerikan, *se sa është numëri i qytetarëve amerikanë dhe afganë në listë, që ju i keni dhënë talebanëve*, ai nuk pranoi të jap shifrën marramendëse të trathtisë…

E shikoni se Sekretari i Shtetit i ka dhënë talebanëve, ISIS dhe Al Qaides, që operojnë sot në Afganistan lista të gjatë me emrat e qytetarëve amerikanë dhe afganë, të cilët po kërkohen vazhdimisht nga terroristët radikalë islamikë për t'i vrarë…

> *"Sjellja e Joe Biden, është e turpshme. Ai e ka ç'nderuar këtë vend me udhëheqjen e tij të turpshme në këtë krizë. Eshtë koha që ai të japë dorëheqjen. Dhe nëse ai do të kishte përgjegjësinë e udhëheqjes, ai do të jepte dorëheqjen, sëbashku edhe Zv/Presidentja Kamala Harris, Sekretarit të Shtetit Antony J. Blinken, Sekretarit të Mbrojtjes Lloyd Austin dhe Shefit të Shtabit të Ushtrisë Amerikane Generalit Mark Milley. Ky është produkt i dështimit katastrofik të Joe Biden në udhëheqje. Tani është dhimbshëm e qartë se ai nuk ka as vullnet as kapacitet për të udhëhequr. Ai duhet të japë dorëheqjen, sikurse edhe ekipi i sigurisë të Biden-it, për situatën në Afganistan. Secili nga anëtarët e administratës të emëruar, duhet të japin të gjithë dorëheqjen ose do të përballen me fajësimin dhe largimin nga detyra."* – **Josh Hawley (Mo) senator republican**

Sulmi me dron në Afganistan vrau punëtorin humanitar dhe familjen e tij dhe jo luftëtarët e ISIS

Një sulm me dron amerikan, i kryer në ditët e fundit të tërheqjes ushtarake nga Afganistani, vrau një punëtor humanitar afganas dhe zhduku familjen e tij, dhe jo një objektiv të ISIS me një makinë bombë, sipas një raportii nga **Wikeleaks** dhe konfirmuar nga halli edhe nga gazeta pro Biden, kompania mediatike globaliste e majtë The New York Times.

Sulmi filloi të dielën, më 29 gusht 2021, më pak se 48 orë para se të përfundonte tërheqja e ushtrisë amerikane nga Afganistani. **Pentagoni**, *gënjeu hapur, kur pohoi se vrau të paktën një operativ të ISIS-K, në një automjet të vrarë me eksploziv, i cili përbënte një kërcënim të afërt për Aeroportin Ndërkombëtar "Hamid Karzai" në Kabul.*

Ditë më parë, një sulmues vetëvrasës i **ISIS-K**, *shpërtheu një eksploziv në aeroport, duke vrarë përfundimisht 13 ushtarakë amerikanë, plagosi rëndë 15 ushtarë amerikanë të tjerë dhe vrau më shumë se 200 afganë të pafajshëm, që po prisnin në* *aeroport, për tu evakuar drejt SHBA-së.*

Drejtuesit ushtarakë ishin në gatishmëri të lartë për mundësinë e një sulmi tjetër, pasi administrata e Biden-it "përfundoi" evakuimin e saj të turpshëm, **duke lënë në Afganistan armatime amerikane moderne të sofistikuara ushtarake me vlerë marramendëse 82,000.000.000,** *qindra dhe mijëra qytetarë amerikanë dhe afganë, që për 20 vjet me radhë bashkëpunuan me amerikanët.* Sipas konfirmimit NYT, sulmi nuk vrau një luftëtar të ISIS-K.

Në vend të kësaj, droni ushtarak vrau punonjësin e ndihmës 43-vjeçarin Zemari Ahmadi dhe nëntë civilë të tjerë, përfshirë shtatë fëmijë. *Ahmadi sapo kishte mbërritur në shtëpi, duke parkuar makinën e tij në oborrin e tij, kur fëmijët e tij iu afruan automjetit për t'a pritur, treguan pamjet e sigurisë të siguruara nga NYT.*

Mësohet, se Pentagoni e kishte ndjekur vazhdimisht automjetin e Ahmadit, gjatë gjithë ditës, duke besuar se ai ishte ndalur në zonën e një kasaforte të ISIS-K.

Pamjet e vëzhgimit, treguan atë dhe burra të tjerë, duke ngarkuar bombola dhe çanta të lira në Toyota-n e tij të bardhë. Videot e sigurisë dhe raportet e dëshmitarëve okularë, konfirmuan se **Ahmadi kishte ngarkuar kontejnerë të mbushur me ujë në makinën e tij,** *dhe çantat e dorës ku mbanin laptop, që ai dhe kolegët e tij i përdornin në punë.* Fqinjët dhe anëtarët e familjes, thanë se Ahmadi kishte sjellë ujë në shtëpi, për shkak të mungesës në lagjen e tij.

Ahmadi, punoi si inxhinier elektrik dhe shpërndau ushqim me Nutrition and Education International (NEI), për organizatë jo fitimprurëse (OJQ) me qendër në SHBA, që lufton kequshqyerjen e njerëzve afganë dhe fëmijëve. Katër ditë para se të vritej, NEI aplikoi për pranimin e tij si refugjatë në Shtetet e Bashkuara për vete dhe familjen e tij.

Sipas hetimit të NYT, operatorët e dronëve nuk e kishin parë shtëpinë e Ahmadit, gjatë gjithë ditës dhe ata thuhet se thanë se panë vetëm një burrë tjetër në automjetin e tij, kur filloi sulmi dhe asnjë fëmijë.

Zyrtarët ushtarakë me sa duket e ngatërruan sjelljen e Ahmadit gjatë gjithë ditës, duke përfshirë ngarkimin e makinës me bidona me ujë të pijshëm dhe ndalesat e shumta, që ai bëri, gjatë udhëtimit të tij, duke i ngatërruar me aktivitetet e dyshimta të një terroristi të ISIS-K.

Pas sulmit, Pentagoni fillimisht tha se nuk ishte në "dijeni" për ndonjë viktimë civile, para se të lëshonte një deklaratë pasuese se po hetonte situatën. *(Si ka mundsi që ata nuk e dinin kur po vezhgonin gjithë ditën shtëpinë e tij!?)*

Ai tha se një shpërthim dytësor pas goditjes tregoi se automjeti ishte mbushur me "eksploziv" dhe ata ishin të sigurt se një luftëtar i ISIS-K ishte vrarë.

Provat mjeko-ligjore të përpiluara nga New York Times dhe të rishikuara nga ekspertët, me sa duket treguan zero shenja të një shpërthimi dytësor në vendin e ngjarjës. Në vend të kësaj, dëmi ishte në përputhje me rrëfimet e dëshmitarëve okularë, për një shpërthim të vetëm nga një raketë dhe një zjarr me me breshëri plumbash që pasuan.

Një ditë pasi Ahmadi u vra, ISIS-K nisi sulmet me raketa drejt aeroportit nga një vend pranë njërës prej ndalesave të Ahmadit në udhëtimin e tij. ISIS-K përdori një Toyota të bardhë në sulme, të njëjtin lloj makine, që SHBA shkatërroi me Ahmadin brenda një ditë më parë.

Zyrtarët amerikanë thuhet se nuk kishin informacion se kush ishte Ahmadi para se të vritej. Pentagoni, thotë se është ende duke "hetuar" incidentin, që ata organizuan dhe ekzekutuan me drone.[189]

Senatorët amerikanë gozhdojnë me pyetje Antony J. Blinken

Në Senatin amerikan, senatori republikan **Josh Hawley (Mo)** dhe senatorja republikane **Marsha Blackburn (Tenn),** u bashkuan me valën e madhe të republikanëve të tjerë, që i bënin thirrje papushsim Presidentit të papërgjeshëm Joe Biden të jepte dorëheqjen, një kërkesë që u rrit në orët pas shpërthimeve të shumta nga telebanët dhe ISIS me Al Qaiden rreth aeroportit në Kabul, duke vrarë në të paktën 13 pjesëtarë të shërbimit ushtarakë amerikanë.

Senatorët republikanë Hawley dhe Blackburn në Senatin Amerikan, **më 14 shtator 2021**, *kërkuan dorëheqjen e Bidenit dhe zv/Presidentit Kamala Harris, Sekretarit të Shtetit Antony Blinken, Sekretarit të Mbrojtjes Lloyd Austin dhe Shefit të Shtabit të Përbashkët Mark Milley.*

Senatori patriot Hawley tha në një deklaratë të lëshuar nga zyra e tij, se: *"Biden, tani ka shkaktuar ditën më vdekjeprurëse për trupat amerikane në Afganistan, në më shumë se një dekadë dhe kriza po përkeqësohet nga ora në orë. Ne, duhet të hedhim poshtë gënjeshtrën e bërë nga një president pa mend, se **ky ishte opsioni i vetëm për tërheqje.** Ky është produkt i dështimit katastrofik të Joe Biden në udhëheqje. Tani është e dhimbshme dhe e kjartë, se ai nuk ka as vullnet as kapacitet për të udhëhequr vendin tonë. Ai duhet të japë dorëheqjen menjëherë, sikurse edhe ekipi i Sigurisë Kombëtare të administratës Biden, për situatën katastrofike të krijuar në Afganistan."*

Senatorja republikane Blackburn lëshoi një deklaratë, ku kërkoi në një cicërimë (twitter), të saj gjithashtu dorëheqjen e menjëhershme të Zëvendës Presidentes Kamala Harris, Sekretarit të Shtetit Antony J. Blinken, Sekretarit të Mbrojtjes Lloyd Austin dhe Shefit të Shtabit të Ushtrisë Amerikane Generalit Mark Milley. **Ajo i akuzon ata për trathti kombëtare.**

---

[189] https://dailycaller.com/2021/09/10/drone-strike-afghanistan-isis-kabul-civilian-zemari-ahmadi/

Senatori Josh Hawley, argumentoi se Biden dhe secili nga anëtarët e administratës të emëruar *"duhet të japin të gjithë dorëheqjen ose do të përballen me drejtësinë, fajësimin dhe largimin nga detyra"*.

Deklarata e saj në Twitter erdhi disa minuta pas një postimi tjetër, në të cilin ajo vuri në dukje se O-Biden 3 *"premtoi një përgjigje të fuqishme kundër çdo sulmi të terroristëve radikal islamik, ndaj anëtarëve të ushtrisë amerikane, por nuk e bëri atë"*.

"Ai duhet të zbatojë fjalën e tij, që t'i bëjë këta terroristë të paguajnë, për krimin ndaj trupave amerikane," shtoi senatorja Blackburn.

Nga ana e tjetër, **Gjenerali detar Kenneth McKenzie**, komandant i Komandës Qendrore të SHBA-së, *konfirmoi vdekjen e pjesëtarëve të shërbimit amerikanë, si **dhe plagosjen e të paktën 15 të tjerëve**, në dy shpërthime vetëvrasëse rreth aeroportit të Kabulit.*

McKenzie, shtoi se shpërthimet në aeroport, ku forcat amerikane prej ditësh po punonin për të evakuuar mijëra qytetarë amerikanë dhe civilë afganë, u kryen nga luftëtarët e ISIS.

Raporte të shumta të mediave amerikane, vunë re se një degë e ISIS dhe Al Qaides, që vepron në Azinë Jugore dhe Azinë Qendrore mori zyrtarisht përgjegjësinë për sulmet.

Senatorja Blackburn, javën e kaluar ishte në mesin e një numri në rritje republikanësh, që i bënë thirrje hapur dhe vendosmërisht Biden, që të shkarkonte menjëherë ekipin e tij të Sigurisë Kombëtare, përfshirë këshilltarin e Sigurisë Kombëtare *Jake Sullivan, për menaxhimin skandaloz të administratës në situatës e rëndë të krijuar për së sigurinë në Afganistan.*

Fatkeqsisht, nga trathtia e "demokratëve" të Biden shohim se talebanët kanë në dorë listat e plota të qytetarëve amerikanë dhe afganëve, që bashkëpunuan me amerikanët, për 20 vjet, gjë të cilën e konformoi në Senatin Amerikan më 14 shtator 2021 vetë Sekretari i Shtetit Antony J. Blinken.

Këto lista ia dorëzuan talebanëve Biden dhe Departamenti i Shtetit Amerikan, me dijeninë e Sekretarit të Shtetit Antony J. Blinken. ***Ai thotë se tërheqja nga Afganistani ishte një sukses i madh i tij, në një kohë që qindra amerikanë janë në duart e talebanëve, ISIS dhe Al Qaides.***

Në fillim të kësaj jave, republikani **Byron Donalds (Fla.)**, i bëri thirrje *Biden të japë dorëheqjen menjëherë,* duke përmendur gabimin e madh historik në Afganistan, gjatë *"tërheqjes fatale të ushtrisë amerikane në mënyrë të turpshme dhe shumë të keqe para të gjithë bots dhe aleatëve tësaj, që ai i preu në besë"* nga Afganistani.

Kryetarja e Konferencës Republikane të Dhomës së Përfaqsuesve në Kongresin Amerikan **Elise Stefanik (N.Y.)** dhe **Rep. Jim Banks (R-Ind.)** kanë thënë hapur gjithashtu se *Biden është i papërshtatshëm për të mbajtur postin* *e kryetarit të shtetit tonë.*

Senatori GOP **Lindsey Graham (SC)**, tha në një intervistë në kanalin prestigjioz **Newsmax**, se **Joe Biden** *duhet të fajësohet*, duke shtuar se ai *"kishte braktisur mijëra shtetas amerikanë, sikurse edhe afganët, që luftuan me ne tesh 20 vjet. Ai braktisi turpërisht mijëra qytetarët amerikanë, kur deklaroi kapitullimin e turpshem para talebanëve më 31 gusht 2021"*.

Vendosmëria e senatorëve dhe kongresmenëve republikanë për shkarkimin e Biden-it

Senatori **Josh Hawley** (R-Mo.), ishte i pari parë që këmnguli prej disa muajsh, që i papërgjshmi Biden si dhe drejtuesit e Departamentit të Shtetit, Departamenti i Mbrojtjes, Sekretari i Shtetit Antony J. Blinken dhe këshilltari i Sigurisë Kombëtare Jake Sullivan, duhet të japing menjëherë dorëheqjen, pas daljes së turpshme të administratës "demokrate" nga Afganistani.

"Unë nuk do të pajtohem me nominimin e ndonjë të nominuari për Departamentin e Mbrojtjes ose për Departamentin e Shtetit, derisa Sekretari Austin dhe Sekretari Blinken dhe Jake Sullivan të japin dorëheqjen," tha ai gjatë një fjalimi në Senat, duke goditur strategjinë e dështuar dhe të turpshme të daljes nga Afganistani nga frikacaku i pa-aftë Biden.

Paralajmërimi i Hawley, vjen pasi ai kërkoi me këmngulje në fund të muajit të kaluar, që ekipi i Sigurisë Kombëtare dhe më pas bossi i tyre Joe Biden të jepte dorëheqjen menjëherë, duke penguar degradimin apo shkatërrimin e mëtejshëm të SHBA-së dhe prestigjin e saj në botë.

Veprimi absurd i Biden, për tërheqjen e pamenduar dhe mungesa e një plani të detajuar, për të tërhequr nga Afganistani të qytetarëve amerikanë me familjet e tyre si dhe kontraktorët e shumtë amerikanë, që ndodhen atje prej 20 vitesh, ka ndezur debatet dhe shtytjen dypartiake në Capitol Hill, për mundeësinë e shkarimit të mënjëhershëm të Biden dhe ekipit të tij.

Megjithëse demokratët, në masë të madhe pajtohen me vendimin absurd të O-Biden 3, për të tërhequr me turp ushtrinë amerikane nga Afganistani. Ai sot po përballet me pyetje pse regjimi u kap në befasi dhe nënvleftësoi me qëllim rritjen dhe zgjerimin e shpejtë të talebanëve, ISIS dhe Al Qaides si dhe kolapsin e madh dhe të turpshëm të Qeverisë, Ushtrisë vendase dhe Presidentit të pabesë afgan.

Për 9 muaj të keqqeverisjes së administratës O-Biden 3, talebanët, ISIS dhe Al Qaida, kanë marrë shumë shpejt territore të Afganisanit, duke pushtuar si kancer vdekjeprurës gjithë vendin.

Senatorët dhe kongresmenët republikanë e akuzojnë me të drejtë të përgjumurin **Biden**, se **i ka duart e lyer me gjakun e 13 heronjve amerikanë**, që u vranë nga një kamikaz taleban, që kishte bashkëpunuar në planin e tij terrorist bashkë me organizatat e tjera simotra terroriste radikale islamike vendase si ISIS dhe Al Qaiden, të cilat veprojnë në territorin afgan.

Terroristët radikalë islamike të ISIS, Al Qaides dhe talebanët që pushtuar vendin, janë paisur me armatime më moderne amerikane, të cilat janë fjala e fundit e shkencës së industries të ushtrisë moderne amerikane. Vlera monetare e armëve moderne ushtarake, që sot janë të duart e talebanëve, ISIS dhe Al Qaides arrin në shifrën 85 billion dollarë.

Kjo është edhe një arsyet edhe më shumë, pse shumë politikanë senatorë dhe kongresmenë republikanë amerikanë e akuzojnë Biden për Trathti Kombëtare dhe dorëzim të turpshëm para talebanëve.

Senatori Hawley, gjatë fjalimit të tij në Senatin Amerikan, shkarkoi të gjithë përgjegjësinë e drejtpërdrejtë ndaj O-Biden 3, duke e quajtur atë një **Turp Kombëtar**, duke kërkuar që ai menjëherë të japë dorëheqjen si i pa-aftë të drejtojnë vendin tonë. Shumë antarë të Kongresit dhe Senatit përfshi këtu edhe disa demokratë, kanë kërkuar fillimin e proçesit të përshpejtuar, për shkarkimin e Bidenit.

Ata e akuzojnë atë për Trathti Kombëtare, duke ia kaluar çeshtjen e gjykimit Një Gjyqi Ushtarak, mbasi ai është ushtarak si Komandanti i Përgjithshëm i Ushtrisë Amerikane. "Sjellja e tij është e turpshme. Ai e ka ç'nderuar këtë vend me udhëheqjen e tij të turpshme në këtë krizë të thellë, ku e ka zhytur padrejtësisht vendin tonë. Dhe tani është koha, që ai të japë dorëheqjen. Dhe nëse Biden do të kishte përgjegjësinë e udhëheqjes, ai do të jepte dorëheqjen," tha Hawley.

Politika anti-amerikane e Biden

Politika ekonomike anti-amerikane e Biden-it, është e dukshme në shumë drejtime. **Senatori patriot Ted Cruz (R-Texas),** mbajti në fillim peng mosaprovimi (me të drejtë) për kandidatët "demokratë" të Shtetit dhe Thesarit, derisa administrata socialkomuniste e O-Biden 3 të vendosë sanksione të mandatuara nga Kongresi mbi tubacionin Nord Stream 2, i cili lejon Rusisë të dërgojë gaz natyror në Gjermani dhe Evropë.

Biden në muajin maj 2021, lëshoi një heqje apo lehtësim të madh embargoje mbi sanksionet ruse, për një njësi dhe tre individë, në lidhje me ndërtimin e tubacionit, i cili është më shumë se 90 përqind i përfunduar.

Ai ka ekspozuar edhe më shumë konfliktet e tij të interest, të cilat sipas Kushtetutës amerikane janë të denueshme dhe përbejnë vepër të mirëfilltë penale. Disa vite më parë djali i tij Hunter Biden, ka marrë një dhuratë prej $3.5 milion nga gruaja ruse e ish Kryetarit të Bashkisë së Moskës, gjë e cila përbën shkelje të ligjeve amerikane dhe denohet me ligj federal. "*Administrata e Biden, është në kundërshtim të plotë me ligjin amerikan federal,"* argumentoi senatori Cruz nga Senati.

Mijëra amerikanë janë bllokuar nga terroristët islamik në Afganistan

Media e majtë amerikane globaliste apo ajo që quhet në popull si Fake News në SHBA dhe në shumë shtete të botës dhe Europës, duke përfshirë këtu edhe Kosovën dhe Shqipërinë, po mundohen çdo ditë t'i shpërlajnë maksimalisht trurin dëgjuesve dhe shikuesve të tyre, duke e paraqitur Biden-in si njeriu shpërimtarë, që po bën mrekullira positive në SHBA, në një kohë që ata ekzopozojnë apaftësinë e tij mendore dhe fizike e shkatërrimin, që po i bëjnë ekonomisë dhe politikës së papërgjshme amerikane të drejtuar nga O-Biden 3 me ekipin e tij.

Senatori Ted Cruz tha se Biden nuk po ecën përpara me evakuimin e amerikanëve dhe të tjerëve nga Afganistani, pas sulmeve terroristë radikale islamike të talebanëve, në bashkëpunim me ISIS dhe Al Qaiden, që veprojnë masivisht në Afganistan. Ata vranë me ekspozivë 13 ushtarakë amerikanë dhe prishën shpresat për t'i dhënë fund luftës 20-vjeçare amerikane, pa gjakderdhje të mëtejshme.

Anulimi apo braktisja e qëllimshme e evakuimit të menjëhershme të qytetarëve amerikanë, nënkuptonte lënien apo braktisjen me qëllim të mijëra amerikanëve, që ende përpiqen pa shpresë të dalin në rrugë dhe të largohen me forma të ndryshme nga vendi i kontrolluar nga talebanët.

Biden u informua për sulmet radikale islamike të talebanëve, të cilat gjithashtu vranë 200 afganë dhe erdhën 12 ditë pas evakuimit të nxituar dhe 5 ditë para përfundimit të tij të planifikuar të largimit të trupave amerikane deklaruar nga ai më 31 gusht 2021.

Republikanë në Kongres dhe Senat, argumentuan të zgjasnin evakuimin përtej afatit, por O-Biden 3 nuk pranoi, duke lënë në dorë të terroristëve talebanë me qindra qytetarë amerikanë.

Ky është krimi më i madh e i turpshëm i shkaktuar me vetëdije në historinë e SHBA-së nga vetë Komandanti i Ushtrisë Amerikane Joe Biden, i cili, paturpsisht para mediave në Konferencëne Shtypit tha se *"ishte një largim i suksesshëm"*, në një kohë, që ishte një **Turp** dhe se *ai i ka duart me gjakun e 13 marinsave amerikanë dhe mbi 200 afganëve*, që u masakruan nga terroristët radikal islamike në Afganistan.

Amerikanët, me të drejtë po kërkojnë që Biden të Gjykohet nga një Gjykatë Ushtarake e Nivelit të Lartë dhe të denohet për Trathti Kombëtare të SHBA-së.

Nëse ky krim i qëllimshëm do të kishte ndodhur në kohën e administratës së Presidentit Donald J. Trump demokratët, që kontrollojnë Kongresin dhe

Senatin do të kishin filluar proçedurat për shkarkimin për herë të tretë të tij.

Gjenerali amerikan Frank McKenzie, tha pas sulmeve: *"Nëse ne mund të gjejmë se kush është i lidhur me këtë, ne do t'i ndjekim ata."*

Ai tha se do të ishte një gabim, që Shtetet e Bashkuara të thërrasin një përfundim të hershëm të evakuimit, pavarësisht rreziqeve. Turpërisht ai iu bashkua Urdhërit absurd të eprorit të tij të papërgjshëm.

Atij disa herë i është bërë thirrje e përsëritur, për të bërë vizitën e përgjishme tek doktori, për të parë se në cilin nivel mendor dhe fizik ai është i paaftë të kryej detyrën, që media e majtë globaliste, Big Tech dhe të korruptuarit "demokratë" amerikanë, ia dhanë atij si dhuratë, duke e futur të drejtojnë vendin në Shtëpinë e Bardhë.

Sulmet terroriste radikale islamike, sigurisht intensifikonin presionin politik nga të gjitha palët mbi Biden, i cili tashmë ishte nën kritika të mëdha, për mos fillimin e tërheqjes më herët të qytetarëve amerikanë dhe bashkëpunëtorëve të tyre afganë. Ai kishte njoftuar në prill se po i jepte fund luftës amerikane dhe do të kishte të gjitha forcat jashtë deri në shtator.

Udhëheqësi republikan i Dhomës se Përfaqsuesve në Kongresin Amerikan **Kevin McCarthy** i Kalifornisë, bëri thirrje që kryetarja Nancy Pelosi, Kaliforni, të sillte sërish Dhomën e Përfaqsuesve, për të shqyrtuar legjislacionin, që do të ndalonte tërheqjen e Shteteve të Bashkuara, derisa të gjithë qytetarët amerikanë dhe bashkëpunëtorët afganë të jenë jashtë Afganistanit.

Kjo nuk u realizua, mbasi zyra e kryedemokrates Nancy Pelosi hodhi poshtë sugjerime të tilla si marifete boshe, duke dalë hapur në krah të kukullës së saj Joe Biden, i cili, po e shkatërron çdo ditë nderin dhe prestigjin e SHBA-s kudo në botë.

Gjithashtu ka pasur një sulm pranë portës hyrëse të Hotel "Baron", tha ai. Sulmet nuk do t'i dëbojnë SHBA më herët se sa ishte planifikuar, tha ai. *"Më lejoni të jem i kjartë, ndërsa jemi të pikëlluar nga humbja e jetës, si ushtrisë sonë ashtu edhe të afganëve, ne po vazhdojmë të ekzekutojmë misionin,"* tha ai.

Ai tha gjithashtu se talebanët kanë qenë *"të dobishëm për të punuar"* dhe nuk dyshohen për sulmet!!! **Turp të thuash se talebanët kanë qenë të dobishëm, kur u vranë 13 marinsa amerikanë. Dhe kur kjo fjalë del nga goja e gjeneralit amerikanë, turpi është edhe më i madh.**

"Ne menduam se kjo do të ndodhte herët a vonë," tha McKenzie, duke shtuar se komandantët ushtarakë amerikanë po punonin me komandantët talebanë, për të parandaluar sulmet e mëtejshme.

Ndërsa dolën detajet e sulmeve, Shtëpia e Bardhë riplanifikoi takimin e parë personal të Biden me kryeministrin e ri të Izraelit dhe anuloi një video konferencë me guvernatorët në lidhje me refugjatët afganë që mbërrinin në Shtetet e Bashkuara. Nga gazetarët Biden u regjistrua në video duke fjetur, ndërsa ishte formalisht fizikisht në takim me Kryeministrin e Izraelit **Naftali**

Bennett (1972).

Blinken dhe O-Biden 3, kanë vazhduar pa ndërprerje që rënien e Kabulit t'ia faturojnë Presidentit Donald J. Trump. Kjo mënyrë justifikimi ka zemëruar edhe më shumë Senatin dhe Kongreisn amerikan, të cilët i thonë hapur se Biden i ka duart e lyer me gjakun e 13 marinsave amerikanë, plagosjen e 15 ushtarëve të tjerë amerikanë dhe vrasjen makabre të 200 afganëve, që bashkëpunuan me ushtrinë amerikanë për 20 vjet me radhë.

Droni ushtarak amerikanë vrau 7 fëmijë afganë të pafajshëm dhe dy burra, që në makinën e tyre nuk kishin armë apo bomba, por vetëm disa bidona uji të pijshëm.

I pyetur gjatë një interviste me ABC News, në lidhje me raportet që "evakuimi" mund të përfundojë, Ross Wilson, ambasadori amerikan në Afganistan, nuk pranoi të komentojë. Ai foli pak para sulmeve vdekjeprurëse. Wilson tha se "ka mënyra të sigurta për të arritur në" aeroport për ata amerikanë, që ende duan të largohen. Ai shtoi se "padyshim që do të ketë" disa afganë në rrezik të cilët nuk do të dalin para afatit të Biden-it.

Shtëpia e Bardhë tha se 13,400 njerëz ishin evakuar në 24 orët që përfunduan herët të enjten në mëngjes me kohën e Uashingtonit. Ato përfshinin 5,100 njerëz në aeroplanët ushtarakë amerikanë dhe 8,300 në avionët e koalicionit dhe partnerët. Kjo ishte një rënie e konsiderueshme nga 19,000 avionë të transportuar me të gjitha mjetet një ditë më parë. **(Joe Millitzer, Associated Press)**

Antony J. Blinken dhe kritikat e drejta
të senatorit dr. Rand Paul ndaj tij

Wikileaks, për herë të parë, për mediat dhe publikun botëror ka publikuar një video skandaloze, ku tregohet një drone amerikanë, duke qëlluar dhe lënë të vdekur në një makinë 2 persona (burra) dhe vrarë 7 fëmijë. Biden dhe Shtëpia e Bardhë në fillim të aksionit të goditjes me armë zjarri të makinës, njoftuan para mediave se kanë asgjësuar dy terroristë të ISIS, që kanë organizuar masakrën e Kabulit, ku mbetën të vrarë 13 marinsa amerikanë dhe plagosur 15 të tjerë si dhe mbi 200 afganë të pafajshëm, që po prisnin në aeropot për tu evakua në drejtim të SHBA-së.

Këtë lajm e ka konfirmuar më në fund nga halli edhe gazeta pro Biden The New York Timës, që më përpara kishte heshtur, për të zbardhur të vërtetën, që ka ndodhur fatkeqsisht në Afganistan, në mënyrë që të mos vë në pozitë të vështirë Biden, që ata vetë e vendosen në Shtëpinë e Bardhë.

Kujtoj, se po kjo gazetë e majtë glogaliste gënjeshtare e ka quajtur të suksesshëm goditjen me dronë në drejtim të makinës afgane, duke theksuar në artikujt e saj kilometrik, se u "asgjësuan" fajtorët e masakrës në Kabul.

Nuk është hera e parë, që The New York Timës dhe gazetat e tjera simotra të majta globaliste, gënjejnë publikun amerikanë dhe atë botërorë, duke u munduar t'u shpërlaj trurin me propagandë pro Biden.

Ditën e marte më 14 shtator 2020, në Senatin Amerikan në Capitol Hill, Washington D.C., Sekretari i Shtetit Antony J. Blinken, ishte i thirrur për të dëshmuar mbi largimin e turpshëm të Ushtrisë Amerikane nga Afganistani, gjakosjen e Ushtrisë Amerikane, dhe pse ai i dorëzoi talebanëve listën e plotë të amerikanëve dhe afganëve, që ndodhen në Afganistan.

Edhe në ditën e dytë Seketari i Shtetit Blinken, nuk tregoi asnjëherë pendesë për përgjegjësinë e tij si Sekretar Shteti i SHBA-së, për gjakun e pafajshëm të derdhur të ushtrisë amerikane. Ai nuk ishte në gjendje të mbrohej, por vetëm gënjente publikun amerikanë, që po e ndiqte direkt atë në TV, i shokuar se si ai nuk kërkoj ndjesë.

Senatori republikan dr. Rand Paul, i thotë hapur Sekretarit të Shtetit Blinken, nëse sulmi me dron goditi punonjësin e ndihmës apo ISIS-K: "*Ju do të mendonit se do ta kishit ditur, para se të dinit nga dikush*".

Në përgjigjen e tij ai u largua nga pergjegjësia direkte. Ai e pyeti Blinken në lidhje me raportet pse sulmi vrau një punonjës afgan të ndihmës apo një operativ të ISIS-K. Blinken thoshte në "pergjigjet" e tij gjithnjë, se "*Nuk e di… , Nuk e Di…, Nuk e Di…*"

Dr. Paul e pyeti Blinken, në lidhje me raportet e mediave të pavarura botërore dhe ato amerikane: "*Pse droni amerikan vrau një qytetar afgan në makinë? A kishin ju dijeni për këto njerëz që droni i vrau!?*"

Senatori Paul i Kentucky, i bëri pyetje të vështira Sekretarit të Shtetit Antony Blinken, lidhur me një sulm me dron që vrau 10 civilë afganë, përfshirë 7 (shtatë) fëmijë të një familjeje, duke i bërë presion diplomatit amerikan, nëse administrata e Biden ishte plotësisht në dijeni se kush ishte në shënjestër…

Blinken gënjeu, kur tha se NUK e Di NUK e Di… sepse shoferi i vrarë ishte një qytetar afgan. Gazeta e Biden-it, The New York Times e cila nuk mund t'a mbroj më atë dhe Sekretarin e Shtetit, më në fund shkruan se *emri i shoferit ishte Zemari Ahmadi, një afgan që punonte në Afganistan për amerikanët dhe ka punuar për Bazën Ushtarake Humanitare Ndërkombëare në California.*

Ai është babai 9 fëmijëve dhe Biden nuk e ka evakuar atë, për t'a sjellë në SHBA. Administrata e tij e vrau atë mizorisht. Media, thotë se **Sekretari i Shtetit Blinken Gënjeu** kur thotë se NUK E DI.

Një raport i kohëve të fundit i New York Times, sugjeroi që sulmi, të cilin ushtria amerikane e përshkroi si "të drejtë", kishte në shënjestër gabimisht një punonjës të ndihmës.

Gjeneral Mark A. Milley (që mund të akuzohet për trathti në ditët në vijm), kryetar i Shefave të Përgjithshëm të Shtabit, tha se sulmi nxori një kërcënim "të afërt" të ISIS-K.

Senatori Paul, nënvizoi se ka pasur një problem me sulmet e dronëve amerikanë, duke vrarë civilë nën administrata të shumta, duke paralajmëruar se kjo çon në "goditje", që shërben si një mjet rekrutimi për grupet ekstremiste.

Ushtria amerikane nuk ka konfirmuar ende nëse civilët u vranë për shkak të sulmit, pavarësisht raporteve që detajojnë emrat dhe moshat e viktimave. Ata pohojnë se një vlerësim është duke vazhduar dhe Pentagoni vazhdon të mbrojë sulmin me dron.

"Sulmi u krye për të parandaluar një sulm të afërt në aeroport," u tha gazetarëve sekretari i shtypit i Pentagonit, John Kirby, ndërsa tha gjithashtu se Komanda Qendrore e SHBA *"po vlerëson ende rezultatet e atij sulmi"*.

Nga media mësohet se midis 4,126 deri në 10,076 njerëz janë vrarë nga sulmet e dronëve amerikanë në Afganistan që nga janari 2004, përfshirë 300 deri në 909 civilë, sipas vlerësimeve të Byrosë së Gazetarisë Investigative, një organizatë me qendër në Mbretërinë e Bashkuar, që ka gjurmuar sulmet e droneve amerikane për vite me radhë.

NUK I NDJEK AS MEDIAT AMERIKANE APO EVROPIANE, SEPSE E DI QË JANË THJESHT NJË TUFË GËNJESHTRASH

"Ai merr në kontroll vendin për dy dollarë sanksione, do të thoja se kjo gjë është mjaft e zgjuar. Kurrë në një milion vjet kjo nuk do të kishte ndodhur. E njoh shumë mirë atë (Putinin). Ndoshta e njoh pothuajse aq mirë, më shumë se kedo në këte dhomë." **– President Donald J. Trump në Mar-A-Lago, Florida.**

"Pse nuk shohim sulme ajrore?
Pse nuk ka bombardime?
Pse Rusia nuk ua ndërpreu energjinë elektrike, ujin dhe internetin ukrainasve, siç përdoret gjithnjë në luftëra?
Si reagojnë ukrainasit?
Çfarë po bën Zelenski?
Nga çfarë po ikin realisht refugjatët?
Dhe mbi të gjitha: çfarë dëshiron në të vërtetë Putin?
Liderët tuaj perëndimorë sigurisht, që nuk duan që ju ta kuptoni, liderë si Boris Johnson, Joe Biden, ata duan që ju ta imagjinoni këtë histori si një film të Marvelit, ku ka të keqen brenda.
Djalë, për t'u demonizuar dhe i keqi është Putin, ndërsa amerikanët së bashku me të tjerët janë kapelet e bardha, djemtë e mirë që do të fitojnë përballjen…
Nuk i ndjek as mediat amerikane apo evropiane, sepse e di që janë thjesht një tufë gënjeshtrash." **– Një amerikan që jeton në Kiev, Ukrainë.**

"Për shumë e shumë vite ka pasur raporte të Bidens, që arkëtonin emrin e Biden, që nga koha kur Joe Biden ishte senator. Por Hunter, tha se ai kurrë nuk mori asnjë cent? Jo, ai mori miliona dollarë. Raporti ynë dokumenton 5 milion dollarë. Ne lëshuam një shtesë në raportin tonë, që tregon se rreth 6 milion dollarë ishin paguar në llogaritë e Rob Walker, një biznes që ai kontrollonte. Dhe sigurisht Rob Walker, tha se ai dëshironte të ishte një përfaqësues ose zëvendësues për familjen Biden. Pra ka 11 milion dollarë nga Kina..." **- Senatori republikan Ron Johnson,** Kryetar i Komitetit të Senatit të SHBA-së për Sigurinë e Vendit.

Lufta në Ukrainë, nuk është një luftë e mirëfilltë. Sipas burimeve të brendshme në Ukrainë dhe Kiev, disa analistë thonë se *aty po sulmohen bazat e Deep State, laboratorët e viruseve dhe po sekuestrohen në Chernobyl lendët bërthamore dhe po shkatërrohen tunelet nëntokësore, që kanë shërbyer për trafikimin e qënieve njerëzore.*

Nëse shikohet me kujdes fjalimi i **Presidentit Vladimir Putin**, *u pa se ai iu drejtua drejtpërdrejtë popullit ukrainas me fjalën:* **"Vëllezër, shkoni në shtëpi dhe të mos përfshiheni në këtë luftë mes meje dhe globalistëve..."**

A nuk paralajmëroi ai në fjalimin e tij, se po shkëlnin marrëveshjen e vitit 1991 (mbi zgjerimin e NATO-s) me Rusinë, të arritur pas rrëzimit të Bashkimit Sovjetik më 1990!?

A u shkel marrëveshja NATO (apo Amerika) nën Biden dhe vuri në rrezik rusët dhe Putinin, siç ndodhi me krizën e raketave kubane në kohën e (Presidentit demokrat) **John F. Kennedy (1917-1963)**, *kur ish-Bashkimi Sovjetik solli raketa të rrezikshme në Kubë, duke kërcënuar kështu Amerikën?*

A reagoi dhe kundërshtoi me vendosmëri Amerika asokohe!?

Putini, nuk mund të lejojë atë që po bëjnë globalistët në Ukrainë.

Në një sondazh të dytë sot, Qendra e Harward-it për Studime Politike Amerikane (CAPS) Harris Poll, tregon se 86% e amerikanëve shprehen se Presidenti Vladimir Putini nuk do ta kishte sulmuar Ukrainën, nëse republikani i suksesshëm Donald J. Trump do të ishte ende President i SHBA-së në Shtëpinë e Bardhë. (Sipas gazetës **New York Post** & kanalit televiziv **Fox News**)

Gazi natyror i familjes Biden në Ukrainë

Përveç kësaj, a keni dëgjuar për veprimet kriminale të familjes Biden në Ukrainë, me kompaninë e gaz-njerrjese ukrahinase Burisma dhe politikanët të korruptuar ukrainas?

Nuk do të ishte e leverdishme të provokonin Presidentin Putin, për të shkatërruar Ukrainën me provat e krimit të tyre? Nëse Putini nuk bombardoj vendet e duhura, ata do t'i bombardojnë vetë dhe do të thonë se këtë gjë e bëri rusi Putin.

Dhe bota naïve, do ta gëlltitë këtë çorbë apo gënjështër dhe mashtrim, që ka vite që po bëjnë rregullisht media globaliste socialkomuniste në SHBA dhe Europë. Por, bota dhe njerëzit e ndershëm patriotë e anti-globalistë, janë zgjuar nga gjumi letargjik dhe nuk e hanë më sapunin për djath. Nëse shikohen veprimet ushtarake të gjeneralëve rus dhe kryekomandantit të tyre Putin, del se ushtria ruse ka sulmuar lokacione të caktuara në pronësi të **Cabal-es** (Kabbalah)…

Nga ana e tjetër, ai po i ruan dhe po i shmang me kujdes qendrat e banuara dhe ukrainasit e pafajshëm.

Kabala si disiplinë dhe shkollë ezoterike në misticizmin hebre

Kabala (hebraisht Qabālā, fjalë për fjalë do të thotë **pritje, traditë** ose **korrespondenc**ë, është një metodë, disiplinë dhe shkollë ezoterike në misticizmin hebre. Një kabalist tradicional, në judaizëm quhet mekubal.

Përkufizimi i Kabalës ndryshon, sipas traditës dhe qëllimeve të atyre që e ndjekin atë, nga origjina e saj fetare si pjesë integrale e judaizmit, deri te përshtatjet e saj të mëvonshme në ezoterizmin perëndimor (*Kabala e krishterë dhe Kabala hermetike*).

Kabala hebraike, është një grup mësimesh ezoterike, që synon të shpjegojnë marrëdhënien midis Zotit të pandryshueshëm, të përjetshëm. Ai formon themelin e interpretimeve mistike fetare brenda judaizmit.

Kabalistët hebrenj fillimisht zhvilluan transmetimin e tyre të teksteve të shenjta, brenda sferës së traditës hebraike dhe shpesh përdorin shkrimet e shenjta klasike çifute, për të shpjeguar dhe demonstruar mësimet e saj mistike.

Një nga tekstet themelore kabaliste, Zohar, u botua për herë të parë në shekullin XIII dhe forma pothuajse universal, që i përmbahet judaizmit modern është Kabala Lurianike.

Praktikuesit tradicionalë, besojnë se origjina e tij më e hershme daton para feve botërore, duke formuar planin primordial për filozofitë, fetë, shkencat, artet dhe sistemet politike të Krijimit.

Historikisht, Kabala doli nga format e mëparshme të misticizmit hebre, në Spanjën dhe Francën Jugore të shekullit XII-XIII, dhe u riinterpretua gjatë Rilindjes Mistike çifute në Palestinën Osmane të shekullit XV.

Isaac Luria konsiderohet si babai i Kabalës bashkëkohore. Kabala Lurianike, u popullarizua në formën e Judaizmit Hasidik nga shekulli XVIII e më pas.

Nga historia mësojmë se gjatë shekullit XX, interesi akademik për tekstet kabaliste të udhëhequr kryesisht nga historiani hebre Gershom Scholem, i cili ka frymëzuar zhvillimin e kërkimeve historike mbi Kabalën në fushën e studimeve judaike.

Ukraina dhe Irani, janë krevate të krimit globalist

Deri tani media botërore pak ose me mirë të themi se aspak nuk ka folur për dy shtetet si Ukraina dhe Irani, të cilat janë prej vitesh qendra apo krevate të rehatshme të krimit globalist, trafikimit të fëmijëve, drogës, armëve, pedofilisë dhe satanizmit.

Gjatë 22 vitëve të shekullit XXI në historinë e presidentëve të vendit tonë **fatmirësisht Presidenti Donald J. Trump, nuk filloi asnjë luftë** apo bëri pushtim me trupa të një shteti tjetër, gjatë gjithë mandatit të tij të plotë nga viti 2016-2020.

Sikurse dihet, më së shumti luftra ka bërë demokrati i majtë globalist Barack Hysen Obama (1961), i cili filloi dhe humbi 5 (pesë) luftra dhe për çudi të të gjithë botës, Organizata Politike Komuniste e Çmimeve Nobël, i dhuroi atij vlerësimin absurd të Paqes, në një kohë që atë vit kur ai u nderua me çmim dërgoi në Iraq mbi 20,000 trupa amerikane shtesë, të cilët qëllonin mbi afganët, luftë e cila zgjati 20 vjet (2002-2022).

Cili vend ka më shumë gaz natyror në botë?

Rezervat e gazit natyrorë, sipas vendeve në botë janë:
1 Rusi 24.3%
2 Iran 17.3%
3 Katar 12.5%
4 Shtetet e Bashkuara 5.3% (Sipas worldometers.info)
Europa mbështetet tek Rusia, për rreth 40% të gazit të saj natyror. Pjesa më e madhe vjen përmes tubacioneve, duke përfshirë Yamal, i cili kalon Bjellorus-inë dhe Poloninë për në Gjermani, Nord Stream 1, i cili shkon drejtpërdrejt në Gjermani dhe gazi i tubacioneve që vjen përmes Ukrainës. Një rrjet tuba-cionesh ndërlidhëse lidh tregjet e brendshme të gazit të Europës. (**Sipas Reuters, business, energy**)

Burimi ynë i vetëm më i madh i gazit është nga *Shelfi Kontinental* i Mbretërisë së Bashkuar dhe shumica dërrmuese e importeve vijnë nga furnizues të besueshëm si Norvegjia. Nuk ka tubacione gazi, që lidhin drejt-përdrejt Mbretërinë e Bashkuar me Rusinë dhe importet nga Rusia përbënin më pak se 4% të furnizimit total të gazit në Mbretërinë e Bashkuar në 2021 (**Sipas gov.uk, govermment**)

Eksporti i madh i Rusisë në SHBA është në lëndë djegëse minerale, e vlerë-suar në 13 miliardë dollarë. Pas kësaj, USTR liston metalet dhe gurët e çmuar (2.2 miliardë dollarë), hekurin dhe çelikun (1.4 miliardë dollarë), plehra (963 milion dollarë) dhe kimikatet inorganike (763 milion dollarë). (**Sipas wavy.com, national**)

Nga 7.86 milionë fuçi në ditë, që SHBA importoi në vitin 2020, shumica erdhi nga fqinjët e saj të Amerikës së Veriut: Kanadaja, me 4.13 milionë fuçi (52.5%) dhe Meksika, me 750,000 (9.6%). Por importet që vijnë nga jashtë Amerikës së Veriut janë të rëndësishme. (**Sipas usanews.com**)

Amy Myers Jaffe: Rusia prodhon afër 11 milionë fuçi naftë bruto në ditë.

Ajo përdor afërsisht gjysmën e këtij prodhimi për kërkesën e saj të brendshme, e cila me sa duket është rritur për shkak të kërkesave më të larta të karburantit ushtarak dhe eksporton 5 milionë deri në 6 milionë fuçi në ditë. (**Sipas tults.edu**)

Rreth gjysma e naftës së eksportuar të Rusisë, afërsisht 2.5 milionë fuçi në ditë dërgohet në vendet evropiane, duke përfshirë *Gjermaninë, Italinë, Holandën, Poloninë, Finlandën, Lituaninë, Greqinë, Rumaninë dhe Bullgarinë.* (**Sipas theconversation.com**)

"Ne, duhet të bëjmë më shumë për të mbrojtur furnizimin me energji të vendit tonë," tha Scholz duke shtuar *"dhe për të mos varur nga furnizues të caktuar të energjisë".* Gjermania është klienti më i madh i gazit në Rusi. Kanali televiziv amerikan **Fox News**, ka raportuar më parë, se Evropa mbështetet tek Rusia, për rreth 40% të gazit të saj natyror.

Dhe së fundi, *Rusia kontrollon mbi 12.4 trillion dollarë, vlerën e depozitave apo resurve mbi dhe nëntokësore të metaleve dhe mineralëve të tjera të Ukrainës.* (**Washington Post, Actober, 2022**)

Dhe...

Në ditët tona, **Gjermania** vazhdon të marrë ose *mjelë* papushim mbi **70% të gazit natyror nga Rusia**, Franca 17% etj., dhe kështu me radhë dhe nga ana e tjetër mediat globaliste europiane hipokrite vazhdojnë t'a quajnë *Putinin e Rusinë si shtet dhe diktaturë naziste, **kur historikisht dihet se ish Bashkimi Sovjetik, ka përballuar në luftën e përgjashme kundër ushtrisë naziste gjermane të Adolf Hitlerit, mbi 80% të sulmeve në vendin e saj dhe po gjatë periudhës së Luftës së Dytë Botërore ka humbur mbi 27.000,000 banorë** (burra, gra, fëmijë, pleq, plaka të pafajshëm) **ose mbi 17% të popullsisë së përgjithshme të vendit.***

Gjermania demokratike, në të kundërt, mbështetet tek Moska "naziste" me gaz natyror dhe *Italia* rreth 40%. Për *Austrinë, Hungarinë, Slloveninë dhe Sllovakinë,* shifra është afërsisht 60% dhe për Poloninë, 80%. **Bullgaria mbështetet tek Rusia, për të gjithë gazin natyror të saj.**

Bashkimi Evropian mbështetet tek Rusia për rreth 40% të gazit natyror të saj, më shumë se dy herë më shumë se Norvegjia, partneri i saj më i madh i importit. *Në vitin 2021, Rusia shiti rreth 100 miliardë dollarë naftë dhe gaz natyror në Evropë,* vlerësoi **William Jackson, një ekonomist në Capital Economics.**

Britania e Madhe, nuk është shumë e varur nga gazi rus, por çmimet e energjisë në Britani janë të lidhura me tregun evropian dhe *në një fare mënyre me importet ruse.* Në Britani, me një nga rrjetet më të gjera kombëtare të gazit në botë, është shumë e varur nga gazi, për ngrohjen e shtëpisë dhe në një masë më të vogël, për prodhimin e energjisë elektrike. Kësisoj **britanikët marrin** vetëm 4% të gazit natyror nga Rusia.

Në vitin 2021, Rusia përbënte 21% të të gjitha importeve të benzinës në SHBA (nën administratën Biden), dhe me Kanadanë me 17%. Sipas vlerës, importet ruse u rritën me 71,05%, që është pak më pak se importi i benzinës nga bota, i cili u rrit me 80,53%.

Nafta e papërpunuar ruse nuk ka përbërë kurrë një pjesë të madhe të sistemit të furnizimit me naftë të SHBA-së, *por në mesin e vitit 2021 nën Biden importet amerikane arritën nivelet më të larta në rreth një dekadë. SHBA eksporton miliona fuçi në ditë nga Bregu i Gjirit.* **(Sipas WSJ)**

Rusia furnizon rreth 40% të importeve të gazit natyror të BE-së. Shumica e pjesës tjetër vjen nga Norvegjia dhe Algjeria. Rusia dërgon gaz në Evropë, përmes disa tubacioneve kryesore si **Nord Stream 1**, **Yamal-Europe dhe Brotherhood**. Gazi mblidhet në qendrat rajonale të magazinimit dhe më pas shpërndahet në të gjithë kontinentin. **(Sipas BBC)**

Federata Ruse, ka furnizuar plotësisht me të gjitha kontratat afatgjata, por nuk ka furnizuar gaz natyror shtesë në tregun spot. Në tetor 2021, **Njësia e Inteligjencës Ekonomike** raportoi se Rusia "naziste" kishte kapacitete të kufizuara shtesë të eksportit të gazit, për shkak të kërkesave të larta vendase me prodhimin afër kulmit të tij.

Mirëpo, nëse gjykohet me gjakftohtësi, në këtë situatë të re të krijuar, del se mjafton që "diktatori" apo "nazisti" Vladimir Putin, të bëj mbylljen e menjëhershme të rubinetave të tubacionit të gazit "nazist", që furnizon Europën socialkomuniste, ai menjëherë në mënyrë zinxhir apo si efekt domino do të shkaktoj zemërimin popullor të shteteve të tyre ndaj qeverive idiote buroktrate, që kanë bërë një politike propagandistike armiqësore kundër interesave vetjake të shtetasve të tyre.

Ukraina, është dhurata e Biden për Putinin

Me Presidentin Trump SHBA-ja nuk kishte të tilla ngjarje ekonomike dhe financiare negative. *Djali i Joe Biden "bisnesmeni" Hunter Biden, është paguar $120.000 nga kompania e gazit natyror "Burisma" në Ukrainë si antar i bordit të kësaj kompanie gaz-njerrëse. Ai gjithashtu ka marrë nga Republika Popullore Komuniste e Kinës 1.5 billion dollarë.*

Biden me vetëdije dhe duke shkelur ligjet federale anti-korrupsion, po pengon drejtësinë amerikane, dhe nga ana e tjetër permes veglës së tij Prokurorit të Përgjithsheëm të SHBA-së (DOJ) dhe FBI po perskuton mësuesit e shkollave amerikane, sepse janë kundër detyrimit të vendosjes së maskave idote të plandemisë së tij, për fëmijët dhe kundër propagandës socialkomuniste të teorisë raciste dhe edukatës pervese seksuale liberale, që propagandohet këtu në shkollat tona sot…

Prandaj Biden hesht, në një formë a tjetër, për të hetuar djalin e tij Hunter dhe thotë se kjo është një histori e sajuar nga rusët. Kjo është arsyeja, që ai me luftën e re ruso-ukrainase, kërkon t'a paraqes Rusinë para botës si Djalli dhe të mbuloj "engjëllin" Hunter dhe zhduk gjurmët e vërteta të korrupsionit të djalit të tij në Ukrainë, që zë vendin e parë në botë për korrupsion.

Hunter Biden, është në hetime kriminale dhe po hetohet si breshka ngadalë dhe pa cënuar Big Guy, duke shtyer kohën e investigimit drejt kalendave greke nga Departamenti i Drejtësisë së SHBA (DOJ) dhe FBI (që investigon vetëm rastet kriminale), kurse media e majtë korruptuar në SHBA, vijon të hesht dhe ka shumë dekada që është bërë partnere aktive e krimit dhe mbulesës së tij të vazhdueshme këtu.

Biden, duhet t'i dërgoj trupat amerikane për të liruar pengjet amerikane në Afganistan dhe marrë menjëherë armatimet moderne amerikane, me një vlerë $850 billion, që ai paturpsisht ia kanë dhuruar me dashuri terroristëve talebanë, që sot kontrollojnë e drejtojnë vendin me Ligjin e Sheriatit të ISIS, duke falënderuar për këtë mirësi gjumashin në Washington D.C.

Ai, dëshiron që Ukraina të digjet brenda kaosit, që ata planifikojnë të bëjnë dhe brenda punës, operacioneve të stilit të CIA-s dhe të shkatërrojnë serverët dhe të gjitha pikat e të dhënave, që lidhin pastrimin e parave, miliarda në marrëveshjet e paligjshme të naftës, gazshpërndarjen, naftën e vjedhur, gazin... Ukrainasit ishin duke bërë një hetim të madh korrupsioni, për familjet amerikane, si: Bidenët, Hunter Biden, John Kerry, Nancy Pelosi, Mitt Romney etj.

Gjykatësit dhe prokurorët ukrahinas, kanë shumë prova bindse, për korrupsonin e krerëve apo elitës më të lartë të politikës amerikane, por presioni i madh i dyshes Obama-Biden, ka bërë që të mbyllen deri tani aktakuzat kundër tyre dhe administratorit të përkdhelur Hunter Biden.

"Biden, tani po përpiqet të rifitojë këtë levë që humbi, por është shumë vonë," thotë guvernatorja e Dakotës së Jugut, **Kristi Noem.**

Një amerikan në Kiev, tregon se çfarë po bëjnë rusët dhe pse

Ai po bën xhiron e rrjetit: është video e xhiruar më 26 shkurt 2022, e një shtetasi amerikan në Kiev, e cila më në fund na jep përgjigjet për pyetjet e shumta, që i kemi bërë vetes dhe që sigurisht nuk shpjegohen nga mediat globaliste të majta.

Kësisoj, para mbarë botës dhe SHBA lindin shumë pyetje misterioze dhe që media i anashkalon me vetëdije si pjesë e manipulimit dhe korrupsionit sistematik të tyre.

Fatmirësisht, sot në shekullin 21, të gjithë njerëzit e ndershëm kudo në botë e dinë se qeveritë globaliste socialkomuniste, presidentët globalistë, papa i Romës etj., duke filluar nga SHBA, nuk duan që e vërteta të zbulohet, sepse ekspozohen organizatorët e skandalit më të madh të shekullit, një lojë e thellë e programuar me shumë kujdes deri në detajet më të vogla nga Deep State, Cabala etj.

Pse nuk shohim sulme ajrore bombardime, ndërpreje të enërgjinë elektrike, ujin dhe internetin etj., ukrainasve, siç përdoret në luftëra…!?

Njerëzit sot pyesin me të drejtë:
Pse nuk shohim sulme ajrore?
Pse nuk ka bombardime?
Pse Rusia nuk ua ndërpreu energjinë elektrike, ujin dhe internetin ukrainasve, siç përdoret në luftëra?
Si reagojnë ukrainasit?
Çfarë po bën Zelenski?
Nga çfarë po ikin realisht refugjatët?
Dhe mbi të gjitha: çfarë dëshiron në të vërtetë Putin?

Dëgjojeni me vëmendje, është vërtet ndriçues

Sot është e shtunë, 26 shkurt 2022 dhe është dita e tretë e pushtimit të Ukrainës nga Rusia.

Njerëzit në SHBA, duket se nuk kuptojnë asgjë, për një pushtim të tillë, ata vazhdojnë të thonë se Rusia po dështon në sulmin e saj, sepse nuk ka marrë infrastrukturën, nuk ka goditur sistemin elektrik apo nuk ka shkatërruar rrjetin telefonik.

Përsëritësit thonë se Rusia ende nuk i ka goditur furnizimet me ujë. Ata vazhdojnë të thonë se nuk e kuptojnë pse Rusia duket se përparon dhe pastaj ndalon sa herë që has në rezistencë. Është vërtet një mungesë imagjinate nga ana e komentuesve amerikanë.

E shihni se *mënyra amerikane e të bërit të gjërave është të shkoni dhe të shkatërroni një komb, të shkatërroni gjithçka, të shkatërroni sistemin elektrik, kullat telefonike, furnizimet me ujë, thjesht të shkatërroni gjithçka, pastaj të ecni përpara.* Por kjo nuk është luftë, kjo është gjithçka e niveluar: asgjëso armikun!

Dhe ne e kemi parë të bëhet kaq shumë herë në Afganistan, në Irak, në Libi, në Siri etj.

Pra, çfarë duan të bëjnë rusët? Ata nuk duan të shkatërrojnë Ukrainën, ata duan t'a marrin atë të paprekur, dhe ata nuk duan të dëmtojnë civilët. Pse do të donin t'i dëmtonin ata!?

Nga këndvështrimi i tyre, nëse dëmtojnë civilët, ata krijojnë armiq, kështu që duan të marrin Ukrainën të paprekur, të ndryshojnë udhëheqjen e saj politike dhe të vendosin një udhëheqje, që është në linjë me Rusinë, për të nxjerrë një aleat me rreze të gjatë prej saj.

Por nëse duke bërë këtë ata dëmtojnë civilët, atëherë ata do të jenë ata që do të largojnë regjimin e drejtuar nga Moska. Le të mos gënjejmë veten.

Ata duan një regjim kukull, ndaj të cilit ukrainasit janë pak a shumë indiferentë. Ata nuk duan të vënë askënd në pushtet, pasi t'ua bëjnë jetën ukrainasve të mjerë.

Si po e vënë në veprim strategjinë e tyre?

Ata po pushtojnë vendin shumë shpejt dhe është e qartë për të gjithë se sa shpejt po pushtojnë Ukrainën, duke mos goditur asnjë infrastrukturë civile, por vetëm duke goditur caqet ushtarake, dhe sa herë që arrijnë një qytet dhe gjejnë rezistencë, dua të them një rezistencë serioze nga ushtria ukrainase: *ndaloni dhe tërhiquni.*

Në këtë mënyrë, ata po i rrethojnë ato, thjesht shikoni në hartën territoriale politiko-administrative vendase. Është një strategji sa e thjeshtë aq edhe efektive, dhe ata po e bëjnë këtë në të gjitha qytetet kryesore, si në Kiev dhe Karkov. Ata i telefonojnë qyteteve dhe pastaj çfarë bëjnë? E thjeshtë: ata presin. Nëse rrethon një qytet, ai përfundimisht do të bjerë, nuk ka fund të ndryshëm.

Një gjë tjetër, që njerëzit duket se nuk e kuptojnë, është se duan të marrin ushtrinë dhe kjo është arsyeja pse nëse shihni nuk ka pasur beteja me qindra apo mijëra të vdekur apo të plagosur.

Rusët po e marrin Ukrainën në majë të gishtave

Sa i përket hapësirës ajrore, rusët zotërojnë 100% hapësirën ajrore të Ukrainës. Çdo avion, që kalon është rus. Ne nuk mund t'a mendojmë ushtrinë ruse si ushtrinë e prapambetur të Luftës së Dytë Botërore.

Ajo që shohim sot, është ushtria moderne ruse, me një strategji shumë specifike, për të kapur Ukrainën dhe ushtrinë ukrainase të paprekur.

Rusët e kanë kuptuar, se sapo të ndryshojnë udhëheqjen politike të vendit, do t'u duhet të kenë një ushtri, që kujdeset për kombin dhe popullin.

Kjo është arsyeja pse, siç e thashë tashmë, kur hasin në rezistencë më të madhe, ndalen dhe tërhiqen.

Në Perëndim kjo gjë interpretohet si dobësi, thonë se Rusia po përparon shumë shpejt, por më pas nuk realizohet, sepse është e dobët.

Për popullin, rusët janë të dobët, sepse nuk e mposhtin ushtrinë ukrainase, dhe kjo ndodh vetëm sepse amerikanët e bëjnë këtë kur shkojnë në luftë. *Ata shkatërrojnë ushtrinë dhe çfarëdo që të hasin në rrugën e tyre, nuk u intereson. Por rusët nuk e bëjnë.*

Një gjë që më vuri në dukje një miku im, diçka që po t'a mendosh është gjithashtu e dukshme, është se udhëheqësit ushtarakë ukrainas, gjeneralët dhe të tjerët shkuan në akademinë ushtarake së bashku me rusët, ata ishin shoqërues në bastisje, që kur ishin ndoshta 18 apo 19 vjeç, pinin bashkë, dilnin bashkë, njihen mirë dhe nuk duan të vrasin njëri-tjetrin.

Ndoshta jeta e tyre është ndarë, por vitet e kaluara së bashku i vendosin në një pozicion ku ata kanë diçka të përbashkët dhe sigurisht, që nuk duan të vrasin njëri-tjetrin.

Pasi rusët zotërojnë qiellin, ne e dimë, atyre u duhet një moment për të goditur një zonë dhe për t'a asgjësuar atë, duke shkaktuar një krizë humanitare të përmasave gjigande, por ata nuk e kanë bërë dhe nuk do ta bëjnë.

Si e di unë këtë?

Sepse kishin tre ditë për t'a bërë dhe asgjë, nuk e bënë. Po e bëj këtë video nga një motel, në qendër të Kievit. *A mendoni se mund të bëja një video dhe të kisha një lidhje interneti, nëse rusët do të ishin seriozë për Ukrainën!?*

Ndërsa në Perëndim, mendojnë se Putini dhe Rusia janë të këqij, personifikimi i anti-Krishtit. Ata nuk e kuptojnë, ju nuk e kuptoni atë, dhe *liderët tuaj perëndimorë, sigurisht nuk duan që ju t'a kuptoni, liderë si Boris Johnson, Joe Biden, ata duan që ju t'a imagjinoni këtë histori si një film të Marvelit, ku ka të keqen, djalë për t'u demonizuar dhe i keqi është Putin, ndërsa amerikanët sëbashku me të tjerët janë kapelet e bardha (engjej), djemtë e mirë, që do të fitojnë përballjen.*

Regjimi i Zelensky do të donte t'i shihte ukrainasit të vdekur

Ajo që më shqetëson, dhe ndoshta jo një gjë e mençur për të thënë, për sa kohë që jam këtu në Ukrainë, është se **regjimi i Zelensky do të donte t'i shihte ukrainasit të vdekur**, ata nuk do t'a kishin problem të kishin një krizë humanitare.

Dhe sërisht si e di unë?

E di, sepse i kanë dhënë municion popullit, nga sa di unë të paktën 10.000 ak47. Nëse nuk keni praktikë me një armë të tillë, mund të bëheni shumë të rrezikshëm, për njerëzit përreth jush dhe gjithashtu edhe për veten tuaj.

Duhen vite të tëra trajnimi, për të mësuar dhe për të ditur se ku i vendosni duart, nuk është si në filma, është një gjë vërtet e rrezikshme dhe mund të lëndoheni vërtet rëndë.

Regjimi Zelensky, jo vetëm që shpërndan armë, por i mëson njerëzit se si të bëjnë dhe përdorin koktej molotovi, ata duan të nxisin luftë, ata duan që njerëzit e zakonshëm të luftojnë kundër rusëve.

Rusët nga ana e tyre kanë një ushtri profesionale, kështu që nëse takojnë dikë të armatosur në rrugë, qoftë civil apo ushtarak, e qëllojnë, nuk mbajnë fjalime.

Dhe nëse ai është një civil, ai do të jetë subjekti i përsosur për një operacion fotografik, në të cilin ata do të portretizojnë civilin që vdiq për shkak të rusit të keq dhe ai do t'i paraqitet botës si një justifikim për kombet e tjera, që do të përfshihen, siç janë Shtetet e Bashkuara, deri në situatën në atë masë sa pasojat mund të ishin të paimagjinueshme.

Regjimi i Zelenskit po bën diçka demoniake

Është regjimi i Zelenskit, ai që po bën diçka demonike, sepse duhet të jetë djallëzor, të inkurajojë civilët të bëjnë diçka kaq të rrezikshme dhe të pa-përgjegjshme.

Për më tepër, regjimi i Zelenskit ka vendosur efektivisht artilerinë e rëndë në duart e civilëve dhe siç është normale dhe e drejtë, rusët kanë të drejtë t'i shkatërrojnë këto armë dhe për këtë arsye do të detyrohen të godasin edhe civilët.

Le të themi se një gjë e tillë ndodh në mes të godinave, do të ketë rusët që në përpjekje për të çarmatosur ukrainasit do të detyrohen të vrasin civilë.

Regjimi Zelensky **i ka shpërndarë këto armë në zona të populluara**, pikërisht sepse duan që një gjë e tillë të ndodhë.

Do t'ju them edhe diçka tjetër, që po bën regjimi i Zelensky: *ata po i pengojnë të gjithë burrat nga 18 deri në 60 vjeç të largohen nga vendi*, nëse përpiqen të largohen ata arrestohen dhe regjistrohen menjëherë në ushtrinë ukrainase.

Kështu ndodh, që shumë burra po ikin nga qytetet. Por ata nuk ikin nga rusët, ata ikin nga regjistrimi me forcë. Ata nuk kanë frikë, se rusët do t'u shkatërrojnë shtëpitë ose do t'i dëmtojnë.

Tani gratë, fëmijët dhe të moshuarit fshehin burrat nga 18 deri në 60 vjeç, dhe kjo nuk është diçka që unë kam dëgjuar, por personalisht njoh njerëz që njoh, punoj, dalim, kanë shkuar për një pije së bashku, në një restorant ku bashku bëjmë biznes.

Ata duhej të largoheshin nga Kievi nga frika se mos detyroheshin të hynin në ushtrinë ukrainase. Njerëz të moshës së mesme si unë, biznesmen shumë të mirë ndoshta, por duken budallenj që janë si "ushtarë" me armë në dorë, pa asnjë përvojë.

Qeveria e Ukrainës, regjimi i Zelenskit, po i bën të gjitha këto. Dhe pse po e bëjnë? Epo, sigurisht që nuk i detyroni burrat tuaj të regjistrohen nëse mendoni se po fitoni, a jam i gabuar? Sigurisht që jo.

Dhe së dyti, përmes këtij sistemi të detyruar, ju krijoni një klasë të tërë refugjatësh, që kanë frikë nga ju, qeveria, sigurisht jo nga rusët.

Pra, në Perëndim rishiten ata filmat e njerëzve që ikin nga qytetet dhe të thonë dhe t'i thua *"shiko, ata ikin se kanë frikë nga rusët"*, jo, absolutisht jo. Ata kanë frikë nga regjimi i Zelenskit.

Por, nëse do të më duhej të thosha ajo që më tremb më shumë, është dhënia e armëve në duart e qytetarëve, që as nuk dinë t'i përdorin, sepse vetëm dhënia e armëve nuk i bën ata vrasës të përsosur.

Pastaj ndodh që rusët i gjejnë dhe çfarë ndodh?

Çfarë ndodh me një armë që ata as nuk dinë ta përdorin?

Ndodh që rusët të gjuajnë dhe kështu të ketë gjakderdhje të kotë, për një armë, që nuk duhet t'a kenë as në dorë.

Dhe kjo është vërtet djallëzore. Nga këtu, siç e kam thënë tashmë, skema mund të na ndërtoj një fotografi të përsosur.

Mos mendo, se këto që po të them po të them, sepse jam pro Rusisë apo Putinit. **Këtu nuk më interesojnë opinionet, vetëm faktet dhe kjo është e vërteta.**

Unë jam këtu në qendër të Kievit dhe jam ende duke pritur që rusët të pushtojnë qytetin, kështu që e di se për çfarë po flas. Dhe asnjë nga këto që them nuk po thuhet në mediat kryesore, e kam gabim?

Shiko, po hamendësoj, sepse **nuk i ndjek as mediat amerikane apo evropiane, sepse e di që janë thjesht një tufë gënjeshtrash.**

Ju ndoshta nuk e keni dëgjuar kurrë atë që po dëgjoni këtu diku tjetër, mirë, po e dëgjoni tani. Çfarë ju kam thënë gjithmonë në këtë kanal?

Mendoni për veten tuaj dhe gjithmonë pyesni veten pse diçka që po ndodh po ndodh ashtu siç është. Këtu nuk ka asnjë shans, ka gjithmonë nga ata që mendojnë për gjërat, për t'i bërë ato të ndodhin në një mënyrë të caktuar, dhe sigurisht kjo është ajo që bënë rusët, rusët mendonin për çdo lëvizje të vetme.

Rusia do ta marrë Ukrainën pa lëndime apo vdekje

E vetmja gjë për të cilën duhet shpresuar është se regjimi i Zelenskit do të dështoj në përpjekjen e tij, për të përfshirë Amerikën dhe Evropën në këtë konflikt, dhe se regjimi do të shembet ose do të largohet, dhe se Rusia do të jetë në gjendje të marrë të gjithë Ukrainën, pa lëndime apo vdekje, ose sa më pak të jetë të humbura.

Nëse nuk është kështu, i gjithë kombi do të shkatërrohet, miliona njerëz do të zhvendosen, miliona njerëz do të vriten dhe kjo është saktësisht e njëjta gjë si në Irak.

Le të shpresojmë, se nuk do të kemi një Irak të dytë.[190]

---

[190] https://visionetv.it/un-americano-a-kiev-ci-racconta-finalmente-quello-che-stanno-facendo-i-russi-e perche/?fbclid=IwAR1vEC0uKYUw6qXGOW_b0PKOc_gDpCmJnFNpct-oriooWo5vFlWPDLp_jl0

AMERIKANËT E ZEMËRUAR NGA KUPOLAT E KORRUPSIONIT TË MADH NË: FBI, DOJ, SHTËPI TË BARDHË, BIG TECH, FAKE NEWS, FAMILJES BIDEN ETJ.

"Unë e realizova filmin, për të adresuar zhgënjimin e njerëzve me mënyrën se si media e shtypi historinë e popullit amerikanë. Amerika, është e zemëruar. Ky film u realizua, për shkak se Hollywood dhe media Fake News, Big Tech etj., nuk do t'a tregojnë atë dhe ka shumë njerëz të zemëruar. Ata janë të zemëruar dhe të mërzitur shumë..." - **Robert Davi**, *aktor, regjizor, skenarist, producent, këngëtar i xhazit amerikan*

"Ky nuk është rasti i Hunter Biden. **Ky është rasti Joe Biden. Shefi këtu është Joe.** Mendimi im përfundimtar është, *se këtu nuk është (Hunter Biden) keqbërësi i vërtetë. Biden e ka marrë rënien për djalin e madh Hunter...."* – **Rudy Giuliani,** *ish Kryetar i Bashkisë së New York City dhe ish avokat mbrojtës i Presidentit të 45-të SHBA-së Donald J. Trump*

"Unë nuk besoj, se asnjë zë duhet të mbahet nën presion në Amerikë, siç po bën e majta. Në Hollywood sot, shumica e konservatorëve kanë frikë të flasin. Kjo duhet të ndryshoj. Unë kam parë të gjithë videot e disponueshme të laptopit të Hunter Biden dhe kam lexuar autobiografinë e tij "Beautiful Things: A Memoir" dhe nuk kam kontaktuar me Hunter Biden." - Robert John Davi, regjisori i filmit <u>www.mysonhunter.com</u> **Newsweek, 6 shtator 2022**

Në SHBA, **sot 80 për qind e amerikanëve, thonë se ish-presidenti Donald J. Trump do të kishte fituar ri-zgjedhjen e tij në vitin 2020,** *nëse laptopi i Hunter Biden (djalit të Joe Biden) do të ishte bërë i njohur publikisht me transparencë, për votuesit amerikanë, sipas sondazhit të* **Institutit Technometrik të Politikës dhe Politikave.** *Media, më së fundi pranon se 4 në 5 amerikanë, pranojnë se Presidenti Donald J. Trump do të ishte rizgjedhur si President më 3 nëntor 2020, nëse FBI, Big Tech dhe Big Media, nuk do të kishte fshehur apo mbuluar me turp historinë e skandaleve të shekullit dhe korrupsionit galopant të familjes Biden dhe Laptopin personal të Hunter Biden...*

Filmi i ri amerikan triller *"Djali im Hunter"* (**"My Son Hunter"**), i cili tashmë ka mbi 35 milion shikime në mediat sociale, përshkruan vetëm **majën e ajsbergut** të korrupsionit ndërkombëtar të familjes Biden, në një film, ku aktori **John James** (*i cili, luan Presidentin fallco fatkeqsisht aktual në Shtëpinë e Bardhë Joe Biden*), tha gjatë një interviste ekskluzive në **Breitbart News**, se duke parë paraprakisht filmin, përpara publikimit të tij më 7 shtator 2022: "*Epo e dini, se gjëja më e mahnitshme është kjo, filmi fillon me Lawrence, Hunter Biden, duke shkuar në një klub striptizi dhe shkojnë në Chateau Marmont, ku babai i tij Joe Biden, shfaqet me agjentët e Shërbimit Sekret. Dhe ne kemi një skenë 17 faqe, ku 16 faqe e gjysmë në pjesën e pasme të SUV-së, që Lawrence dhe unë e xhiruam në një pus vetëm në një mbrëmje,*" tha John James, duke e bërë të qartë se ajo që shihet në triler është "**vetëm maja e ajsbergut**".

Pasi lexoi skenarin, **John James** tha se ai absolutisht duhej të merrte pjesë në film. "*Unë thashë, po, duhet t'a bëj këtë. Thashë se nuk kam lexuar një skenar si ky (ku në fakt qesh me zë të lartë), plot emocion, sepse është krejt historia,*" tha James, megjithëse vuri në dukje se ai gjithashtu "*Lawrence e ka përshkruar (**Lawrence Fox**), i cili, luan Hunter-in, është i shkëlqyer në këtë foto, që është thjesht fantastike. Ai e përshkruan atë si një komedi gangstere, por është shumë më tepër se kaq. Ka emocione,*" tha John James.

Dëgjoni më poshtë: "*Të lë të mendosh dhe e di se të thuash se arti është emocion? Dhe trilleri tashmë po grumbullon, duhet të them nëse është e drejtë, shumë emocione. Pra, është një fotografi e shkëlqyer,*" tha ai, duke përshkruar shkurtimisht se si u përgatit, për të portretizuar realisht Joe Biden.

"*Epo, si aktor, më duhej të tërhiqesha dhe të shkoja te bazat. Mirë. A do të bëj një karikaturë të tij? A do të përpiqem t'a imitoj atë? Gjithçka që ai bën? Dhe mendova, jo, jo, kjo nuk është qasja e duhur. Po, e dini, unë mund të dukem si ai. Mund t'i zbardh flokët, vetullat dhe të bëj disa nga gjestet e tij. Por për mua, mendoj se gjëja më e rëndësishme ishte të gjeja të vërtetën në dialogun tim, të flisja me të vërtetën e asaj që kam për të thënë. Dhe kjo është ajo, për të cilën unë shkova,*" i tha ai **Breitbart News**.

Gina Carano e John James, vlerësuan dhe falënderuan regjisorin e filmit **Robert Davi,** veçanërisht për vëmendjen e tij ndaj detajeve, gjatë gjithë filmit dhe stilin, që ai përdori në xhirime, për të cilat aktori tha se pothuajse u bë vetë një personazh në film.

"*Ata thonë se aktorët bëjnë regjisorët më të mirë dhe aktorët e mirë bëjnë regjisorë të mëdhenj. Dhe ai është një aktor fantastik. ...Ai kishte të bënte me detajet, setet, gjithçka duhej të ishte në rregull, dukej si duhet,*" tha ai, duke shpjeguar se Davi i kërkoi drejtorit të fotografisë të shikonte për frymëzim filma të tillë, si: "*The Godfather*" dhe "*American Hustle*".

Kujdesi i regjizorit, ishte shumë i madh. Ne qarkullim ishin 4 kompiutera laptop, që djali i Joe Biden, Hunter Biden kishte humbur në situata të ndryshme, të nën inluencën e drogave të forta, që ai merrte rregullisht.

Laptopi i fundit, ishte ai që Hunter kishte humbur në Serbi në muajin shtator, ku, po bëheshin xhirimet e filmit në fjalë. Të gjitha këto u bën burime të besueshme, për grupin e xhirimit të filmit, që atë t'a bënte më real, për shikuesit e ardhshëm amerikanë dhe botërorë.

FBI, kishte ra në hall se kompiuterat ndodhen në duart e popullit amerikanë, i cili, shihte nga afër korrupsionin edhe të Departamentit të Drejtësisë dhe kupolës së korruptuar në zyrat më të larta të katit të shtatë, të kupolës burokratike të FBI në SHBA.

*"Kështu do të duket... Porosit atë pajisje… Le të bëjmë disa aksionee filmimi provë. Dhe siç mund t'a shihni në triller (**trailer**), ka një pamje të caktuar, që ka fotografia, që është thjesht e mrekullueshme. Dhe kjo pamje, pothuajse bëhet personazh në film. Kjo është ajo, që ju e mbani mend pikërisht atë ngjyrosje. Dhe ai e bëri atë edhe përsa i përket performancave. Oh Zot im!"*, tha James, duke detajuar gjithashtu, se si ishte të xhirohej në Beograd (Serbi).

Regjisori **Robert John Davi** dhe aktori **John James**, poashtu ranë dakord, se vetë filmi ndihet ndryshe nga çdo gjë tjetër, që shihet në lëvizjen konservatore.

"Kjo është një dramë, apo jo? Është shumë se një triller. Është një dramë, komedi triller ose të gjitha të përziera të marrë së bashku. Thjesht ndihet kaq shumë ndryshe nga çdo gjë që kemi parë nga heqja e kontrollit, dhe kjo mendoj se është emocionuese," i tha prezantuesi **Matthew Boyle** James, i cili ra dakord me vendosmëri.

"Po, është e gjitha kjo. Është e jashtëzakonshme. Unë mendoj, se njerëzit do të tronditen. Nuk ndalet kurrë. Aktori kryesor Lawrence, është fantastik në këtë foto," tha ai, duke përshkruar gjatësinë, që aktori bëri për të portretizuar Hunter Biden.

"I varfëri. Gati më pëlqeu të thërrisja mjekun apo diçka tjetër… për shkak të gjithë këtyre gjërave, duhet të pini duhan dhe t'i gërhisni hundën. Kjo është pikërisht atje. Ne nuk tërheqim asnjë grusht në foto, dhe kjo është një testament për zotin Davi, që donte një foto të caktuar. Ai e donte në këtë mënyrë. Ai shkroi disa nga skenari," tha ai.

"Dhe për ju djema. Dua të them, kjo është vala e së ardhmes," shtoi ai, duke shpjeguar se sa e lehtë është të shkarkosh filmin në MySonHunter.com (**Breitbart**)

Tendencat e laptopëve origjinale të djalit të Joe Biden "bisnesmenit" Hunter Biden në Twitter, përpara debutimit të filmit në Hollywood, nuk donte që ky film të realizohet në ambientet e saj dhe të sponsorizohet nga producentë të fuqishëm, sepse së *pari* ato janë të regjistruar si demokratë dhe së *dyti* pjesa më e madhe e aktorëve të famshëm, ishin dekoruar me titullin më të lartë në SHBA, me **Medaljen e Lirisë** nga dora e Presidentit Barack Hysen Obamës dhe zv/Presidentit asokohe Joe Biden.

Nga ana e tjetër, duhet thënë se: **"Laptopi Hunter Biden"**, ishte në trend në Twitter, përpara premierës së filmit *Djali im Hunter* më 7 shtator 2022, dhe vetëm disa ditë pasi më përpara **FBI** nuk e mohoi se kishte paralajmëruar bossin e rrjetit social Facebook-un, për një *"depozitim"* të afërt të të ashtuquajturës *"propagandë ruse"*, gjë e cila doli se **ishte një gënjeshtër e turpshme e vetë FBI**.

I gjithë populli amerikan e di se historia e vërtetë e laptopit të Hunter Biden u prish me qëllim, nga kupola e korruptuar e FBI e cila bëri vazhdimisht me propagandë mbulimin e fakteve origjinale historike me paramendim, para dhe gjatë zgjedhjeve presidenciale të 3 nëntorit të vitit 2020.

Për fat të mirë, para të gjithë amerikanëve themeluesi dhe **CEO i Facebook, Mark Zuckerberg,** pohoi drejpërdrejtë shkakun, duke zbuluar ndërhyrjen e hapur dhe paramendim të turpshëm të drejtuesve kryesorë të zyrave FBI, në zgjedhjet presidenciale të 3 nëntorit të vitit 2020, kur ai u shfaq gjatë një interviste në **The Joe Rogan Experience.**

Ai tha se: *"FBI e kishte paralajmëruar kompaninë e tij (Facebook), për një "shkarkim" të afërt të "propagandës ruse", pak para historisë së zhurmshme të Hunter Biden, djalit të Joe Biden.*

Me temen *"Laptop nga ferri" (Laptop from Hell)*, shpërtheu e gjithë historia zezë e fshehur qëllimisht nga ata, agjentë *"anti-korrupsion"*, që punojnë me paratë e taksave tona dhe nuk janë të votuar (zgjedhur) për qeverinë federale amerikane.

Pas kësaj, FBI deri tani zyrtarisht nuk e mohoi pikërisht atë që e paralajmëroi bossi i Facebook-ut (një ditë më parë) mbi historinë e fshehjes së informacionit mbi Hunter Biden, duke thënë se byroja u ofroi kompanive *"tregues të kërcënimit të huaj rus"*, por pretendoi se *"nuk mund të kërkojë ose të drejtojë kompanitë të ndërmarrin veprime për informacionin e marrë..."*

Nga ana e tjetët, vetë Kompania Facebook, sistematikisht 24/7 ka censuruar ose burgosur në këtë rrjet dhe përjashtuar nga perdorimi miliona përdorues të tij, konservatorë, të pavarur, duke arritur kulmin me Presidentin Donald J. Trump, vetëm pse kanë thënë dhe provuar të vërtetën mbi laptopin e Hunter Biden.

Eshtë koha e duhur, që të investigohet dhe të vihet para ligjit kriminal edhe vetë bossi i Facebook, për mbulimin sistematik të korrupsionit në mënyrë të organizuar me FBI, CIA, demokratët në Kongres dhe Senat, mediave Fake News dhe Big Tech.

Po ashtu, **vetë bossi i Facebook Mark Zuckerberg,** (sikurse FBI) **kishte bërë ndërhyrje të hapura në zgjedhjet presidenciale të 3 nëntorit të vitit 2020,** duke futur keq hundët me ndikim të madh në zgjedhjet presidenciale me mbi **417,000.00** dollarë amerikanë për demokratët e tij.

Simotrat mashtruese Fakebook & Twitter, luajtën vazhdimisht së bashku në këtë loj të ndyrë anti-amerikane dhe anti-Kushtetuese. Ata bllokuan në rrjetet e tyre sociale përdoruesit amerikanë, që të shpëndajnë dhe botojnë video dhe burime të tjera informacioni të saktë mbi manipulimin e madh të zgjedhjeve presidenciale të 3 nëntorit të vitit 2020 dhe për historitë e laptopëve të Hunter Biden.

Facebook gjatë 365 ditë të vitit, përjashtoi me miliona përdorues konservatorë dhe të pavarur amerikanë, website, media etj., nga përdorimi i këtij rrjeti social, sepse ata publikonin prova dhe fakte të manipulimit të zgjedhjeve presidenciale të 3 nëntorit të vitit 2020 në SHBA.

Amerikanët, sot me të drejtë pyesin: *Përse nuk arrestohet nga FBI me udhër arresti nga DOJ bossi i Facebook-ut **Mark Zuckerberg**, për fshehje para ligjeve të shtetit të korrupsionit të familjes së Biden-ëve para dhe mbas zgjedhjeve në SHBA!?*

Nga memdiat e pavarura u zbuluar se multibilioneri George Soros u dha 30 milionë dollarë grupeve, që kërkonin çensurimin e të ashtuquajturave dez-informata, përpara zgjedhjeve afatmesme të 8 nëntorit 2022.

Miliarderi ateisto-anarkist Soros financoi grupe, që tani po u bëjnë thirrje drejtuesve të platformave kryesore të Big Tech të rrisin çensurën e tyre, pak ditë përpara zgjedhjeve afatmesme të 8 nëntorit 2022 në SHBA, për 435 vende në Kongres dhe disa vende në Senatin Amerikan, si dhe për governatorët e disa shtetëve.[191]

Ekspertët e integritetit të zgjedhjeve identifikojnë të metat e privatësisë, që prekin të gjitha sistemet e votimit të sundimit të ICP/ICE në 21 shtete. Të shitur nga *Dominion Voting Systems* në Shtetet e Bashkuara, DVSorder është një defekt privatësie, që prek skanerët e fletëve të votimit në Sistemet e Votimit Dominion (DVS) ImageCast Precinct (ICP) dhe ImageCast Evolution (ICE), të cilët përdoren në pjesë të 21 shteteve.

Në disa rrethana, defekti mund të lejojë anëtarët e publikut të identifikojnë fletëvotimet e njerëzve të tjerë dhe të mësojnë se si kanë votuar. Shtetet e prekura potencialisht janë: *California, Alaska, Minesota, Arizona, New Mexico, Kansas, Missouri, Illinois, Florida, Georgia, Tennessee, Virginia, New Jersey, New York, Ohio, Michigan, Wisconsin, Iowa, Vermont, Massachusetts, dhe Pensilvania, si dhe territori i Porto Rikos.*[192]

Tani, këtu në SHBA, 80 për qind e amerikanëve thonë, se ish-presidenti

---

[191] NEWS: Soros gave $30 million to groups seeking to censor so-called disinformation ahead of midterm elections Liberal billionaire George Soros funded groups that are now calling on leaders of major Big Tech platforms to step up their censorship ahead of the 2022 midterm elections.
https://www.newsbusters.org/.../breaking-soros-gave-30m...
Channel: @JFK_TV
[192] https://t.me/TheOfficialSantino
https://thenationalpulse.com/.../election-integrity.../

Donald J. Trump, do të kishte fituar rizgjedhjen e tij në vitin 2020, nëse laptopi i Hunter Biden djalit të Joe Biden do të ishte bërë i njohur për votuesit nga rrjetet sociale Facebook, Twitter dhe media e manipuluar, sipas sondazhit të Institutit Technometrica të Politikës dhe Politikës.

Ndërkohë, "Laptopi Hunter Biden" dhe "**My Son Hunter**" (2022), janë parë në trend në Twitter, një shenjë për filmin e shumëpritur të ardhshëm, me regji nga aktori **Robert Davi** dhe i prezantuar nga **Breitbart News**, duke shënuar zgjerimin e Breitbart në shpërndarjen e filmit.[193]

---

[193] Breitbart News Network (**i njohur zakonisht si Breitbart News, Breitbart, ose Breitbart.com**) **është një websajt i sindikuar i lajmeve, opinioneve dhe komenteve amerikan i së djathtës patriotike, i themeluar në mesin e vitit 2007 nga komentatori konservator amerikan Andrew Breitbart, i cili e konceptoi atë si "Huffington Post i së djathtës".Postimet me origjinë nga faqja e Breitbart News në Facebook janë ndër të ndjekurat për përmbatjet reale politike janë sot më të përhapura, përballë mediave ekstremiste komuniste dhe liberale Fake News. Ajo është me ide djathta patriotike populiste konservatore evropiane dhe lëviz-jen nacionaliste pan-evropiane, nën menaxhimin e ish-kryetarit ekzekutiv** Steve Bannon, **i cili e shpalli faqen e internetit e patriotëve në vitin 2016. Breitbart News nuk ka lidhje me alt-djathtas dhe pikëpamjet raciste ose supremaciste të bardhë.** *Në vitin 2016, Breitbart News u bë një pikë virtuale tubimi për mbështetësit e fushatës presidenciale të Donald J. Trump 2016.* **Menaxh-menti i kompanisë, së bashku me ish-anëtarin e stafit** Milo Yiannopoulos, **kërkuan ide për histori nga dhe punoi për të avancuar patriotizmin. Breitbart News me të drejtë mohon ndryshimet fallco klimatike dhe dezinformimin e plandemisë globaliste të virusit kinez Covid-19.** *Kompania ka selinë e saj në Los Anxhelos, me zyra në Teksas, Londër dhe Jerusalem.* **Bashkëthemeluesi** Larry Solov **është bashkëpronar (së bashku me të venë e** Andrew Breit-bart, Susie Breitbart **dhe** familjen Mercer**) dhe CEO, ndërsa** Alex Marlow **është kryeredaktori,** Wynton Hall **është redaktori menaxhues, dhe** Joel Pollak **dhe** Peter Schweizer **janë redaktorë të lartë.** Andrew Breitbart **në vitin 2012 lançoi** Breitbart.com **si një grumbullues lajmesh në vitin 2005. Faqja e internetit përmbante lidhje të drejtpërdrejta me lajmet e lajmeve në** *As-sociated Press, Reuters, Fox News, New York Post, TMZ* **si dhe një sërë mediash të tjera. Rritja fillestare e faqes në internet u ushqye kryesisht nga lidhjet nga Raporti Drudge. Në vitin 2007, Breitbart.com nisi një blog video, Breitbart.tv. Në gusht 2010, Andrew Breitbart themeloi Breitbart.com, një faqe interneti e krijuar për t'u bërë** Huffington Post **e së djathtës, sipas ish-kryetarit ekzekutiv të Breitbart News, Steve Bannon. Breitbart News ripostoi ek-skluzivisht skandalin e sekstingut të Anthony Weiner, dorëheqjen e Shirley Sherrod dhe polemikën e videove të fshehta të ACORN 2009. Pas vdekjes së Andrew Breitbart në 2012, faqja u ridizajnua, duke sjellë faqet e internetit të dikurshme "Big" nën një faqe interneti ombrellë në Breitbart.com.** Pas vdekjes së Andrew Breitbart (1985-2012), ish-anëtari i bordit Steve Bannon u bë kryetar ekzekutiv dhe Laurence Solov u bë CEO. **Kompania punësoi gjithashtu Joel Pollak si kryeredaktor dhe Alex Marlow si redaktor menaxhues. Para vdekjes së tij, Andrew Breitbart kishte filluar një ridizajnim të faqes së internetit Breitbart News për ta transformuar atë nga një grumbullues lidhjesh në një faqe interneti më të stilit tabloid. Ridizajnimi u lançua menjëherë pas vdekjes së tij në mars 2012. Në shkurt 2014, Bannon njoftoi shtimin e rreth 12 anëtarëve të stafit dhe hapjen e operacioneve me bazë në Teksas dhe Londër. Zyrat e reja ishin fillimi i një plani zgjerimi që përfshinte shtimin e një siti të ri rajonal afërsisht çdo 90 ditë, me vendndodhje të reja për të përfshirë Florida, Kaliforni, Kajron dhe Jerusalemin.**

Një pamje nga ekrani e kapur nga Breitbart News, tregon **Laptopin Hunter Biden** në trend me më shumë se 345,000 mesazhe apo cicërima (twitter), në kohën kur u shkrep reklama 2 minutëshe e filmit të ri në fjalë.

Skeda e temave në tendencë të Twitter, është jashtëzakonisht e çensuruar dhe e kuruar, për të paraqitur tema të favorshme, për politikën e majtë të kompanisë globaliste komuniste.

Për shembull, Twitter nuk ka asnjë problem me sharjet racore si *Uncle Clarence* dhe kërcënimet me vdekje kundër *SCOTUS* në trend, por çensuroi një temë në trend në *Ellen Page*, aktorja që tani e quan veten *Eliott Page*.

Italo-amerikanët e famshëm prokurori Rudy Giuliani dhe aktori dhe regjizori Robert Davi

Ish-kryebashkiaku konservator i New York-ut, Rudy Giuliani (**R**), i cili pati një rol të madh në jetën reale, *duke i zbuluar publikut amerikanë laptopin e Hunter Biden,* thotë se ka ndërmend të flasë për filmin e ardhshëm të metrazhit të gjatë *My Son Hunter* çdo ditë, si një mënyrë për t'iu drejtuar rrjedhës kryesore, kundër çensurimit të vazhdueshëm të mediave globaliste, për skandalin e shekullit të laptopëve të Hunter Biden dhe korrupsionin e vijueshëm të familjes Biden.

"Kjo është e rëndësishme për fëmijët tanë. Ne, do të vazhdojmë të flasim për të çdo ditë," tha avokat Giuliani i My Son Hunter, në një episod të fundit të podcast-it të tij **Common Sense**, ku foli direkt me regjizorin Robert Davi, për filmin e ardhshëm, i cili tani është i disponueshëm për porositje paraprake dhe do të fillojë transmetimin më 7 shtator 2022 në websitin www.mysonhunter.com.

"Ne, do të bëjmë gjithçka që mundemi, për të siguruar, që ajo të mos përfundojë rreth çensurës së Perdes së Hekurt, të cilën ne duhet t'a bëjmë çdo ditë, çdo javë dhe kolegët e mi", shtoi Giuliani.

Në podcast, Davi vuri në dukje se ishte Giuliani ai që ishte i rëndësishëm në sjelljen e laptopit Hunter Biden në sytë e publikut amerikanë.

Kujtoj se ish Kryetari i bashkisë së NYC, që luftoi për të vënë para drejtësisë Mafien e sofistikuar dhe me pushtet, që vepronte asokohe në New York City, të paralizuar keqas nga krimi i organizuar në SHBA-së. *"Ishte detyrimi im,"* u përgjigj Giuliani me modesti. (**Breitbart**)

Diku tjetër, në një media të pavarur amerikane, Giuliani paralajmëroi se My Son Hunter *"do të çensurohet sa më shumë që të jetë e mundur"* nga ajo që ai e quajti *"elita korruptive fashiste e Amerikës, e kombinuar me Partinë Demokratike, Biden dhe Pelosi".*

"Unë e realizova filmin, për të adresuar zhgënjimin e njerëzve me mënyrën se si

media e shtypi historinë e popullit amerikanë. Amerika, është e zemëruar. Ky film u grumbullua për shkak se Hollywood dhe media Fake News, Big Tech etj., nuk do ta tregojnë atë dhe ka shumë njerëz të zemëruar atje. Ata janë të zemëruar dhe të mërzitur shumë..." - **Robert Davi, aktor, regjizor, skenarist, producent.**

Davi i bëri jehonë producentit të filmit **Ann McElhinney**, i cili, tha se "*Ne, kemi financuar My Son Hunter, sepse kjo ishte një histori, që teknologjia e madhe dhe mediat e mëdha duan ta mbulojnë. Ata nuk donin që e vërteta të shihte kurrë dritën e ditës.* **Por ka një uri këtu, për të vërtetën.** *Hollivudi, nuk do ta bënte kurrë këtë film, sepse kjo nuk përputhet me narrativën e tyre, ndaj kjo është arsyeja pse ne duhej ta detyronim publikun amerikan ta financonte atë.*"

"*Ky nuk është rasti i Hunter Biden.* **Ky është rasti Joe Biden. Shefi këtu është Joe.** *Mendimi im përfundimtar është, se këtu nuk është (Hunter Biden) keqbërësi i vërtetë. Biden e ka marrë rënien për djalin e madh.*" – **Rudy Giuliani,** *ish Kryetar i Bashkisë së Neë York City dhe ish avokat mbrojtës i Presidentit të 45-të SHBA-së Donald J. Trump.*

Kush është regjisori i filmit Robert John Davi

Robert John Davi, ka luajtur role të tilla si veterani i Vietnamit dhe agjenti special Johnson në *Die Hard (1988) (me Grand L. Bush dhe Andreas Wisniewski), keqbërësi Jake Fratelli në The Goonies (1985), Robert Masterson në The Taking of Beverly Hills (1991)), The Mask dhe Al Torres in Showgirls (1995).*

Davi, është ndoshta më i mirënjohur për rolin e zuzarit kryesor dhe zotit të drogës Franz Sanchez, në *filmin James Bond të vitit 1989, License to Kill*, si dhe agjentin special të FBI-së, Bailey Malone, në *serialin televiziv NBC Profiler*. I trajnuar klasik si këngëtar, Davi filloi karrierën e tij profesionale të të kënduarit në vitin 2011, duke interpretuar këngët klasike të Frank Sinatrës.

Në karrierën e tij artistike, Robert Davi u shfaq në një shumëllojshmëri të gjerë rolesh, në filma dhe televizion. Kreditë e tij të filmit, përfshijnë rolet e rëndsishme në filmat: *The Goonies (1985), Raw Deal (1986), Predator 2 (1990) dhe Showgirls (1995).* Një nga rolet e tij më të fundit në film ishte *The Expendables 3 (2014).*

Paraqitjet e tij televizive, përfshinin The A-Team, Wiseguy, The Pretender (si agjenti Bailey Malone gjatë dy kryqëzimeve me Profiler), Stargate Atlantis dhe Criminal Minds.

Davi gjithashtu u shfaq në videolojën e vitit 2002 Grand Theft Auto: Vice City si zëri i kolonelit Juan Garcia Cortez. Ai gjithashtu shprehu Alejandro Sosa, në videolojën Scarface: The World Is Yours (2006).

Robert Davi luajti rolin e Sanchez, pas një sugjerimi nga vajza e Albert R. Broccoli, Tina, dhe skenaristi Richard Maibaum, i cili e kishte parë Davin në filmin televiziv Terrorist në gjyq: Shtetet e Bashkuara kundër Salim Ajami.

Për të portretizuar Sanchez-in, Davi hulumtoi kartelet kolumbiane të drogës dhe si të bënte një theks kolumbian, dhe duke qenë se ai vepronte me metodën e aktrimit, ai do të qëndronte në grupe të karakterit.

Pasi Davi lexoi Casino Royale për përgatitje, ai vendosi ta kthejë Sanchezin në një "imazh pasqyre" të James Bond, bazuar në përshkrimet e Ian Fleming për Le Chiffre.

Aktori gjithashtu mësoi zhytje në skenë, ku Sanchez shpëtohet nga makina e blinduar e fundosur. Davi, gjithashtu ndihmoi në kastin e zonjës së Sanchez, Lupe Lamora, duke luajtur Bond në audicion. Talisa Soto u zgjodh nga dymbëdhjetë candidate, sepse Davi tha se *"do të vriste për të"*. Shembulli i Robert Davi si Sanchez u përdor më vonë në videolojën 2012, 007 Legends.

Davi ka luajtur në më shumë se 130 filma

Ndër rolet e tij më të njohura janë Jake Fratelli i rëndë në opera në The Goonies (1985), veterani i Vietnamit dhe agjenti special i FBI-së Johnson në Die Hard (1988), keqbërësi i James Bond Franz Sanchez në License to Kill (1989), zëvendës shefi i policisë Phil Heinemann në Predator 2 (1990) dhe menaxheri i klubit striptist Al Torres në Showgirls (1995).

Në televizion, ai portretizoi agjentin special të FBI-së Bailey Malone, në serialin televiziv NBC Profiler (1996–2000).

Albumi i tij i parë si këngëtarë ishte: *Davi Sings Sinatra - On The Road to Romance,* duke arritur vendin e 6-të në listat e xhazit Billboard. I lavdëruar për zërin dhe interpretimet e tij vokale, Davi debutoi si titullar në The Venetian Las Vegas, gjashtë muaj pas publikimit të albumit.

Në vitin 2016, Davi zëvendësoi të ndjerin Jerry Doyle si prezantues radiofonik, për një program radio kombëtar në Talk Radio Network.

Familja italiane dhe jeta e Robertit

Robert John Davi (1953), lindi në Astoria, Queens, New York. Ai është një aktor, producent, regjisor, skenarist dhe këngëtar xhaz amerikan. I biri i **Maries** dhe babait **Sal Davi**. Nëna e tij ishte një italiano-amerikane, familja e të cilit vinte nga Nusco, Avellino, Campania dhe babai i tij ishte nga Torretta, Palermo, Sicili.

Davi fliste italisht, gjatë fëmijërisë së tij. Ai ndoqi Seton Hall, një shkollë e mesme katolike romake në Patchogue, New York.

Në shkollën e mesme, Davi u lavdërua për këngën e tij dhe u audicionua për Metropolitan Opera, pasi *u nderua me vendin e parë në Konkursin Solo të*

Shoqatës së Muzikës së Shkollës së shtetit të New York-ut, ku këndoi *"Without A Song"* të Vincent Youman.

Ai ka dy motra, Yvonne Davi (e ndjerë) dhe znj. Michelle Queal. Davi *u diplomua në Universitetin Hofstra*, të cilin e ndoqi për shkak të departamentit të fortë të dramës së atij universiteti si dhe riprodhimit të tij unik të Teatrit Globe të Shekspirit.

Familja

Davi, është martuar tre herë pasi është divorcuar dy herë. Martesa e tij e parë ishte me Jeri McBride e cila zgjati nga viti 1980 deri në vitin 1990. Së bashku ata patën një djalë, *Sean Christian Davi*, i cili lindi në vitin 1981.

Martesa e tij e dytë ishte me Christine Bolster e cila zgjati nga viti 1990 deri në vitin 2019. Ata kanë katër fëmijë së bashku, ku e para eshë vajza *Ariana Marie Davi* e cila lindi më 3 prill 1990, e ndjekur nga një vajzë e dytë, *Frances Davi* e cila lindi në vitin 1992. Ata gjithashtu kishin binjakë, vajzën e tyre të tretë, *Isabella* dhe një djalë, *Nicolas Edward Davi*, që lindën në janar 11, 2001.

Davi u martua me gruan e tij të tretë Diana Davi, në vitin 2019 dhe ata kanë një vajzë, *Gabriela Nicole Davi* e cila lindi më vonë atë vit.

Aktor profesional në shumë filma

Davi gjithashtu studioi me trajnerin legjendar të aktrimit **Stella Adler,** kur u transferua në Manhattan.

Davi bëri debutimin e tij në filmin *"Contract On Cherry Street"*, në të cilin ai ndau ekranin me **Frank Sinatra**.

Më pas *ai punoi me Marlon Brando, Clint Eastwood, Arnold Schëarzenegger, Benicio del Toro, Bruce Willis dhe Roberto Benigni, ndër të tjera.*

Në vitin 2015, Davi u shfaq në një video muzikore, për regjistrimin e *Bob Dylan* të *"The Night They Called It A Day"*, nga albumi i Dylan Shadows In The Night, një përzgjedhje këngësh të cilat ishin regjistruar nga Frank Sinatra.

Rolling Stone, sugjeroi që roli i Davit në video mund të jetë një shenjë drejt debutimit të Davit së bashku me Sinatrën, në filmin kriminal *Contract on Cherry Street*, dhe publikimin e albumit të tij me kopertinat e Sinatra nga Davi.

Gjithashtu në vitin 2015, ai interpretoi poezinë e Gabriele Tintit, duke i dhënë zë Boxer at Rest në Muzeun Getty.

Davi, ka një karrierë të pasur si regjizor. Davi me Stephen Dorff dhe Michael Shannon **mori pjesë në Festivalin Ndërkombëtar të Filmit në Toronto 2012**

Në vitin 2007, Davi bëri debutimin e tij regjisorial me The Dukes, një shëmbëlltyrë në lidhje me krizën ekonomike të mesit të vitit 2000 dhe ndikimin e saj. Në film luajtën ai vetë, *Chazz Palminteri dhe Peter Bogdanovich*.

Asokohe **Dukes** u përzgjodh, për seksionin premierë në Festivalin e Filmit në Romë, së bashku me filmat e *Francis Ford Coppola, Sean Penn, Robert Redford dhe Sidney Lumet*.

Davi, ishte i vetmi regjisor për herë të parë në seksionin e premierës. Filmi u shfaq ndërkombëtarisht dhe *fitoi çmime në Festivalin Ndërkombëtar të Filmit Queens, WorldFest Houston, Festivalin e Filmit të Komedisë Monte-Carlo dhe Festivalin Ndërkombëtar të filmit komedi të Alpe d'Huez.*

Robert Davi realizoi filmin e ri i cili do të shfaqet si premierë me 7 shtator 2022 www.MySonHunter.com

Konservator dhe patriot republikan

Davi, i ka dhënë zërin e tij reklamave politike, duke përfshirë reklamën Carly Fiorina *"Demon Sheep"*, *"Hot Air: The Movie"* dhe të tjera të prodhuara nga konsulenti republikan i medias Fred Davis.

Robert Davi u zgjodh nga Kombet e Bashkuara, për të festuar Fuqinë Transformuese të Muzikës në Asamblenë e Përgjithshme në New York, në qershor të vitit 2015 dhe përsëri për kremtimin e 70-vjetorit të OKB-së, në shtator të vitit 2015.

Ai u zgjodh për të nderuar 100-vjetorin e Sinatrës, për specialen e PBS të 4 korrikut; i cili *u ndoq nga 500,000 njerëz*, jashtë ndërtesës së Kapitolit në DC dhe 15 milionë shikues në TV.

Konservator dhe patriot republikan

Robert, është një konservator politik i hapur, duke folur shpesh në mbledhjet e Partisë Republikane. Ai ka qenë i ftuar të komentojë, në shfaqje të shumta politike dhe ka mbështetur **John McCain**, gjatë fushatës së tij presidenciale.

Ai tregoi disa montazhe filmash, që u transmetuan, gjatë Konventës Kombëtare Republikane të vitit 2008. Davi, ka folur në Konferenca të shumta të Veprimit Politik Konservator në Uashington, D.C.

Ai ishte një mysafir i shpeshtë në programin satirë të natës së vonë të **Fox News** të *Syrit të Kuq* me **Greg Gutfeld.** Davi, përkrahu hapur kandidatin republikan **Donald J. Trump, në zgjedhjet presidenciale të SHBA-së së vitit 2016, dhe përsëri në vitin 2020.**

Vlerësimet

Robert John Davi mori Çmime dhe nderime të ndryshme, për kontributet e tij të dukshme, në komunitetin italian, Davi u përfshi në *Walk of Fame të Torontos në vitin 2013*. Ai *u nominua për çmimin Golden Raspberry, për aktorin më të keq në rol dytësor*, për portretizimin e tij të *Al Torres në Shoëgirls* (1995).

Për filmin e ri My Son Hunter

Ekipi i filmit përbëhet nga: **Regjizori dhe Drejtori nga Queens, New York-u: Robert Davi;** Prodhuar **(Produced by) nga Phelim McAleer & Ann McEl-hinney;** Me protagonistë aktorët (Starring): **Laurence Fox** *(Hunter Biden)*, **Gina Caran** *(Secret Service Agent)*, **John James** *(President Joe Biden)*, **Emma Gojkovic** *(Grace Anderson "Kitty")*; **Prodhimi nga Kompania e Shoqëria e Historive të Pa-raportuara dhe Shpërndarë nga Breitbart (Production company The Unreported Story Society Distributed by Breitbart);** Data e shfaqjes apo promovimit të filmit, për publikun amerikanë dhe botërorë është më **7 shtator 2022;** Filmi triler **është** bazuar në **kompiuterin personal të Hunter Biden, djalit të ish senatorit, ish zv/Presidentit (2008-2016) dhe sot Presidentit fallco (Fake) të SHBA-së Joe Biden "Laptop from Hell", librave biografik, ish kolegëve të bisnesit me Hunter Biden etj.** *(Gjatë kohës së xhirimit të filmit dhe deri më sot Hunter Biden ka humbur kompiuterat laptop)*, **janë histori reale dhe dokumente origjinale, është realizuar në Shtetet e Bashkuara dhe xhirimet e tjera janë bërë gjithashtu në Europë, si: Serbi (Beograd), Bukuresht (Rumani) etj. Gjuha e filmit është gjuha angleze, kurse buxheti apo kostoja e realizimit të plotë filmit është 2.75 milionë dollarë amerikanë.** *Filmi i ri "My Son Hunter", për shikuesit amerikanë dhe më botërorë, mund të porositet në* <u>*www.mysonhunter.com*</u> *e cila deri tani ka arritur në miliona porositës brenda SHBA-së dhe jashtë saj.*

SHFAQET NË INTERNET PËR AMERIKANËT DHE GJITHË BOTËN FILMI I RI I SHUMËPRITUR www.mysonhunter.com

"Unë nuk besoj, se asnjë zë duhet të mbahet nën presion në Amerikë, siç po bën e majta. Në Hollywood sot, shumica e konservatorëve kanë frikë të flasin. Kjo duhet të ndryshojë. Unë kam parë të gjithë videot e disponueshme të laptopit të Hunter Biden dhe kam lexuar autobiografinë e tij "Beautiful Things: A Memoir" dhe nuk kam kontaktuar me Hunter Biden." - **Robert John Davi,** regjisori i filmit, **Revista Newsweek, 6 shtator 2022**

"Ne, jemi të përkushtuar të tregojmë histori, që shtypin mediat kryesore. Është një shembull tjetër i emigrantëve, që bëjnë punë që amerikanët thjesht nuk do t'i bëjnë më. Ne jetojmë në L.A. dhe bëjmë filma, për shkak të **Andrew Breitbart**; *është e përsosur që po e shpërndajmë filmin, në një platformë që ai krijoi. Ai pa luftën kulturore, duke u fituar nga e majta dhe donte që kjo të ndryshonte. Ky film, është një pjesë e rëndësishme e kësaj. luftë."* – **McElhinney, LA, California**

"Kujdes: **Ky film përmban seks, prostitucion, drogë, miqësi, pastrim parash, më shumë seks, një laptop nga ferri, spiunët kinezë, biznesmenë ukrainas, Partia Komuniste Kineze, shitja e Amerikës, Big Guy, Corn Pop, më shumë seks, droga shtesë dhe ...** *familje."* – www.mysonhunter.com

Prolog

Sikurse shumë qytetarë të tjerë amerikanë, edhe unë me padurim e pashë në internet filmin e ri: **"Djali im Hunter"** (**"My son Hunter"**), mbasi e kisha bërë porosinë online dy javë më parë.

Me kokoshka të pjekura në shtëpi, pash filmin e ri dhe u tmerrova për atë që pashë, sepse imagjinoja shkrimet e ndryshme rreth Hunter Biden dhe familjes së korruptuar të Bidenve, sikurse sillja shpesh ndër mend videot me fotot skandaloze pornografike dhe prostituta, e-maile, pastrim parash etj., të cilat qarkullojnë sot në internet, celularë privatë, website të ndryshme, sikurse edhe në rrjetet e reja sociale si: **Truth Social, Gettr, Parler,** www.FrankSpeech.com, **Fox News, Newsmax, OAN** (*One American News*),

Infowars etj., shkrimet non stop investigative të **New York Post**, mbi familjen Biden, sikurse edhe *një raport professional investigimi, hartuar me kujdes plot fakte dhe prova tronditëse arkivore në vitin 2020 nga Senati Amerikan*, të përpiluar nga dy senator patriotë republikanë **Ron Johnson dhe Chuck Grassley**, të cilën në formë të përmbledhur në gjuhën shqipe e kam botuar edhe në librin tim: **"Presidenti Trump dhe këneta globaliste" (New York, 2021)**, i cili sot gjendet në www.amazon.com dhe www.barnesandnoble.com

Sipas disa vëzhguesve amerikanë, mendohet se menjëherë filmi i ri artistik triler, bazuar në histori dhe dokumente reale origjinale, pas shfaqjes online, është parë në një kohë record nga mbi 10 milion shikues në SHBA dhe në shumë shtete të ndryshme botës, ku më së shumti janë shikuesit nga Europa, që realisht dijnë shumë pak mbi historitë seriale prej disa dekadash të korrupsionit të familjes Biden dhe Hunter-it djalit të përkëdhelur të Joe Biden. Kjo për faktin, se media dhe rrjette sociale globaliste atje janë shumë e fuqishme, duke përhapur me vetëje plandemminë e vjetër të keqinformimit dhe manipulimit mediatik socialkomunist.

Media e majtë globaliste këtu, po hesht pa pik turpi, për filmin e ri: *"My son Hunter"*, sepse është një shuplakë e fortë kundër propagandës non stop të tyre, mbasi vite me radhë ata së bashku kishin orkestruar apo mbajtur lart flamurin e përhapjes së Fake News, në mbrojtje apo mburojë me *gjethe fiku* të familjes së korruptuar Biden dhe djalit të tij Hunter Biden, duke thënë se laptopi i tij është gënjeshtër dhe veprimtari keqdashëse e agjentëve sekretë të Federatës Ruse, gjë e cila u hodh fatmirësisht poshtë nga vetë gazeta e përditshme radikale e majtë **The New York Times** disa muaj më parë, *duke pranuar më në fund publikisht, se* **"laptopi dhe e-mailet janë origjinale të Hunter Biden, djalit të Joe Biden..".**

Shfaqja premierë në Los Anxhelos, Hollywood

Në Hollywood, California, u shfaq privatisht filmit i shumëpritur: *"My Son Hunter"*. Aty morën pjesë disa persona të politikës konservatorë (mbështetës të republikanëve) një grup i famshëm liberal demokratë, të cilët u mblodhën me ftesa për të parë filmin **My Son Hunter,** *një film që tregon hapur dhe pa dorashka mbi Korrupsionin e Shekullit të Presidentit Joe Biden dhe familjes së tij,* i cili, **përfitoi si Big Guy 10% të fitimit financiarë** *nga marrëdhëniet të dyshimta korruptive të djalit të tij me shtete e tjera korruptive kryesisht liberale komuniste.*

Në mesin e atyre aktorëve, që morën pjesë në premierë (më 6 shtator 2022) në në Los Anxhelos ishin **Lois & Clark** (The New Adventures of Superman) ylli **Dean Cain** dhe **Nick Searcy,** (TV's Justified).

Disa të tjerë, duke qendruar larg kamerave, në mënyrë anonime thanë se nuk donin që pjesëmarrja e tyre të zbulohej publikisht, *nga frika se kjo mund të dëmtonte karrierën e tyre kinematografike.* "Fshehtësia nënvizoi atë, që të djathtët *(konservatorë republikanë ameirkanë) thonë se është një atmosferë frike, mbi shprehjen e pikëpamjeve konservatore në Hollywood."*

Ajo që ra në sy, ishte se ndryshe nga promovimi i filmave të tjerë artistik, që shoqërohen me pompozitet dhe zhurmë shurdhuese propagandistike mediatike, **filmi i ri në fjalë, nuk kishte të shtruar për artistët dhe të ftuarit e tjerë tapet të kuq,** një zgjedhje e thjeshtë domethënëse dhe origjinale e organizatorëve, të cilët ishin të fokusuar më shumë tek rëndësia e përmbatjes së filmit, se sa tek paraqitja e bujshme formale reklamuese të artistëve.

"Unë nuk besoj, se asnjë zë duhet të mbahet nën presion në Amerikë, siç po bën e majta amerikane. Në Hollywood sot, shumica e konservatorëve kanë frikë të flasin. Kjo duhet të ndryshojë. Unë kam parë të gjithë videot e disponueshme të laptopit të Hunter Biden dhe kam lexuar autobiografinë e tij "Beautiful Things: A Memoir" dhe nuk kam kontaktuar me Hunter Biden." tha për **Newsweek** regjisori i filmit njujorkezi **Robert John Davi.**

Sikurse dihet, filmi është i bazuar në ngjarje dhe dokumente reale historike si laptopi i famshëm i Hunter Biden. Ai ëshë financuar nga vetë shikuesit, pra populli amerikanë, mbasi do të transmetohet online nga **Breitbart News,** i cili, bazohet kryesisht në historinë e brendshme të **"Laptopit nga Ferri"** (*Laptop from Hell*), që djali i Joe Biden "bisnesmeni" Hunter Biden e kishte braktisur gabimisht, *në një dyqan riparimi me pronar* **John Paul Mac Isaac,** teknik kompiuterash "*The Mac Shop"*, në shtetin Delaware.

Ai përfshin e-maile, që konservatorët thonë me të drejtë se janë provë e pastër, se më pas ish zv/Presidenti Joe Biden përfitoi nga detyra e postit për të ndihmuar djalit e tij në bisnes (*konflikt interesi*), shpesh duke udhëtuar edhe me avion qeveritar si zv/Presidenti i SHBA-së në vitet 2008-2016, nën administratën e ish Presidentit deshtak demokratit Barack Hysen Obamës...

Episodi mbi laptopin, i cili gjithashtu përmbante video dhe imazhe të Hunter Biden, duke marrë drogë të rënda dhe realizuar pornografi me gratë, është në qendër të akuzave konservatore faktike, për një mbulim të qëllimshëm dhe koordinuar me mjeshtëri nga Big Tech dhe media kryesore, në prag të zgjedhjeve presidenciale të 3 nëntorit të vitit 2020, kundër **Presidenti Donald J. Trump.**

"Kjo situatë e Hunter Biden, është një histori, që duhet të tregohet,. Ajo nuk ka qenë në qendër të vëmendjes për popullin ameirianë nga mediat kryesore. Kjo është e paprecedentë. Media, ishte në shtrat me Joe Biden dhe donte që zgjedhjet e fundit të shkonin në një mënyrë të caktuar," **Cain,** tha për revistën javore **Newsweek.**

Sikurse mësohet nga media e interesuar për të marrë një opinion nga Joe

Biden dhe djali i tij Hunter Biden, thuhet se ato nuk iu përgjigjën kërkesave me telefon për koment mbi filmin e ri apo laptopin e tij të humbur.

Hunter Biden, vazhdimisht ka mohuar në mënyrë të përsëritur "pafajësinë" e tij, për akuzat dhe babai i tij Joe Biden gjithashtu ka thënë se është "**i sigurt**" se djali i tij nuk ka shkelur ligjin, ka thënë zëdhensja e Shtëpisë së Bardhë.

Trileri në internet i My Son Hunter, ka shkaktuar përbuzje nga rrymat politike dhe artiste liberalë në Hollywood. Të majtët kanë kritikuar gjithashtu aktoren **Gina Caranon,** për rolin e saj kryesor si agjente imagjinare e Shërbimit Sekret, e cila bën pjesën më të madhe të fjalimit apo monologut drejtpërdrejt me audiencën. Ajo në film merr një puthje mbas qafe, të preferuar sipas apo gustos së Joe Biden, ashtu sikurse paraqiten realisht në shumë foto vetë Joe Biden, të cilat foto ndodhen kudo edhe rrjetet sociale dhe në internet me shumicë.

Djali i Joe Biden "bisnemeni" i korruptuar Hunter Biden, luhet nga aktori dhe aktivisti konservator britanik **Laurence Fox.**

Dihet se Hollywood, është parë prej dekadash i prirur politikisht nga e majta globaliste komuniste. Ata shpesh paraqiten shumë brutal, vulgar dhe arrogant, duke përdorur fjalor të ulët rrugësh, kur dalin para mediave, duke kundërshtuar Presidentin Donald J. Trump dhe politikanët apo aktivistët e tjerë konsevatorë amerikanë.

Kështu 4 vite më parë **Hollywood Reporter,** raportoi në vitin 2018, se nga më shumë se 4 milionë dollarë donacione federale të grumbulluar nga drejtuesit dhe artistët kryesorë të Hollywood-it, **99.7 për qind shkuan për demokratët** dhe komitetet apo organizatat e veprimit politik me prirje ekstreme globaliste liberale të majta.

Të pranishmit në shfaqje i dhanë filmit një ovacion të fortë dhe vlerësuan producentët Phelim McAleer dhe Anne McElhinney, për guximin e tyre, për ta realizuar atë.

Filmi tallet me mediat Fake News (CNN etj.), duke treguar një shqetësim me video origjinale të vitit 2019, të organizatës anarkiste marksiste globaliste **Black Lives Matter** me makina policie dhe ndërtesa qeveritare dhe supermarket, që digjen Live nga flakët e mëdha, ndërsa pavarësisht tymit e flakëve të dendura, një spikere lajmesh raporton, duke gënjyer hapur në (CNN) për "**protestat kryesisht paqësore të BLM**" dhe i lutet gazetarit në vendngjarje, për të pyetur pjesëmarrësit huliganë, të shupupurishur në tru nga drogat e forta... për "ndjenjat" e tyre.

Në sekuencat e filmit të ri, shikuesi i kujdeshëm në ekran, vëren se historia tregohet kryesisht përmes syve dhe veshëve të një protestuesi, që urren Presidentin Donald J. Trump, një studente liberale kolegji e indoktrinuar me ide komuniste, që fiton jetesën duke u zhveshur dhe flirtuar, kryesisht me drogaxhiun Hunter Biden.[194]

Filmi shpesh tallet me ndjeshmëritë liberale

Në një skenë tjetër interesante filmike, striptistja bukuroshe dhe joshëse, e quajtur **Kitty**, që luhet nga aktorja elegante **Emma Gojkovic**, shihet me një gënjeshtar klubi, duke shtypur gishtat në një laptop, për të hulumtuar mikun e saj të ri, Hunter Biden.

"Unë nuk mund të gjej asgjë përveç gjërave pozitive për Bidenët. Kjo për shkak se ju jeni duke përdorur Google dhe mediat kryesore," thotë gënjeshtari, i luajtur nga ylli nigerian i futbollit **Franklin Ayodele**, duke bërë debutimin e tij të parë në aktrim.

Filmi, gjithashtu tallet me finesë me *kontrollet e fakteve* të medias dhe me gazetarët mercenarë të shitur tek paraxhitë me pushtet, që refuzojnë të tregojnë histori reale, që mund të dëmtojnë liberalët.

Pasi ka mbledhur informacione të dorës së parë, për korrupsionin në Shtëpinë e Bardhë nga marrëdhënia e saj me Hunter Biden, Kitty përpiqet t'i tregojë atë që ka mësuar një gazetari, i cili e quan atë si një *mbështetës të Trumpit* dhe shton se nëse ai do të shkruante një histori *"Vërtet mendoni se Twitter, Facebook, Google nuk do ta ndalojnë atë plotësisht?"*

Nga zhvillimet e fundit në jetën mediatike amerikane, dihet publikisht tashmë, se shefi ekzekutiv i Meta dhe bossi i Facebook, globalisti **Mark Zuckerberg** tha javën e kaluar se Facebook dhe Twitter kishin kufizuar përhapjen e lajmeve për laptopin e Hunter Biden, sepse **FBI kishte shkuar në zyrën e tij dhe i kishte thënë atij se ato janë thjeshtë keqinformime nga shërbimi sekret rus.** Dhe kjo ngjarje kishte ndodhur 11 ditë përpara zgjedhjeve presidenciale të vitit 2020, përpara se të verifikohej vërtetësia e tij në vitin 2022 nga gazeta The New York Times.

Historikisht, dihet se Facebook ka censuruar sistematikisht me qindra dhe miliona përdorues të tij amerikanë dhe bota, me faktin absurd të policit dhe gjykatësit, sepse po përhapin lajme të rreme dhe po prishin standartin e komunitetit të tij në planetet Hënë apo Jupiter, sepse këtu në Tokë ai gënjen sa here që merr frymë apo shkruan në rrjetin e tij social.

Gjatë sekuencave të filmit, aty shfaqen lajme nga Fake News si: CNN, MSNBC dhe media të tjera mashtruese, të cilat kanë spirancën e tyre, duke e quajtur laptopin *"dezinformim rus"* dhe filmi informon shikuesit se *17 muaj*

---

[194] https://www.dailymail.co.uk/news/article-11124473/Teaser-Son-Hunter-touts-sensational-scandalous-true-story-Biden-family-corruption.html

pas zgjedhjeve, gazeta ultra liberale **The New York Times**, *pranoi më në fund, se laptopi dhe e-mailet e përfshira në të ishin origjinale të Hunter Biden, djalit të Joe Biden.*

Përtej përmbajtjes së raportuar të laptopit, regjizori Rober Davi i tha revistës Newsweek, se kishte parë të gjithë videot e disponueshme të Hunter Biden dhe kishte lexuar me kujdes edhe autobiografinë e tij: *"Beautiful Things: A Memoir"*.

FBI dhe Hunter Biden përndjekin regjizon e filmit ne Serbi

Asgjë nuk është e rastësishme, por gjithcka është e mirëorganizuar me hollësi, ashtu sikurse dijnë të bëjnë profesionistët me përvoj të FBI. Ata kanë 3 vjet, që po fshin laptopin e Hunter Biden, që ndodhet në zyrat e tyre (**në katin e shtatë**), mbasi nuk duan t'a investigojnë **Korrupsionin më të Madh të Shekullit**, sepse është djali i bossit të bossit të tyre.

Tashmë populli amerikan e di se **FBI, kishte ndërhyrë edhe në zgjedhjet presidenciale të vitit 2016 dhe 2020**. Për më tej ato **në vitin 2016, kishin hartuar një Dosje Fallco**, të financuar nga kampi I fushatës elektorale të Hilary Clinton, për të bërë presion publik votuesve kundër kandidatit republikan për president, sot Presidentit Donald J. Trump.

Me të drejtë regjizori Davi akuzoi avokatin e Biden, **Kevin Morris**, për infiltrim në xhirimet e filmit *My Son Hunter*, gjatë kohës së xhirimit të tij në Beograd të Serbisë.

Për më tepër **Davi, mendon** se përfaqësuesit e avokatit të industrisë së argëtimit Morris pretenduan se po xhironin një dokumentar për Hunter Biden në Serbi. Sipas e-maileve të shqyrtuara nga Newsweek, ekipit të produksionit iu kërkuan imazhe të regjisë së Davit, si dhe të Fox-it dhe aktorit që luan Joe Biden (**John James**).

"Isha i dyshimtë që në fillim", tha Davi për Newsweek. *"Diçka ishte e gabuar. Pse ata morën një avion privat deri në Serbi? Dhe një muaj më parë, Hunter Biden ishte gjithashtu në Serbi, në të njëjtin hotel, ku unë po qëndroja tani. Ishte një grup rrethanash interesante."*

Morris nuk iu përgjigj kërkesës së Newsweek për koment. Filmi, i xhiruar me më shumë se 2.7 milionë dollarë të mbledhur në një fushatë, do të transmetohet nga Breitbart News në MySonHunter.com duke filluar nga 7 shtatori, duke shënuar përpjekjen e Breitbart në shpërndarjen e filmave.

"Që nga njoftimi ynë, është e egër se sa njerëz na janë afruar me projekte. Ne do të vazhdojmë të mbajmë një vështrim të veçantë për projektet që përndryshe do t'u mohohej shpërndarja kryesore, e themelimit për arsye politike," tha **CEO i Breitbart, Larry Solov.**

McAleer dhe gruaja e tij bashkëprodhuese, McElhinney, janë ish-gazetarë nga Irlanda, që u lidhën me sipërmarrësin e ndjerë konservator.

"Ne, jemi të përkushtuar të tregojmë histori, që shtypin mediat kryesore. Është një shembull tjetër i emigrantëve, që bëjnë punë që amerikanët thjesht nuk do t'i bëjnë më. Ne jetojmë në L.A. dhe bëjmë filma, për shkak të Andrew Breitbart; është e përsosur që po e shpërndajmë filmin në një platformë që ai krijoi. Ai pa luftën kulturore, duke u fituar nga e majta dhe donte që kjo të ndryshonte. Ky film, është një pjesë e rëndësishme e kësaj tuftë," – tha McElhinney.

"My Son Hunter, është i rëndësishëm në disa nivele. Njëri është varësia, e cila është një krizë që prek çdo familje. Ekziston edhe marrëdhënia e trazuar baba-bir dhe korrupsioni dhe tregtia e supozuar e ndikimit, të gjitha të treguara nga këndvështrimi i një 25-vjeçari -aktivist i vjetër, i majtë që është striptist", tha Davi.

Pas filmit, McAleer dhe McElhinney e pyetën audiencën me lojëra për atë që kishin mësuar, duke i shpërblyer ata që jepnin përgjigje të sakta dhurata të çuditshme, si një bong ose një copë djathë. Më pas Davi u shfaq në ekran, për të ofruar mendime më serioze.

"Nëse jemi të shqetësuar për anulimin, duhet të heqim dorë nga vendi sot," i tha ai një burri që pyeti nëse aktorët dhe ekipi që bënë My Son Hunter shqetësoheshin se pjesëmarrja e tyre mund t'u kushtonte punë.

(**Paul Bond**, *Inside the Secretive Private Screening of Anti-Biden Movie, My Son Hunter Newsweek, Politics, Tue. Sep. 06, 2022*)

My Son Hunter, një tragjikomedi e nivelit të Shekspirit

Në ditën premierë të filmit në Hollywood, Los Angelos California, gazeta e perditshme ameirkane **Epoch Times,** ka dhënë një koment të shkëlqyer për filmin *My Son Hunter,* duke e quajtur atë një **"satirë brilante të Bidenit"**, që arrin **"tragjikomedinë e nivelit të Shekspirit"**.

Një vlerësim i veçantë iu dha aktorit *Laurence Fox*, i cili luan *Hunter Biden*, në atë që gazeta e quajti një **"performancë që përcaktonte karrierën"**.

Gazeta në fjalë, vlerësoi gjithashtu **aftësinë e regjisorit** Robert **Davi, për të balancuar satirën e plotë me një qasje më humaniste për të portretizuar Hunter Biden.**

Më pak se një minutë pas fillimit të filmit të shumëpritur "My Son Hunter", **regjisori Robert Davi** dhe **skenaristi Brian Godawa** përfshijnë një rrotull teksti me 11 fjalë, i cili (me gjuhën të vendosur në faqe) që zvogëlon dhe rrit pritshmëritë e asaj që ne jemi gati për të parë: **"Kjo nuk është një histori e vërtetë ... përveç të gjitha fakteve."**

Duke e bërë këtë, krijuesit e filmave zbutin disi atë që është e sigurt, se do të jetë një sulm i reagimeve negative nga mediat kryesore Fake News, miqtë e saj dhe rreth dhjetëra njerëz liberal të korruptuar, që ende mendojnë se Joe Biden është gjëja më e madhe që në botë.

Nëse ky film do të ishte paraqitur si një dramë e drejtpërdrejtë me një rrëfim kronologjik, thjesht nuk do të kishte funksionuar.

EMIGRACIONI NDËRKOMBËTAR DHE SHBA SOT
SI DHE GAZETARJA INVESTIGATIVE LARA LOGAN

"Ky duhet të jetë gjyqi i parë i shkarkimit të Joe Biden, për shkatërrimin e qëllimshëm të SHBA-së" – Lara Logan

Sot fatkeqsisht, qysh nga vitet 2021-2022, një rekord prej 10.7 milion njerëz u kapën duke u përpjekur të kalonin kufirin jugor ilegalisht dhe me mirëseardhje O-Biden 3, i shpërndau ato çdo ditë dhe natën me avionë specialë, makina tip vena dhe autobus luksoz, drejt hoteleve luksoze me 5 yje, në të gjithë shtetet e SHBA-së. Ato nga regjimi Biden, po pritën dhe sistemohen si heronj, sepse kanë shkelur kufirin amerikanë në mënyrë të jashtëligjshëm, duke përfituar kështu të gjitha llojet e beneficeve, që fatkeqsisht nuk i gëzojnë të gjithë amerikanët edhe pse paguajnë rregullisht taksat shtetit.

"Emigrantët e paligjshëm i kushtojnë taksapaguesve të Teksasit mbi 850 milion dollarë çdo vit" - **Ken Paxton, Prokurori i Përgjithshëm i Teksasit**

"Dhe ajo që mësova nga një burim, i cili është një burim shumë unik, pasi është infiltruar në **kultin** *globalist në nivelin e OKB-së, është se ai ishte në takime të nivelit të lartë, që kërkonin një sërë lejesh sigurie, ku ata diskutuan në të vërtetë planin për të sillni 100 milionë njerëz në Shtetet e Bashkuara, në mënyrë që të hapni rrugën për një qeveri rajonale të SHBA-së, Kanadasë dhe Meksikës. Dhe kjo do të sillte 100 milionë njerëz nga vendet e Amerikës Latine, së bashku me një strategji për krijimin e këtyre karteleve, duke e bërë jetën të padurueshme. Ajo quhet* **"Strategjia Push-Pull"**, *ku ata i shtyjnë njerëzit nga këto vende, ku është e padurueshme të jetosh kështu dhe i tërheqin ata në Shtetet e Bashkuara. Epo, për familjen dhe miqtë tuaj në shtëpi, të cilët kanë nevojë për lehtësi udhëtimi, ata kanë nevojë për një më të mirë jeta dhe kështu me radhë e kështu me radhë – ne mund t'i bëjmë të gjitha këto më mirë me një qeveri rajonale sesa me një qeveri të SHBA-së. Dhe ata do të kenë masë kritike të mjaftueshme brenda vendit, për të realizuar atë politikë."*
- Lara Logan

Historikisht, dihet se qysh nga kohët më të hershme, njerëzit kanë qenë në lëvizje. Disa njerëz lëvizin nëpër botë, në kërkim të punës ose mundësive ekonomike, për t'u bashkuar me familjen ose për të studiuar.

Të tjerët, lëvizin për t'i shpëtuar konfliktit, persekutimit, terrorizmit ose shkeljeve të të drejtave të njeriut. Migrime apo lëvizje të tjera ndodhin si përgjigje, ndaj efekteve negative të ndryshimeve klimatike, fatkeqësive natyrore ose faktorëve të tjerë mjedisorë.

Sot, më shumë njerëz se kurrë jetojnë në një vend të ndryshëm nga ai në të cilin kanë lindur. Sipas Raportit të IOM-it për Emigracionin Botëror 2020, që nga qershori 2019 numri i emigrantëve ndërkombëtarë vlerësohej të ishte pothuajse 272 milionë në nivel global, 51 milionë më shumë se në vitin 2010.

Mësohet, se gati 2/3 ishin emigrantë për arsye punësimi më të mirë, në vendet ku shkojnë. Kësisoj, emigrantët ndërkombëtarë përbënin 3.5% të popullsisë globale në vitin 2019, kjo e krahasuar me 2.8% në vitin 2000 dhe 2.3% në vitin 1980.

Ndërsa shumë individë emigrojnë nga zgjedhja, shumë të tjerë migrojnë nga nevoja. Sipas UNHCR-së, numri i njerëzve të zhvendosur me forcë globalisht në mbarë botën ishte 79.5 milionë në fund të vitit 2019.

Agjencia e OKB-së për Migracionin (IOM) e përkufizon emigrantin si çdo person, që lëviz ose ka lëvizur përtej një kufiri ndërkombëtar ose brenda një shteti larg vendbanimit të tij (saj) të zakonshëm, pavarësisht nga statusi ligjor i personit; nëse lëvizja është e vullnetshme apo e pavullnetshme; cilat janë shkaqet e lëvizjes; ose sa është kohëzgjatja e qëndrimit.

Organizata Ndërkombëtare për Emigracionin (**IOM**), e themeluar në vitin **1951**, është organizata kryesore ndërqeveritare në fushën e emigracionit. Ajo punon për të siguruar menaxhimin e rregullt dhe njerëzor të emigracionit, për të promovuar bashkëpunimin ndërkombëtar për çështjet e emigracionit, për të ndihmuar në kërkimin e zgjidhjeve praktike për problemet e emigracionit dhe për të ofruar ndihmë humanitare për emigrantët në nevojë, duke përfshirë refugjatët dhe njerëzit e zhvendosur brenda vendit.

18 dhjetori si Dita Ndërkombëtare e Emigrantit

Në vitin 2019, numri i emigrantëve ndërkombëtarë në mbarë botën, arriti në pothuajse 272 milionë (nga 258 milionë në 2017) dhe nga këto emigrantet femra përbënin 48% të emigrantëve ndërkombëtarë.

Sipas shifrave, mësohet se kishte rreth 38 milionë fëmijë migrantë dhe ¾ e migrantëve ndërkombëtarë ishin në moshë pune. Përafërsisht 31% e emigrantëve ndërkombëtarë në mbarë botën banonin në Azi, 30% në Evropë, 26% në Amerikë, 10% në Afrikë dhe 3% në Oqeani (*Shih, Portali Global i të Dhënave të Migracionit*).

Lëvizjet në shkallë të gjerë të refugjatëve dhe emigrantëve prekin të gjitha shtetet anëtare të OKB-së. Shtetet Anëtare të OKB-së miratuan një sërë angazhimesh, të njohura si Deklarata e New York-ut për Refugjatët dhe Emigrantët (A/RES/71/1), në të cilën ata pranuan nevojën për një qasje gjithëpërfshirëse ndaj emigrimit.

Në eimigracionin në SHBA, ekzistojnë 4 kategori kryesore të statusit të imigracionit, duke përfshirë: *shtetasit amerikanë; banorët e përhershëm ose të kushtëzuar; jo-emigrantët; dhe emigrantët pa dokumente.*

Që nga viti 2022, koha e përpunimit të USCIS për Formularin I-130 varion nga 5 muaj deri në 10 vjet. Procesi i marrjes së një karte jeshile mund të jetë i gjatë e i ndërlikuar.

Teknikisht, USCIS duhet t'ju japë një vendim për aplikimin tuaj për natyralizimin brenda 120 ditëve nga intervista juaj e natyralizimit. Shtetet pritëse për dokumentet e emigrantëve në SHBA janë: *Washington, District of Columbia, Georgia, Maryland, New Jersey, New York, Illinois, California.*

Emigrimi është lëvizja ndërkombëtare e njerëzve në një vend destinacioni, ku ata nuk janë vendas ose nuk kanë shtetësi, me qëllim që të vendosen si banorë të përhershëm ose qytetarë të natyralizuar.

Qysh nga viti 2015, numri i emigrantëve ndërkombëtarë ka arritur në 244 milionë në mbarë botën, që pasqyron një rritje prej 41% që nga viti 2000. *Kështu 1/3 e emigrantëve ndërkombëtarë në botë jetojnë në vetëm 20 vende.*

Numri më i madh i emigrantëve ndërkombëtarë jeton në Shtetet e Bashkuara, me 19% të totalit në botë. Gjermania dhe Rusia, presin rregullisht nga 12 milionë emigrantë secila, duke zënë vendin e dytë dhe të tretë në vendet me më shumë emigrantë në mbarë botën.

Në vendet muslimane, Arabia Saudite pret 10 milionë emigrantë. Mbretëria e Bashkuar pret rregullisht rreth 9 milionë, kurse Emiratet e Bashkuara Arabe 8 milionë vetë në vit.

Emigracioni i paligjshëm në Shtetet e Bashkuara

Një emigrant, që përpiqet të kalojë kufirin SHBA-Meksikë ilegalisht, duke u ngjitur mbi gardhin kufitar në Brownsville, Teksas. Emigrimi i paligjshëm në Shtetet e Bashkuara, është procesi i emigrimit në SHBA, në kundërshtim me ligjet federale të imigracionit.

Këtu mund të përfshihen shtetasit e huaj, që kanë hyrë në Amerikë në mënyrë të paligjshme, si dhe ata që kanë hyrë në mënyrë të ligjshme, por më pas kanë mbetur pas skadimit të vizave, lirimi me kusht, TPS, etj. Emigracioni i paligjshëm, ka qenë një çështje e debatit intensiv këtu, që nga vitet 1980.

Popullsia e emigrantëve të paligjshëm të Amerikë, arriti kulmin deri në vitin 2007, kur ishte në 12.2 milionë dhe 4% e popullsisë totale të SHBA. Vlerësimet në vitin 2016 e kalojnë numrin e emigrantëve të paautorizuar në 10.7 milionë, që përfaqësojnë 3.3% të popullsisë totale të SHBA-së.

Në vitin 2012, 52% e imigrantëve të paautorizuar ishin nga Meksika, 15% nga Amerika Qendrore, 12% nga Azia, 6% nga Amerika e Jugut, 5% nga Karaibet dhe 5% nga Evropa dhe Kanadaja. Që nga viti 2016, afërsisht dy të tretat e emigrantëve të rritur të paautorizuar kishin jetuar në SHBA për të paktën një dekadë.

Kundërshtarët e imigracionit të paligjshëm me prova dhe fakte, argumentojnë se njerëzit që hyjnë ilegalisht në SHBA, pergjate kufirit me Meksikën, janë me histori kriminele (*si trafikantë droge, antarë të kartelit të drogave, grupeve kriminale si MS-13, organizatorë të karvaneve me emigrantëve, duke u marrë atyre para për dërgimin në kufirin amerikanë, prostitucionit, trafikimit të fëmijëve etj.*), si dhe barrë sociale dhe ekonomike për vendasit që i binden ligjit.

Me të drejtë patriotët amerikanë, argumentojnë gjithashtu se emigrantët e paligjshëm, që hyjnë ilegalisht në Amerikë duhet të deportohen në vendet e origjinës, se sa t'u jepet shtetësia amerikane dhe shërbimet sociale.

Ato përkufizojnë se emigrantët duhet të hyjnë këtu në mënyrë të ligjshme, nëpërmjet emigrimit të ligjshëm, duke aplikuar në shtetet apo kryeqttetet e vendeve të tyre, ku sot ndodhen të atashuar ambasadat amerikane. Shkurt, hyrja në territorin amerikanë, duhet të bëhet mbi bazën e meritokracisë, shkollës, nivelit profesional, etj.

Një akt i vitit 1990, Kongresi Amerikan e rriti kufirin vjetor të emigrantëve në 675,000 në vit. Presidenti Bill Clinton, asokohe nënshkroi Aktin në ligj dhe ai hyri në fuqi më 1 prill 1997, ku komponentët kryesorë të Aktit përfshinin: *rritjen e numrit të agjentëve kufitarë, rritjen e dënimeve për ata që ndihmonin emigrantët e paligjshëm në Shtetet e Bashkuara, krijimin e një ndalimi 10-vjeçar të rihyrjes për ata që ishin dëbuar pasi kishin jetuar ilegalisht në SHBA për më shumë se një.*

Sot, fatkeqsisht, është vetë O-Biden 3, ai që po organizon deri me detaje emigracionin e paligjshëm non stop drejt SHBA-së, duke shkelur Kushtetutën tonë.

Që në vitin 1904, rojet e montuara të kufirit u punësuan nga Shërbimi i Emigracionit i SHBA-së, për të parandaluar kalimet e paligjshme të kufirit jugor. **Teksas Rangers**, ishin gjithashtu të punësuar shpesh përgjatë kufirit të Teksasit me Meksikën. Hyrja e paligjshme në Amerikë, u bë një problem i veçantë, gjatë ndalimit, kur trafikantët dhe kontrabandistët hynin ilegalisht në vend, për të transportuar alkool etj.

"Ky duhet të jetë gjyqi i parë i shkarkimit të Joe Biden, për shkatërrimin e qëllimshëm të SHBA-së" – Lara Logan, gazetare investigative

Gazetarja investigative **Lara Logan**[195] në një artikull të **Infowars** me titull:

---

[195] **Lara Logan (1971),** lindi në Durban, Afrika e Jugut, ku ndoqi shkollën e mesme në Kolegjin e Vajzave në Durban. Ajo u diplomua në Universitetin e Natalit në Durban në 1992, me një diplomë në tregti. Ajo mori një diplomë në gjuhë, kulturë dhe histori frënge në Alliance Française në Paris. Ajo është një gazetare televizive dhe radioje e Afrikës së Jugut dhe korrespondente lufte. Ajo ishte korrespondente për CBS News midis 2002 dhe 2018. Në vitin 2019, ajo iu bashkua Sinclair Broadcast Group, një kompani konservatore mediatike. Në janar 2020-2022, ajo iu bashkua Fox Nation, një shërbim transmetimi i drejtuar nga Fox News. Logan interviston gjeneralin Norton A. Schwartz, në muajin prill të vitit 2009. Ajo punoi si reportere lajmesh për Sunday Tribune në Durban, gjatë studimeve të saj (1988–1989), më pas për Daily News të qytetit (1990–1992). Në vitin 1992, ajo iu bashkua Televizionit Reuters në Afrikë, kryesisht si producente e lartë. Pas katër vitesh ajo u orientua në gazetarinë e pavarur, duke marrë detyra si reportere dhe redaktore/producente me ITN dhe Fox/SKY, CBS News, ABC News (në Londër), NBC dhe Unionin Evropian të Transmetimeve. Ajo punoi për CNN, duke raportuar për incidente të tilla si bombardimet e ambasadave të Shteteve të Bashkuara të vitit 1998 në Nairobi dhe Tanzani, konflikti në Irlandën e Veriut dhe lufta në Kosovë. Ajo u punësua në vitin 2000 nga Televizioni GMTV Breakfast (MB) si correspondent dhe ka punuar me CBS News Radio si korrespondente e pavarur. Disa ditë pas sulmeve të 11 shtatorit, ajo i kërkoi një nëpunësi në ambasadën ruse në Londër t'i jepte një vizë për të udhëtuar në Afganistan. Në nëntor 2001, ndërsa në Afganistan punonte për GMTV, ajo depërtoi në Aleancën Veriore të mbështetur nga Amerika dhe Britania dhe intervistoi komandantin e tyre, gjeneralin Babajan, në bazën ajrore Bagram. CBS News i ofroi asaj një pozicion korrespondenti të plotë në vitin 2002. Ajo kaloi pjesën më të madhe të katër viteve të ardhshme duke raportuar nga fusha e betejës, duke përfshirë zonat e luftës në Afganistan dhe Irak, shpesh pranë Forcave të Armatosura të Shteteve të Bashkuara. Por ajo gjithashtu intervistoi figura dhe eksplorues të famshëm si Robert Ballard, zbulues i rrënojave të RMS Titanikut. Shumë nga raportet e saj ishin për 60 minuta II. Ajo ishte gjithashtu një bashkëpunëtore e rregullt në CBS Evening News, The Early Show dhe Face the Nation. Në shkurt të vitit 2006-2018, Logan u promovua në "Shef Korrespondent i Punëve të Jashtme" për CBS News. Në vitin 2007 ajo iu bashkua Grupit të Transmetimit Sinclair në mënyrë të përkohshme, si korrespondente, që raportonte në kufirin Shtetet e Bashkuara-Meksikë. Në fund të janarit 2007, Logan paraqiti një raport të luftimeve përgjatë rrugës Haifa në Bagdad. Logan dhe ekuipazhi i saj CBS u arrestuan dhe u ndaluan për një natë nga ushtria egjiptiane më 3 shkurt 2011, ndërsa mbuluan Revolucionin Egjiptian. Ajo tha se ekuipazhi ishte i verbër dhe i prangosur në pikën e armës, dhe shoferi i tyre u rrah. Ata u këshilluan të largoheshin nga vendi, por u liruan më vonë. Në tetor 2012, Logan mbajti një fjalim para drekës vjetore të Shoqatës më të Mirë të Qeverisë në të cilën ajo kritikoi ashpër deklaratat e administratës Obama për luftën në Afganistan dhe konflikte të tjera në botën arabe. Pasi u largua nga CBS News, Logan filloi të kritikojë mediat, për të cilat ajo tha se kishte një paragjykim liberal. Ajo i përshkroi saktë gazetarët si aktivistë politikë dhe propagandistë kundër Presidentit Donald Trump. Ajo u bashkua me grupin e transmetimit Sinclair, një grup mediatik i krahut konservator. Gjatë luftës Rusi-Ukrainë të vitit 2022 në

"Pushtimi i kufirit jugor pjesë e planit për qeverinë globale" www.Infowars.com (18 shtator 2022), ndër të tjera shkruan, se: *"Burimi i nivelit të lartë të OKB-së, pretendon se globalistët planifikojnë të sjellin 100 milionë emigrantë të paligjshëm në SHBA, për të shpërndarë vendin në një qeveri të tipit të Bashkimit të Amerikës së Veriut, thotë ajo. Rënia e kontrolluar nga administrata Biden e kufirit jugor të SHBA-së, duke lejuar miliona të huaj të paligjshëm të derdhen në vend, është pjesë e një komploti më të madh për të krijuar një qeveri botërore,"* sipas Lara **Logan**.

Gazetarja me përvojë **Logan**, iu bashkua podcastit **"Dhoma e Luftës"** të analistit të famshëm konservativ **Steve Bannon**, për të treguar se si pushtimi masiv i miliona të huajve të paligjshëm në SHBA, është pjesë e një *"plani afat-gjatë dhe ideologjisë politike, për të zhdukur sovranitetin e këtij kombi dhe për të ndryshuar pamjen e botës përgjithmonë."*

"Nuk është vetëm sovraniteti i Amerikës që është në bllok, por sovraniteti mbi botën," i tha Logan analistit Bannon. *"Vetëm se ky është vendi, që është drita dhe udhërrëfyesi për të gjithë botën. Dhe kështu, ky është vendi, që duhet të bjerë i pari në mënyrë, që vendet e tjera të bien si domino."*

Lara Logan, vazhdoi të shpjegonte, se një burim i nivelit të lartë brenda **kultit** globalist në OKN-së, se plani përfshin sjelljen e 100 milionë njerëzve këtu, për të justifikuar më pas kombinimin e Kanadasë, Meksikës dhe SHBA-së në një entitet qeveritar.

*"Dhe ajo që mësova nga një burim, i cili është një burim shumë unik, pasi është infiltruar në **kultin** globalist në nivelin e OKB-së, është se ai ishte në takime të nivelit të lartë, që kërkonin një sërë lejesh sigurie, ku ata diskutuan në të vërtetë planin për të sillni 100 milionë njerëz në Shtetet e Bashkuara, në mënyrë që të hapni rrugën për një qeveri rajonale të SHBA-së, Kanadasë dhe Meksikës"*, tha ajo.

"Dhe kjo do të sillte 100 milionë njerëz nga vendet e Amerikës Latine, së bashku me një strategji për krijimin e këtyre karteleve, duke e bërë jetën të padurueshme. Ajo quhet **"Strategjia Push-Pull"**, *ku ata i shtyjnë njerëzit nga këto vende, ku është e padurueshme të jetosh kështu dhe i tërheqin ata në SHBA."*

Ajo vazhdoi: *"Dhe më pas, pasi të keni arritur atë numër kritik prej mbi njëqind milionë në këtë* **pushtim**, *ata më pas do të propozojnë: "Për familjen dhe miqtë tuaj në shtëpi, të cilët kanë nevojë për lehtësi udhëtimi, ata kanë nevojë për një më të mirë jeta dhe kështu me radhë e kështu me radhë, ne mund t'i bëjmë të gjitha këto më mirë me një qeveri rajonale, sesa me një qeveri të SHBA-së. Dhe ata do të kenë*

Ukrainë, Lara Logan në paraqitjet e saj televizive e lidhi Presidentin ukrainas Volodymyr Ze-lenskyy me praktikat *satanike, okulte*, e quajti atë një kukull dhe pretendoi se Zelenskyy ishte zgjedhur, jo votuar. Në Mars 2022, Logan tha se *Charles Darwin* ishte punësuar nga *familja Rothschild*, për të krijuar teorinë e tij të evolucionit. Ajo gjithashtu promovoi pretendime se familja Rothschild, një objektiv i shpeshtë i teorive të komplotit antisemitik, inxhinieroi Luftën Civile Amerikane dhe atentatet e Abraham Lincoln dhe John F. Kennedy.

masë kritike të mjaftueshme brenda vendit, për të realizuar atë politikë."

Gazetarja Logan paralajmëroi, se nën administratën Biden, ai plan globalist, për të shpërndarë në Amerikë në një plan qeveritar rajonal është përshpejtuar.

Ky është plani globalist, për të cilin ne po punojmë. Por ajo që ne po bëjmë tashmë është se ne po jetojmë nën politikën e tyre, ku ata e kanë bërë të drejtën për të migruar një *të drejtë njerëzore*, të njohur nga OKB-ja në 2018 dhe që tani i tejkalon të drejtat tona sovrane, falë Biden-it administrata dhe ideologët e kufirit të hapur, që janë në këtë qeveri, të cilët nuk u pyetën kurrë, për të qenë i sinqertë, për strategjinë e tyre në fushatën elektorale, të cilët kanë anashkaluar legjislativin dhe po zbatojnë një strategji dhe një politikë, që jo vetëm që amerikanët nuk e votuan për këtë, sepse nuk iu dha mundësia, por shumica e amerikanëve nuk e mbështesin.

Këto pretendime vërtetojnë një dokument strategjik të OKB-së, të fshirë nga viti 2001, i quajtur, **"Migrimi zëvendësues": A është një zgjidhje për rënien dhe plakjen e popullsisë?"**, që përshkruan **një plan për të përmbytur Amerikën me 600 milionë emigrantë deri në vitin 2050.**

Deri më tani, mbi 10.000,000 milionë të huaj të paligjshëm janë derdhur në SHBA, që kur Joe Biden mori Shtëpinë e Bardhë, gati dy vjet më parë.[196]

"Ata u japin numra të sigurimeve shoqërore të huajve të paligjshëm në kufirin e SHBA-së" - Lara Logan, gazetare investigative

Gazetarja e pavarur Lara **Logan**, foli në Arizona, në një panel për integritetin e votuesve. Gjatë fjalimit të saj, ajo i tha audiencës se Biden, po u jep numrat e sigurimeve shoqërore të huajve të paligjshëm në kufirin jugor. Mbi 5 milionë emigrantë ilegalë, kanë kaluar në Shtetet e Bashkuara, përmes kufirit të hapur jugor në dy vitet (18 muaj) e para të Joe Biden në detyrë. *Ky duhet të jetë gjyqi i parë i shkarkimit të Joe Biden, shkatërrimi i qëllimshëm i Shteteve të Bashkuara të Amerikës.*

Ata nuk mund të fitojnë, nëse nuk mashtrojnë. Demokratët e Dhomës së Përfaqësuesve, votojnë për t'u dhënë të huajve të drejtën e votës - *Me Votim Unanim!*

Logan, thotë: *"Ju shikoni përreth jush dhe e dini se ata nuk besojnë në shtetësinë. Dhe tani kur njerëzit kalojnë kufirin ilegalisht, këtë e kam konfirmuar nga agjentët e patrullës kufitare, që në fakt, fizikisht e bëjnë këtë, atyre u jepet një numër i Sigurimeve*

---

[196] https://yournews.com/2022/09/18/2416517/must-watch-investigative-journalist-lara-logan-invasion-of-southern-border/https://yournews.com/2022/09/18/2416517/must-watch-investigative-journalist-lara-logan-invasion-of-southern-border/

Shoqërore. Atyre u caktohet një numër i Sigurimeve Shoqërore kur kalojnë. Nuk jam i sigurt se sa prej jush janë të vetëdijshëm për këtë. Dhe nëse vërtet dëshironi të dini se ku fillon mashtrimi, ka shumë kohë para se të shkoni në votime. Mendo pak, fillon me regjistrimin. Fillon me numërimin e ilegalëve në regjistrim."[197]

Prokurori i Përgjithshëm i Teksasit Ken Paxton, shembull i shkëlqyer i përkushtimit ndaj shtetasve të tij

"Emigrantët e paligjshëm i kushtojnë taksapaguesve të Teksasit mbi 850 milion dollarë çdo vit. Texas-i, do të mirëpresë gjithmonë ata që emigrojnë ligjërisht, por ne nuk mund të vazhdojmë t'i detyrojmë taksapaguesit të paguajnë faturën për individët që shkelin ligjin dhe kalojnë vijën. Unë, do të vazhdoj të luftoj për drejtësi, siguri dhe prosperitet për të gjithë Teksasit" - **Ken Paxton, Prokurori i Përgjithshëm i Teksasit**

Ndërsa kriza kufitare Meksikë-SHBA e shkaktuar nga politikat e papërgjeshme dhe idiote të Joe Biden rrit emigracionin e paligjshëm dhe përshkallëzon maksimum aktivitetin kriminal, Prokurori i Përgjithshëm Ken Paxton qëndron i përkushtuar, për të respektuar ligjin dhe për të mbrojtur Teksasit nga ky pushtim i mirëorganizuar nga Cabala, Deep State dhe "demokratët" amerikanë.

Në padinë e tij të janarit 2022, që ndaloi ngrirjen e paligjshme 100-ditore të dëbimeve (*të disa emigrantëve të jashtëligjshëm me histori dhe veprimtari të vazhdueshme kriminale si MS-13, trafikantë droge, prostitucioni, trafikantë të qënieve njëzoe dhe më së shumti vajzave dhe fëmijëve minorenë për arsye fitimi etj.*) të Biden-it, Prokurori i Përgjithshëm Paxton zbuloi fatmirësisht se qindra miliona dollarë, që taksapaguesit e teksasit shpenzonin në mënyrë të pavullnetshme, për të huajt e paligjshëm çdo vit:

• **Qytetarët e Teksasit**, paguajnë ndërmjet 579 dhe 717 milionë dollarë çdo vit, për rrethet e spitaleve publike, për të ofruar kujdes të pakompensuar, për të huajt e paligjshëm.

• **Qytetarët e Teksasit**, paguajnë 152 milionë dollarë për të strehuar alienët e paligjshëm kriminalë për vetëm një vit.

• **Qytetarët e Teksasit**, paguajnë midis 62 dhe 90 milionë dollarë për të përfshirë të huajt e paligjshëm në programin shtetëror të Emergjencës Medicaid.

• Qytetarët e Teksasit paguajnë më shumë se 1 milion dollarë për Pro-

---

[197] Lara Logan: They're Giving Social Security Numbers to Illegal Aliens at the US Border (VIDEO) https://www.thegatewaypundit.com/2022/07/lara-logan-giving-social-security-numbers-illegal-aliens-us-border-video/

gramin e Dhunës në Familje, për të ofruar shërbime, për të huajt e paligjshëm për një vit.

• **Qytetarët e Teksasit**, paguajnë midis 30 dhe 38 milionë dollarë në vit, për mbulimin perinatal, për të huajt e paligjshëm, përmes Programit të Sigurimit Shëndetësor të Fëmijëve.

• **Qytetarët e Teksasit**, paguajnë nga 31 deri në 63 milionë dollarë çdo vit, për të arsimuar fëmijët e huaj të pashoqëruar.

"Texans janë njerëz punëtorë dhe bujarë, por kostoja e emigracionit të paligjshëm është një barrë e pandërgjegjshme për taksapaguesit e shtetit tonë të madh. Nëse përdorim kostot minimale të vlerësuara, për shërbimet që Teksasi ofron për të huajt e pranishëm në mënyrë të paligjshme dhe pa dokumente, taksapaguesit po derdhin rreth 855 milionë dollarë çdo vit", tha **Prokurori i Përgjithshëm Paxton**.

"Texas-i, do të mirëpresë gjithmonë ata që emigrojnë ligjërisht, por ne nuk mund të vazhdojmë t'i detyrojmë taksapaguesit të paguajnë faturën për individët që shkelin ligjin dhe kalojnë vijën. Unë, do të vazhdoj të luftoj për drejtësi, siguri dhe prosperitet për të gjithë Teksasit."

Me 14 shtator 2022, *Paxton*, iu bashkua me të drejtë një përmbledhjeje shumështetërore në Gjykatën e Apelit të SHBA-së me bazë në New Orleans për Qarkun e Pestë, *për të ndaluar përpjekjet e deshtuara të Joe Biden nga krijimi i kaosit të madh në kufirin jugor.*

Ai dorëzoi dokumentet në Gjykatën e Lartë të SHBA-së (*Supreme Court of the United States*), për të mbrojtur taksapaguesit e shtetit të tij nga kostot e mëdha të emigracionit të paligjshëm, që po dynden me miliona vetë papushim në këtë shtet të madh.

Në këtë mënyrë Prokurori i Përgjithshëm **Ken Paxton,** po udhëheq një koalicion prej 14 shtetesh, që ka paraqitur një Procesverbal në Gjykatën e Lartë të SHBA-së, pasi i fjeturi Biden ndërmori veprime të paprecedentë, për të shfuqizuar në heshtje një rregull federal të imigracionit, të krijuar për të mbrojtur taksapaguesit amerikanë.

Gjykata e Lartë i jep një fitore tjetër Teksasit, një shuplakë plus humbje të paaftit Biden në sigurinë kufitare

Sot, me 14 shtator 2022, Gjykata e Lartë e SHBA-së i dha Teksasit një tjetër fitore, në mohimin e kërkesës së Biden-it, për të mos lejuar një gjykatë më të ulët të lirojë një Memorandum të paligjshëm të Departamentit të Sigurisë Kombëtare (DHS).

New York City, ka shpenzuar mbi 1.000,000,000 milion dollarë, për të strehuar emigrantët në hotele luksoze

Absurdi më i madh ka shoqëruar jetën dhe politikën tash 2 vjet, në shtetin e madh blu të gomerëve. Kështu qyteti metropolitan i New York City, **Manhattan**, ose sikurse njihet ndryshe ketu si *Big Apple*, mund të jetë gati për më shumë se 1.000,000,000 milionë dollarë në vit, për të ofruar hapësirë strehimi në hotele luksoze me 5 yje për emigrantët e sapoardhur, tregon një analizë e gazetës konservative njujorkeze **New York Post**.

Kështu mësohet nga Fox News, se zyrtarët e qytetit ose kanë marrë me qira ose kanë njoftuar planet për të siguruar afërsisht 5,800 dhoma hoteli gjatë muajit të fundit, në përgjigje të fluksit nga kufiri jugor, i cili shpejt mposhti sistemin tashmë të tensionuar të strehimoreve për të pastrehët.

Një nga operacionet më të mëdha strehimi, është planifikuar për hotelin **ROW NYC në 8th Avenue në Midtown**, ku zyrtarët po kërkojnë të marrin me qira deri në 600 dhoma luksoze me $700 dollarë nata dhe të ofrojnë shërbime luksoze të pranimit dhe të tjera për të ardhurit e fundit pa dokumenta identiteti dhe histori të tyre.

Sipas një investigimi apo vëzhgimi, mësohet se ky strehim i emigrantëve të jashtëligjshëm, mund t'i kushtojë shtetit të New York-ut dhe 5 qyteteve të New York City mbi 1 bilion dollarë në vit, për të siguruar strehim, ushqim, shërbime shëndetsore etj., për migrantët e sapoardhur në hotelet e Manhattan-it. (**Reuters**)

Të dhënat e reja, të zbuluara nga investigimi dhe siguruar edhe nga burime brenda qeverisë lokale të Bashkisë së qytetit, tregojnë se strehimi ishte si pjesë e një kontrate prej 139 milionë dollarësh, të nënshkruar nga Departamenti i Shërbimeve, për të pastrehët në janar të vitit 2021, në të cilën Bashkia (e NYC) pagoi një mesatare prej 147,67 dollarë në ditë si qira për emigrantët.

Për më shumë, dihet se deri tani janë siguruar *5,800 dhoma hoteli, me një shpenzim të ri të papritur prej 312.6 milionë dollarë në buxhetin e qytetit dhe kjo është para se të llogariten kostot e tjera, si ofrimi i ushqimit dhe kujdesit mjekësor, internet, cellular etj.*

"Ofrimi i këtyre shërbimeve do të jetë padyshim një kosto e konsiderueshme, që do t'u kërkojë zyrtarëve të qytetit ose të zhvendosin fondet nga programet e tjera ose të identifikojnë kursimet," tha Ana Champeny, studiuesja kryesore në Komisionin e Buxhetit Qytetar.

Zyrtarët vlerësuan se më shumë se 17,000 migrantë nga kufiri jugor, kanë mbërritur në qytetin e New York-ut, që nga fillimi i rritjes së numërit të emigrantëve të jashtëligjshëm në muajin maj, dhe thanë se numëri ishte rritur me

17,000 vetëm në javët e fundit.

Në fakt gazetarët e pavarur këtu i marrin me rezerva shifrat qeveritare, që shpesh janë kontradiktore dhe jo të sakta, kur dihet se administrata Biden dhe governatorët dhe kryetarët e bashkive, ku drejtojnë demokratët mundohen t'i reduktojnë me gënjshtra mediatike globaliste shifrat, që të mos përhapin edhe më shumë panik non stop në popullin amerikanë, që është i shokuar dhe zhgënjyer nga këto veprime anti-Kushtetuese të përsëritura të O-Biden 3, dhe qeverive qendore e lokale anti-amerikanë.

Planet e reja të Departamentit të Shërbimeve dhe të Pastreheve në NYC

Sipas mediave amerikane të pavarura, dihet se është planifikuar që këto ditë të punohet në disa zona të NYC, të ngrejnë tenda të mëdha në sheshe të hapura, ku do të përgatën krevat fëmijësh, menca, qendra internet, banjo public etj., për të strehuar fluksin masiv non stop të emigrantëve.

Unë i kam parë me sytë e mi tendat, që po ruhen 24/7 nga policë të shumtë dhe makinat e tjera shërbimi përreth qendrave të reja apo strehimoreve si në qytetet Bronx, Manhattan, etj.

Nga ana e tjetër, Kryetari i Bashkisë së New York City demokrati **Eric Adams** nga taksat tona do t'i jap mbi 34 milionë dollarë disa kompanive kontraktuese, për të ndihmuar të pastrehët (emigrantëve), që mbërrijnë vazhdimisht gjatë 24/7 me autobus nga Texas-i etj. Ky fluks me miliona persona vazhdimisht rritet, me shifra të frikshme astronomike, që po shukojnë qytetarët amerikanë.

Kryetari i Bashkisë demokrati Eric Adams, në mënyrë absurd ka ngritur një padi në gjykatë, kundër shtetit Tekxas-it dhe **guvernatorit Ghoul Abbott,** për dërgimin në New York të autobusëve me emigrantë të jashtëligjshëm, që Biden dhe demokratët në pushtet i kanë lejuar të vijnë, me dijeninë dhe nxitjen e plotë të Senatit dhe Kongresit Amerikan, të kontrolluar nga demokratët, duke shkelur ligjet federale dhe Kushtetutës.

Nga ana e tjetër, *Eric Adams dhe Bashkia e gomerëve blu demokratë, që ndihmojnë vërshimin e paligjshëm të emigrantëve në kufirin jugor të vendit tonë, ka refuzuar vazhdimisht të japë një parashikim se sa mund t'i kushtojë xhepit të qytetarëve taksapagues njujorkez, strehimi dhe ofrimi i shërbimeve shtesë me të gjithë beneficet e nevojshme për të emigrantët e tyre të rinj.* (**New York Post, Shtator 2022**)

Shifra

Nga raportet e pavarura, mendohet se gjithsej 46.2 milionë emigrantë (të ligjshëm dhe të paligjshëm) kanë hyrë në SHBA deri në muajin nëntor të vitit 2021. Ky është numri më i madh i emigrantëve të regjistruar ndonjëherë në ndonjë studim apo regjistrim qeveritar që nga viti 1850.

Si pjesë e popullsisë totale të SHBA-së, emigrantët ishin 14.2 përqind në nëntor 2021, përqindja më e lartë në 111 vjet. Pjesa e emigrantëve të popullsisë është trefishuar që nga viti 1970 dhe është afër dyfishimit që nga viti 1990. Vetëm në muajin e fundit - tetor deri në nëntor 2021-2022 popullsia totale e emigrantëve u rrit me mbi 10,000.000 vetë dhe se Qeveria dhe administrata Biden, po fshehin dhe reduktojnë në maksimum shifrat reale të tyre.

Në krahasim me rritjen prej 10.5 milionësh të popullsisë së emigrantëve pas "fitores" së Big Tech de Big Media dhe Joe Biden, në vitin 2017-2020 gjatë Presidencës së suksesshme të Presidentit Donald J. Trump, popullsia e emigrantëve ra nivelin record më të ulët në të gjithë historinë e hyrjes së emigranteve të jashtëligjshëm në SHBA.

Emigrantët hispanikë përbënin 7,000.000 ose 70% të rritjes që nga nëntori i vitit të kaluar 2021. Faktori kryesor për rritjen e numërit të emigrantëve të jashtëligjshëm është vetë O-Biden 3, Kongresi dhe Senati Amerikan, të kontrolluar nga demokratët, sikurse edhe governatorët dhe kryetarët e bashkive e shtetëve blu të gomerëve, të cilët po përdorin taksat tona për t'u dukur të mirë me emigrantët.

Në disa shtete ato i kanë regjistruar për të votuar, në kundërshtim me ligjet dhe Kushtetutën amerikane. Këto emigrantë janë paisur edhe me kartë identiteti ose **ID** (driver licence), me të cilën ata mund të paraqiten edhe në qendrat e votimeve, për të votuar për bamirësit e tyre të partisë demokrate këtu.

Ky është një tregues pse emigracioni i paligjshëm përbën një pjesë të madhe të rritjes së fundit të emigrantëve. Qeveria federale dhe studiuesit e jashtëm kanë vlerësuar se gati 3/4 e emigrantëve të paligjshëm në të dhënat e Byrosë së Regjistrimit janë hispanikë.

Midis nëntorit 2020 dhe nëntorit 2021, shtetet me rritjen më të madhe të emigrantëve ishin Florida (deri në 3.000,000), Kalifornia (deri në 4.051,000), Arizona (rritje 973,000), Wisconsin (rritje 356,000) dhe Virxhinia (rritje 235,000), New York etj.

"NE, DO T'I JAPIM FUND TUBACIONEVE TË GAZSJELLËSIT RUS NORD STREAM 1 DHE 2." – JOE BIDEN, *FATKEQSIA E JONË KOMBËTARE*

"Të gjithë po flasin për uraganin e madh që po kalon në Florida, siç duhet të jetë, por ndoshta një ngjarje shumë më e rëndësishme në planin afat-gjatë, ishte njoftimi se gazsjellësit Nord Stream I & II, që dalin nga Rusia (që unë e solla në vëmendjen e botës si President, kur shpjegova se sa dëmtuese mund të ishte mbështetja në të për Gjermaninë dhe pjesë të tjera të Evropës. Të gjithë qeshën në atë kohë, por ata nuk po qeshin më!) është SABOTAGUAR. Kjo mund të çojë në përshkallëzim të madh, ose në luftë!" **- Presidenti Donald J. Trump**

"Të gjitha shtetet ukrainase dhe të detit Baltik e kanë kundërshtuar ndër-timin e Nordstream për 20 vjet. Tani 20 miliardë dollarë skrap metali shtrihet në fund të detit, një tjetër kosto për Rusinë e vendimit të saj crim-inal, për të pushtuar Ukrainën. Logjika e vetme e Nordstream, ishte që Putini të ishte në gjendje të shantazhonte ose të bënte luftë në Evropën Lindore pa u ndëshkuar." **- Radoslaw Tomasz "Redek" Sikorski, Eurodeputet socialist në Parlamentin Europian, ish-Ministri i Mbrojtjes së Polonisë**

"Është katastrofike për klimën. Rrjedhja e metanit aty (detin Balltik) është 82,5 herë më i fuqishëm se sa dioksidi i karbonit që thith nxehtësinë e Diellit dhe krijon ngrohjen e Tokës." **- Andrew Baxter,** *një inxhinier kimik, sot antar në grupin mjedisor* **EDF**

Ja çfarë kishte premtuar presidenti amerikan Joe Biden për këtë më 7 shkurt: Nëse Rusia pushton, kjo do të thotë që tanket ose trupat do të kalojnë, përsëri kufirin e Ukrainës, atëherë do të kemi, ne, nuk do të kemi më një Rrjedhës Verior 2. Ne do t'i japim fund.

Pyetje: **Por si do ta bëni - si do ta bëni këtë saktësisht, pasi projekti dhe kontrolli i projektit është nën kontrollin e Gjermanisë?**

Joe Biden: **Ne do - ju premtoj, ne do të jemi në gjendje ta bëjmë atë.**

Radek Sikorsky, ish-ministri polak i Mbrojtjes
zbulon autorin e sabotimit të qëllimshëm

"**Faleminderit, SHBA**" Ishin pikërisht këto dy fjalë *që shkroi në Twitter* **Radoslaw Tomasz "Redek" Sikorski (1963)**[198] dhe po trondisin botën, mediat ndërkombëtare, europiane dhe amerikane më së shumti. *A është rastësi që pikë-*

---

[198] **Radosław Tomasz "Radek" Sikorski (1963),** është politikan dhe gazetar polak dhe deputet i Parlamentit Evropian. Ai ishte Marshall i Sejmit në vitet 2014-2015 dhe Ministër i Punëve të Jashtme në kabinetin e Donald Tusk në vitet 2007-2014. Më parë ai shërbeu si zv/ministër i Mbrojtjes Kombëtare (1992) në kabinetin e Jan Olszewski, Zëvendësministër i Punëve të Jashtme (1998–2001) në kabinetin e Jerzy Buzek dhe Ministri i Mbrojtjes Kombëtare (2005–2007), në kabinetet e Kazimierz Marcinkiewicz dhe Jarosław Kaczyński. I diplomuar në Pembroke College, Oxford në vitet 1986-1989, ai punoi si gazetar për **The Observer dhe The Spectator** dhe në 1986 ishte korrespondent lufte në Afganistan. Në vitin 1989, ai raportoi për konfliktin në Angola. Në vitet 2003-2005, ai ishte anëtar i institutit konservator të Institutit Amerikan të Ndërmarrjeve. Në vitin 2012, ai u përfshi në listën e Top 100 Mendimtarëve Global 2012 të publikuar nga revista Foreign Policy. **Në vitin 2015**, ai u bë anëtar i lartë në Qendrën për Studime Evropiane të Universitetit të Harvardit. Ai është anëtar i lartë i rrjetit në Rrjetin Evropian të Lidershipit (ELN). Ai kryesoi komitetin lokal të grevës së studentëve në mars 1981 ndërsa studionte në I Liceum Ogólnokształcące (Shkolla e Mesme). Në qershor 1981 ai udhëtoi për në Mbretërinë e Bashkuar, për të studiuar anglisht. Pas shpalljes së gjendjes ushtarake në dhjetor 1981, atij iu dha azil politik në Britani në vitin 1982. Ai studioi Filozofi, Politikë dhe Ekonomi në Kolegjin Pembroke, Universiteti i Oksfordit, ku Zbigniew Pełczyński ishte një nga mësuesit e tij. Gjatë kohës së tij në Oksford, Sikorski ishte kryetar i Komitetit të Përhershëm të shoqërisë debatuese, Unioni i Oksfordit (ku organizoi debate mbi ligjin ushtarak), president i Shoqatës Polake të Universitetit të Oksfordit, anëtar i Klubit të Konservimit dhe ishte i zgjedhur në Klubin Bullingdon, një shoqëri ngrënieje që numëronte midis anëtarëve të saj ish-kryeministrin britanik, David Cameron, ish-kancelari George Osborne dhe ish-kryeministrin Boris Johnson. Artikujt e tij u botuan në revistat prestigjioze polake të emigrantëve - Kultura dhe Zeszyty Historyczne me bazë në Paris, si dhe revistat britanike Sunday Telegraph dhe Tatler. Ai u diplomua në vitin 1986. Në vitin 1987, Sikorski fitoi nënshtetësinë britanike, të cilën ai hoqi dorë në vitin 2006, duke u bërë Ministër i Mbrojtjes i Polonisë. Në mesin e viteve 1980, Sikorski punoi si gazetar i pavarur për botime të tilla si The Spectator dhe The Observer. Ai gjithashtu shkroi për gazetën indiane The Statesman of Kolkata. Ndërsa ishte korrespondent lufte për The Sunday Telegraph, ai solli raportin e parë dhe fotografitë e raketave amerikane Stinger, përdorimi i të cilave ishte një pikë kthese në luftë. **Ai mendon, se Ukraina, duhet të çlirohet nga ideologjia naziste, por edhe të çmilitarizohet, duke siguruar statusin e një vendi pa armë bërthamore.** Më 27 shtator 2022, disa orë pas rrjedhjeve të gazit Nord Stream 2022, Sikorski postoi në Twitter **Faleminderit, SHBA** mbi një foto të rrjedhjeve të gazit, që pasuan shpërthimet e tubacioneve të gazit Nord Stream 1 dhe 2. Katër orë më vonë, pasi media të shumta shkruan se **Sikorski la të kuptohej se SHBA hodhi në erë tubacionet,** ai bëri postime të mëvonshme, ku ai i quajti shpërthimet një "operacion special mirëmbajtjeje", duke aluduar në eufemizmin e qeverisë ruse për lufta në Ukrainë.

risht Polonia hap menjëherë tubacionin e ri në të njëjtën ditë kur tubacionet gaznxje-rrese Nordstrom 1 & 2 shkaterrohen qëllimisht nga…!?

https://www.youtube.com/watch?v=k8YC7UQVmis

Me apo pa dashje, **Sikorsky**, zyrtari më i lartë elitar i politikës së sotme europiane (shih foton origjinale), nxori sekretin e një plani të parapërgatitur, në të cilën ai kishte dijeni të plotë, duke qenë edhe zyrtari më i lartë në postin e Ministrit të Mbrojtjes së Polonisë, që përgëzoi SHBA e drejtuar aksidentalisht nga politikani i papërgjeshëm Joe Biden.

https://www.youtube.com/watch?v=y_NT_6TRqWQ

Radek Sikorsky, bashkëshorti i shkrimtares kundër Rusisë, Anne Applebaum

Media globaliste e majtë po hesht, për t'a përshkruar se kush është Radek Sikorsky. Nga biografia e tij e pasur politike anti-ruse, del se ai është **anëtar i Parlamentit Evropian, sikurse** ka qenë për shtatë vjet Ministër i Jashtëm i Polonisë (2007-2014). Gjithashtu dihet se Sikorski, shërbeu si Ministër i Mbrojtjes Kombëtare nga viti 2005 deri në vitin 2007. Ai është **bashkëshorti i shkrimtares së famshme kundër Rusisë, Anne Applebaum. Sikurse dihet tashme Radek Sikorsky ka qenë i lidhur me Universitetin e Oksfordit, Universitetin e Harvardit dhe NATO-s**, ka postuar në Twitter në ditën e shpërthime, "**Faleminderit, SHBA**."

Ai gjithashtu shkroi në Twitter shpjegime: "*Të gjitha shtetet ukrainase dhe të detit Baltik e kanë kundërshtuar ndërtimin e Nordstream për 20 vjet. Tani 20 miliardë dollarë skrap metali shtrihet në fund të detit, një tjetër kosto për Rusinë e vendimit të saj kriminal për të pushtuar Ukrainën. Logjika e vetme e Nordstream ishte që Putini të ishte në gjendje të shantazhonte ose të bënte luftë në Evropën Lindore pa u ndëshkuar.*"

https://www.youtube.com/watch?v=myuri0IwCeU

Ky veprim i turpshëm dhe hipokrit anti-human dhe anti-ekonomik, u shfaq për miliona gjermanë dhe europiane të tjerë, që përfitonin gaz natyror vazhdimisht prej shumë vitesh nga Federata Ruse.

https://www.youtube.com/watch?v=RxYag4oBtXk

Kjo është shenja e respektit me falenderim apo mirënjohje të thellë publike ndërkombëtarë, që ish-**ministri polak i Mbrojtjes dhe eurodeputeti aktul I Parlamentit Europian Radek Sikorski**, *ia atribuon me krenari drejtpërdrejtë SHBA-së*, menjëherë mbas sabotimit me shpërthime katastrofike apokaliptike në ujërat e detit Baltik (**Baltic Sea**, *është një krah i Oqeanit Atlantik, i rrethuar nga Danimarka, Estonia, Finlanda, Gjermania, Letonia, Lituania, Polonia, Rusia, Suedia dhe Rrafshina e Evropës Veriore dhe Qendrore*) të tubacioneve të gazsjellësit **Nord**

Stream 1 dhe 2 (në tre pika të ndryshme), të cilët transportojnë pa ndërprerje gaz natyror nga **Rusia në drejtim të Gjermani**.

https://www.youtube.com/watch?v=_vIwCDtok9M

Gazi po rrjedh nga dy tubacionet ruse Nord Stream. Nord Stream 1, i cili ka qenë operacional dhe kritik për sigurinë energjetike të Evropës, dhe Nord Stream 2, që ishte projekti i ëndrrave të Rusisë.

https://www.youtube.com/watch?v=i1hxMUQOd_g

Kongresmeni ose **Rep. Pat Fallon (R-Texas)**, foli në **Fox News Channel** mbi politikat e Bidenit, pasi ai fajëson luftën e Putinit në Ukrainë për rritjen e çmimeve të gazit dhe luftën e administratës ndaj energjisë amerikane dhe se Joe Biden, kur duhet të veprojë, ai nuk bën asgjë. *Dhe pastaj kur më në fund detyrohet të reagojë ndaj situatave, ai ose nuk bën, përsëri, asgjë ose gjënë e gabuar.*

Ai i shpalli luftë energjetikës amerikane, sapo mori detyrën në janar të vitit 2021. Është disi ironike, që ai ndezi gazsjellësin Nord Stream 2 për rusët, por më pas vrau tubacionin amerikane në kufi me Kanadanë Keystone XL këtu dhe ata pezulluan qiratë e naftës dhe gazit natyror në tokat tona federale.

https://www.youtube.com/watch?v=OMcs_j6gk1g

Rrjedhje të shumta zbulohen në të njëjtën kohë nëpër dy tubacione të ndryshme, ku asnjëra prej tyre nuk duket e natyrshme. *SHBA-ja mund të fitoi shumë, nëse linjat energjetike midis Rusisë dhe Evropës do të dëmtoheshin strukturisht.*

https://www.youtube.com/watch?v=C9Tf1qzkG68

Ndërsa Rusia mund të përpiqet patjetër t'i dërgojë një mesazh Evropës, Uashingtoni ka më shumë një nxitje për të ndërhyrë me tubacionet. *Kush mendoni se qëndron pas rrjedhjeve të Nord Stream? Shikoni për të ditur më shumë.*

https://www.youtube.com/watch?v=fB4bKbrCMZE

Sekretari i Shtetit i Polonisë sa për të larë gojën (m… me sh..) dhe politikën e vendit të tij, "denoncoi" pretendimin e saktë të Sikorski-t në Twitter si "Propagandë ruse", kur ai falenderoi nga zemra për shkatërrimin e tubacionëve ruse direkt SHBA (*drejtuesin e saj fatkeqsisht actual Joe Biden*), dhe për t'ia larguar përgjegjësinë e madhe ndërkombëtare Biden-it shtoi, se: "*Në këtë moment të veçantë rrezikon sigurinë e Polonisë*".

https://www.youtube.com/watch?v=npnqK3BSkBw

Deklarata e Sekretarit të shtetit polka (polak), është një flluckë sapuni propagandistik mbas kosit, e cila **Nuk** *mund të fsheh direkt përgjegjësinë ndërkombëtare Biden-it*, mbasi ish Ministri i Mbrojtjes i Polonisë polake Sikorki (si eurodeputet polak dhe njeri me peshë politike me besueshmëri ndërkombëtare në shtetit të tij), *ka një foto me ngjyra me ish Sekretaren e Shtetit Hillary Clinton dhe me mikun e tij të shtrenjtë Biden*, i cili, me mburrje ka deklaruar botërisht, se "**Ne do t'i japim fund asaj,**".

https://www.youtube.com/watch?v=xWUuhNd37WI

Për më shumë, Klikoni këtu për të mësuar me zë dhe figurë se kush janë autorët mbas sabotazhit, që po trondit botën.

https://youtu.be/weCuz0wtEtU

"Nëse Rusia pushton Ukrainën, në një mënyrë ose në një tjetër, Nord Stream 2 nuk do të ecë përpara."
- **Viktoria Nuland**, zv/ Sekretare e administratës Biden

Nga ana e tjetër, vetë *Joe Biden, në një takim me mediat vendase dhe ndërkom-*bëtare *n*ë Shtëpinë e Bardhë së bashku me kancelarin e ri gjerman, *premtoi hapur më 7 shkurt 2022, se do të parandalonte funksionimin e Nord Stream 2, nëse do të shpërthente një konflikt Rusi-Ukrainë,* duke e mbyllur fjalimin e tij i sigurtë, se: **"Ne do t'i japim fund asaj."**

https://www.youtube.com/shorts/FVbEoZXhCrM

Dhe fjala e tij si Premtim, u bë realitet, duke bërë xhiron e botës, në rrjetet e shumta sociale, mediat ndërkombëtare dhe ato amerikanë që po ribotojnë me germa kapitale në gazeta dhe japin original deklaratat e tij me zë dhe figurë, në studio televizive në mënyrë të herë pas here fjalimin e tij të hapur kërcënues dhe të turpshëm, për historinë dhe prestigjin e SHBA-së kudo në botë.

https://www.youtube.com/watch?v=L6-LCAvMH4A

Ajo që po shukon apo po habit sot popullin amerikan, është fakti pse Kongresi dhe Senati Amerikan, që kontrollohen nga demokratët e Biden-it, po heshtin dhe mbulojnë turpin e boss-it të tyre dhe nuk po fillojnë në mënyrë urgjente *Gjyqin e Madh, për Shkarkimin e tij nga posti në Shtëpinë e Bardhë,* për pasojat katastrofike, që solli deklarata e tij urryese kundër shtetit dhe popullit rus, ashtu edhe kundër shtetit dhe popullit gjerman, ku kjo e fundit furnizohej rregullisht me gaz natyror nga tubacionet, që vinin nga Federata Ruse.

https://www.youtube.com/watch?v=OUCcXmh5i0Q

Nëse Presidenti Trump do të ishte në këtë situatë, ai menjëherë do hidhej në gjyq për Shkarkim nga Big Media, Big Tech, Kongresi dhe Senati Amerikan, i kontrolluar fatkeqsisht nga ato dhe komunistët fanatikë amerikanë.

https://www.youtube.com/watch?v=OuZgJ_T5szw

Sot në SHBA, fatkeqsisht po përballemi me dy standarte të njëanshme nga i njëjti Kongres dhe Senat Amerikan, i kontrolluar tash 4 vjet nga demokratët, një standart ndeshkues me 2 gjyqe fallco plot urretje patetike ndaj Presidentit patriot Donald J. Trump dhe një tjetër me fshehje të laptopeve të familjes Biden dhe Hunter Biden, dhe për politikanin e korruptuar Joe Biden.

https://www.youtube.com/watch?v=v46bNSXeKHY

Qeveria komuniste e SHBA-së realizoi ngjarjen
më të madhe katastrofike të Ngrohjes Globale

Këto janë titujt e shumë kanaleve televizive dhe gazetave të pavarura online, mijëra websiteve të pavarura, që nuk kontrollohen nga qeveria dhe shtetet socialiste globaliste kudo në botë, si dhe në Europë dhe SHBA.

https://www.youtube.com/watch?v=YVH4cDGeypo

Më 28 shtator 2022, **AP** mbanste titullin editorial: "**Rrjedhje rekord metani nga tubacionet e dëmtuara të Detit Baltik**" dhe raportoi, se: "*Rrjedhja e metanit nga tubacionet e dëmtuara Nord Stream 1 dhe 2, ka të ngjarë të jetë shpërthimi, më i madh katastrofik (apokaliptik) i gazit të fuqishëm serrë në histori, deri tani,*" thotë **Andrew Baxter.**

Eksperti **Andrew Baxter**, është një inxhinier kimik, i cili, më parë ka punuar në industrinë e naftës dhe gazit në det të hapur dhe tani është në grupin mjedisor EDF. I pyetur nga media ndërkombëtare, ai tepër tronditur nga ngjarja ekologjike tragjike, tha: "**Është katastrofike për klimën.**" Ai vuri në dukje se metani "**është 82,5 herë më i fuqishëm se sa dioksidi i karbonit në thithjen e nxehtësisë së diellit dhe ngrohjen e Tokës.**"

https://www.youtube.com/watch?v=gZGzySUXZwE

Presidenti rus **Vladimir Putin** kishte synuar përfundimisht (dhe ndoshta së shpejti), që gazi në Evropë të rrjedhë përsëri, dhe u tha vendeve të BE-së më 16 shtator, "**Vetëm hiqni sanksionet mbi Nord Stream 2, që është 55 miliardë metra kub gaz për vit, thjesht shtypni butonin dhe gjithçka do të shkojë mirë.**"

https://www.youtube.com/watch?v=D2zrI8V0FEE

Ja çfarë kishte premtuar presidenti amerikan *Biden*, më 7 shkurt 2022, deklaroi publikisht, se: "**Nëse Rusia pushton, kjo do të thotë që tanket ose trupat do të kalojnë përsëri kufirin e Ukrainës, atëherë do të kemi, ne, nuk do të kemi më një Rrjedhës Verior 2. Ne do t'i japim fund atij.**"

Pyetja nga gazetarja: *Por si do ta bëni - si do ta bëni këtë saktësisht, pasi projekti dhe kontrolli i projektit është nën kontrollin e Gjermanisë?*

Joe Biden, përgjigjet prerë e I sigurtë, në prani të Kancalarit gjerman, se: *Ne, do ju premtoj, ne do të jemi në gjendje ta bëjmë atë."*

https://www.youtube.com/watch?v=Wj2t6MOFqZE

Ai kishte premtuar se do të shkaktonte përfundimin e përhershëm të Nord Stream nëse Rusia pushton, gjë që e bëri më 24 shkurt. Ai e përmbushi atë premtim disa muaj më pas, më 27 shtator 2022.

Për më tepër, më 27 shtator 2022, **revista gjermane Spiegel** raportoi se, siç tha edhe **Reuters**, "*Agjencia Qendrore e Inteligjencës e SHBA (CIA) javë më parë* *kishte paralajmëruar Gjermaninë për sulme të mundshme në tubacionet e gazit në Detin Baltik".*

Më 28 shtator 2022, SouthFront titulloi shkrimin e saj: *"Nuk ka rrugë kthimi për Evropën"* dhe raportoi: **Me arsye dyshohet se gazsjellësi është hedhur në erë nga shërbimet speciale të Shteteve të Bashkuara për të ndaluar përfundimisht furnizimin me gaz në Gjermani nga Rusia."**

Më 27 shtator 2022, një shkëputje e anijeve luftarake të udhëhequr nga **anija sulmuese amfibe amerikane USS Kearsarge,** raportoi për përfundimin e detyrave të tyre në zonën e sabotimit të supozuar në Detin Baltik dhe u drejtuan për në Detin e Veriut.

Që nga fillimi i shtatorit, në zonë vërehet një aktivitet i dyshimtë nga helikopterët anti-nëndetëse të Marinës Amerikane. Në ditët e fundit, aktivitetet e zbulimit të avionëve të NATO-s janë intensifikuar ndjeshëm në zonën e Detit Baltik. Në veçanti, **një avion zbulues amerikan Boeing E-3 Sentry** ishte në patrullë të vazhdueshme mbi shtetet baltike dhe **një US Joint STARS u vu re mbi Gjermani dhe Poloni.**

Tani lind pyetja: *Çfarë mendoni ju? A është kjo dëshmi ndoshta e mirë për të mbështetur se SHBA-ja ishte "njeriu i goditur" i emëruar nga Kabali Globalist i BE-së për të sabatuar tubacionet?*

Federa Ruse i kërkon BE-së të trajtojë SHBA si të dyshuar për sabotim të tubacioneve

Infrastruktura nënujore, që sjell gazin rus direkt në Gjermani u dëmtua në atë që shumë besojnë të jetë një sulm klandestin i mirëorganizuar. Zëdhënësja e Ministrisë së Jashtme ruse **Maria Zakharova,** ka pyetur se kë synon të ndëshkojë BE-ja me *"përgjigjen më të fortë të mundshme"*, për dëmtimin e tubacioneve të gazit Nord Stream.

Diplomati tha se ish-ministri i Jashtëm i Polonisë e ka identifikuar tashmë SHBA-në si pale konkrete faktike, pas sabotimit të dukshëm. Radoslaw Sikorski, është i lidhur mirë me elitat e Washington-it, përmes punësimit të tij në institute të ndryshme si mendimtar.

Dy tubacionet Nord Stream 1 dhe 2, u dëmtuan rëndë në 3 zona të ndryshme këtë javë, në atë që dyshohet se ishte një sulm i qëllimshëm.

Presidentja e Komisionit Evropian **Ursula von der Leyen** të martën e quajti incidentin "Ky është një aksion sabotues" dhe paralajmëroi, se *"çdo ndërprerje e qëllimshme e infrastrukturës aktive të energjisë evropiane, është e papranueshme dhe do të çojë në reagimin më të fortë të mundshëm."*

Të mërkurën, Zakharova pyeti se për kë do të zbatohej saktësisht paralajmërimi. *"Nuk e kuptoj. Eurodeputeti Sikorski falënderoi SHBA-në për atë që kishte ndodhur, kështu që kë po kërcënon Ursula atje?"*, ka shkruar ajo në rrjetet sociale.

Zakharova, po i referohej reagimit ndaj incidentit nga Sikorski, tani një ligjvënës i BE-së, i cili postoi një foto të vendit ku ndodhën shpërthimet në Twitter.

Ai e përshkroi incidentin si një *"operacion special mirëmbajtjeje"*. Eurodeputeti socialist polak në Parlamentin Europian Sikorski shtoi se *"nuk ka mungesë të kapacitetit të tubacionit për marrjen e gazit nga Rusia në Evropën Perëndimore, duke përfshirë Gjermaninë"*, duke iu referuar tubacionit tokësor Yamal-Evropë, që kalon përmes Bjellorusisë dhe Polonisë.

Pas dëmtimit të tubacioneve 1 dhe 2 të Rrjedhës së Gazit në Veri të Europës, presidenti rus **Vladimir Putin** *"do të duhet të bisedojë me vendet që kontrollojnë" rrugën alternative, për të rifilluar furnizimet"*, parashikoi ai.

Zakharova, më herët pyeti nëse tweetet e Sikorskit përbënin një **"deklaratë zyrtare, se ky ishte një sulm terrorist"**. Ndërkohë, **Dmitry Polyanskiy**, zëvendës ambasadori rus në OKB, falënderoi Sikorskin, që *"e bëri të qartë se kush qëndron pas këtij shënjestrimi të stilit terrorist, të infrastrukturës civile!"*

Deri më sot, **Nuk** ka pasur vazhdimisht kërcënime nga disa vende perëndimore, kundër tubacioneve ruse nënujore, veçanërisht Nord Stream 2 para dhe pas fundit të shkurtit 2022, kur Moska dërgoi trupat speciale në mbrotje te shtetasve të vet në Ukrainën Jug-Lindore.

Sikurse dihet **Nord Stream 2** ishte gati të pomponte gaz furnizues që nga shtatori i vitit të kaluar 2021, por nuk u vu në funksion për shkak të refuzimit të Gjermanisë për t'a certifikuar. Nga ana e tjetër Presidenti polak **Andrzej Duda**, kërkoi muajin gusht 2022, që gazsjellësi "të anulohej plotësisht".

Presidenti i SHBA-së Joe Biden paralajmëroi në fillim të shkurtit (7.2.2022), përpara se Rusia të fillonte operacionin e saj ushtarak në Ukrainë, se nëse Moska vepron kundër Kievit *"nuk do të ketë më një Nord Stream 2. Ne do t'i japim fund"*.

Nga ana e tjetër, **një gazetare bionde**, i kërkoi të skjaronte se çfarë saktësisht do të thoshte, për të cilën **Biden** u përgjigj: **"Ju premtoj, ne do të jemi në gjendje ta bëjmë këtë"**.

https://twitter.com/ABC/status/14907924619790786662...

Sekretari amerikan i Shtetit Antony Blinken komentoi incidentin të martën, duke deklaruar se sulmi i tubacioneve ruse ishte **"në interesin e askujt (përveç SHBA-së)"**.

Ish-ministri i Jashtëm polak Sikorski falënderon SHBA-në, për dëmtimin e Nord Stream Sipas Radoslav Sikorsky, ajo kufizon hapësirën e Rusisë për manovrim Varshavë, 28 shtator. (TASS).

Faktet tregojnë, se vetë Radoslaw Sikorski, një anëtar i Parlamentit Evropian dhe një ish-Ministër i Jashtëm dhe ish-Ministër i Mbrojtjes së Polonisë, *ka falënderuar SHBA-në për dëmtimin e Rrjedhës Veriore.* "Një gjë e vogël, por shumë gëzim," tha ai në Twitter, duke postuar një foto të vendit të aksidentit, për të shoqëruar tweet-in dhe duke i caktuar hashtagun #Nordstream. *"Faleminderit, SHBA"*, ka shkruar ai në postimin e mëposhtëm në Twitter, me të njëjtën foto.

Për të vërtetuar deklaratën e tij, Sikorski citoi presidentin amerikan Joe Biden, i cili, tha më 7 shkurt 2022, se SHBA do t'i jepte fund Nord Stream, nëse trupat ruse kalonin kufirin ukrainas.

Sikorski tha se dëmtimi i Nord Stream 1 dhe 2, ngushtoi hapësirën e manovrimit të Rusisë, sepse nëse vendi dëshiron të rifillojë furnizimet me gaz në Evropë, do të duhet të bisedojë me vendet, që kontrollojnë tubacionet e gazit Druzhba dhe Yamal.

Më parë, tre rrjedhje u zbuluan në tubacionet Nord Stream dhe Nord Stream-2 brenda disa orësh nga njëra-tjetra. E para prej tyre u zbulua në Nord Stream 2, pranë ishullit danez të Bornholm. Më pas, dy rrjedhje u zbuluan në Nord Stream.

Agjencia daneze e energjisë raportoi se një sasi e madhe gazi ka rrjedhur në det, uke sjell Sizmologët suedezë më vonë thanë se kishin regjistruar dy shpërthime përgjatë rrugëve të gazsjellësit të hënën katastrof ekologjike dhe ngrohje globale.

Avionët dhe anijet janë urdhëruar të qëndrojnë të paktën pesë milje detare larg nga vendi i incidentit. Sizmologët suedezë më vonë thanë se kishin regjistruar dy shpërthime përgjatë rrugëve të gazsjellësit të hënën.

Washington-I, duhet të pranojë rolin e tij si sabotatorë në rrjedhjet e gazsjellësit Nord Stream, tha në një konferencë për shtyp zëdhënësja e Ministrisë së Jashtme ruse Maria Zakharova. *"Në çdo rast, Shtetet e Bashkuara duhet të shpjegojnë veten dhe të rrëfejnë në fund të fundit. Dhe çfarë po ndodh këtu? Pse po ia delegojnë këtë ish-Ministrit të Jashtëm polak zotit Radoslaw Sikorski, i cili, si eurodeputet, falënderoi Shtetet e Bashkuara, për incidentin në tubacionet e gazit rus nga thellësia e zemrës së tij, dhe ne e shohim tani se çfarë lloj zemre ka ai"*, tha diplomati.

Më herët, zëdhënësja vuri në dukje se presidenti i SHBA Joe Biden ishte zotuar se do t'i "i jepte fund" tubacionit të gazit Nord Stream 2 në shkurt 2022.

Ajo postoi gjithashtu një videoklip të fjalimit të Bidenit më 7 shkurt 2022, duke thënë se nëse Rusia pushton Ukrainën, **"atëherë nuk do të ketë më një Nord Stream 2"**. Sipas sekretares së shtypit të Shtëpisë së Bardhë, *Karine Jean-Pierre*, presidenti amerikan po fliste për përpjekjet e përbashkëta të administratës amerikane dhe Gjermanisë, që synojnë të shkatërrojnë projektin Nord Stream 2.

Thyerja me eksploviz e tubacioneve të gazsjellësit në Gjermani dhe Europë

Sipas investigimeve emergjente ne terren është zbuluar se janë zbuluar katër rrjedhje të tubacionit të gazit Nord Stream, ku më e fundit është identifikuar nga roja bregdetare e Suedisë.

Më herët, kompania **Nord Stream AG raportoi,** se tre fijet e tubacioneve të gazit Nord Stream 1 dhe 2 në det të hapur (Baltik) kishin pësuar dëmtime shumë të mëdha dhe të paprecedentë tesh 20 vjet shërbimi public për shtetet europiane dhe Gjermaninë në vecanti e cila merr 70% të gazit natyror për nevojat e popullisë së saj.

Zëdhënësi i Kremlinit **Dmitry Peskov** tha se Moska ishte *"thellësisht e shqetësuar për lajmet"* dhe nuk përjashtoi që funksionimi i tubacioneve mund të ishte ndërprerë nga një akt terrorist ose sikurse po thuhet si sabotimi për të mbrojtur keqbërësin kushdo kjoftë ai. Sizmologët suedezë, më vonë raportuan se dy shpërthime ishin regjistruar përgjatë tubacioneve.

Sipas agjencisë së lajmeve **TASS**, mësohet se kontaktet mes Rusisë dhe Bashkimit Evropian nuk janë ndërprerë zyrtarisht, tha zëdhënësja e Ministrisë së Jashtme ruse Maria Zakharova në kanalin **YouTube Soloviev Live**.

Komiteti i Ministrave i Këshillit të Evropës, vendosi të pezullojë Rusinë nga e drejta e përfaqësimit në Komitetin e Ministrave dhe në Asamblenë Parlamentare të Këshillit të Evropës (PACE).

Kjo është hera e dytë, kur Këshilli i Evropës pezullon të drejtat e Rusisë. Në prill 2014, pas ribashkimit të Krimesë me Rusinë, delegacionit rus në APKE iu hoq e drejta për të votuar, për të marrë pjesë në misionet monitoruese të APKE-së dhe për t'u zgjedhur në organet drejtuese të Kuvendit. Rusia rifilloi punën e plotë brenda PACE në 2019.

Më 24 shkurt, presidenti rus Vladimir Putin tha në një fjalim televiziv se në përgjigje të një kërkese të krerëve të republikave të Donbasit ai kishte marrë një vendim, për të kryer një operacion ushtarak special, për të mbrojtur njerëzit *"që kanë vuajtur nga abuzimi dhe gjenocid nga regjimi i Kievit për tetë vjet."* Udhëheqësi rus theksoi se Moska nuk kishte plane për të pushtuar territoret e Ukrainës. **Objektivi i saj është ç'militarizimi dhe denazifikimi i vendit.**

Media ndërkombetare thote se kush fshihet pas aktit të hapur terrorist!?

Kishte tre lajme kryesore dje, por vetëm dy bënë bujë të madhe. Tubacionet ruse të gazit, Nordstrom 1 & 2, që i shërbejnë Gjermanisë dhe nevojave më të gjera të energjisë evropiane, pësuan gjymtim misterioz me afërsisht 12 orë largësi nga Rusia. Ai është përshkruar si *dëm i qëllimshëm* nga zyrtarët evropianë, që mund të jetë nënvlerësim i shekullit. **Gazprom**, ka njoftuar se linjat do të mbyllen për një kohë të pacaktuar, si rezultat i asaj që duket si një seri shpërthimesh të kontrolluara.

Qetësia nga të dyja anët e luftës në pasojat e menjëhershme sugjeron se dikush, diku ka kaluar një vijë që mund të nxisë më tej një zjarr tashmë jashtë kontrollit. Kush i kishte mjetet dhe motivimin për të kryer akte të tilla sabotazhi apo terrorizmi katastrofik për mjedisin ujor dhe popullsinë afër tyre?

Sapo të bëni këtë pyetje, lista e kandidatëve të mundshëm sabotatorë zvogëlohet në një numër shumë të vogël. Pra, nuk është e vështirë të arrijmë në disa përfundime të shpejta, por përsëri derisa të marrim disa prova të forta këto janë përfundime teorike. Çuditërisht, një eurodeputet polak u largua shumë shpejt për të shpërndarë disa lavdërime dhe urime. Dhe Polonia është shumë e rëndësishme për historinë e vogël të sotme.

Natyrisht, Polonia është 100% korrekte për të siguruar nevojat për energji për vendin e vet, dhe vendet nordike, me siguri janë furnizuesit më të qëndrueshëm të energjisë në hemisferën perëndimore, por duket se ka një komplot, që po luhet mjeshtërisht me kujdes nga aktorët me përvojë me të tilla veprime historikisht edhe në pjesë dhe vende të tjera të botës.

SHBA-ja ose elementët e NATO-s duken të prirur për të shkatërruar ekonominë e Gjermanisë. Sot, pas shpërthimeve të gazsjellësit, Gjermania është në një situatë ku mund të kenë nevojë të varen nga Polonia, ndër të tjera, për disa nga nevojat e tyre energjetike.

Humbësit më të mëdhenj në 24 orët e fundit janë Gjermania dhe ndërsa kjo mund t'u japë njerëzve njëfarë kënaqësie të cekët, nuk është koha për t'u rrënjosur kundër Gjermanisë. Që të mos na duhet t'i kujtojmë vetes, një ekonomi gjermane e shpërbërë (shkatërruar) do të thotë një ekonomi evropiane e tjetërsuar, pra një hap më afër kaosit, me fjalë të tjera.

Qendra për pothuajse të gjitha operacionet e NATO-s, në lidhje me këtë luftë ndodhen në Poloni. Ndërsa, kjo ka kuptim, duke pasur parasysh kufirin e saj të gjatë me Ukrainën dhe numrin e madh të refugjatëve, me të cilët vendi është detyruar të përballojë, gjatë 6 muajve të fundit.

SHBA dhe Polonia, duken të vendosura për të larguar boshtin e fuqisë evropiane nga Gjermania. Nuk e di nëse kjo është një e mirë apo e keqe afatgjatë për Evropën.

Ngjarjet e ditës së fundit, të bëjnë të pyesësh se sa shumë kuaj po ndodh midis Uashingtonit dhe Varshavës. Nuk po them se ndodhi si më poshtë, por duke pasur parasysh vendndodhjen dhe rolin kritik të Polonisë në sigurimin e dërgimit të furnizimeve ushtarake të SHBA-së dhe NATO-s në Ukrainë, polakët kanë pak levë për të shtyrë Shtetet e Bashkuara.

Hidhni në përzierjen e ngjarjeve politike edhe faktin, se Polonia po kujdeset dhe përpunon miliona refugjatë ukrainas, fare lehtë mund arrihet në përfundimin, *se nuk do të derdhen lot për pak gaz rus të derdhur në atë pjesë të botës.*

Ajo që nuk vihet në dyshim, është se Victoria Newland, numri 2 në Departamentin e Shtetit të SHBA-së, së bashku me shefin e saj Anthony Blinken dhe administratën më të gjerë të Bidenit, kanë kërkuar të heqin qafe gazin rus në Evropë, për një kohë të gjatë.

"Nëse Rusia pushton Ukrainën, në një mënyrë ose në një tjetër, Nord Stream 2 nuk do të ecë përpara." - **Victoria Nuland, Nënsekretare e Shtetit për Shtetin, 27 janar 2022.**

Tani në kazanin e përzierjes, tani kemi lëshimin e një tubacioni të ri nordik në Poloni në të njëjtën ditë. Siç themi këtu poshtë në perëndim, e gjithë kjo rastësi duket paksa shumë e ëmbël për të qenë e shëndetshme.

Historia e shkurtër e tubacioneve gazsjellëse Nord Stream 1 & 2

Nord Stream 1 & 2 (Rrjedha e Veriut), është një çift tubacionesh gazi natyror në det të hapur në Evropë, që kalon nën Detin Baltik nga Rusia në Gjermania. Ai përfshin gazsjellësin Nord Stream 1 (NS1), që shkon nga Vyborg në Rusinë veriperëndimore, afër Finlandës, dhe gazsjellësin Nord Stream 2 (NS2), që shkon nga Ust-Luga në Rusinë veriperëndimore pranë Estonisë.

Të dy tubacionet shkojnë në Lubmin në shtetin gjerman verilindor të Mecklenburg-Vorpommern. Çdo tubacion përbëhet nga dy tuba, të shënuar **A** dhe **B**, secili prej katër tubacioneve është afërsisht **1200 kilometra** (750 milje) i gjatë dhe me diametër të përafërt 1220 milimetra (48 in). **Kapaciteti total i kombinuar i katër tubacioneve është 110 milion metra kub në vit (3.9 miliardë këmbë kub në vit) gaz natyror.**

Për arsye paragjykimeve të pastra politike dhe bisnesi anti-ruse Projektet Nord Stream 1 & 2, vazhdimisht janë kundërshtuar nga disa vende të Evropës Qendrore dhe Lindore, si dhe nga SHBA (që si policë, nuk ka asnjë lidhje territoriale apo të popullsisë në kontinentin e plakur të Europës), për shkak të shqetësimeve politike, se tubacionet do të rrisin ndikimin e Rusisë në Evropë dhe uljen e tarifave (*çmimeve, pra sikurse shihet kjartë Europa dhe*

SHBA, janë për rritjen e çmimeve, e cila demton standartin e jetës të vendeve të zhvilluara europiane dhe atyre të pazhvilluara të saj si Shqipëria dhe Kosova, që bëjnë pjesë në Europë, por që klasifikohen për nga zhvillimi ekonomik etj., si vende të botës së tretë) të tranzitit, për përdorimin e tubacioneve ekzistuese, në vendet e Evropës Qendrore dhe Lindore.

Më 26-29 shtator 2022, tubacionet **NS1 dhe NS2** pësuan rënie të mëdha të presionit në pothuajse zero, që i atribuohen deri më tani tre shpërthimeve me ekspoloziv si të "pashpjegueshme" sot në tre vendndodhje në ujërat ndërkombëtare, duke i bërë tre nga katër tubat e tyre të pafuqishëm dhe papërdorshme për momentin deri sa ato të riparohen.

Ja çfarë kishte premtuar Joe Biden, për këtë sabotazh botërisht më 7 shkurt 2022: *Nëse Rusia pushton, pra tanket ose trupat do të kalojnë përsëri kufirin e Ukrainës, atëherë ne nuk do të kemi më një Rrjedhës Verior 2. Ne do t'i japim fund.*

Asokohe një pyetje e gazetares në Konferencën e Shtypit pranë Shtëpinë e Bardhë: ***Por si do t'a bëni, si do ta bëni këtë saktësisht, pasi projekti dhe kontrolli bëhet nga Gjermani?***

Joe Biden përgjigjet: ***Ne, ju premtoj, ne do të jemi në gjendje t'a bëjmë atë.*** *https://www.youtube.com/watch?v=k8YC7UQVmis*
Shenoj, se *tubacioni i ri Balltik, që dërgon gazsjellës për në Poloni, nëpërmjet Danimarkës nga gazsjellësi Europipe II, midis Norvegjisë dhe Gjermanisë u hap menjëherë të nesërmen, pas sabotazheve të gazsjellëse Rusi-Gjermani. A është kjo rastësi!?*

Ceremonia e hapjes së Nord Stream ishte më 8 nëntor 2011, me praninë e personaliteteve europiane, si: Francois Fillon, Angela Merkel, Mark Rutte, Dmitry Medvedev, Günther Oettinger dhe Erwin Sellering

Rusia, ndaloi flukset e gazit më 11 korrik 2022 për mirëmbajtje vjetore për 10 ditë dhe rifilloi operimet e pjesshme në 21 korrik

Rusia, ndaloi rrjedhën e gazit natyror më **31 gusht 2022** për mirëmbajtje për 3 ditë, por më vonë tha se nuk mund të siguronin një afat kohor për rifillimin e rrjedhës së gazit nga tubacionet. BE-ja akuzoi Rusinë për trillimin e një historie të rreme, për të justifikuar shkurtimin apo pakësimin e prurjeve.

Gazsjellësi u dëmtua, nga sabotimi shtator 2022

Projekti i tubacionit filloi në vitin 1997, kur Gazprom dhe kompania finlandeze e naftës Neste (e cila u bashkua në 1998 me Imatran Voima, për të formuar Fortum dhe në 2004 u nda përsëri në Fortum dhe Neste) formuan kompaninë e përbashkët North Transgas Oy, për ndërtimin dhe funksionimin e një tubacioni gazi nga Rusia në Gjermaninë Veriore përtej Detit Balltik.

North Tranzgas bashkëpunoi me kompaninë gjermane të gazit Ruhrgas (e cila më vonë u bë pjesë e E.ON. Ajo më pas u nda në E.ON dhe Uniper). Një studim i itinerarit u krye në zonat ekskluzive ekonomike të Finlandës, Suedisë, Danimarkës dhe Gjermanisë, dhe një studim **fizibiliteti i gazsjellësit u krye në vitin 1998**. U morën në konsideratë disa rrugë, duke përfshirë ato me segmente tokësore përmes Finlandës dhe Suedisë.

2001, Gazprom, Fortum, Ruhrgas dhe Wintershall miratuan një deklaratë në lidhje me një studim të përbashkët fizibiliteti për ndërtimin e gazsjellësit.

2002, Komiteti Menaxhues i Gazprom miratoi një plan të zbatimit të projektit. Në maj 2005, Fortum u tërhoq nga projekti dhe shiti aksionet e saj në North Transgas tek Gazprom. Si rezultat, Gazprom u bë aksionari i vetëm i North Transgas Oy.

2005, Gazprom, BASF dhe E.ON nënshkruan një marrëveshje bazë për ndërtimin e një gazsjellësi të Evropës Veriore. Më 30 nëntor 2005, Kompania e Gazsjellësit të Evropës Veriore (më vonë u riemërua Nord Stream AG, Nord, është gjermanisht për North) u themelua në Zug, Zvicër.

Më 2005, Gazprom filloi ndërtimin e tubacionit rus të furnizimit në tokë (tubacioni i gazit Gryazovets–Vyborg), në qytetin Babayevo në Vologda Oblast. Tubacioni i furnizimit përfundoi në vitin 2010.

2006, gazsjellësi dhe kompania operuese u riemëruan zyrtarisht Nord Stream AG. Pas themelimit të Nord Stream AG, të gjitha informacionet në lidhje me projektin e gazsjellësit, duke përfshirë rezultatet e studimit të shtratit të detit të vitit 1998, u transferuan nga North Transgas në kompaninë e re dhe më 3 nëntor 2006, North Transgas u shpërbë zyrtarisht.

Vlerësimi i ndikimit mjedisor, filloi më **16 nëntor 2006** kur u dërguan njoftime Rusisë, Finlandës, Suedisë, Danimarkës dhe Gjermanisë, si palët e origjinës (vendet, zonat ekskluzive ekonomike dhe/ose ujërat territoriale të të cilave planifikohet të kalojë tubacioni) dhe Polonia, Letonia, Lituania dhe Estonia si palë të prekura. Raporti përfundimtar mbi vlerësimin e ndikimit ndërkufitar në mjedis u dorëzua më 9 mars 2009.

Sistemet e gazit të operuara nga Gasum i Finlandës, janë të lidhura me Nord Stream, nëpërmjet një tubacioni degëzimi në Karelia.

2007, Nord Stream AG punësoi kompaninë italiane Snamprogetti, një degë e Saipem, për projektimin e detajuar të inxhinierisë së tubacionit.

2007, kontratat e furnizimit të tubave iu dhanë prodhuesve të tubave EUROPIPE dhe OMK, dhe më 18 shkurt 2008, marrëveshja për veshjen e peshës së betonit dhe shërbimet e logjistikës iu dha EUPEC PipeCoatings S.A. Kontratat e furnizimit për linjën e dytë iu dhanë OMK, Europipe dhe Sumitomo Heavy Industries më 22 janar 2010.

2008, Rolls-Royce Holdings iu dha një kontratë për furnizimin e turbinave për kompresorin, dhe më **8 janar 2009**, Royal Boskalis Westminster dhe kontraktori danez i gërmimit Rohde Nielsen A/S, iu dha një kontratë e përbashkët për pastrimin e shtratit të detit.

Marrëveshja për të marrë Gasunie në konsorcium si partner i katërt, u nënshkrua më 6 nëntor **2007**.

2008, Gasunie u përfshi në regjistrin e aksionarëve. Më 1 mars 2010, kompania franceze e energjisë GDF Suez nënshkroi me Gazprom një memorandum mirëkuptimi, për të blerë 9% të aksioneve në projekt. Transaksioni u mbyll në korrik të vitit 2010.

2008, Nord Stream AG punësoi ish-kryeministrin finlandez Paavo Lipponen si konsulent, për të ndihmuar në përshpejtimin e procesit të aplikimit në Finlandë dhe për të shërbyer si një lidhje midis Nord Stream dhe autoriteteve finlandeze.

2007, Nord Stream AG paraqiti dokumente aplikimi në qeverinë suedeze për ndërtimin e gazsjellësit në Zonën Ekonomike Ekskluzive Suedeze.

2008, qeveria suedeze refuzoi aplikimin e konsorciumit, të cilin e kishte gjetur të paplotë. Një aplikim i ri u depozitua më vonë. Më 20 tetor 2009, Nord Stream mori *një leje ndërtimi për të ndërtuar tubacionin në ujërat daneze.*

2009, autoritetet suedeze dhe finlandeze dhanë një leje për vendosjen e tubacionit në zonat e tyre ekskluzive ekonomike. Më 22 shkurt 2010, Agjencia Rajonale Administrative Shtetërore për Finlandën Jugore lëshoi lejen përfundimtare mjedisore, që lejon ndërtimin e seksionit finlandez të gazsjellësit.

2010 filloi ndërtimi i stacionit të kompresorit Portovaya në Vyborg, pranë Gjirit të Finlandës. Tubacioni i parë i tubacionit u vendos më 6 prill 2010 në zonën ekskluzive ekonomike suedeze nga anija Castoro Sei. Përveç Castoro Sei-t, gjithashtu u kontraktuan Castoro 10 dhe Solitaire për punimet e shtrimit të tubave. Ndërtimi i gazsjellësit filloi zyrtarisht më 9 prill 2010 në Gjirin e Portovaya.

Shtrimi i tubit të parë përfundoi më **4 maj 2011**, punimet nënujore përfunduan më 21 qershor 2011, në gusht 2011 u lidh me tubacionin OPAL, dhe gazi i parë u pompua më 6 shtator 2011. Ndërtimi i tubit të dytë, përfundoi në gusht 2012 dhe u përurua më 8 tetor 2012.

Tubacioni u përurua zyrtarisht nga kancelarja gjermane Angela Merkel, presidenti rus Dmitry Medvedev, kryeministri francez François Fillon dhe kryeministri holandez Mark Rutte, më 8 nëntor 2011, në ceremoninë e mbajtur në Lubmin.

2015, Nord Stream gjeti një dron nënujor me aftësi të kufizuara me një sasi të vogël eksplozivi në tubacionin pranë Öland, dhe i kërkoi Marinës suedeze ta hiqte atë.

Megjithëse kapaciteti nominal i tubacionit është 55 miliardë metra kub në vit (1.9 trilion këmbë kub në vit), ai transportoi 59.2 miliardë metra kub (2.09 trilion këmbë kub) në vitin 2021.

2022, Gazprom njoftoi se do të reduktojë flukset e gazit në Gjermani në 20% të kapacitetit maksimal, ose 50% të xhiros aktuale. Kompania mbylli tubacionin për 10 ditë për shkak të mirëmbajtjes dhe pretendon se reduktimi aktual është për shkak të një riparimi në një turbinë në Montreal, Kanada, që nuk mund të dorëzohej për shkak të sanksioneve kundër Rusisë.

Qeveria gjermane e mohoi këtë pretendim dhe besoi se nuk kishte asnjë arsye për reduktimin e fluksit. Ndërkohë, Presidenti Putin gjatë një konference për shtyp në Teheran tha se këto flukse mund të rriten sërish nëse Rusia merr më shumë turbina nga prodhuesi.

2022, Gazprom ndaloi çdo dërgesë të gazit përmes North Stream 1 për tre ditë, zyrtarisht për shkak të mirëmbajtjes. Më 2 shtator 2022, kompania njoftoi se furnizimet me gaz natyror nëpërmjet tubacionit Nord Stream 1 do të mbetej i mbyllur për një kohë të pacaktuar derisa turbina kryesore e gazit në stacionin e kompresorit Portovaya pranë Shën Petersburgut të rregullohej nga një rrjedhje e vajit të motorit. Gazprom e arsyetoi këtë duke pretenduar se sanksionet e Bashkimit Evropian kundër Rusisë kanë rezultuar në probleme teknike që e pengojnë atë të sigurojë vëllimin e plotë të gazit të kontraktuar përmes tubacionit; Siemens Energy, e cila mirëmban turbinën, e hodhi poshtë këtë dhe deklaroi se nuk ka pengesa ligjore për sigurimin e saj, për mirëmbajtjen e tubacionit.

Rrjedhje serioze e gazit natyror 2022

Më 26 shtator 2022, u zbuluan çarje të shumta në tubacionet *NS1 dhe NS2* në atë që duket të jetë një akt sabotimi. Rënie të mëdha të presionit të pashpjegueshme u raportuan në të dy tubacionet në stacionin fundor në Gjermani.

Një rrjedhje gazi nga NS2 u gjet vonë më 26 shtator. Në fillim të 27 shtatorit, u zbuluan dy rrjedhje të veçanta në NS1. Ato ndodhën në ujërat ndërkombëtare, por brenda zonave ekonomike daneze dhe suedeze. Të dyja gazetat Berliner Zeitung dhe Le Monde vunë në dyshim nëse ishte sabotim dhe një zëdhënës i Kremlinit tha se mund të ishte. Asnjë tubacion nuk ishte në funksion në kohën e këtyre incidenteve, por përmban gaz.

Thyerja e tubacioneve Nord Stream ndodhi ndërsa Tubi Baltik po hapej për gazin natyror, që të vinte nga Deti i Veriut përmes Danimarkës në Poloni.

Që nga 29 shtatori 2022, gazsjellësi Yamal-Evropë është funksional, megjithëse ka shqetësime se Rusia *"prezanton sanksione kundër Naftogazit të Ukrainës, që mund të ndalojnë Gazprom të paguajë tarifat e tranzitit në Ukrainë, që mund t'i japë fund rrjedhave të gazit rus. në Evropë përmes vendit."*

Nord Stream ushqehet nga gazsjellësi Gryazovets-Vyborg. Është një pjesë e rrjetit të integruar të transportit të gazit të Rusisë që lidh rrjetin ekzistues në

Gryazovets me stacionin e kompresorit bregdetar në Vyborg.

Gjatësia e tubacionit është 917 km (570 milje), diametri i tubit është 1,420 mm (56 in), dhe presioni i tij i punës është 100 atm (10 MPa), i cili sigurohet nga gjashtë stacione kompresori. Tubacioni Gryazovets-Vyborg, paralel me degën e tubacionit të Dritave Veriore (Gryazovets-Leningrad dhe Leningrad-Vyborg-Tubacionet shtetërore ruse-kufitare), gjithashtu furnizon me gaz rajonin veriperëndimor të

Rusisë (i cili përfshin Shën Petersburg dhe Oblastin e Leningradit). Tubacioni operohet nga Gazprom Transgaz Saint Petersburg.

Shqetësimet u ngritën, pasi fillimisht Nord Stream AG planifikoi të rinovonte tubacionin duke rritur fuqinë e saj prodhuese me 2.3 miliardë litra (610 milionë gallona amerikane) një zgjidhje që përmban glutaraldehid, e cila do të pompohej më pas në Detin Balltik.

Nord Stream AG u përgjigj se glutaraldehidi nuk do të përdorej, dhe edhe nëse kimikati do të përdorej, efektet do të ishin të shkurtra dhe të lokalizuara për shkak të shpejtësisë me të cilën kimikati shpërbëhet sapo të vinte në kontakt me ujin.

Një nga problemet e ngritura ishte se Deti Balltik dhe veçanërisht Gjiri i Finlandës ishte minuar shumë gjatë Luftës së Parë dhe II Botërore, me shumë miniera ende në det.

Sipas Marin Mätteknik, rreth 85,000 mina janë hedhur gjatë Luftës së Parë dhe të Dytë Botërore, nga të cilat vetëm gjysma janë gjetur. Në këtë det janë hedhur edhe shumë municione.

Kritikët e tubacionit shprehën frikën se tubacioni do të shqetësonte deponitë e municioneve.

Në nëntor 2008 u raportua se tubacioni do të kalojë nëpër linjat e vjetra të mbrojtjes nga minat detare dhe se Gjiri i Finlandës konsiderohet si një nga zonat detare më të minuara në botë.

Minat e fundosura, të cilat janë gjetur në gjurmën e gazsjellësit, shtrihen kryesisht në ujërat ndërkombëtare në një thellësi prej më shumë se 70 m (230 ft). Nord Stream AG shpërtheu minat nën ujë.

GIORGIA MELONI KRYEMINISTRE E ITALISË DHE KEQPËRDORIMI UKRAINËS SË KORRUPTUAR SI ARMË LUFTË NGA SKENARISTËT E GLOBALISTË TË MAJTË NDËRKOMBËTARË

"Unë jam Giorgia. Unë jam një grua, unë jam nënë, unë jam italiane, unë jam e krishterë." – **Giorgia Meloni**, Romë, 2019, sot Kryeministre e Italisë

Mediat sorosiane globaliste Fake News të kontrolluar nga Cabala, Deep State janë hedhur në sulm kundër Kryemistres së Italisë Giorgia Meloni

Mediat globaliste majtiste botërore, falë fuqisë financiare, që kanë sot në zotërim, po mundohen të bëjnë sistematikisht me gënjeshtra shpërlarjen e trurit përmes propagandës së turpshme keqinformuese këtu në SHBA dhe botë, edhe pse e dijnë se askush nuk u beson fabrikimeve mediatike me përralla Fake News.[199]

Ata duke folur kundër fitueses grua, patriotës konservatore **Gergia Meloni**, në zgjedhjet e parakohshme, që u mbajtën në Itali (për arsye të korrupsionit dhe dështimit total të majtës italiane), ku ajo fatmirësisht fitoi e u bë Kryeministre e parë grua në Itali, globalistët komunistë amerikanë dhe botërorë dolën brutalisht hapur kundër verdiktit apo vullnesës të popullit të zgjuar, largpames, patriotë, italianë, që sot votoi hapur me Referendum popitik kundër globalistëve, Cabala, Deep State, Big Tech, Big Media, eurosocialstëve etj.

Kur këto media Fake News e zgjodhën fitues (pa vota reale) të përgjumurin e pensionuar Biden me vota të vjedhura dhe manipuluara në shkallë kombëtare, ata heshtën edhe pse amerikanët njëzëri kundërshtuar manipulimin dhe treguan vazhdimisht krimin më të madh shtetëror të organizuar në nivelin më të lartë në SHBA, në zgjedhjet presidenciale 2020 nga Cabala, Deep State, Big Tech, Big Media, FBI, Partia Demokratike Amerikane etj.

Këto media për fat të keq po vijojnë të mbulojnë me mjeshtëri dhe marrëzi tipike të tipit Fake News edhe luftën e nxitur dhe sponsorizuar nga ato vetë,

---

[199] Elon Musk Proves That All These Criminals Don't Want Peace In Ukraine
https://rumble.com/v1mjqpo-elon-musk-proves-that-all-these-criminals-dont-want-peace-in-ukraine.html

NATO burokratike, Europa kurvë dhe Biden në Ukrainë, ku i paraqesin rusët si pushtues, në një kohë që lufta atje nuk është pushtuese, por clirimtare kundër Neo-Nazi të Batalionit Azov.[200]

Faktet nga terreni në Ukrainë, tregojnë se atje nuk po luftohet masivisht *(Sikurse bënë ushtria amerikane në Iraq në vitin 2002 apo Afganistan në vitet 2002-2022 etj.)* në të gjithë vendin, por vetëm në pjesën Juglindore të tij ose më saktë afër kufirit të popujve sllavv ruso-ukrainë, pikërisht aty ku ndodhet territoret tradicionale dhe të pastra etnike ruse, sepse ushtria ukrainase godet shtëpitë e komuniteteve etnike ruse dhe ushtria speciale e Federatës Ruse aty i kundër-përgjigjet për vetëmbrjtje. Kjo pa është e gjithë "lufta" e zhurmshme globaliste mediatike.

Për t'u bindur për këtë, mjafton të shikoni me kujdes hartën fiziko-gjeografike dhe administrative politik, sikurse edhe hartën e sotme të luftimeve në pjesën Juglindore të Ukrainës, të cilat mediat nuk u tregojnë njerëzve kudo në botë.

Të gjithë e dijmë se në shtetin e pavarur post-komunist të Ukrainës ka në fuknsionim të përditshëm Presidencën (dhe President Vladimir Zelinski, ish aktor komik), Kryeministrin, Qeverinë, bashkitë, governatorët, pushtet lokalë dhe qendrorë, aeroportet për udhëtime ndërkombëtare dhe lokale, stadiumet (ku futbollistët vendas po marrin pjesë në Kupat e Europës), drita, ujë, internet, stacione televizive, show Tv, dyqanet me ushqime, të cilat sikurse dihet funksionojnë normalisht cdo ditë në të gjithë vendin, shkolla të të gjithë cikleve, universitet dhe kolegjete private, janë të hapura dhe funksionojnë normalisht atje etj., etj.

Kjo është e vërteta e jetës reale atje, që media botërore nuk do t'a pranoj dhe ofroj për t'a parë bota. Dhe kjo bëhet me qëllimin e vetëm të efektit propagandistik, se gjoja kjo luftë "katastrofike", ka përfshirë të gjithë Ukrainën.

Për hir të së vërtetës, që po jetojmë sot, shohim se deri më sot nuk kemi parë në televizor asnjë zyrë të Presidencës, Qeverisë qendrore në Kiev të shkatërruar apo jashtë funksionimit, sikurse ndodhi në vititn 2002 në Irak, etj., kur trupat amerikane hynë triumfalisht në kryeqytet si Bagdad, të ndihmuar edhe nga disidentët vendas atje dhe vendosën flamurin amerikan aty.

Sadam Hyseni iku për tu fshehur nga bombat e ushtrisë ameirkane, kurse Presidenti i Ukrainës Vladimir Zelinski është i lirë të takohet me senator, kongresmenë amerikanë, me Kryetaren e Dhomës së Përfaqsuesve, që i dorëzon ceke me biliona dollarë, pa dëshirën e popullit amerikanë, që sot po vuan

---

[200] **Elon Musk**. Ukraine-Russia Peace: - Redo elections of annexed regions under UN supervision. Russia leaves if that is will of the people. - Crimea formally part of Russia, as it has been since 1783 (until Khrushchev's mistake). - Water supply to Crimea assured. - Ukraine remains neutral.

ekonomikisht dhe financiarisht.

Për këtë shtetëve të botës dhe njerëzimit kudo i vijnë në ndihmë arkivat e pasura me video filmike dhe vetë faqet e gazetave amerikane dhe botërore, që mbuluan asokohe të gjithë sulmin frontal amerikanë në mbarë shtetin e Iraq-ut, sikurse kishin bërë në mënyrë rutinë edhe në pushtimet e tjera, të mbështetur fuqishëm nga propaganda marramendëse paraprake mediatike.

Presidenti Donald J. Trump, hapur foli për gabimin në Iraq. Ai gjatë një debate televiziv në primare mes kandidatëve republikanë, për të nxjerrë kandidatin për president (përballë me kandidaten Hillary Clinton), ai tha se Presidenti George W. Bush gaboi rëndë që sulmoi Irakun, sepse atje ushtria e jonë nuk gjeti asnjë armë nukleare të shkatërrimit në masë, për të cilën CIA kishte thënë e sigurtë se ka atje….

Nga ana e tjetër **Lufta në Irak (2002-2010)**, i kushtoi shtetit tonë me humbjen e mijëra djemve dhe vajzave heronj amerikanë dhe mbi të gjitha kjo luftë kishte një kosto të madhe, të cilën po vijojnë t'a paguajmë të gjithë taksapaguesit amerikanë.[201]

---

[201] **The costs of the** 2003–2010 Iraq War are often contested, as academics and critics have unearthed many hidden costs not represented in official estimates. The most recent major report on these costs come from Brown University in the form of the Costs of War, which totaled just over $1.1 trillion. The United States Department of Defense's direct spending on Iraq totaled at least $757.8 billion, but also highlighting the complementary costs at home, such as interest paid on the funds borrowed to finance the wars. Those figures are dramatically higher than typical estimates published just prior to the start of the Iraq War, many of which were based on a shorter term of involvement. For example, in a March 16, 2003 *Meet the Press* interview of Vice President Dick Cheney, held less than a week before the Iraq War began, host Tim Russert reported that *"every analysis said this war itself would cost about $80 billion, recovery of Baghdad, perhaps of Iraq, about $10 billion per year. We should expect as American citizens that this would cost at least $100 billion for a two-year involvement."* *Iraq Relief and Reconstruction Fund*: FY2003 Supplemental: Operation Iraqi Freedom: Passed April 2003; Total $78.5 billion, $54.4 billion Iraq War;; FY2004 Supplemental: Iraq and Afghanistan Ongoing Operations/Reconstruction: Passed November 2003; Total $87.5 billion, $70.5 billion Iraq War; FY2004 DoD Budget Amendment: $25 billion Emergency Reserve Fund (Iraq Freedom Fund): Passed July 2004, Total $25 billion, $21.5 billion (*estimated*) Iraq War; FY2005 Emergency Supplemental: Operations in the War on Terror; Activities in Afghanistan; Tsunami Relief: Passed April 2005, Total $82 billion, $58 billion (*estimated*) Iraq War; FY2006 Department of Defense appropriations: Total $50 billion, $40 billion (*estimated*) Iraq War.; FY2006 Emergency Supplemental: Operations Global War on Terror; Activities in Iraq & Afghanistan: Passed February 2006, Total $72.4 billion, $60 billion (*estimated*) Iraq War; FY2007 Department of Defense appropriations: $70 billion (*estimated*) for Iraq War-related costs; FY2007 Emergency Supplemental (proposed) $100 billion; FY2008 Bush administration has proposed around $190 billion for the Iraq War and Afghanistan; FY2009 Obama administration has proposed around $130 billion in additional funding for the Iraq War and Afghanistan.; FY2010 Obama administration proposes around $159.3 billion for the Iraq and Afghanistan wars.

Asokohe Presidenti **Bush** tha se Itaku ka armë bërthamore dhe se përbën rrezik për vendin e tij dhe të gjithë rajonin dhe botën. Kur u pushtuar Iraku dhe kërkuan gjithandej për ndonjë armë bërthamore, **doli se preteksti i luftës ishte i rremë** dhe deri më sot nuk është gjetur asnjë shenj se Iraku i **Sadam Hysenit** kishte prodhuar armë bërthamore të shkatërrimit në masë, në një kohë që në media shiheshin ushtarët irakianë të lodhur, që ishin zenë robër nuk kishin rroba të rregullta ushtarake dhe as këpucë, por shumica ishin me sandale në llogoret e luftës vetëmbrojtëse.

Këto ditë në Kiev, është hapur publikisht muzeu i armatimeve ushtarake ruse në shesh, të braktisur nga ushtria e Federatës Ruse, e cila vazhdimisht vizitohet nga turistët vendas dhe mediat e huaja.

Mirëpo me ose pa dashje kjo tregon se jeta në kryqytetin e vendit dhe në të gjithë Ukrainën jeta është normale dhe se aty nuk ka luftime dhe bombardime masive në vend, sikurse shkruan dhe gënjën non stop 24/7 media e majtë ndërkombëtare Fake News.

Atëherë lind pyetja e natyrshme se: ***Kush është i interesuar për t'a mbajtur të ndezur këtë luftë dhe pse!?***

Kush janë aktorët real që fshihen pas skenës së konfliktin të armatosur dhe pse ata nuk janë të interesuar që aty të dërgojnë diplomatë politikë karriere, që të ndërmjetësojnë për bisedime me dialog dhe vendosjen e Paqes mes dy popujve vëllezër sllav ortodoks, por ato vazhdojnë të nxisin luftën dhe të dërgojnë armatime moderne të sofistikuara, mercenarë dhe dollarë non stop, që kapin shifrën astronomike 85 bilion dërguar vetëm nga regjimi i korruptuar Biden, për shtetin dhe presidentin ukrainas më të korruptuar në botë etj!?

Në fakt sot *NATO, SHBA dhe Europa, po mbështesin ushtrinë e Ukrainës, që perfaqsohet dhe kontrollohet në një masë të madhe nga* **Batalioni Neo-Nazi me emrin Azov**, që të gjithë e dijnë në Europë dhe SHBA, se kontrollojnë vendin, bisneset, qeverinë, pushtetin lokal dhe qendror, presidencën, kryeministrinë, ministritë, politikanët, diplomatët vendas dhe të huaj në të gjithë ambasadat, ku ky shtet ka përfaqsuesit e vet etj.

Nëse banderasit trashëgues të naconalistit nazist Stepan Bandera, nuk do të donin që qytetari **Vladimir Zhelinski** të bëhet president i vendit, ai do të vazhdonte sërisht të ishte edhe sot **aktor i rëndomtë komik ekzotik... në TV...**.

Logjika ëshë e thjeshtë, sepse këto ushtarë me simbole naziste të Luftës së Dytë Botërore dhe pasues të zjarrtë të idhullit dhe udhëheqësit propagandistik dhe shpirtëror **Stepan Banderes** në Ukrainë, përbëjnë në shumë qytete dhe provinca elektoratin e madh me mbi 20, 25, 30, 40 përqind të votuesve dhe përkrahsve të historisë dhe veprës së tij.

Kujtoj, se sot mbi 70% e emërtimeve të toponimëve të reja post-komuniste, si: rrugë, ura, sheshe, shkolla, qendra kulturore, historike, lapidare, statuja, monumente, simbole, flamuj, pankarta, muzeume, stadiume etj., etj., të periudhës komuniste në Ukrainë, fatkeqsisht janë zevendësuar me ligje dhe rregulla të reja të pushtetit qendror dhe local, i janë përkushtuar dhe vendosur kudo me emërin e **Stepan Bandera-s, duke përfshirë këtu edhe emrin, jetën dhe veprën e disa nacionalisteve të tjerë ekstremise nazistë të periudhës së errët të Luftës së Dytë Botërore** (WWII).

*Kujtoj, se me **vendim apo dekret** të Parlamentit të Ukrainës, qysh në vitin 2010, nazisti Stepan Bandera është shpallur publikisht dhe zyrtarisht si Hero Nacional i Ukrainës.*

Biden, i ka dhënë deri tani Ukrainës **vendit #1 më të korruptuar në botë mbi 85.000,000,000 dollarë amerikanë** nga taksat tona, pa deshirën tonë, në një kohë që Atdheu ynë i ngjason fatkeqsisht vendeve të botës së tretë në shumë drejtime, si: rrugët, kopshtet e fëmijëve ameirkanë, shkollat e të gjithë cikleve të femijëve, të rinjve dhe intelektualëve të ardhshëm amerikanë, aeroportet kombëtare dhe private, parqet kombetare federale etj., janë në gjendje të mjeruar dhe krahasohen me ato të vendeve të pazhvilluara të botës se tretë.

Biden, Europa e majtë globaliste dhe NATO e kontrolluar nga Cabala (Klubi i 300), Deep State dhe politika e majtë, deri tani nuk ka dërguar në Ukrainë apo Rusi asnjë delegacion për dialog diplomatik, për të biseduar për shkaqet dhe ndalimin e luftimeve dhe vendosjen e Paqes, mes dy vendeve vëllezër ortodoksë dhe ish komunistë të kohës së ish Bashkimit Sovjetik, që ndodhen në kufi me njera-tjetrën.[202]

Nese e shikoni me kujdes historinë e këtyre dy shtetëve sllave, **do të shihni se ata janë dy popuj vëllezër të një nëne historike**… dhe kanë shumë ngjashmëri dhe vlera tradicionale popullore, që i bashkojnë se sa i ndajnë me njera-tjetrën.

Giorgia Meloni me aksiomën patriotike Italia
dhe italianët në radhë të parë! (*Italy First*)

Kryeministra e parë grua e Italisë politikanja e talentuar patriote Giorgia Meloni (1977), është një politikane dhe gazetare italiane. Ajo është anëtare e Dhomës së Deputetëve në Itali, që nga viti 2006, ku ka udhëhequr partinë politike të djathtë *Vëllezërit e Italisë* (**FdI**), që nga viti 2014 dhe ka qenë presidente e Partisë Konservatore dhe Reformiste Evropiane, që nga viti 2020. *Pasi partia e saj mori më shumë vota në zgjedhjet e përgjithshme italiane të vitit 2022, Mel-*

---

[202] Elon Musk Proves That All These Criminals Don't Want Peace In Ukraine
https://www.youtube.com/watch?v=KvPam8N_SKE

oni u bë kryeministre e e Italisë, si gruaja e parë atdhedashëse, që fatmirësisht do të shërbejë në këtë pozicion të merituar.

Në vitin 1992, Meloni iu bashkua Frontit Rinor apo krahut rinor të Lëvizjes Sociale Italiane (MSI), një parti politike e djathtë, që u shpërbë në vitin 1995. Ajo më vonë u bë udhëheqësja kombëtare e **Aksionit Studentor**, lëvizjes studentore i *Aleancës Kombëtare* (AN), **një grup nacional-konservator**. Ajo ishte këshilltare e Provincës së Romës në vitet 1998-2002, pas së cilës u bë presidente e **Youth Action**, krahu rinor i AN. Në vitin 2008, ajo u emërua **Ministre e Rinisë në Kabinetin e Silvio Berlusconi IV**, një rol të cilin e mbajti deri në vitin 2011.

Në vitin 2012, ajo bashkëthemeloi **Brothers of Italy** (FdI) dhe u bë presidente e saj në vitin 2014. Ajo mori pjesë në 2014 Evropian Zgjedhjet parlamentare në Itali dhe në zgjedhjet komunale të Romës 2016 si kandidat për kryetar bashkie; ajo nuk u zgjodh në asnjërën nga zgjedhjet. Pas zgjedhjeve të përgjithshme italiane të vitit 2018, ajo udhëhoqi FdI-në në opozitë gjatë gjithë legjislaturës së 18-të italiane, duke e lejuar FdI-në të rritet popullariteti i saj në sondazhet e opinionit, veçanërisht gjatë kabinetit Draghi, në të cilin FdI ishte e vetmja parti opozitare.

Një populiste e djathtë dhe nacionaliste e perkushtuar italiane, pozicionet e saj politike janë përshkruar si të djathta patriotike. *Ajo e përshkruan veten si një e krishterë katolike dhe konservatore dhe thotë se mbron* **Zotin, atdheun dhe familjen.**

Georgia si besimtare e përkshtuar, me të drejtë *është shprehur vazhdimisht publikisht kundër abortit, eutanazisë dhe partneriteteve, martesave dhe prindërimit nga çiftet e të njëjtit seks, duke thënë se* **familjet bërthamore drejtohen ekskluzivisht nga çifte meshkuj-femra.** Ajo është kundër pritjes së emigrantëve joevropianë dhe multikulturalizmit të ish Kancelares komuniste gjemane **Mama** Ankela Merkel, sikurse e thërrasin edhe sot emigrantët jo europianë.

Një mbështetëse e NATO-s, ajo mban *pikëpamje euroskeptike në lidhje me Bashkimin Evropian, të cilin e përshkruan si eurorealist* dhe ishte në favor të marrëdhënieve më të mira me Rusinë përpara pushtimit rus të Ukrainës në vitin 2022.

Telegrafikisht dhe shkurt jeta e saj. *Giorgia* **Meloni** *lindi në Romë. Babai i saj ishte nga Sardenja dhe nëna e saj nga Siçilia. Meloni u diplomua në Institutin Amerigo Vespucci të Romës (AVI) në 1996. Ajo deklaroi se diplomën e shkollës së mesme për gjuhë e ka marrë në AVI...*

Në zgjedhjet e përgjithshme italiane të vitit 2006, ajo u zgjodh në Dhomën e Deputetëve si anëtare e Aleancës Kombëtare (AN), ku u bë nënkryetarja më e re e saj ndonjëherë. Në të njëjtin vit ajo filloi të punojë si gazetare. Meloni, në vitin 2006 mbrojti ligjet e miratuara nga *kabineti konservator* **Silvio Berlus-**

coni III. Ajo ishte ministrja më e re, në historinë e Italisë së bashkuar.

Në gusht 2008, ajo ftoi atletët italianë të bojkotojnë ceremoninë e hapjes së Lojërave Verore Olimpike të Pekinit (Kinë), në mosmarrëveshje me politikën kineze të zbatuar ndaj Tibetit, që kërkon pavarësi nga qeveria kolonizatore komuniste e Pekinit.

Në vitin 2009, partia e saj mori presidencën e seksionit të të rinjve të partisë së bashkuar, të quajtur *Italia e Re*. Në të njëjtin vit, ajo votoi në favor të një dekreti ligji kundër eutanazisë.

Në nëntor 2010, në emër të ministrisë, ajo prezantoi një paketë prej 300 milionë euro të quajtur *E drejta për të Ardhmen*. Ajo kishte për qëllim investimin tek të rinjtë dhe përmbante pesë iniciativa, duke përfshirë stimuj për sipër-marrësit e rinj, bonuse në favor të punëtorëve të përkohshëm dhe kredi për studentët e merituar (talentuar).

Në nëntor 2012, ajo njoftoi ofertën e saj për të konkurruar udhëheqjen e PdL kundër Angelino Alfano, në kundërshtim me mbështetjen e partisë për kabinetin Monti. Pas anulimit të zgjedhjeve paraprake, ajo u bashkua me kolegët politikanë Ignazio La Russa dhe Guido Crosetto, për të përcaktuar një politikë anti-Monti, duke kërkuar rinovim brenda partisë dhe duke qenë gjithashtu kritik ndaj udhëheqjes së Silvio Berlusconit.

Në dhjetor 2012, Meloni, La Russa dhe Crosetto themeluan një lëvizje të re politike, Brothers of Italy (FdI), emri i së cilës vjen nga fjalët e himnit kom-bëtar italian.

Në zgjedhjet e përgjithshme italiane të vitit 2013, ajo qëndroi si pjesë e koalicionit të qendrës së djathtë të Berlusconit dhe mori 2.0% të votave dhe 9 vende. Ajo u rizgjodh në Dhomën e Deputetëve, për Lombardinë dhe më pas u emërua kryetare e partisë në këtë dhomë, post që do ta mbante deri në vitin 2014, kur dha dorëheqjen për t'iu përkushtuar partisë. Ajo u pasua nga Fabio Rampelli.

Në mars 2014, ajo u bë presidente e IHD-ve dhe në prill u emërua për zg-jedhjet e Parlamentit Evropian 2014 në Itali si drejtuese e IHD-ve në të pesë zonat elektorale. Partia FdI mori 3.7% të votave, duke mos kaluar pragun prej 4%, dhe nuk u bë deputete e Parlamentit Evropian edhe pse ajo mori 348.700 vota.

Më 4 nëntor 2015, ajo themeloi *Tokën Tonë* – **Italianët me Giorgia Meloni**, një komitet politik konservator, në mbështetje të fushatave të saj. *Toka jonë*, është një organizatë paralele me IHD-të, dhe synon të zgjerojë bazën popul-lore të IHD-ve.

Më 30 janar 2016, ajo mori pjesë në Ditën e Familjes, një demonstratë kundër të drejtave LGBT, duke u deklaruar kundër adoptimit LGBT. Në të njëjtën Ditë të Familjes, ajo njoftoi se ishte shtatzënë; vajza e saj Ginevra lindi më 16 shtator.

Gjatë *Referendumit Kushtetues Italian 2016* mbi reformën e promovuar nga qeveria e Renzit, Meloni themeloi komitetin "Jo, faleminderit" dhe mori pjesë në debate të shumta televizive, duke përfshirë një kundër kryeministrit të atëhershëm Matteo Renzi.

Si kryetare e partisë, ajo vendosi të krijojë aleancën me Lidhjen (Lega), të udhëhequr nga **Matteo Salvini**, duke nisur disa fushata politike me të kundër qeverisë së qendrës së majtë, të udhëhequr nga Partia Demokratike (PD), duke e vendosur FdI-në në euroskeptikë dhe të djathtë. pozitat populiste.

Në zgjedhjet e përgjithshme italiane 2018, FdI qëndroi si pjesë e koalicionit të qendrës së djathtë, me FI të Berlusconit, Lega të Salvinit dhe Ne me Italinë e Raffaele Fitto. Partia e Melonit mori 4.4% të votave dhe më shumë se trefishin e vendeve të fituara në vitin 2013.

Në shkurt 2021, ajo iu bashkua Institutit Aspen, një institut ndërkombëtar i mendimit me seli në Uashington, DC, që përfshin shumë financierë, biznesmenë dhe politikanë, si Giulio Tremonti.

Në tetor 2021, ajo nënshkroi *Kartën e Madridit*, një dokument i vitit 2020, që përshkruan grupet e krahut të majtë si armiq të Ibero-Amerikës të përfshirë në një **projekt kriminal**, që janë **nën ombrellën e regjimit kuban**. Ajo mori pjesë në kongresin e partisë Vox, ku tha: "*Po familjes natyrale. Jo lobit LGBT. Po identitetit seksual. Jo ideologjisë gjinore... jo dhunës islamiste, po sigurimit të kufijve, jo migrimit masiv ... jo financave të mëdha ndërkombëtare ... jo burokratëve të Brukselit!*"

Në shkurt 2022, ajo foli në Konferencën vjetore të Veprimit Politik Konservator Republikan në Florida, SHBA. Ajo u tha aktivistëve dhe zyrtarëve konservatorë republikanë amerikanë të pranishëm se ata duhet të mbrojnë pikëpamjet e tyre kundër të majtës ekstreme komuniste, marksiste, anarkiste.

Trinomi: Zot, atdhe dhe familje - Meloni

Politikanja e talentuar Meloni, që nga korriku 2022, me partinë e saj **FdI** ishte partia e parë në koalicion, sipas sondazheve të opinionit, dhe ajo pritej gjerësisht të bëhej kryeministre e Italisë, nëse koalicioni i qendrës së djathtë do të merrte një shumicë absolute në parlament, e cila do të të jetë qeveria më e djathtë në historinë e Republikës Italiane, sipas disa teoricienëve akademikë.

Në një përpjekje, për të moderuar veten, për të qetësuar frikën mes atyre që e përshkruajnë IHD-në si neofashiste ose të djathta ekstreme, duke përfshirë frikën brenda Komisionit Evropian se ajo mund t'a çonte Italinë drejt Hungarisë patriotike, nën drejtimin e **Viktor Orban**, tha Meloni për shtypin e huaj, se fashizmi italian është histori.

Si presidente e Partisë së Konservatorëve dhe Reformistëve Evropianë, ajo tha se ndante përvojat dhe vlerat e Partisë Konservatore në Mbretërinë e Bashkuar, Likud në Izrael dhe Partisë Republikane në Shtetet e Bashkuara.

Gruaja e hekurt Meloni

Ajo parashikohej të ishte fituesi i zgjedhjeve me IHD-të, që merrte një mori mandatesh, dhe sipas marrëveshjes me koalicionin e qendrës së djathtë, i cili u shpreh se partia më e madhe në koalicion do të emëronte kryeministrin e ardhshëm.

Fatmirësisht, sot ajo është kryesuesja e zgjedhjeve dhe u bë kryeministre e parë femër e vendit. PD, kreu i koalicionit të qendrës së majtë, pranoi humbjen menjëherë pas exit polls, dhe *Victor Orbán i Hungarisë, Mateusz Moraëiecki i Polonisë, Liz Truss i Mbretërisë së Bashkuar dhe Marine Le Pen, ish-ud-hëheqës i Rally National (RN) në Francë, uruan Georgia Meloni.* Partitë dhe liderët e djathtë patriotë evropianë, si **Alternativa për Gjermaninë dhe Vox**, gjithashtu festuan rezultatet e Melonit.

Vëzhguesit e ekstremit të majtë komunistë dhe radikale anarkistë markistë, përmes propagandës anti-patriotike ndërkombëtare të Fake News, i kanë përshkruar pozicionet politike të Melonit si ekstreme të djathta.

Në një intervistë me Nicholas Farrell të The Spectator, Meloni hodhi poshtë përshkrimet e politikës së saj si ekstreme të djathtë, duke e quajtur atë një fushatë shpifjeje nga kundërshtarët e saj. Ajo e ka përshkruar veten si një konservatore.

G. Meloni, është përshkruar si e afërt me Viktor Orbán, Kryeministrin e Hungarisë dhe udhëheqësin e Fidesz, Rally Kombëtare në Francë, dhe partinë politike Vox në Spanjë, përfaqësues të Ligjit dhe Partia e Drejtësisë në Poloni, dhe Partia Republikane në Shtetet e Bashkuara. Meloni e përshkroi vetë partinë e saj, Vëllezërit e Italisë (FdI), si një parti "konservatore kryesore". Ajo është pro presidencializmit dhe mbështet ndryshimin e Kushtetutës së Italisë.

Klajd Kapinova, u lind në qytetin e Vlorës në vitin 1963. Ai është rritur deri sa ka mbaruar shkollën 8-vjeçare në qytetin e Shkodrës, kurse Shkollën e Mesme Bujqësore "Sherif Hoxha" e ka kryer në vitet 1978-1982, në qytetin Koplik të Malësisë së Madhe.

Për një vit ka punuar në Stacionin Zooteknik, në lagjen Kiras të qytetit Shkodrës. Në vitet 1983-1987, ka vazhduar studimet e larta në Universitetin e Tiranës, në Fakultetin Histori Filologji, në Departamentin e Gjeografisë, e cila sapo ishte hapur si degë e re në universitet.

Në shtator të vitit 1987, është emëruar si mësues i Gjeografisë në zonën e thellë malore në fshatin Vukjakaj, Shllak, ku ka qëndruar deri në vjeshtën e vitit 1990. Gjatë viteve të ndryshme ai ka bërë specializime pasuniversitare për mjedisin dhe si metodist i gjeografisë në Tiranë.

Për disa vite ka punuar si mësues i Gjeografisë në Shkollën e Mesme të Gjuhëve të Huaja "Shejnaze Juka" në qytetin e Shkodrës deri më 4 prill të vitit 2002.

Kur erdhi në Amerikë, u vendos qysh në fillim dhe deri sot në qytetin metropolitan New York, ku dhe mori kontakte me anëtarë të komunitetit shqiptaro-amerikan.

Këtu njohu shumë miq dhe shokë të rinj dhe veteranë shqiptarë dhe amerikanë. Miku i tij më i ngushtë këtu qysh në fill kur mbërriti në SHBA dhe deri tani është studiuesi dhe publicisti kosovar Tomë Mrijaj, i cili njëkohsisht ai është edhe kumbara i familjes dhe djalit të tij.

Studiuesi Kapinova, është anëtar i zgjedhur në forumet "The World Forum of Professionals in the Secular and Religious Media" në Geneva të Zvicrës, i Bashkimit të Publiçistëve të Rinj Katolikë në Shkodër (UCIP) dhe ish anëtar i stafit të disa redaksive të gazetave e revistave në Shkodër dhe diasporë.

Ai ka qenë kryeredaktor i revistës kulturore fetare "Rrezja e jonë", "Illyricum" dhe redaktor i revistës "Kumbona e së diellës", "Rreze drite", "Mbas Teje", ishte gjithashtu z/kryeredaktor i revistës kulturore-rinore "Vagues" (Valët), në katër gjuhë të huaja (anglisht, italisht, gjermanisht dhe frengjisht), në Shkollën e Mesme të Gjuhëve të Huaja në qytetin e Shkodrës.

Në qytetin e madh metropolitan Manhattan, New York City, ka punuar në redaksinë e gazetës shqiptaro amerikane "Illyria" si staff writer, me zyrat e saj në Manhattan, New York, duke shkruar shumë artikuj të ndryshëm për trojet shqiptare në Shqipëri, Kosovë, Mal të Zi, Maqedoni dhe pasqyruar me reportazhe dhe analiza veprimtaritë e ndryshme të komunitetit tonë në SHBA.

Studiuesi dhe publicisti bashkëkohor Klajd Kapinova prej shumë vitesh vazhdoi të jetë editor i revistës "Jeta Katolike" (1966), si më e vjetra në komunitetin tonë, themeluar dhe drejtuar nga intelektuali dhe eruditi i shquar prelati imzot dr. Zef Oroshi (1912-1989, themeluesi i Kishës së Parë Katolike Shqiptare në SHBA), që vijon të botohet edhe sot pranë kishës katolike "Zoja e Shkodrës" në Hartsdale, New York.

Sot jeton në qytetin Bronx dhe punon prej 18 vjetësh me kompaninë Brown Harris Stevens në Manhattan, New York. Ai është martuar me një amerikane filipinase Janice Ladia Kapinova, një vajzë me origjinë nga ishujt e bukur dhe ekzotikë Philippines. Ata kanë një djalë, që trashëgon emrin e tij Klajd Kapinova Jr.

Shkrimtari dhe gazetari shqiptaro amerikan, Klajd Kapinova, është anëtar i Shoqatës së Shkrimtarëve Shqiptaro-Amerikanë, qysh nga dita e themelimit në vitin 2002.

Veprat e tij të botuara janë:

"ME KRYQ DHE PENDË" (Refleksione) - Shkodër, 1997.
"MES KRYQIT E ATDHEUT" (Refleksione), - Shkodër, 2000.
"ENGJËLL VUAJTJE DHE SHPRESE", - monografi kushtuar Shën Nënë Terezës, Shkodër, 2002,
"DOM ANTON KÇIRA SHËRBESTAR I ZOTIT E I ATDHEUT", - Monografi, Shkodër, 2002, me bashkautor studiuesin dhe publicistin Tomë Mrijaj.
"LIDHJA SHQIPTARE E PRIZRENIT" (1962-2002), - themeluesi e udhëheqësi Ismet Berisha", - New York, 2002, bashkautorë me studiuesin dhe publicistin Tomë Mrijaj.
"DOM ANTON KÇIRA NË JUBILEUN E 50-VJETORIT TË MESHTARISË", - New York, Shkodër, 2018, me bashkautor studiuesin dhe publicistin Tomë Mrijaj.
"PRESIDENTI TRUMP DHE KËNETA GLOBALISTE" (Këndvështrime), - New York, Shkodër, 2021.
"TRUMP KISHTE TË DREJTË PËR GJITHÇKA" (Këndvështrime), - New York, 2023.